西安发展研究报告

（2022—2023）

余钟夫 / 主　编
王益锋 / 副主编

中国商业出版社

图书在版编目（CIP）数据

西安发展研究报告. 2022-2023 / 余钟夫主编；王益锋副主编. -- 北京：中国商业出版社，2024. 9.
ISBN 978-7-5208-3137-6

Ⅰ. F127.411

中国国家版本馆CIP数据核字第2024E971P5号

责任编辑：吴　倩

中国商业出版社出版发行
（www.zgsycb.com 100053 北京广安门内报国寺1号）
总编室：010-63180647　　编辑室：010-83128926
发行部：010-83120835/8286
新华书店经销
北京七彩京通数码快印有限公司印刷

*

710毫米×1000毫米　　16开　23.75印张　544千字
2024年9月第1版　2024年9月第1次印刷
定价：88.00元

****

（如有印装质量问题可更换）

前　言

本书是西安发展研究院2022—2023年度研究成果合集。鉴于疫期及其恢复期的社会经济发展实际情况，本书仍然以两年合集形式出版。以后是否恢复为年度出版，视情况再定。

2021年年底至2022年年初，西安市经受了自新型冠状病毒暴发以来最大的一波疫情，全市在中央及陕西省有力的领导和指导下正确应对，迅速控制了疫情。

2022年，西安市地区生产总值、规模以上工业增加值、地方一般公共预算收入三项增速均位居副省级城市第1位，GDP居省会城市前3位，经济总量居副省级城市第10位，居民人均可支配收入突破4万元。新增上市企业12家，总数达到100家。西安市生产的闪存芯片、单晶组件市场占有率全球排名第1位；新能源汽车产量突破100万辆，全国占有率14.1%，全国排名第1位。西安市在全球科研城市百强榜排名上升至第29位，全社会研发经费投入强度居副省级城市第2位，并获批建设综合性科学中心和具有全国影响力的科技创新中心。在全国先进制造业百强市居第12位，"未来人工智能计算中心"算力居全国第2位。全球"科技集群"排名跃升至第22位，碑林环大学硬科技创新街区成为国家试点和国家先进技术创新示范基地，"空天动力未来产业科技园"成为全国首批未来产业科技园建设试点。西安市入选国家智能建造试点城市，航空产业集群入选全国先进制造业决赛优胜集群。文旅产业提质升级，入选2022年度全国热门旅行目的地城市。新开通2条国际客运航线、4条全货运航线，轨道交通"米"字形运营骨架网全面形成，西安—咸阳一体化进程明显加快。

同时，西安市获批建设国家生产服务型物流枢纽，亚欧陆海贸易大通道与西部陆海新通道在西安市实现集结交会，长安号全年开行增长20.8%，核心指标稳居全国第1位。荣获全国供应链创新与应用示范城市和中国楼宇经济最佳范例城市，西安市高新综合保税区获评西北地区唯一"双A"等级。成功举办丝博会、全球硬科技创新大会、全球创投峰会、首届世界城地组织亚太区旅游委员会会员大会等重要活动，被评为"2022年度中国最具影响力会展城市"。

乡村振兴也有新成效，全市顺利通过全国"名特优新"高品质农产品全程质量控制试点创建评审，成为全国首个完成整建制创建的副省级城市。筹建保障性租赁住房11.23万套（间），列入全国9个激励支持城市名单。养老服务工作获国务院通报表彰，入选国家积极应对人口老龄化重点联系城市。西安市蝉联国家食品安全示范城市称号。

在全国经济发展受到疫情影响的情况下，西安市2022年发展的成绩单很耀眼、很醒目，全国城市排位由上年度的第24位提升至第22位，难能可贵。

2022—2023年是同心合力抗击疫情并努力实现恢复发展的重要时期，2023年第二季度开始逐渐恢复了常态化发展。

2023年，西安市坚持以习近平新时代中国特色社会主义思想为指导，以党的二十大精神为指引，牢牢把握中国式现代化的发展方向，围绕建设国家中心城市，坚持稳中求进工作总基调，坚持高质量发展，着力扩内需、优结构、防风险，以重点项目为抓手，继续前进。

2023年前三个季度，西安市经济持续恢复、稳中提质。全市地区生产总值同比增长4.6%。农业生产形势稳定，工业保持增长，服务业恢复向好。前个三季度，新能源汽车、充电桩、太阳能电池、集成电路圆片等新兴产品产量分别增长34.4%、132.4%、130.3%和19.3%。规模以上服务业营业收入增长9.7%，全市社会消费品零售总额同比增长2.8%。金融市场稳健运行，CPI同比上涨0.1%。1—11月，全市规模以上工业增加值同比增长9.6%，汽车制造业增长32.9%。居民消费价格保持平稳，消费市场有所回暖，但投资情况不容乐观。全市固定资产投资（不含农户）同比下降9.6%，但结构改善，制造业投资增长较快。

全市进出口总值下降19.5%（进口下降17.7%，进口下降22.5%）。可喜的是，"一带一路"沿线国家和地区进出口增长13.8%，占进出口总值30.7%。新能源汽车进出口增长9.1倍。

预计西安市2023年地区生产总值增长5%以上，规模以上工业增加值增长9.5%左右，社会消费品零售总额增长5%左右，一般公共预算收入增长14.1%。2023年前10个月西安市在全国城市发展排位保持第22位。全国城市发展排位对城市的发展形象和发展信心的作用引人关注。

2024年，世界形势仍然复杂多变，充满不确定性，全球经济发展形势无疑更具挑战性。IMF预测2024年全球经济增长2.9%，联合国预测增长2.5%，OECD预测增长2.7%，惠誉国际预测增长2.1%。普遍认为全球经济2024年呈弱增长，有多家国际机构认为中国仍是全球经济复苏主动力，对中国经济增长抱有期待。

面对外部环境复杂性、严峻性、不确定性上升，国内有效需求不足、部分行业产能过剩、社会预期偏弱、风险隐患较多、国内大循环不畅，2023年中央经济工作会议清醒而坚定地作出判断，我国发展面临的有利条件强于不利因素，经济回升趋好、长期向好的基本趋势没有改变。会议制定了2024年经济工作总基调：稳中求进、以进促稳、先立后破。重中之重抓好稳预期、稳增长、稳就业，实现转方式、调结构、提质量、增效益，巩固稳中向好的基础。加强逆周期和跨周期调整，实行积极的财政政策和稳健的货币政策，加强政策工具创新和协调配合。

2024年，对于西安市来说，将是新的充满挑战和考验的一年，能否在全国城市发展中保持排位甚或进位，需要奋力实现新突破，付出艰辛努力。西安市委在年初召开的十六届六次全会上，号召要坚持既定奋斗目标，把高质量发展作为硬道理，加快转变特大城市发展方式，坚定不移地推进创新立市、产业强市、文化兴市战略。重点在壮大支柱产业和新兴产业、强化秦创原"一总两带"发展引领、提高城市规划建设管理水平、激发全社会发展的动力和活力、做好民生保障和社会服务、传承弘扬中华优秀传统文化、防范化解各类风险七个方面实现新突破。把高质量建设"双中心"作为立市之本，力争取得新成效。

从国家大目标、城市战略地位、历史积淀、现实发展基础以及中国特色社会主义条件下赋予西安市的战略性、政策性综合发展条件来看，西安市具有因应不同时势、把握不同发展阶段机遇的良好条件，尤其自身军工教优势，具有实现更好发展的可能性。西安市城市价值实际尚未充分表现为城市价格，使西安市未来发展仍然具有想象空间和吸引力。西安市要有基于有为的自我期许和敢于勇立的强大自信，建设具有强烈事业心、领导力和担当力以及执行力的各级政府团队，总结、提炼曾经呈现的发展经验和面貌，营造面向未来、体现现代理念的城市发展文化和氛围，充分发挥西安市城市综合发展条件优势，形成稳定高效的城市发展函数。西安市来日仍然值得期待！

本书由十三篇研究报告组成，分为五篇，分别是高质量发展、产业强市、科技发展、城市发展、乡村振兴。各篇的题目和分工如下：前言（余钟夫）；高质量发展篇：西安市雁塔区高质量发展思路研究（余钟夫、丛禹月、刘蕴峰、王一凡、赵逸杰，西安发展研究院；程兴，雁塔区委研究室）；人工智能赋能西安市制造业高质量发展（王益锋，西安发展研究院；王峥、林文芳、魏晨雯，西安电子科技大学经管学院）；产业强市篇：西安蓝田通航产业园区发展战略思路研究（余钟夫、刘蕴峰、赵逸杰、王一凡，西安发展研究院；张小强，西安航空城集团有限公司）；西安市房地产市场周期回顾与发展展望（巩荣生、李佳敏，陕西华地房地产咨询有限公司）；西安城市地铁网络的脆弱性与防控策略研究（熊国强、陈敬东、邹小斌、李青、孔贝茜、雷佳烨，西安理工大学城市经济与管理研究中心）；科技发展篇：秦创原创新驱动发展能力评价与推进策略研究（余钟夫、宗威、刘玮、耿瑞彬、王佳敏，西安发展研究院；张新、刘蕴峰、赵逸杰、张书铭，西安电子科技大学经管学院）；西安市科技创新生态系统评价及推进策略研究（惠调艳、郭晓，西安电子科技大学经管学院）；促进西安高校专利转化运用的政策研究（李雄军，西安电子科技大学经管学院；毛永刚，西安技术经理人协会；王益锋，西安发展研究院）；城市发展篇：西安国家中心城市经济发展路径探讨（李雄军，西安电子科技大学经管学院；王益锋，西安发展研究院）；关中平原城市群经济社会高质量一体化发展思路研究（张建军、史婕、白雪、李超楠，西安电子科技大学经管学院）；乡村振兴篇：西安市新型城镇化与乡村振兴高质量协同发展机制与路径研究（张建军、李小雪、曹苗、牛晶晶，西安电子科技大学经管学院）；流通渠道效应下西安市农产品利益协调研究（刘爱军、李增现，西安电子科技大学经管学院）；西安市脱贫攻坚与乡村振兴有效衔接的绩效评价、机制创新与政策提升研究（尚娟，西安电子科技大学经管学院；董李媛，西安石油大学；张余婷、沈笑、赵倚林，西安电子科技大学经管学院）。

全书由余钟夫和王益锋负责选题、总体设计和报告选编及统稿，王益锋负责出版及后期主要事务。全书由余钟夫最后审定。

本书成书得到西安市政府研究室、西安市科技局、西安市资源规划局、西安市雁塔区等西安市属有关部门和区县、西安电子科技大学经济和管理学院、陕西发展经济学会、西安航空城集团、陕西华地房地产估价咨询有限公司等单位、学会和企业的大力支持。西安市和北京市的有关专家、学者和人士对本报告汇集成书提供了很多好的建议，中国商业出版社对本书的出版出力甚多，在此一并致谢！

余钟夫

2024 年 1 月于北京

目　录

第一篇　高质量发展

西安市雁塔区高质量发展思路研究 ... 3

人工智能赋能西安市制造业高质量发展 ... 36

第二篇　产业强市

西安蓝田通航产业园区发展战略思路研究 ... 55

西安市房地产市场周期回顾与发展展望 ... 76

西安城市地铁网络的脆弱性与防控策略 ... 89

第三篇　科技发展

秦创原创新驱动发展能力评价与推进策略研究 ... 163

西安市科技创新生态系统评价及推进策略研究 ... 212

促进西安高校专利转化运用的政策研究：以技术经理人为视角 ... 229

第四篇　城市发展

西安国家中心城市经济发展路径探讨 ... 241

关中平原城市群经济社会高质量一体化发展思路研究 ... 250

第五篇　乡村振兴

西安市新型城镇化与乡村振兴高质量协同发展机制与路径研究 ... 263

流通渠道效应下西安市农产品利益协调研究 ... 309

西安市脱贫攻坚与乡村振兴有效衔接的绩效评价、机制创新与政策提升研究 ... 340

Content

Chapter 1 High-quality Development

Research on High-Quality Development Ideas in Yanta District of Xi'an City 3

Artificial Intelligence Empowers High-Quality Development of Manufacturing Industry in Xi'an 36

Chapter 2 Industry Prosper City Development

Research on the Development Strategy of Xi'an Lantian Aviation Industry Park 55

Cycle Review and Development Prospects of the Real Estate Market in Xi'an 76

The Vulnerability and Prevention Strategies of Xi'an Urban Subway Network 89

Chapter 3 Technological Development

Research on the Evaluation and Promotion Strategy of Qin Chuang Yuan's Innovation Driven Development Capability.. 163

Research on the Evaluation and Promotion Strategy of Xi'an Science and Technology Innovation Ecosystem 212

Policy Research on Promoting the Conversion and Application of Patents in Xi'an Universities: From the Perspective of Technology Managers 229

Chapter 4 Urban Development

Exploration of the Economic Development Path of Xi'an as a National Central City 241

Research on the Ideas for High-Quality Integrated Development of Economy and Society in the Guanzhong Plain City Group 250

Chapter 5 Rural Revitalization

Research on the Mechanism and Path of High-Quality Collaborative Development between New Urbanization and Rural Revitalization in Xi'an 263

Research on the Coordination of Agricultural Product Interests in Xi'an City under the Effect of Circulation Channels 309

Research on Performance Evaluation, Mechanism Innovation and Policy Enhancement of Effective Connection between Poverty Alleviation and Rural Revitalization in Xi'an City 340

第一篇

高质量发展

第一卷

高原災難

西安市雁塔区高质量发展思路研究

发展是党执政兴国的第一要务。在中国共产党第二十次全国代表大会开幕会上，习近平总书记指出，高质量发展是全面建设社会主义现代化国家的首要任务，正式开启了向高质量发展进军的历史进程。

当前，全国各地正在掀起一场高质量发展的热潮，培育新动力、拓展新空间、实现新跨越，龙腾虎跃，你追我赶。雁塔区是全国城区发展的先进区，是西安，是陕西，也是整个西部城区发展的领头羊。实现高质量发展既是雁塔区自身发展的现实要求，也是雁塔区应有的责任和担当。党的二十大以来，雁塔区高举高质量发展大旗，紧密部署，奋勇争先。2022年，雁塔区地区生产总值跃上3000亿元。站在新起点、面对新挑战、攀登新高度，必须更深刻认识并理解高质量发展概念的内涵、特征和发展规律。从理论和实践两方面正确系统地把握高质量发展，学习借鉴国际国内相关经验，务实有效地走出雁塔区高质量发展之路。基于以上考虑，本文紧扣我国当前发展主题，对雁塔区高质量发展的有利条件及存在的问题进行分析，研究提出适合评价城区高质量发展的指标体系，对雁塔区高质量发展水平进行测度和分析，并提出实施路径及相关建议。本文以调研为基础，定性研究与定量分析相结合。现将研究成果报告如下。

一、高质量发展的概念、内涵、特征

（一）什么是高质量发展

本文认为，高质量发展是指以经济发展水平为衡量重点，包含全面发展内容的整体发展提升概念。经济发展具有阶段性，不同发展阶段经济增长和发展的方式及形态是不同的。高质量发展是指内涵式、集约式、效率提高式的发展。从现实层面看，经济高质量发展是在中国经济经历了40年高速增长进入新阶段后，对发展形势变化及所处关口作出的一个新判断，也是面对发展速度、结构、动力等新常态、新特征作出的战略新指向。高质量发展相比于经济增长质量提法更具时代性。高质量发展既是我国现实发展所面临的客观要求，又是我们清醒研判的主动选择。

（二）高质量发展的内涵

习近平总书记从2017年以来对高质量发展发表过一系列重要讲话，作过一系列重要指示，提出过一系列工作要求。习近平总书记指出，进入高质量发展阶段是新时代我国经济发展的基本特征和规律使然，是做好经济工作的根本要求，是满足人民日益增长的美好生活的需要，也是我国积极应对外部环境变化带来的冲击挑战，防范化解各类风险隐患，提升国际竞争力，增强国家综合实力和抵御风险能力，有效维护国家安全，实现经济行稳致远、社会和谐安定的迫切需要。

习近平总书记要求，经济、社会、文化、生态等各领域都要体现高质量发展的要求。坚决贯彻创新、协调、绿色、开放、共享的发展理念，统筹推进"五位一体"、协调推进"四个全面"，推动新型工业化、信息化、城镇化、农业现代化同步发展，加快建设现代化经济体系，努力实现更高质量、更有效率、更加公平、更可持续的发展。

要推动供给侧结构性改革，需要跨越一些常规性和非常规性关口，实体经济是着力点，国有企业是依靠力量，民营经济是重要主体，改革创新是强大动能，对外开放是重要外部条件，加强生态保护是必然要求。要着力扩大内需，加快建设现代产业体系，全面推进乡村振兴，实施科教兴国、人才强国、创新驱动战略，在发展中保障和改善民生；推进依法治国，维护社会稳定，建设文化强国，形成高质量发展强大合力。

习近平总书记高质量发展的思想高远、宏阔、全面、系统，对我们深化理解和把握，进行具体化应用研究，具有极高的指导意义。

高质量发展首先是政府话语，学界的研究随后跟进、兴起，关于高质量发展的内涵，尚没有公认的表述。目前，高校和研究机构关于高质量发展的议论和研究文章，包括指标体系的构建，也基本上以"五大理念"为内涵构建一级指标，在表述上做些改变和扩充，总体上尚不够深入、不够全面。

本文力求认真领会、深入贯彻习近平总书记关于高质量发展的重要思想和指示精神，综合各方面关于高质量发展内涵的研究和表述，结合我国及各区域发展实际，试提出我们关于高质量发展内涵的理解。概括为七个"含"：含能量（经济能量、经济效率）；含新量（创新投入、创新产出）；含绿量（绿色经济、绿色环境）：含智量（智力结构、智慧城市）；含民量（生活水平、保障水平）；含法量（法治政府、法治经济）；含稳量（经济安全、公共安全）。根据这个内涵定义，本文设计了高质量发展指标体系及权重，具体见报告第三部分。

（三）高质量发展的特征

本文依循习近平总书记高质量发展思想，将高质量发展的特征概括如下：（1）高质量发展是经济社会发展到一定阶段才能实现的发展形态，是工业化、城市化、现代化高水平的发展阶段。（2）高质量发展以高水平经济发展为前提的，没有必要的物质条件、相当的经济发展基础，难以实现高质量发展。（3）高质量发展虽首推经济，但不唯经济，而是涉及政治、社会、文化、生态等多维度的综合发展概念，具有丰富的内涵。（4）高质量发展是我国提出的一个衡量高水平发展的概念。从国际上看，联合国（UN）用人类发展指数衡量国家发展水平，世界银行（WB）有高收入国家的称谓，国际货币基金组织（IMF）采用发达国家，经合组织（OECD）采用发达经济体。而经济增长和发展理论，也多以后工业化阶段立论。这些概念相近，内涵小异，提法不同，均可参考。（5）高质量发展尚不是一个学术概念，也不是一个经济理论，目前主要是具有中国特色的阶段性发展战略规划的政府用语、行政性概念，是中国发展现实和发展成就的经验总结和概念提炼。具有增长和发展理论的学理背景，但不是一般意义的经济增长理论和发展经济学理论和概念。（6）高质量发展的统计核算和量化比较复杂，尚没有形成公认的评价指标体系，在量化判断上没有统一的标准。国际上对相近概念的做法，通常采用极简明的发展指标评价方法，虽易于把握，但均有所失。（7）高质量发展在我国是一个实践性概念。我国幅员辽阔，地区发展水平存在一定差异，对高质量发展目标的评价可以采用相对一致的标准，但是难以整齐划一地步入同标准的高质量发展。要明确理想目标不等于现实状况，不能把发展追求简单直接等同于现实工作内容和要求。（8）高质量发展要求区域发展方式和路径具有多样性。高质量发展既有同一性，又呈现多样性，与国情、地域特色、资源禀赋相关，不同的国家、地区、城市，所有高质量发展都是相似的，但具体特征会有所不同。（9）高质量发展应当是也必须是可持续的发展形态。高质量发展是一个持续追求的过程。（10）高质量发展就其内涵和特征而言，可不受面积广狭、经济规模大小、行政级别高低限制，应可进行分级评价，如同小巨人企业一样。

二、高质量发展与中国式现代化

中国式现代化是中国共产党领导的社会主义现代化。

（一）高质量发展是实现中国式现代化的根本前提

中国式现代化是人口规模巨大的现代化，是全体人民共同富裕的现代化，是物质文明和精神文明相协调的现代化，是人与自然和谐共生的现代化，是走和平发展道路的现代化。党的二十大报告提出到2035年基本实现社会主义现代化，到21世纪中叶把我国建成富强民主文明和谐美丽的社会主义现代化强国。我国欲实现的"富强民主文明和谐美丽"其实质对应的是物质文明、政治文明、精神文明、社会文明、生态文明。进而言之，中国式现代化最终是要实现五大文明协调的普惠式、相对均衡的社会主义现代化。而要实现五大现代化，发展的各方面都要提高标准、提高水平、提高质量，也就是说，要全面实现高质量发展，否则，中国式现代化就是个自说自话的不合格的现代化。

新中国成立以来，我国已经形成了以国民经济与社会发展五年规划纲要为统领，以各级政府为主导和指导的发展方式，与西方国家"小政府、大市场"模式不同，中国政府具有较强的资源配置与市场调节能力。实现高质量发展要充分发挥"有为政府与有效市场"相结合的优势，全面推进高质量发展，确保实现中国式现代化。

（二）经济高质量发展是推进中国式现代化的必要支撑

高质量发展是全面建设社会主义现代化国家的首要任务。没有坚实的物质技术基础，就不可能全面建成社会主义现代化强国。对于有着巨大人口规模和辽阔国土面积的中国而言，实现整体高质量发展是一项复杂的系统工程。以经济高质量发展为切入点，既是对高质量发展任务的科学分解，也是对高质量发展要求的具体和细化落实。

我们要坚定不移地以经济高质量发展为主要任务，采取有效、务实的经济发展政策，只有经济底盘稳，我们高质量发展才有坚实的基础和支撑。特别是我们受新型冠状病毒感染引起的疫情的影响，经济亟须恢复并保持稳定，当前经济发展的困难和压力仍然很大。只有实现经济高质量发展，为全面高质量发展赋能，才能为中国式现代化提供坚实的支撑、有力的保障。

（三）区域高质量发展是推进中国式现代化的关键抓手

区域高质量发展是我国整体高质量发展的组成部分，区域的高质量发展状况决定了我国整体高质量发展水平。一方面，区域高质量发展是我国整体高质量发展在区域尺度上的体现；另一方面，高质量发展的战略意义更体现在作为高质量发展的实现手段——区域发展和治理的关键作用上，地方政府是区域发展的重要推动者。高质量发展国家都曾经积极指导和推进区域发展战略、政策与规划，以达成国家层面的战略目标。鉴于我国国情，不同区域在地理区位、资源禀赋和发展程度上存在较大差异，区域要实现高质量发展，就离不开科学有效的区域治理，也就要求各区域采用不尽相同的方式和路径来实现高质量发展。

中国式现代化在高质量发展方面可以分地区、有先后地推进，不必整齐划一地推进。应当让先进地区率先实现高质量发展，最终实现整体高质量发展。总体上，各地都要有高质量发展的理想和目标，有实事求是、不懈追求、脚踏实地的思路、路径和措施。

三、高质量发展评价指标体系和雁塔区指标表现

评价指标体系是推动高质量发展的一项基础工作。早在2017年中央经济工作会议就强调："加快形成加快推动高质量发展的指标体系、政策体系、标准体系、统计体系、绩效体系、政绩考核。"

（一）评价指标体系建立原则

科学性原则：以经济科学理论为依据，遵循科学和逻辑。

合理性原则：尊重发展工作实际，合理务实处理。

简洁性原则：突出日常感知性强指标，简明可感。

通用性原则：采用全国各地通用统计口径，数据可得。

操作性原则：使各地实现高质量发展时，易于操作。

（二）评价指标体系设计

世界银行千禧丛书之一《增长的质量》一书，从人类发展、经济增长与环境可持续三个方面来测度增长质量；IMF采用的增长质量指数，从经济基本面和社会发展两个维度来衡量增长的质量。这两种评价方法可为我们建立指标评价体系提供参考。根据对高质量发展的目标和要求以及我国所处的发展阶段、目前的发展状况和国情，本文从七个维度衡量

高质量发展，分设三级指标体系。

一级指标7项：含能量、含新量、含绿量、含智量、含民量、含法量、含稳量。

二级指标14项：经济能量、经济效率；创新投入、创新产出；绿色经济、绿色环境；智力结构、智慧城市；生活水平、保障水平；法治政府、法治经济；经济安全、公共安全。

三级指标57项：包括GDP增长率、全社会固定资产投资总额；人均GDP、地均GDP；R&D支出、高新技术企业数量；技术合同成交额、高新技术工业总产值/第二产业GDP；单位GDP能耗、单位GDP用水量；森林覆盖率、人均公园绿地面积；高校科研院所数量、大专以上学历人数；互联网用户数/移动电话用户数、移动电话普及率；居民人均可支配收入、人均寿命；城乡居民基本养老保险参保人数、城市登记失业率；政府信息公开率；消费者权益投诉数量；金融安全、就业安全；信息安全、应急救援体系；等等。

（三）雁塔区高质量发展评价指标体系及权重

1. 雁塔区高质量发展评价指标体系

基于新发展理念和上述指标体系设计，对西安市雁塔区高质量发展评价指标体系进行构建，具体明细指标如表1所示。数据样本选取2020—2022年雁塔区高质量发展相关数据，数据来源于西安市统计年鉴、西安市雁塔区人民政府官方数据、西安市雁塔区政务公开数据等。本文根据三级指标设计展开明细指标设定。

表1　雁塔区高质量发展评价指标体系

一级指标	二级指标	三级指标	指标单位	指标属性
含能量	经济能量	GDP增长率（不变价同比）	%	正
		全社会固定资产投资总额	亿元	正
		居民社会消费零售总额	万元	正
		进出口总额	亿元	正
	经济效率	人均GDP	元	正
		地均GDP	亿元/平方公里	正
		一般公共预算收入	亿元	正
		金融业增加值	亿元	正
含新量	创新投入	R&D经费支出	亿元	正
		高新技术企业数量	个	正
		孵化点数量	个	正
	创新产出	技术合同成交额	亿元	正
		高新技术工业总产值/第二产业GDP	比值	正
		服务业增加值占GDP比重	比值	正

续表

一级指标	二级指标	三级指标	指标单位	指标属性
含绿量	绿色经济	单位 GDP 能耗	万吨标准煤/亿元	负
		单位 GDP 用水量	万吨/亿元	负
		单位 GDP 废气排放	立方米/元	负
		单位 GDP 固体废物排放	万吨/亿元	负
		工业废水排放量	万吨	负
	绿色环境	森林覆盖率	%	正
		人均公园绿地面积	平方米	正
		生活垃圾无害化处理率	%	正
		二级以上良好天数	天	正
		PM2.5 年平均浓度	微克/立方米	负
含智量	智力结构	高校科研院所数量	个	正
		大专以上学历人数	个	正
		高等院校研究生在学数	个	正
		15 岁以上人口平均受教育年限	年	正
	智慧城市	互联网用户数/移动电话用户数	比值	正
		移动电话普及率	部/百人	正
		网格化	个	正
含民量	生活水平	居民人均可支配收入	元	正
		人均道路面积	平方米	正
		机动车保有量	万辆	正
		人均寿命	年	正
		恩格尔系数	%	负
	保障水平	城乡居民基本养老保险参保人数	万人	正
		居民医保常住人口覆盖率	%	正
		社会保障和就业预算支出	万元	正
		高等教育毛入学率	%	正
		每千人口医院床位数	个	正
		城市登记失业率	%	负
含法量	法制政府	政府信息公开率	%	正
		行政处罚实施数量	个	负
		公共设施投入水平	亿元	正
	法制经济	处理电信诈骗案件数量	个	负
		消费者权益投诉数量	个	负
		知识产权年质押融资金额	亿元	正

续表

一级指标	二级指标	三级指标	指标单位	指标属性
含稳量	经济安全	金融安全（金融预算支出）	万元	正
		财政安全（一般公共预算支出合计）	万元	正
		产业安全（发展与改革事务预算支出）	万元	正
		市场安全（市场监督管理事务预算支出）	万元	正
		就业安全（城镇新增就业人口）	人	正
	公共安全	信息安全（网信事务预算支出）	万元	正
		公共卫生安全（一般公共服务支出）	万元	正
		公共设施安全（公共安全支出）	万元	正
		应急救援体系完备（安全事故同比下降率）	%	正

2. 雁塔区高质量发展水平实证评价方法选取

为保证对西安市雁塔区高质量发展水平展开测度评价，本文选取熵值法测度雁塔区的高质量发展水平。指标体系的测度方法有很多，如层次分析法、因子分析法、主成分分析法等研究方法，但是这些方法对指标权重的测算更为主观化，在研究的准确性上有所欠缺。而在熵权法中，各个指标的熵值可以反映出信息的无序性程度。一般来说，熵权越小，系统无序化程度越低，就意味着这个指标的信息越接近。所以，用熵权方法来设定权重，就能尽可能地排除在各个指标权重的计算过程中存在的人为因素，从而使得评价的结果更客观、更科学、更可靠。

熵权法的计算步骤如下：首先对 X_{ij} 进行归一化处理；然后计算第 j 项指标的熵值 E_j，通常为使 $0 \leq E_j \leq 1$，一般取 $k=1/\ln m$；最后计算信息量权系数 W_j。

$$p(x_{ij}) = \frac{x_{ij}}{\sum_{i=1}^{m} x_{ij}} \quad (i=1, 2, \cdots, m; j=1, 2, \cdots, n)$$

$$E_j = -k \sum_{i=1}^{m} p(x_{ij}) \ln p(x_{ij})$$

$$d_j = 1 - E_j$$

$$W_j = \frac{d_j}{\sum_{j=1}^{n} d_j} \quad (j=1, 2, \cdots, n)$$

式中，$p(x_{ij})$ 为各指标标准化值，E_j 为信息熵，W_j 为各指标权重。

3. 雁塔区高质量发展水平测度结果分析

根据西安市雁塔区高质量发展水平指标评价体系的设立，运用熵权法计算得出指标体系的所有三级指标具体权重分布如表2所示，排序情况如表3所示。

表2 雁塔区高质量发展水平三级指标权重分布

雁塔区高质量发展			
三级指标	信息熵值 e	信息效用值 d	权重（%）
GDP 增长率（不变价同比）	0.322	0.678	2.714
全社会固定资产投资总额	0.554	0.446	1.785
居民社会消费零售总额	0.643	0.357	1.427
进出口总额	0.631	0.369	1.475
人均 GDP	0.463	0.537	2.148
地均 GDP	0.566	0.434	1.736
一般公共预算收入（财政汲取率）	0.489	0.511	2.042
金融业增加值	0.618	0.382	1.527
R&D 经费支出	0.619	0.381	1.523
高新技术企业数量	0.596	0.404	1.617
孵化点数量	0.583	0.417	1.666
技术合同成交额	0.617	0.383	1.533
高新技术工业总产值/第二产业 GDP	0.572	0.428	1.71
服务业增加值占 GDP 比重	0.639	0.361	1.443
单位 GDP 能耗	0.599	0.401	1.602
单位 GDP 用水量	0.592	0.408	1.63
单位 GDP 废气排放	0.549	0.451	1.805
单位 GDP 固体废物排放	0.62	0.38	1.52
工业废水排放量	0.588	0.412	1.649
森林覆盖率	0.642	0.358	1.43
人均公园绿地面积	0.674	0.326	1.304
生活垃圾无害化处理率	0.734	0.266	1.065
二级以上良好天数	0.629	0.371	1.484
PM2.5 年平均浓度	0.633	0.367	1.467
高校科研院所数量	1	0	0
大专以上学历人数	0.595	0.405	1.618
高等院校研究生在学数	0.466	0.534	2.135
15 岁以上人口平均受教育年限	0.047	0.953	3.812
互联网用户数/移动电话用户数	0.54	0.46	1.839
移动电话普及率	0.148	0.852	3.41
网格化	0.682	0.318	1.271
居民人均可支配收入	0.625	0.375	1.498

续表

雁塔区高质量发展			
三级指标	信息熵值 e	信息效用值 d	权重（%）
人均道路面积	0.661	0.339	1.355
机动车保有量	0.621	0.379	1.514
人均寿命	0.616	0.384	1.537
恩格尔系数	0.589	0.411	1.644
城乡居民基本养老保险参保人数	0.634	0.366	1.464
居民医保常住人口覆盖率	0.656	0.344	1.378
社会保障和就业预算支出	0.607	0.393	1.571
高等教育毛入学率	0.501	0.499	1.995
每千人口医院床位数	0.518	0.482	1.927
城市登记失业率	0.638	0.362	1.449
政府信息公开率	1	0	0
行政处罚实施数量	0.118	0.882	3.528
公共设施投入水平	0.259	0.741	2.965
处理电信诈骗案件数量	0.498	0.502	2.009
消费者权益投诉数量	0.634	0.366	1.465
知识产权年质押融资金额	0.629	0.371	1.482
金融安全（金融预算支出）	0.585	0.415	1.661
财政安全（一般公共预算支出合计）	0.655	0.345	1.381
产业安全（发展与改革事务预算支出）	0.607	0.393	1.57
市场安全（市场监督管理事务预算支出）	0.098	0.902	3.608
就业安全（城镇新增就业人口）	0.368	0.632	2.526
信息安全（网信事务预算支出）	0.579	0.421	1.683
公共卫生安全（一般公共服务支出）	0.643	0.357	1.428
公共设施安全（公共安全支出）	0.378	0.622	2.486
应急救援体系完备（安全事故同比下降率）	0.628	0.372	1.489

其中，三级指标权重最大值为15岁以上人口平均受教育年限（3.812%），最小值为高校科研院所数量（0.0%）和政府信息公开率（0.0%）。分析其中可能的原因是：人口的受教育水平是高质量发展不可忽视的重要因素之一，人口的整体素质提升才能为雁塔区的高质量发展带来不竭的动力。而高校科研院所数量与政府信息公率在近3年无明显变化，是较为稳定的指标，所以对高质量发展水平的影响较小。

表3 雁塔区高质量发展水平三级指标权重排序情况

三级指标	权重(%)
高校科研院所数量	0
政府信息公开率	0
生活垃圾无害化处理率	1.065
网格化	1.271
人均公园绿地面积	1.304
人均道路面积	1.355
居民医保常住人口覆盖率	1.378
财政安全（一般公共预算支出合计）	1.381
居民社会消费零售总额	1.427
公共卫生安全（一般公共服务支出）	1.428
森林覆盖率	1.43
服务业增加值占GDP比重	1.443
城市登记失业率	1.449
城乡居民基本养老保险参保人数	1.464
消费者权益投诉数量	1.465
PM2.5年平均浓度	1.467
进出口总额	1.475
知识产权年质押融资金额	1.482
二级以上良好天数	1.484
应急救援体系完备（安全事故同比下降率）	1.489
居民人均可支配收入	1.498
机动车保有量	1.514
单位GDP固体废物排放	1.52
R&D经费支出	1.523
金融业增加值	1.527
技术合同成交额	1.533
人均寿命	1.537
产业安全（发展与改革事务预算支出）	1.57
社会保障和就业预算支出	1.571
单位GDP能耗	1.602
高新技术企业数量	1.617
大专以上学历人数	1.618
单位GDP用水量	1.63

续表

三级指标	权重(%)
恩格尔系数	1.644
工业废水排放量	1.649
金融安全（金融预算支出）	1.661
孵化点数量	1.666
信息安全（网信事务预算支出）	1.683
高新技术工业总产值/第二产业GDP	1.71
地均GDP	1.736
全社会固定资产投资总额	1.785
单位GDP废气排放	1.805
互联网用户数/移动电话用户数	1.839
每千人口医院床位数	1.927
高等教育毛入学率	1.995
处理电信诈骗案件数量	2.009
一般公共预算收入（财政汲取率）	2.042
高等院校研究生在学数	2.135
人均GDP	2.148
公共设施安全（公共安全支出）	2.486
就业安全（城镇新增就业人口）	2.526
GDP增长率（不变价同比）	2.714
公共设施投入水平	2.965
移动电话普及率	3.41
行政处罚实施数量	3.528
市场安全（市场监督管理事务预算支出）	3.608
15岁以上人口平均受教育年限	3.812

本文也对总共14个二级指标的权重进行计算，得到如表4所示的权重分布情况。

表4 雁塔区高质量发展水平二级指标权重分布情况

二级指标	权重（%）
经济能量	7.401
经济效率	7.453
创新投入	4.806
创新产出	4.686

续表

二级指标	权重（%）
绿色经济	8.206
绿色环境	6.75
智力结构	7.565
智慧城市	6.52
生活水平	7.548
保障水平	9.784
法治政府	6.493
法治经济	4.956
经济安全	10.746
公共安全	7.086

由表4可以得出，在所有二级指标中，所占权重较大的有经济安全、保障水平，这说明在法治体系下，政府的治理能力是雁塔区高质量发展所最不可或缺的重要因素，而高质量发展中最为强调的也是经济的发展，保证经济健康安全地发展尤为重要。同时高质量发展归根结底是人的发展，人民日益提高的生活水平和民生的保障水平都会为雁塔区的高质量发展提供客观有益的条件。

此外，本文发现在二级指标中权重分布较少的是创新投入和创新产出。分析其中的原因，雁塔区目前产业以工业和制造业为主，而对于高新技术产业和创新性企业的引进和投入还处于有待上升的阶段。雁塔区的高质量发展离不开前沿科技创新行业的驱动，所以在创新的投入产出方面还需要格外重视，加大投资力度，扩大行业规模。

最后，本文对西安市雁塔区2020—2022年的高质量发展水平趋势进行描述分析，具体综合评价得分如表5所示。

表5 2020—2022年雁塔区高质量发展水平综合得分

年份	综合评价	排名
2020	0.30996086851197935	3
2021	0.45033069396449127	2
2022	0.6822574994100790	1

从表5可以清楚看出，2020年、2021年、2022年这三年西安市雁塔区高质量发展水平的综合得分分别约为0.31、0.45、0.68，按照年份时间顺序呈现递增趋势，这说明西安市雁塔区的高质量发展水平是逐年提高的。综合得分的增长速度，2020年至2021年同比上升了45%，2021年至2022年则同比上升了51%，提升了6个百分点，这说明西安市雁塔区在近3年切实做到了高质量发展，在保证发展速度的同时兼具发展质量的提高。

（四）雁塔区与全国高质量发展水平的对比分析

为了探究西安市雁塔区的高质量发展究竟处于什么水平，本文将进一步测度全国的高质量发展水平，与雁塔区情况进行对比分析，可以得出更准确直观的结论。

1. 全国高质量发展评价指标体系

本文选取 2020—2022 年全国高质量发展相关数据为样本，数据来源于中国统计年鉴、中国中央政府官方数据、中央财政公开数据等。评价指标体系整体沿用上文雁塔区高质量发展水平评价指标体系，由于统计口径有所不同，对数据单位内容有所调整，具体内容见表 6。

表 6　全国高质量发展评价指标体系

一级指标	二级指标	三级指标	指标单位	指标属性
含能量	经济能量	GDP 增长率（不变价同比）	%	正
		全社会固定资产投资总额	亿元	正
		居民社会消费零售总额	亿元	正
		进出口总额	亿元	正
	经济效率	人均 GDP	元	正
		地均 GDP	亿元 / 平方公里	正
		一般公共预算收入	亿元	正
		金融业增加值	亿元	正
含新量	创新投入	R&D 经费支出	亿元	正
		高新技术企业数量	个	正
		孵化点数量	个	正
	创新产出	技术合同成交额	亿元	正
		高新技术工业总产值 / 第二产业 GDP	比值	正
		服务业增加值占 GDP 比重	比值	正
含绿量	绿色经济	单位 GDP 能耗	万吨标准煤 / 亿元	负
		单位 GDP 用水量	万吨 / 亿元	负
		单位 GDP 废气排放	立方米 / 元	负
		单位 GDP 固体废物排放	万吨 / 亿元	负
		工业废水排放量	亿吨	负
	绿色环境	森林覆盖率	%	正
		人均公园绿地面积	平方米	正
		生活垃圾无害化处理率	%	正
		二级以上良好天数	天	正
		PM2.5 年平均浓度	微克 / 立方米	负

续表

一级指标	二级指标	三级指标	指标单位	指标属性
含智量	智力结构	高校科研院所数量	个	正
		大专以上学历人数	个	正
		高等院校研究生在学数	个	正
		15岁以上人口平均受教育年限	年	正
	智慧城市	互联网用户数/移动电话用户数	比值	正
		移动电话普及率	部/百人	正
		网格化	个	正
含民量	生活水平	居民人均可支配收入	元	正
		人均道路面积	平方米	正
		机动车保有量	亿辆	正
		人均寿命	年	正
		恩格尔系数	%	负
	保障水平	城乡居民基本养老保险参保人数	万人	正
		居民医保常住人口覆盖率	%	正
		社会保障和就业预算支出	亿元	正
		高等教育毛入学率	%	正
		每千人口医院床位数	个	正
		城市登记失业率	%	负
含法量	法治政府	政府信息公开率	%	正
		行政处罚实施数量	个	负
		公共设施投入水平	亿元	正
	法治经济	处理电信诈骗案件数	个	负
		消费者权益投诉数量	个	负
		知识产权年质押融资金额	亿元	正
含稳量	经济安全	金融安全（金融预算支出）	亿元	正
		财政安全（一般公共预算支出合计）	亿元	正
		产业安全（发展与改革事务预算支出）	亿元	正
		市场安全（市场监督管理事务预算支出）	亿元	正
		就业安全（城镇新增就业人口）	万人	正
	公共安全	信息安全（网信事务预算支出）	亿元	正
		公共卫生安全（一般公共服务支出）	亿元	正
		公共设施安全（公共安全支出）	亿元	正
		应急救援体系完备（安全事故同比下降率）	%	正

2. 全国高质量发展水平三级指标权重分布及排序情况

根据全国高质量发展水平指标评价体系的设立，运用熵权法计算得出指标体系的所有三级指标具体权重分布如表7所示，排序情况如表8所示。

表7 全国高质量发展水平三级指标权重分布

三级指标	信息熵值 e	信息效用值 d	权重 (%)
GDP增长率（不变价同比）	0.325	0.675	2.647
全社会固定资产投资总额	0.59	0.41	1.611
居民社会消费零售总额	0.639	0.361	1.416
进出口总额	0.621	0.379	1.486
人均GDP	0.622	0.378	1.483
地均GDP	0.624	0.376	1.477
一般公共预算收入	0.64	0.36	1.414
金融业增加值	0.59	0.41	1.607
R&D经费支出	0.599	0.401	1.575
高新技术企业数量	0.599	0.401	1.573
孵化点数量	0.597	0.403	1.58
技术合同成交额	0.571	0.429	1.684
高新技术工业总产值/第二产业GDP	0.578	0.422	1.655
服务业增加值占GDP比重	0.632	0.368	1.443
森林覆盖率	0.071	0.929	3.645
人均公园绿地面积	0.321	0.679	2.664
生活垃圾无害化处理率	0.834	0.166	0.65
二级以上良好天数	0.64	0.36	1.414
高校科研院所数量	0.685	0.315	1.236
大专以上学历人数	0.581	0.419	1.642
高等院校研究生在学数量	0.543	0.457	1.794
15岁以上人口平均受教育年限	0.638	0.362	1.419
互联网用户数/移动电话用户数	0.585	0.415	1.627
移动电话普及率	0.609	0.391	1.532
网格化	0.596	0.404	1.586
居民可支配收入	0.615	0.385	1.511
人均道路面积	0.59	0.41	1.61
机动车保有量	0.593	0.407	1.595
人均寿命	0.656	0.344	1.348

续表

三级指标	信息熵值 e	信息效用值 d	权重 (%)
城乡居民基本养老保险参保人数	0.678	0.322	1.264
居民医保常住人口覆盖率	0.66	0.34	1.334
社会保障和就业预算支出	0.532	0.468	1.835
高等教育毛入学率	0.623	0.377	1.48
每千人口医院床位数	0.653	0.347	1.363
政府信息公开率	0.55	0.45	1.767
公共设施投入水平	0.409	0.591	2.319
知识产权年质押融资金额	0.519	0.481	1.888
金融安全（金融预算支出）	0.622	0.378	1.484
财政安全（一般公共预算支出合计）	0.152	0.848	3.328
产业安全（发展与改革事务预算支出）	0.544	0.456	1.79
市场安全（市场监督管理事务预算支出）	0.386	0.614	2.41
就业安全（城镇新增就业人口）	0.615	0.385	1.509
信息安全（网信事务预算支出）	0.503	0.497	1.95
公共卫生安全（一般公共服务支出）	0.364	0.636	2.495
公共设施安全（公共安全支出）	0.387	0.613	2.405
应急救援体系完备（安全事故同比下降率）	0.588	0.412	1.618
单位 GDP 能耗	0.623	0.377	1.478
单位 GDP 用水量	0.585	0.415	1.63
单位 GDP 废气排放	0.636	0.364	1.427
单位 GDP 固体废物排放	0.351	0.649	2.547
工业废水排放量	0.625	0.375	1.473
PM2.5 年平均浓度	0.628	0.372	1.458
恩格尔系数	0.6	0.4	1.57
城市登记失业率	0.643	0.357	1.402
行政处罚实施数量	0.268	0.732	2.872
处理电信诈骗案件数量	0.374	0.626	2.457
消费者权益投诉数量	0.612	0.388	1.522

其中，三级指标权重最大值为森林覆盖率（3.645%），最小值为生活垃圾无害化处理率（0.65%），与西安市雁塔区的情况有所区别。而其中 GDP 增长率指标无论是全国还是雁塔区都处于较高的权重水平，这说明高质量发展终归是经济的高质量发展，GDP 增长率可以直观地衡量一个地区的经济发展水平。

表8　全国高质量发展水平三级指标权重排序情况

三级指标	权重 (%)
生活垃圾无害化处理率	0.65
高校科研院所数量	1.236
城乡居民基本养老保险参保人数	1.264
居民医保常住人口覆盖率	1.334
人均寿命	1.348
每千人口医院床位数	1.363
城市登记失业率	1.402
一般公共预算收入（财政汲取率）	1.414
二级以上良好天数	1.414
居民社会消费零售总额	1.416
15岁以上人口平均受教育年限	1.419
单位GDP废气排放	1.427
服务业增加值占GDP比重	1.443
PM2.5浓度（改为年平均浓度）	1.458
工业废水排放量	1.473
地均GDP	1.477
单位GDP能耗	1.478
高等教育毛入学率	1.48
人均GDP	1.483
金融安全（改为金融预算支出）	1.484
进出口总额	1.486
就业安全（城镇新增就业人口）	1.509
居民可支配收入（人均）	1.511
消费者权益投诉数量	1.522
移动电话普及率	1.532
恩格尔系数	1.57
高新技术企业数量	1.573
R&D经费支出	1.575
孵化点数量	1.58
网格化	1.586
机动车保有量	1.595
金融业增加值	1.607
人均道路面积	1.61

续表

三级指标	权重(%)
全社会固定资产投资总额	1.611
应急救援体系完备（改为安全事故同比下降率）	1.618
互联网用户数/移动电话用户数	1.627
单位GDP用水量	1.63
大专以上学历人数	1.642
高新技术工业总产值/第二产业GDP	1.655
技术合同成交额	1.684
政府信息公开率	1.767
产业安全（发展与改革事务预算支出）	1.79
高等院校研究生在学数量	1.794
社会保障和就业预算支出	1.835
知识产权年质押融资金额	1.888
信息安全（网信事务预算支出）	1.95
公共设施投入水平	2.319
公共设施安全（公共安全支出）	2.405
市场安全（市场监督管理事务预算支出）	2.41
处理电信诈骗案件数量	2.457
公共卫生安全（一般公共服务支出）	2.495
单位GDP固体废物排放	2.547
GDP增长率（不变价同比）	2.647
人均公园绿地面积	2.664
行政处罚实施数量	2.872
财政安全（一般公共预算支出合计）	3.328
森林覆盖率	3.645

同样，本文对全国二级指标的权重进行计算，得到如表9所示的权重分布情况。

表9 全国高质量发展水平二级指标权重分布情况

二级指标	权重（%）
经济能量	7.16
经济效率	5.981
创新投入	4.728
创新产出	4.782

续表

二级指标	权重（%）
绿色经济	8.555
绿色环境	9.831
智力结构	6.091
智慧城市	4.745
生活水平	7.634
保障水平	8.678
法治政府	5.608
法治经济	7.217
经济安全	10.521
公共安全	8.468

由表9可以看出，在全国二级指标权重中，较高的为经济安全、绿色环境，绿色经济也是高质量发展中重要的方面，平衡经济发展与生态环境保护尤为重要。近年来"双碳目标"的提出，更是将环境保护列为首要因素，所以高质量发展一定是可持续的、降低污染的健康发展。

此外，本文发现在全国高质量发展二级指标中权重分布较少的是创新投入和创新产出，智慧城市也处于权重分布较低的水平。分析其中的原因，中国的高新技术产业发展依然未达到高质量水平，而智慧城市的建设离不开前沿技术的辅助，目前该领域依然具有很大提升空间，是高质量发展需要补足的方面。

最后，本文对中国2020—2022年的高质量发展水平趋势进行描述分析，具体综合评价得分如表10所示。

表10 2020—2022年全国高质量发展水平综合得分

年份	综合评价	排名
2020	0.25204100902245796	3
2021	0.5442310648215907	2
2022	0.6509798500502917	1

从表10可以清楚看出，2020年、2021年、2022年这3年中国高质量发展水平的综合得分分别约为0.25、0.54、0.65，按照年份时间顺序呈现递增趋势；而同期3年西安市雁塔区高质量发展水平的综合得分分别约为0.31、0.45、0.68，与该发展趋势无异，都在上升阶段。全国综合得分的增长速度2020年至2021年同比上升了116%，这一年雁塔区上升了45%；全国2021年至2022年同比上升了20%，增速有所放缓，而这一年雁塔区上升了51%。这说明全国在近3年高质量发展在进步，总体在上升。再看综合评价指标具体得

分情况，总体上，雁塔区含能量、含新量、含智量、含民量综合得分高于全国平均水平，其中含智量为3.249。含新量总分，虽然雁塔区高于全国0.432，但与全国一样都是七项二级指标中最低的，且与二级指标最高分差距较大。雁塔区的创新投入高于全国0.526，但创新产出则低于全国0.096。含稳量得分与全国相当，其中经济安全雁塔区稍高，社会安全雁塔区不及；含法量雁塔区稍低，其中法治政府雁塔区要高于全国，主要是雁塔区法治经济水平低了2.261。含绿量低于全国水平，主要是绿色环境低于全国3.081，原因是森林覆盖率与人均公园绿地两项指标拉低，绿色经济与全国差距不大。

必须要说明的是，本文的样本数据取自2020—2022年，会受到新冠疫情的影响，但以权重计算，雁塔区和全国此期间情况相同，相对关系变化不大，指标比对结果应可参考。

四、雁塔区高质量发展的指导思想、目标和实施条件分析

（一）指导思想和目标

以高质量发展思想、经济思想和习近平关于城市工作的重要指示和论述为指导，以中国式现代化为目标和方向，立足新发展阶段、坚持新发展理念，树立新发展标准，营造一流现代化发展环境，把雁塔区建成兼具现代经济体系和现代社会发展的高质量发展示范区。"十四五"时期，人均可支配收入基本达到中等发达国家水平，经济实力跨入全国"十强区"行列。到2035年，建设拥有高质量现代产业体系、高标准现代治理体系、高格调现代文明、高水平共同富裕和可持续发展城市生态的一流中国式现代化新城区，人民富裕程度、人民健康水平、人民安全指数、人居环境质量、法治社会建设均走在全国前列。

（二）雁塔区高质量发展的有利条件和面临的挑战

1. 有利条件

（1）经济实力强。雁塔区2023年地区生产总值突破3000亿元大关，常住人口人均生产总值突破2万美元，经济总量约占西安1/4，稳居全省首位；城镇居民人均收入连续多年位居全省第一；连续12次荣获陕西省经济社会发展"五强区"第一名；连续13年进入全国百强区30强，稳居西部第一；在《小康》杂志发布的"中国最具发展潜力百佳县市"榜中位列第3名；2022年赛迪全国百强区综合排名16位；71家世界和国内500强企业入区发展。雁塔区经济社会综合发展水平长期位居西安市、陕西省、西部地区首位，雁塔区高质量发展指标要高于全国平均水平。

（2）科技创新资源富集。区内拥有西安交通大学、西安电子科技大学等39所高等院校、55家省级以上科研院所和67个重点实验室，汇聚各类科技人才约14万名；坐拥西安高新区、浐灞生态区、曲江新区和航天基地四个国家级开发区，是名副其实的西部科创第一区。雁塔区还拥有高新技术企业744家，区级科技小巨人企业36家，每年专利授权量占全市的1/4，2022年雁塔区技术合同交易额为300亿元。雁塔区的科创资源在全国居

于优势地位。雁塔区也是全域秦创原重要区。

（3）人口区位具有优势。雁塔区是陕西省委、省军区所在地，是陕西省的军政要地，也是全省建成区面积最大、人口最多的主城区，地处国家中心城市核心区，位居西安古都中轴龙脉线南端，与高新区、浐灞生态区、曲江新区、航天基地等四个国家级开发区接壤，上述四区有相当一部分居于雁塔辖区内，呈现"南北簇拥，东西拉动，一区多制"的发展格局。雁塔区交通便捷，常住人口155万余人。人口中大专以上占比高于全国平均水平，人口红利优势突出。雁塔区的含智量比全国平均水平高出3.3个百分点。

（4）文旅资源丰厚。雁塔区商业设施完善、业态多样化，拥有全国顶尖的西北第一大高品质商圈——小寨商圈，赛格商厦商气旺盛、经营有道、人流如织；区域坐拥大雁塔、陕西历史博物馆、陕西自然博物馆、大兴善寺、青龙寺等众多名胜古迹和旅游景区，是西安历史文化的重要承载区，每年接待海内外游客超过千万人次。西安电影制片厂、西安美术学院、西安音乐学院等坐落在区内，文旅资源汇集，文商旅融合发展条件优良。

（5）产业财力状况良好。雁塔区产业结构是典型的都市型结构，没有第一产业，第三产业占比近80%，社会消费品零售总额连续多年位居全省前列。赛格国际购物中心销售额多年稳居西部第一，瑞典宜家荟聚购物项目目前为陕西省商业项目利用外资之最。地方财政收入连续多年稳居全市前列，税源相对稳定，财政汲取水平高。本文指标评价体系表9中的经济效率权重高于全国平均水平。

（6）发展资源完整。雁塔区在产业、科技、教育、金融、人才、文旅、区位等方面具有较为完整的城区经济发展资源，这些条件即使放在国内城区排名前20强中也很突出。雁塔区高质量发展指标评价体系二级指标显示，雁塔区的含能量、含新量、含智量、含民量均超过全国平均水平。含绿量方面，其中绿色经济水平与全国平均水平相当。由于雁塔是城区，绿色环境（森林面积和人均公园绿地面积）与大部分辖有郊区的区差距较大。雁塔区作为位于西部的城区经济，在高质量发展指标体系评价中约70%的指标超过全国平均水平，主要得益于其发展资源完整性，大部分城区不具备雁塔区这样的综合资源和条件。雁塔区是全国为数不多的发展资源比较完整的城区。

（7）高度重视高质量发展。雁塔区委区政府认真贯彻落实习近平总书记关于高质量发展的重要思想和指示精神，雁塔区第十四次代表大会提出奋力谱写雁塔高质量发展新篇章，树高质量发展旗帜、凝高质量发展共识、鼓高质量发展干劲，在全区营造起很好的高质量发展氛围；雁塔区"十四五"规划和《西安市雁塔区国土空间总体规划（2021—2035）》都贯彻高质量发展理念，着力体现高质量发展要求；在招商引资、项目引进、产业发展等各项实际工作中坚持高质量发展思路和要求，真抓实干；自第十四次代表大会以来，雁塔全区上下高质量发展的思想基础愈加明晰和牢固，机关干部和企业高质量发展的主动性、积极性都在提升，为全区更好地实施高质量发展战略提供了很好的条件。

2. 不利因素

以高质量发展要求来看，雁塔区也面临一些困难和挑战。

（1）地均产出率不高。雁塔区经济总量、财政收入在全省、全市占据领先地位，其中开发区的贡献较大。如以亩均计，2022年雁塔区自管区域的亩均产值仅为111.56万元，而碑林区为289.6万元，莲湖区为137.7万元，均高于雁塔区。从高质量评价指标体系看，雁塔区地均GDP（每平方公里GDP产出）要高于全国平均水平。雁塔区与赛迪前"20强区"中同样完全城区经济类型的区地均产出率相比较，差距甚大。但是雁塔区人均GDP在赛迪20强区中排在第15位，比较正常。

（2）产业结构虚高。雁塔区产业以服务经济为主导，三次产业比例为0：23：77，是典型的都市经济。表面看第一产业为零，产业结构比较高级，背后实际是结构不合理且层次偏低。战略性新兴产业尚未形成规模效应，行业领先的大企业、高端产业集群尤为缺乏，先进制造业项目及研发平台项目仅占全市新增的2%。第二产业占比小，是规模偏小、层次偏低所致，低端下游产业还有较大占比，并且区属产业核心竞争力不强。第三产业也是大而欠强，仍然以传统商贸和传统服务业为主，现代服务业不大也不强，产业结构不合理，产业链完整度不够，尚未形成很好的现代化产业体系。

（3）税收结构不够理想。从税收结构来看，2022年，雁塔区的一般公共预算收入为41.1亿元，排在陕西省首位。与浙江省对比，2022年该省有14个区一般公共预算收入超过百亿。而GDP接近雁塔区但低于雁塔区的浙江宁波市北仑区一般公共预算收入更高达424.1亿元，杭州市余杭区和萧山区分别是352.98亿元和318.31亿元。究其原因，还是雁塔区产业含税量低，结构不够合理，层次偏低。因此加快产业升级转型、实现产业高端化、提升产业税收贡献能力是提升财力的关键，是雁塔区当前也是今后面临的大课题。

（4）项目储备不足。要做好升级转型，有好项目是关键。2022年，西安市级重点项目共897个，雁塔区22个，仅占全市的约2%。先进制造业项目及研发平台项目200个，涉及雁塔区2个，仅占1%，与雁塔区经济体量不相配。安排区级重点项目，相较全市其他各行政区，数量上也并不靠前，未央区、长安区比雁塔区的数量要多，且新增项目存量明显不足。从项目结构来看，雁塔区产业项目投资占比较小，新兴产业、先进制造业及工业项目数量少、体量小，难以支撑产业转型，更不要说保持投资高速增长。除了现有项目储备不足外，开发建设空间也有限，矛盾比较突出。低强度开发和低水平发展难以为继。如何在项目开拓和开发空间上取得突破，关乎雁塔区高质量发展是否顺利。

（5）创新潜能未能有效释放。雁塔区高质量评价指标体系中，含新量是雁塔区相对低值的指标，创新投入产出水平与全国平均水平基本持平。对于具有丰富科教、军工、人才优势的雁塔区来说，创新潜能释放不足，远未充分发挥。科学技术成果转化率水平较低，缺少科技龙头企业，国家级高新技术企业数量不足400家，相比深圳南山区4100家、广州天河区2995家差距巨大。同时，雁塔区在融入全市科技创新"一总两带"建设格局方面成效不显著，产业布局和创新载体建设参与度，与雁塔区秦创原全域化还有很大差距，科技优势转化为经济优势还需下大力气。

（6）公共服务均等化水平有待提高。就民生一般水平而言，雁塔区发展的含民量高于全国平均水平，但片区发展不均衡，基本公共服务均等化水平不高，城市规划建设管理服务精细化程度不够，基础设施支撑能力尚需强化，城市更新有待实现新突破。区域发展品质不高，与人民群众对美好生活的期望还存在差距。特别是卫生、教育、养老等优质公共服务分布不均衡、供给不充分。教育方面，公办教育质量不高、品牌不优、发展不均衡。

卫生方面，全区共有 13 所社区卫生服务中心，其中政府举办的仅有 5 所，普遍面积不达标。养老方面，全区每千名老人养老床位不到 25 张，远低于全市 45 张的平均水平和国家 35 张的标准。

（7）基层治理体系和治理能力亦需提升。在高质量发展的含法量和含稳量方面，雁塔区与全国平均水平相比没有优势，治理水平指标略低。现实情况是雁塔区辖超大社区多，管理幅度过大，压力较大。雁塔区平均每万名常住人口拥有社区工作者不到 14 人，低于国家"十四五"城乡社区服务体系建设指标确定的 2020 年基期值 15 人，更少于 2025 年 18 人的标准。同时，基层社区的资源统筹能力也有待提升，基层网格员、楼栋长、单元长、志愿者配备招募等的动员能力较弱。近一年来，基层治理方面的工作已得到重视并开始加强，但治理能力向下延伸的工作还需要加大力度并进一步加强。

五、国际国内高质量发展的经验和做法

（一）国际做法

高质量发展国家，通常是指发达国家。目前国际上没有关于发达国家通用的标准。IMF 认为人均 GDP 超过 2 万美元就算发达国家，但这并不十分科学，比如阿联酋等国，虽然人均 GDP 很高，但并不算发达国家。

为了更准确地评价一个国家的发展程度，一般认为在评价的时候要看以下 8 个指标，只有这 8 个指标都达到一定标准，才算是发达国家。

HIE OECD：国际经合组织 OECD 的高收入会员国。

IMF AE：国际货币基金组织公布的发达国家。

HDI VH：联合国人类发展指数高水平国家。

DAC：OECD 开发援助委员会的援助受取国以及地域当中的高中所得水平国家。

CDI：国际开发中心评选的高水平国家。

Where-to-be-born Index：也被叫作"投胎指数"。

NBC30：美国新闻周刊公布的世界最高水平国家 TOP30。

CIA AE：美国 CIA 发布的报告中的发达国家。

从上述这些标准综合起来看，普遍认为世界上的发达国家只有 32 个。其中，欧洲 24 个，包括英国、爱尔兰、法国、荷兰、比利时、卢森堡、德国、奥地利、瑞士、挪威、冰岛、丹麦、瑞典、芬兰、意大利、西班牙、葡萄牙、希腊、匈牙利、斯洛文尼亚、捷克、斯洛伐克、马耳他、塞浦路斯；美洲 2 个，包括美国、加拿大；大洋洲 2 个，包括澳大利亚、新西兰；亚洲 4 个，包括日本、韩国、新加坡、以色列。

以上所列 32 个国家，剔除宗教和意识形态因素，大致可作为我们可参考的高质量发展国家。

发达国家一般在以下几个方面体现高发展质量：（1）较高的教育和科技水平；（2）较高的生产水平和产品、服务质量；（3）较为完善的社会保障体系；（4）良好的环境质量；

（5）强调劳工权利；（6）良好的法治和治理能力；（7）保护老弱病残幼。

中国幅员辽阔、国情复杂、民族多样，定义高质量发展，研究并制定指标体系，应当立足于我们的发展方向和目标，参考并汲取其他国家的发展经验。高质量发展各自特色，这是我们对国际经验的总结，也是我们提出高质量发展、建设中国式现代化的根据。

（二）国内参考

下面重点分析全国（不包含直辖市属区）赛迪排名前22位百强区。其中广东省占9位，江苏省占3位，浙江省占4位，山东省、湖南省、安徽省、陕西省、四川省、河南省各占1位。这些区高质量发展的措施，有不少相同相近的提法、做法，但是具体措施又有所不同，领域各有侧重点，总体上呈现了省域高质量发展战略的特征，体现了各自的发展状况。简述如下。

1. 把疫情后恢复发展与高质量发展结合起来

22个国内强区普遍存在疫情后渴望发展，尽早补回因疫情造成的损失的心态，大多着力上项目、重招商、抓产业、抢人才、开拓可开发空间，都在强产业、拼制造业，固链、补链、延链，着力大招商、招大商。成都市武侯区瞄准产业链关键、价值链核心、创新链前沿，一企一策，一地一策，建圈强链。南京市江宁区大力推进强链、补链、延链专项行动，力推产业迈上中高端。宝安区加快发展智能制造、总部制造、核心制造、服务制造等新型制造。同时，各区在高质量发展各个方面进行全方位谋划、部署和全力推进。总体来看，广东省思路直接、措施简明，江浙两省谋划深、措施实、工作细，其他省区也都动力足、干劲大、动作多，但程度有所不同。

2. 突出制造业当家

各个强区都重视制造业，采取强有力的措施保障制造业发展，尤其是广东省。深圳市的宝安区、龙岗区，佛山市的南海区，都提出制造业当家，强调一把手工程，加快新产业铸链成群，提升工业、服务业匹配度，固链、补链、延链。通过制造业提质升级，提升战略新兴产业集群发展能级，进一步建设高品质园区平台载体，守住工业基本盘。佛山市南海区全面推动政策措施向制造业倾斜，各类要素向制造业集聚，工作力量向制造业加强，降费减税惠企，配以有温度的人才服务体系，形成制造业当家的资源配置机制。深圳市福田区直接打出"打造全球重要的先进制造业中心"，目标远大。

3. 力拼科技创新

22个国内强区都高度重视创新。杭州市滨江区力图通过创新科技金融，持续完善现代化科创体系，提出"从0到1"更前沿，提升源头创新能力，推出更多原创性、开创性成果，"从1到10"要更活跃，"10到N"更丰富，形成更多创新产品和模式。深圳市福田区、广州市越秀区着力科技、创新双策源，以科技创新策源力驱动高质量发展，提出创新为魂、高端决胜。创新需要科技金融，大多数区都提出科技创新金融，探索普惠金融、深化金融服务。用好基金、债券、担保等杠杆，打造从天使、创投到并购接续助力的基金生态体系，建立完善国有类金融工具，采取拨改投、拨改贷、拨改保等市场化形式，投债联动、投债结合，为创新人才、科技项目落户发展提供更灵活、更有效的资金支持。普遍强调建设关键共性技术平台，实施科技型企业梯次培育工程，引领集成创新，加强成果转化、完善技术创新市场导向机制。

4. 强调亩产论英雄

浙江省宁波市北仑区提出：全域落实"亩均效益""标准地""白名单"改革，力争规上企业亩均增加值、亩均税收分别增长5.5%和6%。鄞州区、余杭区都强调深化"亩均"和"楼均"论英雄，实现集约化、精细化发展，着力统筹一域与全局、活力与质效、共富与先行、破难与争先，以加速新旧动能转换，奋力开辟高质量发展增长源。余杭区力争引进总投资亿元以上项目100个、50亿元项目5个，实际利用外资8亿美元，实际引进投资280亿元，实现浙商回归实际到位资金220亿元，力争工业投资增长30%以上。广东佛山等地区也提出亩产论英雄，重点扶持专精特新、"小巨人""单项冠军"。还有多区设立"项目专班"实现"工业上楼"，力拼单位产出率。

5. 竞打特色牌

青岛市黄岛区提出全面经略海洋经济，建设陆海统筹发展试验区；常州市武进区聚力打造新能源之都，招引百亿项目，培育千亿企业，打造万亿产业，全力打造"常州氢湾"，办好世界工业与能源互联网暨国际工业装备博览会，打造工业大数据平台；南京市江宁区高标准打造国家级长江三角洲工业互联网创新示范基地，主抓工业互联网、大数据；杭州市余杭区实施创新策源工程，争创综合性国家科学中心核心区，建设全球创新策源地，大力度培育创新集群，闭环化贯通创新链条，全方位营造创新生态，办好全球开放科学大会、TR35等品牌活动，谋划建设国际人力资源产业园，筹建"长江三角洲人才之家"，启动长江三角洲数智经济产业园项目，实现数字经济与人工智能结合；无锡市新吴区增强数字经济引擎动能，目标是使物联网产业产值达到2800亿元，成为"中国物联网第一区"。深圳市罗湖区加快建设深港融合发展先行区，争取税收、跨境贸易政策，打造"境内关外"特殊监管区，发展飞地经济、免税经济。杭州市萧山区意欲借力放大亚运综合效应，沿钱塘江串联杭州临空经济示范区、萧山经济技术开发区、钱江世纪城、湘湖国家旅游度假区·萧滨合作区等，形成发展新格局，提升综合竞争力，成为具有国际美誉度的大都市中心城区。建设"中国视谷"，争取成为国家视觉制造创新中心。

6. 强调发展与安全两手抓

实现高质量发展和高水平安全良性互动是多个强区的又一个特点，南京市江宁区较为突出。南京市江宁区强化社会经济安全源头管理，最大限度地减少疫情对经济社会发展的影响。抓好政府显性隐性债务风险防范化解，加强融资平台公司经营性债务规模管控，加快推进国有平台公司整合转型，提升国有企业市场化运营能力。同时加大对房地产、非法集资等领域风险排查化解力度，牢牢守住不发生系统性区域性风险底线。提出提升防灾减灾救灾能力，提高食品安全整体水平，坚决遏止重特大事故。深化投资审批制度改革，完善"告知承诺制""拿地即开工""交付即拿证"的做法，开辟重大项目绿色通道；构建亲清新型政商关系，支持民营经济和民营企业发展，做到"有求必应、无事不扰"。

7. 推动政府治理现代化

普遍强调行政效能，强化依法行政。重大行政决策事前论证、事后评估和舆情评估，提高决策科学化、民主化水平。依法接受人大和政协民主监督，接受社会和舆论监督。加强诚信政府建设，推进政务公开标准化、规范化。坚持勤政廉政。问政问需于民，严格落实全面从严治党主体责任。推动城市运行"一网统管"，一案一策攻坚化解信访积案，切实压降信访总量。进一步推动执法事权、执法力量向街道下放下沉，常态化开展扫黑除恶斗争，增强公众安全感，持续优化营商环境。常州市武进区聚力筑牢安全底板，让善治内涵更加丰富，创成全国首批市域社会治理现代化试点合格城市。发挥首席数据官作用，建好用好城市运行管理中心，完善城市运行"一张图"，实现"人、房、车、企、家"一图尽揽。聚焦"高效处置一件事"，加强流程管理，多措并举创新社会治理。打造"五通办"政务服务，推进企业登记"无感审批"，力争实现"一网通办"。

8. 重视企业上市工作

粤、苏、浙三省最为重视、主动，尤其重视科技企业上市，制定不同的发展目标，在土地、资金、政策等资源要素上，更多向科技型民营企业倾斜。广东多区着力推进科技企业上市工作。常州市武进区提出，培育潜在独角兽企业超50家，瞪羚企业累计超700家，上市16家；苏州市吴江区的目标是2023年新增上市公司5家；南京市江宁区的目标是完成中小企业"小升规"50家以上，新增上市公司5家；青岛市黄岛区大力发展直接融资，推动10家以上企业上市。浙江省北仑、鄞州、慈溪、余杭、滨江五个区分别提出从5家到16家不等的上市企业数量目标。上市企业数量是衡量经济发展水平和发展质量的一个重要指标。

此外，各强区对绿色经济、绿色环境，文旅发展、民生问题等也都有规划和举措。

六、雁塔区高质量发展的路径及建议

（一）实施路径

1. 要以思想解放、观念创新为先导再出发

习近平总书记在新近听取陕西省委、省政府工作汇报时指示，陕西在推进中国式现代化建设中要有勇立潮头、争当时代弄潮儿的志向和气魄，奋力追赶、敢于超越，在西部地区发挥示范作用。习近平总书记最新指示，为陕西省及西安市高质量发展指明了方向。贯彻落实好习近平总书记指示精神，要深刻领会高质量发展既是中央的要求和部署，也是发展规律使然，更是实际工作和生活的目标和理想。当今是科技进步快速迭代并迅捷带来各方面发展变化的时代，保持思想解放、观念创新、善于学习是领导部门和岗位的基本要求。从雁塔区前期招商引资和项目建设工作中反映出一些部门思想不够解放，积极性、主动性不强，干部学习动力不足的问题。雁塔区要落实好习近平总书记对陕西工作的新要求，实现高质量发展，必须大力解放思想、创新观念、提高能力，在实际工作中，发扬敢想敢干、敢为敢闯、敢首创的精神，努力发挥在高质量发展上全省全市的示范引领作用。

2. 要以高水平谋划为突破口开辟工作新境界

当前，国际国内发展形势和局面处于深刻的变化和调整期，西安正面临深化"一带一路"枢纽城市建设、推进国家中心城市建设出新篇、开发大西部谋新章等新的机遇和挑战期，城市潜在价值如何合理实现？雁塔区完整和优质的发展资源，全省和西部第一区的招牌和影响力，如何借势高质量发展的"风口"实现新作为？需要提高整体谋划水平，增强实质性突破能力。一是讲好雁塔区自身故事。雁塔区是陕西政军要地、大唐文化圣地、国内科教重地、西部经济高地。要把雁塔辖区较为完整的优质资源展示出来、讲出来。现在一旦出了西安市，不要说国内其他地区，即使陕西省内，知道大唐芙蓉园、大唐不夜城、西部电影集团、大兴善寺、青龙寺等的人并不多。除了人口和面积，雁塔区发展资源的丰度超过许多地级市。可以考虑制作一个高水平、有吸引力的西安市雁塔区的形象广告片宣传雁塔区，在央视播出。宣传雁塔也是宣传西安，宣传陕西。二是要使亮点更亮。当下雁塔辖区产业状况：科创和一般产业、商贸、文旅三大板块。文旅最有基础，"大唐不夜城""大唐芙蓉园"名扬海内外，如何进一步吃好"大唐"饭？要在全国打出中国年在西安，西安年在雁塔。每年举办汉服节、秧歌会等街节，可请高维高智之专业策划机构作具体升级谋划，总之要将超高的知名度和人气转化为应有的效益。三是深化全域秦创原建设。要以有吸引力、有效率的发展政策、发展机制为抓手，以区属园区为空间载体，聚集辖区内外（区内为主）校院所的科创人才、专利成果等科创资源，进行策源创新。可制定《雁塔区与在地校院所融合发展的意见》或与某校、院、所一对一的融合发展方案，主动对接、先易后难、以点带面、寻求突破；同时要做好辖区市属四个功能区（高新、曲江、浐灞、航天）以及交大科技园、西京科创园的社会管理和发展配合、服务工作，营造更多利益共同点，互相借力、实现共享发展；尤需重点抓好区本级的未来产业园的发展，一个强区必须要有属于自己的科创园区。未来产业园要明确重点产业定位，以此招揽对应大商、大项目，并以主导产业大项目带动园企成链成群。可以重点发展网络安全、人工智能、数据产业，建设好全国AI算力网络西北枢纽节点，借力辖区西安电子科技大学在网络安全、人工智能方面的实力；要打开思路，瞄准一线城市或沿海地区高水平、有实力的园区进行多种形式的合作，包括整体共建，借力发展。一定要增强事业心，掌握并善于运用市场思维、企业机制，做好园区建设和招商工作。力争使区属的科创园区、科创产业上档次，形成规模，快速成长。努力使雁塔区成为在国内外耀眼的西部之雁、中国之光。

3. 要以中国式现代化为方向锲而不舍

高质量发展是中国式现代化的必然选择和具体化，中国式现代化必须通过区域高质量发展实现最终表征，因此，雁塔区实现高质量发展必须要以中国式现代化为方向和指归，体现中国式现代化的全面要求。具体来说，要以本报告提出高质量发展的七大维度14个方面为着力点：经济能量和经济效率、科技创新投入产出、绿色经济和绿色环境、智力结构和智慧城市、人民生活水平和各项保障、法治政府和法治经济，以及经济安全和社会安全。依据前述指标评价体系对这几个方面的评价和分析，对雁塔区高质量发展要有整体性、系统性的规划，更要持续奋进，加长版、补短板，通过合理有效地整合雁塔区自身的发展资源和要素，使较为完整、难得的发展资源发挥应有的能量，实现发展的提升。

4. 要以适时快速跟进为战略精明发展

要深刻理解、把握高质量发展的内涵特征和规律，洞察发展问题的实质和要旨，即发展资源和要素的聚集、整合、效能放大。清醒认识雁塔的区情和高质量发展条件方面的优劣势。善于研判国际国内发展新动向，把握好西安城市的战略地位及在区域发展中的特点和作用，敏锐把握发展契机。根据雁塔区发展状况，结合市情和大区域历史文化特点，可以采取适时跟进的发展方式，概括为"快速、稳健、跟进"六个字。总体上与国家战略部署保持同步，体现地方发展与国家整体战略部署的一致性，而在某些领域又适当领先，具有自己特色。适时快速跟进策略，不求时间最早，但求成本最低；不求声势最大，力求效益最佳；不轻易出头，不张扬，不冒进。追求长途赛跑中紧跟第一方阵、跟跑和并跑的策略，相机超前。紧紧盯住第一方阵的任何新动向、新谋划、新理念，实实在在招好商、抓好项目、搞好创新、优化治理等，举一反三，补齐短板弱项，切实将工作提高到一个新的水平、新的层次。

5. 要以全方位提升为目标实现跃迁

全力打造国内一流、国际知名高能级战略平台，构建科技创新生态体系，优化创新资源配置，全面激发创新活力，使雁塔区综合排名跻身全国第一方阵。完善"规划、土地、资金、征迁、方案"五要素联动协同机制，全域落实"亩均效益""标准地""白名单"改革，力争规上企业亩均增加值、亩均税收分别增长5.5%和6%。以数字化改革为方向，深化重要领域和关键环节改革，形成更多具有辨识度的标志性成果。把各方面的力量凝聚到大抓招商、大抓项目上，建立多层次的客商网络，更有成效、更大规模、更高层次地招商引资。构建更加精准有效的政策服务体系、资源要素供给体系，统筹好发展与安全，确保行稳致远。提升市场主体智量，新增省级以上专精新特"小巨人"企业、独角兽企业、瞪羚企业数量。协调好局部与整体，促进公平效率。构建均衡可及、协调互补的共同富裕实践样板新格局。聚力筑牢安全底线，让善治内涵更丰富。使雁塔区成为创新化、效能化、生态化、智慧化、人性化、法治化的高质量发展示范区。

（二）措施建议

牢牢把握中国式现代化这个大方向，把握高质量发展的实质和精髓，采取有针对性的措施，有效推进雁塔区高质量发展。

1. 提高含新量

含新量是雁塔区实现高质量发展有较大可能提升的空间，以提高创新投入产出作为提高含新量的抓手。实施创新策源工程，争创西安国家科创双中心的核心区、创新策源地。大力培育创新集群，贯通创新链条，全方位营造创新生态，积极探索资源要素联动融合的创新发展模式。除了极少量的0到1基础科研活动，大部分创新是"1到10""10到N"，重点放在实现产业的升级和转型，新产品、新业态、新模式的推出上。进一步研究制鼓励奖励创新型企业的有针对性的政策措施。

2. 加强含能量

全面推进产业强区主导战略，勇立高质量发展潮头。深刻认识我国的基本国情，产业经济始终是命根子。使经济增长有动力、有活力，切实突出项目为王，建立一支专业招商队伍，招大商、招好商。实施规模以上工业企业"头雁工程"，"一企一策"服务优势企业，

"一地一策"盘活存量用地，着力提升项目产出，持续提升税收贡献度。增强营商环境竞争力，以数字化改革引领推动营商环境迭代升级。突出专业园区"主阵地"作用，着力做强产业集群，增强数字经济引擎动能，使产业园区更强、区属产业更大。提升地均、人均产出，坚定不移抓住抓好以实体经济为主的现代化产业体系。高质量发展的前提必须有现代化的产业体系做支撑，致力于打造高端产业和产业高端，推动产业迈向"双高端"。

3. 增加含绿量

坚持绿色引领，以绿色发展打造良好生态，坚持系统治理与提升，推进全面绿色和谐美丽雁塔建设。稳步提升绿色经济、绿色产业。现有产业要进一步提升含绿量，招商引资和新引进项目时，要考虑含绿量。建立健全废弃物循环利用体系，构建循环经济产业链，打造国家"无废城市"建设样板区。在绿色环境方面，因雁塔区条件与含郊区的区情不同，可适当开拓空间增加绿色面积。重点开展绿色家庭、绿色学校、绿色社区、绿色商场、绿色工厂创建评比授牌活动。在现有基础上，有针对性地提升环境含绿量，尤其是要在生产环节、生活方式、管理运营的生态化上着力。

4. 提升含智量

聚力政产学研深度融合。发挥雁塔区拥有的人才优势，采用更加开放灵活的人才政策，疏通成果转化环节，构建"众创空间—孵化器—加速器—产业园区"全链条科技企业培育体系，着力提升园区发展质效，释放人才红利。雁塔区智慧城市得分虽高于全国均值，但是仍然需要加强数据融合集成，提高城市智慧化水平。研创智慧城市新的App，丰富完善政务服务一网通，城市运行一网通管，提升快速响应和高效联动处置能力，推动智慧服务普惠应用，持续提升市民获得感，构建好城市智能运行的数字底座。

5. 落实含民量

发展质量的高低，最终是以经济发展能否满足人民日益增长的美好生活需要为判断准则的。美好生活需要不仅是单纯的物质需求，而是越来越多地表现为人的全面发展的需求。用心做好教育、社保、医保、养老、临终等百姓切身之事。坚持共同富裕大目标，持续提高人民的收入水平，改善人民生活。坚持人民至上，注重办好民生大事和关键小事，进一步提升群众幸福指数，努力让群众的获得感成色更足，幸福感更强更可持续，安全感更有保障。

6. 强化含法量

高质量发展的经济社会质态，不仅体现在经济领域，而且体现在更广泛的社会、政治和文化等领域。公平正义是高质量发展的内在要求，是强化含法量的关键点。要以公平促进效率，以高效率实现包容性发展，才是真正的高质量发展。推动治理体系和治理能力现代化，全力打造法治雁塔、公平雁塔、廉能雁塔、秩序雁塔。为持续推进和鼓励高质量发展，区里可以考虑分领域设立高质量发展奖，营造高质量发展的良好氛围。

7. 保障含稳量

实现高质量发展的一个关键是权衡发展与安全之间的关系，没有发展就没有高质量的发展，而如果失去安全则一切发展成果都将失去意义。高质量发展首要体现为更具安全性的发展，要把增长稳、有税收、含薪水的GDP摆在更加突出的位置，稳中求进、稳中提质。要有风险意识，必须有能力将经济和社会风险控制在一定限度内，避免因风险失控而爆发危机。高质量发展战略和政策要体现风险可管控的要求，要加强投融资平台安全性管控，做好问题楼盘情况掌握和处置工作，密切关注、预警可能的舆情以及其他各种潜在的经济社会风险，及时做好防范和化解。重点抓住处于各类重要发展和安全岗位的人员，强化意识、提高能力、增强责任心。

附表　部分全国赛迪百强区"十四五"规划、2023年高质量发展目标一览表

区名	所属省市	"十四五"规划主要目标	2023年主要目标
南山区	广东省深圳市	本地生产总值力争达到1万亿元，全社会研发经费投入增速为9%。到2025年，国家高新技术企业达4800家，PCT国际专利申请量达8800件；新增幼儿园21所，新增学位10500座，新建改扩建义务教育学校33所，新增学位49215座，新建高中学校2所，新增学位3900座；新增区属公办病床数2500张，新增公办养老床位数超过1000张；公共住房建设筹集量2.27万套；亿元GDP生产安全事故死亡率降到0.0035；食用农产品评价性抽检合格率达到98%，药品评价性抽检合格率达到98.5%；人均公共文化设施面积达到0.31平方米，人均体育场地面积达到2.5平方米；每万人注册志愿者数达1500人	本地生产总值增长7%左右，努力争取更好结果；一般公共预算收入与2022年基本持平，规模以上工业增加值增长6%，全社会研发投入增长9%，社会消费品零售总额增长8%，居民人均可支配收入稳步增长
天河区	广东省广州市	地区生产总值达7000亿元，年均增长6%左右，打造国家中心城市核心功能枢纽、现代服务业高质量发展先锋、社会主义先进文化展示窗口、现代化国际化营商环境样板示范，城区发展能级、综合实力、环境品质实现大提升，争创新时代高质量发展典范	地区生产总值增长6.5%以上，一般公共预算收入与经济社会发展水平相适应、与财政政策相衔接，固定资产投资增长20%以上，城市居民收入增长与经济增长基本同步
福田区	广东省深圳市	基本建成社会主义现代化典范城区，发展质量跃居全球前列，城区治理达到世界一流，民生福祉彰显制度优势，改革开放引领湾区实践，并科学设置经济发展、创新能力、城区治理、民生发展4大类24项调控指标，地区生产总值年均增长5%左右，达到6600亿元左右	地区生产总值增长6.5%，地方一般公共预算收入增长11.0%，规模以上工业增加值增长6.0%，社会消费品零售总额增长3.0%，居民人均可支配收入稳步增长
黄岛区	山东省青岛市	主要领域现代化进程率先走在全国前列，国内大循环的战略支点、国内国际双循环的枢纽作用充分显现，基本建成改革开放更深入、发展活力更充沛、创新能力更突出、产业结构更优化、要素流动更顺畅、生态环境更优美、社会保障更有力的开放、现代、活力、时尚国际化新区，全区总人口争取突破260万人，GDP年均增速8%	地区生产总值年均增长8%以上，力争突破6000亿元；一般公共预算收入突破500亿元，税收占比超过80%；市场主体突破80万家，其中企业突破35万家；总人口达到280万人，居民人均可支配收入增长与经济增长同步；主要领域现代化进程率先走在全国前列
宝安区	广东省深圳市	地区生产总值年均增长6.5%，人均地区生产总值12万元/人；全社会研发经费投入年均增长10%，国家级高新技术企业数量7000家，数字经济核心产业增加值占GDP比为28.0%；居民人均可支配收入年均增长6.0%；城镇登记失业率≤3.5%，劳动年龄人口平均受教育年限12.5年；新增供应公共住房4万套；人均预期寿命84.53岁；每千人口拥有执业（助理）医师数2.12人，每千人口拥有3岁以下婴幼儿托位数4.5个；环境空气质量优良天数比例92%，万元GDP水耗累计下降≥18%，森林覆盖率≥23%，主要河流断面水质（茅洲河共村村）达到Ⅳ类水；完成市下达单位GDP二氧化碳排放降低任务，完成市下达单位GDP能源消耗降低任务，完成市下达粮食储备保障能力任务；亿元GDP生产安全事故死亡率≤0.01255人/亿元	地区生产总值增长7%以上，实际工作中争取更好结果；地方一般公共预算收入增长6%以上，规上工业增加值增长7%以上，全社会研发投入增长10%以上，社会消费品零售总额增长7%以上，居民人均可支配收入稳步增长

续表

区名	所属省市	"十四五"规划主要目标	2023年主要目标
龙岗区	广东省深圳市	地区生产总值6800亿元,人均生产总值16万元/人;研发经费投入占GDP比重10.8%,拥有发明专利数5万件;数字经济核心产业增加值占GDP比例45%;劳动年龄人口平均受教育年限12.5年;人均预期寿命84.5岁;每千人口拥有执业(助理)医师数2.66人,每千人口拥有3岁以下婴幼儿托位数4.5个;单位GDP能源消耗累计降幅以全市下达任务为准	地区生产总值增长6%,地方一般公共预算收入增长6%,规上工业增加值增长6%以上,全社会研发投入增长8%以上,居民消费价格涨幅控制在3%左右,新增就业18万人,居民人均可支配收入稳步增长
黄埔区	广东省广州市	生产总值年均增速预计在8%左右,数字经济核心产业增加值占地区生产总值比重提高到25%,上市企业数从2020年的63家增加到2025年100家,城乡居民人均可支配收入年均增速达到8%左右,医疗机构床位数将从2020年的5000张增加到1万张,累计新增基础教育公办学位数6.5万个	生产总值增长的目标是7%以上;规模以上工业增加值增长7%以上,力争实现工业总产值突破万亿元;固定资产投资完成2500亿元,增长25%左右;工业投资完成超650亿元
顺德区	广东省佛山市	地区生产总值预期达到5000亿元;在创新驱动上,顺德R&D(科研所需的)经费支出占GDP比重预期达4.4%,数字经济增加值占GDP比重预期达到50%,每万人口高价值发明专利拥有量预期要达到20件;在民生福祉上,居民人均可支配收入增长率与经济增长基本同步	地区生产总值增长6%,居民人均可支配收入增长与经济增长基本同步
吴江区	江苏省苏州市	围绕"创新湖区""乐居之城"发展定位,打造生态绿色是底色、创新引领是亮色、文化底蕴是彩色、高质量发展是成色的吴江样板,聚焦"智能制造看吴江"、宜居宜业首选地,建设示范引领长三角一体化发展的创新吴江、人文吴江、开放吴江、幸福吴江、美丽吴江; 一体化发展加快推进,经济实力显著增强,民生福祉不断增进,城市能级全面提升,治理效能显著提高,"美丽吴江"形成示范效应	地区生产总值增长5%左右,一般公共预算收入力争增长5.5%,全社会固定资产投资增速高于全市平均水平,社会消费品零售总额增长6%以上,外贸进出口保持稳定、质效提升,全社会研发投入占地区生产总值比重3.95%以上,居民人均可支配收入与经济增长基本同步,全员劳动生产率与GDP增长基本同步,工业增加值率同口径提升,全区生产安全事故起数和死亡人数降幅大于全市平均水平,主要污染物排放总量削减完成上级下达任务
南海区	广东省佛山市	地区生产总值到2025年达到4000亿元左右,研发投入增长率7.2%,数字经济核心产业增加值占GDP比重13%,每万人口拥有高价值发明专利数售7件,居民人均可支配收入增长率与经济增长基本同步,城镇登记失业率3%以内,人均预期寿命达到82.40岁,每千人口执业(助理)医生数3.15人,每千人口医疗机构床位数6张,每千人口拥有3岁以下婴幼儿托位数5.5位,基本养老保险参保人数150.50万人,每十万人口高等教育在校生数1950人,养老机构护理型床位占比不低于55%,森林覆盖率不低于10.17%,基础教育千人学位数200座,粮食综合生产能力0.21万吨	地区生产总值增长6%左右,工业投资增长12%以上,居民人均可支配收入增长与经济增长基本同步;持之以恒做到"五个坚持"、抓好"五个统筹",以"十七项工程"为发力点,努力实现全年最好的发展成果
越秀区	广东省广州市	GDP年均增长率规划目标值为4%,现代服务业占服务业比重的规划目标值为70%,建成区绿化覆盖率规划目标值为35.36%,每万人口拥有公共文化设施面积的规划目标值为1550平方米,居民办证事项实现可网上办理率的规划目标值为100%。在此期间,越秀将其打造为"湾区创新新枢纽""都会产业高地"和"美好生活样板",全面建成广州"老城市新活力创新发展示范区"	地区生产总值增长4.5%左右,社会消费品零售总额增长5.5%左右,地方一般公共预算收入增长5.7%,城镇居民收入增长与经济增长基本同步,圆满完成年度节能减排约束性指标任务

续表

区名	所属省市	"十四五"规划主要目标	2023年主要目标
武进区	江苏省常州市	高新技术企业数超2000家，R&D经费占地区生产总值比重超3.5%；综合实力更加强劲，地区生产总值在"十三五"末的基础上力争增加1000亿元，上市企业数达70家；开放合作更加全面，不断提高区域合作水平；城乡面貌更加亮丽，城镇污水处理率达95%；生态环境更加优美，林木覆盖率达27%；人民生活更加幸福，城镇调查失业率控制在1.7%，普惠型幼儿园覆盖率达94%；社会治理更加高效，群众安全感达96%，网格规范达标率达90%。到2035年，人均地区生产总值力争达到5万美元以上	地区生产总值增长5.5%，一般公共预算收入增长5.5%，实际使用外资增长10%左右，进出口总额增长5%左右，数字经济核心产业增加值占GDP比重提升0.5个百分点，社会消费品零售总额增速保持稳定，居民人均可支配收入增长高于GDP增幅，生产安全事故起数和死亡人数持续下降，主要污染物减排、单位GDP能耗下降，大气、水环境质量完成省下达任务
雨花区	湖南省长沙市	地区生产总值年均增长6.5%左右，人均GDP突破3万美元，软件业务收入达到4500亿元，力争5000亿元；每万人口拥有高价值发明专利数110件，独角兽、瞪羚企业超过100家，高新技术企业达到2000家；人口规模达到63万人，人均预期寿命达到84岁；单位地区生产总值能耗、碳排放稳步下降，空气质量良好以上天数比率达到80%以上。法治建设满意度、公众安全感分别达到93%、96%以上	地区生产总值增长5.5%以上，地方一般公共预算收入增长6%以上，固定资产投资增长6%以上，社会消费品零售总额增长5%以上，城镇居民人均可支配收入与经济增长基本同步，城镇调查失业率与省市目标保持一致
蜀山区	安徽省合肥市	地区生产总值力争达1900亿元，制造业增加值占GDP比重45%，社会消费品零售总额达800亿元，数字经济核心产业增加值占GDP比重达12%，高新技术企业数力争达1000个，居民人均可支配收入高于GDP增长，每千常住人口3岁以下婴幼儿托位4.6个，森林覆盖率达34.98%	地区生产总值增长7%，一般公共预算收入增长3%，固定资产投资增长8%，社会消费品零售总额增长5%，建筑业总产值增长10%，服务业增加值增长5.6%，进出口总额增速高于全国增速，常住居民人均可支配收入增长快于经济增速，城镇新增实名制就业、生态环保和节能减排完成市定目标，保持经济社会持续健康发展
鄞州区	浙江省宁波市	地区生产总值突破3200亿元，财政总收入突破600亿元，数字经济增加值占地区生产总值比重超过65%，现代服务业增加值占服务业比重超过60%，R&D经费支出比重达到3.6%，每万人拥有有效发明专利授权数达到70件，常住人口城镇化率达到85%，城乡居民收入比小于1.65，城镇居民、农村居民人均可支配收入分别突破10万元、6万元	地区生产总值增长5.5%以上；一般公共预算收入与经济增长基本同步，城乡居民人均可支配收入增速快于经济增长速度；固定资产投资增长8%以上；社会消费品零售总额增长10%；货物进出口额占全国份额稳中有增；城镇新增就业3万人以上，城镇登记失业率控制在2.2%以内；能源和环境指标完成上级下达计划目标
雁塔区	陕西省西安市	地区生产总值年均增长7.5%，总值突破3000亿元大关，期末达到3600亿元，人均地区生产总值突破3万美元，财政总收入和一般公共预算收入年均增长10%；社会消费品零售总额年均增长8%，固定资产投资年均增长10%；众创载体数量达到50家，运营面积达到100万平方米，培育市级以上技术转移示范机构5家以上；全区专利申请总量突破40000件，每万人口拥有高价值发明专利数15件；单位GDP能耗、水耗持续下降，碳排放总量得到有效控制，主要污染物排放总量持续削减，治污减霾成效进一步显现，全面完成上级下达任务指标；人均公园绿地面积达到20平方米，城市绿化覆盖率达到39.5%；居民人均可支配收入年均增长7.5%，期末超过7.3万元；累计新增就业人数5.5万人，城镇登记失业率控制在4%以内	生产总值增长7%左右，区属固定资产投资增长8%以上，区属规模以上工业增加值增长5%，区属社会消费品零售总额增长10%以上，一般公共预算收入增长18%左右，城镇居民可支配收入稳定增长，总量继续稳居全省区县第一，各项社会事业全面发展

续表

区名	所属省市	"十四五"规划主要目标	2023年主要目标
江宁区	江苏省南京市	地区生产总值年均增长7%左右,人均GDP超过3万美元,制造业增加值占GDP比例43%,研发经费投入占GDP比例3.5%,科技进步贡献率提高到74%以上,每万人口拥有高价值发明专利数135个,货物进出口总额占全省比重2.8%,实际使用外资占全省比重4.3%;常住人口城镇化率达到78%;人均接受文化场馆服务次数8次,全民阅读指数80;单位GDP二氧化碳排放降低5%,PM2.5年均浓度降至30微克/立方米,林木覆盖率稳定在31.85%;人均可支配收入年均增长7%以上,城镇新增就业人数25万人,人均预期寿命83.2岁,每千人口拥有执业（助理）医师数3.5人	地区生产总值增长6%以上,一般公共预算收入增长8%,全社会固定资产投资增长5%,社会消费品零售总额增长6%以上,规上工业总产值增长10%以上,全体居民人均可支配收入增幅与经济增长基本同步,其中农民收入增速高于城镇居民,节能减排、大气和水环境质量等约束性指标确保完成市下达的目标任务
武侯区	四川省成都市	地区生产总值1800亿~2000亿元,年均增长率7%~9%,人均地区生产总值15万~16.7万元/人,全员劳动生产率增长7%,社会消费品零售总额1700亿元;研发经费投入增长10%,每万人发明专利拥有量58件;数字经济核心产业增加值占GDP比重高于全市水平,高新技术企业数1100家,新经济企业数100000家;进出口总额年均增速10%,实际利用外资年均增速8%,世界500强企业落户数140个;单位GDP能耗降低完成市上下达目标,单位GDP二氧化碳排放降低完成市上下达目标;城市空气质量优良天数比率≥82%,城市绿化覆盖率48%;城镇居民人均可支配收入增长率7.5%,城镇登记失业率<3.5,劳动年龄人口平均受教育年限15年;每千人拥有执业（助理）医师人数9.7人,人均预期寿命81.61岁,每千人口拥有3岁以下婴幼儿托位数8个	地区生产总值增长5%以上,固定资产投资增长6%,社会消费品零售总额增长6%,进出口总额增长8%,一般公共预算收入同口径增长7%,城镇居民人均可支配收入与经济增速基本一致,城镇登记失业率控制在3.5%以内,万元地区生产总值能耗和主要污染物排放量进一步降低
北仑区	浙江省宁波市	力争全区生产总值突破3000亿元大关;人均地区生产总值超过4.5万美元,达到发达国家中游水平;财政总收入超过1000亿元;规上工业总产值超过7000亿元;产业结构更趋优化,质量效益明显提升,"三个北仑"建设取得明显进展;五年新增青年人口15万左右,高新技术产业增加值占规上工业增加值比重达到60%,服务业增加值占地区生产总值比重提高到50%;基本建设成为全国临港经济示范区、"246""225"双示范区;"246"产业产值占全市比重达到28%,力争百亿以上企业突破15家、"单项冠军"和"小巨人"等国家级创新企业突破20家、上市企业突破30家;力争北仑区域港口集装箱年吞吐量突破3000万标箱,外贸进出口总额达到4700亿元,油气及化工大宗商品年交易额突破万亿元;以人为核心的城市化水平明显提高,常住人口城镇化率达到78%	地区生产总值增长6%,固定资产投资、一般公共预算收入、居民人均可支配收入与经济增长基本同步,新增城镇就业3.2万人、城镇登记失业率控制在3.5%以内,能源和环境指标完成上级下达的计划目标
金水区	河南省郑州市	地区生产总值3000亿元,人均GDP3亿美元,财政总收入500亿元,社会消费品零售总额1506亿元,实际利用外资20亿美元;万人有效发明专利拥有量30件,研发投入强度2.65%,数字经济核心产业增加值占GDP比重10%,重点实验室数量（省级以上）65家;单位GDP能耗降低率按市下达目标,空气质量优良天数比例按市下达目标,新增公园绿地面积212.7万平方米;城镇登记失业率4%;每千人拥有执业医师数18.8人	确保全年新签约重大产业项目突破200个、600亿元,产业发展要提能级,持续构建"5+5+5+X"现代化城区经济体系、优质高效的现代服务业新体系,确保全年科技型企业突破2600家,高新技术企业突破1200家,技术合同成交额突破100亿元,各类工程技术研究中心（重点实验室）突破530家;孵化载体质资提升5家以上,创新创业团队项目培育提升5个以上;研发投入强度提升至2.6%以上;力争五年内聚集基金公司上千家、基金规模突破5000亿元,投资科创产业2000家以上;力争民营经济市场主体新增3万户以上

人工智能赋能西安市制造业高质量发展

一、人工智能与高质量发展

习近平总书记明确指出，制造业是立国之本、强国之基，要把制造业高质量发展放到更加突出的位置，要采取有力措施推动先进制造业和高新智能产业深度融合，坚定不移建设制造强国，推动制造业高质量发展。习近平总书记来陕考察时强调："要坚定信心、保持定力，加快转变经济发展方式，把实体经济特别是制造业做实做强做优。"这为西安市加速推进制造业向高质量发展，全力推动"6+5+6+1"现代产业体系壮大，提供了科学指引和强大动力。智能制造是新一代信息技术与先进制造技术的深度融合，是数字化、网络化和智能化等的共性使能技术，在制造业产品设计、生产、物流、服务等价值链各环节中的扩散和应用，是贯彻新发展理念、引领高质量发展的重要实践。"十三五"时期，我国智能制造发展成效显著，在一些关键领域，包括高精密光纤激光切割机床等一批技术装备上实现了突破，具备了在国际平台上同台竞争的条件。人工智能产业是我国近年来发展最快、应用最广的高科技领域之一。中国信通院数据显示，2022年，我国人工智能核心产业规模（增加值）达5080亿元，同比增长18%，人工智能不断赋能经济社会各领域，成为科技跨越发展、产业优化升级、生产力整体跃升的重要驱动力。展望未来，我们要进一步把握发展机遇，以智能制造赋能我国经济高质量发展。

（一）人工智能概念

人工智能（Artificial Intelligence，AI）的概念源于数学、逻辑学、计算机科学和哲学等多个领域的交叉，它的发展经历了多个重要的历史时刻，不断演进和壮大，成为现代科技和工业的一个关键领域。通常人们认为人工智能概念的雏形是由被誉为"人工智能之父"的阿兰·图灵在1950年发表的论文《计算机器与智能》中提出的。随后在1956年，在美国达特茅斯学院召开人工智能专题会议，此次会议探求的主题是"如何用机器模仿人类智能"，众多知名科学家与会，比如明斯基、麦卡锡、香农等都在会中提出了自己关于人工智能的启发性观点，这些观点为后人的继续研究指明了方向。"人工智能"概念的正式提出也是在这次会议当中。

在最广义的定义中，人工智能是"让智能体(Agent)在复杂环境下达成目标的能力"（Legg 和 Hunter，2007；Russell 和 Norvig，2012），而在狭义定义中，一般认为人工智能是指"研究人类智能行为规律(如学习、计算、推理、思考、规划等)，构造具有一定智慧能力的人工系统，以完成往常需要人的智慧才能胜任的工作"（卢克多梅尔，2016）。我们认为人工智能是指计算机系统模拟和执行人类智能任务的领域，涵盖多个方面，包括学习、推理、问题解决、感知、语言理解和决策等能力。人工智能的主要目标是让计算机系统具备像人类一样的智能，使其能够执行各种任务。

（二）人工智能的发展

人工智能等新兴技术的迅猛发展给人类社会造成了深刻的影响，其在经济、文化和军事等领域尤为显著。其发展经历了多个阶段，包括起初的概念提出、早期研究、低谷期和现代人工智能的快速发展和广泛应用。

1. 人工智能的提出（20世纪中叶）

人工智能的概念最早可以追溯到20世纪中叶，阿兰·图灵（Alan Turing）等学者提出了机器智能的理论基础，并提出了图灵测试的概念，该测试用于评估机器是否具有智能。这一时期人工智能被视为一种有潜力的概念，但计算机技术尚未能够支持其实现。

2. 早期研究（20世纪中叶到70年代）

20世纪中叶至70年代初，人工智能领域经历了早期的研究阶段，研究者着重于符号逻辑、专家系统、规则推理等方法。早期的人工智能项目包括Dartmouth会议（1956年）和Shakey机器人项目（20世纪60年代），它们探索了推理和问题解决领域。

3. 低谷期（70年代到80年代中期）

在20世纪70年代晚期到80年代中期，人工智能经历了低谷期，被称为"人工智能寒冬"。这个时期人工智能项目的进展相对缓慢，研究经费减少，导致了对人工智能的一些悲观看法。尽管如此，一些基础技术和概念仍在继续发展。

4. 现代人工智能的快速发展（80年代中期至今）

自20世纪80年代中期以来，人工智能领域经历了快速发展。这一时期人工智能快速发展的重要因素包括计算能力的显著提升、大规模数据的可用性和深度学习等新兴技术的崛起。深度学习，特别是深度神经网络，已经在计算机视觉、自然语言处理、语音识别和许多其他应用中取得显著进展。

5. 应用广泛（21世纪初至今）

现代人工智能技术已经在多个领域得到广泛应用，如自动驾驶汽车、医疗诊断、金融分析、自然语言处理、机器人技术和智能助手等。人工智能技术还在解决全球性挑战，如在气候变化、医疫情分析和人工智能伦理等方面发挥着关键作用。

未来，人工智能领域将继续发展，涉及更多领域和应用，如量子计算、人工智能伦理、人工智能安全等。人工智能的快速进展将继续重新塑造我们的生活方式，推动社会发展，并提供新的机遇和挑战。

（三）人工智能的特点

1. 渗透性

人工智能技术具有渗透性，这意味着它不仅可以在特定领域应用，而且可以渗透到经济社会的各个行业和生产生活的各个环节。这种广泛应用的特点是人工智能技术的通用性和基础性的体现。早期，人工智能主要应用于解决一些抽象概念性的游戏问题，但随着技术的发展，它已经逐渐应用于多元场景、复杂场景，拓展了问题解决的范围。渗透性使人工智能技术具有对经济增长产生广泛性和全局性影响的潜力，将更全面地融入日常生产生活活动中，成为经济社会不可或缺的一部分。

2. 协同性

人工智能的协同性在一定程度上是渗透效应的具体体现。人工智能技术渗透到各个领域，有助于提升资本、劳动、技术等要素之间的协同效应。在生产领域，人工智能技术的应用可以提高不同要素之间的匹配度，加强上游技术研发、中游工程实施、下游应用反馈等生产环节之间的协同作用，从而提高整体运行效率。在消费领域，人工智能技术可以实现对用户消费习惯和需求的智能匹配，释放消费潜力，推动高质量的经济增长。协同性特征体现在提高经济运行效率方面，有助于推动GDP的增长。

3. 替代性

人工智能技术不仅具备渗透性，还具备替代性特征。随着技术的不断发展，人工智能技术逐渐实现对其他投资的替代。例如，人工智能技术对传统信息通信技术（ICT）产品的相对价格持续下降，从而导致ICT产品对其他资本投资的大规模替代。人工智能技术能够实现对劳动要素的直接替代，在生产自动化和劳动力效率方面发挥着重要作用。人工智能技术的替代效应对于经济发展的支持和推动具有重要意义，增加了生产效率和经济效率。

4. 创造性

人工智能技术展现出其创造性特征，它不仅能够替代重复性的劳动和任务，还能够在一定程度上模仿和实现人类脑力工作，包括创造性活动。人工智能技术已广泛应用于科研领域，如药物发现、材料识别和模拟等，还在金融、数字建模、音乐创作和绘画等领域发挥着创造性的作用。人工智能的创造性体现在能够创造新的知识，增加整体智慧总量，促进技术进步和经济效率提高。虽然人工智能在某些方面表现出强大的计算和分析能力，但对于复杂性和创造性较高的任务，人工智能仍需要人类的创造力和判断。

总的来说，人工智能技术的渗透性、协同性、替代性和创造性特征使其在经济和社会发展中发挥着重要作用。它不仅改变了我们的生产和生活方式，还对经济增长和社会进步产生了深远影响。

（四）高质量发展的理论研究

高质量发展是一个在经济、社会和环境领域广泛讨论和研究的概念。它强调在经济增长的基础上追求更高质量的发展，包括经济增长、社会进步和环境可持续性的综合目标。与高质量发展相关的理论研究主要有以下几个方面。

1. 可持续发展理论

高质量发展与可持续发展有密切关联。可持续发展理论强调满足当前需求，同时不损害未来世代的需求。高质量发展将可持续性纳入考虑范围，追求经济、社会和环境的平衡。

2. 新结构经济学

新结构经济学研究经济结构的变革和升级，以实现高质量发展。它强调技术创新、产业升级和经济多元化，以提高经济的竞争力和质量。

3. 制度经济学

制度经济学研究制度如何影响经济和社会发展。高质量发展需要健全的制度和政策支持，以确保市场的有效运行和社会公平。

4. 人力资本理论

人力资本理论强调投资于教育和培训，以提升劳动力的素质和能力。高质量发展需要具备高素质的劳动力，以推动经济增长和社会发展。

5. 创新理论

创新理论研究创新如何推动经济增长。高质量发展需要鼓励创新，以提高生产率和经济竞争力。

6. 资源管理和环境经济学

资源管理和环境经济学研究如何平衡资源利用和环境保护。高质量发展需要可持续的资源管理和环境保护措施，以确保环境可持续性。

7. 区域发展理论

区域发展理论研究不同地区的经济和社会发展。高质量发展需要考虑不同地区的差异，以确保区域均衡和可持续发展。

8. 竞争力理论

竞争力理论研究国家、企业和地区的竞争力。高质量发展需要提高竞争力，以适应全球化和市场竞争的挑战。

这些理论研究为高质量发展提供了理论框架和政策建议，有助于指导政府、企业和社会组织的决策和实践。高质量发展的实现需要多学科的研究和跨界合作，以平衡不同领域的需求和目标，实现经济、社会和环境的协调发展。

（五）人工智能与高质量发展的关系

1. 在微观个体活动方面

人工智能的微观影响表现为智能自动化，释放个体创造力，极大地提高了劳动生产率。在这个层面，人工智能通过机器学习和自适应算法，不断提高生产效率，使工作者能够更专注于创新和高附加值的任务。这一转变不仅提高了个体的工作效率，还提高了工作满意度，为经济增长注入了活力。

2. 在中观行业生产方面

中观方面，人工智能应用在行业生产中，通过数据分析和决策支持，不断提高生产效率与资本效率。人工智能不断提升生产能力与资本效率，对行业进行分析并作出控制决策，解决某些行业生产准确率低、工作量大、设备闲置、安全性差等一系列问题。人工智能系统可以实现生产过程的优化和控制，提高生产线的效率和产品质量。这对制造业、医疗和农业等行业尤为重要，解决了生产中的准确性和效率问题，降低了生产成本，增强了竞争力。

3. 在宏观经济发展方面

人工智能促进管理效率、资源配置效率和社会交易效率的提高，推动创新并提高全要素生产率，深化分工形式，大大拓展产品创新的空间，从提高分工专业化效率转向提高分工多样化效率，从多样性角度拓展生产可能性边界。宏观方面，人工智能推动了管理效率、资源配置效率和社会交易效率的提高，促进创新并提高全要素生产率。智能算法可以用于优化资源分配、预测市场需求，从而提高经济的效率和竞争力。此外，人工智能还扩展了产品创新的空间，使企业能够更好地满足不断变化的市场需求。

综上所述，人工智能的影响在微观、中观和宏观层面都有所体现，为未来的经济发展带来了新的机遇。然而，这些机遇也伴随着新的挑战，如就业市场的变革、数据隐私等。因此，需要综合考虑技术发展和社会政策，以确保人工智能的发展既能够提高经济效率，又能够造福社会的所有成员。

二、正在加速融合的"人工智能+制造业"

近年来，人工智能技术和应用发展呈现出新的趋势。人工智能实现了从实验技术向产业化的转变，"深度学习+大数据"成为人工智能发展的主要技术路线，同时人工智能应用从服务业向制造业、农业拓展。这些都使人工智能表现出越发明显的通用技术和基础技术特征，对制造业的影响日渐凸显。

（一）人工智能技术促进制造业技术升级

1. 数据驱动的制造

人工智能技术以数据为基础，通过分析和学习历史数据来进行预测和决策。在制造业中，大量的数据源包括传感器、设备、生产过程和供应链信息。这些数据源生成了海量的数据，包括生产效率、质量指标、设备状态、库存水平等。人工智能技术可以分析这些数据，识别模式、发现问题并制定改进策略。例如，在智能制造中，生产线上的传感器可以实时监测设备的性能，当发现异常时，可以自动触发维护流程，减少停机时间。

2. 预测性维护

制造业中的设备和机器通常需要定期维护，以确保其正常运行。传统的维护方法通常是按照时间表来执行，这会导致过度维护或不足维护。人工智能技术可以通过监测设备的状态和性能数据来进行预测性维护。这种方法基于设备的实际状况来决定维护时机，从而延长设备的使用寿命，减少停机时间和维护成本。

3. 智能生产和自动化

人工智能技术推动着智能生产和自动化的发展。通过机器学习算法，制造业可以实现自动化的生产过程，包括机器人、自动化设备和智能工厂的应用。这些技术可以执行重复性任务，提高生产效率，并降低人力成本。智能机器人和自动化设备还可以与人类工作人员协同工作，提高生产的灵活性。例如，在汽车制造中，机器人可以负责完成重复性的焊接任务，而工人可以专注于更复杂的工作，如装配和检测。

4. 质量控制和产品定制

人工智能技术支持产品质量控制和个性化定制。通过视觉识别技术、传感器和数据分析，制造企业可以检测产品的质量问题，并实时调整生产过程以降低次品率。这有助于提升产品质量，降低废品率。同时，人工智能技术还支持产品的个性化定制，根据客户需求进行生产。这可以提高客户满意度，增加市场竞争力。

5. 人机协作和培训

制造业中的人工智能技术不仅限于机器和设备，还包括与人类工作人员的协作。协作机器人和智能工具可以与工人协同工作，提高工作效率和安全性。例如，在仓库管理中，机器人可以协助工人进行货物拣选和运输，从而提高仓库的运作效率。此外，虚拟现实和增强现实技术可用于培训工人，使其更好地理解和应用新技术。培训工人如何与人工智能系统协作，有助于提高工作效率和生产质量。

（二）人工智能赋能制造业生产智能化

1. 产品智能化

人工智能赋能产品使智能化产品种类更加丰富，如消费类智能产品的智能手机、智能家居产品等，服务类智能产品的智能医疗、智能安防、智能金融产品等，生产类智能产品的智能电网、物品分拣机器人等。人工智能赋能产品使产品智能化水平不断提高，如从具有主动安全系统的单个汽车发展到"全面实时感知＋及时通信＋智能驾驶"模式，进而发展为可实现自动驾驶的智慧道路系统。人工智能使得制造业产品由功能化向智能化转变，极大提升了产品效用，极大地拓展了产品满足各种需求的范围。

2. 装备智能化

通过人工智能与先进制造技术的高度集成与深度融合，发展出具有感知、分析、决策、执行、维护等多功能，能够实现自组织、自适应、协同化、系统化、智能化的生产设备。人工智能的应用，使制造业装备由智能化单机装备向智能化联机装备发展，使制造业装备更加系统化、集成化和智能化。人工智能赋能制造业装备，为产品智能化和生产智能化提供了直接物质基础。

3. 生产制造方式智能化

人工智能赋能生产制造，使传统制造业的"人工分析决策＋自动生产"转变为"人工智能分析决策＋自主生产"的智能化生产制造方式，即生产制造过程由人工监控下的机械化、自动化生产制造转变为以人工智能为核心的信息化、集成化、自主化、系统化生产制造。以数字化数据、系统化连接、信息化处理为基础，综合产品特性、时间要求、物流管理、成本控制、安全要求等全方位要求，以人工智能决策为核心，实现生产制造的自主化控制与实施，向智能生产线、智能车间、智能工厂等发展转变。

4. 人工智能赋能管理，使管理智能化

人工智能赋能管理，使传统管理以包括原材料采购、生产制造、仓储物流、需求系统、售后服务等全方位的硬件、软件的相互连接为基础产生海量数据，在客户关系管理、生产数据管理、供应链管理、产品生命周期管理等系统的支撑下，对海量数据进行汇总、结构化处理、智能化分析，并以此为基础，以深度学习功能为技术保障，对产品特性、生产成本、原材料、物流、生产时间等方面进行全方位、深度化的智能化管理，实现制造业管理的全面智能化。

5. 商业应用智能化

传统制造业在客户需求信息收集、整理的基础上，对客户需求进行分析、判断、预测，根据需求分析，组织生产制造。在人工智能的改变下，制造业通过工业互联网与商业互联网及消费互联网的互联互通，收集客户需求的海量数据，运用机器学习技术，在对海量数据实时自动整理、分析、存储的基础上，实时向客户发送关联性需求信息，及时关注、引导客户需求。人工智能赋能商业应用，使客户需求管理的实时性、主动性、智能化明显提高，使客户需求能够得到即时化和个性化的满足。

6. 产业生态智能化

产业链、价值链、供应链、创新链以及产业周边社会环境系统、人文环境系统、生态环境系统在工业互联网的连接与集成下，以人工智能为核心，实现产业生态系统的数据收集、信息共享、业务协同、系统集成等全过程、全任务的智能化实施，实现产业生态系统空前的数字化、网络化、集成化、智能化。

（三）人工智能对制造业就业的替代效应和创造效应

1. 替代效应

第一，自动化生产替代重复性工作。人工智能技术可以替代制造业中的重复性、机械性的工作，例如在生产线上的简单装配工作。这种替代效应可能会减少对低技能工人的需求，导致一些传统的制造业工作被自动化所替代。

第二，智能机器和机器人替代手工劳动。人工智能驱动的机器和机器人在制造业中的应用逐渐扩大，它们可以执行一些需要高精确度和力量的任务，如焊接、喷涂、搬运等。这导致了一些手工劳动工作被替代，特别是那些容易被机器替代的工作。

第三，数据分析和智能管理替代传统管理岗位。人工智能技术可以分析大量数据，做出决策，而不需要大量的中层和高级管理人员。这可能导致一些传统的管理岗位被替代，特别是那些与数据分析和智能管理相关的岗位。

2. 创造效应

第一，新兴产业和工作机会的创造。人工智能的发展在制造业中催生了新兴产业，如机器学习、自动化工程、机器人维护等。这些新兴产业为技术人员、工程师和维护人员提供了新的就业机会。此外，也催生了与数据分析、智能制造和物联网等领域相关的新工作机会。

第二，维护和管理智能系统的需求。随着人工智能技术的广泛应用，制造业需要专业人员来维护、管理和优化智能系统，以确保其正常运行。这些领域的需求使得技术人员和专家在维护和管理方面有更多的就业机会。

第三，智能生产的提高就业需求。智能生产的推广需要工人参与人机合作，与智能系统协同工作。这要求工人具备更高的技能水平，特别是与人工智能系统的协同工作相关的技能，从而创造了更多的就业机会。

（四）人工智能对制造业结构的影响

1. 改变产品与产业架构

人工智能与传统制造产品融合，短期内体现为提供一些新的功能，但最终会彻底颠覆产品和产业的架构。例如，人工智能驱动的无人驾驶取代传统汽车后，交通系统、法律法规、汽车的销售和使用方式以及以汽车为核心的商业生态系统都会发生革命性变化。未来，智能化将成为绝大多数产品的标准基础功能之一，几乎所有的制造业产品都将因其改变。同时，人工智能及相关行业将发展为新的支柱产业。作为一项通用目的技术，人工智能在各个产业、各个领域都有巨大的应用空间。许多新技术随着技术成熟和市场需求扩大，最后会演化为新的行业，人工智能及相关支持技术和衍生服务也必将发展成为一个规模庞大的产业体系。

2. 个性化生产的推动

人工智能技术允许制造业企业更容易地实现个性化生产。传统制造业通常以大规模批量生产为主，人工智能会替代某些产品的功能，这类产品所属的行业则会随之不断萎缩直至消失。制造业中一些传统机械装备及与之配套的零部件制造可能面临市场萎缩的风险，不具有人工智能功能的传统电子信息产品也将面临巨大的升级压力。但人工智能技术的应用可以实现更加灵活的生产方式，根据客户需求生产定制产品。这种个性化生产的方式有望满足不断变化的市场需求，提高客户满意度，同时也促使企业在竞争激烈的市场中脱颖而出。

3. 数据驱动的决策制定

人工智能技术的应用使制造业企业能够更好地利用大数据来制定决策。通过分析生产数据、供应链数据和市场数据，企业可以更准确地预测需求、管理库存、优化生产计划和提高资源利用率。这种数据驱动的决策制定有助于提高企业的运营效率，降低成本，并帮助企业更好地应对市场挑战。

4. 新兴产业和就业机会的催生

人工智能技术的应用在制造业中催生了新兴产业和就业机会。制造业转向智能化和自动化生产过程，这需要专业的技术人员来维护和管理相关系统。此外，人工智能技术也催生了与数据分析、机器学习、自然语言处理等领域相关的新兴职位。这为工业工人提供了机会，通过培训和学习新的技能，他们可以适应制造业结构的变化，并参与新兴产业。

5. 人工智能发展会改变制造业国际分工格局

一方面，增加供应链价值新环节。人工智能将重塑全球制造业价值链，形成一套新的国际分工体系，对传统的制造业国际分工产生重大影响。人工智能在传统价值链上增加新的环节，这一环节成为价值链上新的制高点，发达国家正在努力抢占这一制高点以强化其制造业对全球分工的主导。另一方面，改变传统价值链形态。人工智能也改变了传统价值链形态，发展中国家的劳动力成本优势将继续减弱。与其他发展中国家一样，我国制造业在与发达国家的竞争中，仍然具有劳动力成本优势，但人工智能的更多应用会削弱这一优势；同时，我国劳动力成本不断上涨，用工成本高企已经成为沿海发达地区制造业发展的瓶颈，而人工智能的应用则可以缓解这一压力。从这个角度看，加快人工智能在制造业的应用，会对我国制造业的发展产生较为复杂的影响。

（五）制造业发展"反哺"人工智能的机制

1. 数据共享

制造业为人工智能提供了大量有价值的数据，这些数据对于训练和改进人工智能算法至关重要。制造业可以与人工智能公司合作，共享数据以提高算法的性能。数据共享的机制可以促进双方的合作，推动技术进步。例如，在智能制造中，制造企业可以与人工智能公司共享生产过程数据，以帮助改进生产效率和质量。

2. 场景模拟

制造业可以提供各种场景来模拟人工智能的应用。这种合作可以加速人工智能技术的开发和测试。例如，在智能驾驶汽车的开发中，制造业可以提供道路模拟和驾驶场景，以帮助测试和改进驾驶算法。这种合作加速了人工智能的应用，并减少了开发和测试的成本和时间。

3. 需求反馈

制造业了解生产和市场需求的实际情况，可以提供有价值的需求反馈，以帮助人工智能公司更好地满足市场需求。制造业可以反馈产品的性能和质量需求，从而指导人工智能公司的产品开发。这种需求反馈机制可以加速技术的改进，从而更好地满足市场需求。

4. 数据标注和培训

制造业可以参与数据标注和模型培训。数据标注是指为机器学习模型提供标签和注释，以帮助模型正确学习。制造业可以提供标注数据，以帮助改进人工智能算法。此外，制造业还可以参与模型的培训和测试，以确保模型在实际场景中的表现。

随着人工智能技术的持续发展，人工智能与制造业的深度融合是工业领域的一场革命。这种融合改变了制造业的运行方式和管理，人工智能正在广泛而深刻地改变制造业，加速制造业的智能化转变和高质量发展。

三、人工智能赋能制造业：西安市独具优势

随着新一轮科技革命进程的加快，人工智能产业正在全球范围内加速兴起。在全球人工智能的浪潮下，西安这座城市，也高度重视人工智能产业发展。

在 2023 年 7 月召开的中国国际数字和软件服务交易会上，AMiner 联合智谱研究发布了全球人工智能创新城市 500 强分析报告，西安市排名第 23 位。目前西安市有人工智能企业 120 余家，产值约 110 亿元，涵盖了人工智能各主要产业领域，而作为人工智能发展基础的计算机、通信和其他电子设备制造业，互联网和相关服务业，软件和信息技术服务业近年来均保持了 40% 以上的增速。同时，全国人工智能百强企业已有 10 家进驻西安市，另有海航集团、浪潮集团、吉利汽车等在人工智能领域有重点布局的大型企业已在西安市进行项目投资建设。

目前，西安市人工智能总体水平跻身全国第一方阵。在《中国人工智能城市发展白皮书》中，依照政策环境、科研能力、产业水平和资本环境等指标测度，西安市在中国人工智能城市排名中排在第 12 位，西部城市中排名第一。西安市发挥着高校和科研院所众多、军工实力雄厚的优势，积极推动以人工智能为代表的硬科技发展，建设人工智能特色小镇，实施产业聚集，形成了西安市拓展人工智能、推进制造业智能化升级和高质量发展的独特优势。

（一）人才和技术实力全国领先

西安市在电子科学与技术、信息与通信工程、控制科学与工程、计算机科学与技术四大与人工智能紧密相关的一级学科均具有全国排名前 10 位的高校，且有 31 所高校从事人工智能相关专业人才培养，集聚了该领域的院士有 9 位，长江学者有 23 位，每年培养相关专业研究生 5200 余名，本科生 9500 余名。西安市还具有人工智能相关国家级研发平台 11 个，省部级平台 33 个。如依托西安市高校科研优势，建立的西安交通大学人工智能与机器人研究所、西安交通大学视觉信息处理与应用国家工程实验室、西安电子科技大学人工智能学院、西安电子科技大学智能感知与图像处理教育部重点实验室等。西安市在机器学习、图形识别、无人系统、智能机器人等领域已经形成了 26 个具有世界领先水平的国家级科研成果，一定程度上引领了国内人工智能技术的发展方向。总体来看，西安这座科技之城，已成为全国人工智能产业人才的重要培养基地。

同时，西安市成立了人工智能产业发展顾问委员会，委员共有 20 人，包括院士、教授等科研人员和企业高管，例如有郑南宁、徐宗本、戴琼海等院士，王国、方勇纯等长江学者特聘教授，石洪竺、王海峰等知名企业高管。将科研人员的丰富研究成果及自身的专业水平和大企业的实际项目相结合，有利于形成产学研相结合的初步局面。委员所在高校有在西安市的，也有在其他地区的，这有利于外部人才以外来者观点对西安市人工智能产业的发展做出客观的分析评价，并且能够引入其他地区的全新先进的方法经验。西安市人工智能产业执行人员配置合理、知识结构丰富，并且拥有较高素质和丰富专业知识，可以清楚政策的基本内涵和基本要求，有利于支撑和开发人工智能产业的配套产品，为人工智能产业发展提供后劲。

表 1　西安市人工智能产业发展顾问委员会部分名单

序号	姓名	工作单位	简介
1	郑南宁	西安交通大学	中国工程院院士、人工智能与机器人研究所教授
2	徐宗本	西安交通大学	中国科学院院士、国家自然科学奖和国家科技进步奖获得者
3	王国胤	重庆邮电大学	教育部"长江学者"特聘教授，中国人工智能学会常务理事
4	方勇纯	南开大学	教育部"长江学者"特聘教授，吴文俊人工智能自然科学奖一等奖
5	石洪竺	阿里巴巴	阿里巴巴达摩院战略专家
6	王海峰	百度	百度高级副总裁，兼任百度研究院院长，负责百度 AI 技术生态部及若干创新业务部门等

结构丰富的委员会委员的指导，有利于推动西安市人工智能产学研升级。目前西安市正在构建产学研协同创新体系，让技术方、需求方、投资方能够实现数据分析、专利甄选、专利布局和技术完善，再到新技术与资本的对话和对接，进而推动产业链上下游的技术整合。比如，西安市借助西安交通大学，重点发展车载感知技术和自动驾驶技术；依托西北工业大学潮翔小镇项目，打造科教产融四位一体的人工智能示范基地。

（二）政策与规划支撑有力

西安市已确立了打造"硬科技之都"战略。根据国家《促进新一代人工智能产业发展三年行动计划（2018—2020）》《新一代人工智能发展规划》和陕西省《新一代人工智能发展规划（2019—2023年）》，西安市出台了《西安市人工智能产业"十个一"汇编》《西安市人工智能产业发展规划（2018—2021年）》《西安市建设国家新一代人工智能创新发展试验区行动方案（2020—2022年）》和《西安市发展硬科技产业十条措施》等，各项政策全面向硬科技产业倾斜，为硬科技产业之一的人工智能产业发展提供了有力的支撑。

依托西安市高新区打造新一代人工智能产业发展核心区，依托西咸新区、经开区、航天基地、浐灞生态区等打造新一代人工智能产业发展示范区，推动曲江新区、航空基地、国际港务区等区域技术应用聚集区建设，通过核心区的引领辐射，带动产业聚集发展；长安区依托科技产业新城，发展人工智能产业；支持区县、开发区建设人工智能特色园区等。

表2 国家、陕西省、西安市人工智能产业发展主要政策

层级	年份	制定主体	政策名称
国家	2017	工业和信息化部	《促进新一代人工智能产业发展三年行动计划（2018—2020）》
	2017	国务院	《新一代人工智能发展规划》
	2018	国家标准化委员会	《人工智能标准化白皮书（2018版）》
陕西省	2021	省政府	秦创原创新驱动平台建设三年行动计划（2021—2023年）
	2019	发展和改革委员会	《陕西省新一代人工智能发展规划（2019—2023年）》
西安市	2023	市政府	《2023年西安市科技工作要点》
	2023		《西安市秦创原创新驱动平台建设2023年工作要点》
	2022		《2022年西安市科技工作要点》
	2020		《西安市人工智能产业发展规划（2020—2022年）》
	2020		《西安市建设国家新一代人工智能创新发展试验区行动方案（2020—2022年）》
	2018		《西安市机器人产业发展规划（2018—2021年）》
	2018		《西安市"机器人+"行动计划（2018—2021年）》
	2018		《西安市发展硬科技产业十条措施》
	2017		《西安市大数据产业发展实施方案（2017—2021年）》

《2023年西安市科技工作要点》提出，打造人工智能发展高地。加快建设新一代人工智能创新发展试验区、人工智能创新应用先导区，紧扣人工智能发展新趋势，打造融合技

术、产业、场景、规则的一流人工智能生态。加强人工智能产业链提升工作，推进重大关键核心共性技术的研发及在传统产业中的应用，选择发展壮大一批具有较强竞争力的上下游骨干企业。围绕绿色能源、光子、量子科技、类脑智能、元宇宙等前沿领域，探索实施一批优质科技创新项目。同时，聚焦人工智能和增材制造产业，组建科研创新服务团、产业技术创新联盟，精准挖掘产业链关键核心技术。紧盯国家和省级科技攻关项目，组织高校院所、科技企业、高水平实验室、新型研发机构等踊跃"揭榜挂帅"。

从构建人工智能技术创新体系、促进人工智能产业集聚发展、拓展人工智能融合发展应用示范、创新人工智能人才引培机制和营造人工智能创新发展生态等五个方面进行了系统化部署，到2025年，实现人工智能总体发展水平全国领先，基础前沿理论研究取得标志性成果，核心技术攻关实现突破，创新体系初步建立，产业生态体系基本形成，应用示范效果初步显现，产业发展初具规模。

（三）秦创原平台建设成果不断

作为陕西省创新驱动发展总平台和创新驱动发展总源头，秦创原创新驱动平台是打破科技优势与经济发展转化"堵点"的关键之举，是陕西省最大的孵化器和科技成果转化特区。秦创原肩负着促进科技成果转化、建设共性技术研发平台、实现校地校企合作、创新人才教育培养、推进政产研深度融合等重大使命，承担着打通科技创新工作"最后一公里"堵点的重要作用。

目前，秦创原聚焦"三器"建设、科技创新服务、信息互联互通三大任务，完成"七大功能模块"开发工作，梳理汇总数据300余万条。其中，两链融合"促进器"模块，围绕陕西省实施的23条产业链，逐链条梳理形成了6张清单，开发了关联图谱，为促进强链补链科学配置资源提供了数据支撑；中小企业研发服务平台，注册企业7710家、研发机构448家，推动全省5480台仪器设备（单台20万元以上）的开放共享，为各类创新主体提供了一站式找技术、找成果、找人才、找仪器、找场地等线上服务功能。据统计，网络平台应用以来，帮助企业解决技术难题541个，研发服务交易金额超过2.8亿元。

2023年2月，《西咸新区建设秦创原总窗口三年行动计划（2023—2025年）》中，再次明确人工智能为产业技术研究重点方向，联合沣西新城、西安电子科技大学等高校院所及商汤科技等龙头企业，重点开展机器学习基础理论、计算机视觉技术、自然语言处理技术、高性能计算等前沿技术研究，围绕智能制造、智能医疗等重要行业领域进行产学研成果转化。强调产业新赛道培育促进，联合高校院所、咨询机构、投资机构等建立秦创原新赛道培育中心，开展新赛道研究策划、培育促进、决策咨询、资源链接等工作。围绕人工智能、智能网联汽车等新兴产业方向，重点针对无人驾驶、计算机视觉、语音识别等领域，力争招引头部企业落地。

（四）人工智能相关项目启动不断

大模型赋能，生成式人工智能正在引发新一轮智能化浪潮。人工智能大模型强大的创新潜能，使其成为全球竞争的焦点之一。西安市作为"硬科技之都"早在过去数年就已经大力发展数字经济、智能制造、生命健康、新材料等战略性新兴产业，超前布局未来产业，抢占新一轮国际竞争制高点、未来经济和科技发展制高点，以追求更高水准推动城市高质量发展。

2021年9月，在人工智能算力需求激增的大背景下，为推动我国人工智能算力基础设施平台建设，为推进人工智能算力网络建设，西安市依托本地人才雄厚优势，科研实力优势正式上线运营未来人工智能计算中心。项目制订了细致的建设计划，建设涵盖AI算力300P、HPC算力8P的人工智能计算中心、高层产业研发中心。目前，共链接生态伙伴超180家，涵盖高校、企业以及各类科研院所，其中已开展合作的各类客户160余家，孵化解决方案99个。截至目前，西安未来人工智能计算中心已与全国180余家高校院所和企业开展合作，输出涉及多行业解决方案179个；与各高校院所共同开展科研项目16个，举办技术峰会、开发者大赛、初创企业对接等活动111场。

2023年4月，西安市携手西安航投公司、华为公司合作的中国西安人工智能科学城项目正式开工建设，项目建成后，将成为国际领先、国内一流的人工智能产业新城。项目总投资将超1000亿元，全面建成后年产值约530亿元，实现税收47亿元，可带动就业4万人，将成为中西部地区最大的产业集群性科学城。其中，项目首开区将围绕先进电磁产业、先进工业软硬件应用、大模型的AI示范应用、智慧低碳园区应用等推进建设中国西安人工智能科学城项目，将着力打造国际领先的人工智能全链条产业体系、制造业智慧升级示范集群。通过多维度的设计，形成一个集产、学、研、商、娱、住、服、绿于一体的智能制造产业新城，生产高效、生活适宜、生态共荣。在为人们带来美好生活的同时，塑造一个更加繁荣、更加可持续、具有未来感和创新性的城市中心。

（五）要素成本洼地效应明显

2023年第四季度，西安市企业平均招聘月薪为9440元，在我国主要城市中排在第21位，具有非常明显的人力成本优势。西安市土地总面积为10745平方公里，可开发的工业用地丰富，通用厂房的出售与租赁价格偏低，土地要素的成本优势凸显。西安市商品房整体均价约为14000元/平方米，2023年在全国主要城市中排在第34位，相比武汉市、成都市有30%以上的折价，职工购房置业的成本较低等。这为人工智能融合制造业高质量发展提供了人力保障。

四、人工智能如何赋能西安市制造业高质量发展

党的二十大报告指出，高质量发展是全面建设社会主义现代化国家的首要任务。实现经济的高质量发展离不开制造业的高质量发展，如何推动制造业企业高质量发展，实现我国由"制造大国"向"制造强国"的历史性跨越引发了诸多思考。随着新一代信息技术的兴起，人工智能为制造业实现高质量发展进而推动我国经济的高质量发展提供了新的机遇，人工智能赋能制造业发展已成为经济高质量发展的战略方向和重点领域，也是实现制造业质量和效率提升的内在要求和根本路径。

在实践中，人工智能以制造业的广泛场景应用为基础，赋能西安市制造业转型升级，其实质不仅仅在于技术应用，更是西安市制造业发展模式的根本性转变，涉及了企业创新能力、重点项目建设、产业项目招商、集群建设进度、产业布局调整优化、人才培养水平等多个模块，政府、行业协会、制造业企业、高等院校、科研院所多方主体，涵盖产品设计、生产计划、质量控制、供应链、客户需求预测、客户满意度和可持续发展等各个方面。通过人工智能的全面应用，制造业能够提高市场竞争力，满足市场需求，降低生产成本，改进产品质量，为经济增长和可持续发展做出贡献，实现高质量发展。因此，人工智能赋能西安市制造业高质量发展需要多措并举，多方发力。

（一）制定适宜的指导准则

人工智能赋能西安市制造业高质量发展，需要政府制定科学的指导准则和精准的扶持政策，促进人工智能与制造业高质量发展进程中各个环节的融合发展。

在基础设施建设方面，中国在算力、芯片和5G等基础设施领域的发展呈现快速增长和持续创新的趋势，为人工智能的大规模计算和数据处理提供了强有力的支持。在此基础上，政府应当持续加强以大数据中心、互联网、物联网等为代表的新型基础设施建设，为制造业企业智能化提供坚实的基础性条件。此外，政府应当积极培育和建设人工智能产业园区，为制造企业提供人工智能技术演示和试点项目的机会，加速高技术产业的聚集，助力企业更好地了解和采用人工智能技术，进一步提高智能化水平，促进经济增长。政府还应与制造企业智能化水平先进企业保持积极沟通，延续并推广近年来西安市制造企业的智能制造试点项目，拓展和打造在新兴制造业中的智能制造及工业互联网重点项目，形成更为广泛的制造业数字化生态格局，推进西安市制造业企业的智能化转型。

在科技创新方面，政府应当制定激励性政策，通过加大企业、高校及其他科研主体用于基础研究和应用研究的研发资金和创新基金投入和增加企业购入人工智能技术和设备的补贴力度，采取税收优惠政策，鼓励西安市制造业在高价值附加环节开展研发创新和投入，重点支持人工智能领域国家战略层面的关键技术攻坚，促进人工智能与制造业高质量发展进程中的各个环节融合发展。

在知识产权保护方面，政府应当制定法律法规，加强对人工智能对制造业应用的保护和规范。一方面，人工智能应用在数据安全、信息保护、伦理价值维护等方面会存在一定滥用风险，因此政府应当不断完善相关的法律体系，对人工智能在制造业中的应用进行监管和规制。另一方面，对于人工智能在赋能制造业发展的过程中产出的技术成果，特别是形成的关键核心技术，政府应当在加强知识产权保护的同时推出更加灵活和适度的知识产权监管政策，鼓励企业投资于研发和创新，以促进技术进步和提高产品质量。

在低碳环保方面，政府应当完善制造业智能化发展的与绿色低碳相关的制度准则。我国于2020年宣布，力争于2030年前二氧化碳排放达到峰值，努力争取2060年前实现碳中和，这一愿景将推动中国向绿色低碳发展。党的二十大报告提出，推动制造业高端化、智能化、绿色化发展，这为先进制造业高质量发展指明了方向。因此，制造业与人工智能融合实现经济高质量发展的同时，政府应当引导企业融入绿色理念，通过"绿色+制造"

赋能，促进经济社会低碳转型，实现可持续发展。此外，政府也可通过政府采购在公共部门加大人工智能产品和服务的应用力度，引导公众更快接受人工智能产品和服务，达成从需求侧引导人工智能技术的扩散。

（二）构建产业信息安全标准、人工智能技术检验和认证标准

人工智能技术在制造业中的应用加深，增加了设备安全、网络安全和数据安全等多方面的信息安全威胁。近年来，全球范围内制造企业关键信息基础设施系统屡遭攻击，信息安全已经成为制造业高质量发展和我国经济增长的必要保障。在信息安全方面，西安市制造业的高质量发展，应围绕工业互联网设备安全、控制安全、网络安全、平台安全和数据安全，以政府为核心，协同行业协会、领军企业、领域专家共同制定与人工智能相关的数据共享标准，以标准助力高质量发展，同时，推动建立数据安全保护体系、安全技术手段，完善新兴领域安全管理政策体系，以安全护航人工智能赋能西安市制造业高质量发展。在人工智能技术检验和认证方面，政府、行业协会、领军企业、领域专家等多方应当联合起来，促进制造业智能化以及人工智能技术的检验和认证标准，确保制造业企业的人工智能应用符合质量和安全标准，提升制造过程的效率和产品质量。

（三）加快制造企业智能化升级

作为引领新一轮科技革命和产业变革的战略性技术，人工智能对制造业企业实现高质量发展起着至关重要的作用。西安市制造业的高质量发展，主角在制造业企业。制造业企业应当将人工智能等新兴技术与企业生产运营的各个环节相融合，发挥智能化信息技术促进制造业智能化发展的扩大效应，对制造业转型升级产生提质增效的效果。在资源供应方面，人工智能技术不仅可以实时监控原材料、生产设备、人力资源的使用情况，为制造业企业提供资源优化建议，助力制造企业更有效地管理资源和配置资源，保障高质量生产，也可以提供供应链的实时可见性，提高供应链的灵活性和响应能力，帮助企业快速应对变化，维持高质量的生产和供应，实现库存成本、物流成本和人力成本的有效降低，提高仓储、配送、销售效率。在定制制造方面，人工智能不仅可以预测市场需求，还能够个性化制造，制造业企业应当充分利用人工智能技术深入了解客户需求，设计和生产定制化产品，提高客户满意度和忠诚度，增加利润。同时，人工智能还可以通过对市场数据和客户反馈进行数据分析，为企业决策提供支持，最终优化制造业企业的市场营销策略，提高产品的市场接受度和销量，实现智能化营销。在质量管理方面，人工智能可以结合先进的传感技术，识别问题并及时反应，监控整个生产过程，以确保高质量产品的生产。因此，制造业企业应当将人工智能引入质量管理过程中，通过图像识别、模式识别、机器视觉、传感器和智能机器人，实现自动化的缺陷检测和质量控制，减少人为错误，降低质量管理成本，从而提高质量管理的效率和效果。同时，人工智能技术也可以通过分析设备传感器数据预测设备故障，帮助企业计划维修和保养工作，降低生产中断风险，提高设备可靠性、生产效率和产品质量。在知识管理方面，人工智能可以帮助制造业企业有效管理和共享知识，企业员工也可以通过智能搜索引擎和知识库快速获取所需信息，促进跨部门协作，以

改进工艺和产品质量,实现企业的技术创新。在"绿色+智造"方面,制造业企业应当积极响应"双碳"政策,在制造业智能化转型升级过程中要自觉践行绿色、环保、低碳的发展理念,在智能化转型的同时实现绿色低碳转型。制造业企业应当制定融合绿色理念下的长期发展路线,同时贯彻"全生命周期生态设计"理念,发挥绿色智造的集成性优势,从产品设计、工艺生产、清洁能源、产品回收等方面共同着力,实现全生命周期的绿色智能转型,并依托创新智能技术和绿色算力方法,打造绿色智造管理系统和能源管控平台,对生产过程进行精细化管理,提高能源的利用效率,推动实现绿色制造和智能制造的有机融合。

(四)加强政、校、行、企、研跨界融合

作为科教名城,西安市聚集了数量众多的高等院校、科研院所等资源,包括西安交通大学、西北工业大学等在内的63所普通高等院校和多个国家级科研院所,其中在校大学生、研究生合计超过100万人。高等院校和科研院所作为创新的重要来源,对于制造业企业实现高质量发展有不可忽视的作用。因此,政府应当促进行业协会、制造业企业与高等院校和科研院所之间的合作,聚力打造"政、校、行、企、研"跨界融合的高端智造"产业、职教、科创、双创"集聚区,促进教育链、人才链与产业链、创新链紧密结合,在职普融通、产教融合、科教融汇中彰显领头羊作用,加速人工智能技术的研发和应用。在此过程中,政府应当注重加大对科研创新人才和技能型劳动力的教育投入,推动人工智能技术的培训和教育计划,确保制造业企业员工、高等院校科研人员具备相应的知识技能,助力提高制造业企业生产效率,实现高质量发展。

(五)加大人才培养、国际人才交流及学科建设力度

当前,各类技术技能型人才缺失仍是我国制造业转型升级和建设科技强国的关键瓶颈。西安市作为科教名城,拥有众多的高等院校和科研院所,对于高技术技能型人才的培养有至关重要的作用。

首先,政府应当协同教育厅等相关主管单位,依托已有的教育资源建立健全人工智能融合制造业发展的人才培养体系,通过提供资金支持,鼓励相关高等院校设立学科、专业或项目,以满足制造业智能化转型对高技术技能型人才的需求。政府还可以与高等院校合作,制订人工智能领域的培训计划,以确保毕业生具备实际应用技能。这有助于为制造业企业提供具备最新知识和技能的毕业生,为人工智能的快速发展奠定坚实的基础。同时,政府应当协同行业协会和制造业企业围绕人工智能的新"赛道"及其知识需求,加紧制订实施面向前沿科技和未来产业发展的新就业计划。政府可以采取措施激励创新人才,包括设立奖励计划,鼓励他们为制造业发展做出贡献。此外,政府还可以改进人力资源服务,提供更多的与人工智能相关的就业机会,同时创建包容和信任的文化环境,以吸引国际顶尖人才来西安。

其次,制造业企业应积极参与人才引进和培养,建立专门的人才队伍,加强人才招聘、培训和发展,确保拥有足够的高精尖人才来支持制造业高质量发展,具体包括引进有

经验的专家，为员工提供持续的培训机会，以提高他们的技能水平。

再次，高等院校应当加强学科建设和专业化培养，改革专业设置，围绕人工智能开展相关的基础教育，为制造业企业输送高水平的、研发创新能力强的复合型高素质人才，与发达国家在制造业智能化领域展开深度合作，加强国际交流，建立联合型培养模式。

最后，科研院所在与制造业企业的协同合作方面起到至关重要的作用。政府应当支持科研院所和制造业企业建立国家级人工智能实验室，这些实验室不仅可以加强人工智能的基础理论研究，还可以开展前瞻性研究，帮助制造业企业更好地应用人工智能技术。科研院所还应当强化国家实验室和制造企业之间的合作，助力复合型高素质人才的培养，推动理论研究和实践应用的有机结合，从而为制造业企业提供更多的创新来源，提升企业竞争力。

（六）加强对智能制造金融赋能

资金是企业经营的重要资源，制造业作为实体经济的重要组成部分，资金的管理对制造业企业的生产经营至关重要。在金融资本引入方面，政府应当引导金融资本包括银行、风险投资机构和产业基金支持智能制造相关产业，通过制定激励政策和提供财政激励来鼓励金融机构投资于智能制造领域，帮助企业采用先进的技术和设备。政府可以明确定向重点领域和标杆企业提供精准扶持，包括向在智能制造领域取得突出成就的企业提供定制化的金融支持，以鼓励其他企业效仿他们的成功经验。政府可以与金融机构合作，推动金融机构针对智能制造为制造业企业提供"科技贷""人才贷"等融资服务，这些贷款可以用于资助企业进行智能化改造，招聘和培训高技术技能人才，以满足制造业转型的资金需求。政府还可以关注那些受融资限制较为严格的企业，在合规的前提下，对其提供特别支持，确保这些企业能够获得所需的融资，满足企业发展智能生产、智能经营的资金需求，以促进其智能生产和经营的发展。在资金监管和激励方面，政府应当加强对政府补贴资金的监管，确保这些资金用于合适的领域和项目，避免滥用和浪费。政府还可以根据资金使用效果进行奖励，鼓励制造业企业积极参与智能化改造，并实现提高企业主营业务利润率等方面的积极的经济影响。

面向未来，人工智能与制造业的深度融合将迎来显著的积极效应，这将引领广泛的技术进步和产业创新，为经济的高质量增长注入强大的动力。作为一个充满潜力、需要持续投资的前沿领域，人工智能在推动西安市制造业的高质量发展方面具有广阔的前景，将会为建设西安"先进制造业强市"，打造先进制造业西安品牌迈出坚定步伐。

第二篇

产业强市

第二章

北通州

西安蓝田通航产业园区发展战略思路研究

引 言

通用航空产业（以下简称"通航产业"）是国家战略性新兴产业，是蕴含着万亿产值的蓝海。通航产业是发达国家的先进产业，也是我国具有巨大成长潜力的后发产业，是陕西尤其是西安市可以发挥比较优势的特色产业，前景甚为可期。但是，长期以来，我国对于低空空域的管制有余，开发和利用不足，使得通用航空产业发展落后于国民经济发展。西安也一样，通航产业的发展规模、效益和水平也未能达到应有高度。近十几年来，随着我国综合国力的增强，人均GDP的提高，通用航空及其产业开始为国内所重视并加快发展。一般认为，人均GDP4000美元以上，通航产业进入快速发展期。现阶段我国人均GDP已逾1万美元，西安市人均GDP也已过1万美元，通航产业应当说是迎来了黄金期。自"十二五"以来，国家从规划层面着手推进并部署通航产业发展，国务院办公厅、国家发展和改革委员会（以下简称"发改委"）、中国民航局都制定、出台相关的指导意见、发展规划和相关政策措施。2021年，中国民航局制定《"十四五"通用航空发展专项规划》，多省市快速跟进，着力推进通航产业发展。中国的通航产业必然将迎来发展的高峰期。据摩根史丹利预测，未来全球城市空中物流规模达460亿美元，城市空中交通（UAM）市场规模将达1.5万亿美元，中国占比率有望达45%以上，将成为全球最大市场。国内业界都看到了这一前景。当前，虽然全球面临后疫情时期的严峻考验，国际经济和贸易秩序受到严重冲击，俄乌战争引发世界局势动荡；同时，国内经济下滑，需求萎缩，供给冲击，预期减弱，面临多重压力。尽管如此，国内多省市在保增长、保稳定、保就业的同时，仍然在想法谋发展。多数开发区和市场主体，都在待时寻机再起。纵观人类各国各区域发展史，发展的其中一个规律或经验就是：在不景气时期，能够审时度势，抓准具有增长潜力和空间的产业和领域，适当提前介入、预先布局，抢先一步非常重要。真正的胜利者，面向未来、把握未来，往往是先觉先行者，不是后觉的临时跟进者。在通航产业领域，过去几年来若干省市已有所动作并有所成的，包括西安市，但是离预期的发展目标差距尚远。近期国内湖南省超大力度进行通航产业布局，决策和举措十分引人瞩目，值得高度关注和研究。可喜的是，西安蓝田通用航空机场在疫情期间正式开建，争抢先机，于2023年6月27日验证首飞任务圆满成功，2023年10月机场建成，投入运营。蓝田通航机场建设及通航产业园区开发无疑蕴含着战略意味，存在诸多当前和后续发展需要思考、谋划和底定的事宜，因此，非常需要以广阔的视野、前瞻性的眼光、敏锐而务实的政策和市场意识对其进行研究和考量，梳理战略思路。本文即这样一个"短平快"的成果，现将有关内容报告如下。

一、西安蓝田通航机场及产业园区建设开发基本情况

（一）陕西省是全国航空工业最集中省份

陕西省航空工业体系完整、基础雄厚、科研实力强、人才充足，全省具备全资质航空企业40多家。全省航空从业人员13万人，其中科研人员4.7万人，中高级科技人才8000多人，有突出贡献专家200多人。陕西空域是国家空管委确定的两个重点低空空域改革试点之一。目前，陕西省已布局建设了西安航空基地、西安航天基地、渭南蒲城、宝鸡凤翔，以及本研究对象——正在建设开发的蓝田等多个以发展通用航空为主导的产业园区。全省现有23个机场，包括8个运输机场、5个林业机场，其中20个通用机场（包括在建的蓝田机场）、3个专用机场；已经建成和规划建设的通用起降场共80多个，初步形成布局合理、功能完善、衔接紧密的通用机场网络。应当说，陕西通航产业及园区发展的基础条件和水平在全国处于领先位置。

（二）陕西省航空业（包括通航产业），重头在西安

西安市是我国航空产业综合实力最强的城市和具有国际影响力的航空城，设计、研发、制造全能。2004年8月，国家发展改革委批复设立西安阎良国家航空高技术产业基地（简称"西安航空基地"），这是我国唯一以航空产业为主导的国家级经济技术开发区。2007年，西安市把通用航空产业列入战略性新兴产业的重点领域，在西安航空基地又启动通用航空产业园建设，该通用航空产业园被中国民用航空局确定为"通用航空产业试点园区"。2015年，西安航空基地代表西安市与世界通航之都——美国威奇托市建立战略合作关系，设立"威奇托市中国航空代表处西安常设分部"。2018年10月，西安市成立西安航空航天投资股份有限公司（简称"西安航投公司"），是西安市政府直属企业，公司注册资本30亿元人民币，是承担西安市航空航天及相关发展职能的国有资本投资运营公司，将对西安市通航产业发展提供新的助力和强大支撑。西安市航空产业和通航产业在陕西省航空产业和通用航空产业发展中居于绝对核心和关键地位。

（三）西安航空基地是陕西通航产业发展的主力军

为推进通航产业发展，2008年，西安航空基地与渭南市合作开发共建蒲城通航产业园（含蒲城内府机场）。2009年在蒲城通航产业园区举办中国国际通航大会，从此，"南珠海，北西安"，中国两个航展大会正式比翼登场，唱响中国、走向世界。西安市因而成为中国国际通用航空大会的永久主办地，"西安航展"品牌效应显著，蒲城产业园区被国家确立为国内唯一的通航试点园区，为西安市建设国家通用航空产业综合示范区提供了坚实基础。

为更好地发挥"西安航展"品牌效应，西安航空基地于2014年3月专门成立西安通用航空产业发展有限公司（以下简称"通航公司"），注册资本为3.15亿人民币，作为西安

航空城建设发展（集团）有限公司的全资子公司，专门承担西安航空基地发展通用航空产业的任务。通航公司与中飞通航责任有限公司成立陕西内府中飞机场管理有限公司（简称中飞管理公司），该公司以内府机场为依托，经营范围包括基础设施建设、市政配套管理、机场管理、民用航空产品及配套产品开发、航空文化推广、航空科普咨询服务、物流、会展、广告等。通航公司运营的蒲城内府机场是目前陕西省内条件最好的通用机场，是航空基地通航企业聚集，业务拓展的重要平台。自开展以来，与珠海错年办展，逢单年总共举办了6届航空展，累计吸引观众超50万人次，2021年，机场飞行2813小时，20264架次，机场完成收入1500余万元。在国内外，树立了西安航展的形象和品牌。对推广和扩大航空基地品牌和影响力，吸引通航产业聚集起到了巨大作用。

（四）蒲城机场已经安全运营十余年，是陕西省内最繁忙的通航机场

蒲城内府机场以通航培训、飞行体验、航拍航测、科学试验等业务为主，在西安市乃至陕西省通航产业发展中具有先发和引导地位，可以说起到了历史性的作用。由于蒲城内府机场距西安市近90公里，距阎良航空基地35公里，给参展带来一些不便，围绕机场开发的相关产业规模和层次也不够，各方面配套和服务水平还需提高。目前蒲城机场面临设施设备使用时间长、资金投入少、空域受民机试飞中心影响等问题，故带动作用和总体效益不如预期。与珠海航展会相比，西安市在参展人数、招商数量方面差距巨大，不处于一个数量级。但机场和展会在国内通航起步阶段，对于国内通航产业的发展产生了推动作用，尤其对于西安市作为通航强市、要市地位的奠定和强化，应当说发挥了重要的作用。

（五）启建蓝田新机场是为寻求新突破，做大做强西安通航产业

目前通航公司在西安市蓝田县建设蓝田通用机场，机场飞行区等级为2B，建成后将成为陕西通用机场网络布局的枢纽机场，对全省通航产业发展具有重要意义。蓝田通航产业园区，以阎良国家航空高技术产业基地管委会和蓝田县为主体进行建设，区县合作协同，航空基地注入科研技术实力，蓝田县提供土地和空域，定址八里塬。2018年11月，阎良国家航空高技术产业基地管委会和蓝田县政府签订共建框架协议，开始土地征用。机场项目于2021年2月进场开工建设，计划总投资9.4亿元，原计划于2022年11月底完成建设，因受疫情影响，实际于2023年10月建成。目前正在进行机场后续的必要手续办理，筹备机场的运营，落实基础设施和水、电、气，同时谋划和着手产业园区开发和招商引资，以及园区中长期整体发展战略思路。本研究报告是在这样的背景下开展研究的成果。

二、蓝田通航机场及产业园区规划建设的意义

蓝田通航机场规划建设及园区建设，起于"十三五"末，立足"十四五"，放眼长远。意在主动响应国家决策部署，落实国家产业升级、军民融合等战略布局；推动通航制造业升级、空域改革、通航运营服务等领域先行先试；整合各方资源共同支持西安航空产业综

合示范区建设，构建通航产业发展的新体系、新平台、新环境；探索通航产业发展的有效机制、模式和经验；因而具有多方面的考量，具有深远的价值和意义。

（一）具有想象力的大谋划

西安市是我国西北重镇，是中国通向欧亚腹地的枢纽城市（乌鲁木齐是前沿城市），同时也是中国历史上具有代表性的城市，战略位置十分重要。在国家和民族的长远发展中具有相当重要的地位，国家因此赋予西安市作为国家中心城市等一系列战略定位和功能。西安市现有人口近1300万人，是北方第二人口大市，居全国第七位，城市规划面积一万多平方公里。目前，西安市的空港年客流物流量已居国内前五位，咸阳机场不断扩建以满足发展需要。从长远计，作为中国航空工业和技术重地并要能够引领中国航空业的发展，西安市需要有更完备的航空基础设施。对比世界三大航空工业基地西雅图、图卢兹以及上海，普遍建设有第二或第三机场，承载航空产业发展、城市货运、客运或者飞机试飞等职能。西安市空域东西北已无发展余地，仅剩现蓝田机场选址所在的东南方向留有空域建设机场，并已取得中部战区空域批复，也是西安市唯一取得空域批复的通用机场选址，是十分难得的宝贵资源。通用机场是公共产品，是一个城市一个区域重要的基础设施和宝贵的战略资源。因此，建设蓝田机场及通航产业园，不仅满足中心城市建设第二机场的需求，也是西安市乃至陕西省发展通航产业的战略性考量，有利于助推西安市乃至陕西省通航机场规划建设及通航产业园区发展不断繁荣和进步，更是西安市的战略地位、所承当的国家大经略目标和城市自身功能完善的结果，无疑这是一个有想象力的大谋划。

（二）争取战略主动的必然之举

我国通用航空产业将会有爆发式增长，国内外业内对此存有高度共识，国内各省都力图预先布局，抢占战略先机。鉴于通航产业具有很强外部拉动性，是一个新兴发展领域，除了直接的航空研发、设计、制造及配套产业和服务外，还包括应急救援、勘探检测、农林作业等，涵盖了教育、旅游、通勤和体育等方面，其延伸的上下游产业非常丰富。

陕西省及西安市如何抢先机？落实党和国家对陕西省及西安市工作的高要求，勇立潮头，实现追赶超越，必须立足优势，争取战略主动，通航产业就是大可作为的一个着力点。西安市加快推进国际化大都市和西安都市圈建设，倾力打造高端制造业，承当秦创原推进主力军。航空产业，尤其是其中的通航产业，极具成长前景，目前正蓄势待发。作为省市通航产业的主力军，西安航空基地及所共营的内府机场，通航产业基础和规模尚薄弱、待扶持，内府机场的区位和总体效益还不理想，需要提升和体系化。要实现新起步、新发展，必须有更大范围的战略突围和布局，同时需要增加适量的基础设施建设和资金投入，形成一航空基地带内府机场和蓝田机场两翼的发展格局，以更好发挥航空基地作为陕西及西安通航产业发展主力军的作用。蓝田通航机场及产业园的开发建设，就是争取战略主动的题中应有之举。早在2017年年初，陕西省发改委在《西安市国家通用航空产业综合示范区建设实施方案》中，就已列入蓝田通航机场建设，预做了战略安排。

（三）审时度势的有为决策

我国通航产业发展一方面有着良好的发展前景和增长潜力，另一方面却是整体发展水平不高、发展不充分，普遍落后于各地经济发展水平。一是我国通航政策导向不够明确，法规和政策拟定缓慢；二是通航宏观规划引导力、效力对全国通用航空产业发展实际推动效果不大；三是各级政府对通航产业的认知和实际推动力存在不足。而该产业因建基于低空空域，恰是需要强政府支持和协调及大资金投入领域，故导致国内目前真正成势成规模通航产业园区不多，且发展雷同，低水平抄袭。但同时又不可否认，通航产业经过将近二十年的摸索发展，已经具备一定的基础和向上跃升的动力和能力，而且国内对该产业的发展需求愈加真切，应当说今后三五年当有长足发展。蓝田通航机场及产业园区开发建设就是基于这样的认识和判断。

此外，从时机上看，后疫情发展时期已经来临，如何尽快恢复正常的生产、生活状态，使经济活动正常化应当说指日可待；同时，党的二十大后深化改革开放的指向清晰，国家将重新凝神聚力向更高的发展境界迈进，发展、进步社会所期、人心所向，等待、观望或躺平将会贻误发展良机，提前谋划、抓紧布局非常重要。蓝田通航产业园区在不景气周期开发建设，充分体现了逆周期发展的宝贵思路，审时度势、不失时机建设一个集区位、空域、功能、产业于一体的通航产业园区，是一个积极有为的决策。

（四）升华以往经验的明智选择

通航产业起于美欧的发达国家，通航产业园是我们国家的叫法，在美国叫 Air Park 或 Fly-Community。欧美国家在机场选址、建设，产业培育和发展方面积累了许多好的经验。（1）建构相对完整的通航产业体系。以通用航空飞行活动为核心，涵盖通用航空器研发制造、市场运营、综合保障以及延伸服务等的综合产业体系，重点是高端制造能力，能够开发制造出具有自主知识产权的产品。（2）建设完善的通用机场体系。众所周知，任何交通体系的意义都在于机场与机场相连，使飞机真正飞起来和落下去，还要有完善的飞行服务保障体系，使飞行安全有效。（3）开发充裕的低空空域资源。通用航空飞行另一个非常重要的因素就是充足可用的空域资源，足够的空域使用范围和低空目视航线，以及高效的空域管理和便捷的飞行审批程序。（4）培育通用航空消费市场。了解、使用、想要参与的企业、机构和个人越多，市场才能越繁荣，交易才能越活跃，生产和服务才能越容易规模化，消费才能从价格导向转为体验导向。（5）通航产业园是资金密集型产业园区。要有良好的资金投入、管理及运营，需要良好的合作伙伴。

蓝田通航产业园发展主要依托于西安阎良国家航空高技术产业基地的技术支撑。阎良航空基地是国内首家国家级航空高技术产业基地，园区内驻有中航工业西安飞机工业公司、中航工业飞行试验研究院、中航工业第一设计研究院等航空领域龙头企业，是业内公认的航空工业技术领军者。蓝田通航机场和产业园的规划和构想是西安阎良国家航空基地借鉴国内外发展经验，总结自身发展通用航空产业、建设内府机场的探索历程，认真总结、思考和升华的产物。2019年，航空基地管委会与蓝田县政府签订合作协议，在八里源区域合作共建西安蓝田通用机场及通航产业园。航空基地管委会将园区土地一级开发业务委托给航空城集团通航公司实施。蓝田机场项目引入西安航投集团、西部机场集团等进行合作洽谈，整合多方资源，特别是通用机场资源和管理团队资源。西安航空城集团与西安航投集团强强联合，共同出资成立西安蓝田通航产业园开发建设有限公司，注册资金5亿元人民币，进行蓝田通航产业园一、二级联动开发建设，借助双方资源将有利于高效推动蓝田通航产业园建设，对西安市整体通航产业发展，推进西安市东南片区开发具有重要战略意义。

（五）把握未来的前瞻布局

陕西省及西安市拥有发展通航产业所需的空域条件、产业基础、市场潜力和交通区位等诸多优势，是全国拥有通航产业园最多的省和市，加上正在兴建的蓝田通航产业园，陕西共有10个，其中西安市有6个。尽管蓝田通航产业园在空域开放程度、制造业资源等方面仍处于前期，但随着国家政策体系和产业园配套设施的不断完善，未来蓝田通航产业园必将迎来更加巨大的发展机遇。

蓝田机场和产业园建成后，下一步：

1. 将和蒲城机场实现合作共赢

一是联动发展。申请蓝田机场与蒲城机场的低空航线，促进两个机场互联互通，满足通航企业调机及训练需求；为蒲城机场引入资金、项目，导入更多资源和业务，提升蒲城机场运营能力。二是错位发展。蓝田机场借助距离城区较近的优势，着重发展飞行体验、航空文旅、高端商务飞行、通航科研制造等业务；蒲城机场利用空域优势，持续深耕科学实验、航拍航测等业务，形成两个机场业务互补、种类齐全的发展态势。

2. 可加快推进陕西省低空飞行网络构建

通过多方融合，深入与西安航投集团、西部机场集团等进行合作洽谈，整合多方资源，特别是通用机场资源和管理团队资源，发挥蓝田机场省内低空飞行网络枢纽优势，形成低空飞行网络雏形，推动陕西省低空飞行形成网络，争取在全国首先实现省内通航机场网络构建。

3. 助力蓝田，带动东南部发展

蓝田县在西安市各区县中，面积居第二位，但经济总量较小，人均GDP不到5000美元，不到全国平均水平的一半；财政税收规模也小，产业层次整体偏低，属于欠发达县域，急需外部发展带动力。蓝田通航产业园建设，将按照产城融合总体思路，以蓝田通用机场为依托，布局引进通用航空领域优质企业项目，带动航空研发、材料、高端装备制造、运营服务、金融贸易、教育培训、特色文化旅游等通用航空产业链各环节协同发展，承办通用航空大会，有望形成国内一流的规模化通航产业港，陕西省通用机场网络枢纽。项目建成后，预计年产值10000万元，年税收1000万元，带动就业500人。通过园区和当地政府共同努力，为蓝田注入新的发展活力，有利于充分释放蓝田资源潜力，提升蓝田的产业层次，带动蓝田高端制造业和自主创新能力。

蓝田通航产业园位于西安市东南部，该区域目前产业基础薄弱，缺乏一个能够带动区域经济增长的支柱型新兴产业，通航产业园建设能够带动整个东南片区的产业发展，完善西安市东部运输功能体系，盘活现有资源，有利于打造东南部特色创新体系，发展新经济、培育新动能。同时，还可以助力省市航空产业发展的最新部署，助推航空航天产值倍增计划，加快省市航空航天产业高质量发展。

4. 通过合作拓展，进而竞逐国内市场

当前，湖北鄂州正在建设亚洲最大的国际物流机场；江西 2020 年年底引进瑞士皮拉图斯多用途飞机，赣州完成了无人机物流配送试点，湖南正在成为中部发展最快、最具活力的新兴快递市场，业务量快速跃升。2022 年 9 月，湖南举办国际通航产业博览会，省里主要领导与会。14 个国家和地区 326 家同行领域企业参会，12 家 500 强企业、20 家通航龙头企业、300 家通航上下游企业参展，线上参展企业 312 家参展产品 1714 个。博览会合同金额 418 亿元，签约 42 个。湖南高调宣称"低空经济看湖南，通航产业在湘江"，通航产业新一轮发展竞争已经展开。蓝田通航产业园建设，正是着眼未来、迎接竞争的前瞻布局。当然，该产业园建设还有利于完善西安市航空经济产业链，打造军民融合示范区，承担秦岭保护运营中心、全市应急救援中心的需要，以及承办通用航空大会的刚性需求。利于走出西安，走出陕西，逐鹿全国通用机场建设和通航产业发展这个蓝海大市场。

三、西安蓝田通航产业园区发展主旨、定位、目标和功能

（一）主旨

深入贯彻落实党的二十大精神，坚持改革开放的总方向，以创新、协调、绿色、开放、共享五大发展理念作为指导思想；按照国家、省市关于发展工作的总要求、总部署，遵循国家和省市关于航空产业（通航产业）有关规划、意见文件精神；尊重科学规律、发展规律、市场规律，学习借鉴国内外一切先进的、适用的发展经验，好的、适用的发展、运营、管理模式；以产业报国之心，服务地方发展，服务国家和民族复兴大业；通过 5~10 年努力，把蓝田通航产业园区建设成为国内一流、国际先进的综合性通航产业园区。

（二）定位

综合型通航产业园区；陕西省通航机场网络枢纽机场；西安中心城市第二机场。

（三）目标

国内一流、国际先进通航产业园区；西安通航产业特色示范小镇；军民融合示范园。

（四）功能

国际通航大会永久会址；西安城市无人航空器货运枢纽；大秦岭保护运营中心；西安市应急救援中心；西安东部运输新枢纽；丝绸之路通航运行服务中心。

为了实现上述的定位、目标和功能，宜分阶段发展，实施五大战略。

四、西安蓝田通航产业园区的发展阶段和五大战略

（一）发展阶段

西安蓝田通航产业园区发展阶段分为准备期、起步期、发展期、成熟期。

1. 准备期

由于本研究开题时机场建设已完成大半，接近尾声，不适合把这一阶段再作为待研阶段描述，故以准备期名之。准备期结束，也就是2022年年底前，应该完成机场建设和剪彩仪式，进入试运行。此后的发展可分为三个阶段。

2. 近期：起步期（2023—2025年）

重点建设好通用航空机场及相关配套设施，建设通航大会举办相关场馆、场地，初步发展通航相关文化旅游产业，以入区项目为主进行相关建设。近期建设用地主要包含通航机场、通航大会会址等项目，近期建设用地9平方公里。重点建设内容：通航机场、通航大会会址、航空博览项目、签约项目入驻。蓝田机场与内府机场初步联合联通，园区与蓝田县和省市政府相关投资机构和平台的合作互动到位，管理运营逐渐入轨，蓝田通航产业园区初步形成，省市对产业园给予更多肯定和关注，园区在国内展现出魅力和影响力，尝试开发省外市场，输出建设技术和经验以及运管模式。

3. 中期：发展期（2025—2028年）

以通航机场为核心，逐步向南北拓展产业区，完善产业园区发展所需要的配套设施。重点发展航空应急救援、通航物流、通航飞机的研发制造等产业，打造园区内一批具有核心竞争力的通航企业，建设用地需3.0平方公里。蓝田产业园区进入良性发展期，配套进一步完善，综合型园区的特色和功能展现；发挥通航枢纽作用，开始推进全省通用机场网络化，并展现通航产业特色示范小镇形象；省市支持和关注持续加大，创建国家级航空产业创新示范区取得实质性进展。

4. 远期：成熟期（2028—2032年）

完成整个通航机场的提升，将通航机场打造成为西安咸阳国际机场的备用机场，疏解公务机、支线飞行、航空物流等非枢纽职能，同时承担阎良机场支线飞机、小型飞机试飞职能，形成影响区域的航空制造、航空研发产业，完善机场战备功能。需增加建设用地2.9平方公里，建成后整个航空产业园总用地规模14.9平方公里。蓝田通航产业园区规模实力水平达到一定高度，园区发展稳定进入良性循环，并成为国内品牌向省外输出；航展大会与珠海规模影响力并驾齐驱；作为陕西通航产业枢纽的作用开始全面履行；丝绸之路通航运行服务中心的功能开始发挥；国内一流、国际先进通航产业示范园区目标基本达成。

（二）实施五大战略

1. 树远大目标，脚踏实地、善学善用战略

建设蓝田通航机场及产业园区，是为了一个高远的目标。利用蓝田产业园临近关中南环线、344国道等区域性交通干道、西安南站等交通枢纽，未来有望并入西安市轨道交通线网的有利条件。借助大西安现代服务生态轴南端，与北部航空新城、阎良组团共同打造航空产业轴；向西与航天产业基地、高新区以及草堂工业园共同构成城市南部战略新兴产业带。

要建设成为通航产业高水平示范园，成为全省全市通航产业枢纽园，争创全国一流、国际先进。一流的目标需要一流的工作，需要高标准严要求，来不得半点浮夸，一步一个脚印。除了做好自己，还要比着国内同行和对手，保持开放心胸，善于学习，敢于竞争，追赶超越，争取胜利。

2. 以改革开放精神，创新意识、艰苦创业战略

改革开放是决定当代中国命运的关键一招，改革开放精神就是开拓创新、勇于担当、开放包容、兼容并蓄的精神。

通航产业是战略性新兴产业，属于高端制造产业体系。发展好通航产业，需要有国际视野，了解国际动态，保持开放的信息交流和合作意识及通道。善于学习、运用国际国内先进的技术信息，先进的投资、运营和管理经验。同时，还要有创新意识，营造奋发向上的创新创业环境，探索体制机制创新和科技协作创新。尽管我们在内府机场干过，但是蓝田是一个新起点、一篇新文章，不是简单的平移。通航产业在我国相对来说发展还不成熟，与国际水平相比还有差距，要有强烈的事业心，要有艰苦创业的态度和作风，激发创新动力和创造活力，力戒轻轻松松、舒舒服服、亦步亦趋就能实现目标的想法。

3. 依靠政府、依托市场，国内外两条腿走路战略

美国、欧洲、加拿大、澳大利亚、巴西等国家和地区，在航空制造、研发及配套和服务的体系化、临空经济发展、通用航空应用领域的拓展及相关经验，以及管理运营的理念和方式、人才培训、通航文化培育等方面都值得我们学习借鉴。

在国内，山东省于2003年即在全国首建通用航空城，建成的通航机场数量与陕西省不相上下，是全国通航机场数量最多的两个省。天津市政府大力推动本市通用航空产业发展，对本市通用航空产业进行全领域的发展统筹规划，发展完善的全产业链。湖南举全省之力，发展通航产业，力图后来居上。

不论是国外还是国内，都注意发挥政府和市场两方面的作用，坚持两条腿走路。发挥市场在资源配置中的基础性作用，突出企业主体地位，鼓励企业创新产品和服务，培育通用航空新业态新模式，激发市场活力，释放发展潜力，培育壮大龙头企业。政府对产业的推动作用非常明显，尤其是在通用航空产业的发展初期，不论是产业上游的研发制造，还是通用航空作业、私人飞行、航空运动，或者是后续的航空器维修、租赁、服务，政府针对不同的实际情况，在每一个环节基本上都有不同的扶持措施，以促进通用航空产业的整体协同发展。政府除了对通用航空产业本身进行推动之外，也在提供相应公共政策方面，

如空域的整合和管理、航空信息的提供、空中交通管制服务、机场网络建设、飞行航线设置等，充分发挥政府弥补前期市场力量不足的作用。

4. 坚持目标导向效益原则，分阶段推进战略

目标管理是现代管理的核心和精髓，涉及方方面面，关乎事业成败。机场建成进入试运行后，要把目标意识、目标观念融于宣传招商、设施完善、环境营造、政策争取、资源整合、人才吸引等各项工作中，形成以人为中心，以成果为标准，建立目标考核制度。要坚持目标导向，一是充分发挥蓝田在通用航空产业领域的比较优势，坚定信心，抢抓机遇，细化、细分目标，落实到责任人，掌握发展主动权；二是善于找准差距，克服困难，保持定力，聚神凝力，始终围绕建成中国一流、世界先进的通航产业基地和全国一流的通用航空运营中心这个既定目标开展工作。

蓝田通航产业园区是一个有使命、有目标的园区。要坚持目标下的效率、效益原则评判标准，各项工作必须讲效率、讲效益，确保目标合理高效实现。要采用适合我国通航发展、适合蓝田通航园区发展目标的有效的商业模式与监管方式，提升蓝田通航产业园区的整体素质与发展实效。关键要将分阶段目标、注重效率和效益的观念传达或传递到管委会或主体开发企业的每一个层级、每一位员工，并影响入园的每一个企业，形成一种园区文化和园区形象，成为园区发展的核心竞争力。

5. 以元宇宙区块链思维，提升园区信息化、网络化、智能化战略

我们所处的时代是一个科技飞速发展、快速迭代的时代。信息化、网络化、智能化方兴未艾，不仅已成航空产业发展的战略方向，而且已经是通航产业具体的工作目标和要求。北斗导航、5G、大数据、人工智能等新技术新产品在通用航空领域开始广泛应用。

近几年，区块链、元宇宙概念相继涌现，对未来科技创新思维、技术进步、产业组织、技术应用、社会生产和生活带来很大影响，引起社会高度关注。尽管概念尚新，甚至带有一定风险和不确定性，但多工具、多平台融合的新构想，与今天人们数字化、网络化、智能化的生产生活体验不谋而合，应用前景值得期待。

通航产业既是技术密集型行业，又是资金密集型行业，对于元宇宙、区块链这样的新科技概念及其可能的广泛应用场景，应当主动关注，科学合理吸收。面向通用航空市场需求，以产业融合发展为重点，发挥科技创新的重要驱动作用，鼓励支持推动智慧发展、创新发展，在飞行培训、作业飞行和低空旅游领域加快推进新产品、新服务的开发和应用推广。

五、建设好蓝田通航产业园区面临的困难和挑战

要建设好蓝田通航产业园，我们无疑具有良好的基础和许多有利条件，这些内容在基本情况里有所阐述。因为篇幅关系，在此不做详细分析，而是把重点放在如何清醒认识实现目标存在的问题和面临的挑战方面。这样做，不是畏惧困难和挑战，而是为了更有针对性地克服困难、战胜挑战，是为了更好、更合理、更务实地推进发展。据此制定相应的对策建议，方能顺利达成目标。

（一）从今后较长一段时期看

从大的发展形势看，当前处于疫情后的恢复性发展时期，仍然存在不确定性。受新型冠状病毒感染引起的疫情影响，各地增长和财政收入水平下降，中央接连派出督导组，采取了一系列抗疫情、保增长、稳就业、保稳定措施。

同时，国际经贸关系进一步恶化，面临新的严峻的挑战和考验。美国在对我国进行贸易制裁的情况下，近期出重手对我国芯片技术和生产进行打压。芯片是当代科技和工业的基础性技术产品影响及其广泛。通航产业乃至整个航空业都属于高科技产业领域，是国家战略性新兴产业，必然会受到很大影响。

从国内通航产业领域看，当前及今后的竞争态势趋于加剧，这是通航产业经过十几年的发展，开始进入发展期必然会出现的现象，从某种意义上说是一个好现象。西安市要保持原有相对领先的地位，需要保持战略上的清醒和主动。同时要看到，当前国内大部分通航产业园存在一些通病。首先，园区定位为制造型的多，同质化严重，园区盈利模式单一，往往重量轻质，忽视产业链接，难以形成比较有效的上下游产业链条。其次，往往求大求全，不顾自身资源禀赋等条件限制，追求全价值链、全产业链布局，实际上难以形成紧密的产业链和规模经济优势，造成资源利用效率低下等问题，导致后续发展动力不足。这些情况陕西包括西安通航产业园区也有不同程度的存在。蓝田产业园是新建园，要竭力避免，力戒新瓶装旧酒，力求走出新路。

此外，面临的挑战还有：一是尽管市场有所扩大，但培育不够充分，服务供给相对不足；二是通用机场是新建的，保障能力的完善需要一个过程；三是入园产业虽有了基础名录，但如何集聚成规模，并要保证一定的质量，仍需努力；四是低空空域管理是否满足长期发展需要，关键资源是否会受限；五是融合发展、协同拓展，及外部的行业治理都需要有效能。更为重要的是，要能得到省市政府及有关部门持续有力的支持，与蓝田县和蒲城市都要能建立并保持长期良好的合作发展关系，使航空基地一体带两翼的布局目标得以顺利实现。

（二）从近期看

从近期看，蓝田通航产业园面临如下问题。

1. 机场第三批供地亟须解决

受机场土地供应手续办理进度的影响，机场项目相关报建手续严重滞后。需要加快第三批次146亩土地供地手续办理的进度，以便项目能尽快启动用地许可证、规划许可证、施工许可证等手续办理，以免影响验收。

2. 现场征迁尾留问题亟须解决

蓝田机场项目施工现场尚遗留水井房、成片树苗、几十座明坟严重影响该区域后续施工，园区远期发展规模涉及用地与长安区行政边界问题，需要双方进一步协商推进。

3. 外围临时交通亟须加快建设

按照市政府专题会议纪要，由蓝田县负责实施蓝田机场外围"丁"字应急道路，市财政 50% 资金已经拨付到位，剩余总投资 50% 由航空基地管委会负责，目前项目已完成招标，但是工程施工迟迟未开始。外环高速设置下线口问题，需与道路交通部门落实设计及建设方案，并作为园区发展基础先期投入建设。高压线网改迁问题，需与电力部门落实园区电力保障实施方案以及 330KV 线网改迁问题。

4. 供电、供气、排水等配套条件不足

正式供电：按照民航建设规范，机场建成验收及运行需要有两路正式供电电源接入，目前机场施工用电为临时用电，无法满足机场验收及运行需求，需要蓝田县解决两路 10KV 负荷不低于 5200KVA 正式用电接入。

机场供气：机场建成后冬季采暖依靠三台燃气锅炉供暖，但是机场外围没有燃气配套，需要蓝田县解决天然气管网接入问题。

机场排水：机场本期建设一处小型污水处理站，机场运行产生的污水经处理后需要排入就近的污水管网。但由于机场所处八里塬目前没有雨水、污水排放设施，需要蓝田县解决园区对外排水问题。

5. 产业园后续发展空间受限

目前，《蓝田县土地利用总体规划（2006—2020 年）》中仅有 943.55 亩建设用地（机场占地），1806.45 亩为有条件建设区（机场配套设施和部分产业用地），产业园远景规划 14.9 平方公里剩余用地全部为耕地和林地。需要市政府统筹协调，将产业园规划范围 14.9 平方公里纳入市级划定的城镇开发边界，对涉及的基本农田进行统筹规划。

六、建设好蓝田通航产业园区的对策建议

根据国际国内形势的新变化，党的二十大报告及时作出了新判断、新决策，对今后发展进行了新擘画，作出了全方位的部署，开启了新航程。这将为我们国家各行各业克服各种困难和挑战、实现新发展明确了方向，提供强有力的指引和动力以及战略思路。相信通航产业会与其他行业一样，在我们国家新的征程中，取得新的发展和进步。借助党的二十大东风，蓝田通航机场和园区开发将有一个良好的开端。为了更好地推进蓝田通航产业园区发展，提出如下对策建议。

（一）争取更多领导和部门支持

通航产业是技术、资金密集型产业，并且涉及特殊的资源和应用领域。国内外发展经验表明，政府所起的作用很重要，尤其起步阶段。西安市级层面成立了以西安市市长为组长的领导小组，几次现场调研并召开领导小组会议，统筹指导机场建设。区县层面成立了协作共建领导小组，蓝田县级领导负责包抓解决机场相关建设问题。基地层面成立了市级领导小组办公室，抽调人员力量进驻建设现场办公，形成了"市级统筹领导、区县合作共建、团队一线驻扎"的联动推进机制，确保了机场建设顺利进行。随着机场完工，园区进入实际运营，会产生更多投入、运营、管理和发展层面的新问题，在争取领导和部门支持方面要有新作为，尤其需要积极争取陕西省里领导重视、省级部门支持。

除了蓝田与内府机场的联动合作发展，还要实现咸阳通航产业园、宝鸡凤翔通航产业园、西安航天基地、横山通航产业园、丹凤通航产业园的整体协调发展。除了陕西通用航空协会，还需要建立省、市两个层面的通用航空发展联席会议制度，在省航空产业发展工作领导小组的指导下推动建立全省通用航空产业发展联席会议制度。西安市建立由市政府主要领导任组长的西安市通用航空产业发展领导协调小组，统筹协调西安通航产业发展，研究通用航空发展中的重点事项，协调通航园区发展中存在的各种问题，形成常态化工作机制。建立市级相关部门、园区、重点企业和高校院校等共同参与的联合工作机制，聚集各方力量，系统推进通航产业示范区重点工作。

（二）集成必要资源建设综合型园区

蓝田通航产业园的定位是综合型通航产业园。目前我国各地通航产业园主要可以分为制造型产业园、运营服务型产业园和综合型产业园三种类型。制造型园区以通用飞机设计研发、装配及零部件生产为核心，专注于开发通用航空飞机制造和总装的综合园区。目前国内大部分的通航产业园都采用"制造业先行，运营服务随后"的发展路径。运营服务型园区主要提供通航运营和服务，例如飞行培训、旅游、俱乐部、航空物流和FBO。该模式适用于地理位置较好、经济实力较强、人均收入水平较高的地区。综合型园区包括上游研发、制造和配套的完整通用航空产业体系。目前，国内这种模式的通航产业园很少，仍在探索发展中。

天津市通过集成必要发展资源建设综合型通航园区。以空客A320总装线为龙头，发展全产业链。天津市政府和中航工业集团共同注资80亿元成立了中航直升机有限责任公司。此外，天津与国家民航局共建目前我国唯一的中国民航科技产业基地。

航空研发制造方面，天津市政府出台《天津市滨海新区航空产业发展规划纲要》，在滨海新区形成航空研发制造的产业集群区，聚集了60多个高端航空制造、维修项目和200多个航空服务项目。科研开发和人才培养方面，位于天津市的中国民航大学在2009年成立了全国第一个专门的通用航空学院，加强通航科研开发和人才培养。在促进通用航空消费方面，天津市着重打造东疆保税区，给予一系列税收优惠、金融支持政策，构建航空金融租赁平台。目前该平台已成为通用航空租赁市场的聚集地，在保税区注册的飞机租赁企业占全国90%，汇集了国内绝大多数的飞机租赁服务资源。

蓝田通航产业园要实现既定定位和目标，必须聚集多方面的发展资源，立足区域发展战略和资源优势，吸引产业发展要素集聚，增强区域产业竞争优势。以航展大会为依托，以整机制造为龙头，带动中小航空发动机、机载设备、零部件制造、新材料研发、维修改装、人才培养、航空租赁、运营服务等配套产业发展，培育产业核心竞争力，打造通航产业集群。拓展通航消费领域，打造通用航空器交付、营销、运营中心，依托产业发展基础和优势，提供产品展示、交易、结算、融资、保险等"一站式"服务，建设教育培训、运营服务、生活配套、无人机物流配送等功能完备的综合型通航产业园。

（三）拓宽融资渠道，增大资金投入

通用航空产业是资金密集型产业，积极争取吸引国有大资本，包括民间资本在内的社会资本参与建设发展，构建多渠道、多层次、多元化的投融资体系。发挥西安市合作发展基金和省市航空产业投资发展基金引导作用，通过市场化方式设立西安通航产业发展引导基金，广泛吸收社会战略性投资，采取PPP、基金、债券、融资担保等多种方式，加快通航制造、通航运营服务发展及基础设施等项目建设，提升投资吸引力和产业竞争力。要加强与陕西航空产业发展集团、西安通用航空产业集团，以及其他有实力、有意愿的国有或民营投资集团的合作，实现强强联合，共赢发展。

积极争取国家通用机场建设补助资金和飞行补贴，通过申请设立通航产业国家示范区，争取国家政策支持。创新投融资方式，支持采取政府购买服务、PPP模式建设、运营通航机场。鼓励有实力的企业和个人投资通航机场建设。

争取省级预算内资金支持力度，设立全省通用航空投资基金。加大市级工业发展、科技创新、旅游业、服务业等产业专项资金对通用航空产业领域投入力度，通过奖励补助、贷款贴息股权投入、融资引导等方式，支持通用航空器制造、零部件制造、设备配套、机场运营、飞行作业、人才培养、航空保险、金融租赁等领域加快发展。拓宽融资渠道，吸引多方资本。

（四）加强招商引资，大力开拓通航应用市场

当前，我国通航产业仍处于起步阶段，园区集聚效应仍不明显，进驻企业规模相对较小，知名品牌不多，和周边区域经济发展的互动性不强，从整体来看，仍处于培育阶段。园区建设的成败最终取决于聚集的企业的数量和质量，以及体系化水准，所以，招商引资是关键。要立足主业抓项目，发挥蓝田通航产业园稀缺的空域条件、优越的交通区位、坚实的产业基础、庞大的潜在市场和良好的发展环境。坚持项目招引和产业培育并重，并通过以商招商，协会招商、顺链招商等方式，广泛宣传推介，精准收集重点企业信息，根据企业情况制定有针对性的招商引资策略和政策，助力项目招引。同时要大力吸引和培养招商引资人才，形成一支有事业心、有亲和力、专业化的招商引资队伍。招商好，园区旺。

通用航空业是战略性新兴产业，通航产业园作为通航产业的重要载体和产业集聚区，前期取得了一定的成效，但面向通用航空市场需求的开发仍存在不足。要以飞行培训、作业飞行和低空旅游为重点，加快推进新产品、新服务的开发和应用推广，扩大通航有效需求，以消费升级带动产业升级。积极发展通用航空零部件研发制造、通用航空材料加工技术及设备研发生产等，加大补强园区制造业方面的短板。通过重点引入国际合作，开展通航飞行及机务人员培训、固定运营基地（FBO）、通航飞机6S店、维修运营基地（MRO）等，构建面向通航客户的后勤支援服务体系，打造我国西北地区重要的通用航空综合服务和保障中心。大力发展公益服务，积极鼓励新兴消费，稳步推进短途运输，深化拓展无人机应用，巩固优化传统作业，提升资源保障能力，优化行业治理，促进国产航空器及装备制造创新应用。

同时，积极鼓励通用航空多元化发展，通过举办通航会展、低空旅游、飞行培训、空中婚礼、航空科普等业务，发展粉丝经济，培育通航文化，为蓝田园区乃至省市通航产业发展提供良好的文化氛围和成长土壤，推动蓝田通航产业园进一步健康持续发展，打造省市通用航空产业发展集群，为地方经济转型升级培育新的经济增长点。

（五）积极争取政策配套支持

通航产业园的建设发展，离不开国家和地方政府的大力支持。在园区起步阶段，政策支持显得更为重要。蓝田通航产业园应敢于向上借力，主动对接省市有关部门，积极推动在省市层面出台相应的布局规划、优惠政策，支持通航项目投资落户、建设、运营等环节，不断完善蓝田通航产业园基础环境和服务体系。

陕西省及西安市要与中央政策形成联动，出台加快通用航空产业发展的政策措施，在城市规划、基础设施建设、用地保障、审批手续、通航人才引进培养等方面加大政策扶持力度、优先保障。西安市政府可成立面向公益需求的通航基础设施建设公司和通航运营服务公司，快速推进一批通用机场和直升机的起降点（停机坪）及西安军民航空管服务站等硬件建设，率先开展空中应急处突、应急救援、医疗救护、高层建筑消防、农林防火救灾减灾、警务安保等公益通航运营服务。鼓励民营企业成立面向其他需求的市场化运作的通航运营服务公司和通航金融服务公司，以政府购买服务、适时适当补贴，逐步过渡到市场化运营，引导、培育通航运营服务市场。总之，争取政府出台更多通航产业支持政策，产生强大的政策吸引力，形成良好发展氛围。

（六）完善各项保障和考核

推进完善航空运行保障系统，建设覆盖全省的通用航空指挥调度、飞行服务、飞行监管以及油料供应等保障系统，完善通用航空飞行服务平台。开展通用航空运行试验，进一步加强军民航协调沟通，提高飞行审批效率。

建立用地等保障机制。除了对纳入规划的通用机场建设用地的后续手续之外，对于机场进一步发展所需要的用地要能给予保障，及时协调。简化有关审批手续，通航直升机起降场可以市场化运营主体的需求为导向，地方政府配合申请设立，根据需要滚动调整。

加强产业园区各项规划实施、政策落地、项目建设的督导检查，将成效纳入园区年度考核指标体系，建立绩效评估体系和问责机制，完善产业统计指标体系，定期开展阶段性工作检查和评估，建立和规范信用信息发布制度，形成以信用管理为基础的监管模式。既推进规范产业园区的工作，也反向督促政府有关部门的工作。

建设学习型园区。要虚心学习国际发展先进经验，还要关注了解学习国内兄弟省市的发展动向和经验。要知彼知己，不可盲目乐观，夜郎自大，也不可妄自菲薄，要充满信心，积极进取。发挥基础条件、激发发展意愿，支持重点项目和领域率先发展，试点示范，以点带面推动整体发展能力得到提升。总之，要推动建设适合我国通航发展的商业模式与监管方式，提升通航产业的整体素质与发展实效，使蓝田通航产业园区快速有序健康地发展，在全市全省乃至全国的通航产业园区中迅速崭露头角，确立地位，赢得声誉，真正成为国内一流、国际先进的通航产业园区。

附表 1　陕西"十四五"期间通用航空发展目标

维度	指标		2019年	2020年	2022年	2025年	属性
安全	通用航空1死亡事故万时率五年滚动值		0.058		—	0.08	约束性
规模	企业数量（家）	通用航空（有人机）企业	478	523	630	750	预期性
		通用航空（无人机）企业	7192	10725	14000	18000	预期性
	飞行小时（万小时）	飞行量（含无人机）	106.5	281.1	350	450	预期性
		其中：无人驾驶航空器综合管理平台飞行量2	125	183	210	250	预期性
	通用航空器期末在册数（架）		2707	2892	3000	3500	预期性
	经营性无人驾驶航空器数（万架）		8	13	17	25	预期性
	私用、运动驾驶员执照持有数（人）		4736	4950	5700	8200	预期性
	民用无人机驾驶员执照持有数（万人）		6.7	8.9	12	22	预期性
	在册通用机场数（个，A、B类合计）		246	339	390	500	预期性
服务	应急救援	开展航空应急救援的省份数量（个）	19	19	≥22	≥25	预期性
	航空消费	空中游览、航空运动等参与人数（万人次）	28.5	39.4	48	68	预期性
	通航运输	通航运输开通省份数量（个）	17	19	≥22	≥25	预期性
		旅客运输量（万人）	6.4	5.6	6	9	预期性
	传统作业	农业作业面积（含无人机，亿亩）	8.3	13.1	18.8	25.1	预期性
		电力巡线里程（含无人机，万公里）	—	—	85	100	预期性

注：①统计范围不含非法飞行和私用飞行。②因无人驾驶航空器综合管理平台尚未上线，2019年、2020年无人驾驶航空器数据采自无人驾驶航空器云系统平台。

附表 2　西安东部和南部经济功能区一览

经济技术开发区	以商用汽车、电力电子、食品饮料、新材料为主导产业
浐灞生态区	发展会展、商务等现代服务业
曲江新区	以文化旅游、会展创意、影视、演艺、出版传媒等产业为主导的文化产业
国际港务区	现代商贸物流
国家民用航天产业基地	以民用航天技术应用为主，同时发展新能源、新材料、信息技术、装备制造等
阎良国家航空产业基地	航空产业，即整机制造、零部件加工、航空新材料、维修改装培训等
沣西新城	战略性新兴产业基地和绿色低碳生态示范区，以信息技术、科技创新为主导产业
沣东新城	以高新技术、现代商贸为主导产业
空港新城	以临空经济为主导产业
泾渭新城	以高端装备制造、文化旅游、都市农业为主导产业

注：未列入蓝田通航产业园区。

附表3　2020年我国各省市通航产园

地区	航空产业园	地区	航空产业园
北京	北京航空产业园	山东	济南航空产业园
	北京密云通用航空产业园		青岛航空城
	北京平谷通用航空产业园		烟台航空产业园
天津	国家航空航天产业基地		大高航空城
	天津滨海新区民用航空产业园		威海航空产业园
	天津临空产业区航空城		莱芜航空运动基地
重庆	两江新区航空产业园		航空循环经济产业园
浙江	湖州安吉航空产业园		胶州市洋河通用航空产业园
	舟山航空产业园		滕州通用航空产业园
	北航长鹰通用航空产业园	辽宁	沈阳通用航空基地
	宁波杭州湾航空产业园		大连通用航空城
	绍兴滨海新城通用航空产业园		法库通用航空产业园
	嘉兴南湖航空产业园		大连航空城
四川	成都通用航空产业综合示范区	山西	青云航空产业园
	成飞航空高科技产业园	吉林	长春航空科技产业园
	金堂通用航空产业园	江西	南昌航空工业城
	自贡航空产业园		景德镇航空零部件产业园
	成都航空动力产业园		景德镇军民融合通用航空产业综合示范区
陕西	西安阎良航空高技术产业基地	黑龙江	哈尔滨通航产业综合示范区
	汉中航空工业园	湖南	航发株洲航空动力产业园
	蒲城内府通航运营园		株洲航空城
	中航工业基础产业园		株洲航空产业园
	飞行培训和航空安全装备园		长沙航空产业园
	卤阳湖通用航空产业园	河南	登封市航空产业园
	西北通用航空产业园		安阳通用航空产业园
	佛冈航空产业园	河北	河北航空城
	韩城市航空产业园		承德航空科技产业园
江苏	昆山淀山湖航空产业园		阜平通用航空产业园
	建湖蓝天航空航天产业园	福建	福州通用航空产业园
	镇江航空产业园		多功能航空产业园
	盐城航空航天产业园		长汀县通用航空产业园
	南京航空产业园	安徽	合肥航空产业园
	海门航空产业园		芜湖航空产业园
	无锡航空产业园		定远县航空产业园
	南通航空产业园		砀山县通用航空产业园
	常州航空产业园		应流（金安）航空产业园
	丁蜀航空产业园	湖北	武汉航空产业园
内蒙古	包头众翔通用航空产业园		襄樊航空航天产业园
	鄂尔多斯通用航空产业园	贵州	安顺通用航空产业综合示范区
云南	云南高新区通用航空产业园	广东	珠海航空产业园
	昆明直升机通用航空综合服务基地		

注：陕西省未列入蓝田通航产业园区。

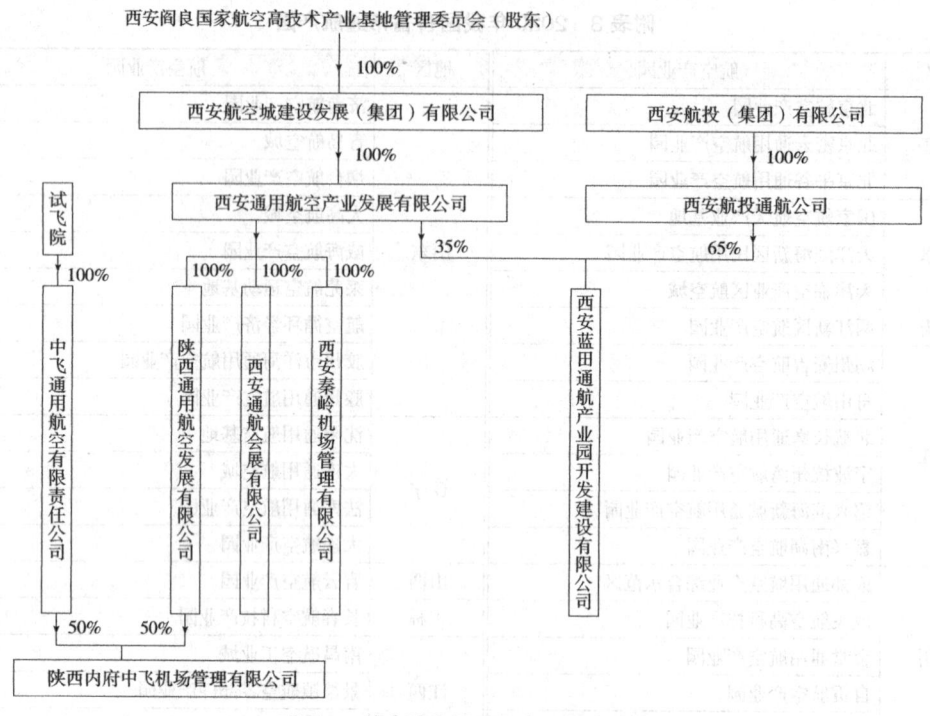

附图1　航空城集团通航产业板块机构

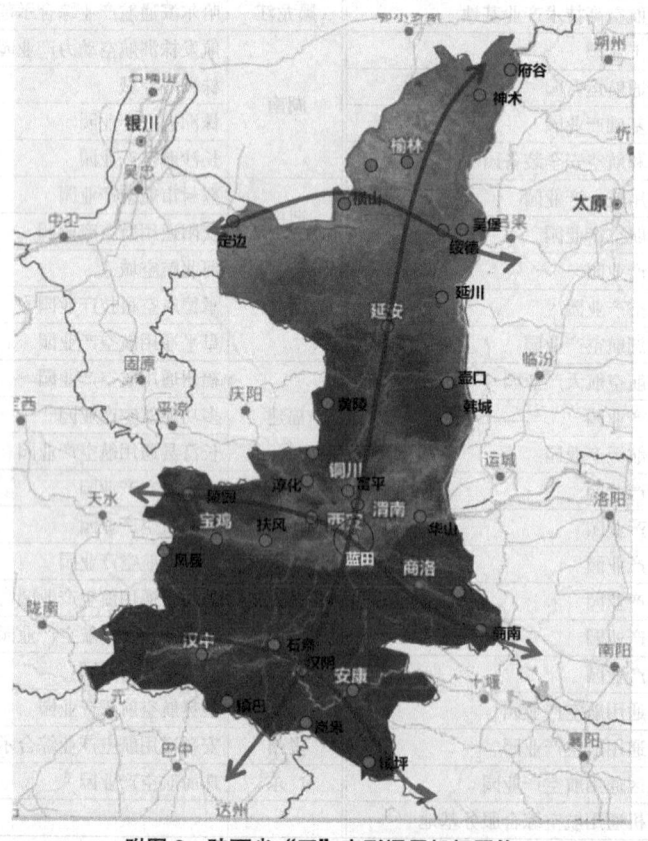

附图2　陕西省"王"字形通用机场网络

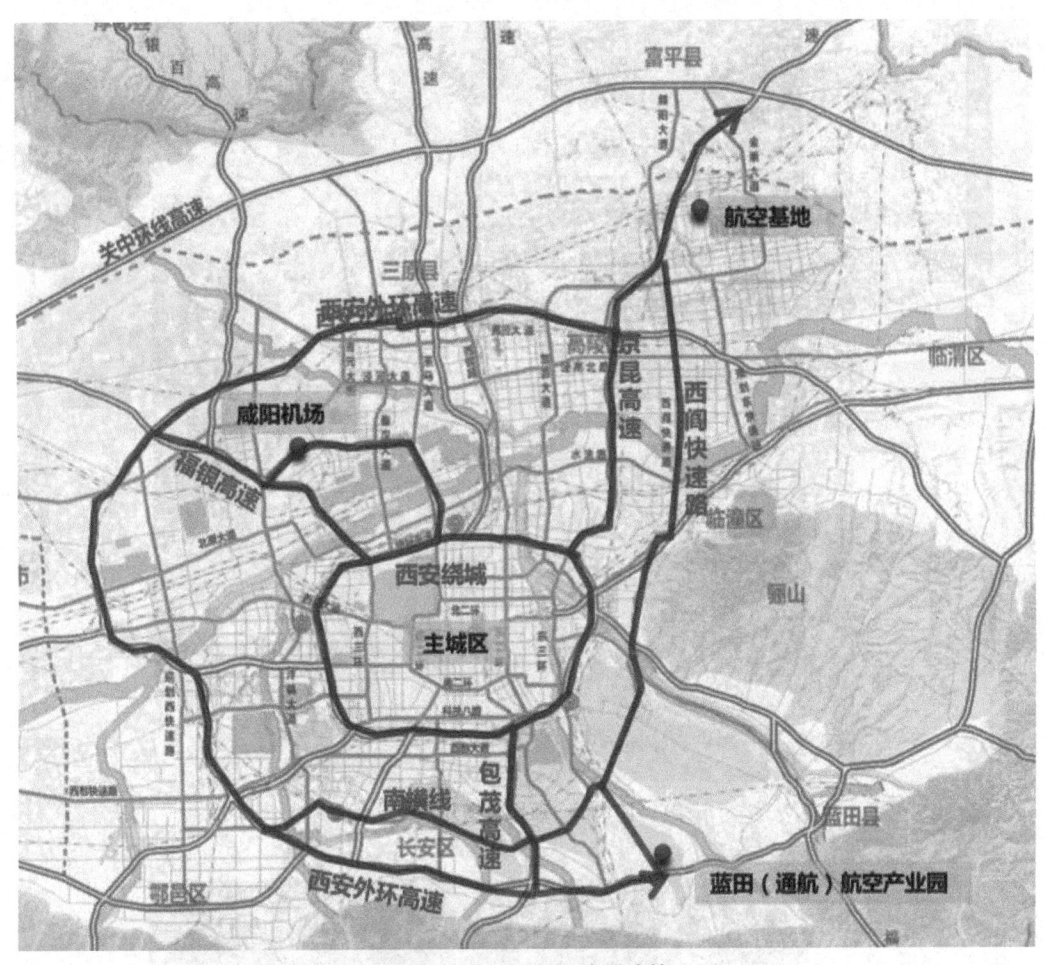

附图3　园区区位和交通连接

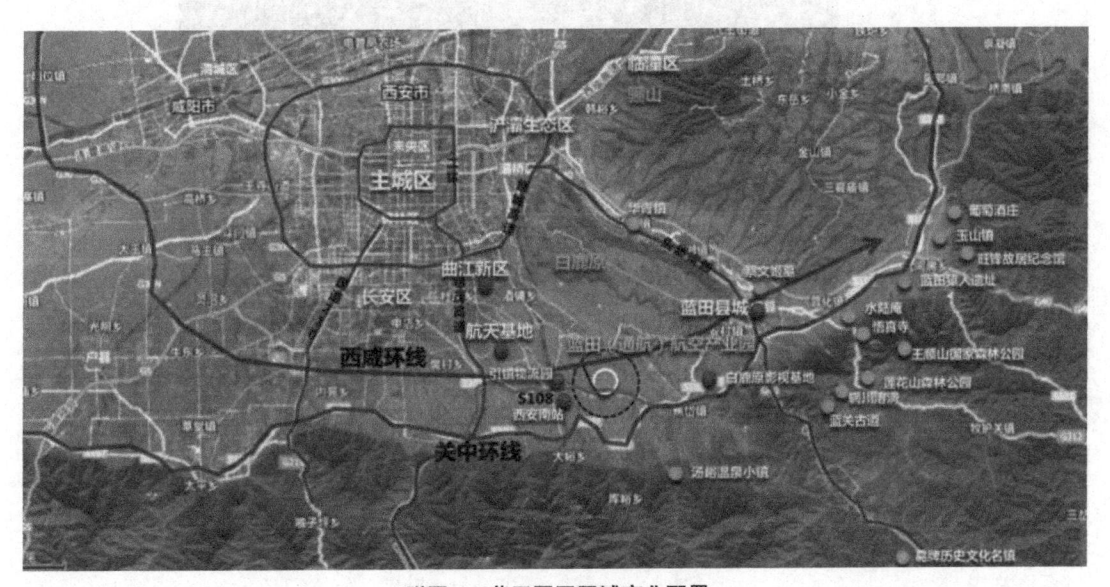

附图4　蓝田园区区域产业配置

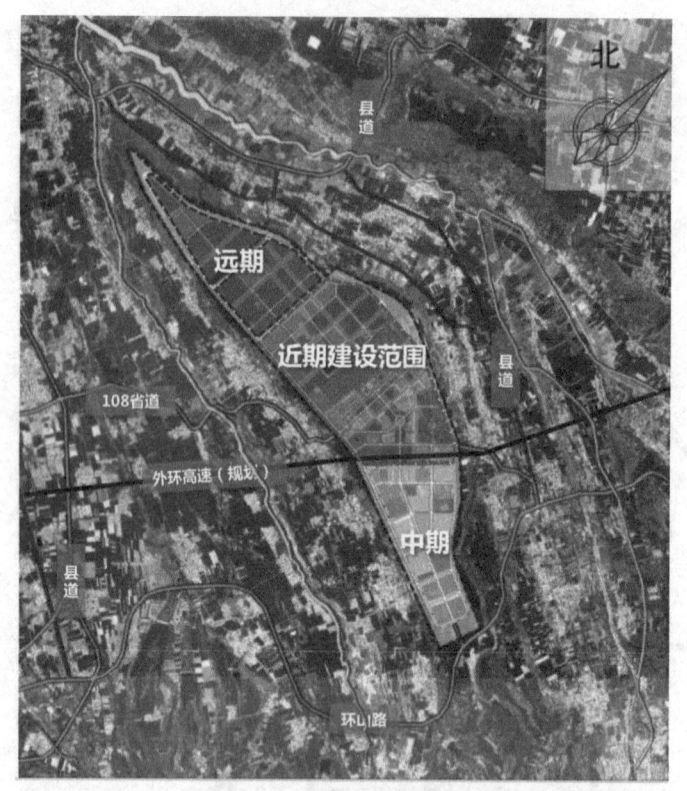

附图5 蓝田机场分期建设规划

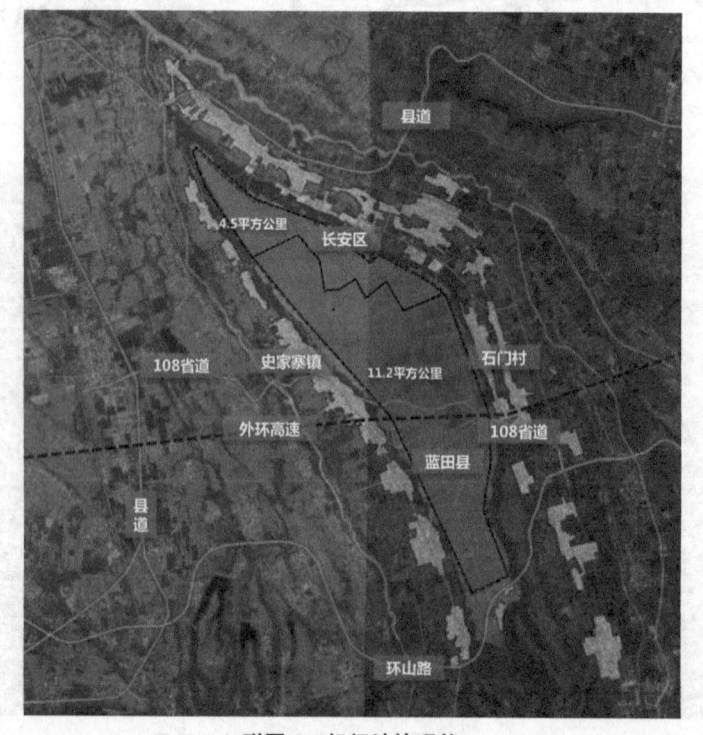

附图6 机场地块现状

附图7　蓝田园区近期范围

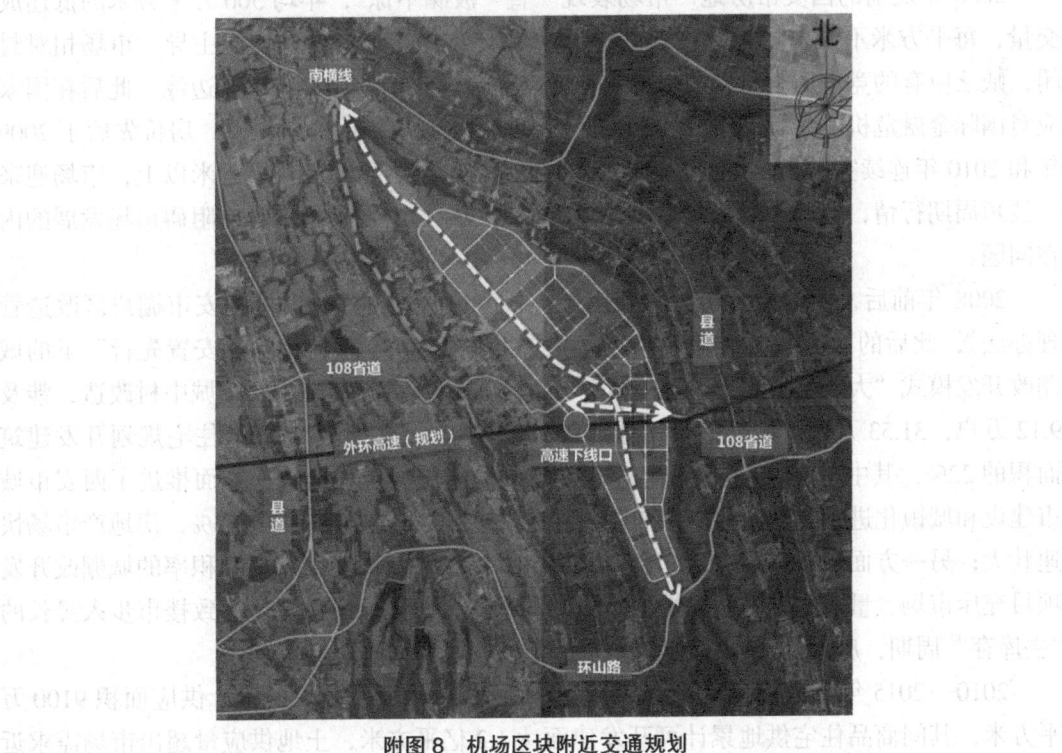

附图8　机场区块附近交通规划

西安市房地产市场周期回顾与发展展望

房地产业作为国民经济的支柱产业之一，左手牵动经济，右手牵动民生，是推动城镇化发展进程的重要引擎。面对当下房地产业发展困局，加快建立新时期房地产转型发展新模式，防范硬着陆风险拖累波及整体经济，其现实性和迫切性不言而喻。本文回顾了过去十余年西安市房地产市场的发展历程，从数据和政策两个维度，系统剖析了西安市房地产市场发展的韧性表现，彰前启后、鉴往知来，以期探寻市场运行的逻辑规律，推进政府行政调控和市场自我调节的有效结合，为西安市房地产市场未来可持续健康发展提出建言。

一、西安市房地产市场近十年发展回顾

（一）2010—2015年市场特征：供需失衡、库存高企；城改冲击、竞争无序；本土主导、市场封闭

2008年之前的西安市房地产市场表现一直"波澜不惊"，年均500万平方米的低迷成交量，每平方米不到4000元"成本"售价，由于本土房地产开发商的主导，市场相对封闭，缺乏应有的竞争活力和投资引力，使西安市楼市长期处在二线市场边缘。此后在国家应对国际金融危机的"4万亿计划"以及一系列降息减税措施的刺激下，房价先后于2009年和2010年连续突破5000元和6000元，成交规模放大至1000万平方米以上，市场迎来一波短周期行情，但这种上涨只是大势驱动下的跟风，并没有根本解决阻碍市场发展的内在问题。

2008年前后，西安市出台《西安市城中村改造管理办法》和《西安市棚户区改造管理办法》，此后的2010—2015年，"政府主导、市场运作、整村拆除、安置先行"下的城棚改开发模式"大行其道"。截至2015年年底，全市共批准实施189个城中村改造，涉及9.12万户、31.53万人。城改项目用地连年放量供应，平均占全市商品住宅规划开发建筑面积的22%，其中2012年占比最高达37%。大力实施城中村改造一方面推进了西安市城市建设和城镇化进程，城镇化率由2010年的53.9%跃升至2015年的75%，房地产市场快速壮大；另一方面由于本土房地产企业对资源垄断，大量高密度、高容积率的城棚改开发项目充斥市场，量能的堆砌并未推动品质的同步提升，无序恶性竞争导致楼市步入漫长的"去库存"周期，房价维持在6000～7000元/平方米之间长达5年。

2010—2015年，全市商品住宅累计销售面积7700万平方米，累计供应面积9100万平方米，其间商品住宅供地累计可开发建面达1.2亿平方米，土地供应量超出市场需求近

50%，楼市供需失衡问题突出。供应过量叠加品质因素，需求不振，增长乏力，住宅库存积压明显，截至 2015 年年末库存量近 1800 万平方米，去化周期超 12 个月。同一时期末，中国经济发展增速换挡进入"新常态"，在"稳增长"和"去库存"目标下，全国以放松限购限贷、加强信贷支持和税收减免为主的四轮刺激政策出台，热点一、二线城市房价开始一路高歌，而西安市受消纳城棚改遗留问题拖累，仍处于蛰伏期，房地产市场发展亟待破局。

（二）2016—2021 年市场特征：战略加持、能级提升；政市协同、潜力释放；供需两旺、价值回归

2016 年以来，基于长期压抑的城市发展潜力，叠加国家政策利好加持赋能，西安市房地产市场终于迎来历史性的黄金机遇期，以厚积薄发之势迈入长达 5 年的"牛市"。2018 年，西安市成为国家战略定位的第三个国际化大都市和第九个国家中心城市，"关中平原城市群""西安都市圈"发展规划获批，城市能级全面提升，乘着"一带一路"国家战略和西部大开发新格局的东风，城市经济建设和房地产市场步入跨越式发展新阶段。

2018 年，西安市相继出台《西安市深化土地供给侧结构性改革实施方案》和《西安市深化住房供给侧结构性改革实施方案》两个纲领性文件，对全市土地市场、房地产市场做出系统性的制度设计，通过加强科学统筹、创新体制机制、强化要素保障，加快推进土地和住房供给侧结构性深化改革，为房地产市场可持续健康提供了有力的政策支持。稳定的政策预期、友好的营商环境和广阔的市场前景，吸引了一大批品牌房企重磅投资布局，政策和市场效应协同共振，给西安市楼市带来一波长周期的繁荣。城市发展品质全面提升，城市发展价值加速兑现。

2016 年下半年起西安市楼市供求形势发生逆转，此后的 5 年间，交投活跃度逐年提升，供应量一路走高，销售量同步放大，房价更是一路飙升，房地产市场展开一波"波蓝壮阔"的行情。据统计，2016—2021 年，全市商品住宅累计销售面积 1.19 亿平方米，年均销售规模接近 2200 万平方米，累计供应面积 1.07 亿平方米，年均供应规模约 2100 万平方米，其间商品住宅供地累计可开发建面达 1.26 亿平方米，楼市长期处于供不应求的紧张状态。至 2021 年上半年商品住房库存量降至 548 万平方米的历史低值，去化周期缩短至 3.25 个月。房价更是涨势如虹，于 2018 年突破万元大关，2021 年突破 15000 元 / 平方米，5 年累计涨幅翻倍，年均涨幅 15% 左右，持续领跑全国（见图 1、图 2）。

楼市的良好表现快速聚焦了市场投资目光，越来越多的一线房企如中海、保利、招商、龙湖、碧桂园、华润、绿城等纷纷进驻西安市，积极拿地扩储。2018—2021 年，全市溢价成交商品住宅用地分别达到 54 宗、35 宗、46 宗和 47 宗，年度平均溢价率分别为 23.37%、17.01%、19.26% 和 31.38%，单宗地溢价率超 100% 的地块达 55 宗，单宗地平均参拍企业数超 8 家，热度最高的地块吸引了多达 58 家房企参拍。

土拍市场激烈的"抢地大战"助推热点区域楼面价陆续破万元，2018 年年末，南二环"金腰带"青龙寺片区产生西安市首宗万元地块。2019 年，高新区软件新城推地首拍即过万，此后的高新区中央创新区和软件新城土拍万元地集中涌现。2021 年初，曲江新区拍出

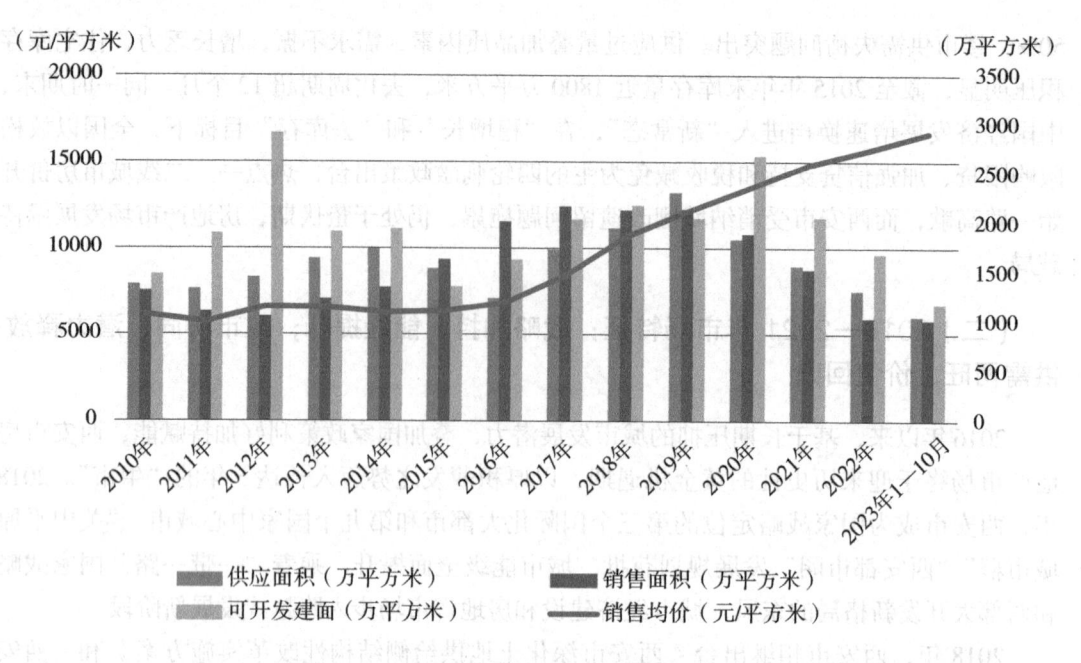

图1 2010—2023年10月西安市商品住宅供销量价

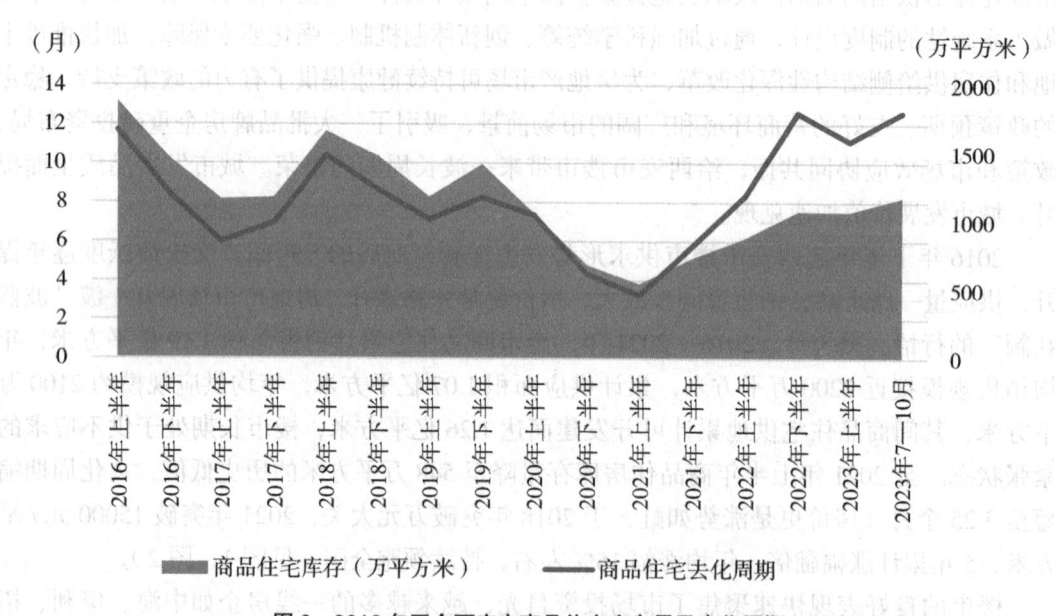

图2 2016年至今西安市商品住宅库存量及去化周期

楼面价24365元/平方米刷新西安市地价高值，3月，浐灞生态区集中成交6宗"万元地"引起市场强烈反响，航天基地、曲江大明宫等区域也有地块破万元门槛。截至2021年年底，全市共成交56宗4224亩"万元地"。中心城区的土拍热潮蔓延带动外围区域联袂上涨，西咸新区楼面价一度破万，就连远郊区县楼面价也创出5000元/平方米的历史新高。

伴随着市场的活跃，全市商品住宅用地成交量于2016年之后同步放大，2018年突破万亩规模，2020年达到1.3万亩的峰值，同年西安市土地供应收入历史性突破"千亿"

大关。房价的持续上涨拉动住宅地价一路攀升，土地单价从2016年355万元/亩上涨至2021年933万元/亩，楼面地价从2016年1550元/平方米上涨至2021年5236元/平方米，5年间土地单价年均涨幅超过20%，城市土地价值充分显化。

房地产市场的"过火"表现，引致调控政策的持续加码。为推进房地产市场可持续健康发展，自2017年起，西安市接连出台一系列调控政策引导市场理性发展，楼市端限购、限价、限贷、限售"四限"齐出，土地端先后采取地价"熔断""限地价+竞配建""房地联动"等举措，各项调控手段或有短期成效，但一直无法阻滞市场高涨的热情和楼市坚挺的走势。直至2021年，国家进一步加大对房地产市场调控监管力度，金融"三道红线"控"举债扩张"，土地"供地两集中"降土拍热度，西安市也因"火热出圈"而被纳入全国重点调控监测城市，西安市"8.30政策"更将楼市"四限"调控力度推至顶峰。2021年下半年，调控"组合拳"叠加效应集中显现，楼市趋势逆转，销量大幅下滑，持续五年的房地产"牛市"宣告终结。

（三）2022年至今市场特征：市场承压、走势分化；预期回落、韧性整固；转型发展、模式创新

2022年，市场预期整体转向悲观，全市商品住宅供销规模大幅萎缩，全年供应量回落至1319万平方米，同比下降16%，销售量1040万平方米降至近10年低值，同比下降32%，库存量重回千万量级，去化周期拉长至12个月以上，销售均价15688元/平方米，涨幅5.91%持续收敛。

2023年1—11月，全市商品住房供销虽有所回升但规模依旧保持相对低位，供求比1.05，维持弱平衡，区域走势分化加剧。中心城区韧性较强，供应量882万平方米，增长9.8%，销售量860万平方米，增长19.63%，销售均价18552元/平方米，上涨7.91%，去化周期7.92个月；西咸新区和远郊区县市场压力明显，西咸新区销售均价14001元/平方米，降幅6.35%，继续回落，去化周期长达31.18个月，远郊区县供应量141万平方米，减少27%，去化周期18.70个月。

土拍市场热度明显下降。2022年，全市商品住宅用地共推出113宗。其中，底价成交79宗，占比85%；溢价成交14宗，占比15%；平均溢价率仅为0.8%；有20宗撤牌或流拍，流拍率15.9%。房企拿地意愿明显不足，央国企成为拿地主力，拿地61宗，占比66%。

2023年1—11月，全市共推出商品住宅用地124宗。其中，底价成交102宗，占比82%；溢价成交13宗，占比11%；平均溢价率微升至1.9%；撤牌或流拍9宗，占比降至7%。各区域间市场分化明显，中心城区仍以底价成交为主，只有高新区等配套完善、商品房去化快的区域，时有溢价地块出现，西咸新区、远郊区县等外围区域由于商品房库去化承压，土地市场少人问津。

在全国市场整体下行的大背景下，虽然西安市场亦降温明显，但相较其他大部分城市，2023年的西安市房地产市场表现出较强的发展韧性，楼市供销量开始止跌企稳，商品住房供销量价成为全国为数不多的增长城市之一，土拍市场更是"逆势潜行"，商品住

宅用地供应平稳，在全国15个副省级城市中排位靠前，成交面积和出让收入分别居第1和第4位。

2023年中央政治局会议定调我国房地产市场供求关系发生重大变化的新形势，提出实施"三大工程"，加大保障性住房建设和供给，推动建立房地产业转型发展新模式，让商品住房回归商品属性，满足改善需求，推动房地产转型和高质量发展。国家层面相继出台降准降息、降首付比例、降存量房贷利率等金融利好支持，各地"四限"松绑宽松调控，"托举并用"力促房地产供需两端良性循环，房地产市场迎来调控政策的全面改善期。

2023年9月，西安市优化楼市政策，取消二环外限购，放宽购房资格，放松限售、公积金、信贷，全面推行"带押过户"等，多举措改善调控修复市场。同期制定出台了《西安市规范土地征收拆迁安置储备供应工作实施办法（试行）》等"两办法一方案"配套政策，加强全市土地规划征收储备供应一体化统筹管理，进一步提高土地资源配置效率，并加紧研究新形势下保障性住房体系重构，遵循"稳中求进、以进促稳、先立后破"的发展总基调，着力稳市场、优结构、强保障、防风险，推动建立房地产转型发展新模式，推进城市高质量发展。

二、西安市城市经济社会发展基本面分析

房地产与城市发展密不可分，房地产业不仅是城镇化进程中的重要参与者，也是城镇化进程中的重要推动者。西安市房地产业的可持续健康发展，离不开城市基本面的有力支撑，又会对经济社会产生积极影响，当前西安市正处在能级全面提升和经济发展转型的关键阶段，推进房地产业和城镇化的协调发展，形成相辅相成的良性循环，对于西安市跨步迈入高质量发展新时期意义深远。

（一）GDP破"万亿"后发展降速，高质量转型需要增速保证

近年来，西安市乘着"一带一路"东风，紧抓建设国家中心城市和国际化大都市历史性机遇期，奋力追赶超越，经济发展迎来历史性突破，2020年正式跨入"万亿俱乐部"城市，GDP总量规模从2011年的3864.21亿元稳步扩张到2020年的10020.39亿元，且增速一直高于全国平均增速。但2021年之后增速却降至5%以下，低于全国平均增速，并连续三年下滑趋势明显。在高质量发展的新阶段，经济发展方式从规模速度型转向质量效率型，应保持"调速不减势、量增质更优"。德日韩成功增速换挡的国际经验与中国改革开放40多年的丰富实践证明，保持适当的增速才能为高质量发展提供更大空间和更强动力。因而西安市在当前经济转型升级的关键时期，应持续改善宏观调控，加大宏观政策逆周期和跨周期调节力度和定力，以维持经济大盘稳定运行在合理的增长区间，保持发展的活力和韧劲，推动经济实现质的稳步提升和量的合理增长（见图3）。

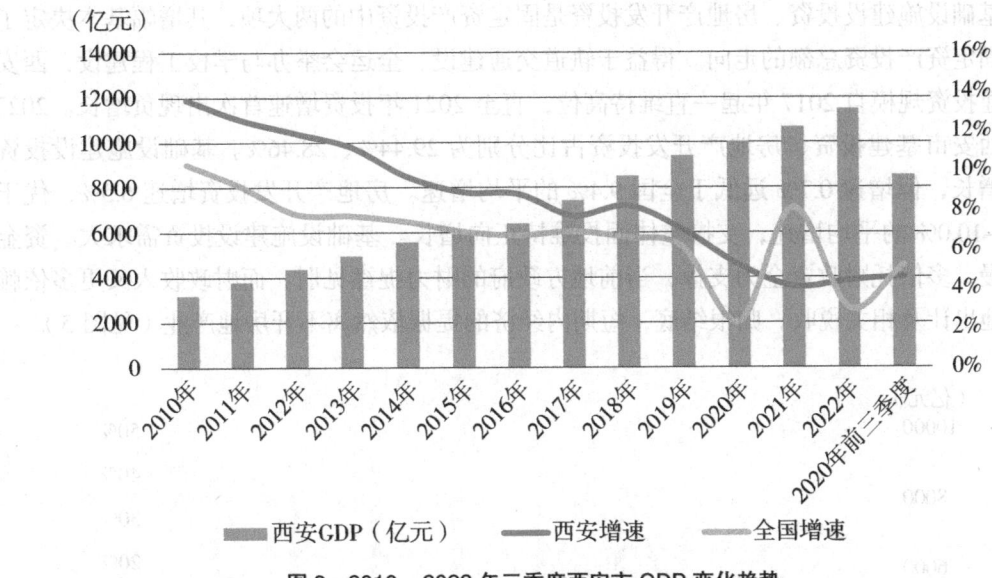

图3 2010—2023年三季度西安市GDP变化趋势

（二）固定投资占主导谨防失速，房地产支撑大需要稳固

近年来，西安市固定资产投资总额、社会消费品零售总额、进出口总额规模总体呈现良好发展态势，"三驾马车"齐头并进，有力推动了经济增长。2022年，西安市固定资产投资增速达到10.5%，高于全国4.9%的平均增速，位居副省级城市第二；社会消费品零售额出现-5.2%负增长，低于全国平均水平-0.2%；出口总额自2019年起大步提速，2022年依然保持同比增长17.3%，高于全国10.5%的平均增速，但由于基数不大，未能有效平滑经济放缓的趋势，在经济逆全球化思潮下未来存在较大不确定性。短期内固定资产投资仍将是稳增长稳经济的压舱石（见图4）。

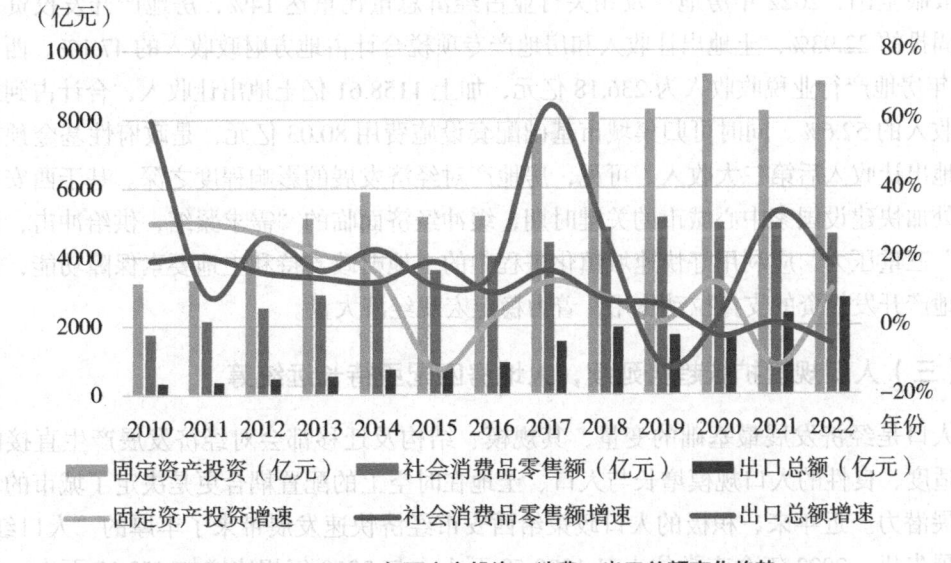

图4 2010—2022年西安市投资、消费、出口总额变化趋势

基础设施建设投资、房地产开发投资是固定资产投资中的两大项，其增幅基本决定了年度固定资产投资总额的走向。得益于轨道交通建设、全运会举办与学校工程建设，西安市基建投资规模自2017年起一直维持高位，直至2021年投资增速首次出现负增长。2022年，西安市基建投资、房地产开发投资占比分别为29.44%、28.46%。基础设施建设投资恢复增长，但增速0.7%远低于全国9.4%的平均增速。房地产开发投资增速6.5%，优于全国-10.0%的平均增速，支撑整体固投维持正向增长。基础设施建设投资需求大、资金回流慢，多依托财政资金为支撑，当前地方政府的财力捉襟见肘，而财政收入又更多依赖以土地出让及相关税收，归根结底，短期内经济的提振依然离不开房地产业（见图5）。

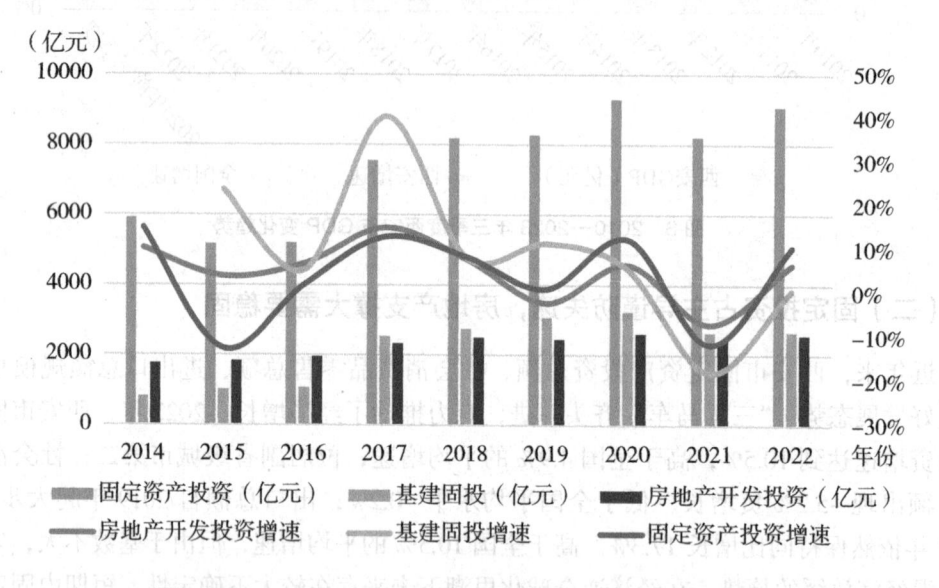

图5　2014—2022年西安市固投中基建、房地产开发投资情况

放眼全国，2022年房地产及相关行业占经济总量比重达14%，房地产开发投资占全社会固投的22.93%，土地出让收入和房地产专项税合计占地方财政收入的47.1%。西安市2022年房地产行业税收收入为236.18亿元，加上1158.61亿土地出让收入，合计占到地方财政收入的52.6%。同时可归集城市基础配套设施费用80.03亿元，是政府性基金预算中继土地出让收入后第二大收入。可见，房地产对经济发展的影响程度之深。基于西安市当前所处加快建设国家中心城市的关键时期，缓冲经济面临的"需求紧缩，供给冲击，预期转弱"三重压力，应利用好快速城镇化进程中的土地财政支持和土地要素保障功能，发挥好房地产开发投资的支撑拉动作用，着力稳定宏观经济大盘。

（三）人口规模扩张趋势延续，人地房匹配亟待长远统筹

人口是经济发展最基础的变量，其规模、结构及迁移都会对经济发展产生直接的影响，适度、良性的人口规模增长与人口、土地在时空上的配置耦合更是决定了城市的可持续发展潜力。近年来，积极的人口政策给西安市经济快速发展带来了丰厚的"人口红利"和发展先机。2022年全市常住人口1299.59万人，与2010年相比增加452.18万人，年均

增长4.45%，远高于0.53%的全国人口年均增速与2.37%的一线城市人口年均增速。随着新型城镇化进程的加快，城市群、都市圈成为未来中国经济发展的重要引擎，而人口也将加速向区域核心城市聚集。按照《西安国家中心城市建设实施方案》提出的"户籍人口1200万人""常住人口1500万人"目标，未来几年西安市将仍然保持人口净流入态势，持续为西安市城市经济发展注入新活力，有效拉动社会消费，带来更多的住房需求。因此需要结合人口变化趋势前瞻性地考虑人房地的均衡匹配，通过"人地挂钩"谋划住房供求时空平衡，助推产城人的融合发展与新型城镇化的高质量可持续推进（见图6）。

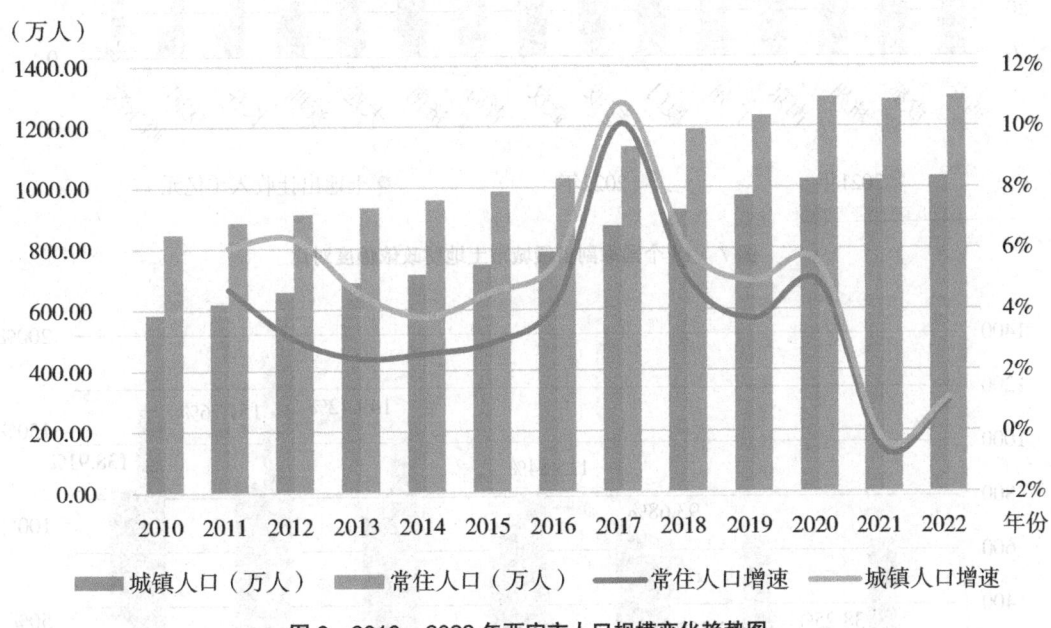

图6 2010—2022年西安市人口规模变化趋势图

（四）土地出让收入持续增加，土地财政依赖度急剧攀升

土地财政作为城镇化进程中的重要支撑，土地出让收入为西安市城市发展积蓄起原始资本和持续动力。从15个国家副省级城市土地财政依赖度对比情况来看，2021年超50%的城市12个，超100%的城市7个。2022年多数城市土地市场遇冷，土地收入大幅萎缩，土地财政依赖度超50%的城市减至8个，超100%的城市仅西安市1个，土地财政依赖度普遍降低。当前，对于杭州、西安市、成都这类处于快速发展阶段的新一线城市，土地收入依然是城市发展的重要资金来源（见图7）。

自2017年起，随着西安市城市土地价值的加速兑现，土地出让收入呈现出加速上涨的趋势，土地财政依赖度也逐年攀升，2019年起土地财政依赖度突破100%，2022年大幅增长至138.91%，土地出让收入连续三年保持千亿元以上规模（见图8）。

土地财政的快速增长为西安市积累了大量的资本，为基础设施建设提供了重要的资金来源，为城市高速发展奠定了坚实的基础，进一步提升城市竞争力与发展品质。与此同时较高的土地财政依赖度对土地利用效率提高产生负面影响，为城市信用增长积累了一定的

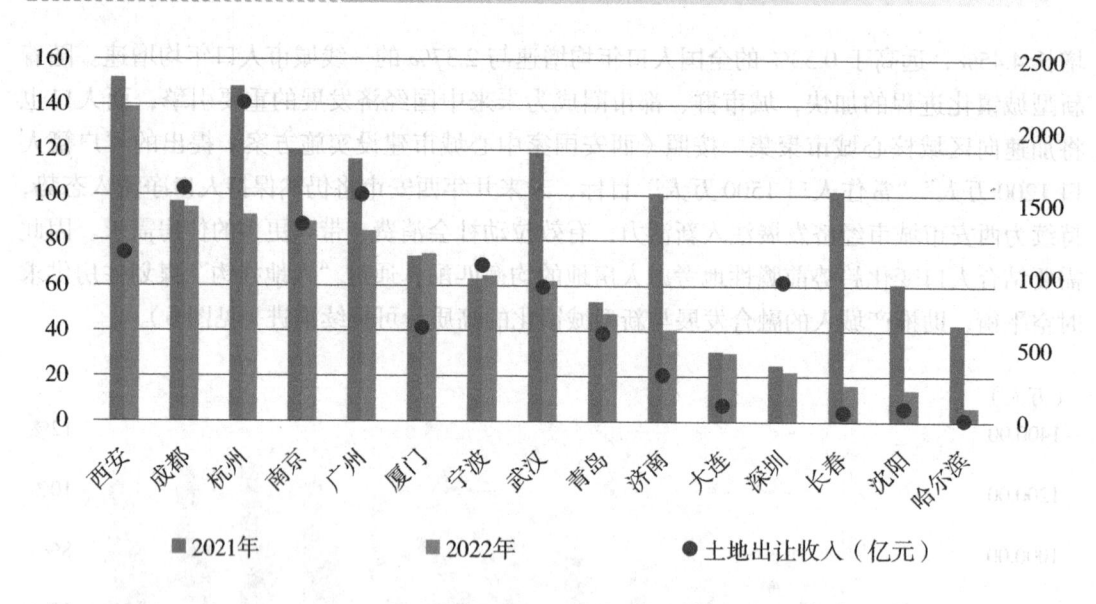

图7 15个国家副省级城市土地财政依赖度对比

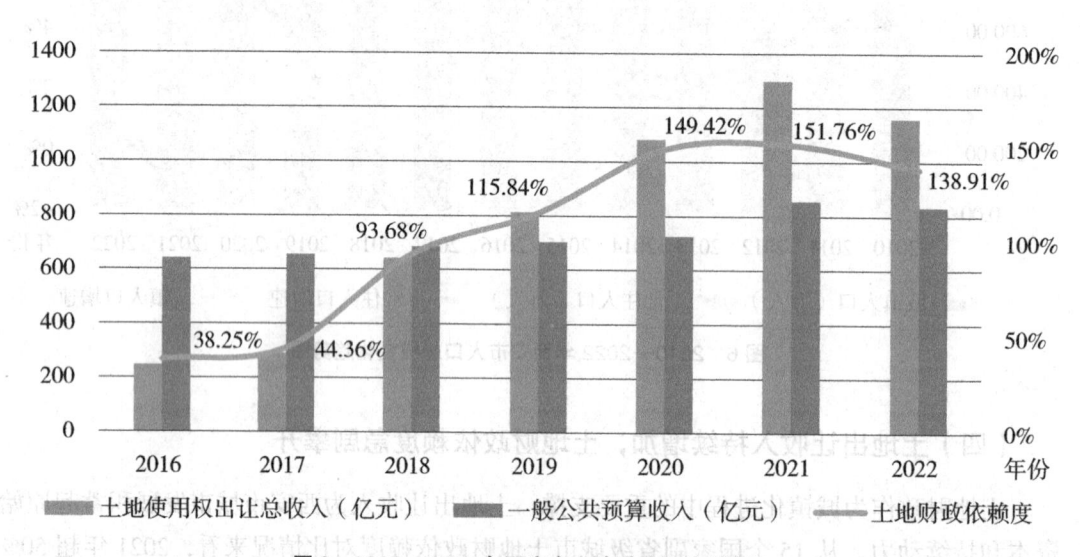

图8 2016—2022年西安市土地财政依赖度情况

风险。因此随着城市经济逐步向高质量发展转型，政府需加快土地要素配置市场化改革，正确使用土地财政这把"双刃剑"，实现全市经济的可持续平稳发展。

（五）居民存在一定购房压力，但仍有潜在购房需求空间

房地产市场价格是城市未来价值的体现，经历快速发展周期后，西安市当前超过1.7万元/平方米的房价水平在新一线城市中仍位列中下游，相较西安市的城市能级尚有发展空间。从房价收入比来看，新一线城市中房价收入比最高为杭州21.3，最低为长沙7.4，西安市16.9，与合肥、东莞并列第四，位于中上游水平，说明就居民收入水平而言房价上涨空间有限（见图9）。

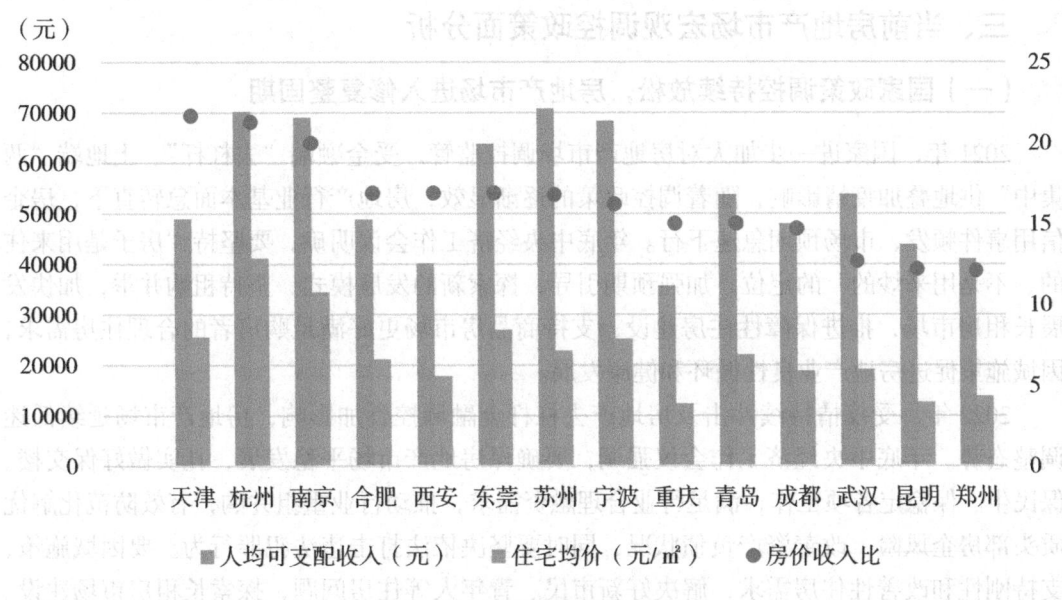

图9 新一线城市房价收入比情况

随着房地产市场快速发展,住房需求大量释放,住户贷款余额持续增长,部分城市居民已存在购买力透支现象。从住户贷存比来看,杭州、南京为1.43,并列新一线城市首位,居民购买力透支现象明显,成都以0.68居末位水平,住户存款余额较为充沛。西安市住户存款余额高达1.2万亿元,而贷款余额不0.9万亿元,住户贷存比0.72,位列倒数第三,表明西安市储蓄透支程度较低,居民购房消费潜力仍在。西安市作为西北唯一的都市圈与城市群单极核心城市,置业人群除本地居民外,还吸引着周边陕北乃至河南、山西等外省市人群,未来随着城市经济快速发展,中心城市辐射能力进一步增强,外来置业需求和本地改善需求仍将对西安市房地产市场的发展形成有力支撑(见图10)。

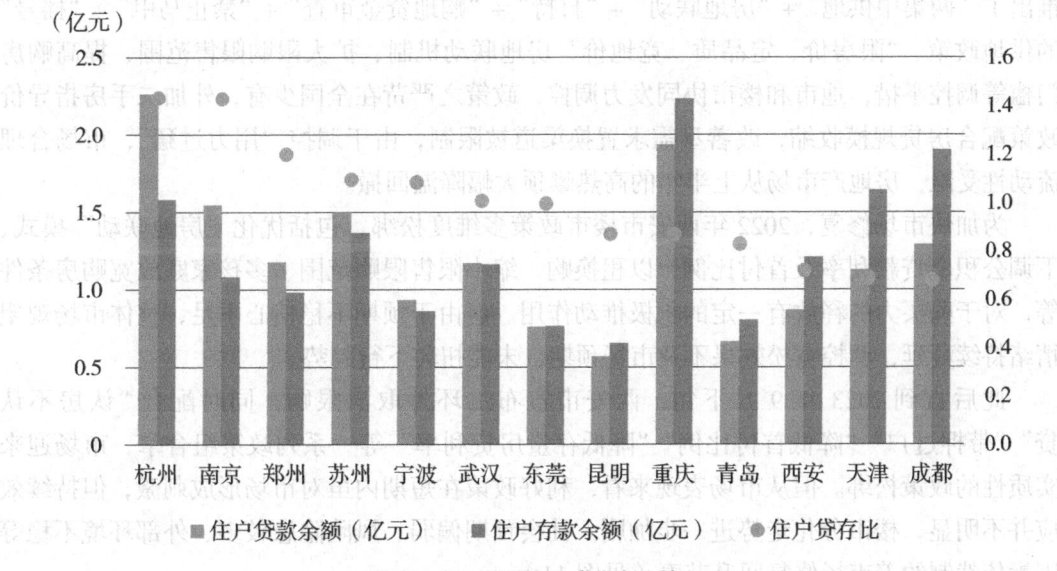

图10 新一线城市住户贷存比情况

三、当前房地产市场宏观调控政策面分析

（一）国家政策调控持续放松，房地产市场进入修复整固期

2021年，国家进一步加大对房地产市场调控监管，受金融端"去杠杆"、土地端"两集中"供地叠加疫情影响，随着调控政策的逐渐显效，房地产行业基本面急转直下，房企信用事件频发，市场预期急速下行。年底中央经济工作会议明确，要坚持"房子是用来住的、不是用来炒的"的定位，加强预期引导，探索新的发展模式，坚持租购并举，加快发展长租房市场，推进保障性住房建设，支持商品房市场更好满足购房者的合理住房需求，因城施策促进房地产业良性循环和健康发展。

2022年，受疫情持续冲击及房地产去杠杆金融调控叠加影响，房地产市场延续低迷调整态势。年底中央经济工作会议强调，要确保房地产市场平稳发展，扎实做好保交楼、保民生、保稳定各项工作，满足行业合理融资需求，推动行业重组并购，有效防范化解优质头部房企风险，改善资产负债状况，同时要坚决依法打击违法犯罪行为。要因城施策，支持刚性和改善性住房需求，解决好新市民、青年人等住房问题，探索长租房市场建设。要坚持"房子是用来住的、不是用来炒的"定位，推动房地产业向新发展模式平稳过渡。

2023年，伴随着调控政策持续放松，房地产市场进入修复整固期。7月中央政治局会议定调房地产市场供求关系发生重大变化的新形势，年底中央经济工作会议明确要求，积极稳妥化解房地产风险，一视同仁满足不同所有制房地产企业的合理融资需求，促进房地产市场平稳健康发展。加快推进保障性住房建设、"平急两用"公共基础设施建设、城中村改造等"三大工程"。完善相关基础性制度，加快构建房地产发展新模式。

（二）西安市政策前期调控力度过大，松绑后市场反应不及预期

2021年，在全国楼市疲态渐显的时候，西安市先后集中出台"330政策""830政策"，推出了"两集中供地"+"房地联动"+"自持"+"购地资金审查"+"禁止马甲"+"摇号"的供地政策、"限房价、定品质、竞地价"房地联动机制、扩大限购限售范围、提高购房门槛等调控举措，地市和楼市协同发力调控，政策之严苛在全国少有，外加二手房指导价政策配合房贷规模收缩，改善型需求置换渠道被限制，由于调控"用力过猛"，市场合理流动性受阻，房地产市场从上半年的高热攀顶大幅降温回撤。

为加快市场修复，2022年西安市楼市政策多维度松绑，包括优化"房地联动"模式、下调公积金贷款利率及首付比例、以租换购、缩小限售限购范围、多孩家庭放宽购房条件等，对于购买力的释放有一定的积极推动作用。但由于预期不稳信心不足，整体市场观望情绪持续蔓延，调控宽松效果不及市场预期，未能扭转下行趋势。

此后直到2023年9月下旬，西安市宣布二环外取消限购，同时配合"认房不认贷""带押过户""降低首付比例""降低存量房贷利率"等一系列政策组合拳，市场迎来实质性的政策松绑。但从市场表现来看，利好政策在短期内虽对市场形成刺激，但持续效应并不明显，楼市分化走势进一步加剧。社会预期偏弱、风险隐患较多、外部环境不稳等因素依然制约着市场修复回升节奏（见图11）。

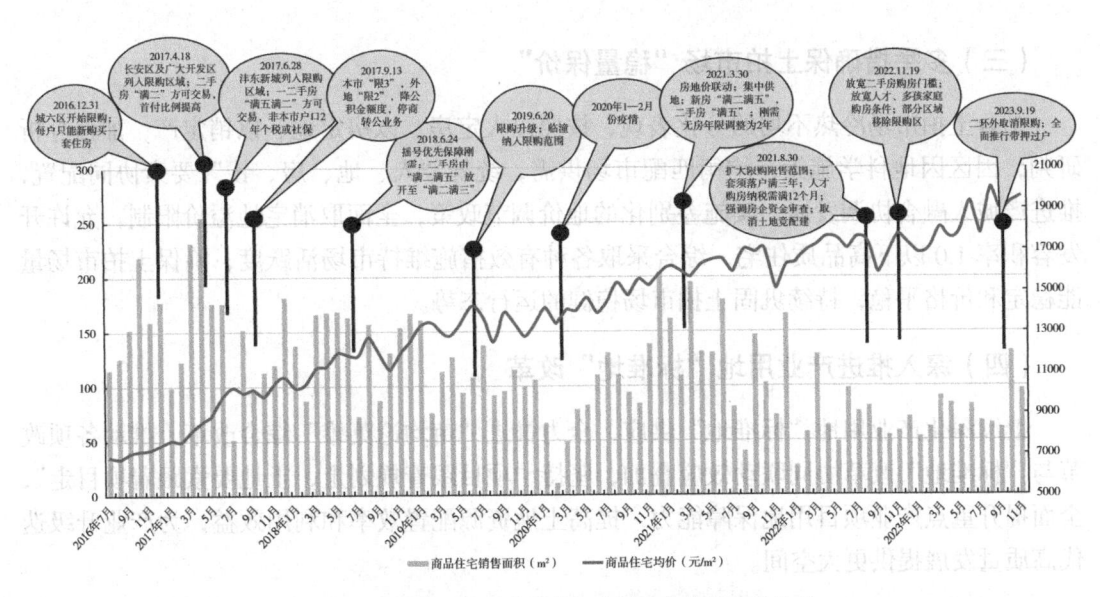

图 11　西安市近年调控政策与商品住宅供销量价关系

四、西安市房地产市场后市研判及政策建议

　　2024 年，预计在"房地产市场供求关系发生重大变化"的新形势下，中央房地产调控政策将全面宽松，坚持"稳中求进"工作总基调，以积极稳健的政策环境来稳定市场信心，稳妥化解房地产风险，稳步推进房地产转型，加快构建房地产发展新模式。当前西安市正处在加快建设国家中心城市的关键时期，由于地方财政对土地的高度依赖及房地产业对经济发展的重要影响，西安市应抓住当前房地产市场调整的窗口期，充分发掘利用西安市城市外部比较优势和内部结构潜能，统筹谋划房地产业可持续健康发展，为城市经济社会高质量发展增动力添活力。

（一）统筹做好房地产领域防风险促转型

　　主动适应房地产市场供求关系发生重大变化的新形势，在"稳中求进、以进促稳、先立后破"的发展基调下，着力稳总量、优结构、强保障、防风险，积极推动实施"三大工程"，统筹做好"保交楼、保安置、保化债"工作，稳妥推进房地产新旧模式平稳过渡和转型升级。

（二）及时调整纠偏房地产调控举措

　　一系列房地产调控政策叠加效应下，房地产市场流动性严重缺失，从新形势下稳经济促发展的本源出发，以往过度的调控政策应当及时纠偏退出，以激发市场活力、提振市场信心，让市场发挥决定性作用，让商品住房回归商品属性，稳定政策环境、改善社会预期、促进良性循环，推进房地产市场平稳健康发展。

（三）多举措确保土拍市场"稳量保价"

结合土拍市场冷热不均的分化表现，按照以人定房、以房定地、以销定产，加强分析研判，因区因地科学施策，均衡匹配市场供需，统筹"人、地、房、钱"要素协同配置，推进产城人融合协调发展。实施差别化的地价调节政策，全面取消宅地溢价限制，允许开发容积率 1.0 以下高品质住宅，综合采取各种有效措施维持市场活跃度，确保土拍市场量能稳定和价格平稳，持续巩固土拍市场稳健的运行态势。

（四）深入推进产业用地"标准地"改革

继续深化产业用地"标准地"供应，全力推进"亩均论英雄"综合改革，推动各项改革与"标准地"改革协同联动效应叠加，坚持"项目跟着规划走，土地要素跟着项目走"，全面提升重点产业项目用地保障能力，提高土地资源配置效率和利用效益，为产业升级迭代高质量发展提供更大空间。

（五）加快推进存量挖潜盘活利用

积极探索存量用地预收储、"挂账"收储、增值收益共享、多途径主体参与等创新做法，尽快出台推进存量土地盘活利用相关配套政策，加快建立政市联动"做地＋储备"统筹模式，鼓励各方主体优势互补形成做地共同体，以"大区块、成组团、成片区"模式统筹谋划片区综合开发，充分发挥政府土地储备平台整合集成功能，推进各要素资源协同高效配置，统筹推进城市精明增长有机更新，加快转变城市发展方式全面提高城市现代化治理水平。

（六）加快建立跨区域城乡统一土地市场

学习借鉴"千万工程"经验，深入推进全域土地综合整治，加快推进农村集体经营性建设用地入市试点，进一步深化农村土地制度改革，统筹好农村第一、第二、第三产业融合发展用地保障，为乡村振兴添活力增动力。充分发挥城市群都市圈时代的核心城市辐射带动作用，加快建立以西安市为中心的跨区域城乡统一土地市场。完善城乡建设用地增减挂钩节余指标、补充耕地指标跨区域交易机制，促进土地要素在城乡之间、跨区域之间流转配置，推动区域协调发展、城乡一体化融合发展。

西安城市地铁网络的脆弱性与防控策略

随着城市规模的持续扩大,人口向城区的集聚越来越多,导致城市地面道路交通的人流密度显著增加,不断加剧着地面交通的通行压力。与此同时,伴随收入的提高,居民的汽车消费有着较高的需求,这也使得城市地面交通的通行能力达到饱和甚至处于超负荷状态,大大削弱了地面各种交通工具的出行效率,地面道路拥堵和城市空气污染现象愈加严重。因而,地下轨道交通的出现亦即城市地铁的快速发展发挥出了其运输准时、运送量大、效率高的比较优势,地铁解决了大多数城市居民便捷出行的现实需求,极大地减轻了城市快速发展的交通压力。同时,地铁建设占用地面空间和土地较少,运营采用电力节能环保,可以显著降低城市的空气污染和碳排放量。因此,地铁建设越来越受到各个城市的关注和重视,地铁已成为人们出行不可或缺的城市公共交通工具。

在地铁快速发展的同时,其运营安全也面临着新的问题和挑战。地铁开通运营以后,常常伴有突发事件和事故,其中包括设备、环境等原因造成的客运及行车类事故,也包括暴雨等恶劣天气导致的人员伤亡事件。例如,2014年8月10日上午,西安地铁2号线因一名乘客触发紧急停车按钮被逼停;2016年7月24日黄昏时分,西安地铁多个站点因雨水渗流严重而临时暂停服务,致使汇集大量客流,地面交通产生拥堵。2018年4月9日早高峰期间,西安地铁3号线由于信号故障导致晚点半个小时;最为严重的事件是,2021年7月20日,郑州遭遇特大暴雨使得地铁5号线严重积水,造成12人死亡,整座城市的地铁系统停运53天。据不完全统计,2018年中国内地城市地铁共发生5分钟及以上延误事件1303次,2019年和2020年分别为1416次和1023次。

因此,城市地铁网络的运行安全问题是一个必须重视的重大社会问题,而保证地铁网络持续安全运行的基础就是能够清楚地辨识地铁网络脆弱性的影响源和能够把握地铁网络脆弱性的演化状态。所谓地铁网络的脆弱性,是指地铁网络中可能被威胁或扰动从而造成损伤的薄弱环节,脆弱性如果被诱发就可能对地铁网络造成损伤事件,所以脆弱性又称弱点或漏洞。我们知道,城市地铁网络是由人、车、设备、管理组织、环境等构成的多层复杂系统,各部分之间相互耦合作用和影响,需要有效协调才能保证地铁网络运行状态的安全和稳定。在此背景下,提出并开展西安城市地铁网络的脆弱性与防控策略的研究项目是非常必要的。本文从多层网络这一新的视角出发,运用大数据统计、扎根理论、DEMATEL等理论方法,梳理地铁网络脆弱性现状,辨识地铁网络脆弱源,探究各网络系统之间的耦合作用关系,提出西安地铁网络的不同防控环境下的可操作性策略和建议。

一、研究的理论基础

（一）城市地铁网络脆弱性的概念与特征

1. 城市地铁网络脆弱性的概念

自然界中的任何事物都存在多方面的多个属性，其中包括动植物等实体对象，也包括社会、制度等虚拟的对象。脆弱性（vulnerability）就是指事物所拥有的属性中部分属性在面对压力或者波动性等情形时的某种变化趋势，如果它不能很好地处理这种压力或波动，说明事物在应对这种情形时具有脆弱性。

自然科学领域的学者是最早开始关注脆弱性这一概念的。直至 20 世纪 80 年代后，其他领域才开始广泛地对脆弱性进行研究和应用，例如社会科学、计算机网络安全、基础设施网络等，从而不同领域对脆弱性的定义就存在明显差异。1968 年学者马尔甘（Margat）研究了地下水的脆弱性，并将其定义为地下水在受到污染时所具备的自我保护性质。1974 年怀特（White）总结了灾害学中脆弱性的概念，即脆弱性是指系统（子系统）在受到外部灾害扰动时的损坏程度。刘（Liu）认为，脆弱性是指受到攻击时系统的固有状态被破坏的表现。1998 年菲利普斯（Phillips）和斯威勒（Swiler）两位学者通过研究计算机网络的脆弱性，提出脆弱性的定义为系统的最初配置在接收到攻击行为后的变化情况。

在社会科学领域的研究中，脆弱性的定义更为广泛。Cardona 提出脆弱性是指由于自然或人为产生的不稳定现象从而导致的某一群体物理、经济、政治或者社会破坏的敏感性和倾向性。Willis 偏向于研究系统抵抗灾害的能力，他认为脆弱性指的是系统在此过程中受到损坏的概率。由此可见，不同领域对脆弱性的定义存在明显差异。

由此，我们推出城市地铁的脆弱性特指地铁系统在运营过程中存在固有系统漏洞和薄弱环节的这种特性，简单来说，就是指地铁系统中易受到攻击的环节和系统本身的缺陷，由于系统中存在的这些环节和漏洞，造成其抵御外界因素干扰和处理突发事件能力的不足。城市地铁网络是一个由人、车、设备、内外部环境、管理组织体系等各部分构成的大型复杂网络，且各部分之间存在着多种类型多个层次的相互耦合作用，需要共同协作才能保证地铁运行状态的安全和稳定。而城市地铁网络的脆弱性即指该网络各组成部分之间存在的薄弱环节和易被攻击的脆弱点，进而造成其在应对突发事件时所出现的网络运行状态不稳定和网络中断、瘫痪等现象。

2. 城市地铁网络脆弱性的特征

城市轨道交通网络作为一个拥有多层次的开放、动态系统，它的脆弱性主要有以下几个特征。

（1）内在性。城市轨道交通网络是集人、机、环境于一体的复杂系统，自身拥有复杂的内部结构，各个层次间紧密关联，受外界因素的影响明显。因此，脆弱性属于城市轨道交通网络固有属性。在正常运营时，城市轨道交通网络呈现出稳定状态，其脆弱性隐藏不易被激发，而当突发事件发生时，其自身的脆弱性才显现出来，导致整个城市轨道交通网络的损坏。

（2）动态性。因为在客流需求和列车运行方面，城市轨道交通网络具有动态性，导致其脆弱性也继承动态性的特征。客流量大小影响着城市轨道交通网络的脆弱性，其脆弱性大小会依据客流需求的变化而改变。例如，在早晚客流高峰时期，因地铁内的较大客流量导致在该时段如果发生中断则会造成比其他时段更严重的乘客滞留和拥堵现象。列车的运行状况也会影响城市轨道交通网络的脆弱性。

（3）多样性。鉴于地铁交通网络的内外部扰动因素的类型及其扰动方式、传递方式存在差异，城市地铁交通网络的脆弱性也会有所不同，所造成的损失和影响程度也不尽相同，因此显示出多样性的特点。另外，所遭受的干扰和攻击的大小也会影响城市地铁网络的脆弱性水平，而且两者呈现正相关关系。当干扰程度较小时，其对城市轨道交通网络所产生的影响也会很小，从而反映出城市轨道交通网络在这个干扰程度下的脆弱性比较小；当受到干扰或攻击的程度较大时，则其对城市轨道交通网络的影响也会非常大，从而得出城市轨道交通网络在面对内外部的强干扰时具有很高的脆弱性。

（4）传递性。已知城市地铁网络的各组成部分之间并非独立存在的，而是一直处于相互耦合、相互作用的状态，这一特征就造成了脆弱性扰动信息也可以在网络中进行传递。因此，一旦网络中的某个部分或者子系统的状态发生变化（显示出脆弱性），就会通过多种渠道传递到网络的其他组成部分或子系统中，最后可能导致整体网络的瘫痪。

（二）复杂网络理论

复杂网络与人们的日常生活息息相关。随着科技不断进步，人们的日常生活中衍生出了各种类型的复杂网络。比如，由各种交通工具的运行线网衍生出的城市交通复杂网络，由不同的社交平台衍生出的社交复杂网络以及由不同类型的基因所衍生出的基因复杂网络等。总而言之，我们的生活中处处存在网络。

多层复杂网络是从单层复杂网络研究当中衍生出来的一种网络结构，其网络拓扑结构的相关统计指标都来自对复杂网络相关统计指标的计算方法的一种延伸和拓展，因此，在研究多层网络的性质和结构之前，需要对基本的复杂网络的定义、结构和拓扑特性等方面有全面的认识和了解。

1. 复杂网络的定义

由数量较多的个体组成的一个集合，且个体间存在一定的关联关系，这样的一个集合就称为网络。复杂网络则是拥有大量的节点和复杂拓扑结构的一种网络模型。世界著名的科学家钱学森先生曾经对复杂网络进行了明确的定义，他指出一个网络如果拥有小世界、自组织、无标度、吸引子以及自相似等性质中的全部或部分性质，这个网络就是复杂网络。当前学术界对于复杂网络的结构分类如下。

（1）按照网络中的连边是否具备方向性，将复杂网络划分为有向和无向网络。也就是说，如存在边（i，j）和边（j，i)，则它们在有向网络中就是两条意义相反的连边，但对于无向网络来说，它们指的就是同一条边。

（2）按照网络中各连边是否被赋予了权重，将复杂网络划分为加权和无权网络。而整个复杂网络的拓扑性质和关键节点的位置都会受到网络中各连边的权重值的影响。

（3）根据网络层数的数量将复杂网络分为单层和多层网络。多层网络显然拥有更为复杂的网络结构，但从近些年的研究进展来看，运用多层网络解释现实生活中的复杂系统更具有说服力，因此近年来学术界对于多层网络的应用更加频繁和广泛。

2. 复杂网络的基本类型

在研究复杂网络的特征结构之前，需要先了解复杂网络的基本类型，学术界至今主要规定了四种复杂网络的基本模型，分别为规则网络、随机网络、小世界网络以及无标度网络。实际生活中除了这四种网络模型外，还存在很多其他的演化模型，但都与这四种模型的结构和性质等方面存在或多或少的重复与类似。因此，本项目主要介绍这四种比较经典的网络类型。

（1）规则网络。规则网络是最先被发现并进行研究的复杂网络模型，其在所有的复杂网络模型中结构是最简单的，因为规则网络中所有节点的度值都相同，造成几乎没有学者利用该网络模型研究现实生活中的复杂系统。此外，规则网络的基本类型一共有三种，分别是全局耦合网络、星形耦合网络以及最近邻耦合网络，下面分别进行简单介绍。

全局耦合网络的结构如图1中的（a）所示，可以发现该网络中的所有节点之间存在连边，因此该网络模型又称为全连通网络。而在实际生活中，真实的网络模型都是非常稀疏的，并不存在全局耦合网络这样的情况。

星形耦合网络的具体结构如图1中的（b）所示，整个网络中只有一个中心节点，其他节点之间相互独立并都只与中心节点相连接，且各边缘节点之间均不存在连边，正是这一特征使该类型网络呈现出了"中心—边缘"的星形结构。

最近邻耦合网络的结构示意图如图1中的（c）所示，图中的所有节点都只与其邻居节点和与之相隔了一个节点的节点之间相互连接，因此该网络结构的平均路径比较长。

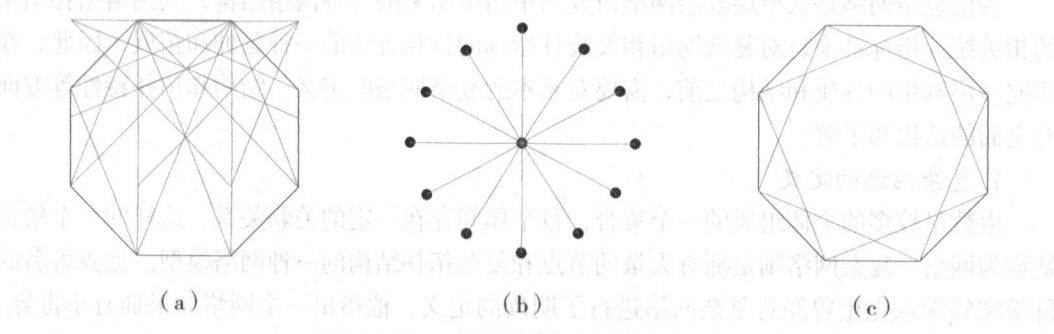

（a） （b） （c）

图1 规则网络的三种类型

（2）随机网络。随机网络这一模型最早是在20世纪中期被匈牙利的著名数学家Erdos和Renyi两人提出来的。随机网络的构造方法具体为：首先给出一个包含了N个节点的网络，且这些节点必须随机分布在其中，然后将所有节点两两之间以一个统一的概率值p相连接，这样就得到了一个包含N个节点、$PN(N-1)/2$条连边的随机网络模型。而且现实中的很多复杂网络也是随机形成的，区别只是它们并非完全随机，因此将随机网络进一步扩展也可以用来模拟现实世界中的网络。

（3）小世界网络。小世界网络（WS 网络）模型最初是在 1998 年由 Watts 和 Strogatz 两位学者提出来的，这一网络模型的提出代表着从规则网络到随机网络的一种过渡。WS 小世界网络拥有较高的聚类系数和一个较小的平均路径长度，这一结构特征使其对现实世界中的社会关系网络、万维网和神经网络等能够描述得更为真实贴近。

（4）无标度网络。Barabasi 和 Albert 两位学者通过分析研究幂律分布产生的机理，进而提出了无标度网络模型（BA 网络）。在无标度网络中，大多数节点只与数量很少的一部分节点之间相互连接，只有极少数节点是与其他数量较多的节点相连接的。无标度网络具备两个明显的特性（又称无标度特性），分别是优先连接性和增长性。前者指的是网络中的新增节点会优先选择那些度值较大的节点进行连接；后者则指无标度网络的规模是呈递增趋势的。而现实世界中的许多复杂系统均显现出了这两种特性，如新陈代谢网、社交网等。

（三）多层网络理论

近年来，对复杂网络的探索逐渐成为现代复杂科学领域的前沿和方向，并已有很多优秀的研究成果，但具体的研究方向主要还是单层复杂网络。单层复杂网络忽略了实际生活中的复杂系统，更多的是多个网络相互作用所得。因此，有部分学者提出了其他更为复杂的网络模型，如多层网络、网络的网络（超网络）等，已经引起复杂网络领域的广泛关注和重视。

1. 多层网络概述

（1）多层网络的分类。由于多层网络的研究处于起步阶段，学术界目前对其还没有一个明确的定义，但发现了多层网络的几种类型，包括多维型、依存型以及其他类型的多层网络模型，并形成了关于这几种类型网络的基本共识。

①多维型多层网络。众所周知，传统的单层复杂网络中的所有连边都是同质的，而为了突破这种限制，学者们通过将网络分为多个层次来表示不同的连边类型，即关系类型，多维型的多层网络也就这样形成了。但当前学术界对其定义还不明确，只给出该类型网络的特点为：每个网络层都是一个单一的复杂网络，各网络层的节点间存在一定的交集，也就是说各网络层中存在一部分相同节点，且各网络层之间的连边只存在于相同的节点之间。此外，每一层网络中的连边都代表不同的意义，所以多维型多层网络中所包含连边的类型数就等于该网络模型中的网络层数。

②依存型多层网络。Buldyrev S V 等学者在 2010 年最先提出了依存型的多层网络模型，并指出该网络模型中包含两个甚至 n 个单一网络，且每一层网络中的节点并不完全相同，可以存在不同的节点。从本质上看，依存型多层网络模型是对多维型多层网络模型中各网络层中的节点必须存在交集这一限制条件的突破，不仅如此，依存型多层网络规定了不同网络层中的不同节点之间也可以相互连接，而且允许一个节点与多个节点之间产生连边，当某个节点的依存连边全部消失，这个节点也就失效。

③其他类型的多层网络。现实生活中也存在很多其他类型的网络可以借助多层网络的结构来表示，此处只列举以下两个主要网络类型。一是含时网络。该网络结构中的网络层

是依据复杂系统在不同时刻系统状态的变化情况来划分的，这里的系统状态包括了连边的状态。二是超网络。该网络模型中的各网络层之间存在多种相互作用关系，如相互关联、相互依存以及相互嵌套。超网络具备几个明显的特点：系统中包含两个及以上的子网络，各子网络之间存在相互作用关系，系统中的层次结构类型较多；该网络描述的是一个开放的复杂系统，且网络内部和外部相互之间经常会发生能量、信息、物质等的交换；整个系统还存在一些独特的属性，如多目标性、多层性、多重性以及多维性等。由此可见，超网络模型的相关定义也可以从多层网络结构的视角来给出。

（2）多层网络普适概念模型。多维型多层网络或者依存型多层网络都可以用一个相对普适的概念模型来表示，它们也都仅是多层网络的一种特例。下面将具体介绍多层网络中的子系统、层、多层网络、投影网络及其邻接矩阵等的一个普适性的表示模型。

①子系统。已知所有的大系统都是由多个元素以及每个元素之间的作用关系共同构成的，而子系统就是用其中具有相同属性或功能的元素以及相同类型的作用关系构成的。

②层。多层网络模型中的每个网络层都是一个单一的复杂网络，该网络中的节点均来自子系统中的元素，节点之间的连边即为各元素之间的关联关系。

③多层网络。该网络模型就是由不少于两个的子网络以及各子网络间的关联关系所构成的。

④投影网络。顾名思义，投影网络就是把多层网络中的其他层网络都投影在一个网络层上，也就是将各网络层包括其中的所有节点和连边全部整合到一层网络中，从而得到的一个包含该多层网络中所有节点和连边的集合网络层。

⑤邻接矩阵。邻接矩阵是一个用来表示多层网络模型中的各节点之间是否存在邻接关系的矩阵，也是一个 n 阶方阵。根据节点所在位置又可以将邻接矩阵划分为网络层内部的邻接矩阵以及网络层之间的邻接矩阵。

网络层的层内邻接矩阵为：

$$A_{l_m} = \begin{cases} 0, & 节点v_i, l_m 和节点v_j, l_m 不直接相连 \\ 1, & 节点v_i, l_m 和节点v_j, l_m 不直接相连 \end{cases} \quad (1)$$

网络层和之间的层间邻接矩阵为：

$$A_{l_m l_n} = \begin{cases} 0, & 层l_m 中的节点v_i, l_m 和层l_n 中的节点v_j, l_n 不直接相连 \\ 1, & 层l_m 中的节点v_i, l_m 和层l_n 中的节点v_j, l_n 直接相连 \end{cases} \quad (2)$$

（3）多层网络间的耦合作用。现实世界中存在着很多复杂系统，这些系统中包含了多个结构和功能并不相同的网络，且各网络之间存在某种耦合作用。因此，有学者提出了多层耦合网络这一模型，并指出该模型中的各层网络之间都存在相互耦合作用。这种耦合作用一般分为相互依存、相互依存并协作和相互依存并竞争三种关系。

①相互依存。微观角度下的生物系统中就存在相互依存关系，如基因被激活后就会产生蛋白质，而这些蛋白质中的一部分又会反过来激活或者抑制其他基因。

②相互依存并协作。例如由铁路网和航空网所构成的双层交通网络，其中各子网络之

间就存在相互协作的关系；由社交网络与通信网络构成的双层网络中，各子网络之间就存在相互依存和相互协作的关系。

③相互依存并竞争。在分析舆情观点的演化作用这一过程中，产生了一个多层耦合网络，其主要由多种媒介和社会影响所构成，该网络中存在着既相互依存又彼此竞争的机制与耦合作用。

2. 多层网络的统计指标

多层网络与现有复杂网络的结构的不同与定义的差异，使得多层网络中节点重要性的评估方法与现有的单层网络中节点重要性的评估方法也发生了较大的改变，因为多层网络结构的特殊性，需要对单层复杂网络的相关方法进行改进才可用于多层网络的节点重要性评估中。就目前而言，叠加法在处理多层网络时还是最简单的，即将多层网络转化为单层网络，然后再使用单层网络的方法进行分析。下面就来介绍多层复杂网络的几个较为常用的统计指标。

（1）节点的度和度分布。在计算多层网络中各节点的度值之前，首先要对节点进行分类，不同类型节点的度计算方法也不同，主要分为：一类是和它的连边处于同一网络层内的节点，其度值的计算方法参考复杂网络中节点度值的计算方法即可，表示为$k_i^{l_m}$；另一类节点的连边横跨两个网络层，该节点的度值可记为$k_i^{l_m l_n}$，具体计算方法如下：

$$k_i = k_i^{l_m} + \sum_{n=1}^{N} k_i^{l_m l_n} \tag{3}$$

（2）最短路径与平均路径长度。多层网络模型中任意两个节点之间的最短路径的计算也需要分两种情况，分别是两个节点均属于一个网络层和不同网络层。如为前者，则其最短路径的计算方法就参考复杂网络中节点间的最短路径计算方法，即节点之间所存在的最少连边数，记为$d_{ij}^{l_m}$。如为后者，则其最短路径的计算方法为所有连接两个网络层的节点与这两个节点之间的最少连边数，加上所有层间连接节点之间的最少连边数，可将其记为$d_{ij}^{l_m l_n}$。

而对于整个网络的平均路径长度D的计算，即为对该网络中的所有节点两两之间的最短路径取平均值，具体计算公式如下：

$$D = \frac{1}{N(N-1)} \sum_{i \neq j} (d_{ij}^{l_m} + d_{ij}^{l_m l_n}) \tag{4}$$

（3）聚类系数。多层网络模型中各节点的聚类系数C_i这一指标的计算方法为将各个节点与其邻居节点之间的连边数目总和与该网络中一共可能存在的连边数目相比。其中节点i与位于同一网络层l_m上的邻居节点之间的连边记为$E_i^{l_m}$，与位于不同层l_n上的邻居节点之间的连边记为$\sum_{n=1}^{N} E_i^{l_m l_n}$。因此节点$i$的聚类系数$C_i$可表示为：

$$C_i = \frac{2(E_i^{l_m} + \sum_{n=1}^{N} E_i^{l_m l_n})}{k_i(k_i - 1)} \tag{5}$$

对于整个网络的聚类系数C的计算，具体方法即为将上文中所求出的各节点的求和再取其平均值。此外，多层网络的介数和效率的定义均与单一网络相似，具体计算过程可参照单一复杂网络。

（四）系统动力学理论

1. 系统动力学概述

为了分析生产管理和库存管理等企业相关问题，人们推出了一种名为工业动态学的理论和方法。后来这一理论经由 Forrester 教授进行改进和完善之后，作为一种新的系统仿真方法——系统动力学（SD）在1956年被正式提出。SD方法是基于组成系统的各要素之间存在某种因果反馈关系这一特点，根据系统科学的思想（即任何系统都有其结构，且这种结构决定了系统所具备的功能），深入系统的内部结构从中发现问题的根源，并不是通过研究系统外部的干扰或其他随机事件用以描述系统的行为特性。

系统动力学最初的目的是改进现代社会系统的管理方法，它是在总结了运筹学的基础上发展起来的一门学科。它是以现实世界的存在为前提，而不是依据抽象的假设，它从不是为了寻找"最优解"而产生，而是对整体系统进行分析从而不断地去改进和完善系统的行为。综上所述，系统动力学方法的适用领域也十分明确。

（1）适用于那些具有周期性和长期性问题的对象。比如社会的经济危机问题、自然界生态系统的平衡问题等，这些问题都具备了周期性的特征，且需要长时间的观察分析。

（2）适用于研究数据出现不足的情况。在研究模型的建立过程中经常出现数据找不到的情况或者定性变量太多无法量化的问题，但是SD方法的运用过程主要是对系统要素之间的因果反馈关系和系统结构进行分析，所以并不需要大量数据。

（3）适用于那些对处理结果的精度要求相对较低的问题，主要指一些比较复杂的社会经济类问题。

（4）适用于那些研究条件预测的问题。系统动力学方法十分重视产生结果的条件，经常会用"如果……则……"的这种形式进行预测类研究。

2. 系统动力学建模原理及步骤

（1）系统动力学建模的原理。通过对实际系统进行观察，收集对象系统的相关状态信息，然后作出决策并实施行动，再对决策实施后的系统状态的改变情况进行观察分析，制定新的决策方案并实施，如此循环往复，就得到了该系统的因果反馈回路图，这样的过程可以通过SD流图来表示。综上，可以发现系统动力学方法的关键组成部分，具体如下。

SD方法的基本要素——水准或者状态、速率或者决策、实物流或行动、信息。

SD方法的基本变量——水平变量、速率变量。

SD方法的基本思想——反馈控制。

注：①信息流于实体流两者并不相同，前者来源于所研究的对象系统的内部，后者则是由系统外部而来；②构造SD模型的重要环节是通过信息流形成反馈回路，所以信息是整个反馈中决策的基础。

（2）系统动力学建模步骤。构建SD模型的具体步骤共分为五步：系统的分析、结构的分析、模型的建立、模型的试验和模型的使用，具体流程如图2所示。

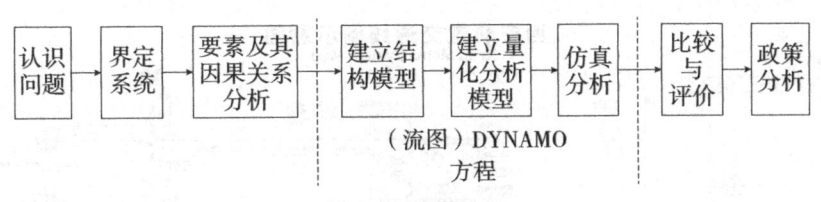

```
认识 → 界定 → 要素及其 → 建立结 → 建立量 → 仿真 → 比较 → 政策
问题    系统   因果关系   构模型   化分析   分析   与    分析
              分析              模型          评价
                          ←(流图)DYNAMO→
                               方程
```

图 2　SD 建模流程

①系统分析的首要任务是明确需要解决什么问题，再去收集解决系统问题所需要的相关数据、资料和信息，对系统边界进行初步划分，并确定建模的具体思路和系统要素。

②结构分析的首要任务是分解系统结构，进一步划分系统的层次与子块，确定系统中的要素以及各要素之间的因果关系，构造系统的因果回路图以及图中的信息反馈路径。

③模型的建立是指对系统结构进行量化的过程，其主要是通过建立模型方程来进行量化，这就需要确定系统中的状态、速率、辅助变量，建立主要变量之间的对应关系，并设计各非线性表函数，确定其中的参数。

④模型试验指的是运用 Vensim 软件进行模型的模拟实验以及参数调试，通过对模型的各项性能指标的评估，再对其进行修改和完善，包括修改其结构与参数。

⑤模型使用是在已建立模型上对系统问题进行定量的比较评价和政策分析，寻找最优的系统行为。

二、西安城市地铁网络现状与面临的问题

（一）西安地铁网络现状

地铁属于轨道交通行业，它是通过地下隧道及有轨电车的牵引来实现地下交通运输的。地铁的建设既不过多占用城市的土地和空间，也可隔离城市的嘈杂和喧闹，为乘客提供良好的乘车环境，是现代城市交通发展的主流和方向，其运量大、速度快、干扰小、能耗低，被誉为现代城市的大动脉。

西安是我国西北区域城市中首个建设并开通地铁的省会城市。2011 年 9 月 16 日，西安开通第一条地铁运营线路，即贯通南北的地铁 2 号线，2 号线自北客站至韦曲段，线路全长 26.64 千米，设 21 座车站，平均站距 1.28 千米，工程总投资 129.63 亿元。在北客站以北设车辆段和综合基地，在西寨村设停车场，设 1 座控制中心，2 座主变电站。两年后，2013 年 9 月，地铁 1 号线一期通车运营，在北大街站与地铁 2 号线交会换乘。地铁 1 号线全程西起西咸新区森林公园，规划线路全长 31.825 千米，全线分两期建设，一期工程自后卫寨至纺织城，线路全长 25.36 千米，共 19 座车站，工程总投资 122.68 亿元。地铁 1、2 号线的通车运营形成了西安地铁的"十"字骨架，标志着西安城市地铁进入了初步的网络化运营时代。

目前，西安地铁呈现"棋盘+放射式"的网状布局，其中骨干线为 1、2、3 号线路，解决地铁网络东西向和南北向的中心线上的交通需求，也对城市发展空间进行了拓展。4、5、6 号线等为辅助线路，满足网络功能组团间的客运需求。西安轨道交通线网示意图如图 3 所示。

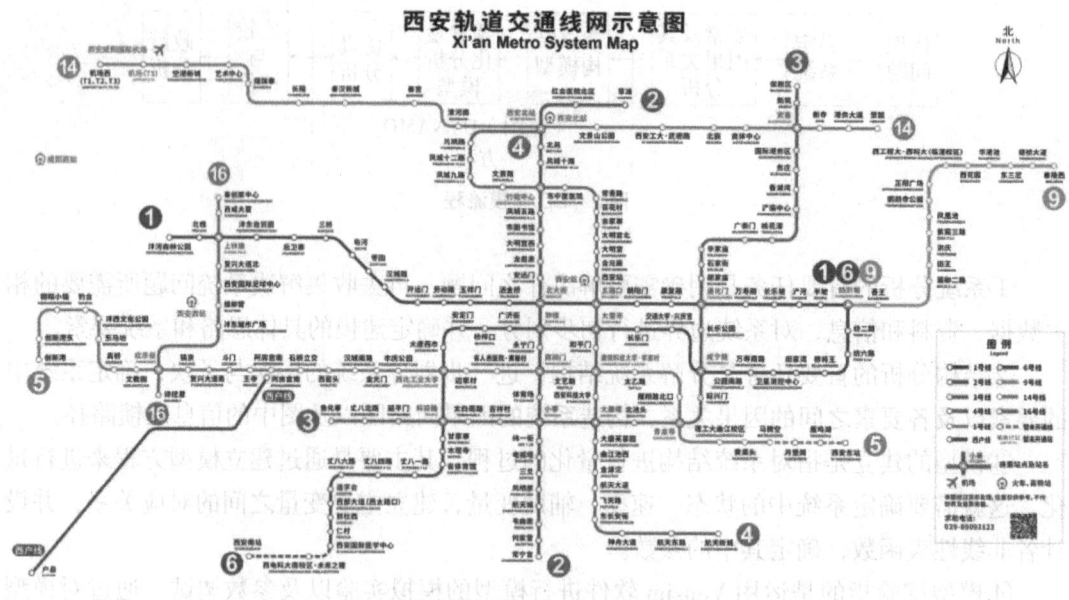

图 3　西安轨道交通线网示意图

（二）西安城市地铁网络脆弱性典型案例梳理及分析

相比全国其他城市地铁建设的快速发展，尤其是北京、上海等城市的地铁建设时间和规模，西安地铁网络无论是体量还是累积的历史观察材料都有一定的局限性，因此，下面分别从我国近年来发生的典型地铁事故和西安地铁开通以来发生的运营事故两个角度做梳理对比分析，以解析西安城市地铁网络脆弱性面临的主要问题。

1. 案例的收集与分析

（1）我国近年来发生的典型地铁事故。为了使收集到的资料更加全面和详细，本文以百度、谷歌等搜索引擎为主，通过对多种关键词进行检索来搜集案例，关键词包括"城市轨道交通事故""地铁事故""地铁延误""列车碰撞"等。此外，考虑到地铁事故发生的时间越久，事件追溯难度越大的现实问题，本文运用网络、报纸、自媒体等信息传播媒介，进行有关地铁运行事故信息的深度挖掘，对近年来国内外地铁事故的分析和统计，从中选择了那些具有不同类型、不同原因以及完整可识别的事故发生过程等特征的案例，对其进行整理、完善，并针对事故发生的时间、地点、过程、起因和类型这五个维度对案例信息予以记录。

本文最终选取了 90 起典型的地铁脆弱性事故案例（详见附录 1），限于篇幅，表 1 中列举了 6 个案例。在这 90 起案例中，从事故发生的大致起因看，既有人为管理失误，也有自然灾害这种不可抗力，以及人为恶意攻击譬如恐怖分子袭击等，具体包含的事故类型见表 2；从事故发生的规模看，有导致整个地铁网络瘫痪并造成大量人员伤亡的事故案例，也有只影响到某个站点的正常运营或仅造成车辆运行延误的小规模事故案例。

表 1　城市地铁运营事故案例

编号	时间	地点	事故类别	事故内容	事故原因
1	2013/1/17	北京地铁北苑路北站	设备设施类	7:53，2033 次列车行驶到北苑路北站时突然发生紧急制动。事件造成停运 20 列，到晚 5 分以上 34 列	司空器警惕按钮的行程开关接线发生断裂
2	2013/1/18	北京地铁万寿路站	设备设施类	晚上 10:50，G446 次列车在万寿路站上下乘客后突然无法启动。事件造成停运 6 列，到晚 5 分以上 4 列	线缆的绝缘外皮破损，造成其在与金属部件间不断摩擦时，产生拉弧将线缆烧断
3	2011/9/27	上海	行车类	下午 14:10，两辆列车发生追尾事故，造成 295 人受伤	一是信号系统发生设备故障，导致移动闭塞无法使用；二是人工调度不当
4	2011/7/5	北京	客运类事故	9:36，地铁站内某扶梯突然发生溜梯事故，一个上行的扶梯突然变成了下行，导致扶梯上的人直接摔了下来，造成 1 人死亡，重伤 3 人，轻伤 27 人	电梯内某固定零件损坏，造成驱动主机移位和驱动链条的脱落，进而发生扶梯下滑
5	2013/10/27	上海	客运类	晚上 19:20 许，一名男子在 11 号线南翔站擅自进入道床，被列车撞击当场身亡	乘客擅自进入道床
6	2016/7/24	西安	自然灾害	地铁 2 号线小寨站严重积水导致其临时关闭	受强降水影响

表 2　城市地铁运营事故分类

编号	事故类别	事故表现形式
1	设备设施类事故	设备运转失常，设施主体损坏等
2	客运类事故	车门夹人夹物、乘客跌入轨道、乘客拥挤踩踏等
3	行车类事故	列车脱轨、挤岔、碰撞等
4	自然灾害类事故	暴雨、地震、飓风、暴雪等恶劣环境
5	恶意攻击类事故	恐怖袭击、自杀式攻击等

（2）西安地铁开通以来发生的运营事故。通过西安地铁官网及其微博、陕西新闻、西安新闻等官方信息平台搜集并整理出西安地铁开通至今发生的运营事故，共计 41 例。

①从事故类型角度分析，依据统计的部分西安地铁事故，根据事故类型分类，行车事故有 7 例，客运事故有 5 例，大客流事件有 11 例，停电事故有 1 例，自然灾害事故有 1 例，人为治安事件有 5 例，由此绘制西安地铁事故分类图（见图 4）。

从图 4 可以看出，由大客流引起的事故是西安地铁最常见的运营事故，尤其在节假日期间客流量激增，给西安地铁运营带来极大压力。其次是由设备故障等引起的行车事故，同时由乘客不安全行为造成的人为治安事件和屏蔽门、扶梯等造成的客运事故也对西安地铁网络的抗毁性产生一定的影响。

②从事故发生涉及线路角度分析，如表 3 所示，不同线路上所发生的事故数量不同，与其他线路相比 2 号线上发生的事故数量最多，其次是 1 号线、3 号线。这主要跟线路建设的时间有关。2 号线是西安最早开工建设并使用的，相对于后建的其他线路而言，该线

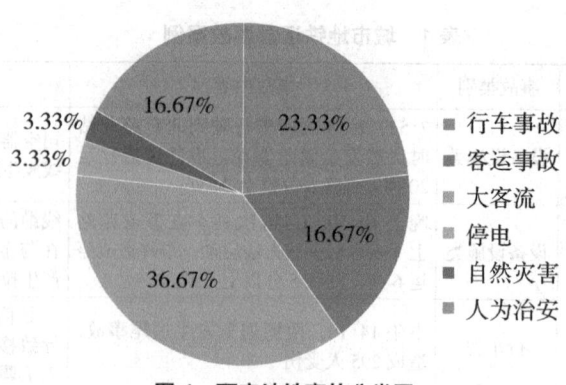

图4 西安地铁事故分类图

路上配备的设备设施工艺质量稍弱。同时该线路经过多个繁华地段，承担的客流较大，所以随着使用时间的增加，其损耗较多，支撑线路正常运营的能力逐渐减弱，从而故障发生的概率较大，这也说明2号线路的抗毁性能力在逐渐降低。

表3 各线路事故发生数量及所占比例

线路	1号线	2号线	3号线	4号线	城际铁路
事故数量	11	21	9	0	0
占比（%）	0.27	0.51	0.22	0.00	0.00

③从事故发生时间角度分析，本文将西安地铁每日的运营时间按照平峰期、早高峰、晚高峰分为5个时间段，然后对收集到的30例事故按照发生时间进行统计，结果如表4和图5所示。两条折线均经历"升—降—升—降"的变化，总体呈双峰状，而且正好在早晚高峰时间段内事故数量达到顶峰，反映出在早晚高峰期内，整个西安地铁网络的运营功能受到的影响更大，其抗毁性能力低于其他时间段。

表4 事故发生数量

时间段	事故数量	单位小时事故数量
6:00—7:30（平峰期）	2	1.33
7:30—9:00（早高峰）	9	6.00
9:00—18:00（平峰期）	6	0.67
18:00—20:00（晚高峰）	10	5.00
20:00—23:00（平峰期）	3	1.00

从总体事故数量看，晚高峰的事故数量大于早高峰，但是从单位小时事故数量折线图可以看出，晚高峰的事故数量又少于早高峰。分析其原因，其一在于晚高峰时常大于早高峰；其二在于早高峰内客流密度大且居民出行时间相对集中，容易对休眠一整晚的列车施

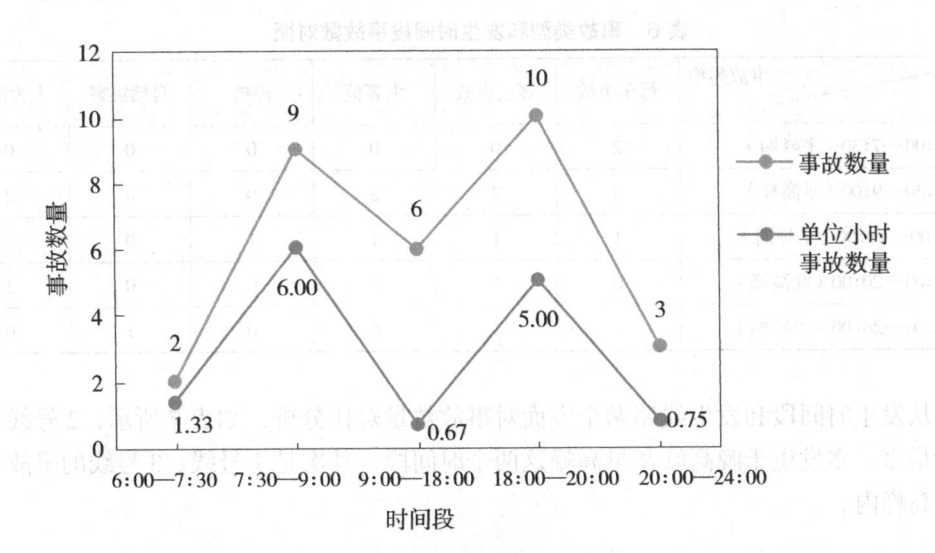

图 5　事故发生时间段分布图

加过大的压力，从而进入超负荷运营状态，而晚高峰时间段内由于没有统一的下班、放学时间，出行时间相对分散，所以客流密度也相对减小，列车运载压力小于早高峰，故事故数量相对减少。

④从事故类型和涉及线路两个方面对事故数量对比分析，如表5所示，发生事故最多的2号线上，大客流和行车事故发生得较多。2号线由南至北，位于西安市中轴线上，途经龙首原、小寨、钟楼等诸多经济繁华地区，容易吸引大量客流。同时2号线是西安市运营的第一条地铁，配套的设备设施在约10年的运营中产生较大损耗，容易发生一些不安全事故。

表 5　事故类型和涉及线路事故数对照

事故类型线路	行车事故	客运事故	大客流	停电	自然灾害	人为治安
1	1	1	7	0	1	1
2	5	1	10	1	1	3
3	1	3	5	0	0	1
4	0	0	0	0	0	0
城际铁路	0	0	0	0	0	0

⑤从事故类型和发生时间段两个方面对事故数量对比分析，如表6所示，行车事故、客运事故多发生于早上6:00—9:00，原因在于列车在夜间需要停运检修，各零件处于放松状态，而在该时间按段内刚开始工作，就面临极大的运营压力，各零件和设备没有经过过渡期立即进入紧绷状态，达到满负荷甚至超负荷运营，部分设备容易被损伤，而与晚高峰时间段之间有长达9小时的平峰期，过渡期长，所以会相应减少这类事故。

表6 事故类型和发生时间段事故数对照

时间段 \ 事故类型	行车事故	客运事故	大客流	停电	自然灾害	人为治安
6:00—7:30（平峰期）	2	0	0	0	0	0
7:30—9:00（早高峰）	3	2	2	0	0	2
9:00—18:00（平峰期）	1	1	1	1	0	2
18:00—20:00（晚高峰）	0	1	8	0	0	1
20:00—24:00（平峰期）	1	1	0	0	1	0

⑥从发生时间段和发生线路两个方面对事故数量对比分析，如表7所示，2号线上事故数量最多，多发生于晚高峰和早高峰这两个时间段，其次是1号线、3号线的事故也多发于晚高峰内。

表7 事故发生时间段和涉及线路事故数对照

时间段 \ 线路	1	2	3	4	城际铁路
6:00–7:30（平峰期）	0	1	1	0	0
7:30–9:00（早高峰）	0	6	3	0	0
9:00–18:00（平峰期）	2	4	0	0	0
18:00–20:00（晚高峰）	7	9	5	0	0
20:00–24:00（平峰期）	2	1	1	0	0

2. 案例分析的结果

通过对上述案例中各事故的原因进行分析，可以发现城市地铁网络脆弱性中存在的问题主要体现在管理的懈怠、员工的综合素质水平不高、设备设施的可靠性低以及环境的不利影响这四个方面。

（1）管理的懈怠。对由管理懈怠所造成的地铁运行事故的发生过程进行再分析之后，得到对于地铁运行管理的懈怠主要体现在管理人员的疏忽以及管理体制的不完善上，具体分析见表8。对地铁运行过程的管理主要包括对员工的日常运营工作和突发情况下的应急救援工作的管理，下面就针对这两方面工作中存在的问题逐一阐述。

表8 管理懈怠的主要体现

管理懈怠的几个方面	事故案例中的描述	造成事故数量的占比
安全防护设施的缺乏	站台上未安装喷水消防装置；弯道处设置防出轨的安全设施；站台上未安装屏蔽门；车站内未安装火灾自动报警设备等	21%
对车辆日常运行的监管不到位	对关键安全节点的控制缺乏管理；对车辆隐患监控不到位；车辆检修工作缺乏监管等	58%

续表

管理懈怠的几个方面	事故案例中的描述	造成事故数量的占比
安全教育培训不到位	列车员业务培训不到位；对已发现的车辆隐患未能采取有效措施；乘客对列车内的紧急逃生设备不知情；安全教育的形式化等	63%
应急救援工作的管理不到位	对应急抢险预案的执行不到位；对地铁疏散通道管理不到位；救援工作组织不力；灾情信息播报不全面；相关救援法规不完善等	31.5%

关于城市地铁应急管理工作的现状，本文从上述案例中分析得出，地铁公司对员工的应急救援培训不到位，对员工安全知识和技能的培训以及相关考核形式化，主要表现在：对员工的日常安全教育和应急演练多流于表面，很多员工对应急设备的位置和使用方法都不太清楚。此外，地铁公司的应急管理体制并不健全，对应急资源和相关设备的管理工作未落实到位，在发生意外事故时，由于应急设备长时间无人管理，造成其失效损坏无法支撑救援工作，或者应急设备设施无法得到提供和有效的保障，如灭火设备、应急照明装置等。

（2）员工的综合素质水平不高。通过分析整理由员工综合水平所导致的地铁事故案例，发现在地铁日常工作中员工的综合素质水平低下主要体现在员工业务能力不足、缺乏安全责任意识、懈怠工作、违规操作等几个方面，各方面的主要内容及占比如表9所示。

表9 员工综合素质水平低下的具体表现

	事故案例中的描述	造成事故数量的占比
业务能力不足	司机对意外事故的初期处理不当；列车员对车门开关设备并不熟悉；列车员对故障的误判；未及时判断出道岔表示故障等	48%
缺乏安全责任意识	站内工作人员的安全防患意识不足；列车超速行驶；在弯道处紧急制动；列车驾驶员在火灾发生后逃离现场等	44%
懈怠工作	技术人员对编码电路配线出错；工程师安装了错误规格的保险丝；调度员在确认前车位置维修后忘记打开电梯上方的护栏门等	52%
违规操作	在列车故障的应急处理中违反操作要求；列车员未按操作规定使用手动连挂；调度员未按规定及时向调度中心反馈现场情况等	48%

（3）设备设施的可靠性低。通过上文分析可知，设备设施的故障是造成地铁运行事故的主要原因之一。基于此，对相关地铁事故案例进行再分析，发现设备设施故障导致意外事故发生的情况主要体现在站内设备设施、通信/信号系统、车辆系统、供电系统等几个方面，具体如表10所示。

表10 设备设施的可靠性低的具体表现

	事故案例中的描述	造成事故数量的占比
站内设备设施	车站断电后应急照明装置和出口指向灯未亮；梯级间照明灯具及线路短路；电梯的固定零件损坏致扶梯逆行；屏蔽门感应器故障等	30.6%

续表

	事故案例中的描述	造成事故数量的占比
通信/信号系统	列车接收不到调度人员的指示信号；信号调试错误；列车信号控制系统故障；车辆信号设备故障；列车车载信号发生故障等	32%
车辆系统	列车主控制器故障；列车车厢门和安全门发生机械故障；车门选向开关旋钮脱落；列车的自动停止装置老旧等	47.2%
供电系统	供电触网跳闸；隧道内供电不稳定；变电箱起火；地铁牵引变电站直流开关跳闸等	13.9%
通风排烟系统	车站内未安装抽出烟尘的空调设施；通风管道设计不合理等	5.6%
给排水系统	给/排水管道的防腐、绝缘效果不佳发生泄漏；隧道防水设计等级过低等	16.7%
其他设备系统	列车的安全防护系统故障；车站安全系统失灵等	2.7%

此处的设备设施包括了地铁运行过程中的所有机电设备系统以及地铁站内的相关乘车设施。通过对上文的案例进行分析，可以发现将近半数的地铁运行事故都是由于设备设施的故障，这些设备的质量和可靠性都会对地铁的安全运行造成直接且严重的影响。

（4）环境的不利影响。通过上文分析可知环境是造成地铁运行事故的重要原因。这里的环境是指地铁运营过程中所面对的内部环境和外部环境，而内外部环境对地铁运行过程中的所有不利影响，本项目通过对相关事故案例进行再分析后得到如表11所示的内容。

表11 内外部环境的不利影响的具体表现

	事故案例中的描述	造成事故数量的占比
内部乘车环境	高峰期大客流；乘客将火柴等危险物品随手乱丢；列车内出现老鼠；乘客在地铁内引爆易燃易爆物品等	48.6%
外部社会政治环境	外部施工干扰；患有精神疾病的乘客的恶意攻击；邪教组织的示威；恐怖分子对国家政治决策的反抗；反动分子的恶意示威等	46%
外部自然环境	地震；强降雪；暴雨；高温天气；飓风等	37.8%
外部经济环境	公共设施开支的削减；对文化商业中心站点的袭击等	5.4%

由表11可以看出，当前地铁的乘车环境面临最大的问题就是上下班高峰时期的大客流所造成的拥堵和踩踏，以及由于乘客自身素质低所产生的不安全行为，这些现象已经导致了多起人员伤亡事故，以及地铁运行的延误和设备故障；其次是一些地铁车站内的布局和相关疏散标识的设计并不合理与完善，并且在一定程度上增加了客流的拥堵，降低了乘客的乘车效率以及发生意外情况时客流的疏散效率。此外，通过案例分析可知城市地铁的运行很容易受到自然环境的影响，如暴雪、暴雨、地震等自然灾害的发生轻则造成机电设备的故障，重则引发地铁运行事故，造成大量人员伤亡，这一类事故案例不在少数。

（三）西安城市地铁网络脆弱性的实际调查

1. 调查方法和步骤

前面通过收集和分析131起城市地铁网络脆弱性的事故案例（其中，面向全国案例90起，面向西安案例41起），梳理出城市地铁网络脆弱性中存在的一些问题，由于这些结果主要是从二手资料和逻辑层面所分析推出的归纳结果，为深刻揭示这些问题的现实意义，还需要从实际出发对其加以验证。而问卷调查法或专家访谈法就可以实现这一目的。此外，地铁网络脆弱性存在的问题往往是具有较强专业性、非公开的信息，相关的工作人员和管理层才会对其有具体了解和分析，因此专家访谈更为精确和客观。故本部分中选取半结构化访谈法来获取地铁网络脆弱性的影响因素，并对上文的研究结论的科学性和合理性进行检验和确认。

半结构化访谈是指按照一个粗线条式的访谈提纲而进行的非正式的访谈。该方法对访谈对象的条件、所要询问的问题等只有一个粗略的基本要求，至于提问的方式和顺序、访谈对象回答的方式、访谈记录的方式和访谈的时间、地点等没有具体的要求，由访谈者根据情况灵活处理。半结构化访谈的具体实施步骤如下。

（1）制定访谈提纲。首先需确定研究主题。此次访谈的主题是了解现阶段西安城市地铁网络脆弱性存在的问题，并对上文的多案例分析结果进行检验和最终的确定。访谈需要有个既定的框架，内容主要包括一般信息询问及一串开放性问题。访谈者应在访谈前对项目的内容及含义进行充分的了解，并拟定一个访谈提纲以保证访谈资料客观、准确。本部分根据上文的案例研究结果设计了相应的访谈提纲（见附录2）。

（2）样本选择。首先要选择与研究主题相符的合适的受访者，其次要选择适合访谈的人，如愿意交谈，对于研究主题有一定深度的了解，在访谈中能详细回答问题等。在此基础上，需选择不同类型的受访者，如年龄、性别、工作年限、工作类型等，通过增加访谈的多样性以获得更多的信息。本次访谈的对象主要是西安地铁运营部门的管理人员和基层工作人员，其中包括地铁列车的司机、地铁站工作人员、通信中心员工、安保中心员工、车辆中心负责人、控制室员工、维修中心员工、培训中心员工以及运营管理负责人等各个岗位的工作人员。访谈于2019年5月至2019年6月间进行，共邀请了10位来自西安地铁运营部门的专家进行深度交流（专家的详细情况见表12）。专家们的丰富经验为城市地铁网络脆弱性所存在问题的识别奠定了坚实的基础。

表12　地铁专家的详细信息

访谈日期	受访对象	工作年限	访谈日期	受访对象	工作年限
2019.06	地铁站工作人员	3年	2019.06	维修中心员工	6年
2019.06	地铁列车的司机	5年	2019.06	安全教育培训人员	3年
2019.06	通信中心员工	2年	2019.06	运营管理负责人	5年
2019.06	安保中心员工	3年	2019.06	控制室员工	7年
2019.06	车辆中心负责人	6年	2019.06	供电中心员工	3年

（3）访谈前准备。访谈开始前应通过短信或电话向受访人员说明访谈内容、访谈形式、访谈保密性、研究目的并进行自我介绍，获得同意并约定访谈时间和地点。

（4）访谈阶段。半结构化访谈一般持续半个小时以上，内容上可分为访谈者的介绍词、受访者信息确认及访谈提问。访谈内容并不完全局限于访谈提纲，可以根据实际访谈的过程进行变化。在访谈过程中，访谈者可以根据与受访者的互动情况，灵活调整题目顺序，而且访谈者不能对谈话内容进行主观评价，应鼓励和诱导受访者更多地表达他们的意见和看法。访谈结束后，对于整个访谈过程的记录如访谈对象的具体回答、肢体行为等典型表现，均可为此次访谈内容的后续分析提供重要参考。

2. 调查结果及分析

对上文的访谈结果汇总如表13所示，其中描述了参与访谈的所有工作人员对于地铁运行过程中的频发事故及其原因的看法和观点。

表13 访谈结果汇总

对地铁事故起因的观点	访谈对象的描述	持相同观点的人数	占比
乘客低素质带来的危险行为	"有的乘客素质差得很""上下班那会儿人太多，你说别站那儿，很多人就不听""上下车时乘客都不管你说的，光往里挤"	8	80%
设备设施故障	"差不多都是设备故障引起的吧""故障的类型多了，比如车门故障、信号接收不到，还有车辆逆变器故障，这就多了"	10	100%
设备设施的关联性强	"一个出问题，经常会影响另外一个，所以要修可能都得修一遍"	5	50%
外部环境	"这地铁虽然在地下，但外面一下大雪、暴雨，对地铁的影响也大得很，经常一下雨就漏水呢""那一次确实是雪太大，道岔故障了"	7	70%
社会环境	"其他的话，就是外面经常施工，有时候把积水都漏下来了，很不方便""确实有过精神不太正常的乘客拿着刀来坐车"	6	60%
内部环境	"这边的整个卫生环境还是很干净的，要说的话就是上下班人太多，人一多就难管得很，而且也容易出事"	10	100%
地铁日常管理的懈怠	"领导很少过来，人家肯定在自己办公室呢，咋会来这"	3	20%
管理组织结构待完善	"各个部门很少交流，有时候出了问题都不知道找谁，一个个推来推去，最后都没人管了"	5	50%
应急管理计划待完善	"每次都让人手忙脚乱的，也没有提前做一下计划""应急演练根本记不住啥，而且间隔的时间那么长"	3	30%
员工的综合素质水平	"设备爱出故障，估计就是谁大意了嘛，这也不算啥大型事故嘛，这都很正常了"	7	70%

通过对访谈结果的整理统计，最终得出地铁各部门的工作人员大都认为西安城市地铁网络脆弱性中存在的问题不仅包括上文案例分析得出的问题，还有少数的几个员工提出存在管理组织结构不完善、设备设施的关联性太强以及应急管理计划的制订不合理等三个方面问题，各个问题的具体内容如下。

（1）管理组织结构是指地铁公司对于各部门的职务范围、需承担的职责以及所拥有的权力进行划分后所得到的结构体系，是为了促进各部门进行更好的分工合作。然而据访谈的结果来看，当前地铁内部各岗位的安全职责划分并不明确，各岗位员工之间的沟通和配合非常欠缺，当某个环节出现问题时，员工之间相互推诿或冷眼旁观的现象严重。

（2）设备设施的关联性是指保证地铁安全运行所需的各类机电设备以及相关设施之间都相互关联，并存在单向或双向的作用关系。根据受访者的回答可知，当前地铁系统内各子系统之间、各设备设施之间的关联性越来越强，这也导致一个严重的问题，即一旦某个子系统或设备发生故障，就会随着这种关联作用影响到其他子系统或相关设备设施，导致城市地铁网络脆弱性的级联失效现象，以及对事故造成的后果更加难以控制。

（3）应急管理计划指的是针对那些有可能发生的意外事故和紧急情况所拟订的应急预案，主要是为了尽可能快速高效地对事故做出反应，降低事故造成的损失和破坏程度。而当前的地铁运营部门对于应急管理计划的提前制订并没有高度重视，即使已拟订好的应急预案也存在很多的漏洞与不合理之处，根本就没有结合实际情况以及设备设施的更新升级对其进行相应的修改和完善，而对于这些应急管理计划的实际演练更是不被地铁各部门员工关注和重视，少有的几次演练也没有得到认真的对待，这就导致员工面对突发情况时应急能力严重不足，甚至对事故处理不当造成更为严重的后果。

（四）城市地铁网络脆弱性面临的主要问题

综合前面的多案例分析结果和对地铁工作人员的实际访谈调查结果，汇总了城市地铁网络脆弱性中存在的问题，包括以下几点。

1. 应急预案不完善

自西安地铁开通以来，地铁管理部门逐渐建立了视频监视系统、通信系统、智能分析系统等配合地铁的应急管理，市级层面的应急预案也已经出台，该预案中对发生紧急状况时应急小组内各单位相应任务职责等做了规定，但预案内容与实际应急处置还有差距，缺乏对人力、时间、空间、资源的有效整合，以至于在实战中可操作性差，影响西安地铁网络恢复正常运营功能的时间。

2. 客流控制措施的制定及方法不完善

近年来西安地铁在节假日以及早晚高峰时，极易出现客流与运输空间不平衡、站点之间客运压力不均衡的现象。拥挤程度越严重，发生不安全事故的概率就会越大。例如在2019年"五一"期间，西安地铁日均客运量达到310.8万人次，尤其是在5月1日当天突破历史纪录，高达330万人次。此时客流控制最常用的手段就是限流、越站运行，实施措施时主要依靠经验，实际控流效率并不高，仍然缺乏科学合理的计算方法去制定更加有效的限流措施。

3. 地铁运载能力处于瓶颈期

目前运营线路以预测客流为依据而设计运载能力，但由于西安近年的发展比较快，知名度提升，吸引大量外地人员流入西安，导致实际客流严重地超过了其预测值，同时地铁网络的客流分布不均衡，时间上体现在早晚高峰与其他时间、节假日与非节假日，地理位置上主要体现在城市中心与边缘地区。

4. 乘客安全意识薄弱

大部分西安地铁乘客的安全素质和安全知识水平较高，但调查也发现，仍有部分乘客安全意识薄弱，在站内不遵守秩序，比如灯闪铃响之后仍上车，在面对突发状况时，不能保持冷静甚至产生过激行为等。

5. 地铁公司的管理水平和员工综合素质需要不断提高

地铁日常运行过程中的行车管理规定和车辆维修规定等相关的管理规定和技术操作规范还需要完善，从前面案例和调查分析看到，地铁发生事故的最主要原因之一就是设备故障的频繁发生，员工在日常工作中消极怠工、漏检漏修、操作失误和违规操作等行为会引发这些设备设施的故障。由于地铁相关技术和设备不断更新换代，西安地铁系统中的少部分员工的技术水平和业务能力跟不上时代变化，所具备的业务知识和安全技能与其岗位要求不匹配；面对突发情况往往不知道如何应对，甚至对故障或事故原因给出错误的判断并导致更严重的事故后果。后续需要从招聘开始就注重人才的个人素质考核，对目前的工作人员加大管理力度，不断对工作人员进行专业和思想上的培训、教育，以期逐渐形成一支业务能力强、素质水平高的人才队伍。

6. 环境的不利影响

地铁运营过程中所面对的环境包括内部环境和外部环境。内部环境中存在的主要问题有：地铁乘客的乘车环境问题，包括上下班高峰时期和节假日期间的特大客流极易引发的拥挤和踩踏问题，乘客乘车时的各种不安全行为，车站的布局设计以及疏散指导标识的设置存在不合理、不完善问题等。而地铁所处的外部环境包括社会经济环境、政治环境、自然环境等，其中存在的可能对地铁运行造成影响的问题有：暴雨、暴雪、地震等自然灾害问题，城市居民的素质水平和身心健康水平较低的问题，城市的社会安全问题，城市经济发展情况以及对地铁运营和建设的资金投入较低的问题，相关政策变化对于地铁运营的不利影响等问题。

三、西安城市地铁网络的脆弱源辨识

（一）城市地铁网络脆弱性基本影响因素的确定

影响地铁网络脆弱性的众多因素之间可能存在某种耦合作用，且各因素并非都属于同一个层次，存在多层面的特征。此外，传统的统计分析方法并不能有效地兼顾一些隐形细节和质性统计数据。扎根理论能够同时结合质性数据和主流的演绎研究方法进行相关分析。因此，本项目选取扎根理论的方法来识别地铁脆弱性的基本影响因素，运用开放式编码、主轴编码和选择性编码三个关键技术工具，对近年来地铁运营过程中发生的多起事故案例进行逐步分析，构建地铁脆弱性影响因素的结构模型。

1. 扎根理论及其研究步骤

扎根理论是在20世纪60年代由格拉塞和施特劳斯两位学者提出的一种质性研究方法，其核心思想为通过归纳、对比、演绎等方法对一手的访谈资料进行重复分析，从中提炼出主要概念范畴和归属关系，并建立了相关理论模型。扎根理论强调理论源于资料，通过对资料进行逐步编码，找出类属、概念和核心范畴等变量，利用故事线找出其中的因果脉络，从而建立变量间的相互关系并形成理论模型。该方法适用于研究社会互动过程。扎根理论分析主要是基于大量的一手资料，比如官方报道、访谈资料、网络消息、文献资料等，对于这些资料的分析结果与现实中的情况更加接近。此外，多案例研究的方法区别于单一案例研究的地方是，它能够利用质性的数据对多个案例进行抽象分析，使最终得到的概念以及其中的层级关系更为精确。鉴于此，本项目采用多案例的扎根理论研究方法来分析城市地铁的脆弱性问题。

国外著名学者维利尔斯早在2005年就对扎根理论的具体研究步骤和研究范式进行了总结。扎根理论的具体实施步骤分为六大步（见图6），其中最核心的一步是资料编码，它又被划分为三个小步骤：开放式编码、主轴编码以及选择编码。

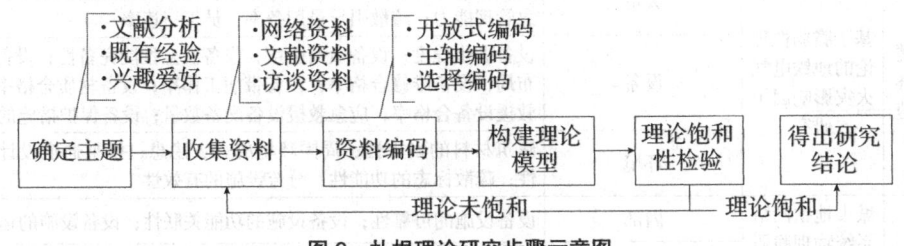

图6 扎根理论研究步骤示意图

2. 基于文献的因素梳理

在进行扎根理论分析之前，本文首先运用文献计量法查阅了大量有关城市地铁脆弱性研究的文献，并从中大致梳理出了几个认可度较高的地铁脆弱性影响因素，为下面的扎根理论对地铁脆弱性主要影响因素的筛选和确定打好基础（见表14）。

表14 城市地铁网络脆弱性影响因素的文献梳理

作者	研究内容	主要影响因素	具体内容
程悦，宋守信（2015）	大客流扰动下的北京地铁脆弱性研究	人员	高峰持续时间率；大客流时间率；高峰客流密度；职业技能水平；候车文明度；流动人口比例；大客流稳定性；疏导效率；安全疏散标识关注率；疏散引导员配备率；突发事件应急指挥能力
		设备	设备冗余度；设备稳定性；误操作恢复能力；设备待修率；设备位置；设备带病作业率；高峰持续时间率；设备负荷强度；设备性能完备性
		环境	环境畅通性；设计合理性；设施合理性；噪声污染程度；空气洁净程度；事故疏散的快捷性；客流分流设施有效性
宋亮亮，李启明，陆莹，邓勇亮（2016）	城市地铁系统脆弱性影响因素研究	人员	人员技术业务水平；人员安全意识；人员自身素质；人员身心状态
		设备设施	设备设施状态；设备设施性能；设备设施防护
		环境	自然环境；社会环境；运营环境
		管理	安全投入；教育培训；规章制度；组织结构
		结构	车站布局；路网拓扑结构；设备设施关联性
		应急	应急管理计划；应急处理效率；应急资源保障

续表

作者	研究内容	主要影响因素		具体内容
卢文刚，田恬，舒迪远（2016）	非传统安全视角下的城市地铁系统脆弱性应急治理	系统外部	施害主体	欲实施报复行为的个人；欲实施报复行为的组织；恐怖组织；其他
			危险物品	枪支、军用器械、管制刀具等；易燃易爆物品
			其他社会环境	极端恶劣天气；大规模停电等外部环境受灾牵连所致
		系统内部	硬件设备设施	地铁系统内部电梯及扶梯事故；地铁站台及地铁安全门事故；地铁安全设备违规使用等
			运营及管理主体	地铁司机或其他运营人员疏忽等；地铁安全管理人员疏忽等；地铁志愿者管理不当等
			乘坐人群	大客流；人群风险认知偏差；安全意识及知识的缺乏
宋守信，肖楚阳，翟怀远，许葭（2016）	基于脆弱性理论的地铁电气火灾影响因子研究		人员	员工误操作率；员工知识技能水平；员工的安全意识水平；员工应急管理能力；疏散引导员配备率；员工三违率
			设备	设备老化程度；设备负荷强度；设备安全性能完备性；设备位置与布局；设备维修合格率；设备带病工作率；设备材质合格率；应急救援设备合格率；应急救援设备配备数量；设备保护措施的有效性
			环境	建筑材料的耐火性；周围环境的火灾隐患；换乘通道设计的合理性；疏散标志的功能性；分流设施的有效性
邓勇亮（2016）	城市地铁网络系统物理脆弱性的评价及控制研究		内部	设备设施的可靠性；设备设施的功能关联性；设备设施的运行状态
			外部	环境因素（自然环境和运营环境）；工作人员的综合素质水平；乘客危险行为；设备设施管理水平

梳理大量研究成果后发现，在城市地铁网络脆弱性影响因素研究领域，大多数学者基于"人—机—环"系统工程理论，将所有因素一致划分为人员因素、设备因素、环境因素这三大类，并认为造成事故发生最根本的原因是管理方法的缺陷或管理者的失误，即人的危险行为与物的不安全状态是事故发生的直接原因，管理中的问题是事故的间接原因，而管理因素实则包含在人、机、环三要素中。因此，城市地铁网络脆弱性影响因素中的人、机、环三类因素，已经从侧面包含了管理因素的影响。另外少数学者将城市地铁网络脆弱性影响因素分为人员因素、设备因素、环境因素、管理因素、应急因素、结构因素等。还有一些研究者按照系统的内部影响和外部影响这一区别将地铁网络脆弱性的影响因素进行了划分。总的来看，尽管大家对地铁脆弱性影响因素的分类各有不同，但各因素的本质并没有发生变化。本节通过扎根理论从众多地铁事故案例中归纳城市地铁网络脆弱性的基本影响因素。

依据扎根理论的研究思路，需要将上文的131起案例进行前期实验组和最终检验组的划分，其中实验组用于构建理论模型和分析地铁脆弱性的主要影响因素，检验组用于对扎根理论所得出的理论模型和影响因素进行检验证明。本项目随机选取了其中121起案例用来进行前期的编码和分析，其余10个案例留作最终的理论饱和性检验。

3. 资料编码

（1）开放式编码。开放式编码是围绕已获取资料进行现象分析、界定概念进而发现范畴的过程，通过对资料的内容进行逐行、逐句的分析和比较，归纳整合出相应的概念以及范畴。需要注意的是，在开放式编码中尽可能直接采用案例中出现的所有相关人员的原对话以及访谈中所有语句的原本表述形式，最大限度地保证分析结果的精确性。本项目选取 121 例中公开信息较全面的 2011 年 9 月 27 日上海地铁追尾事故（见表 15），将所搜集的案例资料中的关键用词及人物观点进行仔细分析，将这些重要信息逐一编码，并在分析过程中主动剔除那些相关性极低或者不断重复的无效信息，最后将编码概念化。

表 15　上海地铁 10 号线追尾事故的开放性编码过程

序号	事故发生过程	备注	概念化
1	2011 年 9 月 27 日，据上海地铁官方消息，14:10，地铁 10 号线上的 1016 次列车在豫园站进行下客后突然显示无速度码，列车司机立即给调度中心汇报情况，调度员让其用手动限速的方式往老西门站行驶	13:58，上海地铁第一运营公司的电工人员正在封堵 10 号线新天站的电缆孔洞，所以造成了断电，导致该站点的信号系统失电，车站内的列车自动监面板出现黑屏。因此地铁的运营模式从自动系统转换成了人工控制	外部施工干扰；供电缺失；信号系统断电
2	下午 2:00，1016 次列车行驶到豫园站与老西门站之间的路段时突然遇到红灯停车，调度员让其停车待命。1 分钟后，调度人员开始对列车定位，7 分钟后，调度人员违反调度规定，违规发布了使用电话闭塞法的命令	据一名地铁工作人员的描述：调度人员在发布了采用电话闭塞法这一命令后，便将行车指挥权扔给了车站的员工。电话闭塞法，简而言之就是两个车站之间采用打电话的方法进行联系和调度指挥	调度人员违规发布命令；调度人员监管不力
3	14:10—14:30，依照后面 1005 次列车中的乘客所说："列车在南京东路站停靠了将近 20 分钟，在豫园站停了 10 分钟。"而当时前面的 1016 号车一直停在原地未动，网友称"过了很久也没有要启动的迹象，也没有人解释一下，广播里也只给出了因故暂停的话语"。直到 14:35，1005 次列车才从豫园向前行驶	调度中心的工作人员忘记对前车所在地进行确认，车站值班人员也在未经确认的情况下将放行的信号发送给了正停在豫园站的 1005 次列车，然而当时的 1016 号列车还停在豫园站和老西门站区间并未向前行驶	调度人员监管不力；调度人员将未经确认的信号发送给列车
4	上海地铁官方消息显示，14:37，以每小时 54 公里前进的 1005 次列车在豫园站与老西门站区间的弯道路段，突然发现前方有一辆列车不动（1016 次列车），当下就紧急刹车，然而列车的惯性作用使其最终还是以每小时 35 公里的速度撞上了 1016 号车的尾部。这次事故使 295 人受伤，无人员死亡	据了解，地铁的两个站点之间的区间距离比较短，一般只有一千米，而且在采用电话闭塞法时，更是规定了同一时间两站间只能一辆列车进入	车站值班人员监管不力；调度人员忘记确认前车位置

资料来源："9·27"上海地铁 10 号线追尾事故，百度百科。

经过开放式编码，从案例中概括出 193 个概念，对这 193 个概念再进行聚类分析和范畴化，最终形成了 28 个副范畴，分别为：安全防护设施的投入、乘客素质水平、乘客身心状态、设备设施的质量、设备设施的状态、列车运营环境、通信/信号系统、设备材质合格率、员工的工作疏忽、员工懈怠工作、员工违规操作、员工的安全责任意识、员工的技术业务水平、员工的应急处理能力、通风排烟系统、给排水系统、供电系统、车辆系统、安全防护系统、车站布局设计、客流应急疏散、应急救援工作、自然环境、社会环境、政治环境、经济环境、车辆运行规章制度、安全教育培训。初始概念范畴化的过程在表 16 中进行了举例说明。

表 16　开放性编码形成的范畴

序号	副范畴	初始概念
1	安全防护设施的投入	列车内未配备灭火装置；站台上未安装喷水消防装置；弯道处未安装防出轨的安全设施；站台上未安装屏蔽门；火灾自动报警设备的配备不足；站内未安装应急指向灯
2	通信/信号系统	列车接收不到调度人员的指示信号；列车员与站台人员之间的信息无法传递；信号系统断电；信号调试错误；列车信号控制系统故障；信号系统电源运行不稳定导致信号不显示；车辆信号设备故障；列车车载信号发生故障
3	设备设施的状态	混编电车；车厢的制造时期不同；自动列车停止装置老旧；S形轨道的设计；车辆带病运行；安检设备未能检查出危险物品；电动扶梯超载而发出异响；设备位置与布局；电梯桁架、梯路上的毛絮未被及时清理且油污积存；应急照明系统的稳定性
4	社会环境	外部施工干扰；恐怖分子的恶意攻击；邪教组织的示威；节假日
5	乘客素质水平	乘客携带刀具乘车；乘客在地铁内引爆易燃易爆物品；乘客的恶意攻击；乘客擅自进入道床；乘客随身物品卡住车门；乘客将火柴等危险物品随手乱丢；乘客拥堵踩踏；乘客乘车的文明度
6	列车运营环境	列车内出现老鼠；车站地面材料不防滑或防滑效果不明显；站内建筑物的装修材料易燃且会产生有毒烟气；轨道距离建筑物太近；高峰时期的车次太多；S形轨道的设计；高峰期大客流；节假日大客流

（2）主轴编码。主轴编码（即关联式编码）是基于开放式编码阶段所提取的副范畴，对它们之间的相互关系进一步深入分析。这一阶段也是从对经验进行描述到对概念加以分析的过渡阶段，目的是将所有数据再次恢复为一个连贯的整体。具体的操作过程即为找到不同范畴之间的关联关系，重新组合这些范畴，通过概念的再抽象进一步概括出能够统领各范畴的主范畴，编码结果如表17所示。

表 17　主轴编码形成的主范畴

序号	主范畴	副范畴
1	乘客行为	乘客素质水平；乘客身心状态
2	员工的综合职能水平	员工的技术业务水平；员工的应急处理能力；员工的安全责任意识
3	员工的工作完成度	员工懈怠工作；员工违规操作；员工的工作疏忽
4	设备设施的可靠性	设备设施的状态；设备材质合格率；设备设施质量
5	外部环境	自然环境；社会环境；政治环境；经济环境
6	内部环境	列车运营环境；车站布局设计
7	应急管理	客流应急疏散；应急救援工作
8	地铁运营设备系统	通信/信号系统；通风/排烟系统；给排水系统；供电系统；安全防护系统；车辆系统
9	地铁运营安全管理	安全教育培训；车辆运行规章制度；安全防护设备设施的投入

（3）选择性编码。选择性编码（理论编码）是在前两次编码的基础上，对所有的主范畴进行不断的提炼，抽象概括出核心范畴，并运用所有资料及发掘出的概念和范畴来解释全部现象。核心范畴是各主范畴相互关联的中心，是对主范畴的高度概括与归结。通过对表17中的主范畴进行相关性分析，归纳出了能够概括并代表上文中的9个主范畴的核心范畴，分别为人员、管理、设备以及环境四个因素（见表18）。

表 18　选择性编码得出的核心范畴

序号	核心范畴	主范畴
1	人员因素	员工的综合职能水平、员工的工作完成度、乘客行为
2	设备因素	设备设施的可靠性、地铁运营设备系统
3	环境因素	内部环境、外部环境
4	管理因素	地铁运营安全管理、应急管理

在确定了核心范畴之后，再运用故事线对其他 80 个案例资料和 41 个西安地铁案例资料的过程进行深入分析，探究研究主体与核心范畴之间的基本关系。故事线是围绕研究目标来对整体现象进行描述分析，不仅要阐述核心范畴之间的典型关系，还要囊括目标主体与各范畴之间的脉络条件。本项目按照事故的发展脉络对其中的人、事、物进行描述性分析，找出每个案例的核心叙事、故事线和组成故事的主要内容，故事主要围绕城市地铁网络的脆弱性来展开，影响地铁网络脆弱性的因素有哪些，各因素是如何相互作用从而影响地铁网络的脆弱性。在此基础上，将研究主体与各影响因素串联起来，分析它们之间的作用关系和层次结构，进而构建地铁网络脆弱性影响因素的理论模型（见图 7）。

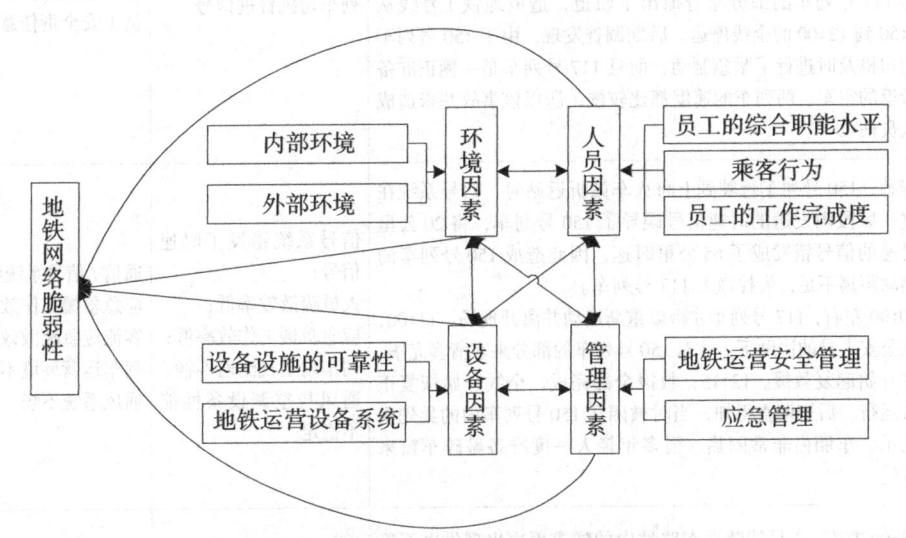

图 7　城市地铁网络脆弱性影响因素的理论模型

可见，城市地铁网络脆弱性的起因主要是环境子系统、人员子系统、设备子系统和管理子系统等四个子系统之间相互作用，最终共同引发了地铁运营事故。

4. 数据饱和性检验

Glaser B（2002）认为，"饱和"是在将研究对象进行对照之后，所进行的概念化，进而生成了不同属性的模式，如果在该模式中没有再出现新的属性，就代表此"概念密度"已经为饱和状态。不论增加多少新数据，也不会有其他的新属性出现去将已有的概念密度再增加，这样的状态就称为理论饱和。本项目从之前未编入扎根理论分析的 10 个案例中随机抽取，对上文的分析结果以及所建立的理论模型进行数据饱和性检验。由于篇幅原因，本项目只在表19中列举并展示了2009年上海地铁1号线车辆碰撞事故这一案例进行检验的过程。

表19 2009年上海地铁1号线车辆碰撞事故的分析过程

编号	事故发生过程	概念化	范畴化
1	5:50，地铁1号线陕西南路站到人民广场站之间的区段，供电触网突发故障导致这一区段停运。据了解是因为2001年在进行上海火车站的改造项目过程中，设计技术人员对站内配线图进行修改时，由于工作疏忽，使N11-1438这一轨道区段内的编码电路配线发生错误。7:06，供电故障得以排除，运营逐渐恢复	供电触网故障；技术人员工作失误	供电系统故障；员工的工作疏忽
2	7:00左右，供电故障还未修复完成时，列车暂时以小交路模式运行，150号车从中山北路行进到上海火车站折返站时，由于冒进信号（即闯红灯），与另一辆正在折返的117号列车侧面碰撞，其头部直接撞进了117号列车的后半部分车厢，将117号列车的部分车身撞出了轨道，造成地铁1号线从7:50到12:00的全线停运。后期调查发现，由于150号列车的司机及时进行了紧急制动，而且117号列车是一辆正准备折返的空车，两列车的速度都比较慢，所以该事故并未造成人员伤亡	列车司机冒进信号	员工违规操作；员工安全责任意识不足
3	据悉，150号列车行驶到上海火车站折返站时，信号系统在这一区段内发送的时速信号误导了150号列车，将20公里时速的信号错发成了65公里时速，因此造成150号列车的制动距离不足，失控撞上117号列车。10:00左右，117号列车才得以重新启动并离开现场。11:00，在公安人员的协助下，才对150号列车的部分乘客清客完毕，并开始起复救援。12:15，救援全部完成，全线开始恢复正常运行。后期调查得知，当时被困在150号列车内的吴先生表示，车厢内非常闷热，很多年轻人一度准备敲碎车窗来透气	信号系统错发了时速信号；人员疏散效率低；应急救援工作效率低；列车内空气流通不畅；通风与空调设备性能不稳定	通信/信号系统错误；应急救援工作效率低；客流应急疏散效率低；列车运营环境不稳定；通风系统不畅
4	13:00左右，1号线陕西南路站内的隧道再次出现供电不稳定现象，该区间暂停运行进行检修。14:15恢复运营。20:40，1号线陕西南路站内的变电间又发生起火事件，起火原因是外网的供电波动，该事件导致1号线衡山路站到上海火车站这一区段再次停运。20:48，火被扑灭，21:30，全线重新恢复运营	隧道内供电故障；外网的供电波动	供电系统不稳定

资料来源：2009年上海地铁1号线两车相撞事故，百度百科。

按上述方法进行数据饱和性检验，发现所有因素都包含在已有范畴中，并没有新的范畴生成，数据饱和度检验通过。因此可以确定造成地铁脆弱性的一级因素也叫核心因素分别为设备因素、人员因素、环境因素以及管理因素，它们又被细分为9个二级因素和28个三级因素，通过层层递进最终导致地铁网络的脆弱性，所有这些因素一起构成了图8所示的三层递阶结构。

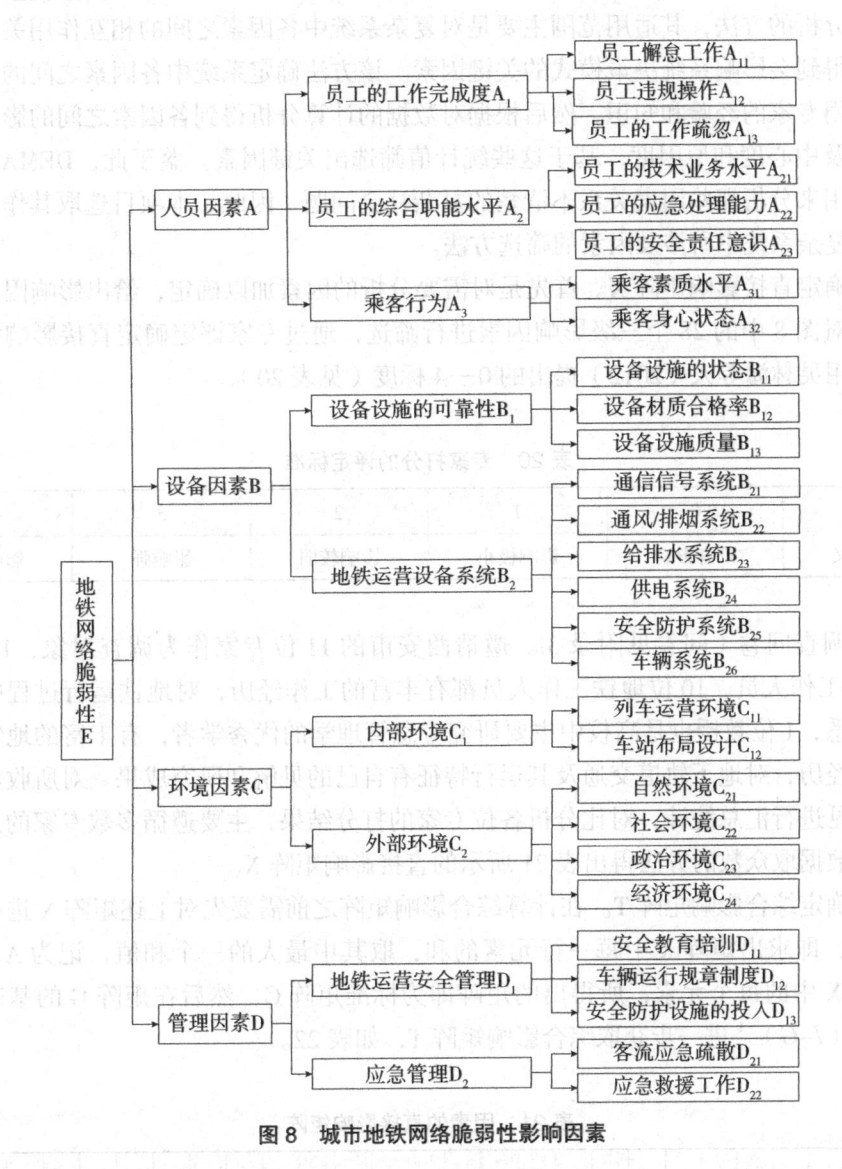

图8 城市地铁网络脆弱性影响因素

地铁网络脆弱性E

- 人员因素A
  - 员工的工作完成度A_1
    - 员工懈怠工作A_{11}
    - 员工违规操作A_{12}
    - 员工的工作疏忽A_{13}
  - 员工的综合职能水平A_2
    - 员工的技术业务水平A_{21}
    - 员工的应急处理能力A_{22}
    - 员工的安全责任意识A_{23}
  - 乘客行为A_3
    - 乘客素质水平A_{31}
    - 乘客身心状态A_{32}
- 设备因素B
  - 设备设施的可靠性B_1
    - 设备设施的状态B_{11}
    - 设备材质合格率B_{12}
    - 设备设施质量B_{13}
  - 地铁运营设备系统B_2
    - 通信信号系统B_{21}
    - 通风/排烟系统B_{22}
    - 给排水系统B_{23}
    - 供电系统B_{24}
    - 安全防护系统B_{25}
    - 车辆系统B_{26}
- 环境因素C
  - 内部环境C_1
    - 列车运营环境C_{11}
    - 车站布局设计C_{12}
  - 外部环境C_2
    - 自然环境C_{21}
    - 社会环境C_{22}
    - 政治环境C_{23}
    - 经济环境C_{24}
- 管理因素D
  - 地铁运营安全管理D_1
    - 安全教育培训D_{11}
    - 车辆运行规章制度D_{12}
    - 安全防护设施的投入D_{13}
  - 应急管理D_2
    - 客流应急疏散D_{21}
    - 应急救援工作D_{22}

（二）城市地铁网络脆弱性主要影响因素的确定

从图8的城市地铁网络脆弱性影响因素体系中可以看出，该体系是由4个一级因素、9个二级因素、28个三级因素共同构成的，而且依据上文所述可以初步确定这些因素相互之间并非互不关联，而是存在多种耦合作用关系，也就容易出现概念重复、因素冗余等现象，造成对目标的后期研究误差增大，以及研究结果的可靠性和代表性下降。因此，本项目基于这些因素之间的作用关系，运用DEMATEL方法筛选更具代表性的指标，对各因素之间的逻辑关系进行直观定量的表示，准确识别地铁脆弱性的主要影响因素。

1. 基于DEMATEL方法的因素筛选

（1）DEMATEL方法的定义。DEMATEL方法是借助图论和矩阵这一类工具来对系统因素进行分析的方法，其适用范围主要是对复杂系统中各因素之间的相互作用关系进行分析，进而得到会影响系统决策模式的关键因素。该方法确定系统中各因素之间的逻辑关系主要是利用专家的经验和知识，然后根据对数据的计算分析得到各因素之间的影响和被影响度，以及中心度和原因度，基于这些统计值筛选出关键因素。鉴于此，DEMATEL方法非常适合用来分析那些因素关系不清楚的复杂社会问题。因此，本项目选取其作为地铁脆弱性这一复杂系统中所涉及因素的筛选方法。

（2）确定直接影响矩阵X。首先是对需要分析的因素加以确定，给出影响因素集。本项目主要对图8中的28个三级影响因素进行筛选，通过专家评定确定直接影响矩阵，评定标准采用吴林海等人（2012）提出的0—4标度（见表20）。

表20 专家打分的评定标准

标度	0	1	2	3	4
对应语义	没有影响	影响极小	影响较弱	影响强	影响很强

设计调查问卷（问卷见附录3）。邀请西安市的11位专家作为调查对象，1位教授，10位地铁工作人员。10位地铁工作人员都有丰富的工作经历，对地铁运行过程中的脆弱点非常熟悉，1位教授也是高校中主要研究应急管理学的优秀学者，有丰富的地铁方面的课题研究经历，对地下轨道交通及其运行特征有自己的见解和研究成果。对所收集问卷中的专家意见进行汇总统计，对比分析各位专家的打分结果，主要遵循多数专家的意见，即按照统计数据取众数的方法得出表21所示的直接影响矩阵X。

（3）确定综合影响矩阵T。在计算综合影响矩阵之前需要先对上述矩阵X进行规范化和标准化，即求出矩阵X中每一行元素的和，取其中最大的一个和值，记为A，用该A值除矩阵X中的每个元素，所得出的矩阵即为标准矩阵G。然后在矩阵G的基础上按照公式$T=G(I-G)^{-1}$进一步获取综合影响矩阵T，如表22。

表21 因素的直接影响矩阵

因素	A_{11}	A_{12}	A_{13}	A_{21}	A_{22}	A_{23}	A_{31}	A_{32}	B_{11}	B_{12}	B_{21}	B_{22}	B_{23}	B_{24}	B_{25}	B_{26}	C_{11}	C_{12}	C_{21}	C_{22}	C_{23}	C_{24}	D_{11}	D_{12}	D_{13}	D_{21}	D_{22}
A_{11}	0	4	3	0	0	0	0	0	4	0	4	3	0	0	4	0	3	4	0	0	0	0	0	0	3	0	2	2
A_{12}	0	0	0	0	0	0	0	2	4	4	4	3	0	0	4	2	4	3	0	0	0	0	0	2	4	0	4	4
A_{13}	0	1	0	0	0	0	0	0	2	0	2	2	0	1	0	0	0	0	0	0	0	0	0	0	0	0	0	0
A_{21}	0	0	3	0	4	0	0	0	2	0	0	0	0	0	0	0	0	0	0	0	0	0	0	0	2	0	4	4
A_{22}	0	0	0	0	0	0	1	3	0	2	0	0	0	1	0	2	1	0	0	0	0	0	0	2	0	0	3	2
A_{23}	4	4	1	0	2	0	0	0	0	0	0	0	0	0	0	0	0	0	0	0	0	0	0	4	0	0	4	4

续表

因素	A_{11}	A_{12}	A_{13}	A_{21}	A_{22}	A_{23}	A_{31}	A_{32}	B_{11}	B_{12}	B_{13}	B_{21}	B_{22}	B_{23}	B_{24}	B_{25}	B_{26}	C_{11}	C_{12}	C_{21}	C_{22}	C_{23}	C_{24}	D_{11}	D_{12}	D_{13}	D_{21}	D_{22}
A_{31}	0	0	0	0	0	0	0	0	4	0	4	0	0	0	2	1	4	4	0	1	2	0	0	3	3	3	4	3
A_{32}	0	0	2	0	0	0	3	0	3	0	0	0	0	0	2	0	3	3	0	0	0	0	0	0	0	0	4	0
B_{11}	0	0	0	0	0	0	0	2	0	0	0	4	3	4	4	0	4	0	0	0	0	0	0	0	0	0	4	4
B_{12}	0	0	0	0	0	0	0	2	0	0	4	2	0	0	0	2	3	3	0	0	0	0	0	0	0	0	3	3
B_{13}	0	0	0	0	0	0	0	2	4	2	0	4	3	3	4	0	4	0	0	0	0	0	0	0	0	0	0	4
B_{21}	2	3	1	0	3	0	0	0	0	0	0	0	0	0	0	0	0	4	0	0	0	0	0	0	0	0	3	4
B_{22}	0	0	0	0	0	0	0	1	0	0	0	0	0	0	0	0	0	0	4	2	0	0	0	0	0	0	4	4
B_{23}	0	0	0	0	0	0	0	1	0	0	0	0	0	0	0	0	0	4	4	2	0	0	0	0	0	0	3	3
B_{24}	0	0	0	0	0	0	0	2	4	4	3	0	0	2	4	2	0	0	0	0	0	0	0	0	0	0	0	0
B_{25}	0	0	0	0	0	0	0	2	0	0	2	0	0	0	2	0	0	0	0	0	0	0	0	0	0	0	0	0
B_{26}	0	0	0	0	0	0	0	2	0	0	0	0	0	0	0	0	0	3	0	0	0	0	0	0	0	0	3	3
C_{11}	0	0	2	0	0	0	2	3	3	0	1	0	0	0	1	0	4	0	0	0	0	0	0	0	0	0	0	2
C_{12}	0	0	0	0	1	0	0	2	3	0	0	0	2	2	0	2	4	0	0	0	0	0	0	0	0	0	2	4
C_{21}	2	0	1	0	0	0	2	4	4	0	4	3	4	0	4	4	0	4	4	0	0	4	0	0	0	0	4	4
C_{22}	0	0	0	0	2	2	4	4	0	3	1	0	0	2	0	0	0	2	2	0	4	3	2	0	0	0	0	2
C_{23}	0	0	0	0	0	0	2	0	2	0	0	0	0	0	0	0	0	0	0	3	0	2	1	0	1	0	0	2
C_{24}	2	0	0	2	0	0	1	3	0	4	4	0	2	4	4	2	2	2	3	4	0	0	0	0	0	4	4	4
D_{11}	3	4	3	3	3	4	3	0	0	0	0	0	0	0	0	0	0	0	0	0	0	0	0	0	0	0	4	4
D_{12}	3	3	0	3	0	0	0	0	0	0	0	0	0	0	0	0	0	0	2	0	0	0	0	0	0	0	0	0
D_{13}	2	0	0	0	2	0	0	4	4	0	0	0	2	4	0	2	0	0	0	0	0	0	0	0	0	0	4	4
D_{21}	0	0	0	0	0	0	0	0	0	0	0	0	0	0	0	0	0	3	0	0	0	0	0	0	0	0	0	4
D_{22}	0	0	0	0	0	0	0	0	0	1	0	0	0	0	0	0	0	0	0	0	0	0	0	2	0	0	0	0

表22　因素的综合影响矩阵

因素	A_{11}	A_{12}	A_{13}	A_{21}	A_{22}	A_{23}	A_{31}	A_{32}	B_{11}	B_{12}	B_{13}	B_{21}	B_{22}	B_{23}
A_{11}	0.00600	0.07680	0.05773	0.00329	0.00470	0.00042	0.00457	0.02148	0.09729	0.00823	0.08416	0.07730	0.01443	0.01134
A_{12}	0.00851	0.01104	0.00870	0.00572	0.00661	0.00277	0.00763	0.05688	0.09370	0.07284	0.08562	0.07448	0.01431	0.01132
A_{13}	0.00146	0.00227	0.00242	0.00005	0.00218	0.00005	0.00176	0.00639	0.04079	0.00030	0.00393	0.04055	0.00441	0.00309
A_{21}	0.00425	0.00615	0.05870	0.00221	0.07427	0.00288	0.00657	0.05028	0.09308	0.00328	0.07800	0.05284	0.01190	0.01083
A_{22}	0.00246	0.00342	0.00410	0.00195	0.00273	0.00256	0.00411	0.02533	0.06134	0.00169	0.03803	0.00935	0.00668	0.00646
A_{23}	0.07632	0.08407	0.03124	0.00462	0.04281	0.00546	0.00904	0.02667	0.10801	0.06114	0.09614	0.06743	0.01624	0.04751
A_{31}	0.00941	0.00879	0.00844	0.00588	0.00793	0.00527	0.00992	0.02588	0.09537	0.00604	0.08435	0.01947	0.01282	0.01265
A_{32}	0.00086	0.00101	0.03758	0.00036	0.00103	0.00034	0.05490	0.01098	0.06577	0.00051	0.00868	0.00973	0.00641	0.00529

续表

因素	A_{11}	A_{12}	A_{13}	A_{21}	A_{22}	A_{23}	A_{31}	A_{32}	B_{11}	B_{12}	B_{13}	B_{21}	B_{22}	B_{23}
B_{11}	0.00290	0.00446	0.00402	0.00024	0.00439	0.00028	0.00332	0.04498	0.01256	0.00056	0.00654	0.07589	0.05691	0.07059
B_{12}	0.00175	0.00267	0.00478	0.00019	0.00259	0.00022	0.00471	0.04563	0.01639	0.00276	0.07414	0.04429	0.00716	0.00517
B_{13}	0.00314	0.00483	0.00437	0.00025	0.00469	0.00029	0.00361	0.04903	0.08247	0.03517	0.00949	0.08260	0.06090	0.05822
B_{21}	0.03545	0.05539	0.02034	0.00065	0.05263	0.00048	0.00123	0.00795	0.01408	0.00418	0.00957	0.00793	0.00190	0.00162
B_{22}	0.00029	0.00032	0.00358	0.00017	0.00097	0.00022	0.00395	0.02349	0.00947	0.00011	0.00201	0.00120	0.00210	0.00210
B_{23}	0.00026	0.00029	0.00377	0.00015	0.00093	0.00018	0.00418	0.02606	0.00953	0.00011	0.00209	0.00122	0.00209	0.00209
B_{24}	0.00320	0.00485	0.00669	0.00028	0.00532	0.00032	0.00602	0.05313	0.08833	0.00293	0.07440	0.08214	0.06250	0.01143
B_{25}	0.00025	0.00037	0.00168	0.00003	0.00038	0.00003	0.00223	0.03838	0.00816	0.00133	0.03767	0.00602	0.00448	0.00258
B_{26}	0.00019	0.00024	0.00337	0.00013	0.00025	0.00016	0.00400	0.03817	0.00682	0.00009	0.00155	0.00095	0.00070	0.00067
C_{11}	0.00076	0.00095	0.03751	0.00032	0.00089	0.00032	0.03841	0.06017	0.06453	0.00095	0.02266	0.00947	0.00608	0.00576
C_{12}	0.00169	0.00077	0.00492	0.00025	0.01917	0.00031	0.00555	0.04796	0.06586	0.00028	0.00584	0.00598	0.03903	0.03965
C_{21}	0.04313	0.00907	0.02842	0.00338	0.01163	0.00344	0.01499	0.07666	0.10963	0.01612	0.09486	0.09508	0.02166	0.07031
C_{22}	0.00968	0.00774	0.00913	0.00472	0.04110	0.03819	0.07915	0.09094	0.03310	0.06304	0.04523	0.01712	0.01076	0.01146
C_{23}	0.00369	0.00227	0.00357	0.00248	0.00434	0.00340	0.00826	0.04596	0.00893	0.04083	0.01051	0.00438	0.00308	0.00294
C_{24}	0.04057	0.00536	0.01144	0.03558	0.01013	0.00286	0.02941	0.09006	0.04427	0.07923	0.10039	0.02629	0.04934	0.04695
D_{11}	0.05895	0.08078	0.06145	0.05327	0.06011	0.07029	0.05443	0.01271	0.03559	0.01028	0.02756	0.02028	0.00493	0.00660
D_{12}	0.05270	0.05659	0.00659	0.05231	0.00444	0.00032	0.00111	0.00797	0.01493	0.00437	0.01287	0.01062	0.00213	0.00176
D_{13}	0.03559	0.00390	0.00611	0.00040	0.03653	0.00038	0.00540	0.08420	0.09292	0.00299	0.07786	0.01786	0.01307	0.01192
D_{21}	0.00023	0.00024	0.00041	0.00014	0.00114	0.00018	0.00042	0.00256	0.00470	0.00004	0.00038	0.00045	0.00210	0.00215
D_{22}	0.00208	0.00286	0.00219	0.00184	0.00215	0.00243	0.00193	0.00121	0.01869	0.00036	0.00106	0.00201	0.00115	0.00144

（续）

因素	B_{24}	B_{25}	B_{26}	C_{11}	C_{12}	C_{21}	C_{22}	C_{23}	C_{24}	D_{11}	D_{12}	D_{13}	D_{21}	D_{22}
A_{11}	0.09239	0.00591	0.09408	0.09096	0.00758	0.00008	0.00017	0.00002	0.00002	0.00597	0.05757	0.00050	0.06721	0.08048
A_{12}	0.09088	0.03813	0.11075	0.07535	0.00957	0.00014	0.00028	0.00003	0.00003	0.04001	0.07056	0.00073	0.10653	0.11950
A_{13}	0.03900	0.00145	0.02972	0.04019	0.00217	0.00003	0.00006	0.00001	0.00001	0.00071	0.00032	0.00017	0.01072	0.01331
A_{21}	0.05366	0.00218	0.08321	0.05202	0.00784	0.00012	0.00024	0.00003	0.00002	0.04167	0.00098	0.00062	0.09982	0.10994
A_{22}	0.02650	0.00110	0.04862	0.02529	0.00488	0.00008	0.00015	0.00002	0.00001	0.03711	0.00058	0.00038	0.06739	0.05660
A_{23}	0.10185	0.00657	0.08880	0.10294	0.01189	0.00017	0.00033	0.00004	0.00003	0.07902	0.01021	0.00089	0.11841	0.13519
A_{31}	0.05738	0.01969	0.10535	0.08685	0.01268	0.01879	0.03650	0.00404	0.00332	0.05818	0.05333	0.05362	0.10250	0.10078
A_{32}	0.04486	0.00253	0.07136	0.06570	0.00672	0.00102	0.00198	0.00022	0.00018	0.00391	0.00295	0.00312	0.08731	0.02575
B_{11}	0.07323	0.00274	0.09076	0.02262	0.01193	0.00006	0.00012	0.00001	0.00001	0.00403	0.00063	0.00059	0.09626	0.10220
B_{12}	0.04427	0.00170	0.07231	0.06307	0.00546	0.00009	0.00017	0.00002	0.00002	0.00310	0.00052	0.00044	0.06735	0.07678

续表

因素	B$_{24}$	B$_{25}$	B$_{26}$	C$_{11}$	C$_{12}$	C$_{21}$	C$_{22}$	C$_{23}$	C$_{24}$	D$_{11}$	D$_{12}$	D$_{13}$	D$_{21}$	D$_{22}$
B$_{13}$	0.07970	0.00298	0.09794	0.02471	0.00868	0.00007	0.00013	0.00001	0.00001	0.00419	0.00068	0.00049	0.03483	0.10561
B$_{21}$	0.01034	0.00229	0.08181	0.01315	0.00399	0.00002	0.00004	0.00000	0.00000	0.00693	0.00572	0.00020	0.06772	0.08941
B$_{22}$	0.00330	0.00019	0.00947	0.07434	0.03872	0.00007	0.00014	0.00002	0.00001	0.00310	0.00024	0.00154	0.07566	0.08190
B$_{23}$	0.00347	0.00020	0.07883	0.07804	0.03802	0.00008	0.00015	0.00002	0.00001	0.00261	0.00025	0.00153	0.06212	0.06738
B$_{24}$	0.01708	0.03534	0.09963	0.08750	0.04282	0.00011	0.00022	0.00002	0.00002	0.00455	0.00081	0.00179	0.09893	0.11147
B$_{25}$	0.03937	0.00141	0.00927	0.00613	0.00201	0.00004	0.00008	0.00001	0.00001	0.00044	0.00015	0.00019	0.00762	0.00837
B$_{26}$	0.00318	0.00019	0.00721	0.05505	0.00309	0.00007	0.00014	0.00002	0.00001	0.00230	0.00023	0.00032	0.05629	0.05949
C$_{11}$	0.02864	0.00168	0.08601	0.01473	0.00259	0.00071	0.00139	0.00015	0.00013	0.00396	0.00209	0.00211	0.01977	0.05307
C$_{12}$	0.01016	0.00047	0.05548	0.08215	0.00896	0.00010	0.00020	0.00002	0.00002	0.00433	0.00043	0.03508	0.09032	0.09616
C$_{21}$	0.10383	0.00415	0.13101	0.10924	0.08952	0.00557	0.07794	0.07998	0.07614	0.01098	0.00363	0.04517	0.12653	0.14691
C$_{22}$	0.06112	0.00374	0.04071	0.03391	0.04519	0.03826	0.01230	0.07643	0.05763	0.04765	0.00513	0.01226	0.04563	0.08256
C$_{23}$	0.01116	0.00061	0.01363	0.00975	0.00552	0.00332	0.05453	0.00659	0.03776	0.02197	0.00077	0.02069	0.01560	0.05102
C$_{24}$	0.10023	0.00415	0.12234	0.07688	0.05513	0.03733	0.05968	0.07623	0.00829	0.01164	0.00399	0.07556	0.12269	0.13898
D$_{11}$	0.02740	0.00467	0.03283	0.02796	0.00693	0.00101	0.00197	0.00022	0.00018	0.01825	0.01144	0.00311	0.10317	0.11072
D$_{12}$	0.01236	0.00240	0.04963	0.01319	0.00140	0.00002	0.00004	0.00000	0.00000	0.00461	0.00669	0.00011	0.01609	0.01808
D$_{13}$	0.05358	0.00208	0.09806	0.02184	0.04243	0.00010	0.00020	0.00002	0.00002	0.00540	0.00239	0.00175	0.09978	0.10657
D$_{21}$	0.00068	0.00004	0.00306	0.00434	0.05222	0.00001	0.00002	0.00000	0.00000	0.00265	0.00005	0.00182	0.00503	0.07432
D$_{22}$	0.00221	0.00021	0.00270	0.00135	0.00044	0.00004	0.00007	0.00001	0.00001	0.03518	0.00041	0.00012	0.00522	0.00558

（4）各因素原因度与中心度的计算。由上文所得出的矩阵 T 进一步计算各要素的原因度（记为 Di−Ri）、中心度（记为 Di+Ri）。在这之前，首先需要计算各因素的影响度 Di 以及被影响度 Ri。其中前者意为该元素对其他元素的一个综合影响程度；后者则正相反，指的是该元素被其他元素综合影响的程度。原因度和中心度实是用来分析一个元素在系统中主要承担的角色具体是原因因素还是结果因素：原因因素是指该元素在系统中主要是对其他要素产生影响，很少受到其他因素的影响；而结果因素则相反，表示该因素更容易受到其他因素的影响。具体的计算结果如表 23 所示。

表 23 各因素的中心度和原因度计算结果

影响因素	影响度	被影响度	中心度	原因度
员工懈怠工作 A$_{11}$	0.971	0.406	1.377	0.565
员工违规操作 A$_{12}$	1.123	0.437	1.560	0.686
员工的工作疏忽 A$_{13}$	0.248	0.433	0.681	−0.185
员工的技术业务水平 A$_{21}$	0.908	0.181	1.089	0.727

续表

影响因素	影响度	被影响度	中心度	原因度
员工的应急处理能力 A_{22}	0.439	0.406	0.845	0.033
员工的安全责任意识 A_{23}	1.333	0.144	1.477	1.189
乘客素质水平 A_{31}	1.025	0.371	1.396	0.654
乘客身心状态 A_{32}	0.521	1.071	1.592	−0.550
设备设施的状态 B_{11}	0.693	1.396	2.089	−0.703
设备材质合格率 B_{12}	0.548	0.420	0.968	0.128
设备设施的质量 B_{13}	0.759	1.096	1.855	−0.337
通信/信号系统 B_{21}	0.495	0.863	1.358	−0.368
通风排烟系统 B_{22}	0.339	0.439	0.778	−0.100
给排水系统 B_{23}	0.386	0.464	0.850	−0.078
供电系统 B_{24}	0.902	1.192	2.094	−0.290
安全防护系统 B_{25}	0.179	0.149	0.328	0.030
车辆系统 B_{26}	0.245	1.815	2.060	−1.570
列车运营环境 C_{11}	0.466	1.359	1.825	−0.893
车站布局设计 C_{12}	0.621	0.528	1.149	0.093
自然环境 C_{21}	1.609	0.108	1.717	1.501
社会环境 C_{22}	1.024	0.249	1.273	0.775
政治环境 C_{23}	0.398	0.244	0.642	0.154
经济环境 C_{24}	1.465	0.184	1.649	1.281
安全教育培训 D_{11}	0.907	0.464	1.371	0.443
车辆运行规章制度 D_{12}	0.353	0.243	0.596	0.110
安全防护设施的投入 D_{13}	0.823	0.265	1.088	0.558
客流应急疏散 D_{21}	0.159	1.876	2.035	−1.717
应急救援工作 D_{22}	0.095	2.228	2.323	−2.133

（5）因素的筛选和确定。通过表23可以直观地得出因果分类的结果。根据各因素的原因度和中心度的大小，分析其对地铁系统的影响强弱程度，进而按照其重要程度对这些因素进行排序，得出主要影响因素和次要影响因素。

将各因素按照其中心度大小进行排序，可得中心度值小于1的因素从大到小依次为：设备材质合格率 B_{12}、给排水系统 B_{23}、员工的应急处理能力 A_{22}、通风排烟系统 B_{22}、员工的工作疏忽 A_{21}、政治环境 C_{23}、车辆运行规章制度 D_{12}、安全防护系统 B_{25}。中心度值越大，代表该因素在系统中的重要性程度越高。

将各因素按其原因度大小进行排序，可得原因度值在[−0.2, 0.2]区间内的因素从大到小依次为：政治环境 C_{23}、设备材质合格率 B_{12}、车辆运行规章制度 D_{12}、车站布局设计

C_{12}、员工的应急处理能力 A_{22}、安全防护系统 B_{25}、给排水系统 B_{23}、通风排烟系统 B_{22}、员工的工作疏忽 A_{13}。原因度为正说明该因素在系统中的作用主要是影响其他因素更多；原因度为负说明该因素在系统中受到其他因素影响更多，且绝对值越大，说明其受到其他因素的影响越大，是比较重要的结果因素；而原因度值越接近0，说明该因素在系统中与其他因素相对关联越少，对整个系统的运行并未起到很大的作用。

通过上述分析，可以看出通风排烟系统 B_{22}、给排水系统 B_{23}、车辆运行规章制度 D_{12}、员工的工作疏忽 A_{13}、政治环境 C_{23}、设备材质合格率 B_{12}、安全防护系统 B_{25}、员工的应急处理能力 A_{22} 这8个因素的中心度和原因度排名均比较靠后，在系统中所起到的作用相对有限，因此考虑将其剔除。由此可得，对西安地铁系统脆弱性影响较为显著的因素即为其余的20个因素。

2. 主要影响因素的确定

经过 DEMATEL 方法对西安地铁脆弱性三级影响因素的筛选，本项目最终确定了20个对地铁脆弱性会产生重要影响的三级因素，结合上文扎根理论方法得出的一级和二级影响因素，构造了西安地铁系统运行脆弱性的影响因素层级图（见图9）。

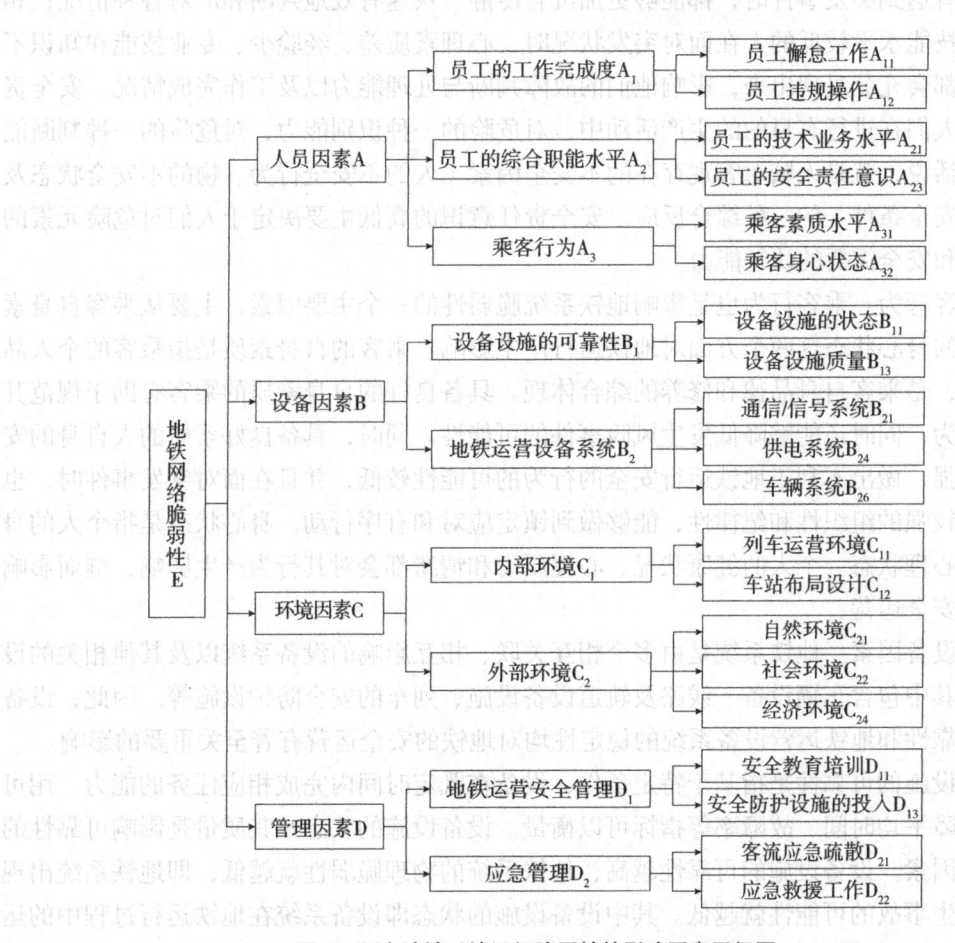

图9 西安地铁系统运行脆弱性的影响因素层级图

下面对影响西安地铁脆弱性的各主要因素的具体含义进行了简单阐述。

（1）人员因素。人作为地铁运营决策、控制的主体，在地铁的安全运行中发挥主导作用。它既可以是问题的直接诱因，也能够成为解决问题的重要因素。在地铁运营的每个环节和流程当中，基本上都需要一定程度上的人为操作、协调、控制和监督，以及与外界环境的交流，据此形成信息流的传递。但因为人员因素具有积极性和活跃性，所以它也成为安全管理过程中最难把控的因素。

①员工的工作完成度。该因素对地铁脆弱性的影响作用主要体现在地铁部门工作人员懈怠工作、违规操作两方面。由于管理人员的懈怠以及对列车运行环境和相关设备设施的监管出现漏洞，导致乘车环境恶劣以及相关设备的故障损坏，甚至可能引发严重的行车事故和人员伤亡。尤其是基层工作人员出现违规操作等情况时，极易造成列车延误甚至客运事故的发生。因此，对员工的工作完成度的衡量和监管是影响地铁行车安全的一个至关重要的因素。

②员工的综合技能水平。工作人员的综合业务水平对城市地铁安全运行的影响是显而易见的，主要包括员工的技术业务水平及其安全责任意识。技术业务水平高的员工在日常工作中或者遇到突发事件时，都能够更加沉着冷静、快速有效地判断和应对各种情况；相反，自身技能水平较低的人在面对突发状况时，心理素质差、经验少、专业技能和知识不足等缺点都会充分显现出来，影响他们的故障判断与处理能力以及工作完成情况。安全责任意识是人们在进行有目的的生产活动中，对危险的一种识别能力，对危险的一种判断能力，换句话说，就是人脑对客观存在的不安全因素（人的不安全行为、物的不安全状态及环境的不安全条件）的一种综合反应。安全责任意识的高低主要决定于人们对危险元素的认知程度和安全需要的认知能力。

③乘客行为。乘客行为也是影响地铁系统脆弱性的一个主要因素，主要从乘客自身素质及乘客的身心状态这两个方面对地铁运行产生影响。乘客的自身素质是指乘客的个人品质和素养，是乘客自身品德和修养的综合体现。具备良好的自身素质的乘客有助于规范其自身的行为，同时还能够降低发生风险事件的可能性。同时，具备良好素质的人自身的安全意识较强，做出不利于地铁运行安全的行为的可能性较低，并且在面对突发事件时，也会表现出较强的组织性和纪律性，能够做到镇定应对和有序行动。身心状态是指个人的身体状况和心理状态。个人的健康状况、心理压力和情绪都会对其行为产生影响，继而影响到地铁的安全运营。

（2）设备因素。地铁系统是由多个相互关联、相互影响的设备系统以及其他相关的设备设施，其中包含车辆设备、线路及轨道设备设施、列车的安全防护设施等。因此，设备设施的可靠性和地铁运营设备系统的稳定性均对地铁的安全运营有着至关重要的影响。

设备设施的可靠性是指基于特定条件，设备在既定时间内完成相应任务的能力，用可靠度、故障平均时间、故障率等指标可以衡量。设备设施的状态及其质量是影响可靠性的两个主要因素。设备设施的可靠性越高，地铁系统的物理脆弱性就越低，即地铁系统出现故障和发生事故的可能性就越低。其中设备设施的状态即设备系统在地铁运行过程中的运转情况，与设备设施的总体运行时间和维修保养状况有关。一般来说，设备的使用时间越短，其状态就越好。而经常对设备进行全方位的检测与维护也可以在一定程度上减少设备运行过程中的损耗，改善设备设施的状态，降低故障率。另外，设备设施的质量对设备可靠性和城市地铁运行脆弱性具有决定性的作用。

地铁运营设备系统主要包括供电系统、通信/信号系统、车辆系统，这些子系统分布在地铁车站及地铁沿线，为地铁的安全运行和高服务水平提供保证，任何一个子系统出现问题，都会对地铁运行产生不利影响。其中信号系统故障相比其他系统故障对地铁的影响更为严重。信号系统包括信号设备、联锁设备和闭塞设备三部分，其中指挥列车运行的是信号设备，保证地铁车站列车运行安全的是联锁设备，闭塞设备则是保护区间列车运行安全的专门设置。信号系统故障会导致车辆运行异常，反映到实际状况则是列车本应停靠车站或离开车站均无法行动，这就很容易造成乘客的拥堵和滞留，甚至在更严重的情况下，可能引发列车追尾事故。

（3）环境因素。每一个系统都处于一定的环境中，并与该环境产生物质、能量和信息的交换，所以环境的变化必定会对该系统的正常运转产生有利或不利的影响。地铁系统主要受到内部运营环境和所处自然环境及社会、经济等外部环境的影响。

①内部环境。内部环境包括车站布局设计以及列车运营环境，具体包括员工作业与乘客乘车所处车站的站台、站厅、通道等区域环境以及涉及的导向标识、安全标识、噪声、照明、广告等。列车运营环境如大客流及列车运行轨道的情况等都会对地铁的正常运营带来影响，甚至对乘客的人身及财产安全造成不可忽视的威胁。工作环境的舒适度会对员工的工作状态造成较大影响。同样地，乘车环境优良与否也是乘客危险行为发生的重要原因之一。

地铁站作为整个地铁系统的集散节点，承担着乘客集散的重要责任，也是乘客能够感知地铁系统是否良好的最直接界面，因此车站布局是否合理是对地铁运营安全水平进行评价的重要因素之一。不同的车站布局结构会产生不同的空间导向性和识别性，完善的车站布局设计不仅有助于营造安全、舒适的乘车环境，也对乘客的乘车效率及疏散效率有显著的提高作用，同时能够有效缓解干扰事件对地铁运营系统的冲击，减少事故造成的不利影响。

②外部环境。外部环境对地铁运行安全的影响主要表现在自然环境、社会环境和经济环境对地铁脆弱性的影响上，其中自然环境状况对地铁运行的影响呈季节性的变化。春夏季节降雨量较大，如果地铁系统的排水抗洪能力不足，将会影响到地铁运行的作业环境以及乘客的乘车环境，甚至引发行车事故。秋冬季节空气比较干燥，极易引发火灾，且冬天外界温度太低，对列车运行设备的稳定性会造成影响。除了这些正常的气候变化外，还有地震、台风、洪水、暴雪等突发的自然灾害，更是对地铁运营的安全性提出了极大的挑战。社会和经济环境对地铁运营的影响除人为纵火、爆炸、恐怖袭击等外，也体现在城市经济发展状况以及政府对地铁运营的各项投入政策上。另外地铁被建设在城市的地下，外界施工作业等社会环境对列车运行的稳定性也会产生较大影响。

（4）管理因素。地铁网络脆弱性影响因素中的管理因素，相对其他影响因素具有可控性高且容易进行调整和改善的特性，它存在于整个地铁运营的各个环节，也是控制事故最有效的手段。高效的管理手段能够促进地铁系统的安全运行，反之，如果管理工作不到位则会导致整个系统的运行混乱。安全设施的投入和安全教育培训是提升管理能力的两个重要方法。

①地铁运营安全管理。对地铁公司员工和广大乘客的安全教育培训是保证地铁运行安全的一项重要内容。安全教育不仅能够提高每个工作人员和管理人员的责任感和自觉性，而且有助于提高人们的安全知识水平，能使广大乘客掌握紧急逃生的技能和应急常识，保证自身的安全和健康。安全教育培训是预防事故发生的主要途径之一，做好安全教育培训，不断增强员工的安全责任意识，才能从根本上解决地铁运营过程中存在的各类隐患。

安全防护设备设施对于保障地铁行车安全、降低事故发生的风险起着重要作用。地铁行车过程中的安全防护设备设施主要包括站台上的屏蔽门、列车内的灭火装置、火灾自动报警装置、站厅内的应急指示灯、轨道上的防出轨装置等。如何对安全防护设施进行有效的投入是考验地铁公司对安全资源的合理分配能力，只有保证地铁运营的各个环节都投入了充足合理的安全防护设备，才能确保地铁的安全运行。

②应急管理。地铁突发事件总是存在的主要原因是一些不可预见及不可控制的因素始终没有被消除，那么针对这些因素所造成的突发事件制定相应的防控措施就显得格外重要，因此应急管理能力便成为降低系统脆弱性、提升地铁运营安全性的一个重要因素。应急管理不仅包括灾害发生前的各种备灾措施、灾难发生期间的具体行动方法、灾难发生后的救灾工作安排，还包括相应的减灾措施等，即发现、避免和减少可能由于自然原因和社会相互作用而产生的灾害。这样做的目的也是让群众的生命及财产安全得到最有力的保障，通过科学合理的分配、组织资源的利用，最大限度地降低经济损失，推动社会的健康发展。地铁系统的脆弱程度直接受应急管理能力的影响，其决定了干扰事件对系统的影响程度。客流应急疏散和应急救援工作是应急管理的主要内容。

地铁站由于建设在地下，空间相对封闭，内部的通道和楼梯等比较复杂，且数量有限，因此极易发生客流拥堵，尤其是在突发事故发生时，还会危及应急管理人员的相关救援工作，造成事故的扩散和恶化。科学研究表明，当人流数量超过了地铁站内设施容纳能力的上限时，人流的舒适度将减小为零，同时引发大规模的无序客流，甚至会发生人流恐慌、拥堵踩踏等意外事件，进而导致地铁运行的脆弱性。由此可见，客流的应急疏散情况是地铁安全运营的关键扰动因素之一，而疏散标识、疏散通道、疏散管理人员、车站出入口的设计等均对客流的应急疏散效率有直接影响。因此，从这些方面入手能更好地提高大客流的疏散效率和人员的应急处理能力。

要确保地铁运行的安全，不仅要从源头解决事故发生的原因，也需要在事故发生后能够将事故带来的灾难影响控制在最低，这就取决于应急救援队伍能否在事故发生后的第一时间做出准确的应对。而应急救援队伍的技术、装备和经验对于应急救援工作的顺利和有效实施也起着决定性的作用。另外应急救援队伍的总指挥是否具备足够的专业知识和经验，能否正确指挥并充分发挥有限的应急力量，有效控制住事态的发展，确保人们的生命财产安全，最大限度地减少事故造成的损失，也是地铁安全的重要保障。

四、西安城市地铁网络脆弱性动态演化分析

根据前面构建的西安地铁网络脆弱性的动态演化 SD 模型，对西安城市地铁网络脆弱性进行动态演化分析。

（一）西安公共交通概况及居民出行方式分析

1. 西安市公共交通概况

根据西安市地铁网 2019 年发布的关于其上一年交通发展概况的统计报告，可以了解西安市公共交通的运营情况以及城市居民的出行方式。

（1）公交车。西安市公交线路共 307 条，公交企业共计 16 家。国营公交保有量 8030 辆。民营公交的运行线路共 27 条，包含了 713 辆公交车。

（2）轨道交通。西安市居民年平均每天有 204.45 万人乘坐地铁。

（3）出租车。西安市内经营出租车的企业有 45 家，所拥有的出租车数量已有 12535 辆，其中包括电动型车和汽油型车。2020 年出租车进行了全面的更换，甲醇车的占比大幅度增加，到 2 月已经有 2091 辆甲醇车。

（4）公共自行车。近年来全国都在不断鼓励居民在短距离出行中骑乘公共单车。据统计，西安市公共单车的停靠站点有 1943 个，城市中已投入的公共单车数量大约有 60000 辆，经计算，西安年平均每天有 18 万~22 万人骑乘公共单车。

同时，西安市的公共交通年均承载客运量总数已有 24.66 亿人，其中包括了公交车、地铁以及出租车各自所完成的客运量总数。具体每种交通工具的客运量情况见图 10。

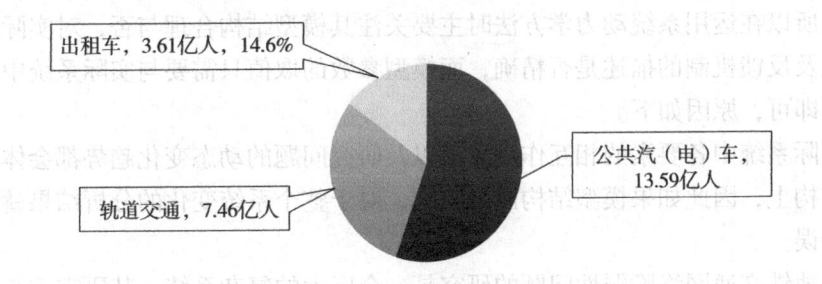

图 10 城市交通运营能力统计

资料来源：西安市地铁网 2019 年发布的交通发展概况统计报告。

随着城市地铁运行线网逐渐成型，乘坐地铁的客流量在城市公共交通总客流量中所占的比重上升显著。公交车虽然仍是居民日常出行选择的主要交通工具，但是，乘客出行选择从公交车转乘为地铁的人数越来越多，西安地铁所承载的客运量在逐年增加。

2. 居民出行方式分析

2018 年对西安市居民日常出行方式的抽样调查分析显示，西安市居民每天约有 1164.3 万人需要出门，而且每个人的出行强度为 2.21 次，也就是说，一个人平均每天可能需要

外出 2.21 次。经计算居民乘坐不同类型的公共交通工具出行的占比以及平均出行距离见图 11。

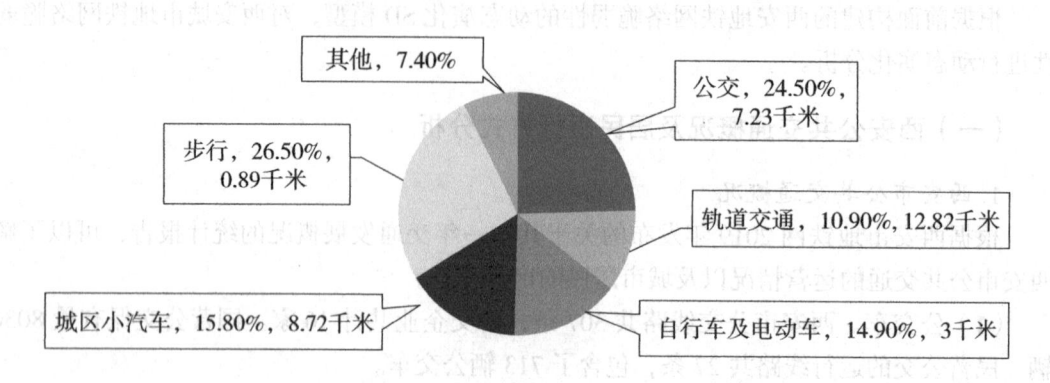

图 11　居民出行方式统计

资料来源：西安市地铁网 2019 年发布的交通发展概况统计报告。

（二）西安地铁网络脆弱性系统动力学模型参数估计与检验

1. 模型初值的选取

依据前面构建的模型，本部分主要对西安地铁的脆弱性进行实证检验和仿真分析，由于西安的第一条地铁线路是 2011 年 9 月才开通运营的，线路和人数较少。因此，本项目主要对 2012—2019 年西安地铁脆弱性的动态演化情况进行研究和分析。分析之前，先要结合西安的具体情况对模型中的相关参数值加以确定，具体指的就是模型中的所有常量和水平变量的初始值及相关表函数。由于 SD 方法的侧重点是模型结构，并非参数值的绝对精确程度，所以在运用系统动力学方法时主要关注其模型结构合理与否，对实际系统中的因果关系以及反馈机制的描述是否精确，而模型参数的取值只需要与实际系统中的动态演化趋势相符即可，原因如下。

一是实际系统中各要素的相互作用关系以及研究问题的动态变化趋势都会体现在所建立模型的结构上，因此如果模型结构出现问题，对于整个系统变化的分析结果就会出现不完整或者错误。

二是对地铁交通网络脆弱性问题的研究是一个巨大的复杂系统，其研究重心应该是各影响因素之间的作用程度以及对研究对象的整体演化趋势和幅度。

城市地铁脆弱性的系统动力学模型中所涉及的参数，其中大多数为定性化的变量，没有直接的客观数据对应。本项目对这一类数据的取值主要通过问卷调查的方法获得。本项目编制了针对"西安地铁脆弱性"的问卷调查（问卷见附录 4），通过对大约 50 名地铁员工、乘客以及相关领域的专家进行问卷调查，获得了三级因素中那些难以定量化的因素的打分结果，并利用公式 $\sum_{i=1}^{n} X_i/n$ 加以计算，其中 n 表示有效调查问卷的数目，X_i 的取值范围为 [1, 5]，依次表示变量水平由低到高，例如员工懈怠工作这一变量的取值为 5 时，表示员工懈怠工作的频率非常高。此外，系统流图中出现的几个相关联因素之间的耦合作用因子作为常量存在，被用来反映不同因素之间的作用关系强度，因此，关于这些耦合作用因子的取值采用上文所构造的差分方程中相应变量之间的耦合作用系数。由此，得到西安城市地铁网络脆弱性 SD 模型中各定性化变量的取值如表 24 所示。

表 24 定性变量的取值

变量名	取值	变量名	取值
员工违规操作	2.75	设备设施的质量	2.25
员工懈怠工作	2.5	社会环境	3.6
员工的安全责任意识	2.25	安全教育培训	3.5
车站布局设计	3.75	应急救援工作	2.75
设备设施的状态	2.5	客流应急疏散	2.5
A1–B1 的耦合作用因子	0.3679	A2–B2 的耦合作用因子	0.2909
A3–B2 的耦合作用因子	0.0993	B1–A3 的耦合作用因子	0.015
A3–C1 的耦合作用因子	0.0953	C1–A3 的耦合作用因子	0.224
D1–A1 的耦合作用因子	0.3224	D1–A2 的耦合作用因子	0.7647
A2–D2 的耦合作用因子	0.1284	C2–B2 的耦合作用因子	0.0937
C2–B1 的耦合作用因子	0.1826	B2–C1 的耦合作用因子	0.1657
B2–D2 的耦合作用因子	0.216	D1–B1 的耦合作用因子	0.4542
D1–C1 的耦合作用因子	0.0539	C2–D1 的耦合作用因子	0.297

（1）员工技术业务水平。员工技术业务水平主要指员工是否能够灵活应用知识和经验的能力，即员工对自身业务的实际操作水平。本项目根据张文（2015）对西安地铁员工人才结构所做的分析，发现一线岗位员工中人才职称的分布情况如图 12 所示，一共有员工 3871 人，其中初级工的占比将近一半，为 45%，而高级技师类人才的占比仅达到 2.20%。

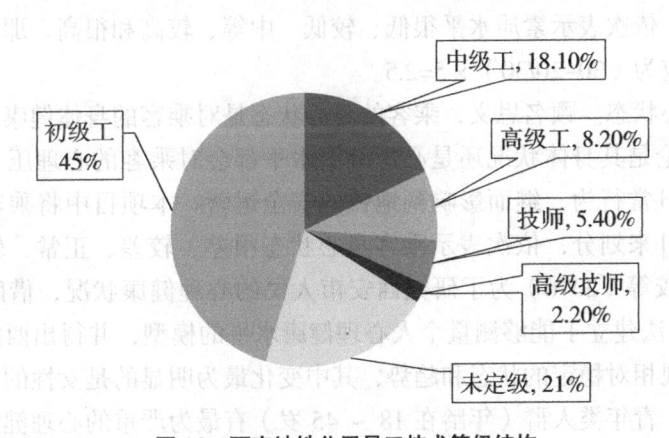

图 12 西安地铁公司员工技术等级结构

此外，西安地铁公司的人才学历结构主要包括大专、大专以下、本科以及硕士研究生这四种学历水平，其中大专学历的人数为 4546 人，占比最高，而拥有硕士学历的员工数量仅为 85 人。其他各学历的具体情况如图 13 所示。

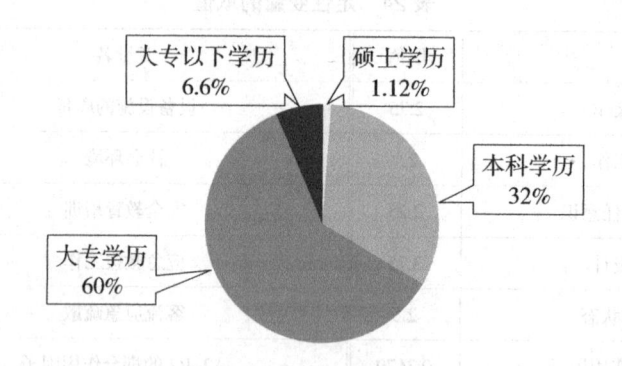

图 13　西安地铁公司员工的学历结构

综上所述，可以发现当前西安地铁内员工的技术结构还不合理，中、高级技术人才的总数与初级工的数量相差较多。初级工的知识储备不够且对知识的应用能力不足，综合能力强的高级技术人才又非常少，造成员工整体技术业务水平偏低。此外，由西安地铁公司员工的学历分布情况可得到，拥有高学历的人才与拥有专科学历的人才总数的差距也较大。然而企业内人员的知识技能、工作能力以及专业水准等关键指标的高低与其受教育程度之间有着较紧密的关系，而西安地铁公司员工的总体学历偏低，人才素质参差不齐。假定员工的技术业务水平按照 [1, 5] 来划分其强弱程度，依次表示技术业务水平很低、较低、中等、较高和很高，那根据上文所描述的情况，可以将西安地铁员工的技术业务水平这一变量的初值设定为 2.75。

（2）乘客素质水平。乘客自身的素质水平是对一个人的道德品行以及知识素养的综合评判。根据贾岩玲等（2010）年对我国各城市人口素质水平的测度研究，可知陕西省的人口素质水平在全国 30 个省市中排在第 20 名，若将乘客素质水平按照 [1, 5] 这五个档次来划分其强弱程度，依次表示素质水平很低、较低、中等、较高和很高，那么西安地铁乘客素质水平的初值应为（30−20/30）×5=2.5。

（3）乘客身心状态。顾名思义，乘客的身心状态是对乘客的身体健康和心理健康状况的综合描述。无论是其身体状况还是心理健康水平都会对乘客的心理压力和情绪造成影响，甚至改变其日常行为，继而影响到地铁的安全运营。本项目中将乘客身心状态的好坏程度通过 [1, 5] 来划分，依次表示乘客身心状态很差、较差、正常、较好和很好。查阅文献发现，谭姣等（2016）为了研究西安市人民的心理健康状况，借助症状自评量表（SCL-90）这一方法建立了能够测量个人心理健康水平的模型，并得出西安市人民整体的心理健康水平呈现相对稳定的状态和趋势，其中变化最为明显的是女性的一些心理疾病有增高趋势。另外，青年类人群（年龄在 18 ~ 45 岁）有最为严重的心理健康问题，尤其是 30 ~ 40 岁这一年龄段的人群，他们所表现出来的偏执、抑郁、强迫症以及焦虑等病症在增加。而地铁乘客主要就是青少年和中年组等 18～50 岁的人群，因此可设定西安地铁乘客的身心状态初始值为 2.75。

（4）车辆系统。车辆系统的取值表示车辆系统的运行稳定性和可靠性，从某种程度上也就代表车辆系统能够安全运行不发生故障的概率。因此，本项目用车辆系统 =1- 车辆系统故障率这一公式来估算车辆系统的取值。而车辆系统的故障率 = 因车辆故障造成列车晚点 2 分钟以上的次数 / 列车运行事故总次数，因此通过查阅西安地铁运营分公司和西安地铁的官方微博，对其日常发布的地铁运营信息和故障信息进行整理，统计出了 2012—2019 年西安地铁所发生的安全事故和延误次数（见附录 5，某些年份的数据不全），发现 2012 年西安地铁发生的有效事故次数为 7 次，其中车辆系统发生故障的次数为 2 次，因此可以得出车辆系统的初始值为 1-2÷7=0.714。

（5）通信 / 信号系统。同理，对于通信 / 信号系统的初始值也可以这样确定，即通信 / 信号系统 =1- 通信 / 信号系统故障率 =1- 通信 / 信号系统故障的次数 ÷ 列车运行事故总次数 =1-3÷7=0.572。

（6）供电系统。供电系统初始值的计算同样可参照上文，即供电系统 =1- 供电系统故障率 =1- 供电系统故障的次数 ÷ 列车运行事故总次数。但是从统计结果中发现，2012 年西安地铁发生的所有事故中并没有供电系统故障的案例，最早的一起供电系统故障事件是发生于 2014 年 2 月 10 日，因此对于供电系统故障率的计算以 2014 年发生的事故数目为基础，即供电系统 = 1-1÷12=0.917。

（7）客流量。本项目中将 2012 年西安地铁的日均客运量数据作为客流量这一变量的初始值，并将 2012—2019 年每年的日均客流量通过表函数的形式输入模型中。根据中国城市轨道交通协会发布的统计年报，结合西安地铁有限责任公司发布的相关数据，获得了 2012—2019 年西安地铁的日均客流量（见表 25），由此可得：

客流量 =([(2012,18.1)-(2019,259.02)],(2012,18.1),(2013,50),(2014,95),(2015,94),(2016,106.6),(2017,165.8),(2018,235.4),(2019,259.02))

表 25　2012—2019 年西安地铁的日均客流量

年份	2012	2013	2014	2015	2016	2017	2018	2019
日均客流量（万人次 / 日）	18.1	50	95	94	106.6	165.8	235.4	259.02

资料来源：中国城市轨道交通协会 2012—2019 年统计报告。

（8）自然环境。自然环境状况对地铁运行的影响呈季节性的变化，地震、台风、洪水、暴雪等突发自然灾害也对地铁运营的安全性也提出了极大的挑战。众所周知，西安的地理位置属于关中平原，四季气候分明，气候类型属于典型的半湿润大陆性季风气候，全年的温度平均值为 13℃～13.7℃。其中，1 月通常是全年中最冷的月份，平均温度最低达到 -1.2℃；7 月则是全年中最热的月份，平均气温最高为 26.6℃。西安市的年降水量在 522.4～719.5mm 之间，一年中降水最多的月份为 7 月和 9 月。总的来说，全年降水较少，晴朗天气居多。综上可知,西安地铁受自然环境的影响主要体现在夏季的暴雨天气和冬季的强降雪所导致的设备故障,而如台风、地震等大型自然灾害几乎未在西安出现过,因此若将自然环境状况用 [1,5] 这五个等级来定量表示,依次表示自然环境条件很差、较差、中等、较好和很好,西安地铁所处的自然环境这一变量的初始值可以设定为4。

(9) GDP。由于西安地铁的第一条线路于2011年9月才正式开通,所以本项目主要对2012—2019年西安地铁网络的脆弱性变化情况进行仿真分析。通过查阅西安市统计年鉴等资料,得到其2012—2019年的GDP值及其增长率(见表26)。本项目取2012年西安市的GDP值4369.37亿元作为该模型中的水平变量GDP的初始值,同时将各年GDP增长率的平均值作为模型中的GDP增长率这一常量的取值,计算得到GDP增长率为9.05%。

表26 2012—2019年西安市GDP及其增长率

年份	2012	2013	2014	2015	2016	2017	2018	2019
GDP(亿元)	4369.37	4884.13	5474.77	5810.03	6257.18	7469.85	8349.86	9321.19
增长率(%)	11.80	11.10	9.90	8.20	8.50	7.70	8.20	7

资料来源:陕西省2012—2019年统计年鉴。

(10) 对地铁的投资额占GDP的比例。西安轨道交通的建设资金主要来源为两大部分,即西安市政府承担40%(按照《国务院办公厅关于进一步加强城市轨道交通规划建设管理的意见》的要求,对地铁建设项目的投资中财政部门的资金投入不能少于40%),其余部分由负责地铁建设施工的西安地铁有限责任公司自筹。政府承担的部分主要来自财政拨款,即通过纳入市财政预算的城市轨道交通建设专项资金来拨付;而西安地铁公司承担的部分主要依靠银行贷款和债券市场融资来获得。本模型中的经济环境主要考虑西安市政府对于地铁建设的支持力度,所以只计算政府对于地铁建设的投资额度。通过查询资料和整理相关数据,并对数据加以分析和计算得到了2012—2019年西安市政府对于地铁建设的资金投入及其在GDP中的占比情况(见表27)。因此,本项目中取2012—2019年西安市政府对地铁建设的投资额在GDP中占比的平均值作为该变量的取值,以进行后续的模型仿真。因此,对地铁的投资额占GDP的比例为0.9325%。

表27 2012—2019年西安市政府对地铁的投资额及其在GDP中的占比

年份	2012	2013	2014	2015	2016	2017	2018	2019
投资额(亿元)	35.1054	48.8376	39.2255	38.8778	58.9052	78.8006	87.4586	114.6887
占GDP的比例(%)	0.803	1	0.716	0.669	0.94	1.055	1.0474	1.23

资料来源:西安地铁2009—2019年建设投资规划。

(11) 安全生产投入的提取比例。根据财政部和安全监管总局制定并印发的《企业安全生产费用提取和使用管理办法》可知,交通运输类企业对于本年度安全生产费用的提取均以其上年度的实际营业收入为基准,其中负责客运业务的企业安全生产费用的提取比例为 1.5%，因此西安地铁公司安全生产投入的提取比例为 0.015。

（12）已开通运营里程。根据中国城市轨道交通协会所发布的关于我国轨道交通行业的历年统计数据，从中整理出了西安地铁 2012—2019 年的运营里程数据（见表 28），并发现这些数据随时间的变化并不规律，即其与时间之间不存在线性或非线性关系，因此本项目利用表函数来表示西安地铁历年运营里程的变化情况，即

已开通运营里程 =WITHLOOKUP(TIME，[(2012,21)–(2019,164.8)]，(2012,21)，(2013,45.9)，(2014,52)，(2015,52)，(2016,89)，(2017,89)，(2018,123.4)，(2019,164.8))

表 28　2012—2019 年西安地铁的已开通运营里程

年份	2012	2013	2014	2015	2016	2017	2018	2019
已开通运营里程（公里）	21	45.9	52	52	89	89	123.4	164.8

资料来源：中国城市轨道交通协会 2012—2019 年统计报告。

将这些辅助变量和常量的最终取值代入上文所给出的模型每个水平变量的初始值计算公式中，得出外部环境、员工综合职能水平和地铁运营设备系统的初始值分别为 3.104、4.1、3.82。再将其代入其他变量的初值方程中，最终得出所有水准变量的初值见表 29。

表 29　模型中各水准变量的初始值

变量名称	初始值	变量名称	初始值
地铁运行事故	1.698	人员风险	1.9
管理风险	2.24	环境风险	1.588
设备风险	1.2	地铁运营安全管理水平	2.849
员工的工作完成度	3.3	内部环境	3.83
应急管理水平	2.65	设备设施的可靠性	3.89
乘客危险行为	2.957		

2. 模型的有效性检验

对该仿真模型的有效性进行检验，观察该模型的动态演变趋势与实际系统的行为模式是否相一致，并判断用该模型去模拟真实系统所得到的结果是否正确可靠。本项目主要通过对模型进行运行检验来确定其是否准确有效，运行检验这一过程通过 Vensim 软件就可以实现，即在软件中运行该模型，利用软件自带的检错和跟踪功能对模型表达的正确性进行检验（见图 14），并根据模型仿真结果判断其合理性，即模拟不同时间步长下研究对象的变化趋势是否存在较大的差异。本项目分别模拟了时间步长为 1/2 年、1/4 年和 1/8 年时西安地铁运行事故的变化趋势（见图 15）。可以发现不同时间步长下的西安地铁运行事故的变化趋势基本一致，说明该模型稳定可行，因此可以用它进行西安地铁网络脆弱性的仿真分析。

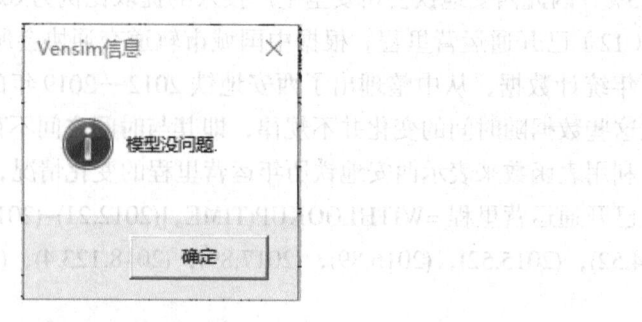

图 14　模型运行检验的结果

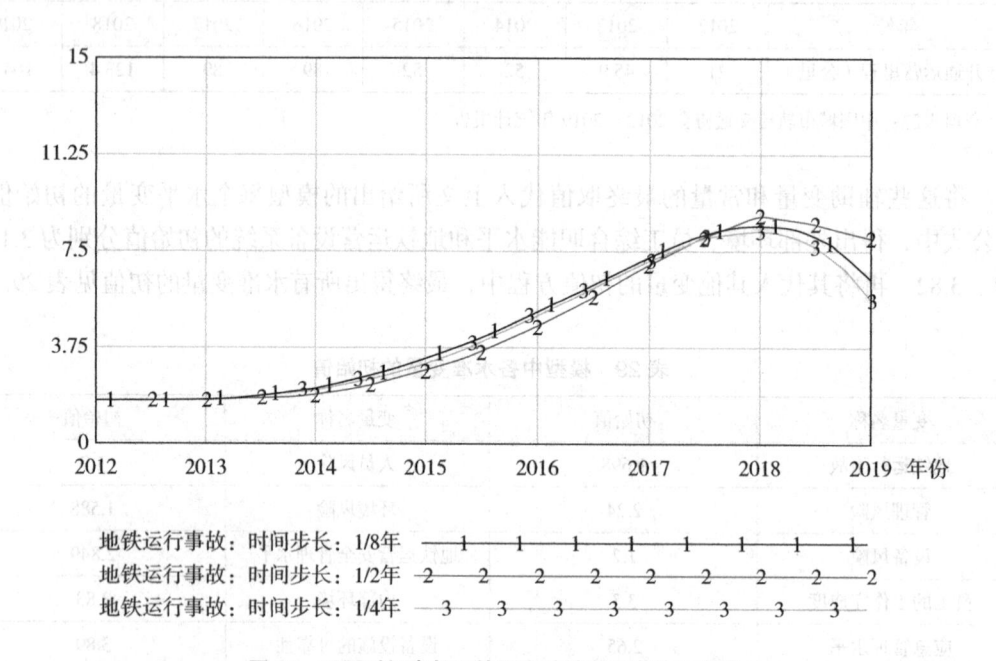

图 15　不同时间步长下的西安地铁运行事故仿真图

（三）西安地铁网络脆弱性的系统动力学演化分析

基于上文中系统动力学模型的构建以及参数值的确定，对西安地铁网络脆弱性的动态演化趋势进行仿真，分析各因素对西安地铁的影响力变化情况，找出对地铁脆弱性影响显著的因素。

1. 静态情景仿真

静态情景仿真是指在初始条件下，将上文给出的各参数的初始值和各变量的结构方程式输入模型中，对西安地铁脆弱性水平进行初步仿真。运行该模型并观察地铁运行事故这一研究对象的变化趋势以及它的 4 个一级影响因素的变化情况。初步仿真结果如图 16 和图 17 所示。

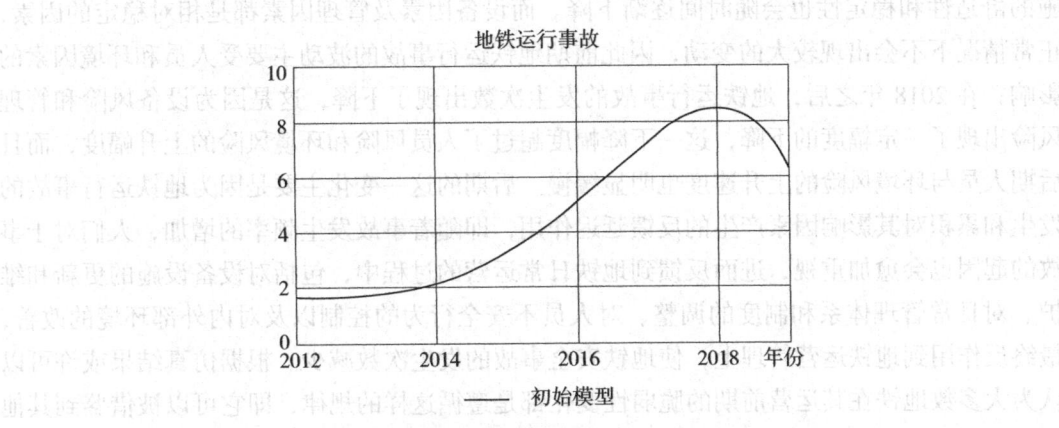

图 16　西安地铁脆弱性系统动力学仿真结果

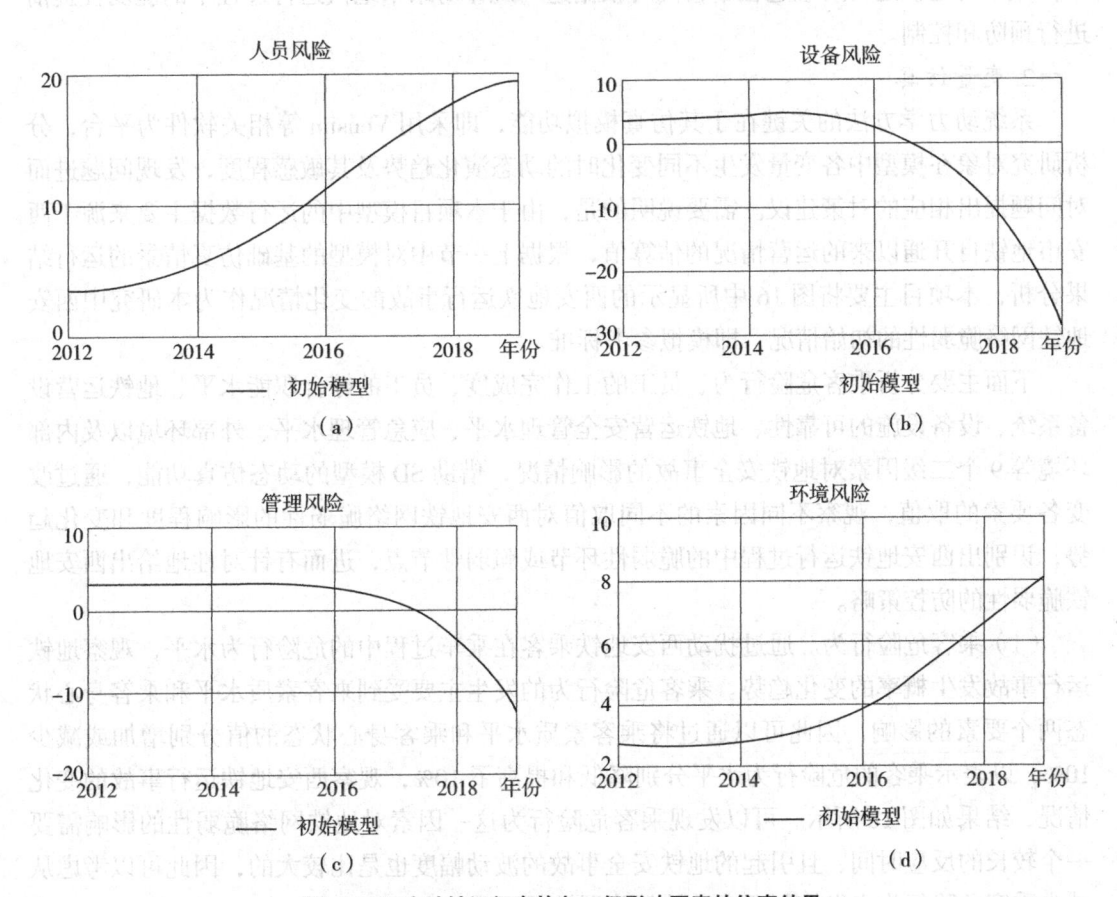

图 17　西安地铁运行事故各一级影响因素的仿真结果

从图 16、图 17 中可以看出，西安地铁自 2011 年开通以来，地铁运行过程中的安全事故次数就在不断增加，2017—2018 年达到了峰值。而这一增长趋势主要是受到环境因素和人员因素波动的影响。随着时间的延长和地铁运营里程的增加，人员（包括乘客和工作人员）的各种不安全行为以及消极怠工现象越来越多，内部乘车环境和车站内的各种设施的舒适性和稳定性也会随时间逐渐下降。而设备因素及管理因素都是相对稳定的因素，正常情况下不会出现较大的变动，因此前期地铁运行事故的波动主要受人员和环境因素的影响；在2018年之后，地铁运行事故的发生次数出现了下降，这是因为设备风险和管理风险出现了一定幅度的下降，这一下降幅度超过了人员风险和环境风险的上升幅度，而且后期人员与环境风险的上升速度也明显缓慢。后期的这一变化主要是因为地铁运行事故的发生和累积对其影响因素产生的反馈延迟作用，即随着事故发生频率的增加，人们对于事故的起因也会愈加重视，进而反馈到地铁日常运营的过程中，包括对设备设施的更新和维护、对日常管理体系和制度的调整、对人员不安全行为的控制以及对内外部环境的改善，最终反作用到地铁运营管理上，使地铁安全事故的发生次数减少。根据仿真结果或许可以认为大多数地铁在其运营前期的脆弱性变化都是遵循这样的规律，即它可以被借鉴到其他类似城市的地铁运行管理过程中，同时根据这一规律对未来地铁运行过程中的脆弱性提前进行预防和控制。

2. 变量仿真

系统动力学方法的关键在于其仿真模拟功能，即采用Vensim等相关软件为平台，分析研究对象在模型中各变量发生不同变化时的动态演化趋势及其敏感程度，发现问题进而对问题提出相应的对策建议。需要说明的是，由于本项目模型中的运行数据主要来源于西安市地铁自开通以来的运营情况的估算值，根据上一节中对模型的基础仿真情景的运行结果分析，本项目主要将图16中所显示的西安地铁运行事故的变化情况作为本研究中西安地铁网络脆弱性的初始情况，即模拟参考标准。

下面主要分析乘客危险行为、员工的工作完成度、员工的综合职能水平、地铁运营设备系统、设备设施的可靠性、地铁运营安全管理水平、应急管理水平、外部环境以及内部环境等9个二级因素对地铁安全事故的影响情况，借助SD模型的动态仿真功能，通过改变各要素的取值，观察不同因素的不同取值对西安地铁网络脆弱性的影响程度和变化趋势，识别出西安地铁运行过程中的脆弱性环节或脆弱性节点，进而有针对性地给出西安地铁脆弱性的防控策略。

（1）乘客危险行为。通过扰动西安地铁乘客在乘车过程中的危险行为水平，观察地铁运行事故发生概率的变化趋势。乘客危险行为的发生主要受到乘客素质水平和乘客身心状态两个要素的影响，因此可以通过将乘客素质水平和乘客身心状态的值分别增加或减少10%，以表示乘客的危险行为水平分别降低和提高了10%，观察西安地铁运行事故的变化情况，结果如图18所示。可以发现乘客危险行为这一因素对地铁网络脆弱性的影响需要一个较长的反应时间，且引起的地铁安全事故的波动幅度也是比较大的，因此可以考虑从减少乘客危险行为出发控制西安地铁的脆弱性。

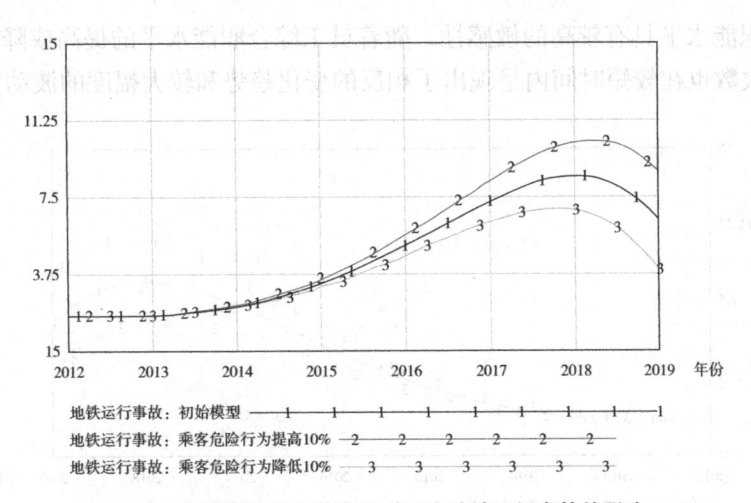

图 18　乘客危险行为的变化对西安地铁运行事故的影响

（2）员工的工作完成度。地铁运营过程中员工的工作完成情况主要取决于员工日常工作中的懈怠工作和违规操作现象，即可以用员工懈怠工作和员工违规操作这两项指标近似表示员工的工作完成度水平。将员工懈怠工作和员工违规操作的取值分别增加和减少10%，以表示员工的工作完成度分别降低和提高了10%，观察到西安地铁运行事故的变化情况如图19所示。从图19中可以看出，地铁运行事故的发生概率对于员工的工作完成度情况具有较高的敏感性，随着员工的工作完成度水平的扰动，西安地铁安全事故的次数发生了比较明显的波动，同时发现它对于地铁运行事故的发生存在延迟效应。

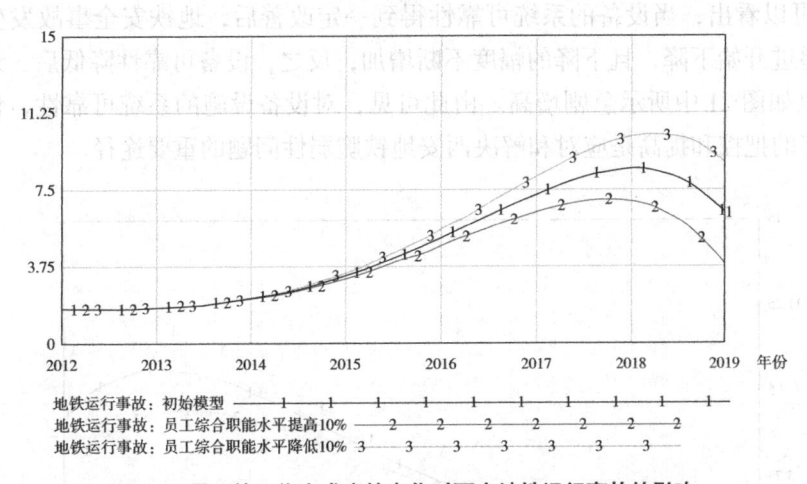

图 19　员工的工作完成度的变化对西安地铁运行事故的影响

（3）员工的综合职能水平。地铁运营过程中员工的综合职能水平主要包括员工自身的技术业务水平和安全责任意识，因此将员工的技术业务水平及其安全责任意识两个指标的取值分别增加和减少10%，以表示员工的综合职能水平分别提高和降低了10%，观察到西安地铁运行事故的变化情况如图20所示。从图20中可以看出，地铁运行事故的发生对于员工的综合职能水平具有较高的敏感性，随着员工综合职能水平的提高或降低，西安地铁安全事故的次数也在较短时间内呈现出了相反的变化趋势和较大幅度的波动。

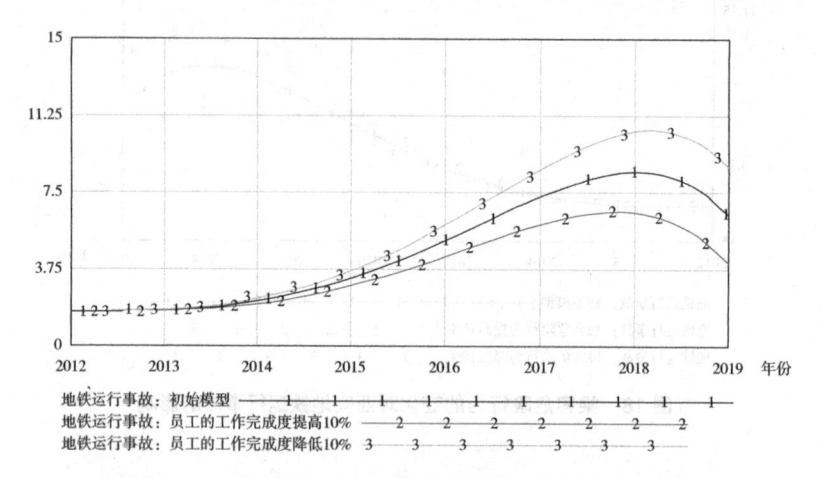

图20 员工综合职能水平的变化对西安地铁运行事故的影响

（4）设备设施的可靠性。设备的可靠性程度对于地铁的正常运营来说无疑是一个关键的因素，因为地铁是由众多复杂的机电系统和安全辅助类设备设施所构成的，无论其中哪个部分因出现质量问题无法运转，都会导致地铁的运营陷入停摆甚至瘫痪，因此本项目对于设备设施的系统可靠性变化对地铁的影响程度进行仿真。将设备设施的质量和设备设施的状态这两个变量的取值分别提高和降低20%，得到西安地铁运行事故的相应变化如图21所示。可以看出，当设备的系统可靠性得到一定改善后，地铁安全事故发生的概率随着时间的递进开始下降，且下降的幅度不断增加；反之，设备可靠性降低后，地铁突发事故的数量也如图21中所示急剧增高。由此可见，对设备设施的系统可靠性，包括其质量和工作状态的把控和提高是应对和解决西安地铁脆弱性问题的重要途径。

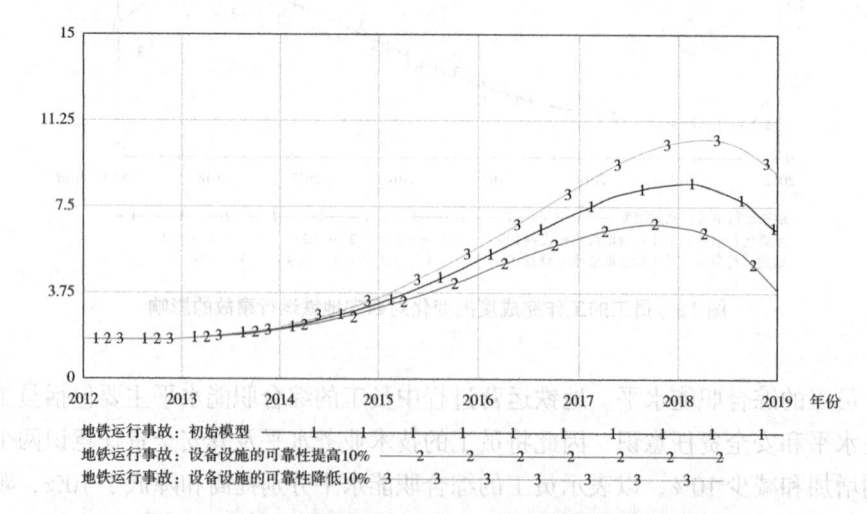

图21 设备设施的可靠性的变化对西安地铁运行事故的影响

（5）地铁运营设备系统。车辆系统和供电系统、通信系统都是地铁日常运营过程中必不可少的机电系统，对于地铁的安全运行至关重要，一旦发生故障很可能造成严重的行车事故和大量人员伤亡。因此本项目通过将车辆系统、供电系统和通信/信号系统的取值分别提高和降低10%，观察地铁运营设备系统对于西安地铁脆弱性的影响情况（见图22）。可以发现，设备系统的变化对地铁安全事故的发生有明显的抑制作用，改进设备系统的性能可以快速减少地铁运行过程中的突发事故。由此可见，改善地铁运营设备系统是防控西安地铁运行脆弱性的关键变量之一。

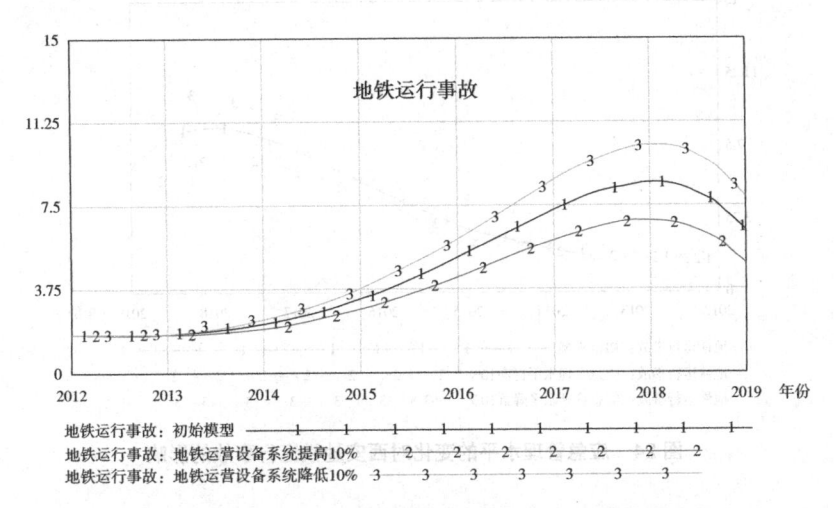

图22 地铁运营设备系统的变化对西安地铁运行事故的影响

（6）地铁运营安全管理水平。将安全防护设施的投入和安全教育培训这两个变量的取值分别提高和降低10%，观察到西安地铁运行事故发生次数的变化趋势如图23。从图23中可以发现地铁运营安全管理水平的变化对地铁安全事故的发生有很大的影响，但该影响的反应时间较长，可见若从提高安全管理水平这一方面入手，对于西安地铁网络脆弱性的长期防控的效果相当显著。

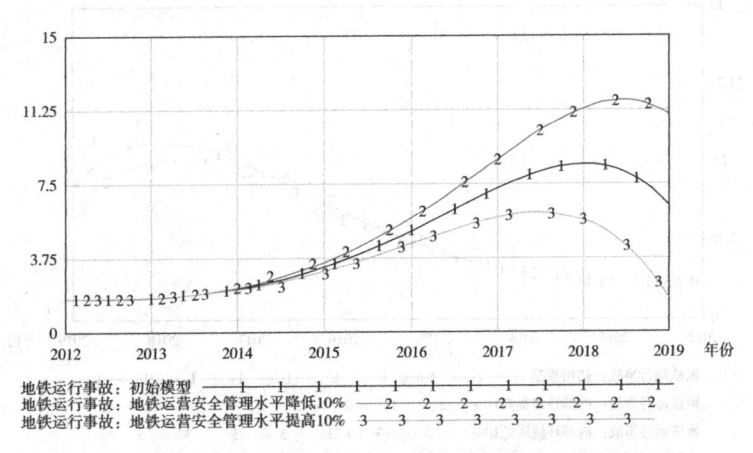

图23 地铁运营安全管理水平的变化对西安地铁运行事故的影响

（7）应急管理水平。这里应急管理水平主要是指对灾难发生时和灾难发生后的相关事宜的处置水平。应急管理水平的高低主要体现在客流应急疏散的能力和应急救援工作的实施效率上，因此通过在模型中对客流应急疏散和应急救援工作两个指标分别增加和减少10%，来模拟应急管理水平的变化对地铁运行脆弱性的影响趋势，如图24所示。从图24中可以看出，应急管理水平的变化对地铁安全事故呈现出反向影响，且影响程度较强，但这种影响在较长时间后才会显现出来。

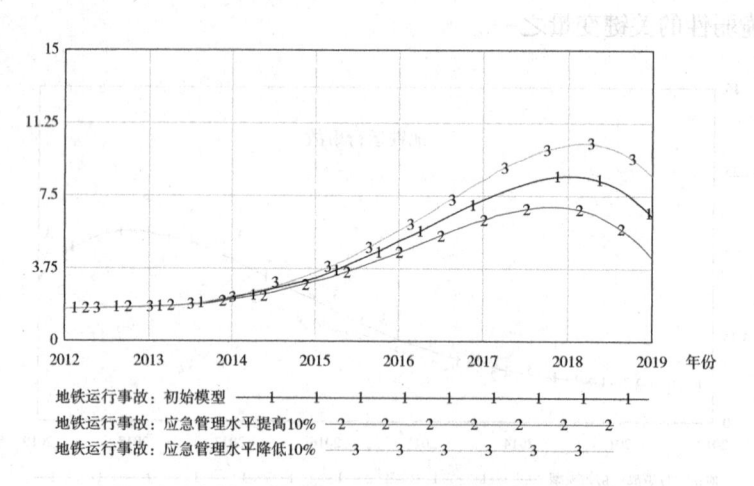

图24　应急管理水平的变化对西安地铁运行事故的影响

（8）内部环境。地铁运行的内部环境主要包括列车运营环境和地铁站内的布局设计两个方面，良好的列车运营环境和车站布局结构不仅有助于营造舒适的乘车环境，也对乘客的乘车效率及疏散效率有显著的提高作用。本项目通过对列车运营环境和车站布局设计这两个变量的取值分别增加和减小10%，以模拟内部环境对地铁运行事故的影响程度和变化趋势，如图25所示。可以发现，内部环境的变化与地铁运行事故的发生概率成反比，当

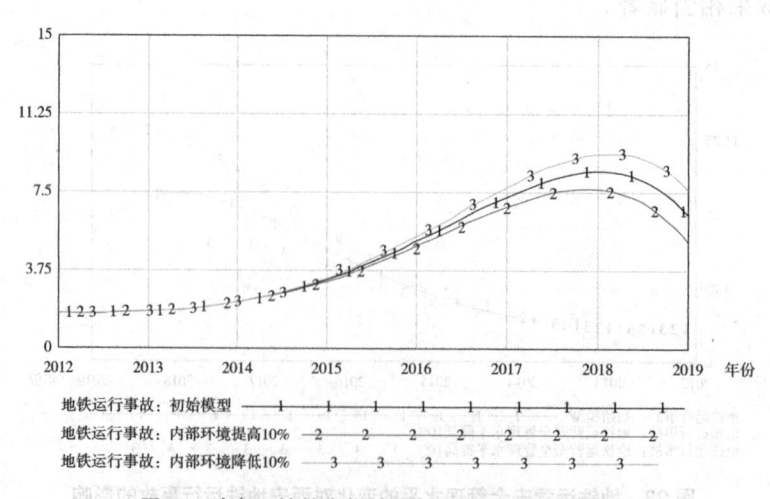

图25　内部环境的变化对西安地铁运行事故的影响

内部环境得到完善，地铁运行事故次数也会随时间不断地减少，但这一变化发生在较长时间之后，具备一定的延迟效应。结合实际情况可知，对内部环境的改善也是西安地铁脆弱性的长期防控措施之一。

（9）外部环境。地铁所处的外部环境主要由社会环境、经济环境和自然环境构成，其中自然环境这一因素很难被人为改变，因此本项目将其作为一个固定常量，主要研究社会环境和经济环境。本项目在变动模型中的外部环境这一变量时通过提高或降低地铁所处的社会环境及经济环境水平来实现。在将外部环境的值分别提高和降低10%后，发现西安地铁运行事故的次数出现了较为明显的波动（见图26）。可以看出，当地铁的外部环境得到改善时，地铁安全事故随着时间的推进在不断减少；当外部环境状况恶化时，地铁安全事故次数也有明显的增加，但这种影响的延迟效应较大，需要很长的反应时间。总的来说，对于地铁外部环境的改善将有效解决西安地铁脆弱性的部分问题。

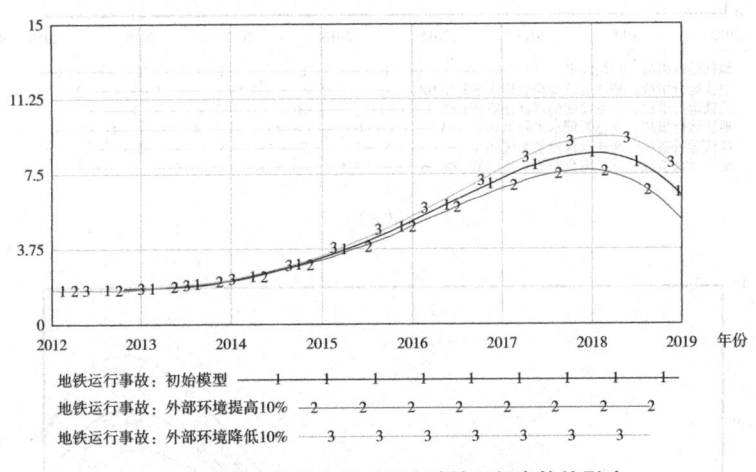

图26 外部环境的变化对西安地铁运行事故的影响

（10）仿真结果的对比。前面模拟仿真了乘客危险行为、地铁运营安全管理水平等9个二级因素分别对西安地铁运行事故的影响的变化趋势，从仿真结果中可以发现这9个因素对西安地铁运行脆弱性的影响程度不一，影响的快慢也各不相同，因此下面将各因素对地铁运行事故的影响曲线进行对比分析，见图27的（a）和（b）（由于变量太多所以分两张图进行展示）。

通过对比各二级因素对西安地铁运行事故的影响趋势和敏感性程度，看到其中三个因素的影响程度排名在2018年之前和2018年之后有较大的变动，分别是地铁运营安全管理水平、地铁运营设备系统和员工的工作完成度。地铁运营安全管理水平的排名从第6名上升到了第1名。其主要原因是在发生了多起不同类型的事故后，相关部门和管理人员对地铁运行过程中的安全管理工作越来越重视，并开始改革相应的管理制度和工作流程，但这一改革过程从开始执行到看见实施效果需要相当长的反应时间，因此对地铁运行事故的影响在前期微弱，后期才彻底显现出来。员工的工作完成度这一指标也从第7名上升到了第4名，原因类似。而且员工的工作完成度很大程度上就是受到地铁运营安全管理水平的影

(a)

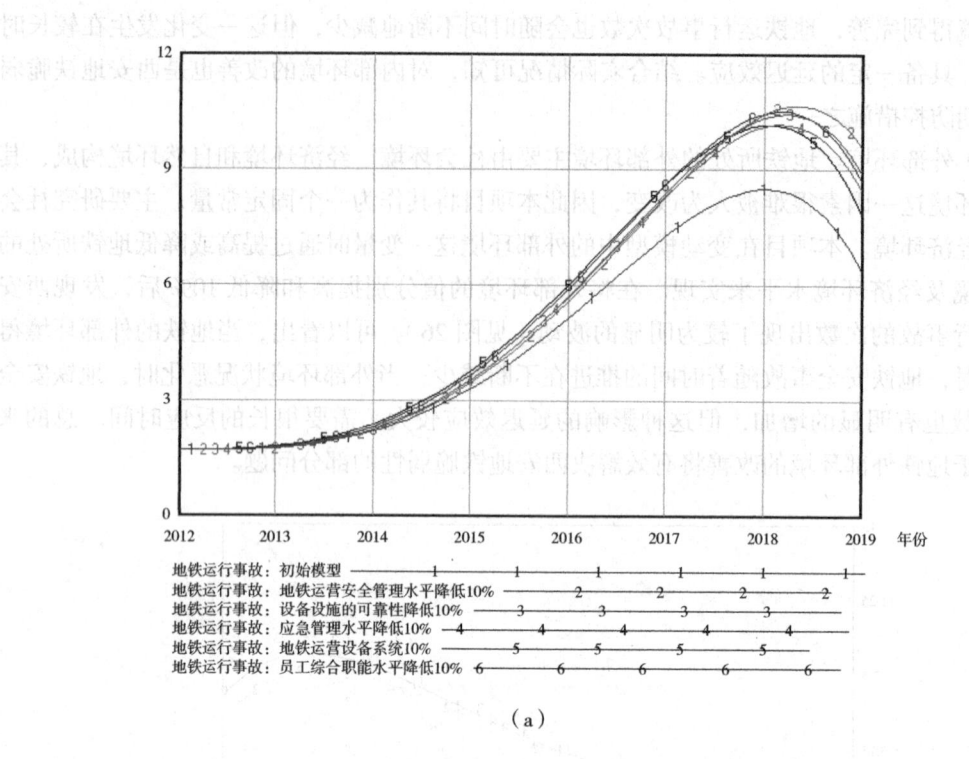

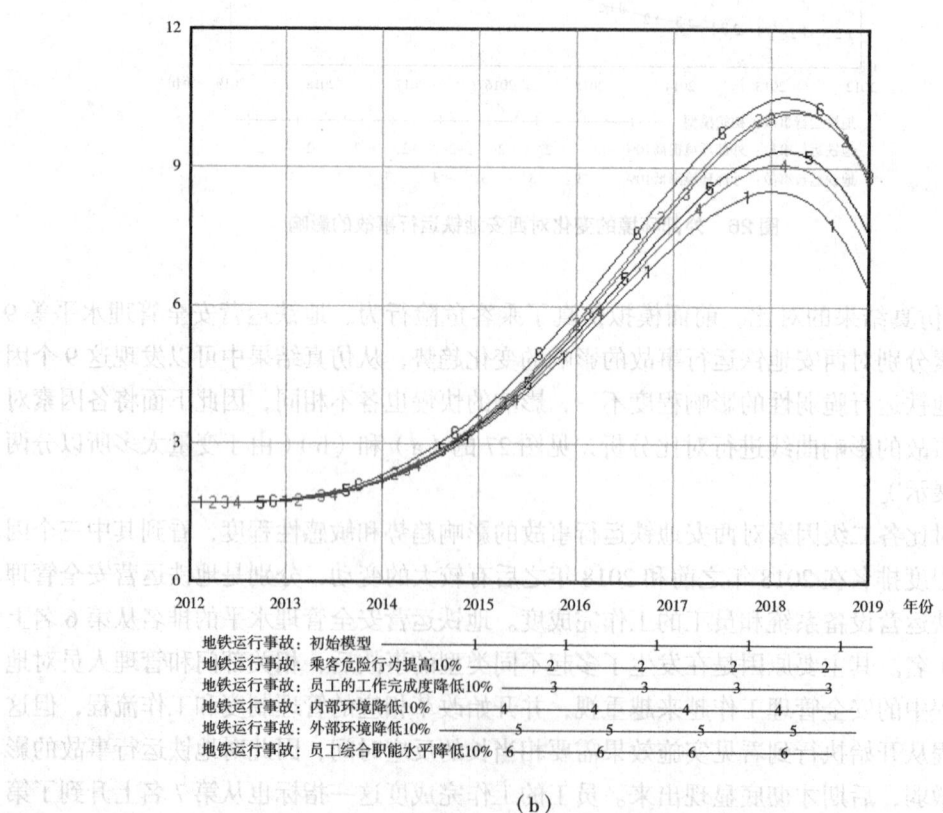

(b)

图 27　各二级因素对西安地铁运行事故的影响的仿真结果

响。同样，地铁运营设备系统也经历了从第 1 名到第 7 名的变化，这是因为地铁运营设备系统本身就对地铁的日常运行有着直接影响甚至决定性作用，所以前期地铁运营设备系统只要出现故障就会快速引发安全事故，但是随着设备故障次数的不断增加，管理部门对设备系统更加重视，对相应设备的改进和替换更加频繁，所以后期地铁运行事故数量的上升幅度大幅减少。总的来说，正是由于每个因素对地铁运行事故造成的影响大小和时间均不相同，所以在针对这些因素对西安地铁网络脆弱性提出相应防控策略时也应该考虑到它们的这些特性，以提出更为准确有效的策略建议。

3. 西安地铁多网络层间耦合作用的动态演化分析

西安地铁网络脆弱性是一个多网络耦合的复杂社会系统。前面对该网络的内部结构和动态反馈机制进行了分析，发现西安地铁网络运行事故的形成源于系统内外多网络之间的相互作用，在这一过程中不同的网络层因素之间通过耦合作用在子系统内部和各子系统之间扩散传播，进而出现了激发地铁脆弱性的多条动态演化路径。而各网络因素之间的这种耦合作用关系对于故障信息在系统中的传播和扩散至关重要。上文中通过西安城市地铁的多层网络模型对影响地铁脆弱性的四个网络因素之间的耦合关系进行了初步分析和判断，并在后续的系统动力学模型分析过程中提出了可以对各子系统之间的耦合作用进行定量分析的参数变量。由此，通过变动这些参数变量对西安城市地铁网络的脆弱性进行动态仿真，观察地铁网络运行事故的发生次数随着不同的网络层间耦合作用的变化情况，进一步掌握不同网络层（子系统）之间的耦合程度对于西安地铁网络脆弱性的影响趋势，以提出更具针对性的地铁运行事故控制策略。

针对西安地铁各网络层（子系统）之间的耦合作用进行动态仿真：对于不同网络层级间的耦合作用关系的变化的度量，以上文给出的相应网络层中因素的耦合作用因子为主要研究对象，对这些耦合作用因子分别扰动 +20% 和 −20%，各网络层间的耦合关系变动方案如表 30。据此分别对不同的层间耦合作用与地铁网络运行事故发生次数的关联关系进行仿真，观察地铁网络脆弱性的变化趋势，仿真结果见图 28 到图 33。

表 30 层间耦合作用因子的变化方案

变化对象	变化系数名称	原数值	增大 20%	减小 20%
人员—设备网络层之间的耦合作用	A1–B1 的耦合作用因子	0.3679	0.4415	0.2943
	A2–B2 的耦合作用因子	0.2909	0.3491	0.2327
	A3–B2 的耦合作用因子	0.0993	0.11916	0.0794
	B1–A3 的耦合作用因子	0.015	0.018	0.012
人员—环境网络层之间的耦合作用	A1–C1 的耦合作用因子	0.0953	0.11436	0.07624
	C1–A3 的耦合作用因子	0.224	0.2688	0.1792
人员—管理网络层之间的耦合作用	D1–A2 的耦合作用因子	0.7647	0.9176	0.61176
	D1–A1 的耦合作用因子	0.3224	0.38688	0.2579
	A2–D2 的耦合作用因子	0.1284	0.15408	0.1027

续表

变化对象	变化系数名称	原数值	增大20%	减小20%
设备—环境网络层之间的耦合作用	C2-B2 的耦合作用因子	0.0937	0.11244	0.07496
	C2-B1 的耦合作用因子	0.1826	0.21912	0.14608
	B2-C1 的耦合作用因子	0.1657	0.19884	0.13256
设备—管理网络层之间的耦合作用	D1-B1 的耦合作用因子	0.4542	0.545	0.36336
	B2-D2 的耦合作用因子	0.216	0.2592	0.1728
环境—管理网络层之间的耦合作用	D1-C1 的耦合作用因子	0.0539	0.06468	0.043
	C2-D1 的耦合作用因子	0.297	0.3564	0.2376

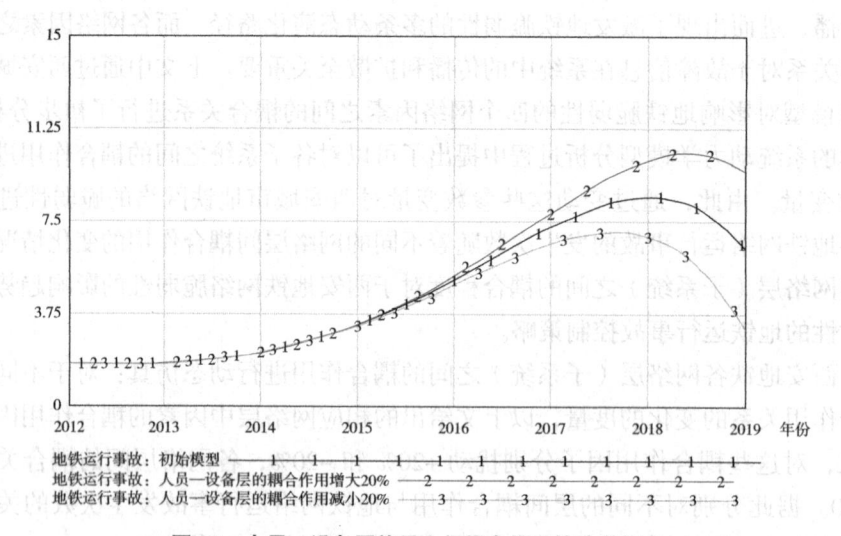

图28 人员—设备网络层之间耦合作用的动态仿真

从图 28 中可以发现，人员—设备网络层之间的层间耦合作用发生变化时，对地铁网络运行事故的影响幅度在逐年增加，2018 年达到了 1.7 次，2019 年增加到 3.5 次，即当人员和设备层间的耦合作用增大（减小）20%，地铁运行事故的发生次数也会随之增大（减小）3.5 次，可见人员与设备层之间的耦合作用对于地铁运行脆弱性的影响具备长达 3 年多的反应时间，其变化幅度的增速却相当快，2016—2019 年仅 3 年的时间变化幅度就从 0 上升到 2.9。由此可见，人员与设备网络层之间的耦合作用的变化对于地铁网络脆弱性的变化有着延迟的且剧烈的影响，所以在地铁运营的过程中应对该层间耦合关系进行提前预防和控制。

由图 29 中曲线的变化趋势可知，人员—环境网络层之间的耦合关系对地铁网络运行事故的发生造成的影响是正向的，即当人员和环境网络层之间的耦合作用强度增大（或减小）20% 时，地铁运行事故的发生次数在经过 4 年的时间之后也开始增大（或减小），增减的幅度也在随时间不断增加，2018 年地铁运行事故的变化幅度约为 0.9，到 2019 年时

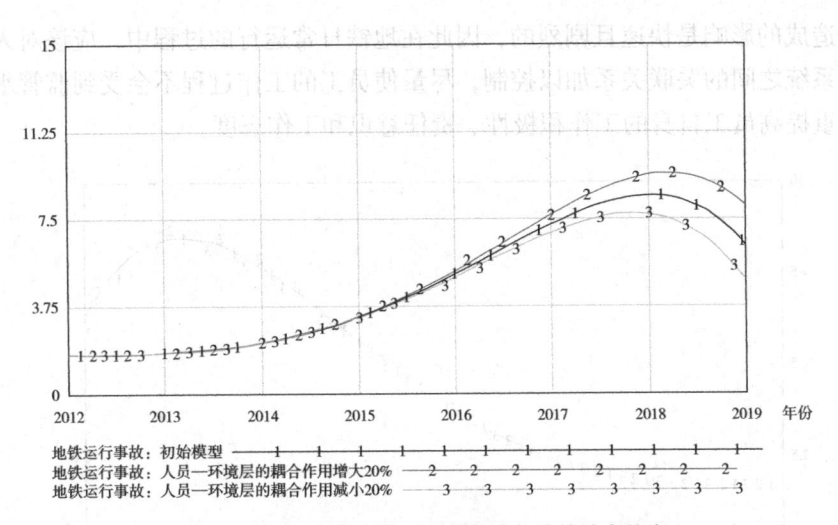

图29 人员—环境网络层之间耦合作用的动态仿真

这一数值增大为1.9。由此可见，人员与环境层之间的耦合作用关系对于地铁系统脆弱性的影响具有较强的延迟效应，但影响程度还是较为明显的，因此地铁管理部门对相关人员因素和内外部环境因素之间的耦合作用关系应该更早地加以关注和控制。

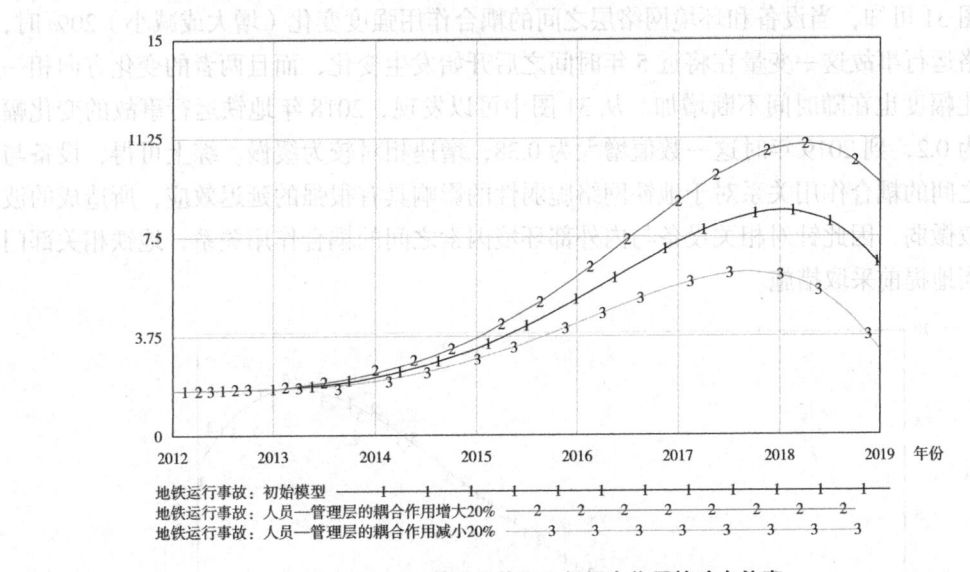

图30 人员—管理网络层之间耦合作用的动态仿真

从图30中可以发现，人员—管理网络层之间的耦合作用强度的变化与地铁网络运行事故的变化方向相一致。当该层间耦合作用强度增大（或减小）20%时，地铁运行事故的发生次数在一年后也发生了明显的变化，而且随着时间的增长，增加（或减小）的幅度也在快速增大。从图30中可以看出，2018年地铁运行事故的波动幅度为约2.4，到2019年这一数值已然增大为3.2。由此可见，人员与管理层之间的耦合关系大小对城市地铁网络脆弱性所造成的影响是快速且剧烈的，因此在地铁日常运行的过程中，应该对人员与管理这两个子系统之间的关联关系加以控制，尽量使员工的工作过程不会受到监管水平的太大影响，着重提高员工自身的工作积极性、责任意识和工作态度。

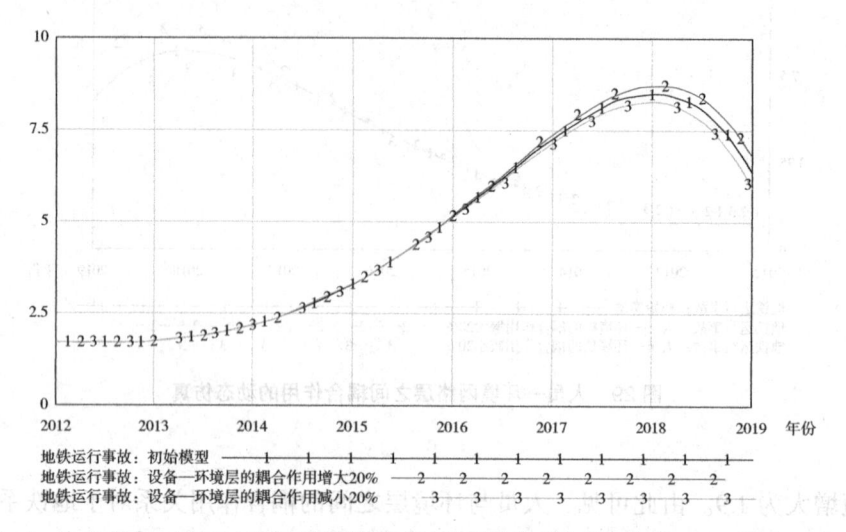

图 31 设备—环境网络层之间耦合作用的动态仿真

由图 31 可知，当设备和环境网络层之间的耦合作用强度变化（增大或减小）20% 时，地铁网络运行事故这一变量在将近 5 年时间之后开始发生变化，而且两者的变化方向相一致，变化幅度也在随时间不断增加。从 31 图中可以发现，2018 年地铁运行事故的变化幅度大约为 0.2，到 2019 年时这一数值增大为 0.38，增速相对较为缓慢。综上可得，设备与环境层之间的耦合作用关系对于地铁网络脆弱性的影响具有很强的延迟效应，所造成的波动也比较微弱，因此针对相关设备与内外部环境因素之间的耦合作用关系，地铁相关部门可以适当地提前采取措施。

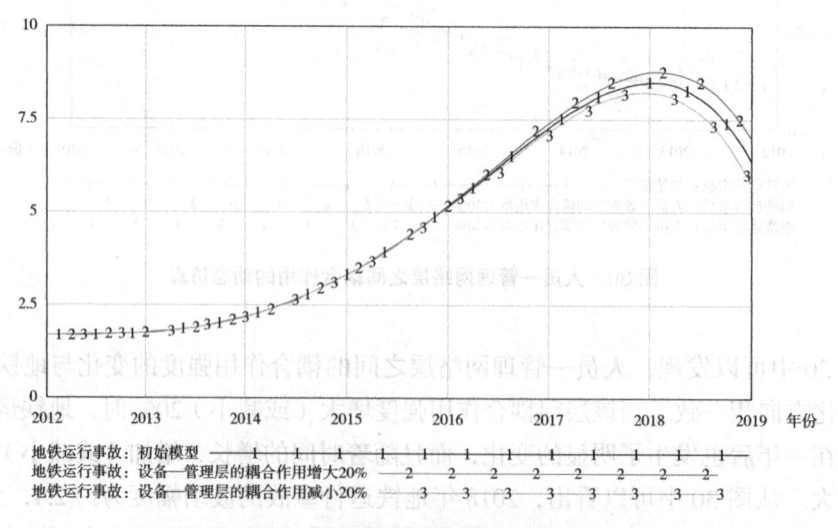

图 32 设备—管理网络层之间耦合作用的动态仿真

由图 32 中可知，当设备和管理网络层之间的耦合作用强度变化（增大或减小）20% 时，经过 4~5 年的时间，地铁网络运行事故的发生次数才开始发生变化，其变化方向与耦合作用强度的变化方向是相一致的，变化的幅度也在随时间不断增加。从图 32 中可以看出，2018 年地铁运行事故的变化次数大约为 0.2，到 2019 年时这一数值增大为 0.58。由此可见，设备与管理层之间的耦合作用关系对于地铁网络脆弱性的影响具有较强的延迟效应，但所造成影响的程度还是较大的，因此地铁管理部门对相关设备和管理制度条例等之间的耦合作用应该尽早采取措施进行控制。

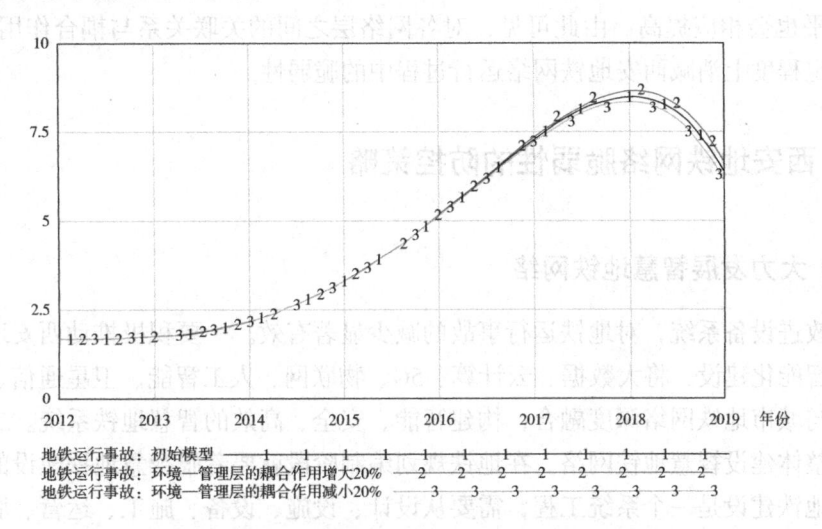

图 33 环境—管理网络层之间耦合作用的动态仿真

由图 33 中可知，地铁网络脆弱性的变化方向和环境—管理层之间的耦合作用关系的变化方向是一致的，当环境和管理网络层之间的耦合作用强度发生（增大或减小）20% 的波动，地铁网络运行事故的发生概率也随之发生了变化（增大或减小），但是这一变化发生在 5 年之后，而且所带来的波动极其微小。从图 33 中可以看出，2018 年西安地铁运行事故才开始有所变化，而且变动幅度只有 0.16，虽然其变动幅度也在随时间缓慢增加，但到 2019 年这一数值也仅增大到 0.29。由此可见，环境—管理网络层间的耦合关系对西安地铁网络脆弱性的影响作用较微弱。

综合上述仿真结果可以发现，人员—设备网络层之间的耦合作用关系对于西安地铁网络运行事故的影响强度最高达到了 3.5，但其前期将近 4 年并未对地铁脆弱性造成波动，只是后期所造成波动的增速很快；而人员—管理网络层之间的耦合关系强度对地铁运行事故的影响最高达到了 3.2，网络层间耦合关系在一年后就对地铁产生了的显著的影响，而且作用强度及其增速都很高。可见，人员—设备网络层、人员—管理网络层之间的耦合关系都是对地铁网络脆弱性来说非常重要的变量，而且它们都与地铁脆弱性的变化方向相一致，所以对它们各自内部的耦合作用进行控制可以从长期和短期上减少地铁运行事故的发生概率，降低地铁网络的脆弱性。

另外，其他网络层间耦合作用的变化对西安地铁网络运行脆弱性的影响程度的排名由大到小依次为：人员—环境网络层、设备—管理网络层、设备—环境网络层和环境—管理网络层。其中，环境与管理网络层之间的耦合作用的变化对地铁脆弱性的敏感程度较低，主要是因为环境与管理这两个网络层之间的耦合作用相较于其他层间耦合作用本身就比较弱，而且管理类因素对地铁运行事故的发生多为间接影响或者事故后影响，环境类因素几乎是通过影响设备系统、设备可靠性或乘客身心状态等变量，进而激发地铁系统的脆弱性，其在影响因素中所占的比重比较小。需要注意的是，上述所有层间耦合作用的变化对于地铁脆弱性的影响趋势都是相同的，即随着地铁网络层间耦合作用的增大，地铁网络的脆弱性水平也会相应提高。由此可见，对各网络层之间的关联关系与耦合作用加以控制，即可在一定程度上消减西安地铁网络运行过程中的脆弱性。

五、西安地铁网络脆弱性的防控策略

（一）大力发展智慧地铁网络

通过改进设备系统，对地铁运行事故的减少显著有效。一要积极推动西安地铁网络的信息化和智能化建设，将大数据、云计算、5G、物联网、人工智能、卫星通信、区块链等新兴技术与城市地铁网络深度融合，构建智能、安全、高效的智慧地铁系统。二要基于统筹规划、整体建设智慧地铁网络。在地铁规划编制阶段就要着眼智慧地铁建设的布局和谋划。智慧地铁建设是一个系统工程，需要从设计、设施、设备、施工、运营、服务等全方位创新，也要建立有效的政、产、学、研、用一体化的工作机制。

此外，地铁设备的质量、配置水平、性能、科技先进性、工作状态等因素都会与设备系统的可靠性密切相关，其中设备设施的配置更新水平、性能、科技先进程度以及后期的保养水平和维修水平等变量均受到资金投入这一因素的较大影响，这也说明适当地增加地铁设备经济投入的重要性。在建设之初对设备系统进行合理投资，能极大地改善其功能和运转效率，从根本上保证设备的质量，而且地铁内的许多设备系统如安全防护设施、安检设备、安全防护系统、自动报警系统等都是期望能有更先进的科技水平、更高的工作效率和更高的功能配置水平，从而大幅度减少潜在危险，提高地铁运行系统的稳定性。

（二）完善综合交通体系，推进地铁多网融合

地铁是城市综合交通体系的一个重要组成部分，城市综合交通体系包括城市公共交通系统（如地面公交、轨道交通、公共自行车系统等）、城市道路交通系统（如快速干道、主干道、次干道等）、城市交通枢纽（如航空枢纽、客运枢纽、货运枢纽、停车场等）。西安城市地铁是市域范围综合交通体系的骨干，是主城区、外围副中心和新城间的重要快速联系通道，承担着市域范围内的长距离出行、引导城市结构向多中心发展、疏解和平衡大西安范围内的居住和就业及消费、促成各副中心和新城土地利用平衡、形成集约紧凑发展的城市空间结构、衔接对外综合客运枢纽等重要作用。因此，西安应完善综合交通体系，尤其应大力推进地铁多网融合。一是在关中城市群现代交通网规划编制

阶段就要综合考虑地铁与铁路、城市地面道路、城市公共交通以及城市空间结构和布局等关系，加强地铁与区域发展规划、国土空间规划的统筹衔接，使地铁有效融合西安社会经济网络。二是要建设高水平综合交通枢纽设施，推进地铁站城一体化建设，包括推进地铁枢纽与城区公交、城际铁路、干线铁路等的支付兼容、资源共享、安检互信、票制互通等多网融合，实现一站式出行，实现多种交通方式衔接、转换有序顺畅和高效率，提高西安综合交通体系的功能和服务水平。三是要推进西安轨道交通的制式多样化，城市轨道交通按照国家标准有7种制式，即地铁、轻轨、单轨、现代有轨电车、磁浮交通、市域快轨、自动导向轨道系统等制式。西安是关中城市群和关中—天水经济区的中心城市，是我国北方中西部结合带最大的商品流通和物资集散中心，在国家综合交通运输网中具有重要的枢纽地位。因此，西安群众出行和通勤需求越来越处于更大区域，除地铁和地面公交外，还应该提倡多制式协调发展，统筹规划和科学选择，积极推动发展轻轨、市域快轨甚至磁浮交通等轨道交通制式，不断满足区域经济社会对交通出行的需求。四是对于车站的布局设计目前可以改善的部分就是站内客流引导标志的设计和布局。尤其是各线路中的换乘车站，拥有较为复杂的布局和线路以及最大的客流量，所以更加需要详细易辨识的线路标识和乘客引导标志。

（三）提高地铁员工的技能水平和安全责任意识

经过调查发现，西安地铁自开通以来发生的行车延误事件中，多次事故的起因均为司机、行车调度人员或设备检修人员等地铁工作人员的技能水平不足、安全意识不到位等。因此，为减少甚至消除人为因素对设备、系统带来的不必要损害，西安地铁公司可以对员工进行专业的技能培训和安全教育，并定期进行考核，以达到提高员工业务水平和安全意识的目的。包括：①加强员工日常业务的培训力度，尤其是实操技能的培训和练习，模拟实际工作过程中发生概率较高的故障事件的处理和应对，通过抽查和演练的方式，使员工的业务能力得到提升。②提高员工的心理素质水平。在面对突发故障或意外时，由于地铁是在地下密闭的空间中，员工往往会由于环境压力和心理紧张等情绪导致对故障的错判或者操作失误，其实这些故障的处理程序在培训的时候很容易完成，但是由于每个人心理承受能力不同，心理素质的差异导致了临场发挥时的各种失误。因此，对员工的心理素质进行测试和强化锻炼也很重要。③建立一个专门的安全教育培训基地并编写相应的安全知识教材，对所有员工进行定期的技术培训和安全教育，规范操作流程并督促安全操作标准的执行和实施，使每个人的行为有章可循，有法可依。

（四）积极防控乘客不良和危险行为

对于乘客的不安全行为，西安地铁部门的员工可以通过与乘客进行有效的沟通来缓解：秉持安全乘车和安全出行的宗旨，加大向乘客宣传轨道交通安全知识的力度，主要宣传渠道有新闻报刊、电视节目、宣传栏、广告牌等；也可以招募一些志愿者，经常在地铁站内宣传或者地铁周边的小区、写字楼等进行走访，宣传轨道交通安全相关的知识，进行文明出行的安全教育，督促乘客时刻注意自己的行为规范，使安全乘车成为一种理念；对于乘客进站时的安检环节，以及乘客进站后的异常行为的监控，应该给予更高的重视，可以通过引入更为先进的安检设备，增加客流高峰时期现场安保人员的数量等措施从源头上控制乘客危险行为的发生，保证地铁列车的持续安全运行。

另外，对于乘客乘车时发生的一些不文明行为，虽然当时没有引发地铁行车事故，但其有很高的潜在风险。因此，对于这些不文明行为，可以采用一些特殊的惩罚措施予以制止：①对于那些被警告过两次后依然再犯的人，可以将其不文明行为的监控视频曝光在各个地铁站内的闭路电视上，做成反面教材的集锦用以警示和告知所有乘客；对于那些行为比较恶劣的人，可以在循环播放其视频的同时，在其征信记录上予以体现，以示警告。②制定相关的乘车安全规章制度，在征询相关管理部门的意见后，对乘客的危险行为按照行为种类和危险系数的不同，处以不同金额的罚款，罚款的数量可以参考国外如日本等国家对于市民不文明行为的惩罚力度；对于乘客危险行为的处罚第一次只进行警告和教育即可，若再犯便按照制度进行罚款等处罚。对未成年人则以批评教育为主，比如要求其必须来车站进行为期两天的安全知识学习，并联系其监护人予以告诫，缴纳相应罚款。

（五）优化设备设施的系统可靠性

地铁运行的相关设备所处的环境及工作条件本就复杂多变，这也源于自然环境的影响和人为操作的结果，因此地铁运行的设备设施极易受到来自系统内部和外界一些因素的扰动，不同的扰动因素大小不同、发生的可能性以及对其进行预测的准确性也不同，以地铁运行必需的车辆系统为例，列车的运行状态和性能会随着各种因素的影响而逐渐退化，如过载、司机误操作、自然环境、磨损、气候温度等系统内外部因素。由此可见，在这些内外部因素的不断影响下，随着时间的推进，地铁设备设施的性能正在逐渐退化，进而导致地铁系统的脆弱性效应越来越明显。

Blockh 和 Geitner 的研究表明，99% 的设备在故障之前总会有一些先兆发生，而且一般情况下这种先兆往往出现在数月前。所以，提前运用各种先进的监测技术以及更高的设备维护水平，及时发现设备故障的前兆信息以及设备运行过程中的异常特征，对于设备故障的预防性维护工作非常重要，可以有针对性地制定防控措施来阻止故障发生，尽可能地使其达到"零故障"工作状态。优化设备设施系统可靠性的一个基本思路就是加强设备故障的预防工作，在设备状态即将到达其损坏的临界状态时，及时对其进行预防性的更换或维修，防止其故障状态的发生。

提高维修水平也可以有效降低地铁的脆弱性，比如引进更先进的维修设备、提升维修材料的质量、改善维修方法、改变维修作业环境等方法均可以加强维修质量的管理工作。众所周知，地铁运行所需的各类机电设备和设施的设计与制造都十分复杂，其维修和保养工作的难度系数也是相当高的，这一过程对于维修设备的先进水平以及维修人员的业务水平都有很高的要求。另外，维修工作中还需要注意一个关键问题，即维修材料，它主要由维修过程需要用到的消耗性材料以及需维修设备的备用件组成，地铁在实际运行过程中已发生过多起由于这些维修材料的质量问题所造成的事故，可见加强维修材料的检验力度已十分重要。最后一个会影响设备维修质量的因素即维修方法，对维修工艺和流程的优化和及时更新也是提高设备维护水平的重要支撑。

（六）加强地铁网络的应急管理

对应急管理进行改善，可以在一定程度上降低地铁的脆弱性。对于客流应急疏散能力，可以从地铁与路面公共交通的接驳上出发加以改善。众所周知，西安市是陕西省的省会，也是一个旅游业十分发达的城市，同时是中西部的政治、经济、文化和交通中心。西安市目前的路面交通工具主要有公交车、出租车、共享单车（电动汽车）。闫永泽（2017）研究发现，公交站和地铁站之间的直线距离低于居民心中的可接受最长换乘距离时，就可以说该公交站与地铁站之间互补，而一个城市中的互补站点对较多，这个城市的公共交通网络就拥有较低的脆弱性水平。更重要的是，当突发事故出现或者客流环境趋于恶劣状态时，乘客们就会自发地去换乘其他的交通工具，这时如果更换交通工具的成本和时间很低，地铁站内的客流就会得到快速的疏散。现阶段，西安地铁的现有站点与线路规划基本成型，要大范围深度更改其布局需要付出很大的代价。但是公交站点的位置变动成本相对较小，所以未来可以在公交车的线路规划上与站点选址上，尽可能地做到与周围的地铁站形成接驳效应，使它们之间的距离小于可接受的最大换乘距离，方便市民在两种交通工具之间进行换乘以及突发事件发生时的客流快速疏散。

附录1 地铁运营事故案例汇总

编号	时间	地点	事故类别	事故内容	事故原因
1	2013/1/17	北京	设备设施类	7:53，2033次列车行驶到北苑路北站时突然发生紧急制动。该事件造成停运20列，到晚5分以上34列	司空器警惕按钮的行程开关接线发生断裂
2	2013/1/18	北京	设备设施类	22:50，G446次列车在万寿路站上下乘客后突然无法启动。该事件造成停运6列，到晚5分以上4列	线缆的绝缘外皮破损，造成其在与金属部件间不断摩擦时，产生拉弧将线缆烧断
3	2013/2/3	北京	设备设施类	20:29，107次车在东直门站到三元桥站这一区间内连续发生了四五次全列牵引无流的故障情况，导致机场线运营一度中断，造成停运7列，到晚5分以上2列	司控编码器发生异常
4	2013/3/5	北京	设备设施类	5:38，1007次列车运行至立水桥南站，正常作业完毕后要发车时，列车TMS显示全列BC压力、级位EB。此事造成中断正常运营25分钟，停运8列	制动控制单元箱体内的一条接线外皮破损，出现正极接地
5	2013/5/18	北京	设备设施类	3:46，公主坟站的5号道岔无法反位。该事件造成晚到5分以上列车一共4列	5号道岔表示缺口卡口，5号道岔反位没有位置表示
6	2011/2/29	北京	设备设施类	6:34，地铁10号线知春路站内一自动扶梯故障停梯，扶梯上头部的盖板下发生火灾	梯级间隙的照明灯具发生线路短路导致扶梯主空气开关保护动作跳闸，点燃了扶梯桁架和梯路上的油污及毛絮

续表

编号	时间	地点	事故类别	事故内容	事故原因
7	2005/12/1	南京	行车类	6:55，两列车进行连挂时，车钩碰撞在一起，导致连挂失败。造成列车的防爬器轻微擦伤，车头右侧的导流罩损坏	一是编制技术文本时，没有对"小曲率半径连挂作业要求"进行明确；二是列车员违反列车规定在小半径曲线路段进行连挂作业；三是未按照操作规定使用手动连挂
8	2005/12/6	南京	行车类	22:11，列车在回列检库时，车头撞上库门，导致列检库大门破损严重，列车头部右侧有一处表面擦伤	一是列检库的大门没有开启到位；二是司机入库前未认真观察前方线路
9	2006/10/17	罗马	行车类	9:37，一辆列车突然驶入车站撞击了在月台停靠着的列车，致使后者的最后一节车厢与前者的第一节车厢缠绕在一起。事故导致1人死亡，约110人受伤	一是司机超速行驶；二是调度人员对异常列车的监控松散，未开放正确的行车信号及道岔
10	2006/7/3	瓦伦西亚	行车类	13:00，一辆列车在耶稣站前方的曲线段隧道内发生出轨事故，2节车厢脱离轨道撞向隧道壁，造成至少41人死亡，47人受伤	一是列车在曲线路段严重超速，导致轮胎破裂；二是列车司机是新手，缺乏驾驶经验和安全意识；三是司机在事发前可能已经失去知觉
11	2003/8/28	伦敦	设备设施类	傍晚，伦敦市突然全部停电，导致近2/3的地铁和部分列车停运，约25万人被困在地铁里	保险丝规格安装错误，导致供电系统故障
12	2009/12/22	上海	行车类	地铁1号线突发跳闸故障，导致区间停运，进而发生了两辆列车侧面碰撞的事故，但此次并未造成人员伤亡	一是供电触网跳闸，造成供电系统故障；二是轨道区段编码电路配线出错，导致变电箱起火；三是隧道内供电不稳定
13	2011/9/22	北京	客运类	18:11，维修人员维修完西单站内的电梯故障后，忘记打开正在运行中的电梯上方的护拦门，只打开了下方的护拦门，造成乘客拥堵和挤伤	电梯上头部护拦门没有打开
14	2011/9/27	上海	行车类	14:10，两辆列车发生追尾事故，造成295人受伤	一是信号系统发生设备故障，导致移动闭塞无法使用；二是人工调度不当
15	2011/11/3	北京	客运类	由于乘客在站台及车门关门提示铃响后抢上、扒门拉门，造成列车车门故障，停运约10分钟，影响部分列车晚点	列车车门因人员拥挤故障，退出正线运营
16	2012/12/24	广州	设备设施类	8:40，列车因车门故障，导致列车紧急停运，延误了7分钟	乘客在列车启动后，拉扯被车门夹住的物品造成3个以上车门故障
17	2003/7/14	上海	设备设施类	地铁1号线发生供电线路故障，停运62分钟，数万乘客受到影响	地铁牵引变电站直流开关跳闸，列车蓄电池亏电过量，致使列车无法启动
18	2011/7/5	北京	设备设施类	9:36，地铁站内某扶梯突然发生溜梯事故，一个上行的扶梯突然变成下行，导致扶梯上的人直接摔了下来，造成1人死亡，3人重伤，27人轻伤	电梯内某固定零件损坏，造成驱动主机移位和驱动链条脱落，进而发生扶梯下滑
19	2011/4/24	南京	客运类	10:40，一名擅自进入轨道区域的男子被撞身亡。导致当次车晚点12分钟，整条线43分钟后才恢复正常运营	站台上未安装屏蔽门

续表

编号	时间	地点	事故类别	事故内容	事故原因
20	2014/11/6	北京	客运类	18:57，一名女子乘坐地铁时被夹在闭合的安全门和车门中，随后车子开动，该女子被挤后跌落站台	晚高峰期间，大客流导致拥堵
21	2001/12/4	北京	客运类	一名女子在站台候车时，被拥挤的人群挤下站台当场轧死	大客流造成乘客拥堵
22	2003/3/20	上海	设备设施类	地铁3号线闸门故障，导致停运60多分钟	列车闸门自动解锁拖钩故障
23	2003/3/17	上海	设备设施类	地铁1号线信号控制系统突然发生故障，停运8分钟	列车信号控制系统故障
24	2014/7/15	莫斯科	行车类	地铁列车发生脱轨事故，3节车厢脱轨，其中一节严重变形，造成20人死亡，161人受伤	地铁工作人员用普通金属丝替换了可移动的闭塞设备
25	2005/4/25	日本兵库县尼崎市	行车类	9:20，一列通勤电车在急转弯处发生出轨事故，撞向轨道旁边的一栋公寓，造成列车的两节车厢严重扭曲变形，导致107人死亡，562人受伤	一是列车超速行驶，驾驶员经验不足；二是轨道上有石头等障碍物，且轨道弯道段无护轨装置
26	2006/3/15	南京	设备设施类	14:06，因无法正常牵引，列车在运行中突然紧急制动，导致正线运营晚点近一个小时	列车制动系统中的制动压力开关状态不稳定
27	2006/10/22	南京	设备设施类	10:33，地铁车辆常用制动失灵，造成这条线路上的列车运行中断25分钟	司控器航空插头h号针与制动命令继电器连接不良
28	2011/8/22	南京	行车类	14:47，地铁2号线一列开往油坊桥方向的列车在运行过程中车厢外突然冒出火花，车厢内也不断有浓烟冒出，三、四节车厢上下发生了近半米的错位	地下水渗入，将长达20米的一段混凝土结构路基拱起，导致道床上浮
29	2013/2/17	北京	设备设施类	19:15，FS015列车在良乡大学城北站发车时，司机突然发现1号车门选向开关的旋钮脱落，无法进行开关门操作	车门选向开关旋钮脱落，开关处于"L"位不能转动
30	2013/3/15	北京	设备设施类	8:00，G454车在木樨地站准备发车时，列车TMS显示全部动车VVVF同时报FAIL故障，列车无法继续运营	列车发生故障后，司机未按照规定按压司机台上的复位按钮，导致故障扩大
31	2018/11/25	南京	设备设施类	11:53地铁二号线突发故障，仙鹤门至经天路全区红光带故障，导致列车大面积延误	路段区间红光带、道岔短闪故障
32	2013/10/27	上海	客运类	19:20许，一名男子在11号线南翔站擅自进入道床，被列车撞击当场身亡	乘客擅自进入道床
33	2012/12/7	西安	设备设施类	7:50，地铁2号线一辆列车行驶至运动公园站与行政中心站这一区间时，逆变器突然显示故障。导致7:50—8:20运行的上行列车约晚点7分钟	车辆显示逆变器发生故障
34	2018/1/5	西安	设备设施类	6:54，地铁2号线一列车在进入北客站时列车突发设备故障	大客流；道岔故障
35	2015/12/14	西安	设备设施类	地铁1号线的信号设备出现故障，致部分列车延误。7:00许，地铁2号线线路北端车辆段同样发生信号设备故障，导致列车不能正常出车，延误约20分钟	车辆信号设备故障
36	2014/12/4	西安	设备设施类	7:00许，地铁2号线10502次列车的车载信号发生故障，造成10分钟延误	列车车载信号发生故障

续表

编号	时间	地点	事故类别	事故内容	事故原因
37	2012/6/1	西安	设备设施类	8:01，因市图书馆、北大街联锁区间内的信号发生故障，造成列车晚点约40分钟	信号系统电源运行不稳定，导致信号不显示
38	2017/4/12	西安	行车类	三天的时间内，地铁3号线接连遭遇了3次防晒网、风筝、气球等物体的侵袭，使列车被迫紧急停车	列车前方供电接触网上有不明飞行物
39	2018/4/9	西安	设备设施类	6:35，地铁3号线保税区联锁区发生信号故障，造成桃花潭至保税区段列车降级运行，部分列车延误	信号设备故障
40	2017/9/19	西安	设备设施类	13:23，工作人员发现地铁一号线通化门站下行23号屏蔽门出现故障，经查是一枚弹珠卡住了屏蔽门	屏蔽门被卡住导致列车故障
41	2016/03/02	北京	客运类	7:38地铁1号线万寿路站下行一名乘客闯进列车轨道，导致列车紧急制动，该乘客经抢救无效死亡	乘客违规进入列车运行轨道
42	2018/7/4	台北	客运类	9:04，一辆列车的车厢内疑似出现老鼠，发出"吱吱声"，引发乘客恐慌和推挤，两人受伤	车厢内出现老鼠
43	2008/3/4	北京	客运类	8:30，东单地铁站的换乘通道内，一个站着数百名乘客的水平电动扶梯突然发出异响，乘客逆向奔跑，导致多人摔倒，11人受伤	电梯超载
44	2010/12/14	深圳	设备设施类	9:00，地铁1号线国贸站内的5号上行扶梯突然逆行，造成23位乘客受伤	扶梯的主机固定螺栓松脱，使主机支座发生位移，造成驱动链条脱落，扶梯在乘客重量的影响下变成了下滑
45	2003/11/7	上海	设备设施类	16:00，地铁1号线莘庄站内一自动扶梯突发从上行变成了下滑，造成扶梯上多名乘客摔倒受伤	扶梯主机上的驱动链连接销断裂，紧急制动失灵
46	2011/08/01	上海	自然灾害	申城部分地区出现短时强降水，受其影响，16:42地铁3号线发生失电故障	联络电缆的绝缘层破损进而引起触网短路
47	2001/9/17	台湾	自然灾害类	受第16号台风百合登陆影响，台北大部分地区遭遇洪水。地铁中和线、板南线等多条线路因被水淹而停运6个月	第16号台风百合的登陆
48	2008/7/5	北京	自然灾害类	因雨水倒灌导致地铁5号线双向停运三小时	暴雨导致雨水淤泥倒灌
49	2007/8/8	纽约	自然灾害类	因暴风雨的袭击，大量雨水灌进地铁站，地铁内积水严重，所有线路都延误或改变路线，一些甚至关闭了超过一小时	强风和暴雨
50	2012/10/30	纽约	自然灾害类	中心附近最大风力有12级（36米/秒）的"桑迪"风暴卷起4米多高的海浪扑向曼哈顿，海水倒灌导致多条地铁隧道被淹没，地铁完全关闭了3天	飓风侵袭
51	2013/7/22	西安	自然灾害类	受地震影响，地铁停运了半小时	受甘肃省定西市6.6级地震影响
52	2016/7/24	西安	自然灾害类	地铁2号线小寨站严重积水导致其临时关闭	受强降水影响

续表

编号	时间	地点	事故类别	事故内容	事故原因
53	2016/7/8	南京	自然灾害类	地铁1号、3号线积水严重并启动红色一级预警	受暴雨持续影响，导致雨水倒灌
54	2017/6/13	深圳	自然灾害类	部分地铁站内积水严重，并启动橙色预警	受暴雨持续影响，导致雨水倒灌
55	2017/7/14	北京	自然灾害类	地铁10号线双井站发生设备故障并出现火光	接触轨绝缘子受高温高湿环境影响，被直流电击穿导致接地短路
56	2018/1/27	武汉	自然灾害类	范湖地铁站A出口顶棚受积雪积冰压力发生坍塌，未造成人员伤亡	遭遇强降雪
57	2018/1/29	西安	自然灾害类	地铁出现不同程度的晚点，客流量暴增，地铁换乘站内客流拥堵现象严重	遭遇强降雪
58	2018/6/28	成都	自然灾害类	地铁1号线广福站外的施工工地的大量雨水进入车站，造成车站站厅积水，临时将广福站关闭	受连续暴雨影响
59	2018/8/2	伦敦	自然灾害类	高温天气导致地铁车厢内温度高达40℃，引起大部分乘客不适，小部分乘客晕倒	高温天气
60	2019/2/12	北京	自然灾害类	受天气影响客流激增，地铁各线路的早高峰延长一小时	受强降雪影响
61	2017/7/11	巴黎	自然灾害类	巴黎遭遇罕见大暴雨，导致20个地铁站关闭	暴雨
62	2018/4/16	纽约	自然灾害类	纽约市遭遇了一场春季暴雨，降雨量超过3英寸。暴雨引发的洪水对地铁系统造成严重破坏，多个地铁站点被淹，导致信号和设备出现问题和延误	暴雨造成地铁站被淹
63	2004/01/05	香港	恶意攻击类	2004年1月5日，香港一列地铁驶入金钟站，有人在车厢内纵火，引起火警并冒出大量浓烟，造成14人受伤	人为纵火
64	1995/3/21	东京	恶意攻击类	五名恐怖分子在多个列车内释放致命的神经毒气，使乘客们身体异常，出现跌倒现象，并口吐血沫。事件造成5510人以上受伤，1036人住院，12人死亡，数条地铁运行线路被关闭，26个地铁站点受到影响	日本邪教组织奥姆真理教在列车内散布沙林毒气
65	2005/7/7	伦敦	恶意攻击类	7:49，英国伦敦利物浦大街和阿尔吉特之间的城市地铁线上，4个人在三辆地铁和一辆巴士上引爆自杀式炸弹，导致地铁交通网络中断，连续发生至少7起爆炸，均为自杀式爆炸，共造成52人死亡，700多人受伤。两星期后的7月21日，伦敦三个地铁站又受到袭击	据说是一个叫"欧洲圣战组织基地秘密小组"的组织所为，他们声称是为了报复英国参与对阿富汗及伊拉克的军事行动
66	2015/10/5	香港	恶意攻击类	港独分子利用地铁限制行李大小规定的抗议活动，聚集激进人员、煽动群众于地铁闸机附近闹事，造成地铁入站口一度陷入堵塞	港独分子的恶意示威和挑衅
67	2009/3/3	雅典	恶意攻击类	凌晨1:00左右，一群纵火犯袭击了雅典的一座地面地铁站，将乘客赶下车后往车厢泼汽油，并用燃烧弹引燃车厢，同时袭击了另一列车的空车厢，导致一列车上的6节车厢被毁，另一列车上有3节车厢被毁	一个小型无政府主义组织的恐怖袭击

续表

编号	时间	地点	事故类别	事故内容	事故原因
68	2010/3/29	莫斯科	恶意攻击类	北京时间11:52，一辆列车在卢比扬卡地铁站停靠时，列车的第二节车厢突然爆炸，造成10人伤，25人亡。42分钟后，文化公园地铁站也发生爆炸事件。又几分钟后，和平大街站发生第3起爆炸事件。据悉总共有41人死，74人伤	车臣分裂分子进行的一次恐怖袭击
69	2011/4/11	明斯克	恶意攻击类	当地时间17:56下班高峰期，明斯克十月地铁站发生爆炸。爆炸发生时刻，有两列地铁同时到达。一辆地铁的最后一节车厢发生爆炸，引发浓烟，乘客争相出逃导致拥挤受伤。此次事件造成12人死亡	恐怖分子引发的恶意爆炸
70	2013/2/18	大邱	恶意攻击类	韩国大邱市地铁于中央路车站发生火灾。一名男子把一个绿色塑料罐内的易燃物洒到座椅上，点燃后跑出了车站。车内起火后，车站的电力系统立刻自动断电，列车门因断电无法打开，而车内没有自动灭火装置。4分钟后，另一列车也进入该站，且驾驶员没有及时打开车门疏散乘客，致使大火迅速蔓延过去。事故发生后，所有的地铁停止运行。最终导致198人死亡，147人受伤	该男子患有严重的抑郁症，经常有自暴自弃的倾向，已失去精神判断能力，他行凶是出于一种愤世嫉俗的心理
71	2014/5/21	台湾	恶意攻击类	16:00许，台北捷运江子翠站发生随机砍人事件。当天，一名男子突然向其他乘客挥刀乱砍乱刺，专挑脖子、胸部等要害部位攻击。该事件造成4人死亡，22人受伤	行凶者具有反社会倾向，故意杀人
72	2015/7/20	台湾	恶意攻击类	20:50，一名年轻男子持刀从台北中山地下街往捷运中山站旅客询问处走，突然挥刀砍人，致3女1男受伤	该男子有吸毒前科，因长期失业，加上吸毒出现幻听，造成心情烦躁，精神恍惚，所以恶意伤人
73	2017/2/10	香港	恶意攻击类	19:00左右，一列由金钟开往荃湾方向的地铁，在运行途中突然起火，导致12人受伤	疑犯声称自己的儿子被人害死，因此在车厢内投掷燃烧弹，意欲自焚，并拉其他乘客"垫背"
74	2017/4/3	圣彼得堡	恶意攻击类	14:40许，圣彼得堡地铁，因简易爆炸装置引发两个地铁站"先纳亚广场"和"技术学院"发生爆炸。爆炸造成16人死亡，50多人受伤	俄罗斯的激进派伊斯兰团体的恐怖分子，用背包夹带爆炸装置，在地铁内自杀引爆
75	2017/7/5	雅典	恶意攻击类	下午，一名男子声称爱格里奥地铁站内被放置了爆炸物，将于18:15引爆。警方彻查后并未发现任何爆炸物	恐怖分子的恶意恐吓
76	2017/9/15	伦敦	恶意攻击类	伦敦帕森格林地铁站发生爆炸，紧接着又发生踩踏事件。造成至少29人受伤，地铁暂停运行	极端组织伊斯兰国的一个组织谋划了此次爆炸案
77	2017/12/11	纽约	恶意攻击类	一名恐怖分子在曼哈顿地铁站引爆管状炸弹	极端组织"伊斯兰国"的恐怖分子乌拉，因对美国总统特朗普感到不满，发起的恐怖袭击

续表

编号	时间	地点	事故类别	事故内容	事故原因
78	2017/12/11	纽约	恶意攻击类	7:30左右,纽约42街时代广场附近,一名男子携带简易爆炸装置,在纽约—新泽西港务局车站通往时报广场的地铁通道内引爆炸弹,多条地铁线被迫关闭。该事件造成包括嫌犯在内共4人受伤	与极端组织伊斯兰国(IS)相关的恐怖袭击。嫌犯是受到一个名为"圣战者之军"的ISIS狂热群组的启发
79	2018/2/5	(委内瑞拉)加拉加斯	恶意攻击类	委内瑞拉首都加拉加斯地铁发生催泪弹爆炸事件,地铁一度停运,没有造成人员伤亡	恐怖分子进行的恶意恐吓
80	2018/2/12	多伦多	恶意攻击类	地铁大学站发生随机捅人事件,一名27岁男子在车厢用冰锥对一名60多岁的男子捅了数刀。导致大学站被迫关闭,1号线联合车站和艾格连顿站之间的地铁服务台也被关闭	嫌犯随身携带武器,随机作案
81	2004/3/11	马德里	恶意攻击类	地铁内的4列通勤车共发生了10起有预谋的炸弹袭击事件,此次袭击造成死亡191人,伤1800多人	基地恐怖组织所实施的一次恐怖袭击事件
82	2011/08/14	广州	设备设施类	广州地铁2号线越秀公园站连续发生两次接触网绝缘子打火花后,导致接触网瞬间断电长达8秒,经应急处理后,未有列车受到影响	接触网绝缘子打火致瞬间断电
83	2011/08/14	广州	设备设施类	10:30,地铁3号线一辆列车在行驶过程中发生故障。10分钟后,更换备用列车,线路运行恢复,无人员损伤	车身故障
84	2011/07/28	上海	设备设施类	地铁10号线一辆列车行驶方向与计划方向相反。主要因为CBTC信号升级过程中造成的通信堵塞,无人员损伤	信号阻塞故障
85	2011/06/03	上海	客运类	上午,地铁2号线中一名女子落入列车轨道,列车紧急制动后仍发生碰撞	未安屏蔽门
86	2010/8/23	北京	客运类	22:45左右,地铁鼓楼大街站内一男子被轨道电击身亡	高压电电击
87	2007/07/15	上海	客运类	某地铁站台上,一名男子在搭乘地铁时被卡在屏蔽门和列车之间,待列车行驶后直接掉落轨道当场死亡	屏蔽门感应器故障
89	2011/08/01	北京	设备设施类	20:31,地铁10号线双井站内,一扶梯紧急停止,经查询后发现电梯变形,未造成人员伤亡	乘客所提重物碰撞所致
90	2019/06/11	西安	设备设施类	20:30左右,地铁3号线吉祥村站内的电扶梯突然冒烟,致使整个车站内烟雾弥漫,工作人员紧急疏散了乘客,浓烟让人们的眼睛都睁不开	电扶梯被异物卡滞,导致电机空转摩擦,从而产生了大量烟雾

附录2 关于城市地铁网络脆弱性现状及存在问题的专家访谈提纲

1.访谈目的:了解现阶段我国城市地铁网络脆弱性的现状及存在问题,选择西安地铁为研究对象进行访谈调研。
2.访谈对象:西安地铁有关部门的工作人员和管理人员等。
3 访谈方式:面对面访谈为主,个别访谈为辅。

4. 访谈提纲
（1）访谈开场语
您好！非常荣幸能够邀请您共同参与本次的课题实践。本次课题研究的是城市地铁网络脆弱性的现状及所存在的问题。为了解我国各城市地铁网络脆弱性中存在的问题，以便之后能够提出具有针对性和实用性的策略建议，以西安地铁网络的运营历程为例，特向您请教有关方面的问题，尽量不会耽误您过多时间。
（2）访谈内容
①您主要负责地铁运营整个过程的哪一部分？当今地铁运行事故频发，您对这些事故的发生有什么看法？
②对于西安地铁在节假日和上下班高峰期的大客流拥堵现象您有什么看法？您认为当前乘客的素质水平如何？对地铁的安全运营会产生大的影响吗？
③去年冬天的一场暴雪中，西安地铁突发故障停运，有工作人员声称是因为大雪导致设备故障，对此您有什么看法？您认为自然环境在地铁运营过程中扮演着一个什么样的角色？
④当今社会地铁恐怖袭击事件频频发生，我国也曾发生过乘客在地铁站恶意攻击造成人员伤亡的事件，您认为这些恐怖袭击对地铁的运行造成较大影响吗？
⑤地铁的运行依赖于大量设备的正常运转，西安地铁曾发生过多次因设备故障导致列车运行延误的情况，请问您认为设备问题是导致地铁事故的最主要原因吗？
⑥地铁的安全运营需要对各方进行协调和管理，您认为当前地铁公司的管理机制是否合理完善？如果不是，那您认为其中存在什么问题？这些问题对地铁会造成大的影响吗？
⑦地铁运行事故的发生往往伴随着应急救援工作，您认为当前地铁对于这些事故应对能力如何？公司的应急管理体制是否完善？如果不，您觉得还存在哪些问题？
⑧地铁的运营过程中也会发生某些突发情况，比如列车内突然出现老鼠，您认为当前地铁的运营环境是否安全舒适？如果不是，那存在哪些问题？是否会对列车的正常运行造成影响？
⑨此外，您觉得在地铁运行的过程中还可能有哪些问题发生？如果有，那是如何对地铁造成影响的？
（3）访谈结束语
非常感谢您在百忙之中接受我们的本次访谈，您的答疑解惑，令我们十分受益。今后如有机会，还请您多多指教！

附录3　关于地铁网络脆弱性的各影响因素之间作用强度的调查问卷

城市地铁网络的脆弱性受到多类因素的影响，各因素之间存在着复杂的耦合作用关系，这些作用关系的强度也不尽相同，请您根据自身的知识和工作经验，在附表3-3中对地铁脆弱性各影响因素之间的耦合作用强度进行打分评判，影响因素见附表3-1，打分标准见附表3-2。

附表3-1　地铁脆弱性影响因素

| 因素 | 员工懈怠工作 A_{11} | 员工违规操作 A_{12} | 员工的技术业务水平 A_{13} | 员工的工作疏忽 A_{21} | 员工的应急处理能力 A_{22} | 员工的安全责任意识 A_{23} | 乘客素质水平 A_{31} | 乘客身心状态 A_{32} | 设备设施的状态 B_{11} | 设备材质合格率 B_{12} | 设备设施的质量 B_{13} | 通信/信号系统 B_{21} | 通风排烟系统 B_{22} | 给排水系统 B_{23} | 供电系统 B_{24} | 安全防护系统 B_{25} | 车辆系统 B_{26} | 列车运营环境 C_{11} | 车站布局设计 C_{12} | 自然环境 C_{21} | 社会环境 C_{22} | 政治环境 C_{23} | 经济环境 C_{24} | 安全教育培训 D_{11} | 车辆运行规章制度 D_{12} | 安全防护设施的投入 D_{13} | 客流应急疏散 D_{21} | 应急救援工作 D_{22} |

附表3-2　打分标准

标度	0	1	2	3	4
对应语义	没有影响	影响极小	影响较弱	影响强	影响很强

附表 3-3　因素之间的影响度打分表格

因素	A_{11}	A_{12}	A_{13}	A_{21}	A_{22}	A_{23}	A_{31}	A_{32}	B_{11}	B_{12}	B_{13}	B_{21}	B_{22}	B_{23}	B_{24}	B_{25}	B_{26}	C_{11}	C_{12}	C_{21}	C_{22}	C_{23}	C_{24}	D_{11}	D_{12}	D_{13}	D_{21}	D_{22}
A_{11}																												
A_{12}																												
A_{13}																												
A_{21}																												
A_{22}																												
A_{23}																												
A_{31}																												
A_{32}																												
B_{11}																												
B_{12}																												
B_{13}																												
B_{21}																												
B_{22}																												
B_{23}																												
B_{24}																												
B_{25}																												
B_{26}																												
C_{11}																												
C_{12}																												
C_{21}																												
C_{22}																												
C_{23}																												
C_{24}																												
D_{11}																												
D_{12}																												
D_{13}																												
D_{21}																												
D_{22}																												

附录 4　针对"西安地铁网络脆弱性"的调查问卷

尊敬的专家/老师：

您好！我们正在做关于西安地铁网络脆弱性动态演化过程的系统动力学仿真，为西安地铁脆弱性的成因研究和防控策略的制定提供参考。希望您能根据自身经验和所学知识对西安地铁的下列指标进行打分，以便于我们在后续研究中确定西安地铁脆弱性 SD 模型中各变量的初始值，非常感谢您！打分标准见附表 4-1，请您根据打分标准对附表 4-2 中的各变量的取值进行打分。例如，员工懈怠工作这一变量的取值为 5 时，表示员工懈怠工作的频率非常高；社会环境这一变量的取值为 1 时，表示当前地铁所处的社会环境状况很差，因此社会环境水平很低。

附表 4-1　打分标准

取值标度	1	2	3	4	5
对应语义（该变量的水平）	很低	较低	正常（中等）	较高	很高

附表 4-2　针对西安地铁的各因素打分结果

变量名	打分标度				
	1	2	3	4	5
员工违规操作					
员工懈怠工作					
员工的安全责任意识					
车站布局设计					
设备设施的状态					
设备设施的质量					
社会环境					
安全教育培训					
应急救援工作					
客流应急疏散					

附录5 2012—2019年西安地铁运行过程中发生的延误和事故

时间	发生的具体事件	时间	发生的具体事件
2012.1.6	地铁2号线信号设备故障，开往北客站方向的列车延误	2016.12.24	2号线某列车的车门滑动槽内卡了一个玻璃球，导致车门无法关闭
2012.4.20	2号线北客站一处道岔机发生故障	2016.4.27	2号线图书馆站屏蔽门故障
2012.5.31	2号线信号系统突发故障	2016.1.3	1号线设备故障
2012.6.18	2号线屏蔽门故障	2016.8.31	2号线开往韦曲南站方向信号故障
2012.12.31	2号线行驶至钟楼站时，一乘客称车上有炸弹，列车停运，后来发现该乘客患有精神疾病	2016.4.25 2016.9.21	一女乘客在南稍门站乘坐电梯时，将高跟鞋卡进电扶梯，扶梯被卡停
2012.7.23	永宁门清客，司机发现列车有异响，下车检查	2016.1.26	因供电局外部供电故障，导致钟楼站至韦曲南站的低压设备失电
2012.12.7	2号线11502次列车在运动公园站至行政中心站上行区间运行时，车辆显示逆变器发生故障	2016.6.7	1号线半坡站，由于站外施工工地雨污水排水不畅，积水进入地铁站
2013.2.25	2号线在北苑站车辆逆变器发生故障	2016.7.24	暴雨导致部分雨水进入小寨站，小寨站大量积水，暂时关闭
2013.3.7	2号线10417次列车在北大街站，有乘客启动报警装置唱歌，列车延误	2016.7.28	小寨站A出口外出现积水，原因是站外某水路管网破裂
2013.4.30	无障碍电梯设施发生故障	2016.8.25	长乐坡站，一男子搭乘扶梯后按压紧急按钮，扶梯停运
2013.2.20	2号线上行一列车底部有异响，停运检查	2017.9.17	1号线通化门站23号屏蔽门被弹珠卡住无法关闭
2013.8.5	凤城五路站上行一屏蔽门破碎	2017.7.6	1号线信号故障
2013.10.4	1号线三桥站列车发车时，发现有乘客手部被列车车门夹到	2017.9.10	两名男子进入韦曲南站，搞坏电梯后就离开了，导致无障碍电梯故障
2013.11.8	1号线某列车的电子显示地图故障	2017.8.28	2号线龙首塬站，一男子手持菜刀胡乱砍人
2013.11.20	北大街至洒金桥区间信号故障	2017.8.21	一女子带八颗子弹乘坐地铁
2013.11.25	枣园至汉城路上行区间信号故障	2017.7.22	小寨站B出入口外发生火灾，随即关闭B出入口
2013.12.4	1号线信号故障	2017.6.23	北大街地铁站内一女子的高跟鞋卡入扶梯盖板内
2013.12.22	2号线信号系统故障	2017.5.31	长乐公园站因外部施工，临时关闭
2013.10.18	玉祥门站D口的卷闸门故障	2017.5.11	2号线永宁门站因空调机组轴承损坏造成卡组皮带磨损产生烟雾
2014.10.21	钟楼站C口卷闸门故障	2017.4.15	行政中心站，一乘客下车时因低头玩手机不幸将其掉入轨道区
2014.10.2	2号线北大街站列车门故障	2017.4.13	大风将一块防晒网吹到3号线香湖湾至务庄站外的地铁供电触网上，导致接触网停电，列车延误
2014.12.4	2号线列车车载信号故障	2017.4.11	小寨站一列车突然无法启动，原因是有乘客擅自打开车厢的紧急解锁装置罩板，操作紧急解锁手柄，导致列车紧急停车
2014.3.23	1号线信号系统故障，启动电话闭塞	2017.3.8	3号线设备故障

续表

时间	发生的具体事件	时间	发生的具体事件
2014.2.10	2号线永宁门站照明设施故障（供电系统故障）	2017.3.4	地铁通化门站内，一乘客将长安通卡放在电梯扶手上玩耍时不慎将其掉入扶手带卡槽，专业维修人员经过一小时紧急抢修后最终取出
2014.2.6	北苑站至北客站下行区间设备故障	2018.4.9	3号线信号设备故障
2014.9.16	航天城站，一女乘客携带甩棍类违禁品进站，并与保安发生冲突	2018.1.5	2号线北客站上行进站时列车发生设备故障
2014.8.12	受暴雨影响，永宁门站A出入口外地面大量积水，引发站内通道漏水	2018.8.23	1号线洒金桥至北大街区间发生信号故障
2014.8.11 2014.5.2	一乘客随意按压紧急停车按钮，导致列车紧急停车	2018.6.30	老人抢上地铁，用身体挡门，导致列车延误
2014.7.24	1号线后卫寨站D出入口地面下降，且通道渗漏水	2018.7.16	3号线鱼化寨站设备故障检修
2014.7.11	1号线信号设备故障	2018.10.18	一男子在二号线某站厅内逆行进入单向换乘通道，并辱骂推搡民警
2014.6.22	2号线航天城站上行整列屏蔽门无法使用	2018.10.18	2号线北大街站三号电扶梯故障
2014.4.26	1号线纺织城站设备故障	2018.9.13	一男子在三号线保税区站携带管制刀具进入地铁
2014.4.15	1号线劳动路站一台空调电机因轴承损坏打滑产生烟雾	2019.2.17	2号线设备故障
2015.4.21	北大街站一闸机扇门被乘客撞断	2019.10.15	2号线设备故障
2015.3.24	一乘客将手机掉进轨道区内	2019.4.9	3号线信号设备故障
2015.3.23	乘客在北大街抢上，造成列车延误	2019.12.27	2号线信号故障
2015.2.28	北大街站一小孩的鞋带被扶梯齿夹住	2019.11.7	2号线钟楼站至韦曲南站设备故障
2015.2.25	小寨站，一男乘客在过安检进站时，手抱着字画一起进入安检机铅帘，结果手指粉碎性骨折	2015.1.23	1号线小寨站出入口直梯故障
2015.12.15	2号线信号设备故障	2015.1.8	北客站上行一列车出现故障
2015.12.14	1号线信号设备故障	2015.12.1	一乘客乘坐电扶梯时，围巾夹入电扶梯内，导致电梯停运

第三篇

科技发展

秦创原创新驱动发展能力评价与推进策略研究

本文是 2022 年西安市科技计划软科学研究重点项目"秦创原创新驱动发展能力评价与推进策略研究"（项目编号 2022JH-ZDXM-0024）的研究成果。本项目邀请陕西省发展经济学学会，西安市委和市政府研究室，西安市雁塔区、碑林区、高新区、经开区、沣东新区、航天基地，秦创原大平台，西安市有关创投、成果转化企业和科技中介服务单位，北京市科委和中关村创投企业，深圳、宁波创投企业等单位的专业人士参与评价。西安发展研究院和西安电子科技大学经济与管理学院主要承担了本项目的研究工作。

一、引言

（一）研究背景和意义

创新平台是开展科学研究及关键核心技术攻关的"利器"，是高水平科技创新体系的重要组成部分。习近平总书记对科技创新工作一直高度重视，做出过多次重要指示。2023年3月5日，习近平总书记参加十四届全国人大一次会议江苏代表团审议时再次强调："加快实现高水平科技自立自强，是推动高质量发展的必由之路。"陕西是科教大省，习近平总书记对陕西科技创新工作尤为重视，寄予厚望。早在 2015 年、2020 年两次来陕西考察时都强调要在创新驱动发展方面"走在前列""迈出更大步伐"。为贯彻落实习近平总书记的指示，陕西省作出了建设秦创原创新驱动平台的重大决策。2021 年 3 月，秦创原正式启动，5 月公布了《秦创原创新驱动平台建设三年行动计划（2021—2023 年）》。围绕加速产业链和创新链深度融合，聚焦立体联动"孵化器"、成果转化"加速器"和两链融合"促进器"三大目标，使其成为全省创新驱动发展的总源头和总平台。

秦创原一经启动，全省 11 个市（区）迅速跟进制定了推进方案和配套政策。西安市发挥秦创原建设主力军的作用，制定《西安市推进秦创原创新驱动平台建设实施方案（2021—2023 年）》，进行"一总两带"总布局，全力推进、狠抓落实。两年来，秦创原在推动全域协同创新发展、促进科技成果落地转化、加速科技企业培育和上市、壮大科技产业集群、建立高水平科技人才队伍、完善科技服务体系、优化创新创业生态等方面进展明显，已经展示出强大的驱动力。2023 年年初，西安市获批国家综合科学中心和科技创新中心"双中心"城市，这是对西安市乃至陕西省"创新驱动"工作的嘉奖并将其提升到了一个前所未有的高度。为了进一步提升秦创原创新驱动能力，需要科学地构建秦创原创新驱动发展能力评估体系，及时地对秦创原创新驱动发展能力和存在的不足进行细粒度测度,对其发展效果做出动态评估并提出改进建议,该项工作对秦创原创新驱动平台功能升级完善、科技创新能力提升具有重要意义。本项目基于这个立意开展研究,其学术价值和应用价值主要体现在以下几个方面。

1. 学术价值

(1) 构建了秦创原创新驱动发展能力评价体系

立足于秦创原的内涵和发展定位,充分考虑秦创原"孵化器""加速器"和"促进器"的多重身份,融合其创新效率、资源共享、科技中介服务、科技金融服务、两链融合等多个功能,构建多维度创新驱动发展能力评价体系,为秦创原创新驱动平台建设评估和科技创新能力提升提供新的思路。

(2) 提出的创新驱动发展能力评价体系本身具有可续性、可操作性与通用性

随着秦创原创新驱动平台功能的日益完善,可以在本报告提出的创新驱动发展能力评价体系基础上不断加入新的评价指标,形成可滚动的自我评估体系;本报告主要采用实证研究和规范研究、定性分析和定量分析相结合的评价方法,有较强的可操作性;本报告提出的创新驱动发展能力评价指标体系,可以用来评估全国各省市的创新驱动能力并作比较研究,具有一定的通用性。

2. 应用价值

(1) 有助于准确把控秦创原的科技创新发展瓶颈

借助本课题构建的科技创新指数评价体系,能够对秦创原创新驱动发展能力的建设现状、发展瓶颈、显著成效进行全方位的评估,更直观地掌握秦创原创新驱动发展过程中的疑难点,推动各界集中精力"重点问题、重点突破"。

(2) 有助于通过评价分析提升陕西省在科技创新方面的实际推进工作,为其他地区科技创新水平提高提供参考

本课题成果有助于陕西省更快、更科学地发现在科技创新能力建设过程中的短板和不足,挖掘成效卓越、影响深远的科创服务功能,及时调整发展方向和扶持力度,持续支持先进能力完善,促进长短板齐头并进,提升秦创原的创新驱动发展能力。在此基础上,为其他地区建设创新驱动平台、提高区域科技水平、动态评估科技创新发展能力成效提供现实参考。

(二)内容、方法和思路

1. 主要研究内容

(1) 明确秦创原创新驱动的内涵、定位、价值

从秦创原"是什么""为什么""怎么建"以及发展现状,对秦创原的内涵和发展定位进行深入系统的梳理。

(2) 构建秦创原创新驱动发展能力评价指标体系

在明确秦创原内涵的基础上,从8个方面对创新驱动发展能力展开具体的分析和论证,包括:秦创原科技创新效率评价、秦创原科技资源共享能力评价、秦创原立体联动"孵化器"能力评价、秦创原成果转化"加速器"能力评价、秦创原两链融合"促进器"

能力评价、秦创原科技中介服务能力评价、秦创原科技金融服务能力评价、秦创原创新驱动政策准备度评价。

（3）对秦创原创新驱动发展能力进行实证研究

根据各个评价指标的特点，本文主要采集了2022年相关统计年鉴数据，代入评价指标体系进行实证研究。以每个二级指标为出发点，对陕西省及其他省份的创新驱动发展能力进行多维度评价与比较分析，找出问题与发展瓶颈。

（4）提出提升秦创原创新驱动发展能力的针对性建议与措施

基于对秦创原创新驱动发展能力的评价结果，本文从每个二级指标出发，有针对性地提出了提升秦创原创新驱动发展能力的建议与措施，以不断升级完善秦创原创新驱动平台的功能，持续推进陕西省的科技创新能力。

2. 研究思路及主要方法

本文整体遵循"先定位""再评价""后推进"的逻辑框架，按照"理论探索—需求调研—指标构建—实际论证—应用建议"的研究思路展开。具体来说，首先，采用文献调研法查阅学术文献、行业报告、政策报告等资料，剖析秦创原的内涵与发展定位，回答秦创原创新驱动平台"是什么""为什么""怎么建""推进情况"的问题。其次，梳理有关科技创新能力评价的指标体系和框架，结合文献调研、政策调研、实地走访、专家访谈等方式，深度融合秦创原的区域特点，构建一套具有陕西特色的科技创新能力指标体系。再次，在实证研究阶段，采用熵权法、问卷调查法进行指标权重的计算。然后，通过计算陕西省及其他省份在具体指标上的得分，结合各地政策和典型创新发展举措，采用对标分析和逻辑分析，研究了陕西省在每个二级指标存在的问题、可能的原因、先进省份的经验等。最后，针对每个二级指标的评估结果，有针对性地提出能够提升秦创原创新驱动发展能力的具体策略。

（三）秦创原的内涵与发展定位

1. 什么是秦创原

秦创原创新驱动平台（简称秦创原）是陕西省创新驱动发展的总平台，是推动陕西省从科教大省向创新强省转变的重要载体。秦创原缘起于2020年11月18日，正式成立于2021年3月30日。陕西省委书记刘国中强调，要把秦创原创新驱动平台建设成为具有鲜明特色和竞争力的高水平平台，加速把陕西创新优势转化为高质量发展成果，为全省创新驱动发展蹚路子、开新局。近两年来，在陕西省委、省政府的强力推动下，全社会广泛参与，秦创原已经成为陕西省实施创新驱动发展的亮丽"名片"。

根据《秦创原创新驱动平台建设三年行动计划（2021—2023）》，陕西省科学技术厅副厅长王军在"秦创原驱动平台授课提纲"中对秦创原进行了明确的定义和解释。

（1）基本内涵

秦，就是陕西，意在要有老秦人那股"拧劲儿"；创，就是要创新、创业、创造、创优。原，有追根溯源进行研究的意思，有创新驱动高原高地的意思，有创新成果源源不断走向全省、走向全国的意思。

（2）建设目的

谋划建设秦创原创新驱动平台，就是要以创新来驱动高质量发展，以构建成果产业化平台为创新驱动加力加速，让创新资源成为发展优势；就是要加快构建从研发到孵化再到产业化的科创系统，打造科创企业和科创产业的"加速器"；就是要最大限度激发全社会创新创业的热情，让创新在三秦大地蔚然成风。

（3）基本定位

秦创原创新驱动平台是一个全新的平台，是全省创新驱动发展的总源头、总平台。

（4）主要目标

面向未来，着眼建设立体联动"孵化器"、成果转化"加速器"和两链融合"促进器"三大目标，提升平台吸引力、承载力、辐射力，努力成为陕西高质量发展的强大引擎。

①建设立体联动"孵化器"。贯通省、市（区）创新资源，推动"政产学研金"有机结合，统筹线上与线下、虚拟与现实、现在与未来，打造集科研、中试、生产等功能于一体的全方位复合型平台，加快构建从研发到孵化再到产业化的科创系统。

②建设成果转化"加速器"。引导龙头企业发挥示范引领作用，通过竞争构建科技成果产业化平台，实现科技成果与企业需求高效对接、创新产品与市场需求无缝连接，为科技成果产业化加力加速。

③建设两链融合"促进器"。聚焦重点产业领域，开展关键核心技术攻关，解决产业链"痛点"；发挥创新资源优势，加快科技成果转化，打通创新链"堵点"，把创新嵌入产业发展各领域全过程。

（5）空间载体

以西部创新港和西咸新区为总窗口，全省其他高新区等是重要组成部分。

（6）建设主体

全省所有的地市、高校、院所和企业都能通过这个平台挖掘和释放创新潜能。

（7）平台远景

着力打造市场化、共享式、开放型、综合性，具有鲜明特色和竞争力的高水平平台。

①市场化平台。就是以市场需求为导向，吸引更多创新要素高效聚集。就是要通过市场促进两链融合，构建"众创空间、孵化器＋加速器＋产业园"服务体系，让更多创新活动直接面向市场，创新成果直接应用于市场。就是要通过市场促进各方获得合理的收益。

②共享式平台。这个平台与其他大学、科研院所、高新区的平台是你中有我、我中有你的关系；无论是自己省内的成果，还是吸纳外边的成果，只要能在省内落地转化，都是对陕西省追赶超越的贡献；将来要通过飞地、离岸孵化等模式，处理好这一平台与全省三大区域发展的关系，发挥关中创新资源富集优势，补齐陕北、陕南创新资源不足短板；要利用好全省范围内的创新资源，既要盘活存量，更要扩大增量。

③开放型平台。这个平台绝不是关起门来搞封闭运行、自我循环，而是面向西部、面向全国乃至全世界，聚四海之气，借八方之力，让国内外创新资源在这里高效集聚、合理流动。省内，各高校、院所、企业要加强对接合作，共同申报项目、形成研究、转化成果；国内，加强与京津冀、长江三角洲、大湾区、黄河流域省区对接合作；国际，结合丝

绸之路科技教育中心建设，共建科技创新联盟和科技成果转化基地。

④综合性平台。秦创原创新驱动平台是一个全方位、复合型的平台，集科研、中试、生产等功能于一体。统筹线上与线下，加快推进创投平台、交易平台等建设，线上开展技术成果展示、企业需求对接等，线下推进创新成果持有人与相关企业对接交易；统筹虚拟与现实，依托平台加快人工智能、航空航天、生物技术等高科技加速向产品产业转化，也要依托平台搞好云计算、车联网等模式创新和应用；统筹现在与未来，既紧盯当前制约产业高质量发展的堵点难点精准发力，也瞄准前沿领域和前瞻技术发展新业态、新技术、新产品。总之平台兼具从前端创新到终端产品整个链条的所有功能。

需要特别指出的是，秦创原作为陕西科技创新的总源头、总平台，虽以西部创新港和西咸新区为总窗口，但包含、贯通陕西省及省内各市（区）的创新资源，并使政学产研体系化，这样的一个战略架构，实际上使得秦创原科技创新概念与范畴等同于陕西省的科技创新概念与范畴。因此，秦创原的创新驱动发展可视为陕西省的创新驱动发展，秦创原创新驱动能力可等同于陕西省创新驱动能力。本报告涉及必须用省名进行省与省之间在创新驱动方面的比较时采用陕西省，除此之外，在本报告中，秦创原创新驱动概念等同于陕西省创新驱动概念。

2. 为什么建设秦创原

根据陕西省科学技术厅副厅长王军在"秦创原驱动平台授课提纲"的归纳和陕西省科技创新发展新形势，本报告从如下五个方面阐述为什么建设秦创原。

（1）抓创新是政治任务，非抓不可

党的十八大以来，以习近平同志为核心的党中央对科技创新进行了全局谋划和系统部署。习近平总书记对新时代科技创新作了重要论述，提出：科技兴则民族兴，科技强则国家强；坚定不移走自主创新道路；改革科技体制激发创新活力；实施创新驱动发展战略；人是科技创新的最关键因素；使科技成果更充分地惠及人民群众；建设科技强国。从科技创新地位论、道路论、战略论、主体论、目的论和目标论等维度，形成了从思想到战略再到行动的完整体系。党的十八大以来，习近平总书记先后三次来陕考察，为陕西科技创新工作指明了方向，并提出了具体要求。

①在发展定位上，陕西是科教大省，是我国重要的国防科技工业基地，科教资源富集，创新综合实力雄厚。

②在发展方法上，以西安市全面创新改革试验区为牵引，以推动创新资源开放共享为突破，充分挖掘好、利用好、滋养好，推动军民融合深度发展。

③在发展路径上，围绕产业链部署创新链、围绕创新链布局产业链，促进科技、金融、产业、人才有机结合，推动科技和经济紧密结合、创新成果和产业发展紧密对接。

④在发展目标上，根据《陕西省"十四五"科技创新发展规划》，到2025年，要实现科技创新综合实力持续增强、基础研究及关键技术攻关不断突破、企业创新能力和主体地位显著提升、科技支撑引领作用更加凸显、科技创新生态环境更加优化、秦创原创新驱动平台建设见效成势。

学习贯彻落实习近平总书记关于科技创新的一系列重要论和来陕考察重要讲话，就是要把创新摆在发展的核心位置。

（2）抓创新是形势所迫，时不我待

纵观人类历史，科学技术的每一次重大突破，都会深刻改革世界发展格局。2016年，习近平总书记在全国科技创新大会上指出："科技创新的不断出现与发展是科技革命发生的必然前提，科技革命总是能够深刻改变世界发展格局。"

横看当今世界，科技创新成为博弈的主要战场，各国竞相抢占科技制高点。国际环境错综复杂，世界经济陷入低迷期，全球产业链、供应链面临重塑，不稳定性、不确定性明显增加。科技创新成为国际战略博弈的主要战场，全人类社会已达成共识，即解决当代发展的根本出路在于提升科技创新能力。

分析我国现状，一些重点领域关键核心技术受制于人的问题依然突出，还需下大气力解决。核心技术有钱买不来，市场也换不来，只能自主研发，自主创新。关键核心技术创新攻关，围绕破解"卡脖子"难题，将科技发展主动权牢牢掌握在自己手里，就是要深刻认识到抓创新的重要性、紧迫性，切实增强忧患意识。

当今世界正经历百年未有之大变局，技术主权之争愈演愈烈，技术能力竞争如火如荼。加快实现高水平科技自立自强，已经迫在眉睫。

（3）抓创新是使命担当，义不容辞

①国家有需求。近年来，以美国为首的西方国家在高科技领域对我国大搞垄断打压、技术封锁的科技霸权。习近平总书记多次强调，只有把核心技术掌握在自己手中，才能真正掌握竞争和发展的主动权，才能从根本上保障国家经济安全、国防安全和其他安全。不能总是用别人的昨天来装扮自己的明天，不能总是指望依赖他人的科技成果来提高自己的科技水平，更不能做其他国家的技术附庸，永远跟在别人的后面亦步亦趋。我们没有别的选择，非走自主创新道路不可。

②陕西有优势。在科教资源、人才拥有、技术成果方面，陕西省的实力雄厚。陕西综合科技创新水平指数由2016年的65.66%增长到2022年的71.60%，排名全国第9位，持续保持在前10位，其中科技活动产出指数增长到77.11%，居全国第4位。

③总书记有期望。习近平总书记来陕西考察强调指出，陕西是科教大省，要努力在创新驱动发展方面"走在前列""迈出更大步伐"。2020年，习近平总书记到陕西考察时指出"要围绕产业链部署创新链、围绕创新链布局产业链，推动经济高质量发展迈出更大步伐"。这既是对陕西创新驱动发展的要求，也是对陕西支撑科技强国寄予的厚望。

心怀国之大者，就是要发挥陕西科技资源的优势，努力为我国实现高水平科技自立自强做出陕西的贡献，体现陕西的担当。

（4）抓创新是长远大计，根本出路

陕西省科技创新资源丰富，但创新驱动发展不平衡、不充分的问题仍然突出。

一是科技资源分布不平衡，呈现"三强三弱"的现状。中央强，地方弱；关中强，陕南陕北弱；高校院所强，企业弱。

二是企业创新主体地位不强，存在"少、小、弱、慢"等现象。高新技术企业数量相对较少，产值相对较小，创新相对较弱，进步相对较慢。

三是科技成果就地转化率不高。科技成果多，但项目化、市场化、产业化不够，从基础研究、应用研究到产业化的中间环节缺失严重。约三分之二的科技成果转化指向省外，墙内开花墙外香的局面没有改善。

四是产业结构不平衡、与创新资源不匹配。产业结构偏重偏煤，能源化工产业比重高，而高端装备制造、新一代信息技术、新能源、新材料等战略性新兴产业比重低。创新资源与产业发展不匹配，有产业规模但缺创新资源供给，能化领域关键核心技术供给来源于大连物化所、太原煤炭研究所；有创新资源未形成产业规模，在电子信息领域有较强的研发优势，但产业规模较低。

（5）抓创新是历史机遇，乘风破浪

一是秦创原适时推出，是陕西省在推动科技创新、提升就地转化过程中下的一盘大棋。"十四五"时期，中国经济社会发展"双循环"之下，科技创新的地位尤其是国内自主创新能力的定调被一再升格。在政策的顶层设计上，作为实现国内大循环的关键要素，推动科技创新、发展高科技产业，已被确定是"十四五"时期中国经济社会发展最为重要的推手之一。如何打通科技成果转化落地"最后一公里"，成了各区域发展角力的"新战场"。就陕西省而言，该命题有更为具体的指向——如何从"科教大省"快速迈进"科技强省"。机遇和挑战是时代赋予陕西科创发展的催化剂，突破科技转化"最后一公里"的堵点势在必行，秦创原创新驱动平台应运而生。

二是秦创原发展战略的实施为西安市成为国家第四个"双中心"城市提供了重要铺垫和强大助力。秦创原启动近两年来，"三项改革"为科技成果转化清障，平台载体为核心技术攻关筑巢，"十项举措"为优化创投生态铺路，西安市的创新活水开始"涨潮"。2022年，西安市技术合同成交额2646.42亿元，增长20%；国家高新技术企业突破1万家，培育入库科技型中小企业1.23万家；研发经费投入强度5.18%，位居副省级城市第二；全球"科技集群"排名跃升至第22位，全球科研城市百强榜排名上升至第29位。秦创原加速由势转能，强力赋能西安市"双中心"建设。

（四）秦创原建设情况

2021年3月30日，陕西省委、省政府在西咸新区召开秦创原创新驱动平台建设大会，正式吹响秦创原创新驱动平台建设的号角。本报告以此为起点，根据秦创原建设期间的重要及标志性事件，将秦创原的发展建设情况分为三个阶段。

1. 第一阶段：吹响秦创原建设号角，万事俱备东风来

（1）造势宣传，统一思想

从2020年12月10日陕西成立专班起草《建设西部科技创新港"两链"融合示范区三年行动计划（2021—2023年）》，到2021年3月16日省委书记刘国中在西咸新区调研创新驱动发展时强调，要以西部科技创新港等创新平台为基础，为陕西省创新驱动发展和西安—咸阳一体化提供有力支撑，再到2021年3月21日省委、省政府将"西部科技创新港"更名为"秦创原创新驱动平台"，秦创原大幕徐徐拉开。2021年3月30日秦创原创新驱动平台建设大会将秦创原正式推向前台。随后的4月和5月，央视《新闻联播》两次

播出介绍秦创原，省科技厅密切宣传贯彻《秦创原创新驱动平建设三年行动计划（2021—2023年）》，省领导主持多次秦创原专题会议并出席秦创原活动。省委、省政府印发《秦创原创新驱动平建设三年行动计划（2021—2023年）》（陕发〔2021〕12号）（以下简称《三年行动计划》）是该阶段的标志性事件，第五届丝博会在西安国际会展中心设立"秦创原创新驱动平台"展区，更是推波助澜。

（2）明确了秦创原创新驱动平台的组织架构，成立了省秦创原创新驱动平台建设工作领导小组

省委副书记胡衡华担任组长，副省长程福波、西安市市长李明远，西安市政协主席、西咸新区党工委书记岳华峰和西安交通大学党委书记卢建军担任副组长，省委省政府相关部门和西安市咸阳市及西咸新区相关领导作为领导小组成员。领导小组办公室设在省科技厅，负责日常工作衔接和有关事项协调及督导落实。办公室主任由科技厅厅长孙科同志兼任，副主任由科技厅副厅长王军和西咸新区党工委委员、管委会副主任赵孝同志兼任。陕西省科学技术厅，内设机构"秦创原创新驱动平台建设处"，负责秦创原创新驱动平台建设领导小组办公室相关具体工作。西咸新区管委会履行总窗口建设主体责任。

（3）设计并初步构建了秦创原创新驱动平台"一中心一平台一公司"平台架构

秦创原创新促进中心（西咸新区事业单位），其职能是推动"政产学研金"结合，建设科技经纪人、"科学家＋工程师"队伍，促进政策兑现、科技成果转化、科技企业孵化，由各地市组织建设，实行企业化管理、市场化运营。创新促进中心总窗口设在西咸新区，在陕西各地建有分中心。秦创原网络平台（http://qcy.sstrc.com/pc/），其功能定位是贯通省、市（区）创新资源，统筹各类创新要素，打造秦创原"一张网"，促进科技资源开放共享、供给需求高效对接、数据分析支撑决策。秦创原发展股份有限公司（2021年10月8日由陕投集团、西咸新区共同发起设立），实行市场化运营。主要业务是构建创新要素全方位运营服务、创投基金全周期布局和科技金融全链条协同"三个体系"，发挥创新资源优化配置服务的连接器、科技活动与经济成果的转化器、面向科技前沿的传感器"三个作用"。

该阶段通过造势宣传，达到了全省上下统一思想，万事俱备，蓄势待发，《三年行动计划》的颁发如东风般推动秦创原这艘大船扬帆远航。

2. 第二阶段：加快秦创原建设步伐，立柱架梁显成效

转入第二阶段的标志是2021年5月20日，秦创原创新驱动平台建设领导小组办公室印发《秦创原创新驱动平台建设政策包（总窗口）》（秦创原〔2021〕1号）、《秦创原创新驱动平台建设三年行动计划（2021—2023年）任务推进表》（秦创原〔2021〕2号）等重要文件。这些重要文件明确了秦创原的总体要求、工作目标、重点任务和保障措施，标志着秦创原建设转入立柱架梁的执行阶段。

（1）立柱架梁，显成效

秦创原"一中心一平台一公司"平台（秦创原创新促进中心、秦创原网络平台、秦创原发展股份有限公司）功能逐步趋于完善。2021年6月7日陕西省第一批揭榜挂帅课题榜单发布，前四批揭榜挂帅项目共涉及20多家行业领军企业，多所高校和科研单位，标志着陕西深化科研项目管理改革迈出新的步伐。高校、科研院所、企业的协同联动不断

深入，一批产业创新平台加快建设。截至2022年3月，陕西建设190个省级工程技术研究中心、40余个产业技术创新战略联盟、84个"四主体一联合"新型研发平台。该阶段，科技驱动发展实效显著。截至2021年年底，高新技术企业总数增长35.48%；科技型中小企业总数增长38.67%；技术合同成交额增长33.23%。

（2）秦创原总窗口政策申报启动

2021年7月5日，围绕落实《三年行动计划》，省政府相继出台了《优化创新创业生态着力提升技术成果转化能力行动方案》《促进高新技术产业开发区高质量发展的实施意见》《进一步提升产业链发展水平的实施意见》等政策文件，省级各部门结合工作职能制定配套政策20余项。秦创原领导小组办公室发布了5大类70条总窗口"政策包"，指导鼓励各地市、创新主体、平台（园区）制定各地方（地域）协同推进政策；全省10个设区市均制定了《三年行动计划》落实举措和推进方案，逐步形成多层次、多维度、全社会协同的"1+N"政策体系。

（3）秦创原总窗口的服务能力不断向各地辐射

宝鸡市以"一把手带头进高校，院士宝鸡行、企业老总院校行、专家企业行"活动创新校地合作模式；商洛市探索"飞地创新、离岸孵化、回迁发展"模式，在秦创原总窗口布局建设约4万平方米的空间载体；铜川市设立2亿元的高新科技成果创业投资基金，在中国西部科技创新港挂牌成立的铜川创新谷投入运行。

在该阶段，秦创原建设加速前进，在政策体系、平台建设、政产学研金有机结合、成果转化和两链融合等方面取得了实效，秦创原建设立柱架梁，取得了突飞猛进的发展成效。

3. 第三阶段：提升秦创原建设质量，由势转能"新引擎"

第三阶段开始的标志性事件是2022年5月5日，陕西省委书记刘国中调研秦创原建设并主持召开座谈会。会上，刘国中指出，要建好用好秦创原，解放思想、改革创新，加速由"势"转"能"，推动更多科技成果孵化、转化、产业化。如果说上个阶段是"有没有"的问题，那么这个阶段就是"好不好"的问题。

（1）秦创原建设进入聚力成势、由势转能、高质量创新发展"新引擎"阶段

秦创原现象更加亮眼，秦创原生态更加完备，秦创原模式日趋成熟，秦创原板块也逐步成型，随着秦创原聚力成势、由势转能，不断激发创新活力，加速成果转化，企业发展活力不断释放，成为陕西省高质量创新发展的"新引擎"。

（2）秦创原总窗口诞生首个科创板上市企业

陕西源杰半导体科技股份有限公司于2022年12月21日在上海证券交易所科创板上市，是秦创原的建设第三阶段的突破性事件。2023年，秦创原建设将进入成势见效的关键阶段。

二、秦创原创新驱动发展能力评价指标体系

（一）理论基础

为了能够科学、合理、全方位地把握秦创原创新驱动发展能力，本报告基于科技创新

能力评价的相关文献，同时结合陕西省的特点，提出了秦创原创新驱动发展能力评价指标体系，以便更客观地检评和掌握陕西省科技创新发展的疑难点，推动各界集中精力"重点问题、重点突破"。

科技创新能力的评价是否全面和准确关系到创新平台建设的方向是否正确。国内对于创新能力的评价展开了广泛讨论，也取得了一定的研究成果。武辉林和武文娟从创新基础、创新投入、创新意愿、创新成果4个方面构建了两层19个指标的评价体系。周长红等提出从创新环境、创新投入、创新成效三个维度构建创新能力评价指标体系。祝影等从创新人才、创新主体和创新环境这三个方面构建了创新能力评价指标体系，并引入耦合协调模型，对23个中国科技创新城市进行创新要素耦合评价。杨雪等建立了包括创新资源、创新投入、创新企业、创新产业、创新产出和创新效率等的评价指标体系。蔡文春等从创新环境、创新主体、创新投入和创新效率四个方面综合考虑科技创新能力，并基于因子分析法确定指标权重和评价模型。袁宇强调评价创新能力不能简单地用经济指标来衡量，需要从经济、社会、生态三个方面设计评价指标。胡晓辉和杜德斌根据城市功能的经济基础理论，构建了包括城市基本活动部分和城市非基本活动部分的2个一级指标、10个二级指标的评价体系。杜英，王士军等从创新基础、创新投入、企业创新、科技惠民和创新产出五个方面入手，构建了三级指标体系，包含5个一级指标、10个二级指标、24个三级指标。吴宇军、胡树华等参照知识竞争力指数及STI指标体系，从创新能力、创新支撑、创新贡献构建了创新能力四维评价模型。通过对上述研究的总结分析发现，这些研究基本围绕创新环境、创新投入、创新产出等几个方面构建科技创新能力评价指标体系，考虑到评价指标体系对于创新城市建设具有重要的引导作用，因此也需要从创新城市的推进举措入手构建评价体系。

综上所述，本报告在借鉴已有研究的基础上，结合秦创原建设的推进举措，建立了涵盖秦创原科技创新效率、秦创原科技资源共享能力、秦创原立体联动"孵化器"能力、秦创原成果转化"加速器"能力、秦创原两链融合"促进器"能力、秦创原科技中介服务能力、秦创原科技金融服务能力、秦创原创新驱动政策准备度八个方面的指标体系，以期能够全方位、细粒度地评估秦创原创新驱动发展能力，为及时掌握秦创原的建设发展情况提供理论支撑。

（二）评价体系构建的基本原则

1. 系统性原则

指标体系的系统性原则要求指标确定的过程不是简单地对指标进行列举，而是需要考虑指标之间的关联性和整体性，注重微观指标与宏观指标的结合。例如，在对立体联动"孵化器"能力进行评价时，将基础能力、服务能力、孵化能力与社会贡献指标进行有机组合，并综合考虑多主体多层次、多方面的孵化要素，全面分析秦创原立体联动"孵化器"发展过程中的全部主要环节。

2. 可行性原则

指标体系的可行性原则主要是指标在确定时既要保证满足评价的目的和实质，又要确保指标的可获得性。指标的可获得性包括原始数据的可获得和非原始数据的可测量和可量化。

3. 可比性原则

指标的可比性主要是指指标的相对稳定性，既要保证纵向时间上的可比性，又要保证横向主体间的可比性。

4. 导向性原则

指标确定的导向性主要是指指标的代表性，在保证指标确定的综合性的前提下，尽量使用较少的指标来突出体现所要代表的内容。

5. 科学性原则

指标确定的科学性是指标确定的客观性和合理性，指标的确定有一定的理论基础和科学依据，同时要根据研究方法的需要来选择指标的具体形式。

（三）秦创原创新驱动发展能力评价体系的内涵

基于科技创新能力评价的相关文献，同时结合陕西省的特点，本文构建了由秦创原科技创新效率、秦创原科技资源共享能力、秦创原立体联动"孵化器"能力、秦创原成果转化"加速器"能力、秦创原两链融合"促进器"能力、秦创原科技中介服务能力、秦创原科技金融服务能力、秦创原创新驱动政策准备度等 8 个二级指标构成的秦创原创新驱动发展能力评价指标体系，如图 1 所示。下面将分别详细阐述这 8 个二级指标的内涵与指标量化方法。

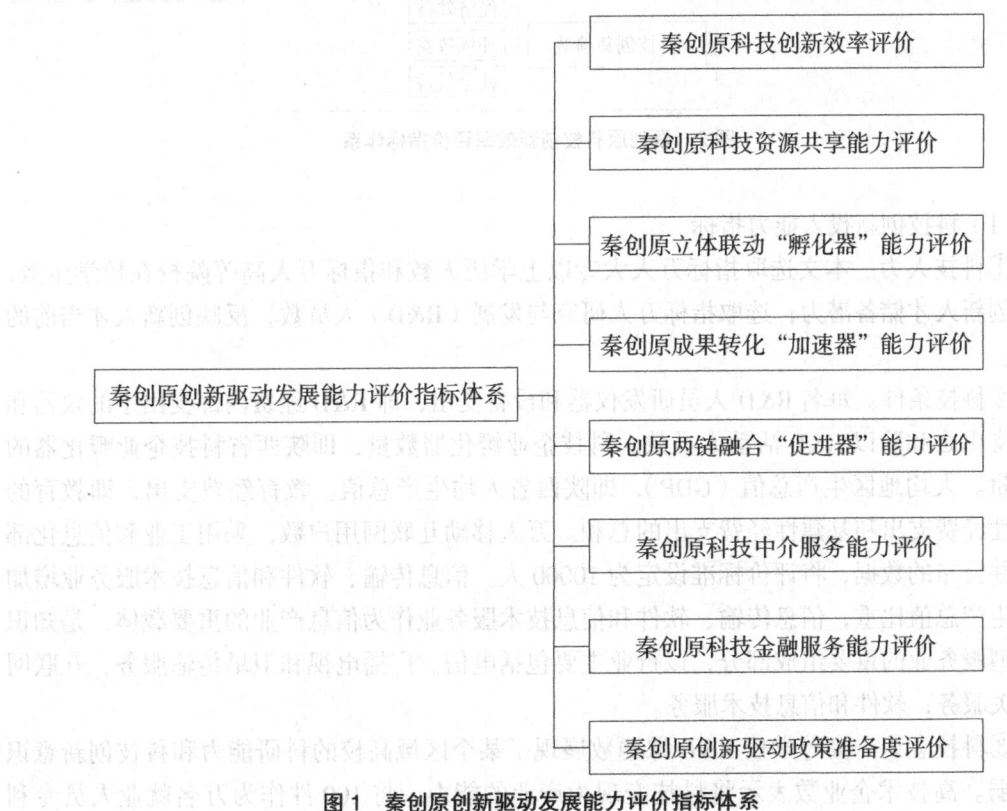

图 1　秦创原创新驱动发展能力评价指标体系

1. 秦创原科技创新效率评价指标体系

基于以往研究，本文将科技创新效率评价指标按照投入、产出进行分类，最终将其分为科技创新环境、科技创新投入能力、科技创新产出能力和科技创新绩效4个三级指标。其中，科技创新环境共包括科技人力、科技条件和科技意识3个四级指标；科技创新投入能力包括人力投入、财力投入2个四级指标；科技创新产出能力指标包括创新知识产出、创新成果转化和（高新技术）创新产业发展3个四级指标；科技创新绩效指标包括经济效益、环境效益和社会效益3个四级指标。秦创原科技创新效率评价指标体系如图2所示。

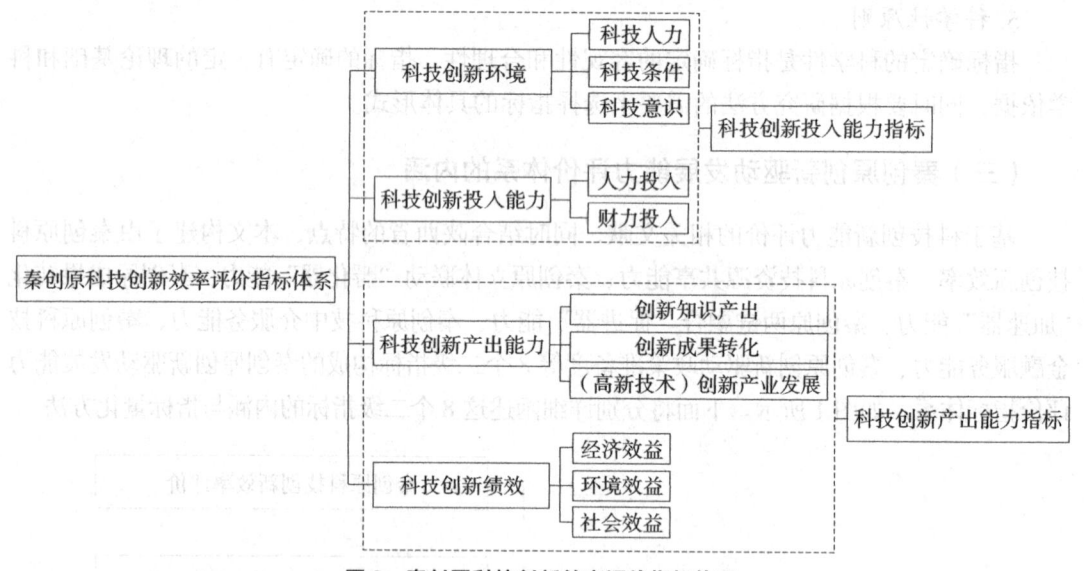

图2 秦创原科技创新效率评价指标体系

（1）科技创新投入能力指标

①科技人力。本文选取指标万人大专以上学历人数和指标万人高等院校在校学生数，反映创新人才储备潜力；选取指标万人研究与发展（R&D）人员数，反映创新人才当前的存量。

②科技条件。每名R&D人员研发仪器和设备支出，即R&D经费内部支出中的仪器和设备支出之和除以R&D活动人员数。科技企业孵化器数量，即陕西省科技企业孵化器的总数量。人均地区生产总值（GDP），即陕西省人均生产总值。教育经费支出，即教育的事业性经费支出和基建性经费支出的总和。万人移动互联网用户数，采用工业和信息化部统计并公布的数据，将评价标准设定为10000人。信息传输、软件和信息技术服务业增加值占生产总值比重，信息传输、软件和信息技术服务业作为信息产业的重要载体，是知识密集型服务业的重要组成部分，该行业主要包括电信、广播电视和卫星传输服务，互联网和相关服务，软件和信息技术服务。

③科技意识。高等学校R&D课题数展现了某个区域高校的科研能力和科技创新意识的强弱。高技术企业数表示将科技变现为产业的能力。将100件作为万名就业人员专利

申请数的评价标准。有 R&D 活动的企业占比可以反映一个地区企业从事科技创新活动的意愿。

④人力投入。万人 R&D 研究人员数是反映科技活动人力投入水平的主要指标,不包含从事管理和辅助工作的人员。企业 R&D 研究人员占全社会 R&D 研究人员的比重主要衡量企业在科技活动中的实际人力投入。基础研究人员投入强度主要衡量了所有人力投入中从事基础研究人员比例。

⑤财力投入。规模以上企业研发占主营业务收入比重代表企业对创新投入资金的强度。R&D 经费内部支出与 GDP 比值是衡量国家或地区科技投入强度最为重要、最为综合的指标。基础研究经费投入强度是衡量科研经费对于基础研究的支持程度。地方财政科技支出占地方财政支出比重是衡量地方政府科技资金投入力度的重要指标。企业技术获取和技术改造经费支出占企业营业收入比重是衡量企业创新能力和创新投入水平的重要指标。上市公司 R&D 经费投入强度代表该上市企业对科技研发的重视程度和未来的发展潜力。

(2)科技创新产出能力指标

①创新知识产出。出版科技著作数,即经过正式出版部门编印出版的论述科学技术问题的理论性论文集或专著以及大专院校教科书、科普著作的总数量,不包括翻译国外的著作。万人科技论文数,即对国外主要检索工具 SCI 收录的我国科技论文数和中国科学技术信息研究所从国家期刊管理部门批准正式出版、公开发行的刊物中选作统计源的期刊刊载的学术论文进行统计而得出的加权平均数。专利数量是反映一国或一地区科技活动产出的重要指标,发明专利的数量又是其中最为重要的指标,用指标万人发明专利拥有量和每万人口高价值发明专利拥有量表示。地区获国家级科技成果奖系数,用单位地区获得的各项奖的总当量除以该地区 R&D 活动人员数(以万人为单位)表示,从重大科技成果的角度反映各地区科技活动直接产出的数量与质量。

②创新成果转化。创新成果转化是科技成果产出的另一种形态,是科技知识转化为生产力的过程。技术市场合同成交金额是创新成果转化的最直接的衡量指标,表达了创新成果转化的金额。累计孵化企业数,即全国科技企业孵化器孵化企业累计毕业数。技术国际收入主要指的是通过向他国转让专利、非专利发明、商标等知识产权,提供 R&D 服务和其他技术服务而获得的收入。

③(高新技术)创新产业发展。创新产业发展是科技成果产生的第三种形态,是科技知识转化为科技成果,再继续转化为高新技术产业发展的结果,这里用高技术产业营业收入占工业营业收入比重、高技术产业新产品销售收入占主营业务收入比重、知识密集型服务业增加值占生产总值比重、高技术产品出口额占商品出口额比重表示。知识密集型服务业来源于《OECD 科学技术和工业记分牌》。

④经济效益。经济效益用劳动生产率、资本生产率、综合能耗产出率、装备制造业区位熵来反映。其中,装备制造业区位熵是反映一地区装备制造业相对竞争优势的指标。

⑤环境效益。单位 GDP 能耗是指一定时期内,一个国家或地区(创造)一个计量单位(通常为万元)的 GDP 所消费的能源。万元 GDP 能耗下降比重 = 能源消费总量 ÷ GDP(上年)− 能源消费总量 ÷ GDP(当年)。

工业废水排放量指报告期内废水中各项污染物指标都达到国家或地方排放标准的外排工业废水量，包括未经处理外排达标的，经废水处理设施处理后达标排放的以及经污水处理厂处理后达标排放的。

环境质量指数＝空气达到二级以上天数占比重（100%）×0.6+化学需氧量实际排放率（100%）×0.4。

环境污染治理指数＝万元GDP用水达标率（100%）×0.4+废水中氨排放达标率（100%）×0.3+固体废物综合治理率（100%）×0.3。

废气中主要污染物排放量指工业二氧化硫排放量、生活二氧化硫排放量、工业氮氧化物排放量、生活氮氧化物排放量、工业烟（粉）尘排放量、生活烟（粉）尘排放量这6种主要污染排放物的排放量。

⑥社会效益。城镇登记失业率，指中国特有的失业统计指标。高技术产业就业人数，指在新技术下创造的就业岗位的就业人数。人均GDP是经济学中衡量经济发展状况的有效工具。

2. 秦创原科技资源共享能力评价指标体系

基于科技资源共享能力的相关研究，本报告将科技资源共享能分为供给能力、服务能力和保障能力3个三级指标，具体的评价指标体系如图3所示。其中，供给能力指标可以反映该地区可共享的科技资源数量，包括科技人才、科技仪器、科技成果和科研平台4个四级指标；服务能力指标可以衡量该地区为供需双方服务、促进科技资源供需匹配以及实际促成科技资源共享的水平，包括平台服务和服务绩效2个四级指标；保障能力指标即在政策、制度、资金等方面是否有充分的投入和准备，以保障科技资源共享的可持续运行，包括政策支持、资金支持、合作支持、意愿态度4个四级指标。

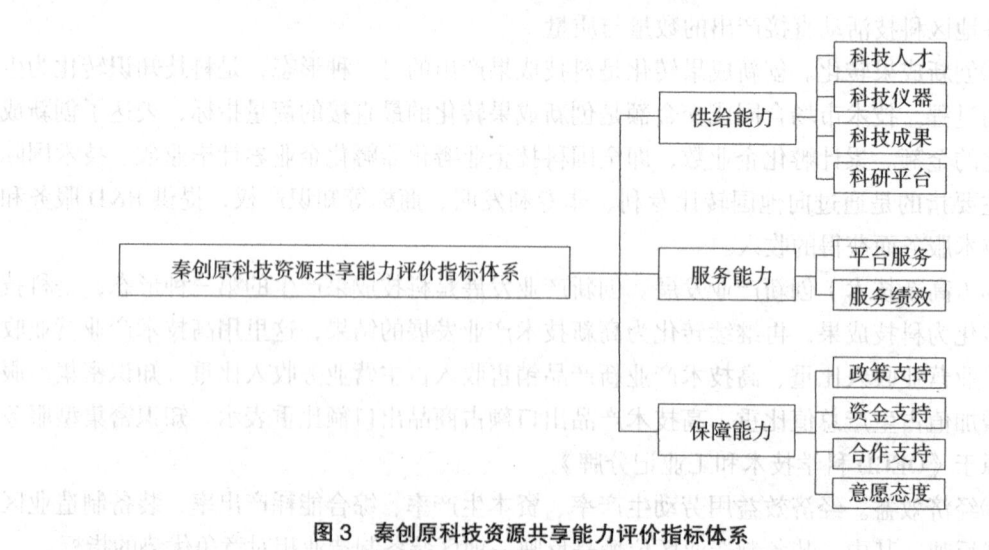

图3 秦创原科技资源共享能力评价指标体系

（1）供给能力指标

①科技人才。

科技人才当量：单位为人年。

各地区的院士数量：该项数据来源是根据各地方的权威信息如科技共享平台的数据或者相关的权威报道。

科技人才年均增率：根据近3年的数据进行几何平均运算。

专家团队数量：可提供专业咨询服务的专家或团队的总数量。

②科学仪器。

大型仪器设备量：该项数据来源于研究的相关地区的科技资源共享平台提供的相关数据。

大型仪器设备年均增率：根据近3年科技资源共享平台的大型仪器设备数量几何平均值来判定其增长情况。

③科技成果。

科技成果数量：根据地方的统计年鉴明确标识的科技成果项来判定。

科技成果质量：根据统计地区所获得国家级科技三大奖和各地方自行设立的科技三大奖来判定科技成果的质量。

科技成果年均增率：用科技成果数量的几何平均值来判定科技成果的增长速率。

④科研平台。

机构数量：所使用的数据为各地的高校数量、重点实验室、科研院所、国家重点科研院所、国家级临床医学中心以及工程技术研究中心数量。

园区数量：采用现代农业产业园区、孵化器、众创空间、星创天地、高新区数量来计算。

技术转移机构数量：技术转移机构将研究成果、技术和知识产权转化为商业应用和社会价值。

（2）服务能力指标

①平台服务。

仪器设备共享数量：仪器设备的累计共享次数。

科技文献服务量：科技文献服务次数。

技术经纪人：在技术市场交易活动中，以促进科技成果转化为目的。

特派员服务：此项数据来源为科技资源共享平台以及专门的特派员服务公示网站。

网站更新：此项根据共享平台网站的信息更新速度判定，其中半年内更新成果超过200条的即为满分，不足200条的相应进行递减。

网站信息资源组织目录完备度及功能正常、丰富：采用专家打分法进行判定。

是否有App或小程序：是0~1变量，反映平台的信息化服务水平。

②服务绩效。

专利授权量：根据申请并获得授权的专利数量，对资源共享服务绩效进行判定。

技术合同交易额：根据技术开发、技术转让、技术咨询和技术服务类合同的成交总额判定。

高企认定：高新技术企业是指经过自主研发、技术创新和管理创新，具有一定的核心技术和知识产权，并在业内具有一定的竞争力和市场地位的企业。

科技型中小企业入库数：专注于研发和应用科技创新的中小型企业。

（3）保障能力指标

①政策支持。

管理制度完善性：根据政策中管理制度的条数进行判定，如果相关政策超过20条即为满分，不足依次递减。

政策支持力度：该条数据来源为各级政府印发的相关文件，判定依据政府发布的促进科技资源共享政策的总数累计来判定具体分值。

政策协同部门数：此项数据与前两项相辅相成，主要是根据发布政策中协同的部门数量判定其分数。

②资金支持。

发放科技创新券金额：科技创新券指政府向企业免费发放，用于支持其向高校、科研院所、科技服务机构等单位购买服务。

共享平台经费投入和计划支持经费额：根据科技资源共享平台的经费投入金额判定。

主要负责部门预算：根据政府未来3年计划经费总额判定。

③合作支持。

友情链接：资源共享平台存在的友情链接情况。实际共享是资源共享平台与其他省市共享平台进行实际资源交换的程度。

④意愿态度。

机构共享意愿强烈程度：反映共享工作开展的好坏，实际的数据为机构共享的与总的机构数之间的比值进行确定。

科技人员共享意愿强烈程度是根据科技人员实际共享的与总的科技人员数目的比值来确定数据。

3. 秦创原立体联动"孵化器"能力评价指标体系

结合秦创原立体联动"孵化器"的功能和其在社会经济发展中发挥的作用，本报告将从基础能力、服务能力、孵化能力、社会贡献4个方面评价秦创原立体联动"孵化器"能力，具体的评价指标体系如图4所示。

（1）基础能力

基础能力主要体现在孵化场地建设情况、团队建设能力和资金能力三方面，作为以提供物理场所为依托的孵化载体，孵化场地是先决条件，孵化场地面积的大小决定着孵化器的后续发展潜力；运营团队则是孵化器持续发展的基础。具备基础能力是孵化器建设与发展的基本要求。

孵化场地面积：定量指标，指孵化器已投入使用，并具有产权或可长期使用（5年以上）的孵化器场地使用面积。

管理人员总数：定量指标，指孵化器的管理人员。

孵化基金总额：定量指标，专门用于解决在孵企业资金难题的专项资金，包括对在孵企业提供优惠扶持、直接投资、借贷等。

孵化器总收入：评价周期内，孵化器所有收入之和，包括综合服务收入、物业收入、

```
                                            ┌─ 孵化场地面积
                                  ┌─ 基础能力 ─┼─ 管理人员总数
                                  │         ├─ 孵化基金总额
                                  │         └─ 孵化器总收入
                                  │
                                  │         ┌─ 孵化场地面积
                                  │         ├─ 管理人员总数
秦创原立体联动"孵化器"能力评价指标体系 ─┼─ 服务能力 ─┤
                                  │         ├─ 孵化基金总额
                                  │         └─ 孵化器总收入
                                  │
                                  │         ┌─ 孵化器新增毕业企业数量占比
                                  ├─ 孵化能力 ─┼─ 孵化器新增在孵企业数量占比
                                  │         └─ 在孵企业总收入
                                  │
                                  └─ 社会贡献 ─┬─ 在孵企业从业人员数
                                            └─ 累计毕业企业数
```

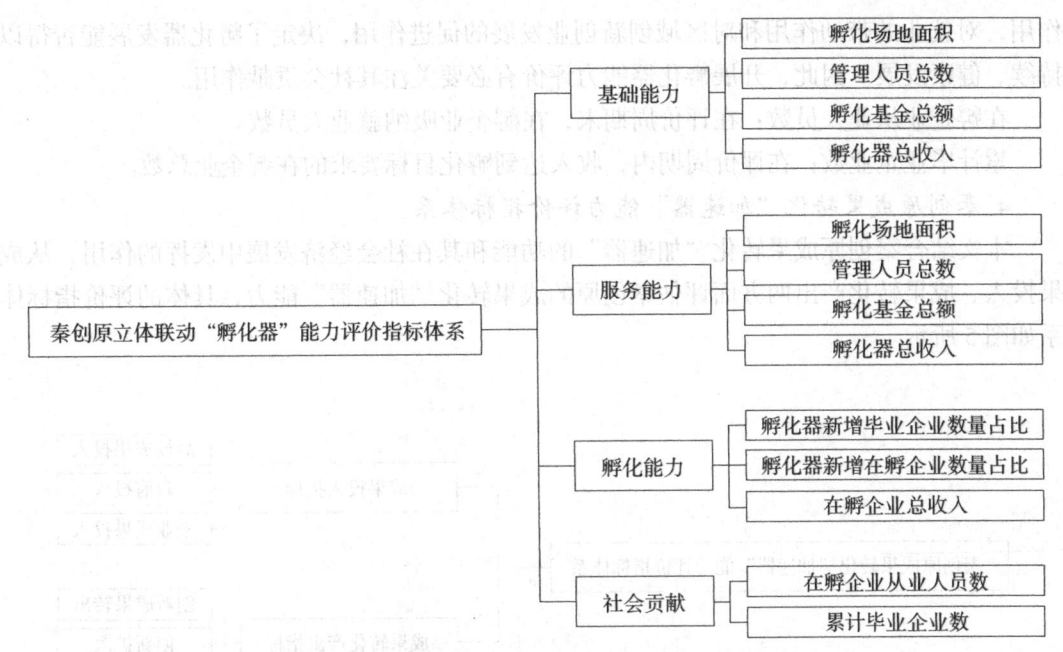

图 4　秦创原立体联动"孵化器"能力评价指标体系

投资收入、政府支持资金以及其他收入。

（2）服务能力

服务能力指孵化器能为在孵企业提供的孵化服务能力，包括自身拥有的和可聚集到的外部服务，孵化服务是孵化器建设的重要内容之一，它体现的是孵化器资源整合能力。

创业导师人数：定量指标，指和孵化器签订了辅导协议的导师数量。

对公共技术服务平台投资额：孵化器投资建设公共技术服务平台的费用总额。

当年获外部投融资在孵企业数占比：获外部投融资在孵企业数／在孵企业数。

当年孵化基金投资在孵企业数占比：孵化基金投资在孵企业数／在孵企业数。

（3）孵化能力

资金、技术、人才等要素是科技型中小企业发展的关键，同时也是孵化器开展孵化活动的主要目标。因此，孵化能力主要是指孵化器为在孵企业提供服务的成效，包括企业或项目的引入情况、开展创新创业辅导活动情况及成效、培育科技型中小企业或毕业企业情况和帮助在孵企业融资情况等。孵化能力是评价的重要内容，直接影响着孵化器建设项目管理的目标。

孵化器新增毕业企业数量占比：新增毕业企业总数和在孵企业总数之比。

孵化器新增在孵企业数量占比：新注册或嵌入孵化器场地内的企业总数和在孵企业总数之比。

在孵企业总收入：当年在孵企业总收入。

（4）社会贡献

孵化器是推动社会经济发展、促进科学技术进步的重要手段，同时也是创新创业发展的重要载体。从科技企业孵化器的公益属性及具有的功能来看，孵化器对产业发展的推动作用，对就业的带动作用和对区域创新创业发展的促进作用，决定了孵化器发展能否得以持续、健康发展。因此，开展孵化器能力评价有必要关注其社会贡献作用。

在孵企业从业人员数：在评价周期末，在孵企业吸纳就业人员数。

累计毕业企业数：在评价周期内，收入达到孵化目标要求的在孵企业总数。

4. 秦创原成果转化"加速器"能力评价指标体系

本文结合秦创原成果转化"加速器"的功能和其在社会经济发展中发挥的作用，从成果投入、成果转化产出两方面评估秦创原的成果转化"加速器"能力，具体的评价指标体系如图5所示。

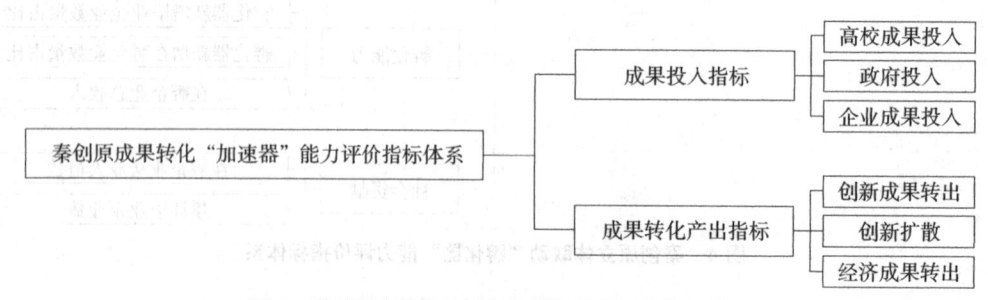

图5 秦创原成果转化"加速器"能力评价指标体系

（1）成果投入指标

①高校成果投入。反映高校对于科技成果转化的重视程度。包括三个五级指标。高校科技论文数（高校）、高校科技专著数（高校）、高校有效发明专利数（高校）。

②政府投入。区域创新平台的发展需要大量财力投入，包括科学事业的投入、研发经费的投入和网络建设的投入等，而其中研发经费投入则是最具代表性的衡量指标。政府投入选择两个五级指标：各地区研究与实验发展（R&D）经费投入强度（地区）和政府资金部分÷总R&D内部经费支出。

③企业成果投入。用两个五级指标具体说明：技术市场合同成交额和高新技术产业有效发明专利数的自然对数。技术合同成交额指根据技术开发、技术转让、技术咨询和技术服务类合同的成交总额。

（2）成果转化产出指标

创新成果转出：高新技术产业创新产品销售收入的自然对数、新产品销售自然对数值。

创新扩散：具体使用高新技术产品的营业收入来体现。高新技术产品的营业收入包括技术转让收入、技术服务收入和接受委托研究开发收入等。

经济成果转出：使用地区人均GDP反映经济成果转出。

5. 秦创原两链融合"促进器"能力评价指标体系

两链融合过程是在不断演化的，基于以往的理论研究和实践结果，产业链和创新链融合涉及金融、政策、生态等多个领域。为此，本文将从创新资源、创新产业、创新投入、创新载体、创新成果、生态质量以及创新成果转化与中介服务7个方面构建产业链、创新链两链融合"促进器"评价指标体系，如图6所示。

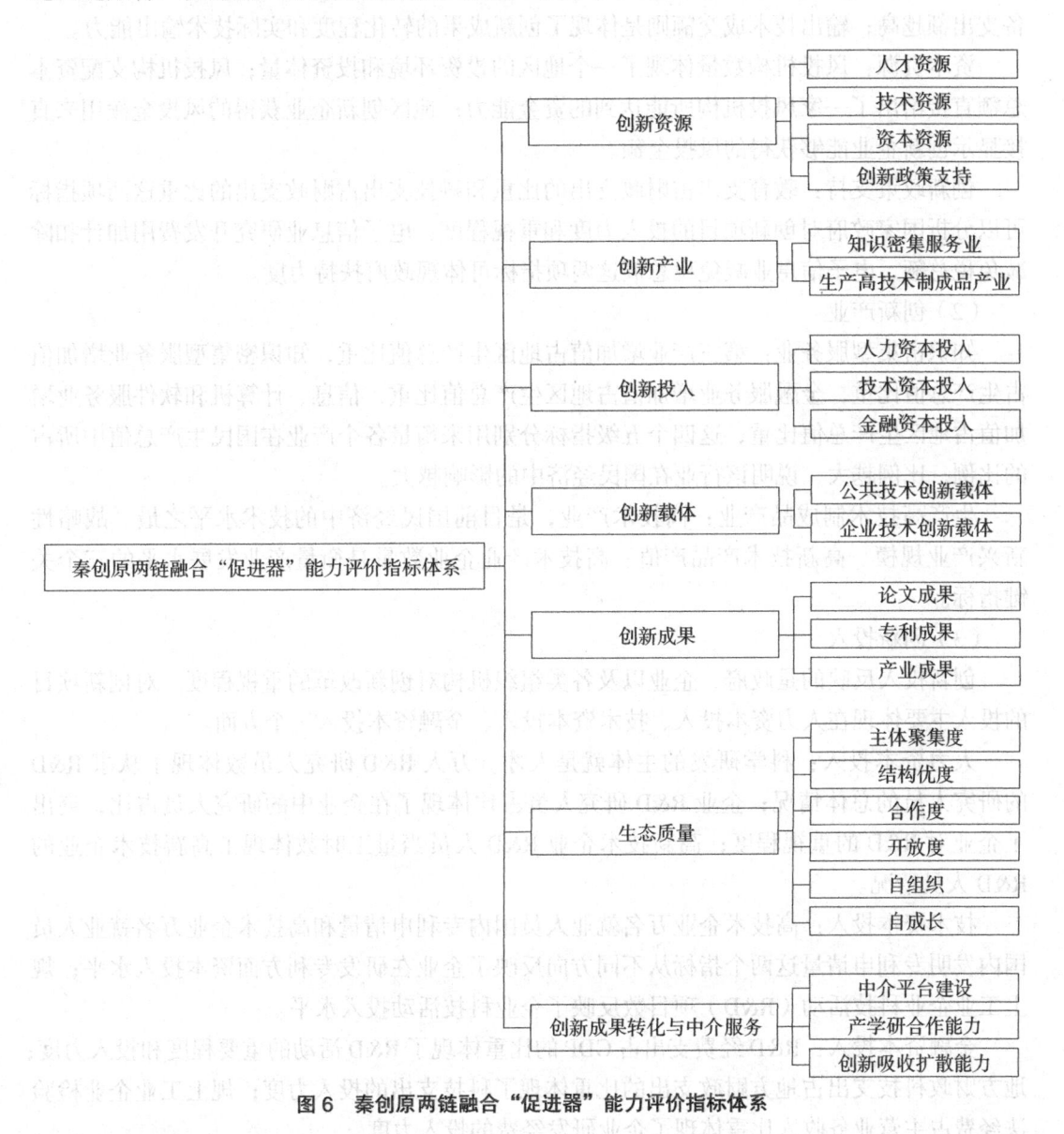

```
秦创原两链融合"促进器"能力评价指标体系
├── 创新资源
│   ├── 人才资源
│   ├── 技术资源
│   ├── 资本资源
│   └── 创新政策支持
├── 创新产业
│   ├── 知识密集服务业
│   └── 生产高技术制成品产业
├── 创新投入
│   ├── 人力资本投入
│   ├── 技术资本投入
│   └── 金融资本投入
├── 创新载体
│   ├── 公共技术创新载体
│   └── 企业技术创新载体
├── 创新成果
│   ├── 论文成果
│   ├── 专利成果
│   └── 产业成果
├── 生态质量
│   ├── 主体聚集度
│   ├── 结构优度
│   ├── 合作度
│   ├── 开放度
│   ├── 自组织
│   └── 自成长
└── 创新成果转化与中介服务
    ├── 中介平台建设
    ├── 产学研合作能力
    └── 创新吸收扩散能力
```

图6　秦创原两链融合"促进器"能力评价指标体系

（1）创新资源

人才资源：高新技术企业万人大专以上学历就业人员数，主要用来衡量企业中受过高等教育的人员；普通高等学校在校学生数则用来代表高校的潜在研发群体，也是产研学合作的重要主体；万人研究与发展（R&D）人员数主要是反映从事研究与发展工作的人员情况。

技术资源：发明专利是用来反映一个科研机构或者科研团队的能力基本要素，用每万人发明专利拥有量来衡量；有R&D活动的高技术企业占比是用来展示企业中研发积极性和效率的重要指标，百分比越大，说明该企业的科研积极性越高；通常一个研究机构或者企业的科学研发设备越好，所能实现的科研成果也会越多，所以每名 R&D 人员仪器和设备支出额越高；输出技术成交额则是体现了创新成果的转化程度和实际技术输出能力。

资本资源：风投机构数量体现了一个地区的投资环境和投资体量；风投机构支配资本总额直接给出了一家风投机构所能达到的资金能力；地区创新企业获得的风投金额用来直接显示创新企业能够获得的风投金额。

创新政策支持：教育支出占财政支出的比重和科技支出占财政支出的比重这两项指标可以分析国家政府对创新项目的投入力度和重视程度；电子信息业研究开发费用加计扣除减免税总额、电子信息业减免税总额这两项指标可体现政府扶持力度。

（2）创新产业

知识密集型服务业：第三产业增加值占地区生产总值比重，知识密集型服务业增加值占生产总值比重，金融服务业增加值占地区生产总值比重，信息、计算机和软件服务业增加值占地区生产总值比重，这四个五级指标分别用来衡量各个产业在国民生产总值中所占的比例，比例越大，说明该行业在国民经济中的影响越大。

生产高技术制成品产业：高技术产业，是目前国民经济中的技术水平之最。战略性新兴产业规模、高新技术产品产值、高技术产业企业数量是衡量产业发展水平的三个关键指标。

（3）创新投入

创新投入反映的是政府、企业以及各类组织机构对创新改革的重视程度。对创新项目的投入主要体现在人力资本投入、技术资本投入、金融资本投入三个方面。

人力资本投入：科学研发的主体就是人才。万人 R&D 研究人员数体现了从事 R&D 的研究人员的总体情况；企业 R&D 研究人员占比体现了在企业中的研究人员占比，突出了企业对 R&D 的重视程度；高新技术企业 R&D 人员当量工时数体现了高新技术企业的 R&D 人员情况。

技术资本投入：高技术企业万名就业人员国内专利申请量和高技术企业万名就业人员国内发明专利申请量这两个指标从不同方向反映了企业在研发专利方面资本投入水平；规上工业企业科技活动（R&D）项目数反映了企业科技活动投入水平。

金融资本投入：R&D 经费支出占 GDP 的比重体现了 R&D 活动的重要程度和投入力度；地方财政科技支出占地方财政支出的比重体现了科技支出的投入力度；规上工业企业检验法经费占主营业务收入比重体现了企业研发经费的投入力度。

（4）创新载体

创新载体指标体系建设主要分为两个方面：公共技术创新载体和企业技术创新载体。公共技术创新载体用两个五级指标描述：高校数量和高技术企业科研机构数量。目前高校和科研机构占据了公共技术创新平台的绝大部分。企业研发工程中心数量和企业技术中心数量在企业研究开发中占据重要地位。

（5）创新成果

论文成果：万人科技论文数、国外发表科技论文数量在一定程度上代表了研究人员论文成果。

专利成果：专利成果主要通过万名 R&D 人员国内专利授权量、万名 R&D 人员发明专利授权量、PCT 国际专利申请量三个维度衡量。

产业成果：高新技术产业工业总产值占地区生产总值和战略性新兴产业成交额占地区生产总值比重反映了企业在地区中的地位；高技术企业新产品销售收入占主营业务收入比重反映了企业创新成果的转化情况；制定的国内和国际标准数量代表了创新竞争力；技术市场交易的合同数量和技术市场交易的合同交易金额代表了在技术市场的创新成果转化能力；科技成果登记数量直接反映了创新成果的好坏；万元 GDP 水消耗间接反映了创新成果的实际应用情况。

（6）生态质量

生态质量指标主要通过主体聚集度、结构优度、合作度、开放度、自组织、自成长六方面来衡量。

主体聚集度：主体聚集度与人群的生产生活息息相关，这里主要通过企业数、新增固定资产投资额增长率、规模以上企业占比来度量。

结构优度：结构优度在描述产业结构变动方面特征突出，这里主要的指标为有研发机构的高技术企业占比和每百家高技术企业科研机构数。

合作度：合作度说明了 R&D 和外部合作的能力，主要体现在经费上，R&D 经费外部支出、R&D 经费内部支出中的企业资金、R&D 经费内部支出中的政府资金。

开放度：开放度是指企业对外投资引进能力和技术引进能力。包括技术金银合同金额、外商投资额占比、R&D 经费占销售收入比重。

自组织：自组织是衡量企业自身的产业水平的重要指标，主要包括 R&D 人员占从业人员比重、新产品开发经费占比、有效专利数、净利润、新产品收入率。

自成长：自成长主要通过引进国外技术经费支出这一指标来反映企业引进外资的能力。

（7）创新成果转化与中介服务

中介平台建设：高新产业园区和科技园区是创新城市创新成果的产出平台，易于实现创新资源的共享和优势互补；技术转移机构能有效促进知识流动和技术转移；技术市场成交项目总额则是在交易市场上检验创新成果的试金石。

产学研合作能力：产业联盟组织数是产学研合作的一种重要形式，突出了合作繁荣程度；工业企业对境内研究机构科研支出总额和工业企业对境内高等院校科研支出总额是从技术的需求方表明产学研合作的积极性。

创新吸收扩散能力：高技术企业技术引进经费支出总额、高技术企业技术消化经费支出总额、高技术企业技术改造经费支出总额、高技术企业购买国内技术支出总额。

6. 秦创原科技中介服务能力评价指标体系

本文结合秦创原科技中介服务的功能和其在社会经济发展中发挥的作用，从服务投入和服务业绩两个方面评估科技中介服务能力，具体的评价指标体系如图 7 所示。

```
                            ┌─ 人员总数
                            ├─ 政府投入
                ┌─ 服务投入 ─┼─ 办公面积
                │           ├─ 学士学位及以上人员比例
                │           └─ 服务次数
秦创原科技中介服务能力评价指标体系 ─┤
                │           ┌─ 服务企业数量
                │           ├─ 为企业增加的销售额
                └─ 服务业绩 ─┼─ 增加利税
                            ├─ 为社会增加就业
                            └─ 中心总服务收入
```

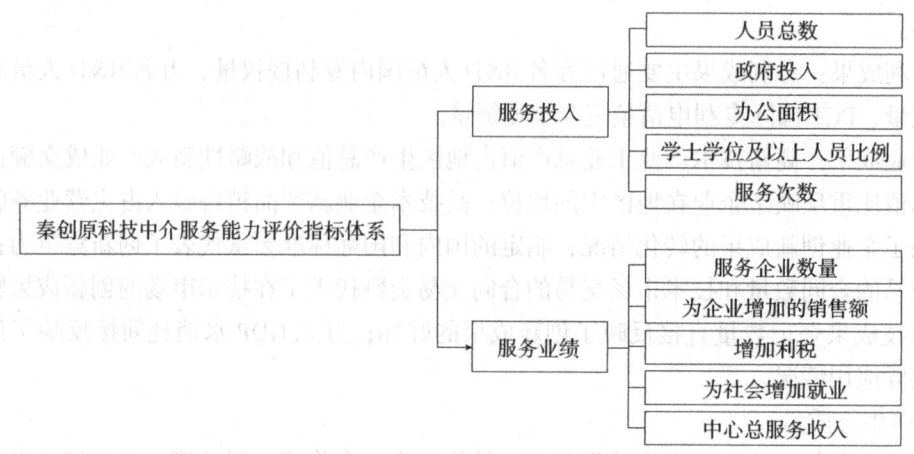

图7 秦创原科技中介服务能力评价指标体系

（1）服务投入

服务投入指标包括人员总数、政府投入、办公面积、学士学位及以上人员比例、服务次数。

人员总数：全职员工总数，投入工作人员的多少是影响科技中介服务质量的关键因素之一。

政府投入：从政府获得的补贴与科技项目支持金额等，反映政策的支持力度。政府投入的力度进一步决定科技中介服务平台的高速发展运营。

办公面积：定量指标，营业面积。考虑其是否有满足业务需求的办公设备和经营条件。办公面积的大小，决定着科技中介服务能力的发展潜力。

学士学位及以上人员比例：具有学士学位及以上的工作人员占总人数的比例。工作人员的学历层次也是影响科技中介服务质量的关键因素之一。

服务次数：科技中介提供的咨询服务、技术服务、中介服务、孵化企业服务（单位：项次）之和用于度量服务要素投入。

（2）服务业绩

服务业绩指标主要包括服务企业数量、为企业增加的销售额、增加利税、为社会增加就业、中心总服务收入。

服务企业数量：在评价周期内，服务的企业总数。

为企业增加的销售额：用企业增加的销售额来衡量服务所带来的收益。

增加利税：在评价周期内，所增加的利税总额。

为社会增加就业：在评价周期内，所吸纳的就业人员数。

中心总服务收入：在评价周期内，科技中介的总营业收入。

7. 秦创原科技金融服务能力评价指标体系

本文结合秦创原科技金融服务的功能和其在社会经济发展中发挥的作用，从非营利性评估、发展环境评估、金融环境竞争力评估、服务绩效评估四个方面评估秦创原科技金融服务能力，具体的评价指标体系如图8所示。

```
                          ┌─ 非营利性评估 ─┬─ 资金来源
                          │              ├─ 收入分配
                          │              └─ 服务人员情况
                          │
                          │              ┌─ 经济环境
                          ├─ 发展环境评估 ─┼─ 区域科技环境
秦创原科技金融服务          │              ├─ 风险投资环境
能力评价指标体系 ─────────┤              └─ 政策环境
                          │
                          ├─ 金融环境竞争力评估 ─┬─ 服务规模
                          │                    └─ 体系结构
                          │
                          └─ 服务绩效评估 ─┬─ 要素流动
                                          └─ 平台产出
```

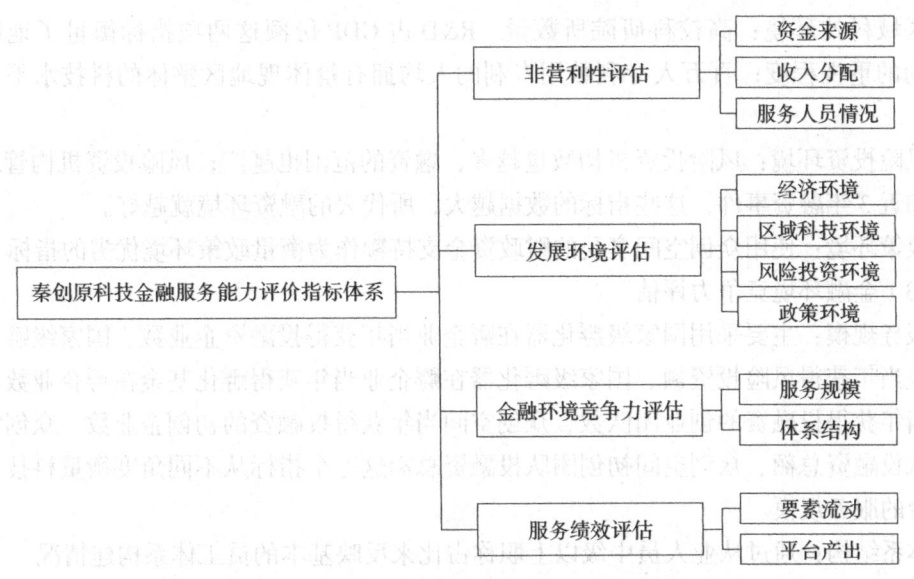

图8　秦创原科技金融服务能力评价指标体系

（1）非营利性评估

为了促进科技创新，政府参与创建了多种基地，为新创办的科技型中小企业提供基础设施和场地，提供一系列服务支持，降低创业者的创业风险和创业成本，提高创业成功率。经济效益并不是平台构建的目的，为了对公共开放性平台的服务质量进行监督，设计了非营利性评估，具体指标如下。

资金来源：软件产业基地科技活动经费筹集政府部门资金是来自国家的支出经费；软件产业基地科技活动经费筹集金融机构贷款则是经费中来自金融机构贷款的部分；国家级孵化器基金总额和国家大学科技园孵化基金总额这两个指标体现了政府对创新基地的支持力度。

收入分配：从收入角度分析，也是评价科技金融服务能力的重要方面。众创空间服务收入、众创空间投资收入、众创空间财政补贴、国家级孵化器对公共技术服务平台投资额，这四项指标以众创空间为主体，衡量了收入分配情况。

服务人员情况：人才始终是影响科技创新的重要因素。科技企业孵化器管理机构从业人员数、众创空间服务人员数量、国家大学科技园管理机构从业人员研究生学历人数占比，这三个指标分别以孵化器、众创空间和大学科技园为代表，总体描述科技金融服务人员的基本情况。

（2）发展环境评估

对于发展环境评估测度指标的选择，既要考虑目前我国技术发展的经济环境，又要权衡区域政策的影响，综合考虑各类因素，共选择了四个方面作为指标，即经济环境、区域科技环境、风险投资环境、政策环境。

经济环境：人均GDP，反映一个地区人们生活水平的高低；GDP总量，反映一个地区的整体经济水平。

区域科技环境：高校科研院所数量、R&D 占 GDP 份额这两项指标衡量了地区对科技活动的重视程度；百万人专利数用专利的人均拥有量体现地区整体的科技水平和科技环境。

风险投资环境：风险投资机构数量越多，融资的范围也越广；风险投资机构管理资金规模和近 3 年融资事件，这些指标的数据越大，所代表的融资环境就越好。

政策环境：使用众创空间享受的财政资金支持额作为衡量政策环境优劣的指标。

（3）金融环境竞争力评估

服务规模：主要采用国家级孵化器在孵企业当年获得投融资企业数、国家级孵化器在孵企业当年获得风险投资额、国家级孵化器在孵企业当年获得孵化基金在孵企业数、众创空间当年获得投融资的创业团队数、众创空间当年获得投融资的初创企业数、众创空间创业团队投融资总额、众创空间初创团队投融资总额这七个指标从不同角度衡量科技金融服务平台的服务规模。

体系结构：通过从业人员中级以上职称占比来反映基本的员工体系构建情况。

（4）服务绩效评估

对科技金融平台在科技自主创新过程中的服务绩效进行评估，可以从基本要素的流动、平台产出等方面展开。

要素流动：主要用技术市场的成交额来度量基本要素流动情况。

平台产出：主要从创新型产业集群国家级科技企业孵化器、创新型产业集群国家技术转移示范机构、成功孵化企业数、创新型产业集群金融服务机构、创新型产业集群产业联盟组织数五个方面测度平台产出情况。产出平台的数量往往与服务绩效直接联系，平台之间互相参照，有利于互相促进，共同进步。

8. 秦创原创新驱动政策准备度评价指标体系

秦创原创新驱动政策准备度主要通过政策强度、政策协同度以及政策完善度三个方面衡量。其中，创新政策强度主要体现为供给导向创新政策强度、需求导向创新政策强度和环境支持创新政策强度三个方面；创新政策协同度主要反映在供给、需求和环境创新政策协同度；创新政策完善度主要表现为享受政策的难易和政策的要素投入程度。如图 9 所示。

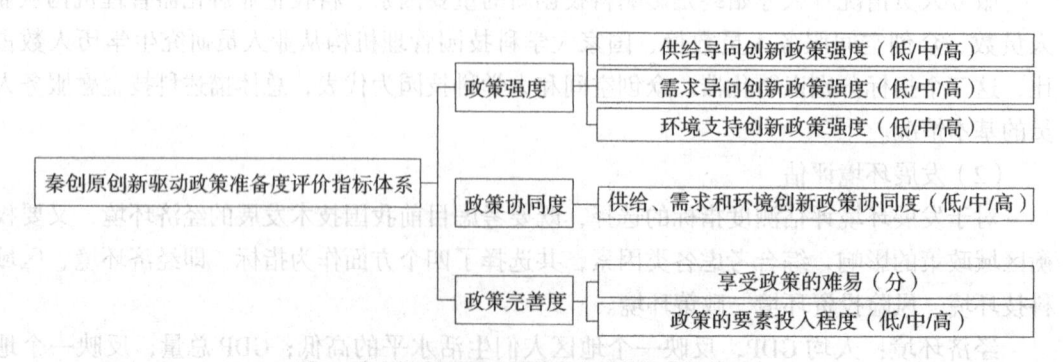

图 9　秦创原创新驱动政策准备度评价指标体系

(1) 政策强度

供给导向创新政策强度，包含四个五级指标：人力资源政策强度、技术支持政策强度、资金支持政策强度、公共服务政策强度。

需求导向创新政策强度，包含三个五级指标：政府采购政策强度、外包政策强度、贸易管制政策强度。

环境支持创新政策强度，包含三个五级指标：税收优惠政策强度、金融支持政策强度、法律管制政策强度。

(2) 政策协同度

供给、需求和环境创新政策协同度，包含供给与需求导向创新政策的相互协同效应；需求与环境支持创新政策的相互协同效应；环境支持与供给创新政策的协同效应；供给导向、需求导向、环境支持创新政策的协同程度。

(3) 政策完善度

享受政策的难易，包含三个五级指标：享受供给导向创新政策的难易、享受需求导向创新政策的难易、享受环境支持创新政策的难易。

政策的要素投入程度，包含三个五级指标：供给导向创新政策相关要素投入程度、需求导向创新政策相关要素投入程度、环境支持创新政策相关要素投入程度。

三、基于熵权法的评价指标体系权重量化

根据国内外学者的研究成果，目前对于指标权重的确定方法主要分为两种：主观评价法和客观评价法。但是主观评价法是一种随机行为，指标权重的大小完全取决于评价者自身的心理好恶和价值准则，具有很大的不确定性，这严重违反指标确定的可比性原则，不同的评价者会产生不同的评价结果。因此，保证评价体系指标权重确定的科学性、稳定性、可比性和合理性是得到客观评价结果的前提和基础。

熵权法作为一种客观赋权法，目前在实际运用中较为普遍。其原理是根据指标数值变异程度所反映的信息量来赋予权重。信息熵是信息无序度的反映，信息熵的减少代表信息量增加，即某指标的指标值变异程度越大，其所包含的信息量就越大，表现为信息熵越小，进而该项指标在评价体系中的权重越大。当指标数据完全无序时，其信息熵值趋近于1，也即其对综合评价的影响为0。所以，本文选择熵权法作为指标权重的确定方法。

传统熵权法所考虑的评估问题，一般的设定方式是由 i 个待评单位（对象、方案）与 j 个待评指标组成原始指标数据矩阵。但是，由于用于比较的客观样本数据获取受限，因此本文的评价模型并不适用上述设定方式。故本次研究引用庄计龙学者修改的熵权系数法进行权重确定。下面对熵权法确定指标权重的步骤进行描述。

① 指标无量纲标准化处理。对于具有不同量纲的数据，应该进行标准化、去量纲化处理。同时，为了能用指标值大小来说明其优劣，必须对各个评价指标进行正向化处理。本次数据量纲一致且无负向指标，故只需进行正向指标标准化，当第 i 项指标为正指标时（即越大越好时），对它作如下变换：其中，即 P_{ij} 初始评语集矩阵元素，$\min(P_i)$ 表示矩

阵中第 P 行 i 最小值。

$$V_{ij}=\frac{P_{ij}-\min(P_i)}{\max(P_i)-\min(P_i)} \tag{1}$$

②计算特征比重矩阵 R。在一般熵权法中，特征比重即第 i 项指标下第 j 个评价对象指标值的比重。在本研究中，矩阵 R 中元素 R_{ij} 可表示为评价指标 X_i 被认为是评语 Y_j 的频度。

$$R_{ij}=V_{ij}/\sum_{j=1}^{n}V_{ij}, \ i=1, 2, \cdots, m \tag{2}$$

③确定指标熵值及差异性系数 F_i。熵值 E_i 及差异性系数 F_i 可显示出指标重要程度，指标熵值与指标差异性系数、指标包含的信息量皆呈负相关性，即指标的熵值 E_i 越大，差异性系数 F_i 越小，指标值的变异程度越大，表示该指标包含信息越少；反之，指标的熵值 E_i 越小，差异性系数 F_i 越大，则表明该指标包含的信息量越大。因此在指标评价中，可以以信息量大小代表权重大小，进而得到指标具体权重。当时 $R_{ij}=0$，有 $R_{ij}\ln R_{ij}=0$，$\sum_{j=1}^{n}R_{ij}=1$。

$$E_i=\frac{1}{\ln n}\sum_{j=1}^{n}(R_{ij}\ln R_{ij}), \ i=1, 2, \cdots, m \tag{3}$$

④计算指标 X_i 最终权重 W_i。最终权重满足 $0 \leq W_i \leq 1$，$\sum_{i=1}^{m}W_i=1$，将得到的指标熵值、差异性系数数据代入公式，则可得到最终 4 个二级指标权重。将每个一级指标下二级指标权重加和，即可得到指标体最终权重。

$$W_i=F_i/\sum_{i=1}^{m}F_i \tag{4}$$

⑤重复迭代步骤②至④，即可获取评价指标体系中所有层级指标的权重。

本报告将采用熵权法对秦创原创新驱动发展能力评价指标体系中的所有层级指标进行权重量化，进而结合各个指标的最新状态，通过加权求和的方式获取各个二级指标的能力水平，为最终秦创原创新驱动发展能力的评估提供数据支撑。

四、秦创原创新驱动发展能力评估结果

（一）数据来源

为了对秦创原创新驱动发展能力进行实际评价，本项目通过网络、问卷等多种渠道收集数据，重点考虑数据来源的客观性、科学性、全面性、代表性和可获得性。其中，秦创原创新效率评价、秦创原科技资源共享能力评价等 7 个指标的数据主要来源于《中国区域创新评价报告》《中国统计年鉴》以及科技资源共享平台等公开获取渠道。而秦创原创新驱动政策准备度评价的数据来自专家问卷调查，调查对象主要包括西安市委和市府研究室，西安市各区政府，秦创原大平台，西安市有关创投、成果转化企业和科技中介服务单

位，以及北京市科委和中关村创投企业，深圳、宁波创投企业等单位的专业人士，保证了问卷数据的可靠性。各评价指标的具体数据来源如表1所示。

表1 各评价指标数据来源

秦创原科技创新效率评价	《中国区域科技创新评价报告2022》《中国科技统计年鉴2021》《中国火炬统计年鉴2021》《陕西省统计年鉴2021》和陕西省科技厅网站对外公开的相关数据
秦创原科技资源共享能力评价	《中国火炬统计年鉴2022》《陕西科技年鉴2022》《中国科技统计年鉴2022》、陕西省科技资源共享平台的数据、《陕西省统计年鉴2022》以及相关新闻报道
秦创原立体联动"孵化器"能力评价	《中国火炬统计年鉴2022》《中国科技统计年鉴2022》
秦创原成果转化"加速器"能力评价	《中国统计年鉴2021》、中经网统计数据库及国家统计局等对外公开的相关数据
秦创原两链融合"促进器"能力评价	《中国高技术产业统计年鉴2021》《中国统计年鉴2021》
秦创原科技中介服务能力评价	《中国火炬统计年鉴2021》《中国科技统计年鉴2021》
秦创原科技金融服务能力评价	《中国高技术产业统计年鉴2021》《中国科技统计年鉴2021》《中国统计年鉴2021》
秦创原创新驱动政策准备度评价	调查问卷（2023年调查问卷数据）

（二）评价结果

本文在对上述来源数据进行抽取和规范化等预处理后，利用其对秦创原创新驱动发展能力指标体系进行评价，通过与其他各省市的横向对比，实际掌握了秦创原在当前发展阶段下的创新驱动发展能力，为相应政策与措施的制定及实施提供参考依据。

总体来看，陕西省秦创原创新驱动发展能力在全国处于偏上水平，在中西部地区的能力突出。

第一，在科技创新效率能力方面，陕西省科技活动产出水平优势明显，近年来保持在全国第4位，主要缘于全省科技论文、获国家科技奖励和技术市场取得的优异成绩。科技促进经济社会发展方面进步显著，排名从全国第18位上升至第10位，高新技术产业化水平有所提高，在全国排名上升2位。

第二，在科技资源共享能力方面，陕西省的科技资源现状良好。科研机构和高校数量较多，涉及的领域广泛，为科技创新提供了坚实的基础。科技企业的数量也在不断增加，不断推出具有竞争力的新产品。同时，陕西省政府出台了一系列政策和措施，促进科技创新和科技成果的产业化、商业化和国际化。

第三，在聚焦立体联动"孵化器"、成果转化"加速器"和两链融合"促进器"方面成效显著。在孵化器建设中，孵化器数量和质量双提升，国家级科技企业孵化器37个，省级孵化器80个，在孵企业1.4万余家。立体联动"孵化器"已成为培养科技型企业、促进科技创新与成果转化、加快产业升级的关键载体。在加速器建设方面，依托西北工业大学等国家重点高校人才智力和科技开发优势，先后组建了陕西工业技术研究院等6家工程技术研究院，其数量在当时为全国最多。为促进政产学研结合、加快中介服务基地平台建设奠定了一定基础，促进了科技成果本地转化能力，成效逐渐明显。在促进器建设方面，正在加快建设产业创新平台的步伐。2021年，陕西新建22个省级重点实验室、7个共性技术研发平台和9个创新联合体；在空天动力领域启动建设陕西实验室，国家超算西安中心获批建设；建设190个省级工程技术研究中心、40余个产业技术创新战略联盟和84个"四主体一联合"新型研发平台为其提供保障。

第四，在科技中介服务能力方面，陕西省生产力促进中心服务也具有较大优势，倾向于借助生产力促进中心开展大范围的科技人员交互服务，解决科技人才资源分布不均衡问题。

第五，在科技金融服务能力方面，取得了较大突破。这主要体现在金融机构快速集聚、金融服务逐步增多、资本市场更加活跃以及投资氛围日渐浓厚。

第六，在创新驱动政策准备方面，陕西省政府出台大量相关配套政策对秦创原创新驱动发展能力成长予以支持。

下面详细阐述秦创原创新驱动发展能力各分项指标的评价结果。

1. 秦创原科技创新效率评价

为了掌握陕西省科技创新效率在全国的实际水平，本文选择14个省份进行创新能力和创新效率的实证分析，结果如表2所示。在2022年综合科创指数中，广东、江苏和浙江连续两年均为第4、第5、第6名，高于全国平均水平，属于第一梯队。湖北、陕西两省旗鼓相当，排在全国第8~9名。广东、浙江和江苏处于科技创新高水平状态。广东不存在投入冗余和产出不足，反而需要适度缩小科技创新规模，也表明广东的科技创新发展能力已经处于高位持续发展时期。与广东相比，浙江在创新要素合理配置方面有少许提升空间，但也进入了高位持续发展时期，需要适度缩小规模。江苏也需要适度缩小规模，同时还有通过政策优化、制度创新等提升产出的潜力。

通过表2所示的陕西省科技创新效率分析结果，可以得到以下结论。

第一，陕西省有一定的提升产出潜力。通过数据包络法（DEA）分析陕西的科技创新效率（如表2所示），发现其松弛变量S略大于0，即在现有投入不变的情况下，有提升产出的潜力，但是提升潜力主要在于经济效益、社会和环境效益的产出。

第二，陕西省的创新效率提升空间不大，且已经进入规模报酬递减阶段。从表2来看，陕西的综合效益值显著高于均值，已经达到0.935，说明陕西省的创新效率提升空间不大，且已经进入规模报酬递减阶段，意味着从创新效率出发，通过扩大规模已经不是首选的发展策略，需要适度控制科技创新规模，减量增效。目前可以通过改善资源配置，提升科技人员的科研条件以增加产出，尤其是提升环境产出。

第三，需进一步加大科技创新投入力度，提升企业科技创新能力。结合指标体系的原始数据，广东与浙江在科技创新投入方面明显高于陕西，企业研发人员投入远高于陕西，企业产品创新指标也远高于陕西。陕西创新发展的一个瓶颈就是高校院所强、企业弱，提升企业科技创新能力是陕西亟待解决的问题。

综上所述，陕西科技创新发展不应着眼于扩大规模，而应重视提升创新质量，打通科技成果转化落地"最后一公里"，切实将"科教大省"转变为"科技强省"，在创新驱动发展方面"走在前列"和"迈出更大步伐",实实在在提升科技创新在经济、社会和环境方面的产出。

表2 各省市科技创新效率分析结果

项	有效性分析						
	技术效益 TE	规模效益 SE(k)	综合效益 OE(θ)	类型	松弛变量 S-	松弛变量 S	有效性
18-19 陕西	1	0.935	0.935	规模报酬递减	0	0.067	非DEA有效
19-20 陕西	1	0.905	0.905	规模报酬递减	0	0.083	非DEA有效
18-19 广东	1	0.611	0.611	规模报酬递减	0	0	非DEA有效
19-20 广东	1	0.601	0.601	规模报酬递减	0	0	非DEA有效
18-19 浙江	0.967	0.654	0.632	规模报酬递减	0	0	非DEA有效
19-20 浙江	0.994	0.616	0.612	规模报酬递减	0	0	非DEA有效
18-19 湖北	1	0.92	0.92	规模报酬递减	0	0	非DEA有效
19-20 湖北	0.976	0.784	0.766	规模报酬递减	0	0	非DEA有效
18-19 安徽	1	1	1	规模报酬固定	0	0	DEA强有效
19-20 安徽	1	0.764	0.764	规模报酬递减	0	0	非DEA有效
18-19 四川	1	0.855	0.855	规模报酬递减	0	0.295	非DEA有效
19-20 四川	0.948	0.771	0.731	规模报酬递减	0	0.394	非DEA有效
18-19 湖南	1	0.71	0.71	规模报酬递减	0	0.081	非DEA有效
19-20 湖南	1	0.589	0.589	规模报酬递减	0	0.093	非DEA有效
18-19 山西	1	1	1	规模报酬固定	0	0	DEA强有效
19-20 山西	1	1	1	规模报酬固定	0	0	DEA强有效
18-19 山东	0.587	0.857	0.503	规模报酬递减	0	0.196	非DEA有效
19-20 山东	0.636	0.789	0.501	规模报酬递减	0	0.246	非DEA有效
18-19 江苏	1	0.645	0.645	规模报酬递减	0	0.328	非DEA有效
19-20 江苏	1	0.594	0.594	规模报酬递减	0	0.101	非DEA有效
18-19 甘肃	1	1	1	规模报酬固定	0	0	DEA强有效
19-20 甘肃	1	0.875	0.875	规模报酬递减	0	0.023	非DEA有效
18-19 河南	1	0.918	0.918	规模报酬递减	0	0.374	非DEA有效
19-20 河南	0.847	0.869	0.736	规模报酬递减	0	0.202	非DEA有效
18-19 辽宁	1	1	1	规模报酬固定	0	0	DEA强有效
19-20 辽宁	1	1	1	规模报酬固定	0	0	DEA强有效

2. 秦创原科技资源共享能力评价

本文选择8个省份进行科技资源共享能力评价实证分析,评价结果如表3所示。通过表3可以发现,首先,广东省的科技资源共享能力最强,陕西省位居第五位,处于末位的是甘肃省。广东省的综合得分不仅位列第一，且比处于第二位的安徽省得分高出约339.94%，可见广东省在科技资源共享能力上处于绝对领先地位。第二位的安徽省和第三位的湖北省、第四位的湖南省综合得分差距较小，整体的科技资源共享能力和建设情况比较接近。其次，陕西省虽然在科技资源共享能力上处于中等地位，但与前面三个省份还存在着一定的差距，陕西的综合得分相较于排在第二位的安徽省低了约44.06%。重庆市与陕西省的综合得分极为相近。黑龙江省和甘肃省则相对较弱，相较于排在其前面的重庆市差额超过50%，这也与这两个省份的地理位置和经济发展情况基本吻合。

表3 科技资源共享能力综合得分及排名

	广东	安徽	湖北	湖南
综合得分	131340.5	29854.76	29456.67	22861.73
排名	1	2	3	4
	陕西	重庆	黑龙江	甘肃
综合得分	16700.19	14791.05	7083.95	6049.257
排名	5	6	7	8

此外，本文还进一步从三级指标这个细粒度视角，对比分析了排在前五位的省份在科技资源共享能力方面的实际情况，如表4至表6所示。首先，陕西省的科技资源共享具有较好的服务能力。陕西省共有两项数值为1，分别为是否有App或小程序（表5）和管理制度完善性（表6），有6项指标的值在0.5以上。从排在前五位省份的共享服务能力数据比较来看（表5），陕西省在科技资源共享服务小程序的功能和技术经纪人、网站更新等方面都达到了较高的水平。例如陕西省技术经纪人数为227人，与广东省的265人接近。但是陕西省的专利授权量、高企认定和科技型中小企业入库数等方面仍然有很大的提升空间。其次，陕西省的科技资源共享保障能力表现较好，整体处于靠前地位。陕西省在资源共享保障方面的管理制度完善性、政策协同部门数和主要负责部门预算在研究省份中处在大约前20%的水平（表6），这说明陕西省重视科技资源共享平台建设，科技资源共享有较强的保障能力。

总体来看，陕西省在科技资源共享体系中服务能力和保障能力方面做得相对较好，而供给能力部分的得分偏低，反映出其建设和发展相对不足，成为造成陕西省综合得分落后的重要原因，也是陕西省目前亟须提升的短板。通过对排在前五位省份在资源供给能力方面的进一步对比分析结果（表7）可以发现，陕西省在该部分归一化处理后的数据中只有3项的值大于0.5，即意味着陕西省供给能力只有三项达到了领先省份水平的一半以上，其他方面则有较大差距，例如陕西省2021年科技人才当量为125281，而广东省为885248人，高出陕西省超600%，这也足以说明存在的差距较大，需要持续发力追赶。此外陕西省的大型仪器设备年均增率、科技成果数量、园区数量等只有成绩最好省份的一成至三成，说明陕西省还需关注多方面的发展。

表4 排在前五位省份科技资源共享供给能力数据

	三级指标	广东	安徽	湖北	湖南	陕西
供给能力	科技人才当量（人年）	1	0.223	0.218	0.192	0.092
	院士数（人）	1	0.165	0.481	0.203	0.414
	科技人才年均增率（%）	0.317	0	0.892	1	0.268
	大型仪器设备量（台）	0.560	0.325	1	0.441	0.428
	大型仪器设备年均增率（%）	0.170	0.187	0.366	1	0.146
	科技成果数量（个）	0.165	1	0.069	0	0.142
	科技成果质量（分数）	0.857	0.970	1	0.792	0.679
	科技成果年均增率（%）	0	0.303	1	0.422	0.296
	机构数量（个）	0.683	0.998	1	0.082	0.570
	园区数量（个）	1	0.108	0.453	0.110	0.095
	技术转移机构（国家、省）	0.078	0.313	1	0	0.565

表5 排在前五位省份科技资源共享服务能力数据

	三级指标	广东	安徽	湖北	湖南	陕西
服务能力	技术经纪人（人）	1.0000	0.4178	0.3897	0.0047	0.8216
	网站更新（分数）	0.8947	1.0000	0.9211	0.6316	0.7105
	网站信息资源组织目录完备度及功能正常、丰富（分数）	0.3684	0.7368	1.0000	0.4737	0.1053
	是否有App或小程序	0.0000	1.0000	0.0000	0.0000	1.0000
	专利授权量（件）	1.0000	0.1506	0.1526	0.0861	0.0712
	技术合同交易额（万元）	1.0000	0.3788	0.4564	0.2445	0.5142
	高企认定（家）	1.0000	0.1513	0.4102	0.2798	0.2152
	科技型中小企业入库数（家）	1.0000	0.0785	0.3690	0.2974	0.2969

表6 排在前五位省份科技资源共享保障能力数据

	三级指标	广东	安徽	湖北	湖南	陕西
保障能力	管理制度完善性（分数）	1.0000	1.0000	1.0000	1.0000	1.0000
	政策支持力度（分数）	1.0000	0.2500	0.2500	0.7500	0.5000
	政策协同部门数（个）	0.7778	0.7778	0.5556	1.0000	0.8889
	主要负责部门预算（万元）	0.8822	0.5363	0.6298	0.0000	0.7979
	友情链接	0.0000	1.0000	0.3913	0.4783	0.1304

表7 排在前五位省份供给能力排名前十一的三级指标及得分

	三级指标	广东	安徽	湖北	湖南	陕西
供给能力	科技人才当量（人年）	1	0.223	0.218	0.192	0.092
	院士数（人）	1	0.165	0.481	0.203	0.414
	科技人才年均增率（%）	0.317	0	0.892	1	0.268
	大型仪器设备量（台）	0.560	0.325	1	0.441	0.428
	大型仪器设备年均增率（%）	0.170	0.187	0.366	1	0.146
	科技成果数量（个）	0.165	1	0.069	0	0.142
	科技成果质量（分数）	0.857	0.970	1	0.792	0.679
	科技成果年均增率（%）	0	0.303	1	0.422	0.296
	机构数量（个）	0.683	0.998	1	0.082	0.570
	园区数量（个）	1	0.108	0.453	0.110	0.095
	技术转移机构（国家、省）	0.078	0.313	1	0	0.565

3. 秦创原立体联动"孵化器"能力评价

由于开展"孵化器"建设的省份较多，为了实际评估秦创原立体联动"孵化器"能力的水平，本文共评估了32个城市的"孵化器"能力，评估结果如表8所示。从整体的评价结果来看，秦创原立体联动"孵化器"能力的评分值为0.257，排名（6/32）处于偏上的水平，但与较发达地区的孵化器发展水平相比还存在一定差距，与排名第一的江苏省（0.730）相差0.473分，与排名第二的广东省相差0.423分。

表8 "孵化器"能力评价结果

地区	正理想解距离 D+	负理想解距离 D-	相对接近度 C（得分）	排名
江苏	0.09488	0.25638	0.72989	1
广东	0.10892	0.23114	0.67971	2
浙江	0.15708	0.20230	0.56292	3
北京	0.15610	0.18483	0.54213	4
山东	0.23649	0.08565	0.26588	5
陕西	0.24314	0.08408	0.25696	6
湖北	0.25772	0.06556	0.20280	7
上海	0.25872	0.06196	0.19321	8
四川	0.26665	0.05791	0.17843	9
河南	0.27100	0.05734	0.17463	10
西藏	0.30900	0.05944	0.16134	11
江西	0.28108	0.04913	0.14879	12
安徽	0.27340	0.04460	0.14024	13

续表

地区	正理想解距离 D+	负理想解距离 D-	相对接近度 C（得分）	排名
河北	0.28059	0.04385	0.13516	14
湖南	0.28246	0.03968	0.12317	15
福建	0.28277	0.03790	0.11819	16
重庆	0.28719	0.03525	0.10932	17
新疆兵团	0.30848	0.03783	0.10923	18
山西	0.29522	0.03316	0.10099	19
海南	0.30466	0.03150	0.09371	20
天津	0.29606	0.02747	0.08490	21
贵州	0.29619	0.02674	0.08281	22
吉林	0.29403	0.02585	0.08082	23
辽宁	0.29422	0.02586	0.08078	24
黑龙江	0.29607	0.02420	0.07557	25
广西	0.29811	0.02342	0.07284	26
青海	0.30623	0.02250	0.06845	27
甘肃	0.30020	0.02034	0.06344	28
内蒙古	0.30276	0.01687	0.05279	29
宁夏	0.30813	0.01571	0.04852	30
云南	0.30613	0.01499	0.04668	31
新疆	0.30754	0.01197	0.03746	32

上海市在孵化能力和社会贡献方面稍弱于陕西省，尤其表现在孵化器新增在孵企业数量占比和在孵企业从业人员数等方面，上海市排名8/32，得分为0.193，比陕西省低0.064，这在一定程度上表明孵化器的发展需要各个部分即孵化器主体、孵化器辅助主体、在孵企业以及孵化环境之间相互作用、相互影响，而不是只凭借孵化器的单一发展。上海市在科技资源、政策环境、人才等方面均有较大优势，但上海的城市发展更多的是依赖于地理位置、交通资源等先天发展优势。从上海市孵化器的发展可以折射出，发达城市在创新发展的过程中比其他城市面临着更加严重的城市压力，瓶颈问题难以突破。

与相邻的山西省对比，山西省孵化器能力得分0.101，比秦创原立体联动"孵化器"低0.156，排名19/32，处于偏下水平。人才匮乏是制约山西省孵化器发展的一大重要因素，这与创新人才激励机制不灵活、科研人员市场化流动不足、人才培养缺乏创造性等因素有关。与之相反，作为科教、人才大省，截至"十三五"末，陕西各类人才资源总量达600.46万人。陕西省应充分发挥人才资源优势，健全科技人才发展体制机制、加大中青年科技人才培养力度，为秦创原立体联动"孵化器"建设添砖加瓦。

4. 秦创原成果转化"加速器"能力评价

根据成果转化"加速器"能力评价指标体系，本文对30个省市的成果转化"加速器"

能力进行对比分析，评估结果如表9所示。整体来看，陕西省的成果转化"加速器"能力在全国位于中上水平。北京市的成果转化加速器能力综合得分为0.663，居全国第一；其次是广东省，其成果转化加速器能力综合得分为0.59；接下来是江苏省，得分为0.556；陕西省的综合得分为0.369，排名第六。进一步从细粒度层面分析（见表10），首先，在成果投入方面，一线省市如北京、广东其成果转化加速器能力较强，而陕西高校成果投入、政府投入在中等偏上水平；其次，在成果转化产出方面，陕西省排名中等，与排名第一的广东省以及排名第二的江苏省差距较大，说明陕西省在创新成果产出方面还需加强；最后，在成果扩散方面，陕西省虽排名中等，但与排名靠前的省份差距较大。广东的高新技术产品的营业收入达到1，排名第二的江苏高新技术产品的营业收入拦腰截断到了0.54，排名第13的陕西省在高新技术产品的营业收入0.07，虽然排名中等，但与广东、江苏的差距很大，由此说明陕西省的创新投入与创新成果产出比例相差较大。

综合来看，一线城市、强二线城市及发达省份其成果转化能力较强，而分布于西北和东北地区的四、五线城市成果转化能力较低。陕西省虽然总体排名靠前，但其还需不断提升成果转化能力。陕西省未来应加速创新成果产出，持续转化高质量创新产品。

表9 成果转化"加速器"能力评价结果

	正理想解距离 D	负理想解距离 D-	相对接近度 C（得分）	排序结果
北京	0.418	0.823	0.663	1
广东	0.481	0.694	0.59	2
江苏	0.517	0.648	0.556	3
上海	0.588	0.525	0.472	4
浙江	0.675	0.429	0.389	5
陕西	0.68	0.397	0.369	6
山东	0.701	0.39	0.357	7
四川	0.687	0.381	0.357	8
湖北	0.694	0.378	0.352	9
湖南	0.783	0.295	0.273	10
天津	0.783	0.292	0.272	11
辽宁	0.783	0.282	0.265	12
福建	0.82	0.287	0.26	13
海南	0.919	0.321	0.259	14
河南	0.814	0.284	0.259	15
安徽	0.8	0.279	0.258	16
黑龙江	0.835	0.275	0.248	17
重庆	0.813	0.261	0.243	18
吉林	0.841	0.263	0.239	19

续表

	正理想解距离 D	负理想解距离 D-	相对接近度 C（得分）	排序结果
江西	0.847	0.236	0.218	20
河北	0.858	0.219	0.203	21
甘肃	0.902	0.2	0.181	22
贵州	0.889	0.179	0.167	23
云南	0.887	0.172	0.163	24
青海	0.939	0.178	0.159	25
广西	0.891	0.167	0.158	26
山西	0.9	0.156	0.148	27
新疆	0.94	0.146	0.134	28
内蒙古	0.922	0.129	0.123	29
宁夏	0.935	0.127	0.119	30

表 10 成果转化"加速器"能力指标数据归一化结果

地区	高校成果投入			政府投入		企业成果投入	成果转化产出			创新扩散	经济成果转出
	高校发表科技论文	高校出版科技著作	高校有效发明专利	研究与试验发展（R&D）经费投入强度	研究与试验发展（R&D）经费政府资金占比	技术市场成交额	高新技术企业有效发明专利数的自然对数	高技术新产品销售收入的自然对数	新产品销售收入的自然对数	高新技术产品的营业收入	人均GDP
北京	0.86	1.00	1.00	1.00	0.77	1.00	0.69	0.71	0.64	0.13	1.00
天津	0.21	0.14	0.18	0.50	0.16	0.17	0.47	0.59	0.58	0.06	0.51
内蒙古	0.07	0.16	0.02	0.08	0.12	0.00	0.14	0.21	0.38	0.01	0.28
辽宁	0.38	0.38	0.26	0.29	0.36	0.10	0.46	0.47	0.60	0.04	0.18
吉林	0.23	0.20	0.12	0.14	0.66	0.07	0.25	0.36	0.49	0.01	0.11
黑龙江	0.28	0.20	0.29	0.14	0.67	0.04	0.26	0.37	0.31	0.00	0.05
上海	0.68	0.67	0.47	0.61	0.49	0.25	0.65	0.66	0.75	0.16	0.94
江苏	1.00	0.57	0.97	0.41	0.01	0.33	0.79	0.91	0.98	0.54	0.67
浙江	0.40	0.46	0.59	0.40	0.00	0.22	0.69	0.82	0.92	0.20	0.51
安徽	0.29	0.22	0.18	0.31	0.13	0.10	0.57	0.71	0.78	0.10	0.21
福建	0.18	0.17	0.17	0.25	0.02	0.02	0.58	0.70	0.66	0.12	0.54
江西	0.17	0.20	0.07	0.20	0.10	0.04	0.50	0.70	0.69	0.12	0.17
河南	0.34	0.53	0.17	0.20	0.00	0.06	0.49	0.73	0.70	0.13	0.15
湖北	0.55	0.56	0.38	0.31	0.26	0.26	0.62	0.68	0.74	0.09	0.29

续表

地区	高校成果投入			政府投入		企业成果投入		成果转化产出		创新扩散	经济成果转出
	高校发表科技论文	高校出版科技著作	高校有效发明专利	研究与试验发展（R&D）经费投入强度	研究与试验发展（R&D）经费政府资金占比	技术市场成交额	高新技术企业有效发明专利数的自然对数	高技术新产品销售收入的自然对数	新产品销售收入的自然对数	高新技术产品的营业收入	人均GDP
湖南	0.42	0.45	0.24	0.28	0.09	0.12	0.50	0.65	0.71	0.08	0.21
广东	0.82	0.54	0.41	0.45	0.08	0.52	1.00	1.00	1.00	1.00	0.41
重庆	0.23	0.36	0.14	0.28	0.12	0.02	0.43	0.66	0.65	0.13	0.33
四川	0.53	0.41	0.27	0.29	0.63	0.20	0.60	0.67	0.62	0.19	0.17
贵州	0.12	0.15	0.03	0.08	0.37	0.04	0.35	0.41	0.32	0.01	0.08
陕西	0.51	0.42	0.45	0.33	0.70	0.28	0.50	0.52	0.50	0.07	0.23
甘肃	0.10	0.14	0.03	0.13	0.56	0.04	0.14	0.27	0.25	0.00	0.00
青海	0.00	0.00	0.00	0.04	0.54	0.00	0.00	0.22	0.08	0.00	0.12

5. 秦创原两链融合"促进器"能力评价

根据两链融合"促进器"能力评价指标体系研究，通过31个省市的两链融合促进器分析得到了不同地区能力评价得分，如表11所示。由评价结果可以看出，广东省居于第一（得分0.221），北京市位于第二（得分0.106），江苏省居于第三（得分0.095），这三个地区是各省市两链融合促进器能力评价得分最高的三个地区，尾随其后的是上海市得分0.074，浙江省得分0.053。通过分析评价结果可以发现，首先，广东、北京、上海、江苏、浙江作为我国经济发展最强的地区，在两链融合发展方面占据极大优势。经济发展和科技创新相辅相成，经济发达地区往往教育科研水平也位居前列，这些地区培养的高素质人才又为地区科技创新贡献新力量，注入新活力，如此良性发展，两链融合优势也因此而显现。其次，陕西省在两链融合发展方面居全国中等水平（得分0.021），但在中西部地区优势显著，同时与东部沿海地区的发展仍有不小差距。陕西省拥有丰富的人才资源和科技环境，有望为中西部地区发展提供动力支持。

表11 两链融合"促进器"能力评价结果

地区	最终得分	排序结果
广东	0.221295	1
北京	0.106463	2
江苏	0.094682	3
上海	0.074288	4

续表

地 区	最终得分	排序结果
浙江	0.053488	5
山东	0.039984	6
四川	0.035816	7
湖北	0.030319	8
安徽	0.030146	9
湖南	0.02813	10
福建	0.026003	11
辽宁	0.024389	12
天津	0.023131	13
陕西	0.021165	14
广西	0.020215	15
河北	0.018539	16
江西	0.01674	17
重庆	0.016609	18
河南	0.015442	19
黑龙江	0.014211	20
西藏	0.014205	21
吉林	0.010548	22
海南	0.009109	23
甘肃	0.008547	24
贵州	0.008243	25
山西	0.008056	26
宁夏	0.006718	27
云南	0.006549	28
新疆	0.006481	29
内蒙古	0.005628	30
青海	0.004862	31

6. 秦创原科技中介服务能力评价

根据科技中介服务能力评价指标体系研究，通过27个省市得到了不同地区科技中介服务能力评价得分，如表12所示。从整体来看，秦创原科技中介服务能力在全国处于中等偏上水平（评分值为0.147，排名第9/27），与排名第一的四川省（得分0.750）差距较大。

首先，四川、安徽、江苏、江西、湖北处于第一梯队，各项指标超过各省份平均值，部分指标达到各省份最大值，表明自身具有独特优势。如江苏省生产力促进中心的政府投入额位于第一位，表明江苏省更倾向通过支持公共科技服务机构，为企业创新助力。安徽省生产力促进中心人员总数指标位于第一，表明安徽省的科技人才优势为生产力促进中心服务能力提升提供强大支撑。其次，广东、福建、重庆、陕西、天津处于第二梯队，其大部分指标超过各省份平均水平，个别指标较为突出。值得注意的是，虽然这些省份在资源投入力度方面相差不大，但不同省份的优势业务相差较大，这与本省科技创新体制、体系与资源特征密切相关。例如，重庆市的生产力促进中心咨询服务项次、技术服务项次、中介服务项次、孵化企业服务项次位于第二梯队前列，这与重庆市良好的创业环境相关。陕西省生产力促进中心服务次数也具有较大优势，倾向于借助生产力促进中心开展大范围的科技人员交互服务，解决科技人才资源分布不均衡问题。最后，第三梯队包括北京、云南、河北、湖南等，其大部分指标数值接近或低于平均值，其中，河北省服务业绩和服务能力相对突出，同其注重发展以农业为中心的特色科技服务相关。第四梯队的青海、内蒙古、广西、贵州、青海等地生产力促进各指标都较低，科技服务能力极为薄弱。

具体来看，秦创原科技中介服务能力得分0.147，与排名第一的四川省（得分0.750）相差0.603，主要在服务业绩方面差距较大。这也说明了陕西省技术转让和技术成果的转化渠道较少，以及科技成果转化效率低，需要加快协同创新平台的建设和技术交易市场的构建。虽然近几年陕西省政府极力采取各种措施促进政产研学合作，促进科技成果转化，但陕西省缺乏相应的配套中介服务体系。四川省的科技中介服务体系已基本形成，搭建了信息共享服务平台——川科云服，为企业、高校及科研院所等单位提供科技成果评价、技术咨询、项目对接、资本对接、人才对接、技术转移和成果转化等专业化科技中介服务。因此，在科技中介服务体系建设方面，陕西省应借鉴四川省的经验，结合自身情况搭建中介服务体系。

表12 科技中介服务能力评价结果

地区	正理想解距离 D+	负理想解距离 D–	相对邻近度 C（得分）	排名
四川	0.11925	0.35833	0.75030	1
安徽	0.29847	0.17003	0.36293	2
江苏	0.30040	0.16501	0.35455	3
江西	0.29898	0.14597	0.32806	4
湖北	0.32011	0.15149	0.32123	5
广东	0.34712	0.12139	0.25909	6
福建	0.36045	0.06553	0.15383	7
重庆	0.36619	0.06596	0.15264	8
陕西	0.35887	0.06187	0.14704	9
天津	0.36035	0.06077	0.14430	10
甘肃	0.35841	0.05194	0.12658	11
北京	0.37366	0.04170	0.10039	12
云南	0.37999	0.04153	0.09852	13

续表

地区	正理想解距离 D+	负理想解距离 D-	相对邻近度 C（得分）	排名
新疆	0.37493	0.03915	0.09455	14
河北	0.36401	0.03637	0.09084	15
湖南	0.37186	0.03266	0.08075	16
吉林	0.38160	0.03305	0.07971	17
广西	0.37794	0.03043	0.07451	18
黑龙江	0.37527	0.02761	0.06853	19
山东	0.37353	0.02677	0.06688	20
浙江	0.38143	0.02733	0.06686	21
贵州	0.37502	0.02680	0.06670	22
河南	0.37738	0.02435	0.06061	23
青海	0.38662	0.02249	0.05498	24
内蒙古	0.37866	0.02027	0.05081	25
山西	0.38539	0.00975	0.02468	26
新疆兵团	0.38682	0.00783	0.01983	27

7. 秦创原科技金融服务能力评价

根据科技金融服务能力评价指标体系研究，通过分析32个省份最终得到科技金融服务能力评价得分，评价结果如表13所示。可以发现，北京市的科技金融服务能力居全国第一（得分0.167），广东省位于第二（得分0.109），江苏省位于第三（得分0.104），尾随其后的是浙江省（得分0.092）和上海市（得分0.089）。从评价结果不难发现，北京、上海、江苏、浙江和广东都是经济发展强劲的地区，创新驱动发展能力一流，这些地区不仅自身具有成长为科技创新建设完善发达的潜力，同时表现出的科技金融服务能力较其他地区有着明显的优势，是全国科技发展的领头羊，也是科技金融服务平台建设的先驱者。另外，陕西省的科技金融服务能力在全国相对靠前，在中西部地区优势显著。陕西省拥有丰富的人才资源和科技环境，有望为中西部地区发展提供动力支持。

表13 科技金融服务能力评价结果

地区	最终得分	排序结果
北京	0.166612	1
广东	0.109329	2
江苏	0.104324	3
浙江	0.091738	4
上海	0.088999	5
山东	0.043564	6

续表

地区	最终得分	排序结果
湖北	0.036634	7
陕西	0.036157	8
新疆兵团	0.031839	9
四川	0.029324	10
湖南	0.025346	11
辽宁	0.023854	12
河南	0.019207	13
福建	0.018673	14
安徽	0.017753	15
天津	0.017726	16
江西	0.016963	17
重庆	0.016471	18
河北	0.01584	19
山西	0.011637	20
甘肃	0.011181	21
吉林	0.009439	22
西藏	0.008369	23
黑龙江	0.007821	24
云南	0.007814	25
内蒙古	0.007527	26
广西	0.006595	27
贵州	0.006397	28
海南	0.005915	29
青海	0.002785	30
新疆	0.002562	31
宁夏	0.001605	32

8.秦创原创新驱动政策准备度评价

根据创新驱动政策准备度的评价结果，如表14至表19，可以得到以下结论。首先，从政策强度和政策完善度来看，环境支持型政策强度（4.08）和完善度（7.25）均高于供给导向型（3.890，7.06）和需求导向型（3.56，7.06）的政策强度和政策完善度。陕西省供给导向型科技政策行政效力和法律约束力较高，但政策覆盖面不如环境支持型政策广，而需求导向型政策明显被忽视。这说明陕西省政府在创新政策制定过程中，偏重于使用自上而下的供给驱动行政手段。这种方式行政效率较高，但在一定程度上忽视了科技市场中其他活动主体的需求，抑制了市场自我调节的能力以及其他第三部门主体参与科技创新活动的积极性。其次,从政策协同度来看,政策之间的协同度仍有较大提升空间,尤其是需求型与环境型政策之间的协同度亟须改善。陕西省供给型与需求型政策协同度均值为(3.81),需求型与环境型政策协同度均值为(3.63),环境型与供给型政策协同度均值为(3.69)。结合问卷可以看出,陕西省环境型科技政策体系最为完善,而需求导向型政策则在一定程度上被忽视,从而导致两者政策具有差异,协同效应不明显。这说明陕西省在制定科技创新政策的过程中,仍缺乏将科技创新政策看作一个互相影响的有机整体的意识,政策间的协同效应并没有得到明显提高,不利于科技创新政策绩效的提升。

表 14　供给导向创新政策强度

题目/选项	1(非常低)	2	3	4	5(非常高)	平均分
1.1 人力资源政策强度	0	1(6.25%)	5(31.25%)	5(31.25%)	5(31.25%)	3.88
1.2 技术支持政策强度	0	2(12.5%)	2(12.5%)	5(31.25%)	7(43.75%)	4.06
1.3 资金支持政策强度	1(6.25%)	1(6.25%)	4(25%)	3(18.75%)	7(43.75%)	3.88
1.4 公共服务政策强度	0	2(12.5%)	4(25%)	6(37.5%)	4(25%)	3.75
小计	1(1.56%)	6(9.38%)	15(23.44%)	19(29.69%)	23(35.94%)	3.89

表 15　需求导向创新政策强度

题目/选项	1(非常低)	2	3	4	5(非常高)	平均分
2.1 政府采购政策强度	0	4(25%)	4(25%)	4(25%)	4(25%)	3.5
2.2 贸易管制政策强度	0	3(18.75%)	2(12.5%)	6(37.5%)	5(31.25%)	3.81
2.3 外包政策强度	2(12.5%)	2(12.5%)	5(31.25%)	2(12.5%)	5(31.25%)	3.38
小计	2(4.17%)	9(18.75%)	11(22.92%)	12(25%)	14(29.17%)	3.56

表 16　环境支持创新政策强度

题目/选项	1(非常低)	2	3	4	5(非常高)	平均分
3.1 税收优惠政策强度	1(6.25%)	0(0%)	3(18.75%)	6(37.5%)	6(37.5%)	4
3.2 金融支持政策强度	0	1(6.25%)	2(12.5%)	5(31.25%)	8(50%)	4.25
3.3 法律管制政策强度	0	1(6.25%)	6(37.5%)	1(6.25%)	8(50%)	4
小计	1(2.08%)	2(4.17%)	11(22.92%)	12(25%)	22(45.83%)	4.08

表 17　供给、需求和环境支持创新政策强度

题目/选项	1(非常低)	2	3	4	5(非常高)	平均分
4.1 供给与需求导向创新政策的相互协同效应	0	1(6.25%)	6(37.5%)	4(25%)	5(31.25%)	3.81
4.2 需求与环境支持创新政策的相互协同效应	0	1(6.25%)	8(50%)	3(18.75%)	4(25%)	3.63

续表

题目/选项	1（非常低）	2	3	4	5（非常高）	平均分
4.3 环境支持与供给创新政策的协同效应	0	2（12.5%）	5（31.25%）	5（31.25%）	4（25%）	3.69
4.4 供给导向、需求导向、环境支持创新政策的协同程度	0	3（18.75%）	3（18.75%）	4（25%）	6（37.5%）	3.81
小计	0	7（10.94%）	22（34.38%）	16（25%）	19（29.69%）	3.73

表18　享受政策的难易

题目/选项	1（非常低）	2	3	4	5	6	7	8	9	10（非常高）	平均分
5.1 享受供给导向创新政策的难易	0	0	2（12.5%）	1（6.25%）	2（12.5%）	1（6.25%）	2（12.5%）	2（12.5%）	3（18.75%）	3（18.75%）	7.06
5.2 享受需求导向创新政策的难易	0	0	1（6.25%）	2（12.5%）	0	5（31.25%）	0	3（18.75%）	2（12.5%）	3（18.75%）	7.06
5.3 享受环境支持创新政策的难易	0	0	2（12.5%）	0	1（6.25%）	3（18.75%）	1（6.25%）	4（25%）	2（12.5%）	3（18.75%）	7.25
小计	0	0	5（10.42%）	3（6.25%）	3（6.25%）	9（18.75%）	3（6.25%）	9（18.75%）	7（14.58%）	9（18.75%）	7.13

表19　政策的投入要素强度

题目/选项	1（非常低）	2	3	4	5（非常高）	平均分
6.1 供给导向创新政策相关要素投入程度	0	1（6.25%）	4（25%）	4（25%）	7（43.75%）	4.06
6.2 需求导向创新政策相关要素投入程度	0	3（18.75%）	4（25%）	4（25%）	5（31.25%）	3.69
6.3 环境支持创新政策相关要素投入程度	0	1（6.25%）	4（25%）	5（31.25%）	6（37.5%）	4
小计	0	5（10.42%）	12（25%）	13（27.08%）	18（37.5%）	3.92

五、秦创原创新驱动发展能力提升对策建议

（一）提升秦创原科技创新效率对策建议

科技创新是高质量发展的根本支撑和方向。根据前文的评估结果发现，陕西目前的创新技术效率达到了1，存在产出不足的问题，而且通过扩大规模增加收益的空间相对较小。提升陕西省的科技创新能力和效率，一方面要考虑如何增加产出，尤其是间接科技成果的产出；另一方面亟须思考如何控制科技创新规模，减量增效。因此，应做到以

下几点。

1. 强化企业创新主体地位

加快科技创新，全面增强科技对经济增长的贡献，必须提升企业自我创新能力。支持企业自我创新，设置企业科技创新专项补贴，表彰科技创新突出的单位和个人。加快培育一批高新技术领头企业，持续健全企业生命周期培育链，落实科技创新型企业扶持奖励政策。鼓励企业创新发展，鼓励国有企业扩大研发、民营企业创新发展。提升创新服务体系，建立合理、必要、快速的企业服务通道，加大政策倾斜力度，对重点科技创新型企业的土地供给、规划手续等给予大力支持，鼓励企业加大力度集中发展。

2. 营造良好的市场环境

应当完善公共治理主体功能，着重强调公共服务和社会治理功能，可以更好地服务创新驱动发展。优化科技创新前沿布局，扩大科技创新资源供给，引导科技成果走向市场。制订全面的研发成本计划，确保创新关键技术投资。完善科技创新管理体制，促进资源协调共享，激发创新在合作中的效应。建立可靠的科技与经济相结合的体制机制，把科技资源的汇集放在经济社会发展的前列，把科技成果转化为现实生产力。完善科技创新相关主体利益共享机制和科技创新市场化机制，完善创新金融体系，深化科技发展与经济发展的转化渠道。

3. 以提高效率为目标，加强科技创新平台的建设

以秦创原作为创新总窗口加强平台建设。科技成果转化平台是形成区域技术创新生态体系的重要基石，秦创原创新驱动平台要充分发挥陕西省技术创新驱动器未来快速发展规划的主体平台、总源头功能，积极做好重大前沿技术研发与产品应用，促进技术创新产业链向前端拓展，带动重点蓬勃发展的风口行业、新兴产业与未来产业蓬勃发展；要建立将有效市场主体和有为政府力量结合起来的政策激励机制，促进省内外各方力量积极参与，带动创新要素在平台形成集聚效应，不断孕育孵化新型产业链。

（二）提升秦创原科技资源共享能力对策建议

科技资源共享能力越强，往往对科技创新的正向影响也越强。通过前文的评估结果来看，目前陕西省在供给能力和服务能力方面显示出不足。科技人才、科研仪器等都是科技创新的重要支撑。陕西省应发挥自身特点和长处，依托陕西省相应的高校及科研院所，加强科技资源的成果转化让陕西省做到有科技成果可用又有科技资源可享。另外，持续深化和加强科技资源共享平台的建设，加强相应的区域合作，学习其他省区市的科技资源优点，提升科技资源整体能力。具体措施如下。

1. 增强人才梯队建设，吸纳培养各类创新人才

首先，在不同研究方向和领域规划与协调人才。加强高校学科建设规划，注重国家战略导向与社会实际需要，积极主动与企业、一线生产者等主体进行合作，制定实践活动与理论培训基地双向合作方案。其次，推进高校、科研院所、企业等科技创新人才评价体制改革。转变以往把研究成果数量作为评选职称和聘用人员的标准，构建以应用研究、科技成果转化、实际贡献等为主要内容的科技人才评价规范。针对企业内部创新创业的科技人

才，依据其对企业发展、研究成果转化、社会经济效益等方面的贡献确定其培养方向和福利待遇等。最后，发挥政府导向作用，鼓励高技能人才、企业管理人才、法律人才、信息人才、农村实用人才和优秀青年人才等群体在基础工作中寻找突破口，参与到各自领域发展中。

2. 促进科技资源跨省共享，建立紧密的区域合作伙伴关系

政府应在宣传口上加大对科技资源设备的宣传力度，积极鼓励企业科技资源设备共享，将科技资源的设备共享迸发出新的活力。另外陕西省位于我国的中西部，处于"一带一路"经济带的关键位置，应当充分利用其地理优势，加强"一带一路"经济带的科技资源共享合作，如与经济带中科技资源开放共享发展较好的城市如上海、广州等地区开展科技资源共享交流，也可联合西北地区的省市，形成科技资源共享的联合平台。此外，利用云平台与其他各省市区进行科技资源共享平台进行深度合作交流，实现科技资源的全方位流动。促进区域创新体系与技术创新体系、知识创新体系、国防科技创新体系和科技中介服务体系等建设的相互融合，真正形成全方位推进陕西省创新体系建设的协调发展格局。

3. 持续优化创新环境，建立完善的知识产权保护机制

首先要持续优化科技创新生态。借鉴发达国家经验，形成企业、高校、科研院所、风投机构与基层应用深度结合的科技创新架构，保障科技创新引领高质量发展的资金与人才供给。其次要持续强化知识产权创造、保护、运用。鼓励科学技术创造，健全专利管理体系，通过多重手段预防侵害专利的情况发生。从严审查监督发明专利申报全过程，保护知识产权所有人利益，建立知识产权保护的良好生态。最后，政府要大力宣传创业精神。鼓励"大众创业，万众创新"在全社会形成创业热潮，鼓励基层工作者积累生产经验，改进技术增进效率。在全社会创新创业的基础上引导科技创新方向，满足国家战略与社会需要。

（三）提升秦创原立体联动"孵化器"能力对策建议

孵化器的发展需要各个部分即孵化器主体、孵化器辅助主体、在孵企业以及孵化环境之间相互作用、相互影响，而不是只凭借孵化器的单一发展。通过前文的评估结果发现，秦创原立体联动"孵化器"能力在全国处于偏上的位置。作为科教、人才大省，陕西省应充分发挥人才资源优势，健全科技人才发展体制机制、加大中青年科技人才培养力度。可以从以下几个方面入手，为秦创原立体联动"孵化器"建设添砖加瓦。

1. 强化政策支撑，激发孵化器创新发展潜能

立体联动"孵化器"的建设与发展容易受到政策环境的影响，政府支持是孵化器发展的前提。目前，陕西省各类孵化器自身发展处于不平衡状态，存在较大差异。为进一步激发孵化器创新创造活力，营造有利于立体联动"孵化器"发展的政策环境，在优惠扶持政策方面，可以借助科技计划项目，设立专项基金，帮助孵化器完善基础设施建设。在统筹管理方面，进一步健全对孵化器管理的制度，利用动态检测、阶段考核等手段加强对孵化器的统筹管理，根据考核标准实行优胜劣汰，从而充分激发孵化器创新创造活力，推动孵

化器市场化、专业化、品牌化发展。

2. 建立创业导师资源库，增强孵化器创业指导能力

加强秦创原立体联动"孵化器"创业辅导能力，提升综合孵化能力，建立精准且专业的创业导师资源库。通过创业导师资源库和有效的人才管理制度，可以将具有资金、技术、信息等创业资源和经验丰富的人才归入导师资源库，并与孵化器合作形成导师服务机制，能够为孵化器引入优秀的创业导师人才，提升孵化器的服务能力，降低在孵企业的创业风险；另外，孵化器可以努力把创新优势、人才优势转化为自身高质量发展的核心优势，开创孵化器工作的新局面，为实现陕西新时代追赶超越新篇章做出新的更大贡献。

3. 紧盯"产业与投资"，打造专业型孵化器

面对专业型孵化器较少、孵化门槛较低、同质化竞争的局面，紧盯"产业与投资"，多举措建设专业型孵化器。一是成立孵化集团，借鉴成功经验，成立以创新为主业，以政府资本为主体，集投资、中介服务、孵化器功能于一体的创投贷孵立体化孵化集团，提高创新孵化整体效能。二是改造提升存量孵化器，对已有的专业型孵化器，进一步细分产业方向，建立入孵门槛，提高专业度。对无特色、综合型孵化器，引导其按照产业路径改造，向专业化改变，并引导初创企业根据行业特点入驻与产业相匹配的专业孵化器。三是搭建专业孵化器，围绕重点产业链突出"建链、补链、延链、强链"精准招引专业孵化器，依靠龙头企业、西部科技创新港等机构，构建与本地产业相符的孵化器。加大创投孵化器的引进和培育，同步建立一套募投管退全流创投服务体系。

（四）提升秦创原成果转化"加速器"能力对策建议

高质量创新资源需要高质量创新平台聚集和支撑。通过前文的评估结果发现，陕西省虽然创新成果转化能力在全国位居前列，但其创新投入与创新成果产出比例相差较大，另外创新成果扩散方面与发达地区存在较大差距。未来应加速创新成果产出，利用陕西省科技创新资源禀赋的典型特征和条件，持续转化高质量创新产品。可以从以下两个方面重点发力，促使陕西在创新驱动发展方面走在前列。

1. 建设科技信息服务平台，构建孵化与产业化联动机制

秦创原创新驱动平台可以借鉴间接串联式外部研发型创新系统的结构模式，构建更加便捷的科技信息交流平台。秦创原创新信息交流平台作为一个信息资源整合平台，其作用主要是有效地促进科技创新和加速科技成果转化，为各类创新的孕育与快速成长提供优质生长的土壤。在孵化与产业化两阶段之间构建紧密的联结，促进创新系统成果转化的高效运行，并充分发挥创新孵化阶段的作用，将汇集的优秀创新成果转化为创新产品，提高创新系统的整体效率，从而实现成果转化的加速。

2. 提升科技信息扩散与吸纳效率，提高内部创新及成果转化驱动力

陕西省需要着重提高科技创新成果以及技术需求等信息在创新系统内不同主体之间的传递效率，尤其是在创新系统内的传递效率。企业内部科研管理部门要提高对外界创新成果输入的识别效率，能够及时将创新成果整合吸收，转化成企业可识别的形式并投入生产，减少时间成本。同时，科研管理部门也需要及时将创新需求有效地传递给科研部门以

进行科技创新，做好"上传下达"的工作。生产与生产管理部门要及时反馈生产信息，积累生产经验和试验数据，为外界科研部门的技术改进再创新奠定良好的数据基础。

（五）提升秦创原两链融合"促进器"能力对策建议

秦创原两链融合发展是一个复杂、多元的过程。通过前文的评估结果发现，陕西省目前的发展进度同东部发达地区的差距不小，经济发展和科技创新相辅相成，经济发达地区往往市场规模和资源水平也占据前列。陕西省应充分发挥在中西部地区的优势，扩大市场规模，提高产学研合作效率，为产业发展提供动力支持。精准扶持优势产业，在政府的带头下，鼓励多方参与。盘活产业链条，实现规模经济效应和范围经济效应。

1. 精准对接科技成果和市场需求，探索管理新模式

企业对高水平、高专利价值、高附加值的"三高"科技成果需求巨大，科技成果就地转化率还有较大提升空间。从源头上提高科技成果转化率，推动科技成果从研究所走向市场，加快研究成果产业化步伐。探索形成符合科技成果转化规律的资产管理模式，推行职务科技成果单列管理。在管理部门方面，明确了职务科技成果不再由高等院校国有资产管理部门管理，而是由科研管理部门管理。处置方式方面，明确以作价入股等方式转化职务科技成果形成的国有资产处置方式，由高等院校自主决定，不审批、不备案，不纳入国有资产保值增值考核范围。将职务科技成果单列管理，积极探索符合科技成果转化规律的资产管理模式。

2. 推动产学研合作，承接高质量科技项目

推动产学研协同发展，构建开放共享创新资源转变，政策手段要从直接干预转向更多地采用市场化的工具。给予高校研究院和研发团队更多的主动性，明确高校科技创新项目负责人及职能团队在科技成果转化过程中的勤勉尽职免责条款。通过项目、平台、资金等全链条一体化手段，支持优质科技项目在秦创原落地转化。支持中小型科技企业联合地方高等院校、科研机构承担各项科研项目，强化中小科技型企业与龙头企业研发合作，并且由高等院校、科研机构提供科研支撑。两链融合孵化器建设应聚焦特色产业引进和培育专业化管理人员和团队，构建技术转移、技术转化专业人才团队。以高校和科研院所专家人才为核心，以企业工程技术人员协作为基础，依托企业或高水平创新平台形成科学家与工程师的科研创新团队。

3. 加大对重点领域中试环节精准扶持

产业专项资金对中试基金投资的企业和项目予以重点支持。引导社会资本、民间资本参与科技成果转化，形成多元化的中试投入格局。对新建概念验证、中试熟化平台，省级财政给予支持，对省级中试研发平台和技术转移服务机构给予引导激励。打造承上启下的中试转化基地。发挥企业连接左中右、畅通上下游的重要功能。

（六）提升秦创原科技中介服务能力对策建议

评价科技中介服务能力水平是衡量地区科技业绩的重要方法。通过前文的评估结果发现，秦创原科技中介服务能力在服务业绩方面与其他地区差距较大。这也说明了陕西省技

术转让和技术成果的转化渠道较少，以及科技成果转化效率低，需要加快协同创新平台的建设和技术交易市场的构建。虽然近几年陕西省政府极力采取各种措施促进政产研学合作，但缺乏相应的配套中介服务体系。在技术咨询、项目对接、资本对接、人才对接、技术转移和成果转化等方面缺少专业化科技中介服务。因此，陕西省应结合自身情况多角度入手，提升科技中介服务能力。

1. 提供多元化服务，加大服务投入力度

服务中心除提供技术培训、咨询、中介等服务以外，也要注重对科技型企业营销策略的引导，利用自身的人才资源向企业提供专业化、多元化指导，丰富服务手段，为企业增加产值提供高效的服务。同时服务应更注重质量，在为科技型企业提供技术培训、咨询等服务的同时，要着重提高每一次服务的质量水平，中心可以建立一套标准的质量监督管理体系，针对服务质量进行监督和考核，严格把控服务质量，以更高的服务效率水平迎接科技型企业的服务需求。

2. 加快建设以科技中介服务机构为核心的自主创新服务体系

根据新时期产业发展和社会进步的需要，以加快科技成果向现实生产力转化，为各类创新主体特别是中小企业的自主创新活动提供社会化公共服务为重点，建设面向全社会的创新服务体系。以促进自主创新为目标，以公共财政投入为引导，鼓励社会资金投入创新服务体系建设；鼓励和引导技术转移中心、技术创新服务中心、科技企业孵化基地、国家大学科技园、生产力促进中心等各类创新服务机构的发展，完善服务体系和加强能力建设；建立中小企业公共技术支持平台。整合创新资源，强化政策激励，显著提升创新资源配置效率和效益。

3. 加快培育和发展战略性新兴产业

推进产业结构升级，培育区域自主创新的新生力量。战略性新兴产业是以重大技术突破和重大发展需求为基础，对经济社会全局和长远发展具有重大引领和带动作用的产业，具有知识技术密集、物质资源消耗少、成长潜力大、综合效益好等特点。当前，全球经济竞争格局正在发生深刻变革，科技发展正孕育着新的革命性突破，世界主要国家纷纷加快部署，推动节能环保、新能源、信息、生物等新兴产业快速发展，发展战略性新兴产业已成为世界主要国家抢占新一轮经济和科技发展制高点的重大战略。加快培育和发展战略性新兴产业、掌握关键核心技术及相关知识产权、增强自主发展能力，对提升区域自主创新能力，提升区域竞争能力具有重要战略意义。

（七）提升秦创原科技金融服务能力对策建议

秦创原科技金融服务以"科技+金融"服务保障体系为基础，深耕科技金融服务内容，优化金融机构服务方式。通过前文的评估结果发现，陕西虽然已有一定发展基础，但受限于起步时间晚、金融底子薄等因素，与北京、上海等地仍有不小的差距，且出现了社会资本撬动不足、科技金融市场规模受限、服务功能不够健全等问题。因此，这些问题亟待解决，具体措施如下。

1. 规范科技金融服务范围

科技金融服务平台是为促进科技进步、加快科技创新成果转化、整合科技资源而服务的平台。但是对于还处于发展初期的秦创原科技金融服务平台，需要对服务范围做出界定。避免印范围过于宽泛、笼统，导致科技金融服务分散，难以形成系统。需要设立准入门槛规范管理；对科技金融服务的功能做出详细的规划，形成科技金融服务体系；专注于科技金融服务的专营机构和以金融服务为辅助的其他类金融机构，在服务的深度、层次、差异化等方面形成区别；明确服务对象，科技金融服务领域应该是以科技产业、科技企业、科技创业等主体为对象，结合平台资源，提供综合性、一条龙服务。

2. 扩大金融服务市场，增加投融资渠道

一方面要吸引和撬动银行，尤其是风投等社会资本向秦创原快速聚拢，向研发项目和科技企业注入金融"活水"，加速科技成果—产品—产业化进程，实现以金融促进科技创新，带动实体经济发展的作用。调整银行对初创企业的贷款额度，给予信贷优惠。吸引股份制商业银行以及全国性城市商业银行在新区设立分支机构或区域性总部，实现全国性股份制商业银行全覆盖。另一方面，风险投资是科技企业上市前重要融资渠道之一，要着力培育以风投为核心的科技金融供给模式。培育创业投资主体。积极探索私募基金工商登记试点，鼓励有实力的民营企业、保险公司、大学捐赠基金等机构设立投资基金。探索"一人公司"模式，鼓励具有资本实力和管理经验的个人从事创业投资活动。成立公益性天使投资人联盟等各类平台组织，不断培育和壮大天使投资人群体。

3. 构建科技金融机构体系

优先争取设立秦创原科技银行，按照市场化运作、专业化管理的原则，吸收基金托管存款、企业结算存款、政府扶持资金及已上市企业募投资金等，创新适合中小科技企业的客户准入、信贷审批、风险容忍、考核评估相关工作机制，为无法取得一般商业银行贷款但具备发展潜力的科技企业定制金融服务。

（八）提升秦创原创新驱动政策水平对策建议

通过前文的评估结果发现，陕西省科技创新政策需求导向型政策问题较为突出。无论是从政策强度特征来看还是从政策协同度来看，陕西省需求导向型政策都明显被忽视。这说明陕西省政府在创新政策制定过程中在一定程度上忽视了科技市场中其他活动主体的需求，抑制了市场自我调节的能力以及其他第三部门主体参与科技创新活动的积极性。缺乏将科技创新政策看作一个互相影响的有机整体的意识，政策间的协同效应并没有得到明显提高，不利于科技创新政策绩效的提升。应重点从以下几个方面改善。

1. 优化不同类型政策工具结构

陕西省政府应当着力改善需求型政策工具与环境型政策工具的协同发展效应。首先，要加强政策目标的协同，在政策顶层设计过程中，要有明确的目标导向。其次，要加强政策功能的协同，针对科技创新活动的不同阶段，如研发和转化阶段，设置不同的政策工具。在基础研究和研发阶段，应以供给型政策为主，为创新主体提供资金、人才、公共服务等物质支撑，而在成果转化阶段就应以需求型政策为主，为创新主体提供稳定的市场需求。这就要求陕西省政府在制定科技创新政策时从更为宏观的角度出发,充分考虑到政策体系内不同政策工具的统一性与差异性。

2. 增加科技创新系统内生性动力

随着技术市场的逐步成熟,政府需要积极转变政府职能,重视需求型政策工具的作用,从需求侧推动产业创新发展。制定并完善政府对重大科技创新产品的采购机制,加强对创新型产品的推广与应用,建立首购和订购制度,为新产品提供稳定的市场。建立专门的科技成果转化管理机构,使基础研究科技成果更高效地转化为生产力,为创新主体带来实际收益。

3. 加强政策制定部门纵横沟通协调

首先,从科技创新政策制定主体来看,陕西省政府需要统筹制定不同政策部门之间的沟通和协调机制,破除各部门在科技政策制定过程中的"块块"分割问题,确保从不同角度出发的相关创新政策目标具有统一性,避免出现政策重叠或者政策覆盖缺失等问题。陕西省政府也应该纵向畅通与各地市及县级政府的沟通渠道,充分了解各地市在科技创新活动过程中遇到的问题以及不同的政策需求,并且要及时了解下级政府科技政策的执行情况,避免"条条"分割问题。陕西省政府通过理顺政策制定相关部门的"条块"关系,可以提高科技政策的合理性,使不同类型的科技政策相辅相成,共同促进产业创新。

其次,从科技创新政策目标群体来看,陕西省应拓宽目标群体的表达渠道,收集创新活动主体对科技创新政策的反馈。科技创新活动涉及的主体众多,由于性质不同,科技创新活动的目的也不同,对科技政策的需求也有所不同。陕西省政府在制定创新政策前,应充分听取不同主体的意见和建议,兼顾和平衡各方面的利益,才能提升不同政策的协同程度,更好地为创新系统注入动力。

西安市科技创新生态系统评价及推进策略研究

一、研究背景

长期以来,我国高度重视科技创新能力培育,深入实施创新驱动发展战略,并逐步从"创新驱动"走向"创新引领",赋能区域经济高质量发展。《中共中央关于制定国民经济和社会发展第十四个五年规划和二〇三五年远景目标的建议》明确提出,坚持创新在我国现代化建设全局中的核心地位,把科技自立自强作为国家发展的战略支撑。党的二十大对科技创新作出系统的统筹部署,并提出完善科技创新体系,形成具有全球竞争力的开放创新生态。习近平总书记指出,要营造良好创新生态,激发创新主体活力。目前全球创新范式实现了从线性范式(创新范式1.0)、创新体系(创新范式2.0)到创新生态系统(创新范式3.0)的跨越,呈现出多样性共生、开放式协同的显著特征。构建区域创新生态系统已成为实现区域协同创新发展以及提升国家创新能力的关键战略。

西安市作为我国科教重地,以绝对性优势构筑科创发展基地,荣获"全国十大创新型城市"称号,2021年在全国78个创新型城市中创新能力排在第七位,居西部首位;科教综合实力仅次于北京和上海,居全国第三,2022年技术合同成交额2881亿元,亦居全国第三;2023年获批建设综合性科学中心和科技创新中心,成为我国第四个双中心城市。在科技创新生态系统建设上,西安市积极"谋思路、打基础、寻突破",取得良好成效。面对我国科技创新生态系统变革发展的重要历史机遇,西安市科技创新生态系统的发展基础和竞争优势怎样,应如何应对和统筹规划,更好地助力经济高质量发展,具有重要的现实研究意义。据此,本报告对西安市科技创新生态系统评价及推进策略展开探讨。

二、西安市科技创新生态系统要素模型构建

(一)创新生态系统的研究现状

1993年美国战略专家詹姆斯·弗·穆尔将生态学观点与竞争战略相结合,提出创新生态系统概念雏形"商业生态系统"。2004年,美国总统科技顾问委员会(PCAST)提出创新生态系统是一个能实现"价值共创""共赢""共同演化"的开放创新网络。在多元创新要素融合发展、创新体系更加复杂的背景下,运用复杂网络理论及生态系统思想构建的区域创新生态系统能够更好地剖析复杂的区域创新活动及过程,主要从系统学、网络系统和协同学等视角对创新生态系统进行诠释。黄鲁成(2014)、范洁(2017)、王德起(2020)等将区域创新生态系统视为"一定空间范围内技术创新复合主体与技术创新复合环境之间

相互作用、相互依存而形成的动态复杂系统，具有开放、多维、共同演进的特征。孙艳艳等（2020）提出区域创新生态系统是复杂网络结构，以特定的"创新链接"为基础，是基于"创新链接"的空间重构，"创新链接"的核心是产业链和创新链，表现为共生进化的关系，其中创新媒介扮演核心枢纽的角色。

对于区域创新生态系统的构成要素，主要有二分法和三分法。较早的研究多集中在二分法，即将区域创新生态系统的组分划分为创新主体和创新环境，其中创新环境系统包括技术、经济、文化和社会环境等构成创新主体系统的支撑；创新主体涉及政府、企业、大学、科研院所、金融机构和中介机构等，通过集聚及转化，共同促进创新生态系统的运转（Mason 等，2014；蔡莉等，2016）。三分法将创新资源从创新环境剥离出来，形成以创新主体、创新资源、创新环境为三大基础要素的区域创新生态系统分析框架（辜胜阻等，2018；张敏和段进军，2018；孔伟等，2019；伊辉勇等，2022）。同时一些学者在此基础上，对创新生态系统的构成要素进行了细化和补充，Granstrand & Holgersson（2020）提出，创新生态系统包括创新主体、对象（产品、服务、资源）、活动、制度、关系（互补、竞争、替代）等要素。

此外，随着对创新生态系统发展的不断探索，生态学理论和方法被应用到系统创新研究领域。Hutchinson 指出创新生态位包括生物（Biological）和非生物（Physical）两个维度，而解学梅等（2021）、叶爱山等（2022）进一步细化，认为物种维度主要指创新群落，非物种维度划分为资源生态位、环境生态位和技术生态位。张仁开（2016）、来雪晴（2020）等从演化视角提出创新生态系统的 ERF 模型，即创新要素（Element）、关系（Relation）、功能（Function）。目前，共生性在创新生态系统研究中得到持续关注。欧忠辉等（2017）分析了创新生态系统中共生界面（平台）、共生环境等在主体共生演化过程中的重要作用；温兴琦等（2016）认为共生基质作为创新单元所拥有的资源和能力的表征，具有重要作用；李晓娣等（2019）等认为区域创新生态系统作为一个共生体，包括共生单元、共生环境、共生界面、共生基质、共生网络五大要素，共同作用激发了区域创新生态系统的共生效应。

（二）创新生态系统要素概念模型的提出

创新生态系统已成为科技创新引领现代化产业体系建设的重要保障。而目前，有关创新生态系统的内涵与外延，尚未取得统一的界定。但关于创新生态系统是一种围绕创新主体进行创新资源传输的开放性系统已达成共识。总之，促进科技创新能力提升有赖于科技创新生态系统的良性运转。创新生态系统是生态理论与创新研究相结合的产物，借鉴自然界生态系统多样性以及共生演化规律，基于动态、联系和互动的理念，从更为关注资源配置与要素构成的静态结构分析，演变为更为强调创新主体间交互作用的动态协同演化与共生共荣。

同时，创新生态系统构成要素，学者们从系统学、网络系统、协同共生、价值创造等不同视角进行阐释，构建了不同维度的评价指标，但核心基本都是围绕创新主体或群落、创新资源、创新环境来展开。此外，随着国家战略规划与政策导向的变革，技术创新生态系统的运行也会受到一定影响。2020年党中央、国务院印发《关于构建更加完善的要素市场化配置体制机制的意见》，明确提出要推进技术要素市场化配置改革。目前研究中对影响创新生态建设的创新平台、创新服务等要素的研究较少，因而未能全面、准确地刻画创新生态系统的全貌。

因此，本文基于创新生态系统构成要素三分法基础理论，对创新群落、创新资源和创新环境进行梳理，认为当下技术要素创新生态良性运作不仅要有效扩大技术源头供给，而且要畅通技术要素流通渠道，科技创新生态系统应是包含"创新需求、创新供给、创新服务、创新平台、创新环境"等要素构成的开放式、协同创新、价值共创系统，并形成了相互依赖和共生演进的网络关系，其概念模型如图1所示。共生是创新生态系统存在和发展的根本动力，共生主体不是简单的竞争或合作关系，受到多方面复杂的因素影响，创新生态系统重在核心要素间的网络联结和协同演化。科技创新生态系统是"创新需求、创新供给、创新服务、创新平台、创新环境"五维一体的有机整体，各类主体在系统中发挥不同作用，占据不同的市场空间和位置，彼此依赖，各类主体均不可或缺，相互协调、良性匹配、共同演化，从而共同驱动创业生态系统的发展。

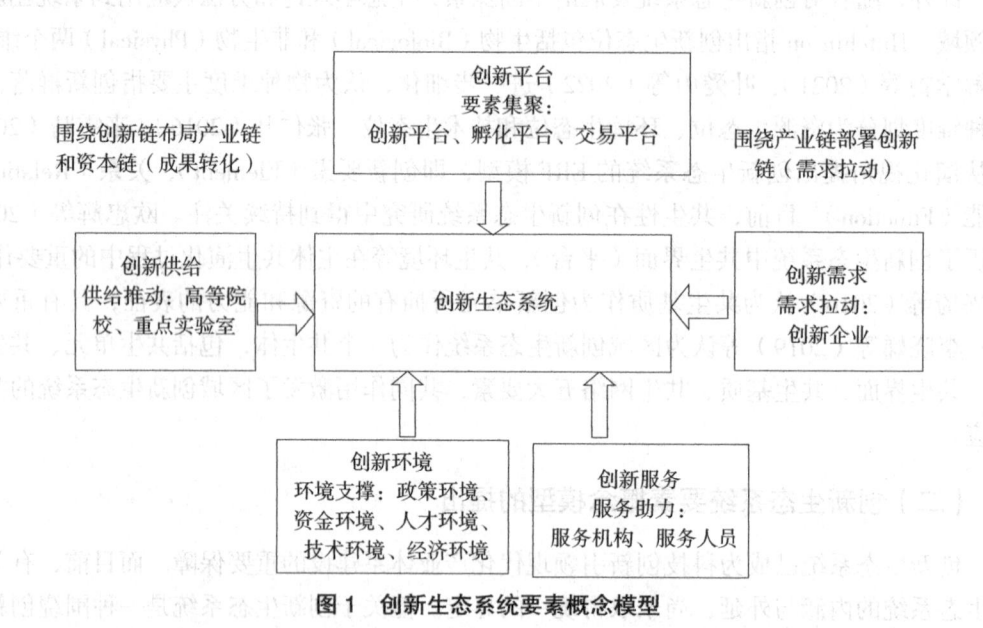

图1 创新生态系统要素概念模型

其中，创新需求反映区域技术创新与转化的市场容量，也可称为创新消费者，对创新技术或者创新服务实现应用，拉动区域技术创新发展；创新供给能力涉及高等院校、科研院所、重点实验室等创新群落，按照创新功能的递进关系也可称为创新生产者，实现创新技术和专利成果的输出，推动区域技术创新发展；创新服务包括创新服务机构、技术交易市场，通过创新平台、中介服务机构等对创新资源集聚，推进创新供给和创新需求的对接，助力创新技术或者创新服务的转化使用，实现创新技术、创新成果的外延拓展，以及无形技术向有形生产力的落地实践（产出—应用）；创新平台反映技术创新平台和创孵载体情况；创新环境为创新政策、创新资本和创新人才，共同支撑区域技术创新发展。创新生态系统构成维度、核心要素、评价指标如表1所示。

表 1 创新生态系统要素及评价指标体系

维度	核心要素	评价指标
创新需求	创新企业	高新技术企业数量（家）
		科技型中小企业数量（家）
		科创板公司数量（家）
		独角兽企业数量（家）
		小巨人企业数量（家）
创新供给	高等院校	本科及以上大学数量（所）
		双一流大学数量（所）
	重点实验室	国家实验室数量（个）
创新服务	服务机构	国家级知识产权服务机构数量（家）
		国家知识产权运营平台（中心）数量（家）
		知识产权服务出口基地数量（家）
		高校专业化国家技术转移机构建设试点数量（家）
		专利代理机构数量（家）
	服务人员	科学研究和技术服务业人员数量（人）
创新平台	创新平台	国家级备案众创空间（个）
	孵化平台	国家级孵化器数量（个）
	交易平台	技术输出交易额（万元）
		技术引进交易额（万元）
创新环境	政策环境	地方一般公共财政支出（万元）
		区域科学技术支出（万元）
	资金环境	R&D 研发经费投入（万元）
	人才环境	R&D 人员（人）
	技术环境	专利授权量（件）
		有效发明专利授权量（件）
		有效发明专利拥有量（件）
	经济环境	规上工业企业新产品销售收入（万元）
		高新技术企业营业收入（千元）
		高新技术企业工业总产值（千元）
		高新技术企业利润（千元）
		地区生产总值（亿元）

三、西安市科技创新生态系统评价

（一）数据来源

为了确保数据的权威性，本文数据来源于 2020 年和 2021 年的《中国火炬统计年鉴》《中国城市统计年鉴》《中国科技统计年鉴》《西安市统计年鉴》、国家知识产权局网站、科技部火炬中心、各副省级城市统计年鉴等。同时，为了对西安市科技创新生态系统发展现状进行客观评价，本文采用 15 个副省级城市进行对比研究，从而对西安市科技创新生态系统发展现状、优势、制约因素等形成清晰的判断。其中，分析数据中科技型中小企业数、国家级孵化器和国家级备案众创空间数为 2019 年数据，其他均为 2020 年数据。

（二）描述性统计分析

1. 创新需求的分析

对于创新需求，主要从创新企业来衡量，涉及高新技术企业数、科技型中小企业数、科创板公司数、独角兽企业数、小巨人企业数等多个方面，能够综合反映区域的创新发展潜能和对技术创新的拉动力。15 个副省级城市的数据如表 2 所示。西安市高新技术企业 5234 家，位居 15 个副省级城市第 7 位；科技型中小企业 4003 家，位居第 5 位；科创板公司 5 家，与南京和济南并列第 6 位；独角兽企业 3 家，与武汉和济南并列第 7 位；小巨人企业 76 家，位居第 6 位。可见西安市科技创新需求基本上处于副省级城市中等水平，评价指标在副省级城市中的排位均高于 GDP 位次，并且近年西安市以新一代信息技术、高端装备、航空航天、生命科学、新材料、增材制造等为核心的硬科技产业迅猛发展，以硬科技为引领的高技术现代化产业体系正在形成。

表 2 副省级城市创新需求的比较单位（家）

	高新技术企业数量	科技型中小企业	科创板公司数量	独角兽企业	小巨人企业
广州市	11610	9283	9	12	71
南京市	6507	6685	5	11	49
深圳市	18650	8861	27	20	170
西安市	5234	4003	5	3	76
成都市	6125	5248	12	5	116
杭州市	7711	2985	16	25	58
武汉市	6259	1540	7	3	51
青岛市	4396	2497	4	8	101
济南市	3029	1064	5	3	37
沈阳市	2560	1170	1	0	52
宁波市	3102	2086	3	0	182

续表

	高新技术企业数量	科技型中小企业	科创板公司数量	独角兽企业	小巨人企业
长春市	1766	457	2	1	28
大连市	2475	1616	2	0	53
厦门市	2282	1143	3	0	84
哈尔滨市	1180	1186	1	0	27

注：科技型中小企业数为2019年数据，其他为2020年数据。

2. 创新供给的分析

对于创新供给，主要从创新主体来衡量，涉及本科及以上大学数、双一流大学数、国家实验室数3个方面。15个副省级城市的数据如表3所示。西安作为科教大省，创新能力优势明显，本科及以上大学44所，位居15个副省级城市第2位；双一流大学7所，与武汉并列位居第3位；国家级实验室20个，位居副省级城市首位。西安市科技科教资源丰富，科教综合实力位居全国第3位，在航空航天、3D打印、5G移动通信等技术领域保持世界先进水平，为区域技术创新供给和产业发展提供了良好的技术支持。

表3 副省级城市创新供给的比较 单位（所）

	本科及以上大学	双一流大学	国家实验室
广州市	37	5	12
南京市	34	12	17
深圳市	8	0	2
西安市	44	7	20
成都市	29	8	11
杭州市	28	2	9
武汉市	46	7	19
青岛市	13	3	7
济南市	26	1	5
沈阳市	28	2	10
宁波市	7	1	1
长春市	27	2	8
大连市	20	2	6
厦门市	7	1	3
哈尔滨市	27	4	7

3. 创新服务的分析

对于创新服务，从服务机构和服务人员两方面来衡量。其中，服务机构涉及国家级知识产权服务机构数、专利代理机构数、国家知识产权运营平台（中心）数、知识产权服务出口基地、高校专业化国家技术转移机构建设试点单位数等5个方面；服务人员从科学研究和技术服务业从业人员来衡量，15个副省级城市的数据如表4所示。西安市国家级知识产权服务机构数、专利代理机构数、国家知识产权运营平台（中心）数、高校专业化国家技术转移机构建设试点单位数分别为11家、84家、1家、1家，分别位居15个副省级城市的第6位（与武汉并列）、第7位、第2位（与广州、南京、深圳、济南、长春并列）、第4位（与杭州、武汉、济南并列）。西安科学研究和技术服务业从业人员120877人，位居15个副省级城市第4位。由此可见，西安市技术创新服务支撑能力较强。2014年国家知识产权运营公共服务平台军民融合（西安）试点平台获批，西安高新区正式被国家知识产权局批准为"国家知识产权示范园区"，2016年西安高新区国家知识产权服务业集聚发展试验区获批。2021年首批高校专业化国家技术转移机构建设试点启动，20所"双一流"入选，西安交通大学是之一。西安知识产权服务业集聚效应初显，陕西华林商标事务有限公司、陕西海普睿诚律师事务所、陕西丰瑞律师事务所入选全国知识产权服务品牌培育机构，共有省级及以上技术转移示范机构97家，专业化技术经理人才队伍稳步壮大（见表4）。

表4 副省级城市创新服务的比较 单位（家）

	国家级知识产权服务机构数量（家）	专利代理机构数量（家）	国家知识产权运营平台（中心）（家）	特色知识产权服务出口基地（家）	高校专业化国家技术转移机构建设试点（家）	科学研究和技术服务业（人）
广州市	13	130	1	1	2	172161
南京市	15	167	1	1	2	96061
深圳市	12	269	1	1	0	141646
西安市	11	84	1	0	1	120877
成都市	13	159	0	1	2	193771
杭州市	8	168	0	1	1	96434
武汉市	11	92	2	1	1	98798
青岛市	13	45	0	0	0	38527
济南市	7	83	1	0	1	63737
沈阳市	5	41	0	0	0	46470
宁波市	6	45	0	0	0	26193
长春市	8	23	1	0	0	50941
大连市	6	22	0	0	0	19784
厦门市	3	38	0	0	0	19656
哈尔滨市	6	15	0	0	0	28681

4. 创新平台的评价

对于创新平台，从创新平台、孵化平台和交易平台3个方面来衡量。其中，交易平台采用技术交易额来进行衡量，该指标更直接，更能反映技术交易平台的作用。15个副省级城市的数据如表 5 所示。2019 年，西安市国家级孵化器数量达到 24 个，在副省级城市排在第 6 位，而国家级备案众创空间为 69 个，位于深圳、武汉、青岛之后，排在第 4 位。15 家众创空间晋级"国家队"，入选国家备案众创空间，具有模式新颖、效果显著、运营良好、可持续发展能力强等特点。嘉会坊西电星火众创空间荣获 2021 年度"科技创业孵化贡献奖"。2020 年西安市技术输出交易额为 1181 亿元，仅次于广州市，位居副省级城市第 2 位。其中技术输出交易额达到 1181 亿元，进一步说明西安市具有较强的科技创新供给能力。但由于受产业规模的制约，技术引进交易额总量较小，为 444 亿元，位居第 4 位，仅为输出额的 37.6%，可见技术输入交易额相对较小并且区域科技成果转化率较低。总之，西安市科技创新平台要素集聚和支撑能力较强，科技成果转移转化生态环境不断改善。2021 年，陕西省委、省政府启动秦创原创新驱动平台建设，围绕加速产业链和创新链深度融合主线，聚焦立体联动"孵化器"、成果转化"加速器"和两链融合"促进器"三大目标，打造市场化、共享式、开放型、综合性的全省科技创新大平台。西安市众多的创新和孵化平台，正加快打造全新双创生态综合体，联动多方资源，营造起氛围浓厚的双创生态圈，高效赋能创业企业发展，推动更多科技创新成果加速涌现。

表 5　副省级城市创新平台的比较

	国家级备案众创空间（个）	国家级孵化器数量（个）	技术输出交易额（亿元）	技术引进交易额（亿元）
广州市	58	46	1329	1039
南京市	62	44	609	415
深圳市	112	38	1027	1506
西安市	69	24	1181	444
成都市	49	22	779	375
杭州市	75	52	328	385
武汉市	60	39	615	525
青岛市	86	23	170	184
济南市	41	17	246	386
沈阳市	29	10	193	95
宁波市	29	12	162	183
长春市	18	17	90	105
大连市	33	13	176	69
厦门市	43	9	82	53
哈尔滨市	19	16	104	56

注：国家级孵化器和国家级备案众创空间数为 2019 年数据。

5. 创新环境的评价

对于创新环境，从政策环境、资金环境、人才环境、技术环境、经济环境等 5 个方面来衡量。其中政策环境采用地方一般公共财政支出和区域科学技术支出 2 个指标；技术环境主要从技术创新绩效视角来衡量,包括专利授权量、有效发明专利授权量和有效发明专利拥有量3个指标;经济环境主要从区域来衡量,包括规上工业企业新产品销售收入、高新技术企业营业收入、高新技术企业工业总产值、高新技术企业净利润和地区生产总值5个指标。15个副省级城市的数据如表6所示。

表6 副省级城市创新环境的比较

	地方一般公共财政支出	区域科学技术支出	R&D研发经费投入（万元）	R&D研发人员（人）
广州市	29526468	2241321	7748400	177223
南京市	17546190	1008615	4651600	146600
深圳市	41777162	3366341	15108088	428515
西安市	13475804	232684	4261408	107385
成都市	21594765	1096375	4525439	145950
杭州市	20696554	1443254	5304203	168063
武汉市	24078114	1526677	5480500	129745
青岛市	15846485	468514	2946168	87053
济南市	12887953	396473	2255265	82024
沈阳市	10740503	225712	1706885	53204
宁波市	17420878	1125943	3239477	137367
长春市	10841364	185492	1728818	35962
大连市	10019838	230244	1997347	67830
厦门市	9769054	412243	1776588	70434
哈尔滨市	11622493	126930	1187067	45312

注:武汉市和长春市R&D人员数量,以及长春市R&D研发经费投入根据规上企业数估算。

续表6 副省级城市创新环境的比较

	专利授权量（件）	有效发明专利授权量（件）	有效发明专利拥有量（件）	规上工业企业新产品销售收入（万元）	高新技术企业营业收入（千元）	高新技术企业工业总产值（千元）	高新技术企业净利润（千元）	地区生产总值（亿元）
广州市	155835	15077	71342	94376600	1759341268	930518597	111716115	25019
南京市	76323	14908	70428	27686760.7	732973591	508339814	46745076	14818
深圳市	222412	31138	160046	148717396	3454704023	2431832681	331078038	27670
西安市	45407	11067	48983	11422610	779981772	450007831	45158146	10020
成都市	65500	10891	50200	—	965602215	515712312	44410076	17717
杭州市	92397	17326	73000	58822356	1676432215	765255859	295031104	16106
武汉市	58923	14667	63937	21004311.2	1231788208	474984982	56638855	15616

续表

	专利授权量（件）	有效发明专利授权量（件）	有效发明专利拥有量（件）	规上工业企业新产品销售收入（万元）	高新技术企业营业收入（千元）	高新技术企业工业总产值（千元）	高新技术企业净利润（千元）	地区生产总值（亿元）
青岛市		8637	38549	—	640087277	477395790	41979452	12401
济南市	40903	8208	29325	20671795	620920609	380801211	30670872	10141
沈阳市	15623	3589	15308	13443494	269978076	195972596	15245675	6572
宁波市	60575	5340	30551	—	728268252	652543630	73708902	12409
长春市	17373	3471	12344	18620646.1	312843686	253635902	18466194	6638
大连市	17643	2975	20300	—	276489708	226838434	15472830	7030
厦门市	29598	3066	16271	—	265832217	222121004	30288420	6384
哈尔滨市	15561	3750	22684	—	177954046	134682862	5644583	5184

2020年西安市地方一般公共财政支出和区域科学技术支出分别位居副省级城市的第9位和第11位，财政支持力度一般，基本与其区域经济发展水平对等（西安GDP为第10位）。而R&D研发人员数、R&D研发经费投入分别为107385人、4261408万元，分别位居第8位、第7次，研发投入强度高达5.17%，位列副省级城市第一。强大的科技人才资源和较高的研发投入强度，成为西安科创发展的底气与驱动力。同时，西安市积极鼓励高质量知识产权创造，2020年专利授权量为45407件，有效发明专利授权量为11067件，有效发明专利拥有量为48983件，分别位居第8位、第6位、第7位，但相对西安市创新供给，即高校科研院所的科技资源而言，仍有一定的提升空间。对于经济环境，2020年西安市GDP总值迈入万亿元俱乐部，位居15个副省级城市第10位，但GDP产值为同处西部的成都的56.56%，差距明显，有待进一步发展壮大。高新技术企业则是区域创新型企业的代表，被视为衡量区域经济创新发展水平的重要指标。2020年，西安市高新技术企业营业收入、高新技术企业工业总产值、高新技术企业净利润和分别位居第6位、第9位、第7位。高新技术产业已成为西安重点打造的战略性支柱产业，但其产值在区域GDP中的占比仍然相对较低，体量有待进一步提升。

（三）区域科技创新生态系统综合评价

为了全面判断西安市科技创新生态系统的整体能力，本文采用因子分析法进行综合分析，具体过程如下。

按照特征根大于1的原则选入4个公因子，因子的方差贡献率如表7所示，其累计方差贡献率为91.432%。

表7　因子的方差贡献率

成分	初始特征值			提取平方和载入			旋转平方和载入		
	合计	方差的（%）	累计（%）	合计	方差的（%）	累计（%）	合计	方差的（%）	累计（%）
1	18.918	65.234	65.234	18.918	65.234	65.234	17.364	59.877	59.877
2	5.136	17.709	82.942	5.136	17.709	82.942	5.661	19.522	79.399
3	1.298	4.477	87.419	1.298	4.477	87.419	1.956	6.744	86.143
4	1.164	4.013	91.432	1.164	4.013	91.432	1.534	5.288	91.432

由于各公因子在原始变量上的载荷值并不太好解释，故需进一步进行因子旋转（Kaiser标准化正交旋转法）在17次迭代后收敛。旋转后因子载荷矩阵如表8所示。

表8　旋转后因子载荷矩阵

指标	成分			
	1	2	3	4
高新技术企业数量	.972	.185	.040	.048
科技型中小企业	.763	.531	−.133	−.086
科创板公司数量	.923	.055	−.084	.246
独角兽企业	.729	.169	−.102	.629
小巨人企业	.603	−.125	−.544	−.392
本科及以上大学	−.186	.668	.651	.129
双一流大学	−.141	.911	.144	.012
国家实验室	−.147	.753	.538	.087
国家级知识产权服务机构数量	.462	.747	.065	−.004
专利代理机构数量	.851	.358	−.068	.246
国家知识产权运营平台（中心）	.327	.276	.830	−.139
特色知识产权服务出口基地	.634	.579	.048	.344
高校专业化国家技术转移机构建设试点	.135	.913	.047	.136
科学研究和技术服务业人员	.585	.709	.041	−.031
地方一般公共财政支出	.957	.186	.035	−.012
区域科学技术支出	.953	.126	−.001	.037
R&D研发经费投入	.986	.110	.072	−.015
R&D人员	.982	.042	−.077	.009
国家级备案众创空间	.785	.170	−.007	.212
国家级孵化器数量	.589	.495	.228	.535
技术输出交易额	.625	.620	.216	−.228
技术引进交易额	.944	.191	.184	−.087

续表

指标	成分			
	1	2	3	4
专利授权量	.970	.147	−.054	.026
有效发明专利授权量	.928	.224	.128	.212
有效发明专利拥有量	.954	.172	.071	.134
高新技术企业营业收入	.987	.051	.056	.115
高新技术企业工业总产值	.988	−.081	−.050	−.027
高新技术企业净利润	.854	−.133	−.085	.448
地区生产总值	.900	.363	−.053	.020

最后,根据各因子权重和各个产业的公因子得分,可以计算出各副省级城市的综合得分和排名,如表9所示。

表9 副省级城市创新生态系统综合力得分值及其排名

城市	因子1	因子2	因子3	因子4	综合得分	排名
广州市	0.98523	0.98442	0.93345	1.31622	0.997068	2
南京市	0.16588	0.15725	−0.16282	1.81109	0.22034	5
深圳市	2.9123	2.91085	3.13556	−1.06181	2.748492	1
西安市	−0.18822	−0.19986	−0.21808	0.88299	−0.14491	7
成都市	0.07975	0.07008	−0.02584	1.83108	0.149588	6
杭州市	0.88295	0.8722	0.45541	−0.19544	0.8126	3
武汉市	0.20347	0.19198	0.16186	0.40989	0.208269	4
青岛市	−0.36532	−0.22884	−0.21341	−0.20866	−0.32457	9
济南市	−0.40178	−0.41291	−0.34758	−0.57669	−0.40896	10
沈阳市	−0.82661	−0.83939	−0.77463	−0.52479	−0.81329	14
宁波市	−0.20212	−0.21133	−0.00285	−0.83818	−0.22207	8
长春市	−0.80729	−0.81991	−0.73197	−0.71582	−0.80203	13
大连市	−0.79376	−0.8064	−0.71008	−0.65669	−0.78609	12
厦门市	−0.77434	−0.78536	−0.57826	−0.99976	−0.77677	11
哈尔滨市	−0.87015	−0.88277	−0.92077	−0.47342	−0.85766	15

综合来看,副省级城市创新生态系统能力较强的深圳市、广州市、杭州市为第一梯队;武汉市、南京市、成都市为第二梯队;西安市、宁波市、青岛市、济南市为第三梯队;厦门市、大连市、长春市、沈阳市、哈尔滨市为第四梯队。西安市科技创新生态系统综合得分值为负,位居第7位,说明其创新生态综合能力一般,其在创新供给、创新服

务、创新平台方面整体能力较强。高质量创新供给潜力较大。西安市本科及以上大学、双一流大学、国家实验室、科学研究和技术服务业从业人员、技术输出交易额、国家级备案众创空间等数量位居副省级前列。2020年西安市国家重点实验室位居副省级城市第一，超过了广州、深圳、成都等一线城市。创新平台支持力度加大，建成西安超级计算机和人工智能计算中心，加快阿秒激光等科技基础设施的建设；积极参与陕西空间技术创新示范区、国家新一代人工智能创新示范区、国家新一代人工智能创新示范区、秦创原"一中心一平台一公司"等建设，入选2020年全球人工智能最具创新力城市，2021年创新能力在国家创新型城市排名中位居全国第7位。

目前西安市科技创新生态系统发展的主要制约因素为创新需求和创新环境，西安市的高新技术企业数、独角兽企业数、地方一般公共财政支出、区域科学技术支出、高新技术企业工业总产值、地区生产总值等各项指标都比较落后，技术创新优势并未转化为区域产业优势和发展优势，因此加强科技创新需求和环境建设，将是未来西安市科技创新生态系统建设的重要突破口。此外，西安市创新生态系统协同性不够，创新资源整合度不足，"技术孤岛""资源孤岛""信息孤岛""管理孤岛"问题普遍存在；创新链与产业链融合度不高，科技成果转化率低，尤其是本地转化率更低；推动创新生态系统协同共生的技术交易综合性平台较少，创新主体闭路循环特征明显；技术与资本等生产要素的融合互动不够、技术要素市场服务体系的专业化水平不足等，技术要素市场化改革必将提速，充分发掘西安市优势产业，尤其是硬科技领域的优势资源，大力推进新时期西安技术要素市场的转型升级，建设全国性硬科技技术要素市场恰逢其时。

四、西安市科技创新生态系统发展推进策略

（一）总体思路

紧抓"综合性科学中心和科技创新中心"建设契机，以"科技引领、资源共享、互惠共生、价值共创、协同发展"为导向，聚焦"双链融合和多主体协同"，以"创新需求、创新供给、创新平台、创新服务和创新环境"多要素为着力点，围绕"挖掘技术需求，激发创新活力；培育创新主体，厚植创新发展优势；搭建创新平台，促进协同创新提质增效；提升创新服务，助力供需精准对接；优化创新环境，推动要素集聚供给，催生发展新动能等"，推进西安市科技创新生态系统建设，推进各要素间相互协调、良性匹配、共同作用，激发区域创新生态系统，逐步推动区域创新主体聚集→创新生态链构建→创新生态网络的形成，优化区域一体化科技创新要素市场创新生态圈建设，有效推动科技成果创造、资本化和产业化，成为我国科学前沿领域和新兴产业技术创新、科技创新要素的重要汇聚地。

（二）挖掘技术需求，激发创新活力

1. 做好技术需求挖掘，围绕产业链部署创新链

产业发展是科技创新的核心目的，以西安市光子、重卡、半导体及集成电路等19条

重点产业链为重要抓手，立足西安市发展现状，针对各产业链的断点、痛点、难点、堵点进行系统梳理，在此基础上，需求驱动，推进重大科技联合攻关；鼓励有条件的企业参与重大科技项目决策，打造企业主导、院校协作、成果共享的科技创新模式，致力于引领性原创成果的重大突破，推动产业链关键核心技术自主可控，确保产业链、供应链安全可靠，推动支柱产业和新兴产业壮大成长。未来技术产业化，面向类脑智能、量子信息、未来网络、深海空天开发等未来产业发展，进行技术研发项目前瞻布局，打造具有竞争力的产业链创新高地。

组织开展创新挑战赛，建立企业与高校、科研院所等研发机构的双向进入和多边合作，创新企业吸纳成果转化新机制，提升本地企业对技术成果的承接能力。积极探索"揭榜挂帅"等方式，推动以需求为导向的科技创新众包服务，开展以技术应用为导向的聚众智开放式协同创新与集成创新，激发创新活力，推进产业对接，激活供需交易。

2. 壮大企业创新主体

壮大龙头企业，发展一批具有区域特色和优势的高技术领军企业。融入国家科技发展战略，培育规模强大的科技企业金字塔形成长体系。建立领军企业培育库，加大对具有影响力的高新技术核心企业培育力度，从需求侧加强企业对科技成果的吸纳和转化力度。聚焦新一代信息技术、高端装备、航空航天、生命科学、新材料、增材制造六大领域，壮大龙头企业，加大对重大技术、装备首台套、首批次的支持力度，推进产业集聚，形成一批具有影响力的高新技术企业，做强以硬科技产业为代表的高技术产业。

按照"微成长、小升高"的战略思想，支持科技型中小创新企业发展，培养一批"专精特新"企业。面向科技型中小企业群体，开展企业创新积分制评价，引导优质创新资源向具有核心技术和成长潜力的中小企业集聚。通过所得税减免等税收优惠，加大对科技初创企业的政策倾斜与支持，打造一批具有特色的独角兽企业和小巨人企业。

（三）激活创新主体，厚植创新发展优势

1. 加强产学研用的协同，围绕创新链部署产业链

围绕创新链布局产业链，完善"产、学、研、用"协同创新机制，建立常态化、紧密型交流合作机制，切实推进关键核心技术的研发和先进技术的推广应用，全面提升区域技术创新能力和技术供给能力，并有效发挥科技创新对产业发展的引领作用，将科技创新成果转化为区域经济发展现实动力。引导高等院校、科研院所，与龙头企业、投资机构等多方联动，在电子信息、新一代汽车、航空航天、高端装备、新材料、新能源、食品和生物医药等重点产业领域和人工智能、大数据与云计算、卫星应用、增材制造、机器人及无人系统等新兴产业领域，联合搭建一批重点实验室、工程中心、技术中心、装备制造产业研究院等，着力解决面向产业发展的共性、关键技术难题，实现一批关键核心技术、颠覆式技术攻关突破；鼓励高校和科研院所重大科研基础设施和大型科研仪器向企业在线开放，扩大仪器设备的网络化开放力度，提高利用率。

2. 加强科技成果的挖掘与整合

依托秦创原和西安市科技大市场等，推进西安市科技成果库、专家信息库和科研设备

库的建设，完成核心产业技术清单和专家清单等的编制，形成大容量广覆盖的核心产业技术要素资源大数据库，推进技术要素资源集聚融合和裂变。同时，做好西安市现有科技成果的发布。立足专家智库，建立科技成果筛选机制，对遴选出成熟度高、适于转化、市场前景广阔的科技成果，定期发布优秀科技成果和技术推广目录，引导企业、金融机构、创业者等进行投资转化。设立概念验证种子基金，推动西安交通大学、西安邮电学院、西北工业大学等高校院所概念验证中心建设，加速挖掘和释放基础研究成果价值。加大创新券推广力度，引导科技企业、科研院校、技术服务机构强强联合，加速科技成果的形成和转化进程。

（四）搭建创新平台，促进协同创新提质增效

1. 推进重大科技基础设施与平台建设

前瞻布局重大科技基础设施。依托中科院西安科学院、西安交通大学、西安电子科技大学、西北工业大学、西北有色金属研究院等重点高校和科研院所，打造多类型、多层次、协作支撑的重大科技基础设施集群。全力推进高精度地基授时系统、阿秒光源、电磁驱动聚变、国家分子医学转化科学中心、加速器质谱中心集群、医用重离子加速器装置、西部质子（医疗）中心等大科学装置的建设。

加快建设高能级创新平台。积极部署和持续推进国家级技术创新中心、制造业创新中心、产业创新中心等国家级顶端创新平台建设。全力支持西北有色金属研究院牵头建成国家先进稀有金属材料国家技术创新中心，中国科学院西安光学精密机械研究所争创国家光电子集成制造业创新中心。推进概念验证中心、众创空间、孵化器建设，形成以创业苗圃、孵化器、加速器等创业服务平台为主线的科技成果孵化转化基地。

加快建设高水平实验室体系。强化现有国家重点实验室建设，加大航空发动机、智能制造等领域国家重点实验室"后备军"的培育，构建突破型、引领型、平台型一体化的大型综合性实验室体系，积极对接国家重大科技项目，加强核心技术研发攻关和成果转化应用。

2. 推进技术要素交易平台建设

以秦创原、西安科技大市场为核心，搭建技术要素交易平台，推动科技创新要素的集聚，最大化地激活各主体的协同效应，推进科技成果的扩散、流动、共享、应用。以创新要素围绕市场需求进行配置为目标，以市场交易进行创新要素配置为手段，建设集撮合竞价与交易孵化于一体的技术要素交易市场，打造面向创新链与产业链双链融合的集成化一体化服务链，推进"成果筛选—需求匹配—项目组建—技术产品化—产品市场化"全链条的科技成果转移转化服务，让科技成果真正能交易、能流动、能落地。

（五）提升创新服务，助力供需精准对接

1. 壮大技术服务机构

本地培育和引进并举，壮大科技服务机构。加强西安市科技服务示范单位的甄选、考核、支持和奖励力度，规范优化科技服务内容，推进科技创新服务量质齐升。根据业务

量，加大科技服务业优秀机构的奖补，树立典型示范，推进科技服务业向专业化和价值链高端延伸，有效提升科技成果价值评估、质押融资、技术孵化等高端业务的专业服务水平，形成覆盖科技创新全链条的科技服务产业体系，有效推动科技成果的转移转化。

2. 加强技术经理人才队伍建设

面向国家"建立技术转移人才培养体系，提高技术转移专业服务能力"战略需求，切实加强秦创原创新驱动平台科技经纪人队伍、"科学家+工程师队伍"、新双创队伍三支队伍的体系化、科学化建设。支持试点单位自主设置技术转移机构岗位和技术转移转化职称，畅通技术经理人职业发展通道。依托相关高校和国家技术转移西北中心组建丝路技术转移学院，培养技术转移领域高层次、国际化、专业化人才。加大"链式"专业化技术经理人培养力度，培养一批面向电子信息、汽车、航空航天、高端装备、新材料新能源、食品和生物医药等领域的链式经理人，深入推进"技术经理人"全程参与科技成果转移转化模式，有效推进面向产业链的创新资源和需求的深度挖掘，助力区域科技成果的转移转化。

（六）优化创新环境，推动要素集聚，催生发展新动能

1. 加大科技创新的政策和资金扶持力度

加大政府财政金融支持力度。聚焦产业发展重大项目，积极对接国家和省级政策，争取国家、省级引导资金和专项发展资金的扶持。加大西安市地方一般公共财政支出和区域科学技术支出，优化财政科技投入方式，加大重点项目和基础研究项目的政府科研投资力度，积极实施财政资金"拨改投"改革。落实重大装备首台（套）、重点新材料首批次、重要工业软件首版次保险补偿等税收优惠政策，用好研发费用补助、研发设备投资、技改项目扶持、科技成果转化、场景应用创新等各类支持政策，从企业主体培育、创新平台建设、企业研发投入、研发项目和成果转化等方面精准发力，释放政策红利，赋能区域经济和产业发展。

推动科技金融产品创新。积极争取国家西安科创金融改革创新试验区建设，协助产业链头部或链主企业，推动知识产权质押、产业链融资、投贷联动、股权质押融资、融资租赁、"双创"债券试点等新型融资产品创新，逐步形成区域多层次的科技金融服务支撑体系。加快实施西安"龙门行动计划"，助力专精特新企业在北交所、科创板上市发展。

2. 加强科技创新人才的"引育留用"

加大"高精尖缺"和"卡脖子"领域高层次人才引育力度。加强对两院院士、千人计划、万人计划以及外海青年等高端人才引育力度，推动人才集聚与产业发展的"同频共振"。紧抓海外人才加速回流新机遇，建立重点产业技术人才清单，实施"西安市海外高层次人才引智项目""硬科技丝路科学巨匠引进计划"等，加大海外高层次人才引进的力度。积极探索构建"人才+高校+企业"三方协同创新机制，推进"产业+大学"融合发展，推进产业链、创新链与人才链、教育链的有机衔接。

深入推行"西安英才计划"，打好高端R&D人才留用组合拳，加大战略科学家、顶尖科学家支持力度。加大对西安市重点行业杰出人才、领军人才、青年拔尖人才、高层次创

新创业团队、大国工匠的支持力度。加强校地高层次人才的双向流动。组织开展"校企双进"活动,实施"高校院所人才服务企业工程",建立高校院所科技人员对企业的常态化服务和技术指导机制。

3. 营造良好的创新创业生态环境

优化创新发展环境。对标一流,持续深化"放管服"改革,提高政府服务效率。为创新"松绑",面向科技和产业重大技术攻关项目、成果转化项目和科技创新公共服务平台建设项目等,积极推行"揭榜挂帅""赛马""首席专家负责制""项目专员制"等制度,竞争择优,最大限度地调动科创人员的积极性。深入推进科技成果转化"三项改革",赋予科研人员更大的经费管理自主权,助力科技成果转移转化。

激发创新创业活力。组织"科创西安"系列活动,办好全国双创活动周分会场、中国创新挑战赛(西安)、西安国际创业大赛等重大活动,以赛促创,营造全民创新创业良好氛围。积极举办全球硬科技创新大会、全球创投峰会、战略新兴产业和未来产业等全国性或国际性的学术会议、技术论坛等活动,促进技术共享和合作创新,有效激发创新潜能,点燃创业激情。

促进西安高校专利转化运用的政策研究：
以技术经理人为视角

针对高校专利或多或少存在的"重数量轻质量""重申请轻实施"等问题，2020年2月，教育部、国家知识产权局、科技部联合下发《关于提升高等学校专利质量促进转化运用的若干意见》（教科技〔2020〕1号），旨在全面提升高校专利质量，强化高价值专利的创造、运用和管理，更好地发挥高校服务经济社会发展的重要作用。该文在重点任务中提到，"引入技术经理人全程参与高校发明披露、价值评估、专利申请与维护、技术推广、对接谈判等科技成果转移转化的全过程，促进专利转化运用"。《国务院办公厅关于推广第二批支持创新相关改革举措的通知》（国办发〔2018〕126号）中将陕西西安首创的"技术经理人全程参与的科技成果转化服务模式"在更大范围内复制推广。因此，从技术经理人的视角出发，将西安地区的高校作为一个样本，研究促进西安高校（即驻西安市的高校）专利转化运用的政策建议有其时代背景与现实意义，在一定程度上也是西安的责任。

一、文献综述

对于"如何促进我国高校专利转化运用"这一主题，有众多学者和实际管理部门的研究成果。仔细梳理这些既有的文献，发现可细分为四类研究路径。

第一类是基于行政效率提升视角，从高校知识产权管理部门出发，通过改善知识产权管理的方式方法来促进转化运用。例如，罗林波等（2019）提出，随着高校成果转化工作的深入，高校知识产权工作必须从简单的申请保护提升到管理运营的新层次。建立"专利布局+运营转化"一体化的专利管理模式，可确保高校专利数量、质量和专利运营效率的提升。谭华霖、贾明顺（2018）提出，专利转化应当始于针对具有市场前景的技术方案的前期培育和挖掘布局，而不是等专利形成以后再进行所谓的"专利运营"，建议将知识产权管理纳入高校科研管理的全过程。

第二类是基于人才激励视角，从高校科研人员出发，研究提高科研人员积极性的一系列管理措施，从而提升高校专利质量，促进转化运用。例如，徐朝斌、郑文娟（2020）针对高校专利质量提升"激励措施"的不足，融合以人为本理念，充分调动科研人员的积极性和主动性，打通"职称、考核、权益"激励路径，通过健全职称评聘制度、构建转化类成果评价体系、释放高校专利发明人主体权益等激励手段提升高校专利质量，促进专利成果转化实施。牛士华（2020）针对江苏省高校专利转化运用的困境，结合江苏高校实际情况提出了一些突围路径。文中提到的一些举措具有借鉴意义，例如，盐城工学院将专利转让件数作为科研成果与高级别论文等效认定，并明确了具体转让件数与论文质量的数量对应关系，激发高校教师的专利转让积极性。

第三类是基于行政效率与人才激励双重视角，从高校知识产权管理的内外部环境出发，既研究高校内部提升专利质量促进转化运用的管理措施，也研究提升所需的外部政策支持。例如，顾志恒等（2020）通过对国内外典型高校专利数据的统计、国内高校专利管理现状的梳理和国家相关文件的分析，指出高校在提升专利质量过程中，还存在动力不足、评价标准缺失和质量管控机制欠缺等问题。该研究提出，要提升知识产权工作在高校科研体系中的评价地位、加强高校专利质量标准的研究并构建以团队为单元的知识产权全过程管控模式。

第四类是基于案例视角，也就是从成功的专利转让案例出发，研究由该成功转化案例对我国高校专利转化的启示。例如，黄丽君（2017）通过回顾专利药品恩度（Endostar）的专利转化过程，并借鉴美国的《拜杜法案》，从法律和操作的角度剖析了高校专利转化的制约因素和可行路径。其结论是，转化过程本身也凝结了技术、法律、资本、市场等领域众多人才的智慧，重要性不亚于创新本身。建议高校首先建立完善的程序和制度，将职务发明专利（以合适的价格）适时让渡于专利研发者；其次，引导、指导高校成立相应的知识产权管理机构，设立类似美国的大学技术经理人协会，切实提高专利运营、服务机构的水平；最后，高校知识产权管理机构应扩充专业人才，提供高校专利产业化转移过程中所需的各种服务。

这些研究成果从不同侧面为本研究的开展奠定了基础，其中的一些论点业已被政策文件所吸收，例如，《关于提升高等学校专利质量促进转化运用的若干意见》（教科技〔2020〕1号）中提出了完善知识产权管理体系、加强专业化机构和人才队伍建设、优化政策制度体系等重点任务。《赋予科研人员职务科技成果所有权或长期使用权试点实施方案》（国科发区〔2020〕128号）中的试点主要任务即是赋予科研人员职务科技成果所有权或长期使用权。但可以说，提升高校专利质量促进转化运用并非采取若干政策措施就可以短期见效，它需要较长时间的政策引导、理念转变和市场环境的配合。而且，既有研究成果的一个不足之处是对科技成果完成人（专利研发者）和高校知识产权管理部门的考虑较多，甚至直接围绕如何发挥科技成果完成人的能动性和主动性去做研究、出政策。本研究尝试不直接从高校知识产权管理部门出发，也不直接从高校科技人员出发，而是直接从知识产权市场中的一个中介群体——技术经理人的视角出发，研究政府知识产权管理部门应如何进行政策调整，让技术经理人深度参与高校专利转化运用全过程，释放技术经理人的活力与潜力。高校知识产权管理部门、高校科技人员、以技术经理人为代表的科技中介的积极性都调动起来，在制度层面就实现了对高校专利转化运用的最大支持。

二、促进高校专利转化运用的政策着力点分析

提升高校专利质量是手段，促进专利的转化运用是目的。无论是提升高校专利质量还是促进转化运用，都离不开政策作用的发挥。在物理学上，力对物体的作用效果取决于力

的大小、方向与作用点，此性质称为力的三要素。在此情景下，将高校专利转化运用看成一个合力，促进高校专利转化运用的政策在其中是一个十分重要的分力。但是，对于政策这一分力来说，如果着力点不对，相当于无的放矢。因而，相比于力的大小与方向，更要关注的是力的作用点，或者说着力点。在技术经理人这一视角下，政策这一分力的作用点或着力点应放在何处？以下通过专利本身和专利转化运用链条上的参与者两个方面来分析。

从专利本身来看，专利是确权了的科技成果，是一种技术商品，它权属清晰、凝结复杂技术劳动、具有可转化可流通的属性，可以作为创新链与产业链双链融合的纽带，可以作为人才与技术流动的载体，也是科技成果转移转化的源头，只有提高专利质量，才能促进其转化运用。从专利转化运用链条上的参与者来看，有专利研发者（发明人或设计人）、专利权人、专利需求者和技术经理人等四类主体。专利权人与专利研发者是随着专利成果的研发与专利的申请自然而产生的，属于市场的供给方；专利需求者起到市场拉动作用，也是专利价值实现的主要途径，属于市场的需求方；技术经理人属于中介方，相当于专利交易中的商人，在供给与需求之间起到桥梁与纽带作用。由于专利的供求不会自动匹配，也不会仅仅依赖信息的交互而匹配，技术经理人作为专利供求双方的中介，其数量多寡、是否勤奋承担、能力强弱等都是专利转化运用快慢与效率高低的重要影响因素之一。

从专利本身来看，专利作为转化运用的源头，一方面，需要对专利的申请进行预评估，减少垃圾专利、无效专利占据大量财政与人力资源；另一方面，需要提升通过申请评估后的专利质量，这需要对专利研发者予以激励，也需要让技术经理人去寻求市场需求，引导专利的二次开发。从专利转化运用链条上的参与者来看，一个市场的培育与繁荣，必须做到激励相容，使各类主体都有利可图，按照斯密在《国富论》中的理论洞见，必须让各类主体的分工与合作走向细化与专业化，才会有市场发育的高级业态出现，相应地，政府职能从市场培育和市场规制并重逐步地转向以市场规制为主。

同时，技术经理人作为四类主体中的能动因素，其价值与利益要在其他主体的供求匹配中实现，因而，技术经理人要协调专利转化运用链条上的不同主体，使不同主体的利益达到激励相容，才能完成专利质量的提升与转化运用工作。这既需要技术经理人本身的高素质，也需要政府的政策支持和技术经理人机构的支持，乃至整个市场环境的培育。

三、促进高校专利转化运用的政策不足

明确了政策这一分力在理论上的着力点之后，以下首先通过文本分析来看实施的政策是否还存在一些不足。其次，通过对西安地区技术经理人的访谈，了解技术经理人对政策的一些评价与期待。最后，综合政策文本分析和技术经理人访谈两个方面的研究，为政策调整建议提供一些重要的逻辑与思路。

（一）政策梳理与文本分析

在国家知识产权局等政府部门官网上，以"专利质量""转化运用""高等学校""成

果转化"等为关键词,对促进高校专利转化运用的相关政策文件进行梳理、评价,得出与促进高校专利转化运用相关度最高的三个政策文件(见表1)。

表1 与促进高校专利转化运用相关度最高的三个政策文件

编号	发布时间	政策名称
1	2020年2月	教育部、国家知识产权局、科技部《关于提升高等学校专利质量促进转化运用的若干意见》(教科技〔2020〕1号)
2	2020年5月	科技部、发改委、教育部等9部门《赋予科研人员职务科技成果所有权或长期使用权试点实施方案》(国科发区〔2020〕128号)
3	2021年5月	陕西省教育厅、科技厅《关于进一步加强高校科技成果转化的若干意见》(陕教〔2021〕72号)

资料来源:国家知识产权局等政府部门官网。

根据政策这一分力在理论上的着力点,对这些政策文件进行着力点方面的要素抽取,得出政策文本分析结果(见表2至表4),进一步梳理归纳这些分析结果可得出一些直观有效的结论。

《关于提升高等学校专利质量促进转化运用的若干意见》主要从专利的重要供给侧——高校(专利权人)的角度来提出重点任务,涉及专利本身和专利转化运用链条上的三个主要参与者,没有涉及专利需求者(见表2)。

表2 政策文本分析结果1

政策着力点		政策1:关于提升高等学校专利质量促进转化运用的若干意见
专利本身		1. 逐步建立职务科技成果披露制度。 2. 建立专利申请前评估制度。 3. 优化专利资助奖励政策。
高校专利转化运用链条上的参与者	专利研发者	1. 明确(专利权人与专利研发者之间的)产权归属与费用分担。 2. 激励科研人员和管理人员从事科技成果转移转化工作。
	专利权人	1. 健全知识产权统筹协调机制。 2. 建立健全重大项目知识产权管理流程。 3. 支持高校设立知识产权管理与运营基金。 4. 高校要以质量和转化绩效为导向,完善人才评聘体系
	专利需求者	无
	技术经理人	1. 支持有条件的高校建立健全集技术转移与知识产权管理运营为一体的专门机构。支持市场化知识产权运营机构建设,鼓励高校与第三方知识产权运营服务平台或机构合作。 2. 引育结合打造知识产权管理与技术转移的专业人才队伍。引入技术经理人全程参与高校发明披露、价值评估、专利申请与维护、技术推广、对接谈判等科技成果转移转化的全过程,促进专利转化运用

《赋予科研人员职务科技成果所有权或长期使用权试点实施方案》主要是给职务成果的研发者放权,激发专利研发者开展科技成果转移转化的活力与动力,同时建立高校与科研院所这一类专利权人的尽职免责机制,该文件关注专利转化运用链条上的三个主要参与

者，没有涉及专利需求者和专利本身（见表3）。

表3 政策文本分析结果2

政策着力点		政策2：赋予科研人员职务科技成果所有权或长期使用权试点实施方案
专利本身		无
高校专利转化运用链条上的参与者	专利研发者	1. 赋予科研人员职务科技成果所有权。 2. 赋予科研人员职务科技成果长期使用权。 3. 鼓励科研人员将成果转化收益继续用于中试熟化和新项目研发等科技活动
	专利权人	1. 落实以增加知识价值为导向的分配政策。 2. 充分赋予试点单位管理科技成果自主权，优化科技成果转化国有资产管理方式。 3. 建立尽职免责机制
	专利需求者	无
	技术经理人	1. 充分发挥专业化技术转移机构作用。在不增加编制的前提下完善专业化技术转移机制建设。发挥社会化专业化技术转移机构的作用。 2. 加强技术经理人队伍建设，提升专业化服务能力

《关于进一步加强高校科技成果转化的若干意见》围绕高校科技成果转化的若干重点领域和关键环节，提出若干意见。该文件关注到了专利本身和专利转化运用链条上的三个主要参与者，没有涉及专利需求者（见表4）。特别是，该文件中明确了高校职务科技成果转化净收益在专利研发者、专利权人、技术经理人三者之间的分配比例，即"对于高校职务科技成果由成果完成人实施转化的，将不低于90%的转化净收益奖励给成果完成人和为成果转化作出贡献的人员，依据贡献度可给予成果转化人员不低于转化净收益10%的奖励；科技成果2年内未转化的，采取挂牌交易、拍卖等方式实施转化，将不低于转化净收益的80%奖励给成果完成人和为成果转化作出贡献的人员，依据贡献度可给予成果转化人员不低于转化净收益5%的奖励"。

表4 政策文本分析结果3

政策着力点		政策3：关于进一步加强高校科技成果转化的若干意见
专利本身		1. 开展专利申请前评估。 2. 开展科技成果登记。 3. 强化科技成果信息披露
高校专利转化运用链条上的参与者	专利研发者	1. 探索成果所有权改革。 2. 探索长期使用权改革。 3. 优化科技人才评价方式。 4. 完善成果转化现金奖励制度。 5. 完善科研人员离岗创业制度。 6. 落实成果转化收益分配政策（包括技术经理人的收益）
	专利权人	1. 健全知识产权管理体系。 2. 完善以转化为目标的科研立项机制。 3. 完善科研项目评价机制。高校要坚持分类评价，对于应用研究和技术创新，要重点评价创新成果的实际贡献和效果
	专利需求者	无

续表

政策着力点	政策3：关于进一步加强高校科技成果转化的若干意见
技术经理人	1. 推动专业化、市场化技术转移机构建设。鼓励与第三方技术转移机构开展深度合作。 2. 打造一支懂技术、懂市场、会管理的复合型技术经理人队伍。 3. 建立成果转化绩效与专职人员收入分配挂钩的激励机制，畅通专职人员职业发展和职称晋升通道，专业人员职称可通过工程序列进行申报

从政策文本分析中发现，其一，政策主要从专利等科技成果的供给侧出发，通过对专利质量提升的引导、专利转化运用链条上主要参与者的积极性的调动，来达到提升专利质量促进转化运用的政策目的。其二，在专利转化运用链条上主要参与者中，政策对这四类主体关注度依次为专利研发者、专利权人、技术经理人、专利需求者。其三，对职务发明专利研发者的激励远远大于专利权人，因而有可能"按下葫芦浮起瓢——此起彼落"，造成对职务科技成果专利权人的激励不足现象，不符合主体之间的激励相容要求，这一点学界之前也有过类似看法。其四，提升高校专利质量促进转化运用的政策文件基本上忽略了专利需求者，默认专利需求者为了提升产品的技术含量或构筑专利壁垒，会主动寻找专利进行布局或转化。

（二）技术经理人视角下的政策不足

明确了政策理论上的着力点，又通过文本分析梳理出了实践中政策的不足。仅仅这样分析还不够，要想规划政策调整的方向，提高政策的操作性与科学性，还需访谈专利转化运用链条上的主要参与者，从访谈中发现思路。考虑到技术经理人是在专利转化运用链条上的主要参与者中连接专利转化运用供求双方、接触市场最深最广的主体，因此本研究选取了各类型的技术经理人进行访谈，力图从技术经理人视角总结出实践中政策的一些不足。根据西安技术经理人协会提供的数据，截至2021年年底，协会已发展单位会员144家，个人会员1120人，其中认定初级技术经理人664名，中级技术经理人86人，认证技术经理人机构80家。本次访谈抽取了不同类型的技术经理人机构的技术经理人（有的是该机构负责人）进行了访谈。访谈中发现，其一，技术经理人普遍对专利质量不满意，所以政策在提升专利质量方面还需要发力；其二，技术经理人对自身的工作报酬并不满意，并认为它是一个新兴且有难度培育的职业，需要较高的能力与较广的知识面；其三，技术经理人对政策的感受也仅仅是职称评定方面，转化收益分成等薪酬方面没有提及；其四，技术经理人对政策的期待方面，就是服务标准化、补贴的支持与政策的兑现。总的来说，就是政府政策应对专利质量和技术经理人这一群体、技术经纪这一行业予以较多的关注与培育。例如，西安电子科技大学技术转移中心某干部表示："当前直接支持技术经理人的政策较少，而且我们的政策总体上是意图导向的多一些，原则性的多一些，细则与操作性的较少，这是当前技术成果对接不畅、专利运营转化较慢的重要原因之一，其他如陕西当地的商业化程度较差、工科出身老师可以做技术总监但难以胜任CEO、陕西当地企业家与当地科研人员之间的互信不够（部分当地企业家认为当地的专利技术含量低、科技成果水平不高，部分当地的科研人员认为当地的企业家投资不够主动）也是其中的重要原因。"西安远诺技术转移有限公司某高管表示:"目前政府对技术转移机构有政策支持,对技术经理人没有支持,技术经理人仅通过撮合科技成果交易一般很难拿到具有竞争力的薪酬,而且撮合成功的时间不短、成本不低,所以,兼职做技术经理人比较靠谱一些。例如我们在跟高校老师接触后,一边为其代理专利申请,一边寻找其成果转化方,相当于搂草打兔子,不是光打兔子。技术转移转化另一个重要问题是专利质量,那是种子或者说是源头。如果源头有问题,后面再怎么发力也是无效的。"成都九鼎天元集团西安分公司某高管表示:"我们公司总部在成都,业务覆盖了科技创新全链条,在这边展业的感觉是,这边高校的开放度不如成都高校,感觉封闭一些,如果谈到政府对技术经理人机构或技术经理人的支持,我的感觉是很少,对技术经理人机构有补贴,但政策的兑现比较慢,有时还兑现不了。"西安技术经理协会中级技术经理人方经理表示:"目前感觉到政府在技术经理人职称评定方面是有支持的,原来我们只能评初级和中级,今年第一年可以评高级,但其他方面的支持没有。技术经理人本身的工作还是比较难的,其中的一个尴尬是,我们艰难地对接了项目,在科研人员与企业之间的初期沟通上作用明显,但随着沟通的推进、技术的深入,感觉双方都不是那么需要我了,我很容易被排挤出去,所以,我要在撮合之后很快拿到钱,不能等到成果真正转化了再去拿钱。希望政府能将技术经理人提供的服务进行标准化,仅仅是撮合的技术经纪该什么时候拿钱,覆盖全过程的技术经理人该什么时候拿钱、怎么拿钱,形成惯例,这样有利于促进行业的发展与规范。"

四、技术经理人视角下的政策建议

进行政策文本分析时发现,政策主要从专利等科技成果的供给侧出发,通过对专利质量提升的引导、专利转化运用链条上主要参与者的积极性的调动,来达到提升专利质量促进转化运用的政策目的。而在专利转化运用链条上的主要参与者中,除专利研发者外,其他三类主体依激励不足的顺序,依次为专利权人、技术经理人、专利需求者。但是作为专利权人的高校,除了经济激励之外,还有政治激励,而高校之外的其他三类主体主要是经济激励。所以,高校并不是亟须调整政策的主体。同时,其他类别的政策对专利需求者的企业进行研发活动有相当大的支持,例如高企认定后所得税优惠、研发费用税前加计扣除等。因此,亟须政策加以激励的主体为技术经理人。在对技术经理人的访谈中发现,技术经理人普遍对专利质量不满意,所以政策在提升专利质量方面还需要发力,技术经理人对自身的工作报酬并不满意。技术经理人行业是一个新兴且有难度培育的职业,需要较高的能力与较广的知识面,技术经理人期待政策在服务标准化、补贴支持与政策兑现等方面作出改进。因此,在技术经理人视角下,一方面,政策在提升专利质量方面需要发力,另一方面,政策应对技术经理人这一群体这一行业予以较多的关注与培育。

(一)提升专利质量的政策建议

对于提高专利质量,已实施的政策文件主要提出了职务科技成果登记与披露制度、建立市场导向的科技成果定价机制、建立专利申请前评估制度、优化专利资助奖励政策四个方面。应当说，这些措施是有效的，相应随着这些文件落地实施时间的延长，西安高校专利的质量会稳步提升，从而改善专利转化运用的源头。如果要进一步提升西安高校专利质量，建议如下：

1. 引导西安高校科研编制并优化人员来源

高校承担人才培养、科学研究、社会服务、文化传承创新等基本职能。如果要提升高校专利质量，势必要增加研究员序列的编制。同时，聘用的研究员序列科研人员要注意从企业技术人员中汲取力量，打通科研人员在高校与企业之间的流动渠道，让驻市高校与企业之间联系更为紧密，这样会增加驻市高校专利的可转化性。

2. 引导西安高校改进其教师评聘制度

与全国高校类似，当前西安高校在人才评聘体系中，以纵向科研项目和纵向科研项目的级别论英雄，横向科研项目处于可有可无的境地。而横向科研项目委托方来自企事业实践工作中的现实需求，是最容易产生可转化的高质量专利的。因此，建议西安出台校地合作文件，引导西安高校自主根据到校横向科研经费体量赋予其与各级别纵向科研项目对应的权重。

（二）培育技术经理人的政策建议

前面的文本分析与访谈仅能确认"对技术经理人加强关注与激励"这一政策着力点，具体怎么来激励？本研究认为，高校专利转化运用与银行信贷一样，是复杂的、较长周期的、高技术含量的服务，因而，与银行信贷重点考察借款人的还款意愿与还款能力类似。针对技术经理人，西安市对这一群体两个重要的政策支点在于其展业能力与展业意愿。有了强烈的意愿就有动力去参与高校专利转化运用，协助专利质量的提升，在参与的过程中既实现了利益，又进一步提升其能力、刺激其意愿，从而实现其展业能力与意愿的互动循环提升。而能力与意愿的提升离不开为其发挥作用的平台与市场机会的涌现。

1. 增强技术经理人的能力，并提升其从业意愿

技术经理人的从业能力可以通过展业前接受足够的训练并在展业过程中的积累而获得。技术经理人的意愿提升主要通过市场的引导、利益的引导。政府在其中的推动作用，就是在名上要为其"正名"，在利上要给予"让利"。例如，西安市可通过科技成果转化条例等政策清晰规定，将不低于转化净收益的30%奖励给为成果转化做出贡献的人员，从而使技术经理人的收益摆脱中介收费模式。只有技术经理人的收益得到提升，才能吸纳数量更多的人员从事这一工作，培育这一市场。

2. 促进技术经理人作用发挥的平台建设

平台既包括高校方面促进技术经理人作用发挥的平台，也包括技术经理人的工作单位，即技术转移机构或技术经理人机构本身。西安市政府能做的就是引导高校设立促进技术经理人作用发挥的岗位，明确其岗位职责。同时，将与技术经理人、技术经理人机构的合作情况纳入学校的工作简报中。目前，各地对技术经理人机构有运营补贴，建议提高补贴的针对性与有效性。

3. 增加技术经理人作用发挥的市场机会

对待技术经理人这一新兴群体，除了前面的意愿提升、能力建设、平台建设外，还需想方设法增加技术经理人作用发挥的市场机会，待慢慢地培育这一群体、这一市场之后，政府逐步退居幕后进行监管与公共服务，让市场之手自动运作。其一，西安高校应抓好已有文件的落实。《关于提升高等学校专利质量促进转化运用的若干意见》（教科技〔2020〕1号），已在重点任务中提到，"引入技术经理人全程参与高校发明披露、价值评估、专利申请与维护、技术推广、对接谈判等科技成果转移转化的全过程，促进专利转化运用"。其二，推进军地融合、校地融合和大学科技园的建设。这些都可以拓宽西安高校专利的应用空间与市场范围，从而增加技术经理人的展业机会，提高其收入水平。其三，推进技术经理人认证与技术转移服务标准化建设。在技术经理人展业过程中，要取得高校专利研发者的信任，认证是政府对技术经理人实行增信的一种有效手段，技术转移服务标准化有助于形成技术经理人服务中的双方共识，对于降低专利转化运用中的服务争议、提升服务合同谈判效率具有较大的帮助。

第四篇

城市发展

第四章

地火水风

西安国家中心城市经济发展路径探讨

西安在中国历史与世界历史上都具有重要的地位。她不仅是十三朝古都，周秦汉唐的龙兴之地，也孕育了诸多经典的政治经济思想，如秦国商鞅变法、西汉黄老无为、西魏六条诏书、唐贞观政要等。在2018年2月国家发展和改革委员会发布的《关中平原城市群发展规划》中，明确提出"建设西安国家中心城市"，西安由此正式成为全国第9个国家中心城市。2018年12月《陕西省〈关中平原城市群发展规划〉实施方案》指出，要强化大西安龙头引领作用，全面提升综合服务、产业集聚、文化高地、科技创新、国际交往等功能，"多轴线、多中心、多组团"推进城市建设，加快西咸、富阎一体化进程，培育发展大西安都市圈，建设代表国家形象、带动大关中、引领大西北、具有国际竞争力的国家中心城市。该实施方案明确了建设西安国家中心城市的主要任务，并提出打造"三中心两高地一枢纽"：建设西部地区重要的经济中心，打造对外交往中心，形成丝绸之路科创中心，建设丝绸之路文化高地，打造内陆开放新高地，建设国家综合交通枢纽。以下就西安国家中心城市之经济发展路径展开讨论，期待起到抛砖引玉的作用。

一、城市经济发展路径的理论分析

城市是规模大于农村和集镇的以非农业活动为主的聚落，是一定地域范围内的政治、经济、文化中心。大城市的聚集效应和规模效益大，对资本、技术、人才和劳动力的吸引力也更大，更容易调整城市的经济结构，强化城市内的分工体系。

城市经济发展要体现在人均产出数量的增长或质量的提高上，而要实现这一点，沿着生产函数出发，有这么几个途径：第一是技术进步。它能在同样资源投入情况下使产出增加或产出的质量提高，即生产效率提高，产品品质提升。第二是资金集聚与使用。资金聚集起来才有可能将闲散的、小额的资金转化为投资的大额资金，上马新的项目、引进更先进的技术设备，使产出数量增加或质量提高。第三是劳动力的集聚与使用。一方面，人口年龄结构的年轻化，同样多的人口中劳动力比例提升，即劳动参与率提升；另一方面，人力资本提升。通过卫生、教育和培训等手段提高人力资本水平，提高知识生产的效率，知识生产效率的提高对技术进步和社会劳动生产率均有促进作用。

从亚当·斯密、杨小凯等人所论述的经济增长的三个基本要素，即分工、资本积累与对外贸易出发，分工与贸易具有内生的相互促进作用，分工取决于市场的范围，市场所能覆盖的范围越大，分工就会越趋于深化。分工具有五种不同形态：行业分工、产品分工、零部件分工、工艺过程分工和服务专业化分工。根据亚当·斯密等的理论，其一，城市经济发展要注重对外贸易，以扩大市场范围、加速分工；其二，分工最终要体现在产业上，因此，城市要推进各产业发展，"有东西卖"和"卖好东西"两者并行；其三，城市要注重资本积累，为分工与贸易奠定基础，这与前面的生产函数出发的资金集聚与使用类似。

因此，西安要建设西部地区重要的经济中心，其经济发展路径要围绕技术创新、资金与劳动力的集聚与使用、繁荣对外贸易、发展产业等方面来展开。人才是由拥有较多科学文化知识、劳动技能较高、从事劳动比较复杂的那部分劳动力构成，如果将人才的要求放低，也可指全部劳动参与人口。以下以人才来代替劳动力。

二、以技术创新推动经济发展

技术创新推动城市经济发展符合经济理论的要求，创新也位居五大新发展理念之首。西安城市本身特点之一是高校院所众多，所以西安经济发展之技术创新路径大有可为。那么，如何去推动技术创新呢？从长期来看，要看基础研究的深厚，从短期、中期来看，关键是如何将技术创新落地为新工艺、新材料、新产品、新产业。在研发—中试—产业化这一成果转化链条上，西安众多的高校院所在研发环节上具有优势，但中试环节和产业化环节是弱项。从微观上看，能解决好中试环节和产业化环节的高校院所，其科技成果转化就做得好，例如西北有色金属研究院，但大部分院所在科技成果转化上都有较大的提升空间。

（一）已采取的措施

为补齐中试环节、产业化环节的弱项，省市政府先后采取了成立工研院、新型研发机构、培育技术经理人机构与技术经理人等措施。2005年12月由陕西省人民政府、西安市人民政府、国防科工委、西北工业大学、各军工集团公司以及在陕西的军工企事业单位发起成立西北工业技术研究院，由西安交通大学、陕西省科学技术厅及西安、咸阳、宝鸡、延安、榆林五个城市政府和西电集团公司、陕西汽车集团有限责任公司等五个大型国有企业共同出资组建陕西工业技术研究院。西北工业技术研究院和陕西工业技术研究院均实行事业法人管理、市场化运作，政策目标是实现技术与经济的紧密结合、良性互动、协调发展，促进企业自主创新能力和产品更新、产业结构升级，加快培育新兴产业，实现区域经济可持续快速发展。2020年开始，西安市逐步推行西安市新型研发机构认定管理。新型研发机构主要是围绕西安市主导产业和新型产业规划布局，以科技成果转化为主要任务，多元化投资、市场化运行、现代化管理且具有可持续发展能力的独立法人组织。其主要功能包括开展技术研发、孵培科技企业、转化科技成果、引育高端人才。培育技术经理人机构与技术经理人的工作，西安市也一直在推动。2014年10月，由西安科技大市场、西安交大科技园、西安碑林环大学产业带管委会等12家单位联合创立西安技术经理人协会。通过协会作了大量的技术经理人培训、教育和技术经理人机构培育工作。

（二）下一步的建议

机构（工研院、新型研发机构、中试机构）去做、人（技术经理人）去牵线搭桥是加强中试环节和产业化环节两种主要方式。建议从完善过去措施和开拓新的路径两个方面着手。完善过去措施方面，建议将工研院和部分新型研发机构调整为企业法人，通过产学研合作项目、技术经理人机构后补助等方式对其进行支持。企业法人在人员招聘、领导市场化选聘等方面有体制机制的突破。由于省市政府仍在工研院和部分新型研发机构担任股东，可在其中充分履行股东权利，发挥政府的组织协调和增信作用。但生存压力的加大、领导干部的调整、高素质人员的加入，总会使一些机构找到生存之道，产生下一个更有活力的西北有色金属研究院。在开拓新的路径方面，建议设立中试机构或平台建设引导基金，对企业自身建设的中试机构和产学研合作建设的中试机构予以基金引导，并在土地、环评、税收等方面加大与落实优惠措施。除此以外，建议对部分应用性较强的高校实验室进行分拆，引导一些在工程化方面更有想法和天赋的高校教师出来成立企业、中试机构，西安市政府对此予以相应的基金参股和政策支持。

三、努力让资金汇聚西安并发挥其效用

从企业的融资行为来看，让资金汇聚在西安并发挥其效用，其方式包括西安企业的股权融资、债券融资和银行贷款。但是资金的流动性很强，要想让国内外的部分资金流向西安并沉淀在西安进行股权投资、债权投资和中长期的银行贷款，离不开优良营商环境的构筑和优势资源的挖掘。企业和企业家对营商环境的感知最敏锐，也最深刻。构筑优良营商环境，才能让企业放心扩大再生产，让企业家放心投资，市场主体活力和社会创造潜力才能得到激发。挖掘西安独有的文旅资源、自然资源、国防资源和优势的科技资源（技术创新部分已阐述）可以提高项目的预期收益率，吸引外来资金流入。因此，表面上吸引资金的方式就是通过已有企业的股权融资、债券融资和银行贷款，实质上吸引资金的方式是构筑优良营商环境、以资源为依托培育新的经济增长点。

（一）已采取的措施

1. 营商环境建设

在实行"店小二"精神的基础上，西安提出了打造审批事项最少、收费标准最低、办事效率最高、服务最优的"四最"营商环境目标。西安市开展的"15分钟政务服务圈"建设、上线运行"政策通"服务平台、"一件事一次办"集成改革等改革举措将在全省进行复制推广。

"15分钟政务服务圈"建设是西安市通过改造基层服务中心、新建便民服务驿站、合作建立办事网点等方式，推动民政、人力资源社会保障、卫生健康等部门服务事项下沉到街道、社区办理，系统构建基层政务服务体系的一项创新举措。"一件事一次办"集成改革是通过业务协同、信息共享、流程再造，将职能部门办理的单个事项，集成为企业群众视角的"一件事"。

2021年2月，西安"政策通"服务平台上线，"政策通"一期主要聚焦西安市"6+5+6+1"现代产业体系，全面梳理西安市近3年来颁布出台的惠企政策，通过多维度关

联企业画像、政策画像及政策信息，根据企业规模、所属行业、政策标签进行多维度分类解析，靶向服务27类企业，涉及38个产业，帮助企业"知政策、用政策、享政策"，变"人找政策"为"政策找人"。

2. 资源优势挖掘

作为周秦汉唐的龙兴之地，西安有其独特的资源优势，将这些资源优势转化为产业优势与经济优势是西安人民与历届政府胼手胝足持续耕耘的事情。

（1）农业资源。西安市土壤分布形成南北两个差异明显的区域，北部的渭河平原以黄褐土、褐土为代表，南部的秦岭山地以黄棕壤、棕壤为代表，全市有12个土类24个土壤亚类50个土属，计181个土种。西安市的水资源丰富，自古有"八水绕长安"之美称。市区东有灞河、浐河，南有潏河、滈河，西有皂河、沣河，北有渭河、泾河，此外还有黑河、石川河、涝河、零河等河流。土壤类型的复杂多样和水资源的结合为市内农作物的多品种组合提供了有利条件。近年来，西安市发挥水土等自然资源优势，在全省、全国形成了一批有影响力的优质农产品生产基地。同时，大力推进都市型现代农业，开展农业品牌化、农旅融合和全产业链发展行动，加大乡村振兴示范县、示范镇、示范村以及美丽乡村等典型示范的创建力度，大力改善农村生态环境。

（2）文旅资源。近年来，西安市深化旅游供给侧结构性改革，加快西安旅游从观光游向休闲游、度假游转型升级，建成丝路欢乐世界等一批文旅重点项目；着力擦亮"东亚文化之都""千年古都·常来长安"等城市品牌；以满足人民美好生活需要为导向，塑造高品质消费新场景，创新打造城市时尚文化消费圈。

2013年以来，西安聚焦历史文化、微度假、本地游、夜间经济，以推出新产品、壮大新业态、打造新场景、叫响新营销、做精新IP、做实新消费为工作思路，深入挖掘西安文化旅游资源禀赋和产业优势，推动产品、场景、技术创新，构建特色化、品质化、现代化的文化和旅游消费格局。2023年6月底，西安市文化和旅游局策划推出了"夜游、夜演、夜娱、夜憩、夜食、夜购、夜市、夜练、夜读、夜宿"10个业态525个夜游目的地，丰富内容供给，壮大新业态；打造了1条"古都华韵"特别推荐路线和20条区县精品夜游线路，盘活既有资源，推出新产品；围绕"有礼、有味、有景、有情、有料、有才"推出6大主题85项夜游活动。

国防资源。国家在西安市布局了中国航天科技集团公司第四研究院、第五研究院、第六研究院，中国航空工业集团公司第一飞机设计研究院、西安航空发动机（集团）有限公司、中国兵器工业集团公司西北工业集团有限公司、北方发展投资有限公司、中国船舶重工集团公司第七〇五研究所、中国电子科技集团公司第二十研究所、第三十九研究所等国防科研与生产力量，布局了空军军医大学、火箭军工程大学等国防高校，国防资源丰富。西安市一直想整合军民融合发展的人才、技术、市场、制度等要素，不断推动军民两用技术的产业化进程。西安市先后发布了《西安市军民融合补短板促发展实施方案》（市办字〔2017〕237号），《关于加快推进军民融合产业发展实施方案（2020—2022年）》《西安市促进军民融合产业加快补充政策》（市办字〔2021〕61号），从军民融合基金支持、军工资源开放共享、军工单位体制机制改革创新、支持军民融合公共服务平台建设、引进培育军民融合人才等方面活化国防资源，把国防资源与地方经济紧密结合起来。

（二）下一步的建议

1. 构筑更加优良的营商环境

营商环境只有更好，没有最好。广义来说，营商环境建设涉及西安市每一级政府、每一个政府部门、每一位行政事业单位工作人员。建议从四个方面入手。其一是法治化政府建设。通过地方立法补充法治短板，让政府依法行事、企业依法经营。其二是持续研究企业与群众办事的痛点、堵点、难点，取消不必要的审批证明，简化烦琐手续，降低办事成本。其三是提高政府机构的信息化水平，向着提供"24小时不打烊"的在线政务服务迈进。其四是切实加强服务型政府建设，将为企业与群众服务深入每一位行政事业单位工作人员心中。

2. 以资源为依托培育新的经济增长点，大力吸引国内外资金

西安市特有的农业资源、文旅资源、国防资源要想更好地发挥其效益，必须尽可能地将这些资源的潜力发挥到最大。著名的西魏"六条诏书"中提到要"尽地利"，这与充分利用资源的意义相同。不同的人、不同的资金，可能会带来新的思路，提高资源的利用效率与效益。政府以资源为依托，积极培育、领导新的经济增长点，通过合资、合作、转让、特许经营、定向增发、发行债券等方式让国内外资金有更多参与的机会，可以起到吸引资金、沉淀资金、发挥资金效用的作用。

四、引进更多人才并使其安居乐业

人才是经济发展中的能动因素。人不仅是生产者，而且是消费者。从生产的角度来看，经济发展要提高人口中的劳动参与率和人力资本水平。对于城市来说，就是要吸引外来的年轻人口，改善人口年龄结构，提高职业教育和成人教育水平以及卫生健康水平。从消费的角度来看，年轻人口的流入将带来衣食住行、娱乐、教育、文化、体育等方面的消费需求，相应支撑城市的房地产、商业、娱乐、文体等方面的产业发展，所以要尽可能多地引进人才并使其安居乐业。

（一）已采取的措施

1. 落户条件的优化

近年来，西安市总体上逐步放松落户政策，为西安市经济社会发展创造良好的人才供给条件。根据2023年10月西安市公安局发布的《关于进一步优化户籍管理工作的通知》，西安市规定了大中专院校招生落户，工作调动、录用人员落户，投靠直系亲属落户，随军家属落户，复员、转业军人落户，投资纳税落户，人才引进落户，其他非户籍人口落户等8种落户方式。根据通知，外地人只要愿意在西安市工作1年以上（三环以外区域）或经商2年以上就可以办理落户手续。

落户条件的放松使得西安市吸纳了一定的人口资源。西安市2021年年末常住人口达

到 1287.30 万人，2013—2021 年，年均增长 3.9%。与此同时，人口年龄结构也在优化。2021 年年末，西安市 15~64 岁人口 931.62 万人，较 2012 年末增加超 200 万人，占常住人口的 72.4%，分别高于全国、全省 4.1 个和 3.5 个百分点。

2. 职成教育的改善

由于高校云集，西安市职成教育具有良好的发展基础。除依托大学成人教育学院、独立学院，西安市还有 12 所成人高校、3 所技工学校、60 所中等职业学校、25 所民办非学历学校。近年来，西安市推动职业院校"双师型"教师队伍建设，举办形式多样的职业教育、培训教育大赛和交流活动，不断提升师资水平与教学质量，同时，深化产教融合，引导职业教育开展"订单式"人才培养模式，探索"培训、实习、就业"一体化服务模式。西安市职成教育的办学水平与影响力均有所提升。

3. 医卫条件的改善

西安市的医疗卫生条件良好。2020 年，中国社会科学院城市与竞争力研究中心课题组发布的《中国城市医疗硬件环境竞争力专题报告》显示，西安市三甲医院数量排在全国第七名，从 2019 年医疗硬件环境竞争力指数看，西安市排在全国第十名。近年来，西安市持续完善基本医疗卫生服务体系，加大基层医疗卫生保障力度，建立与城市功能定位相匹配的公共卫生与医疗服务体系，使全体市民享受到更高水平、更高质量全生命周期健康服务。西北妇女儿童医院、陕西省人民医院等三甲医院在新建城区完成新院区的建设，为西安人提供更为充足的医疗保障。

（二）下一步的建议

1. 实行以抓住年轻人为核心的落户政策

人才具有一定的流动性，但流动性远低于资金，所以通过更宽松的落户政策，让人才从年轻时就在西安市工作，让人才从年轻时就对西安市产生感情非常有必要。建议对各类中等职业学校及以上学校，实行毕业即落户的宽松政策，对各类在西安市工作的员工，实行就业即落户的宽松政策。

2. 产教融合与医疗普惠

年轻人落户以后，不仅要有好的生产条件支撑，还要有好的生活条件保障，这样才能安居乐业。生活条件保障集中体现在教育、医疗卫生方面，生产条件主要是指产业发展，即提供就业机会，这方面将结合贸易立市、产业强市进行详述。教育短期是职成教育，中长期是基础教育。职成教育的生命力在于产教融合，所用即所学，所学即所用。因此，建议以产教融合为核心，以财政资金补贴、产教融合项目安排、双师型老师培育为手段，促成企业与职成院校的资源共享、人才共用，实现学生、学校、企业和政府的多方共赢。年轻人落户后，子女教育问题随之而来，所以除职成教育外，基础教育的扩容提质也应当随之发展，以与不断增加的年轻人相适应。医疗卫生方面，建议在强化基层医疗卫生保障的基础上，实现基础医疗的普惠，让流动人口、刚落户的人口等群体能完整享受到计划免疫、健康管理、健康教育、疾病管理和传染病防控等基础性公共卫生服务。

五、贸易立市牵引分工的深化

虽然西安在汉唐时期是国际化大都市，但在如今海运主导的国际经济与贸易中，西安不沿边、不靠海，要想将分工与贸易的相互促进作用发挥出来有难度。但西安并不是没有扩大对外贸易的机会。一方面，西安是中国大陆版图的几何中心，随着铁路运输和航空运输成本的下降，西安开展对外贸易，尤其是在单体体积小、价值高的高科技商品对外贸易中，依然可以有效发挥作用。另一方面，在连接中国与中亚之间的经贸往来方面，西安作为古丝绸之路的起点城市，具有比沿海城市更好的便利条件。肇始于2005年的欧亚经济论坛，其会址永久性定在了陕西西安。2013年11月，中共十八届三中全会通过《中共中央关于全面深化改革若干重大问题的决定》，明确推进丝绸之路经济带、海上丝绸之路建设，以形成全方位开放新格局。2023年5月，首届中国—中亚峰会在西安市召开，这是建交31年来，中国和中亚六国元首首次以实体形式举办峰会。这些都见证了西安市在对外经贸往来、文化交流中的重要地位。

（一）已采取的措施

2022年2月以来，西安市先后发布《西安市商务局关于深化外经贸合作推动创新发展实施措施》《中国（陕西）自由贸易试验区西安区域提升战略实施方案》及《自贸试验区西安区域对标RCEP等规则 深化对外经贸开放合作试点措施》《西安市促进外贸提质增效若干政策措施》等政策文件，鼓励、引导企业用足用好政策空间。通过"陕耀出海"拓订单等活动，支持企业拓市场、抓订单，大力拓展"国际朋友圈"；通过全国首个陆路启运港退税试点的实施达效，中欧班列综合服务平台、中欧班列长安号数字金融综合服务平台和智慧物流监管系统的建设，提高西安市对外贸易和投资自由化、便利化水平；通过加大对新能源汽车、太阳能光伏等高技术含量、高附加值产品出口的支持力度，实现产贸的最大化融合，进一步优化西安全市外贸结构。

从西安市的对外贸易数据来看，2022年西安市全年进出口总值4474.1亿元，比上年增长0.8%。其中，出口总值2801.5亿元，增长17.3%；进口总值1672.6亿元，下降18.4%。2023年受全球经济下滑的影响，对外贸易趋弱。1—10月，西安全市进出口总值2942.88亿元，同比下降19.9%。其中，出口总值1884.74亿元，下降18.6%；进口总值1058.14亿元，下降22.0%。一般贸易进出口占进出口总值的38.5%，较上年同期提高6.8个百分点。对"一带一路"沿线国家和地区进出口增长14.5%；占进出口总值的30.5%，较上年同期提高9.2个百分点。新能源汽车进出口增长35.6倍。

（二）下一步的建议

1. 多措并举部门协同，提高通关效率，降低对外贸易成本

对外贸易首先是交通、通信等支撑商流、物流、人流的基础设施畅通。畅通包括西安市内的畅通与西安市外的畅通。建议加快西安咸阳国际机场三期扩建工程，西延、西康、西十、康渝等高铁项目的建设，改善西安咸阳国际机场与西安国际港务区之间的交通。其次是升级更新查验设备，推动多部门联检，实现人员、商品通关的"零延迟""零等待"。最后，要简化办事流程，营造更优的外贸发展环境。

2. 以做优做强中欧班列长安号为龙头，打造西安城市的外贸品牌

通过大数据、人工智能、北斗卫星定位等技术的运用，海关与其他部门的联动，持续提升中欧班列长安号的效率与服务。通过加强与西安周边、邻近省份货源企业甚至是东部沿海企业（例如江浙的丝绸）的联系，引导它们在西安设立代表处，以西安为基地开拓中亚、俄罗斯市场，从而使增加开行频次成为可能，通过政策引导、人员往来和文化交流，引导中亚、俄罗斯等国以西安为据点拓展对中国的出口业务，提高长安号的回程率。

六、产业强市奠定分工的基础

资金、技术、人才的聚集，形成企业，产出产品，一个个的企业又形成了各门产业。产业是就业的支撑，是城市能留住人才的依靠，能产出产值，是经济发展的基础。各城市都十分重视产业发展，实现产城融合。从分工视角来看，产业发展解决了"有东西卖"和"卖好东西"两者的共存共荣。因而，产业强市成为西安国家中心城市之经济发展的重要路径。

（一）已采取的措施

根据《西安市"十四五"工业和信息化发展规划》，西安市在2021—2025年，要实施支柱产业"倍增"计划、持续推动创新发展、推进产业集群发展、深入实施两化融合、全面推进融合发展、加快传统产业技术改造、加快优质企业梯度培育、实施"双招双引"工程、加快工业园区建设等九个方面主要任务，确保该规划的顺利完成。从产业强市这个视角来分析，这九个方面涵盖了产业强市的三个层面：其一是产业中新企业如何注入，一方面是招商引资，另一方面是科技成果产业化；其二是产业竞争力如何提升，包括招财引智、技术含量提升、链条化发展、集群化发展、信息化升级、不同产业之间的融合发展以及优质企业的梯度培育；其三是产业如何承载，即工业园区建设。

西安市工信局局长李初管表示，围绕"着力壮大支柱产业和新兴产业"，西安市按照"倍增突破、新兴成势、'质''量'齐升、做优生态"的工作思路，从四大领域靶向施策，壮大六大支柱产业，做强五大新兴产业，做优六大生产性服务业，建强产业生态，打造技术创新、人才支撑、要素保障、营商环境、协作配套等融合共赢的生态体系。综合这些信息，可以说西安市在产业强市方面已开展了诸多行之有效的工作。

（二）下一步的建议

1. 打造产业强市的基础底座

这个基础底座是各种生产要素，包括水资源、土地、技术、资金、人才。所谓"善治秦者必先治水"，水利、水务工作是西安市产业发展的基础，是人才安居乐业的基础。土地的集约、优化利用也同样重要，以亩均论英雄有一定道理，但不能将其极端化。前面对

技术、资金与人才的汇聚与使用已经作了分析，此处对人才做一些补充。对产业强市很重要的一点是企业家人才，包括科技实业家。分析西安市本土上市公司的发展之路，很自然会得出来上市公司的企业家对企业的发展非常重要的结论。

2. 进一步促进产业集聚

产业集聚优势已经超越低成本优势而成为吸引外资投向的主导力量。对于西安国家中心城市建设来说，从招引新企业、将科技成果孵化为本土新企业、壮大本土已有企业这三个层面，尽可能加强其前后向联系和服务联系。其中，至少节约了物流成本、差旅成本，形成基于西安本土共同的隐性知识，因而促进产业集聚，既有利于招商引资，又有利于成果转化，同时还能降低产业成本，提升产业竞争力。

3. 向着产业的创新集群方向努力

西安国家中心城市的形成，从微观上要体现在企业上，从中观上要体现在产业上。围绕西安在计划经济时代布局下的科研院所（这也是西安的独特优势），加强产业与科研之间的联系，让西安市的产业集群化发展，向创新集群方向努力。具体来说，加强西安市企业与跨国公司之间的合作，增强西安市企业与科研院所之间的技术合作、服务合作，吸引外资和留学生，大力发展对外贸易等方面的努力尤为重要。

七、结束语

前面从技术创新、资金汇聚、吸引人才、繁荣对外贸易、发展产业等五个方面论述了西安市建设西部地区重要的经济中心的发展路径。这些经济发展路径的进一步探讨与实现，需要政府、市场的共同努力。

关中平原城市群经济社会高质量一体化发展思路研究

党的十九大为西安市建设国际化大都市及关中城市群发展带来了新的历史机遇。西安市要紧紧抓住这些重大历史机遇，加快打造成为服务"一带一路"、亚欧合作交流的国际化大都市，建设国家中心城市，全面引领关中城市群实现跨越发展。在推进关中城市群经济社会高质量一体化发展中，西安负有重大历史责任，有基础、有实力、有条件发挥引领带动作用。

加快关中平原城市群经济社会一体化发展，就是要充分发挥城市群的辐射带动作用，实现关中平原城市群区域内的基础设施互联互通、产业体系和产业布局优势互补，通过优化区域产业布局，以产促城、产城融合和城镇体系网络化发展，以产业体系大发展助推城市群新型城镇化发展，进而大量吸纳人口就业，实现在更高层次更广层面上的大发展，真正成为一个立足西北、面向全国、辐射全球的具有重大经济文化影响力的城市群。

一、关中平原城市群经济社会高质量一体化发展现状及瓶颈

关中平原城市群经济社会一体化是包含城市群一体化和经济与社会一体化在内的两个层面一体化的统一。其发展的目标在于城市群内各城市以市场为纽带，以利益为基础，以企业（项目）为载体，共同构建产业载体并延长产业链，提升城市群内部的产业关联度和竞争力，在空间上互相融合、相互渗透，实现空间上融合发展和区域联动发展，最终实现经济与社会共同发展，融为一体。

而高质量一体化发展首先是建立在包括经济发展、社会服务、历史文化交流、交通网络体系、城镇体系以及生态环境保护等在内的全方位一体化。其次，高质量一体化不仅体现在区域内部形成了良好且科学合理的产业分工体系，更重要的是区域主导产业选择合理，产业结构优化，行业龙头企业市场竞争力强，围绕龙头企业形成了分工合理的产业集群。最后，高质量一体化还体现在区域文化产业高度发达，形成了市场信誉度、知名度高的文化产业品牌和社会影响力。

（一）关中平原城市群经济社会一体化发展现状分析

关中平原城市群是丝绸之路经济带的重要城市群，中国西部区域经济社会发展的重要增长极之一。这里科教资源丰富，拥有一批国家级技术中心和工程实验室，高校数占到陕西全省的81.82%。在丝绸之路经济带沿线的城市群中，关中平原城市群经济与社会发展

的基础条件较好（见表1），具备了区域发展的后发优势，也是区域新型城镇化的重要支撑。但与经济发达地区城市群相比，关中平原城市群经济总量还不够大（见表2），对地区经济的辐射带动能力尚不足，属于培育型城市群，未来的发展潜力巨大。

表1 2022年西安市与关中城市群其他城市的主要经济指标对比

城市名称	常住人口（万人）	面积（平方公里）	地方财政一般预算收入（亿元）	GDP（亿元）
西安	1299.59	10108	834.09	11486.51
铜川	70.50	3882	22.24	505.55
宝鸡	326.47	18117	92.65	2743.1
咸阳	416.90	10189	115.58	2817.55
渭南	461.90	13134	93.19	2201.13
杨凌	25.45	135	7.3	166.61
商洛	202.06	19851	24.42	902.56
运城	471.85	14233	113.3	2301.1
临汾	390.66	20275	200.6	2227.9
天水	295.4	14277	45.38	813.88
平凉	182.25	11171	40.97	641.58
庆阳	215.84	27117	70.33	1022.26

注：数据来源于相关省市政府工作报告或者各省相关统计年鉴。

表2 中西部三大城市群的总量指标对比

城市群名称	总人口（亿人）	总面积（万平方公里）	GDP总量（万亿元）
关中城市群	0.42	10.71	>3.0
成渝城市群	0.99	24	>6.0
中原城市群	1.64	28.7	>8.3

注：数据来源于2022年相关省市政府工作报告。

首先，关中平原城市群地处西北地区，经济总量相对低，产业结构不合理。2022年，关中平原城市群国民生产总值大于3万亿元，略大于重庆市当年的GDP总量。2022年，全国有3个城市GDP超过关中平原城市群GDP总和。服务业所占比重较低。西安市服务业比重最高，达到61.74%，比例最低的咸阳只占到了38.1%。其次，经济外向程度相对较低。2022年成渝城市群、长江中游城市群、粤闽浙沿海城市群以及关中平原城市群的出口额分部占全国的4.7%、5%、7.5%、1.3%，关中平原城市群是上述四个城市群中出口额占比最小的一个。再次，关中平原城市群城镇化水平比较低。从2022年年底的陕西省各市城镇化率排名情况来看，陕西10个（区）市中，西安市、铜川市、榆林市的新型城镇化水平位列前3位，而咸阳市和商洛市的城镇化率排名相对靠后，渭南市则位列末位。最后，核心城市一城独大，城市群内部关联性不够，协同性差。关中平原城市群从产业到社会发展，内部联系还不够紧密，缺乏有效协作。其核心城市西安在经济总量、人口总数、科技资源和技术创新方面都占到主体地位，但与其他城市之间没有形成协作互补的关系。

总体而言，关中平原城市群生产总值稳步增加，且呈现较快增长势头。产业结构不断优化，第三产业产值快速增长。近年来，关中平原城市群在科技实力方面不断提升，各类专业技术人员、科研院所及已建成的高新技术产业开发（示范）区等数量不断增加，已成为西北地区创新活动最活跃的区域，承担着亚欧大陆桥上高新技术产业研发和孵化器的功能。

（二）关中平原城市群经济社会高质量一体化发展的实证分析

通过构建关中平原城市群经济社会一体化发展评价指标体系，我们从社会、经济和生态三个方面对关中平原城市群各城市的一体化综合发展指数（见表3）、融合发展度（见表4）以及各城市的融合发展等级（见表5）等进行了定量分析，其结果如下。

表3　关中平原城市群各城市发展指数与排名

序号	城市（区）	经济系统		社会系统		环境系统		综合	
		发展指数	排名	发展指数	排名	发展指数	排名	发展指数	排名
1	西安	100.00	1	100.00	1	97.39	2	100.00	1
2	铜川	32.40	4	40.39	7	79.65	5	40.66	5
3	宝鸡	35.01	3	47.41	5	63.95	7	41.05	4
4	咸阳	28.89	5	51.78	3	97.10	3	43.83	3
5	渭南	22.61	8	47.67	4	80.12	4	35.92	6
6	商洛	16.85	12	29.17	10	33.84	12	20.17	12
7	杨凌示范区	58.25	2	64.26	2	100.00	1	65.95	2
8	天水	21.71	9	27.42	11	49.18	9	25.65	9
9	平凉	18.15	11	22.54	12	44.18	10	21.45	11
10	庆阳	21.11	10	29.25	9	35.06	11	23.16	10
11	运城	23.53	7	42.54	6	62.93	8	32.41	8
12	临汾	25.66	6	38.48	8	68.64	6	33.95	7

表4　关中平原城市群各城市融合度、融合发展度及相应排名

序号	城市（区）	融合度（C）	排名	融合发展度（D）	排名
1	西安	1.00	1	10.00	1
2	铜川	0.79	8	5.68	4
3	宝鸡	0.91	4	6.13	3
4	咸阳	0.70	11	5.53	5
5	渭南	0.69	12	4.96	8

续表

序号	城市（区）	融合度（C）	排名	融合发展度（D）	排名
6	商洛	0.88	5	4.22	11
7	杨凌示范区	0.92	3	7.78	2
8	天水	0.83	6	4.62	10
9	平凉	0.80	7	4.14	12
10	庆阳	0.94	2	4.66	9
11	运城	0.79	8	5.07	7
12	临汾	0.78	10	5.15	6

表5 关中平原城市群各城市的融合发展等级划分

融合发展等级	城市（区）
濒临排斥发展	渭南、庆阳、天水、商洛、平凉
勉强融合发展	铜川、咸阳、临汾、运城
初级融合发展	宝鸡
中级融合发展	杨凌示范区
良好融合发展	
优质融合发展	西安

（三）关中平原城市群经济社会一体化发展的瓶颈分析

关中平原城市群与国内外发达城市群相比，其发展程度还存在不小的差距，主要的制约因素有：城市群区域管理体制不顺，地区发展不平衡，内部结构功能不完善，人才流失严重，经济总量偏小，产业结构升级制约因素比较突出，金融规模持续扩大，但服务效率不高，城镇规模偏小，等级结构体系不合理，现代城镇体系没有形成，城市建设发展缓慢，基础设施相对滞后等。

二、关中平原城市群经济社会高质量一体化发展思路

（一）总体战略思路

在区域层面加强与城市群内其他城市协同合作，逐步推进区域经济社会高质量一体化发展。按照"一核、三带、五外围"的空间发展战略，以西安为核心，辐射范围形成三个圈层。在产业一体化发展中坚持先易后难的原则，逐步形成全方位的产业合作。首先加强关中平原城市群在旅游一体化、生态环境保护、产业技术协同创新、区域金融服务一体化等方面的合作，在此基础上，将产业合作的范围扩展到装备制造业，之后逐步推进农业等产业领域的合作，最终形成关中平原城市群多层次、全方位的一体化合作，构建关中平原

城市群产业发展联盟，促进产业全方位一体化发展。经济社会一体化的"高质量"更多体现在城市群产业一体化的程度上，并且两者成正相关关系。在科技发展上充分发挥西安作为城市群的"研发中心"作用，为关中平原城市群的发展提供技术智力支持。西安市科教资源丰富，创新实力雄厚，综合科教实力居全国城市第三，居西部之首。雄厚的科教资源、丰富的科技人才及创新发展基础的增强为西安市建设城市群"研发中心"提供了支撑，促进城市群社会一体化。城市群内以建设规划一体化为基础，保证城市群内统一规划、统一标准，进而实现城市群内公共服务的一体化和社会管理的一体化，推动关中平原城市群经济社会高质量一体化发展。

（二）重点任务

1. 推进关中平原城市群科技研发与创新的统筹协调发展

推动关中平原城市群科技研发与创新，充分发挥西安市在科技研发与创新领域的引领作用，以科技创新带动关中平原城市群的产业优化与经济发展。通过不断强化"人才新政"建设，从引进目标、人才引进、人才培养、奖励激励、服务保障等方面加大政策支持力度，为关中平原城市群科技发展提供人才支撑。统筹城市群科技资源，差异化发展科技产业链。立足于本市优势科技资源，有重点地建设科技实验室，使科技资源真正地支持产业优化，推动经济发展。避免科技实验室建设的同质性，防止科技资源的内部恶性竞争，各市结合本市优势科技资源发展科技产业链，促进科技资源的统筹协调发展。

2. 加快关中平原城市群产业协同推进

推动各城市产业协同创新发展，充分发挥西安市在关中平原城市群的核心引领作用，推动关中各城市产业协同创新发展。深化区域合作，以各城市主导产业为基础，优化资源配置，集聚特色产业。以区域内核心企业为主导，实施重点项目，培植龙头企业，形成生产要素互补、上下游产业配套、城市产业区合理分工的产业布局，协同打造高级产业链和产业密集带的发展高地。

3. 构建关中平原城市群立体化交通网络体系

合理布局、高效智能的交通运输体系，为关中平原城市群发展提供新动力，借鉴其他城市群经验，依托大数据分析、互联网技术，充分发挥交通子系统对人口、经济、产业、资源布局的牵引作用。通过建立专门的城市交通管理机构，增强关中平原城市群内城市间交通宏观调控和管理能力及与关中平原城市群外核心城市的协同发展能力。

构筑开放、畅通和高效的基础设施，建立涵盖港口、航空、公路、铁路、市内交通、城际交通的全覆盖、多元化、立体化交通体系，完善铁路站点、公路站点布局，完善航空站场体系，建立以大西安为交通枢纽、关中平原城市群与其他城市群、东南沿海等国际大都市全方位衔接的立体化交通网络体系。

4. 构建关中平原城市群区域金融服务体系

构建金融发展平台，完善区域金融组织体系。积极设立新型金融市场交易平台，鼓励金融机构通过多种途径加大对多元产业的投入力度。吸引国内外具有影响力的金融机构入驻，推动在西安市设立全国第三家证券交易所或能源期货交易所，与西咸新区共同组建面向丝路经济带的大宗能源商品现货和期货交易市场，形成具有重要影响力的能源交易中心。

加大金融创新，优化金融生态环境。鼓励境外各类金融机构在城市群设立区域总部、功能总部或分支机构，支持设立中外合资金融机构。深化区域金融合作，设立关中平原城市群金融协作联盟，以"共同发展、合作共赢、共同超越"为目标，预防和化解金融风险，实现优势互补，提高金融服务质量。

5. 统筹城乡及新型城镇化协同发展

加快农业转移人口市民化，提高城镇基本服务水平，全面提高城镇化的内涵与质量，提升民众生活的幸福指数，提升城市功能，提高城市宜居水平。构建层级增长极城市网络，发挥核心层级的辐射带动作用，建立健全城乡融合发展体制机制，加快推进农业农村现代化。

在注重城镇化的表面特征的同时，要着力提升城镇发展的内涵。提高城镇居民素质，不断提升城镇发展软实力，促进城镇文明程度的提高。规范居民的行为，让更多的人到城市生活，让城市的生活更美好，以民为本，促进关中平原城市群经济社会高质量一体化发展。

6. 加强生态民生事业的协同发展

一是加强教育合作，深化教育改革，创新教育供给模式，持续推进优质教育资源在城市群区域内均衡覆盖，缩小公办学校与民本学校的差距，加快改善农村地区、贫困地区的办学条件。二是推进关中平原城市群区域医疗卫生资源共享，优化调整医疗资源布局，推进医疗、医保、医药"三医"联动，加快推动城市公立医院综合改革，完善分级诊疗制度。三是推进关中平原城市群生态环境协同保护机制，实施联防联控，坚持全域化、网格化、系统化、法治化理念，努力破解减霾难题。

三、关中平原城市群经济社会高质量一体化发展的对策建议

（一）构建关中平原城市群统筹协调机制

一是构建省级层面的关中平原城市群利益协调联络机制，由陕西省牵头，组建省级层面的关中平原城市群协调联络会，全面协调推进关中平原城市群一体化发展的对策与路径，制订区域实施计划及方案，保证省市两级在大关中产业协同发展整体设计上"一盘棋"。建设关中平原城市群"统一大市场"，形成包括商品市场、金融市场、土地要素市场以及技术和信息市场等在内的一体化市场体系，破除行政"壁垒"和地方保护主义，消除区域内人才、资源、环境、经济和公共服务等要素流动壁垒，保证在城市群区域内自由流动和市场化配置。建立促进关中平原城市群一体化发展的各级联席会等，将关中平原城市群作为一个整体纳入政府绩效考核，扩大考核范围，构建协调联系机制等。二是构建市级层面的关中平原城市群市长联席会，全面完善关中城市群组织领导机构，建议成立"关中平原城市群一体化发展的市长联席会"，打破行政区划壁垒，由陕西省协调山西省、甘肃

省政府共同参与，并以区域内各主要城市为主体联合管理。市长联席会可以下设产业协同联盟会、交通协同联盟会、科技协同联盟会等。三是组建关中平原城市群一体化推进办公室，由关中平原城市群各市政府选派代表常驻西安，组建"关中平原城市群一体化推进办公室"，由办公室着力协助推进城市群各领域一体化发展，负责具体推进关中平原城市群市长联席会决议的落实等。

（二）构建关中平原城市群科技研发中心

组建"中试基地"，支持硬科技产业发展要从操作层面进一步完善。一是继续发挥政府作用，打破关中平原城市群体制障碍，合理配置科技资源，推进硬科技成果转化。二是鼓励和支持大企业联合高校和科研院所，组建中试基地，加强关中平原城市群之间的联系。强化"人才新政"建设，使科技资源和支持经费向硬科技产业倾斜，建立硬科技高端人才服务机制。积极推行"大学+"发展模式，建设校企合作平台，深化院校产学研合作，提高硬科技成果市场转化率。合作成立技术创新联盟组织，搭建关中平原城市群产学研投用合作平台。强化关中平原科技协同创新顶层设计，建立关中平原城市群科技部门协同工作机制。构建"产学研合作信息服务平台""产业技术创新联盟"，实施创新驱动发展战略，促进关中平原城市群高新区创新驱动、战略提升。提高自身的发展能力和水平，坚持既定发展目标，提升科技创新能力。建设"科技实验室"，结合本地优势科技资源发展科技产业链，促进科技资源的统筹协调发展。同时，加快西安科技大市场建设，完善科技服务，促进技术转移和设备共享。

（三）构建关中平原城市群产业协同发展联盟

优化空间布局，协同打造优势产业，切实打破行政区划壁垒，实施区域联动发展战略，充分发挥西安市在关中平原城市群的核心引领作用，推动关中平原各城市产业协同创新发展。要通过优化资源配置、集聚优势产业、完善功能配套、延伸产业链条、改造升级传统优势产业等途径来实现优势产业的集群化发展。深化区域合作，协同做强特色产业，以各城市产业区为基础，优化资源配置，集聚特色产业；以区域内核心企业为主导，实施重点项目，培植龙头企业，形成生产要素互补、上下游产业配套、城市产业区合理分工的产业布局，协同打造高级产业链和产业密集带的发展高地。协同做大做强非公经济、县域经济和外向型经济产业基础。一是围绕关中平原产业结构调整，支持民营企业主动参与区域特色优势产业、战略性新兴产业等协作配套，积极参与国际产能合作，不断提升区域产业发展活力。二是支持县域园区建设，引导相关企业向园区集聚，大力发展现代服务业，培育形成"一县一主业"产业发展格局，加快县域工业化进程。三是按照关中平原产业布局，开展国际产能合作。全面推进西安市与其他城市之间的产业协作，西安与咸阳之间要推进西咸旅游一体化建设，加强装备制造和能源化工领域的密切合作，同时，加强科技教育领域的合作。西安与宝鸡之间应开展装备制造、有色金属加工产业领域、智能制造领域的合作。西安与渭南之间应加强新能源汽车及汽车零部件、现代化工及新能源新材料、节能环保等领域的合作，继续推进富阎板块深度融合，深化政、校、企合作，力促产学研投用联盟合作。西安与铜川之间在建材等原材料领域展开合作，协作建设休闲养生园区，打造铜川"药王"品牌，主动承接西安统筹科技资源改革效应，建设西安科研成果转化基地。西安与杨凌之间推进现代高端农业创新协作，深入推动校、企协同共进，积极探索农业与文创、旅游一体化模式。西安与商洛之间应开展现代中药领域、现代物流业、生态旅游和休闲养生领域的合作，实现两地资源共享和优势互补。西安与临汾之间开展新型能源、旅游、教育等领域合作，推动两地实现共赢经济效益。西安与天水之间进一步加强科技交流合作，推进农产品、旅游协同创新发展。西安与运城之间加强推动工业整合联动发展，建立两市农产品绿色通道市场，推进科技教育领域创新合作。西安与平凉之间应共同推动能源资源产业、旅游产业合作，加快人才技术交流。西安与庆阳之间应推动能源资源产业、旅游产业合作，带动两地经济社会转型升级。

（四）按照"五统一"推进关中平原城市群文化旅游一体化发展

加强关中平原城市群旅游业协同发展，开展"跨城治理"模式，合理开发高铁沿线城市特色旅游资源，培育一批旅游特色小镇。打造"印象—关中"旅游名片，创建"一条龙"服务体系，实现统一旅游产品、统一定价标准、统一品牌建设、统一服务标准和统一营销推广的"五统一"。强化旅游中心城市服务作用，开辟旅游发展新空间，加快游客接待中心和旅游数据中心建设，促进旅游服务向多元化、特色化和精细化转变，逐步向标准化靠拢，打造"智慧旅游"城市。创建关中平原城市群旅游合作机制，实现互惠共赢。

（五）打造关中平原城市群立体化交通网络体系

建立一体化关中平原城市群交通管理机构。增强关中平原城市群内城市间交通宏观调控和管理能力及与关中平原城市群外核心城市的协同发展能力。建立关中平原城市群"一卡通"服务体系。建立关中平原城市群"一卡通"服务体系，实现关中各平原城市群内城市交通"一卡通"。在关中城平原城市群内任意城市居民可自行网上申请"一卡通"，真正实现关中平原城市群内交通的一体化服务，打造综合化、全方位的便民交通服务体系。建立以大西安为中心的立体化交通网络体系。打造关中平原城市群与其他城市群、东南沿海等国际大都市全方位衔接的立体化交通网络体系，实现关中平原城市群内群外"'1235'交通圈"；加快建设西安客运专线、城际铁路、地铁网络和车站的客运交通换乘枢纽体系；加强关中平原城市群与川渝城市群的合作，努力实现交通运输一体化。构筑开放、畅通和高效的基础设施与交通维护体系，建立涵盖港口、航空、公路、铁路、市内交通、城际交通的全覆盖、多元化、立体化交通体系，完善铁路站点、公路站点布局，完善航空站场体系；建立一体化的交通维护体系，针对出现的基础设施损坏，及时维护和建设。发展"物流4.0"一体化运营模式。发展"物流4.0"一体化运营模式，培育贯穿陇海线的现代立体物流产业带，加快物流基础设施规划和物流信息平台建设，加快现代物流园区、金融聚集区建设，健全物流业规范和标准，努力实现物流一体化模式，打造中国西部国际交通物流中心。开辟多元化、多层次的融资渠道，加快投融资体制的改革与创新，加大建设投资力度，扩大供给，加快城市交通网络体系建设。加快实施关中平原城市群交通网络的规划建设，加快实施《中长期铁路网规划（2016—2025年）》中对于西安及关中平原城市群交通网络的建设，更好地发挥西安对关中平原城市群的引领带动作用。引入智能交通系统（ITS），建立基于区域协同合作的交通运输管理体制、相关法律法规体系，实现交通管理制度、规范、程序等一体化。

（六）构建层级网络化产业金融服务体系

制定区域金融长期发展规划，根据西安金融发展的三步走战略计划，制定《大西安金融长期发展规划》，政府发挥引导力量，加大政策扶持力度，鼓励区县、开发区在科技金融、绿色金融、普惠金融、互联网金融等领域先行先试。构建多层次金融发展平台，积极设立新型金融市场交易平台，鼓励金融机构通过多种途径加大对多元产业资源的投入力度。创新发展新型金融，加大自贸区金融创新，开发金融创新业务，完善金融服务功能，健全信用体系，完善监管体系，优化金融法治环境。构建金融协作联盟会，发挥自身优势，优化自身产业结构，推进与城市群内其他城市间的金融合作。设立关中平原城市群金融协作联盟，积极发展农村金融，规范互联网金融的发展，建立和完善网络借贷机构备案管理制度。加强金融人才培养，坚持创造"吸引人才、用好人才和培养人才"方针，积极搭建金融知识宣传教育平台，拓宽教育方式和渠道，构建全方位、多渠道、立体化的宣传教育网络，提高公众金融安全防范意识。

（七）建立健全城乡一体化服务机制

构建大中小城市和小城镇协调发展的城镇格局，通过政策法规引导人口合理流动，科学有效地推进户籍制度改革，完善公共就业创业服务体系、城镇住房保障体系，实现社会保障全面覆盖，促进城市基本公共服务全面发展。发挥核心城市的辐射带动作用，在关中平原城市群的建设中，根据资源环境承载能力、要素禀赋和区位优势，大西安处于核心层，要加快建设欧亚交流合作的国际化大都市，发挥核心城市的辐射带动作用。构建关中平原城市群层级增长极城市网络，按照层级增长极网络化发展理论，把关中平原和陕西的大多数人口和绝大多数的产业向辐射带内聚集，形成"网络辐射带"，并走与其相适应的城市发展道路。建立健全城乡融合发展体制机制，政府应进一步推进城乡一体化建设，注重小城镇建设与新农村建设的互动作用，促进城乡融合和共同发展。不断完善政策法规，根据大西安目前的建设状况，应不断完善政策法规，并且在注重城镇化的表面特征的同时，又要着力提升城镇发展的内涵。

（八）打造"关中平原城市群生态圈"

构建"绿色新城"，在保证不破坏生态环境的基础上，将关中平原城市群建造成为有山、有水、有田地、有经济的绿色新城，实现人与自然的共同发展。优化城市空间格局，关中平原城市群应根据生态型城市的目标和要求，将中心城区的功能合理分散于周边区域，并形成新的、功能明确、特点突出的核心区域。提升空气质量，空气质量是绿色生态城市的标志性象征，通过加大城市绿化率，调整产业结构，改变交通运输结构，实现绿色消费、可持续发展。构建"两屏、一带、多廊、多点"的生态安全格局，坚持区域生态一体化建设，推动城市群内外生态建设联动，确保城市群生态安全。划定并严守生态保护红线，在秦巴山地和陇东黄土高原等生态功能重要或生态环境敏感、脆弱的区域划定生态保护红线，涵盖国家级和省级禁止开发区域和有必要严格保护的其他各类保护地。生态保护红线划定后，要保护和维护好关中平原城市群可持续发展的底线与生命线。实施生态保护修复工程，分区分类开展受损生态系统修复，采取以封禁为主的自然恢复措施，辅以人工修复，改善和提升区域生态功能。保护文化遗产，提高城市文化内涵，各地方政府应在注重文化遗址保护的前提下，合理利用文化资源，将中华民族优良传统予以传扬发展，重视城市空间整体发展，合理统筹城市发展和文化资源间的关联性。

（九）强化教育强市，全面提升民生服务

推广"名校+"的产学研模式，实施教育强市战略，深化教育综合改革，创新教育供给模式，持续推进优质教育资源均衡覆盖。探索跨区域联合办学，强化高校的整合主体地位，加快关中平原城市群内高校间的合作与联动的步伐，打破行政区划界限，多层面全方位地推进校际合作。建立专业建设指导委员会，在教学过程中，应围绕服务地方经济社会发展的目标，建立专业建设指导委员会，强化高校为地方经济社会发展服务的办学理念，着力培养学生的实践能力和社会适应能力。构建良好的创新创业环境，政府、高校和社会要加大对大学生创业"政策—资金—服务"全方位的支持力度，为大学生创业创造更多有利条件。继续推进高校教育教学改革，改变以往的机械性授课的方式，转变传统的创新创业教育管理理念，要将创新创业作为硬性考核指标真正纳入人才培养的计划目标，要建立实践平台，为学生提供多元化支持等。推进"三医"联动机制，发挥西安医疗资源集聚优势，推动"医联体"建设，共享优质医疗资源。加快推动城市公立医院综合改革，完善分级诊疗制度，促进基本公共卫生服务均等化，提高基本公共卫生服务项目财政补助标准等。实施关中平原城市群联防联控，牢牢把握生态文明的理念，着力提高城市发展的持续性和宜居性。西安市应把大气污染防治作为环境治理和改善民生的头号工程，坚持全民共治，源头防治。重点打好"减煤、控车、抑尘、治源、禁燃、增绿"组合拳，实施"网格长制"，划定责任网格，实施关中平原城市群联防联控，坚持全域化、网格化、系统化、法治化的"四化"理念，努力破解减霾难题。

（十）聚焦特色产业，加大对关中平原城市群的财政支持力度

加大高新技术产业财政支持力度，西安高新区作为陕西自贸区的核心板块和发动机，发挥着驱动引领的作用，应加大对高新区的监管力度和财政支持力度。增加民生事业政府资金投入，聚焦民生，增加教育资金投入，提高医疗卫生和社会保障财政支出比例，落实养老服务业支持政策。设立纾困基金，帮助有股权质押平仓风险的民营企业。对接国家融资担保基金，加快设立中小企业发展基金，设立专项代偿补偿资金，安排专项资金鼓励开展应收账款融资试点，支持工业和信息化龙头企业兼并重组、企业股份制改革，推动小微企业开展政府采购合同融资和发行增信集合债等。

第五篇

乡村振兴

西安市新型城镇化与乡村振兴高质量协同发展机制与路径研究

"十四五"时期是全面推进乡村振兴和新型城镇化发展的关键五年,党中央在新的历史时期从全局出发,做出全面指导我国区域经济社会高质量协同发展的根本指南。新时期我国区域经济发展的总体格局呈现出城市群化(都市圈)、组团化特征和城乡一体化发展的态势。区域协调发展战略是支撑全面建设社会主义现代化国家的一项长期战略,具有极其重要的战略意义。西安市新型城镇化与乡村振兴发展的外部环境面临着前所未有的重大变化,既面临新的困难和挑战,同时也带来了新的重大发展机遇。

一、西安市新型城镇化与乡村振兴战略发展现状及特征分析

(一)西安市新型城镇化的建设现状

当前,我国已经进入城镇化的战略转型期。加快推进新型城镇化,全面提高城镇化质量,实现更高质量的健康城镇化目标,是推进城镇化的重要任务。对此,必须以人为本的城镇化为核心,立足我国国情,从实际出发,积极探索具有中国特色的新型城镇化模式,坚定不移走中国特色新型城镇化道路,为建设具有中国特色的社会主义奠定坚实的基础。

1. 人口城镇化

在我国经济"起飞"推动下,人口城镇化以前所未有的速度推进,大量农民流入城镇,在人口城镇化水平不断提高的同时,城镇建设及人口集聚形成的人力效应进一步助推经济"起飞"。人口与劳动力的增长对经济增长的积极影响在于,人口规模对经济增长的贡献主要体现在人口红利上,即劳动年龄人口相对比重较高并不断增加,劳动力实现充分供给,人口抚养比较低,储蓄率比较高,推动社会投资,促进经济增长。近年来,西安市新型城镇化建设稳步推进,持续升级"三大新政",城市人口、人才明显增加,城镇化建设步伐不断加快。

过去十年西安市城镇化率提高得比较快,西安市常住人口与户籍人口数呈上升态势且常住人口上升人数多于户籍人口(见图1),这是经济社会持续发展、人力资源和人才资源有效配置的体现,同时也是部分地区和区域城市经济社会发展活力增强的结果,这和我国整体发展历程的趋势是一致的。预计随着我国经济社会的持续发展和促进城镇化发展各项改革措施的持续推进,西安市的城镇化率仍将保持上升的趋势。户籍人口城镇化率和常住人口城镇化率两个指标在近10年均存在明显提高,两指标之间存在差异,这种差异主

要还是体现在农民工群体上。由于受各种保障条件和制度的制约，这部分差异的缓解以至消除可能还需要一个过程。当然部分乡村户籍人口在城镇落户的意愿下降，特别是乡村振兴包括脱贫攻坚取得成就以后，有一部分人还愿意留在乡村，所以乡村户籍人口不愿意离开乡村，这也是导致这种差异的一个原因。

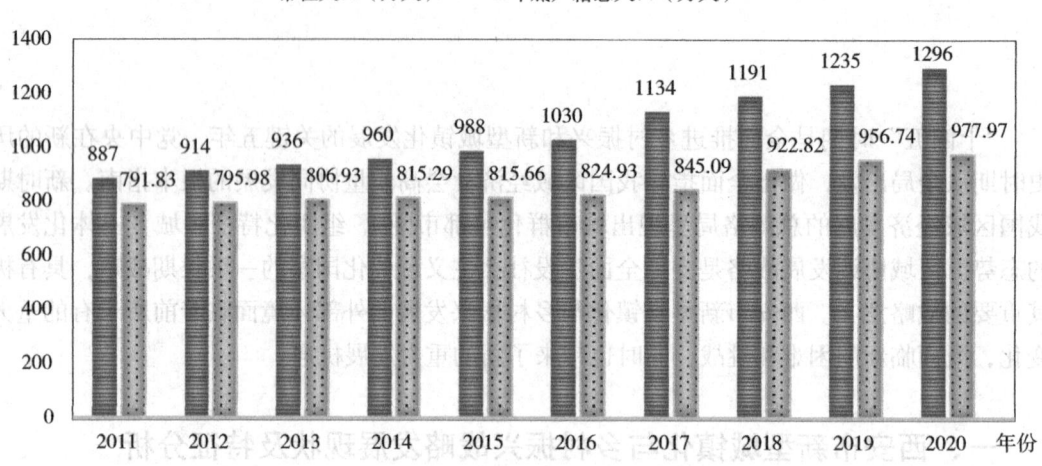

图1　2011—2020年西安市常住人口与户籍人口对比

资料来源：2017—2021年《西安市统计年鉴》。

根据第七次人口普查，西安市常住人口达到1295.29万人，陕西省排名第1，全国排名第8。近两年来，在户籍准入门槛降低的背景下，西安市城市人口规模不断扩大，通过人才新政吸纳的大量优质人口资源也创造了人口数量新的增长。近五年来西安市人口密度逐年上升（见表1），2020年人口密度达到969人/平方千米，较上年增长约2.22%，社会从业人数达到664.45万人，较上年增加18.59万人，增幅为2.88%。

表1　2016—2020年西安市人口密度及就业情况

年份	人口密度（人/平方千米）	社会从业人数（万人）	城镇从业人数（万人）	城镇从业人员比重（%）	城镇登记失业人员数（万人）	城镇登记失业率（%）
2016	817	539.18	335.07	62.14	11.29	3.30
2017	837	596.21	370.33	62.11	11.51	3.30
2018	914	621.22	398.23	64.10	12.48	3.30
2019	948	645.86	421.75	65.30	12.52	3.30
2020	969	664.45	443.29	66.72	13.58	3.60

资料来源：2016—2021年《西安市统计年鉴》。

人口是城市的"基本面"，更代表着城市未来发展竞争力。一般而言，城市人口增量来自人口自然增长和人口净流入，而随着人口自然增长率逐渐放缓，考察人口流入与流出的规律性变化，重要性不言而喻。根据"人口移动转变"理论，人口城镇化进入中后期阶段或是达到饱和之后，尽管人口在城乡与区域间长距离迁移的规模和强度将趋于下降，但城市间和城市内部的人口流动将成为主导并保持在高水平。今后，在城市间和城市内部的人口流动，以及其循环流动的变化，将成为影响我国人口迁移流动整体演变动态的关键因素。根据全国第七次普查数据，2020 年西安市流动人口 374.69 万人中，跨省流动人口为 135.32 万人，省内流动人口为 239.37 万人，可以明显看到，省内流动人口比跨省流动人口增长更活跃。过去几十年经济发展主要靠的是劳动力的数量，进入 21 世纪，陕西省经济发展主要得靠人才，人才是新型城镇化发展的重要因素。因此，西安市积极出台人才落户政策，吸纳更多的优质人口资源。西安市人口整体流动情况为迁入人口显著大于迁出人口，其中净迁入人口最多的前两个区域依次为雁塔区和未央区（见图2）。其中，雁塔区常住人口 1202038 人，人口密度约为 21465 人/平方千米，位列中国内地城区第 15 名；GDP 为 2510.72 亿元，全市第一名。雁塔区作为西安市经济总值第一大城区，大约占据了全市 25.1% 的 GDP 总值。过去 10 年间陕西省人口加速在省内迁移，西安市作为西北地区的省会城市之一，发挥着不可替代的作用，因此这也在一定程度上加速了周边人口资源向西安集聚。

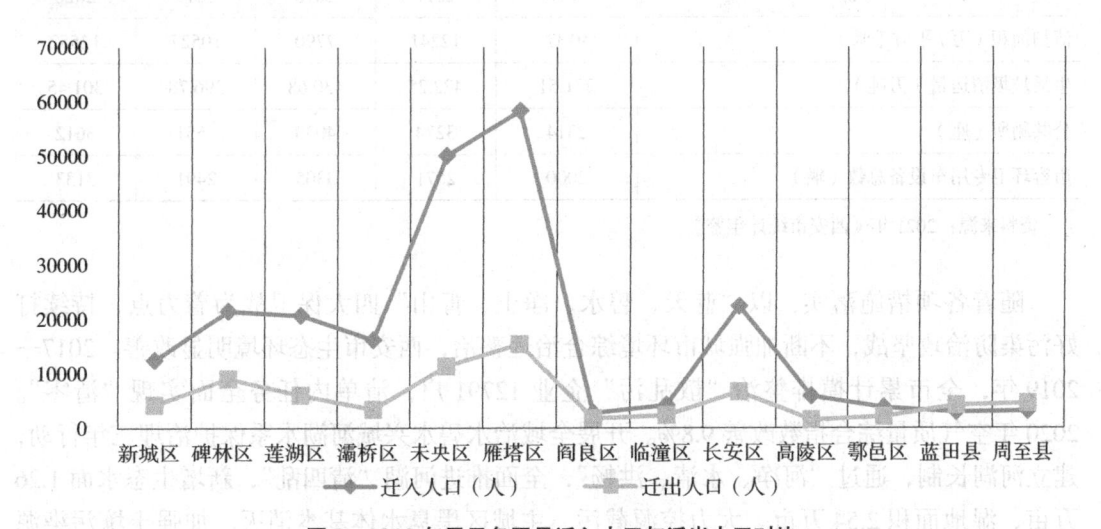

图 2 2020 年显示各区县迁入人口与迁出人口对比

资料来源：2020 年《西安市统计年鉴》。

2. 生态城镇化

近年来，西安市大力实施"美丽西安·绿色家园"行动、"五路"两侧增绿美化三年行动，2016 年成功创建"国家森林城市"。启动"三河一山"绿道建设，幸福林带主体工程全部完工。2019 年年末，建成公园 117 个，比 2015 年年末增加 26 个；绿地面积 3.26 万公顷，是 2015 年的 1.6 倍；建成区绿化覆盖率达 39.32%。全市节能降耗成效显著。加强工业、交通、建筑等重点领域节能，积极发展绿色低碳产业，单位产出能耗水平大幅下降。单位 GDP 能耗逐年降低，2020 年单位 GDP 能耗下降 7% 以上，五年累计下降 24% 左右，高于 19.23% 的"十三五"规划目标（见表2、表3）。

表2 2020年西安市区及县政设施水平

市区或县	西安	西安市区	蓝田	周至
人均日生活用水量（升）	176.38	177.7	104.62	144.96
供水普及率（%）	98.67	98.68	97.95	98.52
燃气普及率（%）	99.87	99.99	98.86	91.26
人均城市道路面积（平方米）	18.13	18.23	15.81	12.2
建成区排水管道密度（千米/平方千米）	8.58	8.72	4.12	3.99
污水处理率（%）	96.51	96.66	82.26	88.19
人均公园绿地面积（平方米）	11.97	11.85	8.8	10.1
建成区绿地率（%）	38.11	38.51	32.07	17
生活垃圾无害化处理率（%）	98.75	99.96		100

资料来源：2021年《西安市统计年鉴》。

表3 西安市资源环境水平

年份	2016	2017	2018	2019	2020
清扫面积（万/平方千米）	9137	12241	7790	10527	12552
生活垃圾清运量（万吨）	371.51	422.25	430.68	396.78	301.45
公共厕所（座）	2314	3274	4030	3551	3612
市容环卫专用车设备总数（辆）	2000	2571	3305	2491	3133

资料来源：2021年《西安市统计年鉴》。

随着各项措施落实，以"蓝天、碧水、净土、青山"四大保卫战为着力点，持续打好污染防治攻坚战，不断加强城市环境综合治理整治，西安市生态环境明显改善。2017—2019年，全市累计摸排整治"散乱污"企业12791户，清单内任务全面实现"清零"。2020年空气质量综合指数改善9.8%。开展全域治水碧水兴城河湖水系保护治理三年行动，建立河湖长制，通过"河净、水清、洪畅"，全面推进河湖"清四乱"，新增生态水面1.26万亩、湿地面积2.54万亩。大力控源截污，主城区黑臭水体基本消灭。加强土壤污染源头管控，持续改善土壤环境质量，固体废弃物综合处理场建设顺利推进（见表4）。

表4 2016—2020年西安市工业"三废"排放及处理利用情况

年份	2016	2017	2018	2019	2020
一、工业废水排放量（万吨）	4029.83	4247.57	4163.4	3913.7	2998.24
工业废水处理量（万吨）	4264.99	4448.08	4091.1	3955.7	3384.43
废水治理设施数（套）	266	275	299	311	311
二、工业废气排放量（亿立方米）	1034.46	1444.6	1040.4	1067.3	1194.32
废气治理设施数（套）	834	1048	1225	1641	1271

续表

年份	2016	2017	2018	2019	2020
三、工业固体废物产生量（万吨）	195.99	190.3	198.7	206.66	183.07
工业固体废物处置量（万吨）	28.66	28	78.1	22.7	27.09
工业固体废物综合利用量（万吨）	167.2	159.8	118.3	182.98	156
工业固体废物综合利用率（%）	85.31	83.97	59.5	87.5	85.21

资料来源：2017—2021年《西安市统计年鉴》。

3. 社会城镇化

2020年西安市全年财政一般公共预算收入724.13亿元，比上年增长3.1%，其中，税收收入571.60亿元，下降1.6%。全年全市财政一般公共预算支出1352.69亿元，比上年增长8.5%。全年全社会固定资产投资（见图3）比上年增长12.3%。其中，固定资产投资（不含农户）增长12.8%，农户投资下降25.0%。

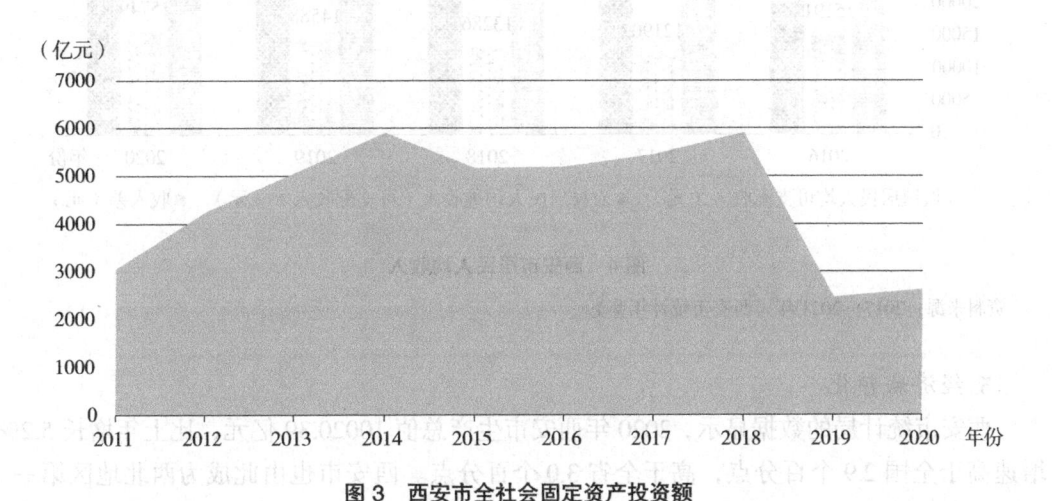

图3 西安市全社会固定资产投资额

资料来源：2012—2021年《西安市统计年鉴》。

2020年年末西安市城乡居民医疗保险参保人数684.04万人，城镇职工基本医疗保险（含生育保险）参保人数378.60万人。基本养老保险参保人数768.98万人，其中，城镇企业职工养老保险参保人数486.93万人。失业保险参保人数240.75万人，工伤保险参保人数280.19万人。全市提供住宿的养老机构168个，床位2.90万张，年末收养人数1.20万人。年末城市低保对象1.40万户、2.04万人，发放低保金1.61亿元；农村低保对象2.83万户、7.69万人，发放低保金4.16亿元。7221人享受农村特困人员救助供养，发放供养金1.49亿元。

4. 城乡一体化

经过长期坚持不懈的努力，西安市居民生活水平不断提高，突出表现就是居民整体收入稳步增长。据城乡一体化住户调查，2020年西安全市居民人均可支配收入35783元，比上年增长5.0%。2021年西安市居民人均可支配收入比全省平均水平（28568元）高10133元，比全国平均水平（35128元）高3573元。分城乡看，城镇居民人均可支配收入比全省平均水平（40713元）高6218元，比全国平均水平（47412元）低481元；农村居民人均可支配收入比全省平均水平（14745元）高2644元，比全国平均水平（18931元）低1542元。城乡收入比低于全省（2.76）0.06，高于全国（2.50）0.2。2021年，与全省10个市城乡居民人均可支配收入对比，西安市城镇绝对量和增量稳居第一位；增速居第七位，增速位次较上年提升两位（见图4）。

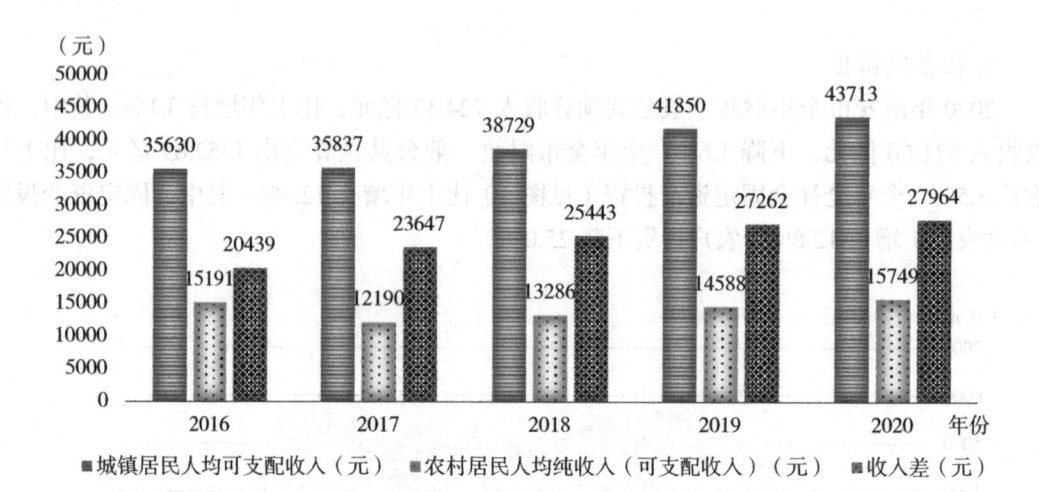

图4　西安市居民人均收入

资料来源：2017—2021年《西安市统计年鉴》。

5. 经济城镇化

西安市统计局的数据显示，2020年西安市生产总值10020.39亿元，比上年增长5.2%，增速高于全国2.9个百分点，高于全省3.0个百分点。西安市也由此成为西北地区第一个GDP万亿元城市（表5）。

表5　西安市三次产业产值情况

年份	生产总值（亿元）	第一产业（亿元）	第二产业（亿元）	第三产业（亿元）	第三产业产值占GDP的比重
2016	6396.36	196.66	2139.49	4060.21	63.48%
2017	7418.04	245.26	2452.92	4719.86	63.63%
2018	8499.41	258.98	2861.86	5378.56	63.28%
2019	9321.19	279.13	3167.44	5874.62	63.02%
2020	10021.39	312.75	3329.27	6379.37	63.66%

资料来源：2017—2021年《西安市统计年鉴》。

2016—2020年西安市三次产业生产值逐年增长且三次产业的生产值差额越来越大，增长率由高到低依次为第三产业、第二产业、第一产业（见表5、图5）。近年来西安市

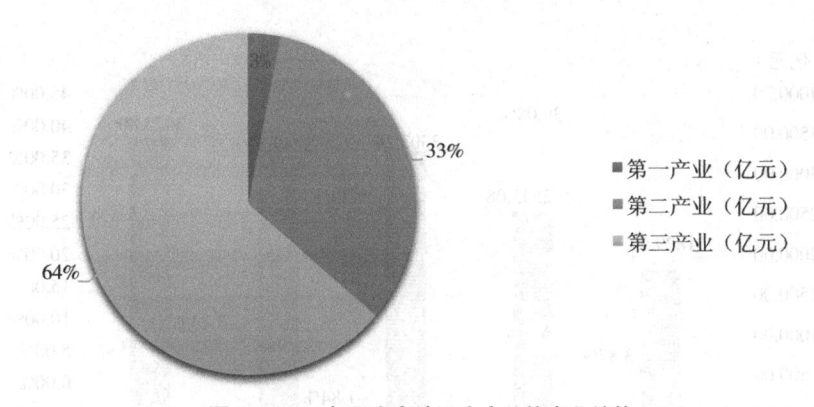

图5　2020年西安市地区生产总值产业结构

资料来源：2021年《西安市统计年鉴》。

经济结构持续优化，服务业比重进一步上升，第三产业增加值占GDP比重从2015年的61.87%上升至2020年的63.66%，2016—2020年其占比始终保持在60%以上，2020年对经济增长贡献率为50.3%；2019年第三产业就业占比达到58.83%，比2015年提高3.75个百分点。第三产业成为经济增长、创造就业、构建国内消费服务市场的主动力。2020年西安市第一产业增加值312.75亿元，较上年增长3.0%；第二产业增加值3329.27亿元，较上年增长7.4%；第三产业增加值6379.37亿元，较上年增长4.2%。三次产业构成为3.1∶33.2∶63.7。全市万元GDP能耗比上年下降7%以上。非公经济进一步发展，2020年，非公经济增加值占GDP比重53.1%（见图6），持续稳定在50%以上。

图6　西安市非公经济增加值占GDP比重

资料来源：2017—2021年《西安市统计年鉴》。

近年来，西安市经济外向度实现了跃升。三星、隆基、陕汽等重点企业进出口蓬勃发展，带动外贸实现"三级跳"，进出口总值由2015年年末1761.69亿元攀升至2020年年末3473.80亿元（见图7），将近翻了一番；外贸依存度从29.7%提升至34.7%。外贸结构持续优化，机电产品、高新技术产品出口比重持续提高，大宗商品、农产品进口

图 7　西安市进出口总值及其增长速度

资料来源：2017—2021 年《西安市统计年鉴》。

快速增长。利用外资规模扩大。截至 2020 年，全市引进世界 500 强企业分支机构累计达 242 家。

（二）西安市乡村振兴战略实施现状分析

1. 农村产业综合能力不断提高

2020 年，在经历了疫情、世界经济衰退、全球粮食减产等严峻考验，克服了局部干旱、"倒春寒"、草地贪夜蛾、非洲猪瘟等不利影响后，西安市农村经济逆势前行，农业生产加速恢复，"三农"韧劲十足，全年恢复性增长特征明显。

一方面，西安市大力发展高效农业，农业现代化建设提速。据统计，2020 年西安市全年粮食播种面积 408.1 万亩，同比持平略降 0.4%；粮食产量 144.58 万吨，增长 3.4%；粮食亩产 354.3 公斤，增长 3.8%；粮食总产实现 7 年来新高，粮食亩产创 30 年来历史新高。构建"一区三带七板块"特色现代农业布局，建成全国最大猕猴桃集中产区、全国知名羊乳产业带，优质绿色农产品供给增多，2020 年西安市猪牛羊禽肉总产量 4.56 万吨；奶类、蔬菜、园林水果产量分别为 14.03 万吨、381.31 万吨和 100.93 万吨，分别是 2015 年的 1.8 倍、1.4 倍和 1.4 倍。

另一方面，推动农业绿色发展。农业绿色发展是全社会绿色发展的基础，事关当代人福祉和子孙后代的永续发展。在绿色发展理念的推动下，西安市苗木花卉种植培育，以及植树造林得到极大促进，相应的农业、林业产值占比明显提升。2020 年林业占比 4.2%（见图 8)，比上年同期增长 0.5 个百分点，产值增长较快，增速 44.5%。林业产值占比前三的区县为周至县、蓝田县和西咸新区，分别为 26.8%、18.8% 和 15.0%，周至县和蓝田县为西安市的生态发展区，特别是周至县以打造"两山理论"示范县为发展目标，林业比重远高于其他区县。

内环：2019年　　外环：2020年

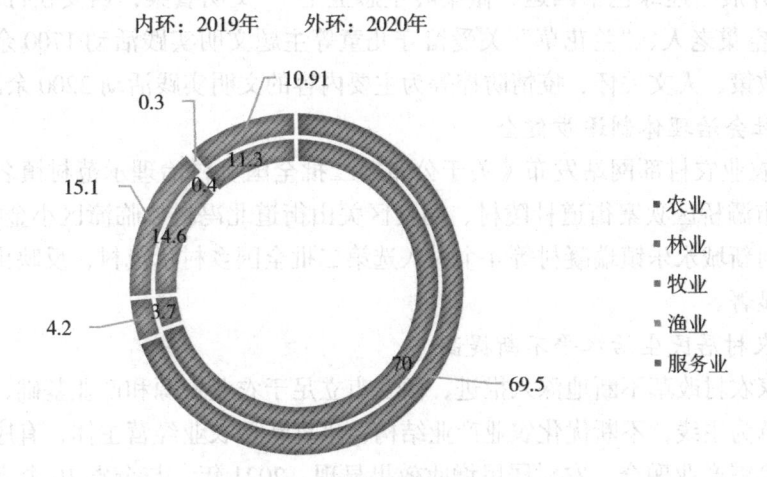

- 农业
- 林业
- 牧业
- 渔业
- 服务业

图 8　2019 年、2020 年西安市农林牧渔业产值结构

资料来源：2021 年《西安市统计年鉴》。

2. 农村人居环境持续取得改善

2016 年至 2020 年，全市农村人居环境整治成效明显。一是改善农村基础设施。随着乡村振兴三年行动计划的实施，扎实推进新农村建设，农村基础设施提升显著，实现了村村通公路、村村通自来水、村村通广播电视、村村通网络。截至 2020 年年底，全市累计建成各类农村供水工程 655 处，安全饮水率达到 100%，自来水普及率达到 99% 以上；累计完成户厕无害化提升改造 41.02 万座，已全部实现粪污无害化处理或资源化利用；自然村通动力电率达 100%；实施通村公路"油返砂" 1243.8 公里，自然村（组）通硬化路 586.1 公里，全市建制村道路硬化率达 100%，通客车率达 100%，通畅率达 100%；行政村规划编制率累计达到 100%；建成美丽宜居村庄 373 个。村容环境明显改善，文明乡风逐渐形成。二是全面治理农村垃圾。大力开展全市村庄清洁行动，农村人居环境不断改善，"村收集、镇转运、县处理"的垃圾收运处理体系基本建立，村庄生活垃圾集中收集覆盖率达到 100%。截至 2020 年年末，全市共建成高陵、蓝田、西咸和鄠邑生活垃圾无害化处理项目 4 座，日处理总规模达到 9750 吨。西安市全面启动无害化处理率达 92%。三是全力治理农村污水。全市生活污水有效治理和有效管控行政村累计占比 63% 和 34.9%；村民卫生清洁意识普遍提高。

3. 农村精神文明建设全面推进

近年来，西安市持续加强农村精神文明建设，深入开展文明村镇、文明家庭、"十星级文明户""好媳妇、好婆婆"等创建评选活动，农村社会文明程度和农民文明素质显著提升。截至 2020 年，全市创成各级文明村镇 476 个，其中全国文明村镇 9 个；评选出区（县）级以上文明家庭 2054 户，其中，全国文明家庭 1 户，省市级文明家庭 48 户；全市 75% 的行政村开展了"十星级文明户"评选活动，挂牌数近 5 万户。全市已建立市、县（区）、镇（街道）、村四级新时代文明实践中心、所、站，建立"8+N"志愿服务队伍

1300余支,开展"迎绿色十四运,做秦岭生态卫士""文明餐桌,西安在行动""暖阳在XIAN"关爱空巢老人、"兰花草"关爱留守儿童等主题文明实践活动1700余场次,开展以宣讲理论政策、人文关怀、疫情防控等为主要内容的文明实践活动2200余次。

4. 农村社会治理体制逐步健全

2021年农业农村部网站发布《关于公布第二批全国乡村治理示范村镇名单的通知》,其中,西安市灞桥区狄寨街道杜陵村、阎良区关山街道北冯村、临潼区小金街道小金村、西咸新区泾河新城永乐镇瑞凝村等4个村入选第二批全国乡村示范村,反映出西安市乡村治理的成效显著。

5. 广大农村居民生活水平不断提高

随着国家农村改革不断地深入推进,西安市立足于农业资源和产业基础,坚持以供给侧结构性改革为主线,不断优化农业产业结构,培育新型农业经营主体,有序推进农村第一、第二、第三产业融合,农村居民增收效果显现。2021年,与全省10个市城乡居民人均可支配收入对比,西安市城镇绝对量和增量稳居第一位,西安市农村居民人均可支配收入绝对量和增量均居第一位,增速并列第九位,较上年后退三位。2021年西安市城镇居民人均可支配收入46931元,增长7.4%,扣除价格因素实际增长5.6%;农村居民人均可支配收入17389元,增长10.4%,扣除价格因素实际增长8.6%。农村居民收入稳步增长的同时,收入结构也持续优化(见图9)。

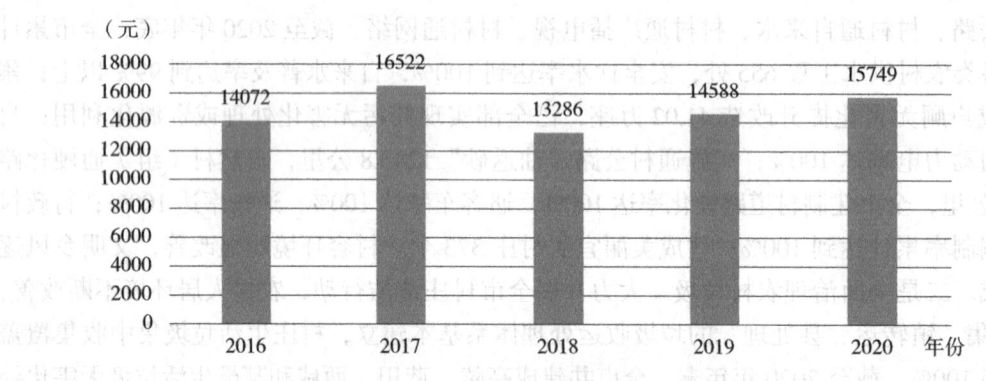

图9 2016—2020年西安市农村居民人均纯收入

资料来源:2017—2021年《西安市统计年鉴》。

经国家统计局陕西调查总队评估认定,2021年,西安市居民人均可支配收入38701元,比2020年名义增长8.2%,扣除价格因素实际增长6.4%;比2019年名义增长13.6%,两年平均增长6.6%,扣除价格因素两年平均实际增长4.6%。其中,城镇居民人均可支配收入46931元,增长7.4%(以下如无特别说明,均为同比名义增速),扣除价格因素实际增长5.6%;农村居民人均可支配收入17389元,增长10.4%,扣除价格因素实际增长8.6%。城乡收入比为2.7∶1,较上年缩小0.08。农村居民人均可支配收入中,工资性收入6104元,比上年增长13.3%;经营净收入4433元,增长6.8%;财产净收入248元,增长8.5%;转移净收入3960元,增长11.5%。工资性收入稳占"半壁江山",作为农民增收的主体地位日益增强。随着收入的提高，农民生活水平也显著提升，农村居民家庭恩格尔系数呈现总体下降趋势，消费结构日趋合理，农村居民家庭恩格尔系数已由1980年的53.3%下降到2020年的28%。2021年西安市农村居民人均生活消费支出为13158万元，比上年增长15.7%。其中，食品烟酒3815元，增长19.9%；衣着725元，增长18.9%；居住3049元，增长12.3%；生活用品及服务773元，增长12.3%；交通通信1657元，增长13.4%（见表6）。

表6 2011—2020年西安市农村经济效益指标

年份	每一劳动力创造的			
	农林牧渔业总产值（元）	粮食（公斤）	油料（公斤）	每百元物耗生产的总产值（元）
2011	21534.5	1438.2	8.6	271
2012	24588.9	1480	7.3	269.8
2013	28187.1	1398.2	7.1	269.9
2014	29310.8	1276.2	6.4	270.1
2015	31476.1	1345.6	6.5	268.3
2016	33888.8	1323.2	5.7	265.9
2017	39620.4	1267.3	5.6	262.7
2018	47231.8	1455.6	6.9	263.5
2019	51037.4	1429.9	6.8	263.3
2020	57346.4	1469	7.5	258.6

资料来源：2012—2021年《西安市统计年鉴》。

（三）西安市新型城镇化与乡村振兴协同发展中存在的主要问题及原因分析

1. 农村经济发展的条件有限

农业现代化是产业兴旺的基础，适度规模经营是发展现代农业的必然选择，但我国人均耕地面积仅0.10公顷，不到世界平均水平的一半，人均农业资源拥有量小是我国农业发展的现实问题。关中地区人均耕地面积0.06公顷，西安市作为关中平原地区的最大都市，人均耕地面积更少，人多地少的资源约束，严重限制了西安地区农业的发展，导致传统农业在促进农民增收中后劲不强。非农产业的兴旺发达是繁荣农村经济、增加农民收入、建设美丽宜居村庄的根本出路，而环境约束门槛的不断提高和市场竞争的日益激烈，使得乡镇原本就薄弱的非农产业发展面临更为严峻的生存困境。另外，山区县交通不便、资源禀赋缺失，实现三产融合发展的难度较大，这些情况都加剧了西安市农村经济发展和农民增收的压力。

2. 对实施乡村振兴战略认识尚不到位

一是地方政府部门对实施乡村振兴战略的认识还不充分，支持力度不够。政府部门受传统政绩观的影响，还没有从单纯注重城市GDP增长转变为注重农村GDP的提升。从西安市统计局的具体数据来看，西安市 GDP 的构成，第一产业的占比从 2005 年 5.10% 到 2019 年已经下降为 2.66%。与之形成对比的是第三产业的快速发展，第三产业增加值占 GDP 比重从 2015 年的 61.87% 上升至 2020 年的 63.66%，2016 年至 2020 年其占比始终保持在 60% 以上，2020 年对经济增长贡献率为 50.3%。地方政府在实际工作中往往存在或多或少的轻视或者对"三农"发展不够重视的问题。二是农村居民对实施乡村振兴战略的认识还不够充分。农村居民受传统思想观念、知识水平等因素的制约，往往对乡村振兴战略的本质内涵缺乏充分的了解和认识。如有一部分农业居民认为产业兴旺就是提高农产品价格，最后却找不到一种符合本村实际的发展模式和治理方式。

3. 农业科技创新、转化和推广滞后

科学技术是第一生产力，产业兴旺需要以科学技术为支撑。但是从西安市农业发展的现状来看，在农业科技创新、转化及推广方面仍然不能满足现实的需要。一是农业科技创新基础薄弱。科研方式单一，已经不能满足现代农业科技创新工作的需要。科研机构的数量少、层次低。省级及以上级别的科研机构以及实验室等不多，同时，实验室条件简陋，器材陈旧，信息化程度不高，难以满足现代农业技术创新的需求。二是农业科技创新人才匮乏。具有博士学历的农业科技人员占科技人员总数的比例偏低，缺少中青年学术带头人和创新骨干力量，同时，还存在人才流失较为严重的情形。三是农业科技创新成果推广滞后。首先是农业推广体系还不够完善，市、县、乡三级农业推广体系不协调，不能很好地适应现代农业发展的需要。其次是推广手段单一，仍然以培训指导、小片试验等传统分散式推广模式为主。

4. 城乡基础设施和公共服务设施差距不断扩大

受传统二元体制的影响，相对"固化"的城乡二元结构在短期内难以根本扭转，农业现代化步伐明显要滞后于工业化，乡村的建设也明显落后于城镇建设。西安市人均道路面积从 2011 年的 16.0 平方米上升到 2020 年的 18.23 平方米，但是像蓝田县这种农村地区的人均道路面积到了 2018 年也只有 16.55 平方米。长期以来，我国基础设施和公共服务体系建设的重点一直在城市，大量的资源投入如火如荼的城镇化建设，农村建设严重滞后。经过几十年的开展，城镇在各种基础设施和公共服务设施建设方面取得了巨大进步，城镇居民得以享受到各种便捷优质的基础设施和公共效劳，但是在广大乡村地区，农民的生活条件和生活质量的改善严重滞后。

5. 乡村振兴面临多重要素挑战

相较于工业和效劳业，农业生产效率较低。在长期的城镇化过程中，包括劳动力、土地、资金等在内的各种生产要素流动呈现明显的单向性特征，源源不断地从乡村流入城市、从农业转入工业。从"人"的方面看，城镇化吸引着农村充裕劳动力不断流入城镇，西安市每年的非农业人口增长的净值超过西安市总人口增长的净值，就 2018 年和 2019 年的数据来看，2019 年西安市总人口比 2018 年增加了 20 万人，但是非农业人口增加了 50 万人。2019 年西安市第三产业就业占比达到 58.83%，比 2015 年提高 3.75 个百分点。很多年轻人不愿意留在农村，客观上造成了农村人口的大量流失，乡村振兴事业"后继乏人"。从"地"的方面看，由于城乡建设用地市场的不统一，同样的一块地，在农村流转几万块钱一亩，如果能转变为城镇建设用地，一亩地就可以卖到几十万元、几百万元甚至上千万元，在土地增值收益分配城市倾向明显的情况下，大量农村土地就通过各种方式流入城镇。从"钱"的方面看，我国长期以来城市优先的发展战略，使得大量的财政资金被优先用于城镇化建设；在资本逐利性的驱使下，金融机构将从农村吸收的大量资金源源不断输入城镇。这种长期以来形成的城市对农村的吸附效应与资源单向汲取格局，使农村失去了现代生产要素的有力支撑，导致农村经济明显滞后于城市经济，农业现代化明显滞后于城镇化。

6. 城镇规模小，辐射带动效应不强

长期以来，西安市城镇化滞后于工业化，也落后于全国平均水平，特别是小城镇规模较小、设施落后、缺乏特色，是西安市新型城镇化经济社会发展的主要短板之一。同时，基础设施建设滞后，教育、医疗、文化等公共产品供给不足，经济承载能力不强，产业基础相对比较薄弱。已有的城市经济理论研究表明，一个城镇的人口达到1万人以上，才能够对镇域经济起到集聚和扩散作用；人口超过5万人，才可能对城镇周边地区经济和社会发展起到带动作用，而当人口超过15万时，才能显现规模经济效应，也才能成为带动区域经济发展的增长极。

7. 新型城镇化与乡村振兴的顶层设计还不到位

新型城镇化与乡村振兴的顶层设计不到位，一方面体现在中央要求的"多规合一"还没完全落实到位，新型城镇化与乡村振兴之间的规划还存在一些相互"不协调"的情况，涉及新型城镇化的社会发展战略"蓝图"缺乏战略性统筹，乡村振兴战略定位还不准确、不明晰。另一方面，基层政府领导班子不稳定与乡村振兴战略要求长期稳定推进之间存在矛盾，这可能导致"一届领导班子一个发展蓝图""现任不管往届"，不能按照"一张蓝图"长期持续稳定地发展推进。在发展思路上，视野狭隘、观念陈旧，习惯于照搬照套成功经验，而没有适时地因地制宜改进和创新。在具体的工作中，少部分基层政府领导缺乏敢试、敢闯、敢干的勇气，墨守成规，畏首畏尾，进取精神不足。

8. 各县区地处不同位置的聚集效应影响新型城镇化发展

比如周至县地势北低南高，跨三个自然地貌单元，依次为渭河平原、黄土台原、秦岭山地。境内西南高，东北低，山区占76.4%。再比如蓝田县，该县境内地形复杂，地貌各异，地势由东南向西北倾斜，南部为秦岭北麓延伸地带，东部为骊山南麓沟壑区，中、西部川原相间，灞河、浐河等重要河流贯穿蓝田境，蓝田地貌类型分河谷冲积阶地、黄土台原、黄土丘陵、秦岭山地。海拔最高2449米，县城海拔469米。山、岭共计占蓝田县土地面积的80.4%。由于周至、蓝田所处的地理环境，绝大多数地区处在山区，直接导致周至县和蓝田县与周围各个区的城镇聚集效应不能得到有效的发挥，交通不便大大限制了人们的出行和商品经济流通，极大地影响了新型城镇化的发展。

二、影响西安市新型城镇化与乡村振兴高质量协同发展的因素分析

在了解了西安市新型城镇化与乡村振兴发展之间的内在逻辑及现状特征的基础上，我

们需要对影响这两者高质量协同发展的主要因素进行实证分析，探究影响和制约两者协同发展的主要"瓶颈"因素。本部分将针对西安市新型城镇化与乡村振兴两大系统进行实证分析，首先运用熵值法测算出新型城镇化与乡村振兴发展的综合值，在计算出综合值的基础上进行耦合协调分析和灰色关联分析，以期寻找出影响二者协调发展的关键因素，进而为西安市早日实现新型城镇化和乡村振兴高质量协同发展提供现实路径。

（一）西安市新型城镇化与乡村振兴发展水平测度

1. 建立评价指标体系

为准确测度西安市新型城镇化与乡村振兴高质量协同发展水平，本研究在借鉴相关文献的基础上，根据新型城镇化与乡村振兴发展的特点，按照科学性、系统性、数据可获得性等原则，综合两个指标体系协调互动的内在机理，最终构建出一个能准确、全面反映西安市新型城镇化与乡村振兴高质量协同发展水平的指标体系（见表7），新型城镇化系统包含人口城镇化、生态城镇化、社会城镇化、城乡一体化和经济城镇化共五个二级指标，乡村振兴系统包括产业兴旺、生态宜居、乡风文明、生活富裕和治理有效共五个二级指标。本研究所需的原始数据均来源于历年《西安市统计年鉴》，对于缺失的数据采用离近点均值的方法进行补充。

表7 新型城镇化与乡村振兴发展指标体系

一级指标	二级指标	三级指标	指标单位
X 新型城镇化系统	X1 人口城镇化	X11 非农人口比重	%
		X12 城镇人口占总人口比重	%
	X2 生态城镇化	X21 人均环保投资额	元
	X3 社会城镇化	X31 人均财政一般预算支出	元
		X32 人均社会固定资产投资额	元
	X4 城乡一体化	X41 城乡人均可支配收入比	%
	X5 经济城镇化	X51 人均GDP	元
		X52 城镇居民人均可支配收入	元
Y 乡村振兴系统	Y1 产业兴旺	Y11 农业生产率	%
		Y12 服务业占农业比重	%
	Y2 生态宜居	Y21 农村每万人卫生技术人员数	人
	Y3 乡风文明	Y31 小学在校学生数	人
	Y4 生活富裕	Y41 农村居民人均纯收入	元
		Y42 农村居民人均社会消费品零售额	万元
	Y5 治理有效	Y51 农村每万人医疗卫生机构数	个
		Y52 参加新型农村合作医疗人数	万人

2. 测定综合评价值

在经济研究以及多种类指标评价体系中，几乎各个指标的重要性都不同，因此必须运用科学的方法确定指标的权重，这样的研究才有参考价值。在现有的赋权方法中，确定权重常用的方法有专家打分法、主成分分析法、熵值法、均权法等，每种方法各有利弊。熵值法是依据各评价指标之间变异程度的高低来确定权重的，具有能够剔除人为干扰的特点，同时具有较高的可操作性，能够客观地反映各评价指标在综合评价体系中的重要性，更能突出城乡全面均衡发展的意义，而且符合国家长期稳定的政策导向。因此本研究采用熵值法对西安市（含13个区）新型城镇化及乡村振兴高质量发展水平进行综合衡量，指标统计需要进行无量纲化处理后才能计算，本文采用最小—最大标准化对指标进行无量纲化处理，具体公式为：

$$\text{正向指标：} X'_{ij} = \frac{X_{ij} - \min X_{ij}}{\max X_{ij} - \min X_{ij}} \tag{1}$$

$$\text{逆向指标：} X'_{ij} = \frac{\max X_{ij} - X_{ij}}{\max X_{ij} - \min X_{ij}} \tag{2}$$

式（1）、式（2）中，X'_{ij} 表示第 i 年第 j 个指标的无量纲化指标，公式（1）计算正向指标，公式（2）计算逆向指标，由于指标体系中所有指标均为正向指标，通过公式（1）计算即可，经标准化处理后，指标值的范围在 0~1 之间，接下来即可对指标的权重进行计算。

首先，根据式（3）计算第 i 年第 j 项指标在该指标总值中所占的比重 P_{ij}：

$$P_{ij} = \frac{X_{ij}}{\sum_{i=1}^{n} X_{ij}} \quad n=12 \text{ 表示年数} \tag{3}$$

其次，根据式（4）计算各指标 X_{ij} 的信息熵 H_j：

$$H_j = -K \sum_{i=1}^{n} X_{ij} P_{ij} \ln P_{ij} \quad j=1, 2, 3, \ldots, 16 \tag{4}$$

$$K = \frac{1}{\ln(n)} = \frac{1}{\ln(16)} \approx 0.3607$$

再次，根据式（5）、式（6）计算各指标的权重 W_j（见表8）。

$$g_j = 1 - H_j \text{ 为第 } j \text{ 项指标的差异系数} \tag{5}$$

$$W_j = \frac{g_j}{\sum_{j=1}^{m} g_{ij}} \quad m=16 \text{ 表示指标数量} \tag{6}$$

最后，根据所求得的权重和原始数据（见表8、表9），按照式（7）可以计算出2009—2020年西安市新型城镇化及乡村振兴高质量发展水平（见表10），并绘制出图10及图11。

$$I_i = \sum X_{ij} W_j \tag{7}$$

式中，P_{ij} 表示第 i 年第 j 项指标在该指标总值中所占的比重；H_j 表示第 j 指标的信息熵；g_j 表示第 j 项指标的差异系数；W_j 表示第 j 项指标的权重；I_i 表示第 i 年的指数。

表8 新型城镇化系统指标权重

新型城镇化系统熵值法计算权重结果汇总			
项	信息熵值 H_j	信息效用值 g_j	权重系数 W_j
非农人口比重	0.9193	0.0807	20.67%
城镇人口占总人口比重	0.9595	0.0405	10.37%
人均环保投资额	0.904	0.096	24.61%
人均财政一般预算支出	0.9682	0.0318	8.14%
人均社会固定资产投资额	0.9509	0.0491	12.59%
城乡人均可支配收入比	0.9775	0.0225	5.77%
人均GDP	0.9564	0.0436	11.19%
城镇居民人均可支配收入	0.974	0.026	6.66%

表9 乡村振兴系统指标权重

乡村振兴系统熵值法计算权重结果汇总			
项	信息熵值 H_j	信息效用值 g_j	权重系数 W_j
农业生产率	0.917	0.083	4.96%
服务业占农业比重	0.4735	0.5265	31.43%
农村每万人卫生技术人员数	0.6339	0.3661	21.85%
小学在校学生数	0.8296	0.1704	10.17%
农村居民人均纯收入	0.9788	0.0212	1.26%
农村居民人均社会消费品零售额	0.7604	0.2396	14.30%
农村每万人医疗卫生机构数	0.832	0.168	10.03%
参加新型农村合作医疗人数	0.8994	0.1006	6.01%

表10 2009—2020年西安市（含各区）新型城镇化与乡村振兴发展水平

2009—2020年西安市及各区新型城镇化发展水平												
市/区	2009年	2010年	2011年	2012年	2013年	2014年	2015年	2016年	2017年	2018年	2019年	2020年
西安市	0.1234	0.1635	0.1618	0.1955	0.2553	0.2673	0.2938	0.3759	0.3293	0.3218	0.3063	0.2734
新城区	0.1612	0.1984	0.2131	0.2439	0.4513	0.4649	0.2753	0.2744	0.2646	0.2726	0.2683	0.2870

续表

2009—2020 年西安市及各区新型城镇化发展水平

市/区	2009年	2010年	2011年	2012年	2013年	2014年	2015年	2016年	2017年	2018年	2019年	2020年
碑林区	0.1503	0.2136	0.2222	0.2636	0.2748	0.2984	0.2876	0.3241	0.3299	0.3170	0.2960	0.2886
莲湖区	0.1671	0.2058	0.2196	0.2564	0.2917	0.3292	0.2667	0.2557	0.2833	0.2971	0.2725	0.2478
灞桥区	0.1320	0.1560	0.1704	0.1807	0.2289	0.2655	0.2885	0.3167	0.3317	0.3357	0.2820	0.2310
未央区	0.1760	0.1689	0.1780	0.2080	0.2470	0.2775	0.3078	0.5322	0.3627	0.3699	0.3394	0.2473
雁塔区	0.1713	0.1913	0.2004	0.2317	0.2527	0.3105	0.2689	0.2708	0.3134	0.3397	0.3273	0.2789
阎良区	0.1286	0.1584	0.1701	0.1787	0.2907	0.3084	0.2680	0.2267	0.2778	0.2522	0.2108	0.2024
临潼区	0.0614	0.0877	0.0980	0.1201	0.1184	0.1234	0.1231	0.1360	0.1548	0.1564	0.1503	0.1332
长安区	0.0887	0.1122	0.1228	0.1490	0.1535	0.1705	0.2152	0.2030	0.2219	0.2487	0.2148	0.1794
高陵区	0.1287	0.1564	0.1691	0.1892	0.2697	0.2640	0.2976	0.3344	0.3291	0.4440	0.3200	0.2114
蓝田县	0.0570	0.0824	0.0909	0.0981	0.1493	0.0998	0.1158	0.1358	0.1590	0.1691	0.1138	0.1252
周至县	0.0590	0.0820	0.0910	0.1048	0.0840	0.0945	0.1056	0.1220	0.1230	0.1070	0.1197	0.0939
鄠邑区	0.0716	0.0974	0.1079	0.1185	0.1107	0.1102	0.1759	0.1383	0.1538	0.1492	0.1082	0.1536

2009—2020 年西安市及各区乡村振兴发展水平

市/区	2009年	2010年	2011年	2012年	2013年	2014年	2015年	2016年	2017年	2018年	2019年	2020年
西安市	0.1427	0.1441	0.1468	0.2216	0.1541	0.1594	0.1656	0.1674	0.1708	0.1735	0.1792	0.1816
新城区	0.0618	0.0469	0.0245	0.0992	0.0293	0.0308	0.0319	0.0322	0.0338	0.0296	0.0292	0.0301
碑林区	0.0270	0.0443	0.0247	0.0997	0.0300	0.0319	0.0332	0.0337	0.0354	0.0312	0.0308	0.0317
莲湖区	0.0546	0.0338	0.0254	0.1006	0.0310	0.0330	0.0345	0.0350	0.0367	0.0325	0.0321	0.0330
灞桥区	0.0247	0.0287	0.0386	0.0527	0.0617	0.0706	0.0762	0.0835	0.0940	0.0813	0.0953	0.1603
未央区	0.0185	0.0254	0.0294	0.0373	0.0467	0.0613	0.0940	0.1217	0.1632	0.1957	0.2995	0.0524
雁塔区	0.0247	0.3017	0.0332	0.1112	0.0435	0.0542	0.3462	0.0342	0.0354	0.0310	0.0360	0.0369
阎良区	0.0094	0.0110	0.0145	0.0171	0.0195	0.0193	0.0219	0.0224	0.0250	0.0217	0.0233	0.0253
临潼区	0.0149	0.0161	0.0182	0.0190	0.0203	0.0215	0.0219	0.0224	0.0240	0.0216	0.0226	0.0243
长安区	0.0201	0.0214	0.0234	0.0252	0.0275	0.0292	0.0299	0.0309	0.0337	0.0301	0.0292	0.0279
高陵区	0.0124	0.0136	0.0215	0.0185	0.0195	0.0173	0.0240	0.0256	0.0284	0.0239	0.0270	0.0268
蓝田县	0.0139	0.0147	0.0169	0.0176	0.0179	0.0213	0.0189	0.0192	0.0205	0.0216	0.0220	0.0239
周至县	0.0114	0.0122	0.0149	0.0171	0.0182	0.0217	0.0193	0.0202	0.0216	0.0215	0.0186	0.0198
鄠邑区	0.0086	0.0097	0.0118	0.0171	0.0189	0.0205	0.0205	0.0210	0.0236	0.0186	0.0218	0.0231

根据图 10 可以发现，2009—2020 年西安市及各区的新型城镇化水平整体表现出逐年上升的趋势。从各个区的发展来看，新城区、碑林区、莲湖区、灞桥区、未央区及雁塔区的新型城镇化水平均较高，新城区在 2014 年出现峰值 0.4649，未央区在 2016 年出现峰值 0.5322，主要原因可能是这几个区是西安市的主要城区，绝大多数人口、主要产业都聚集

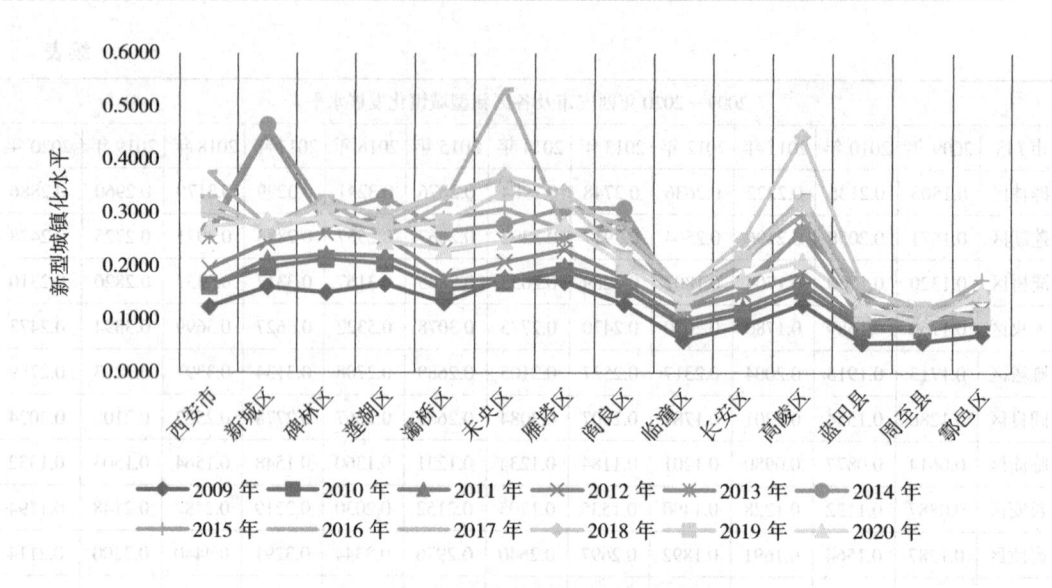

图10　2009—2020年西安市及各区新型城镇化发展水平

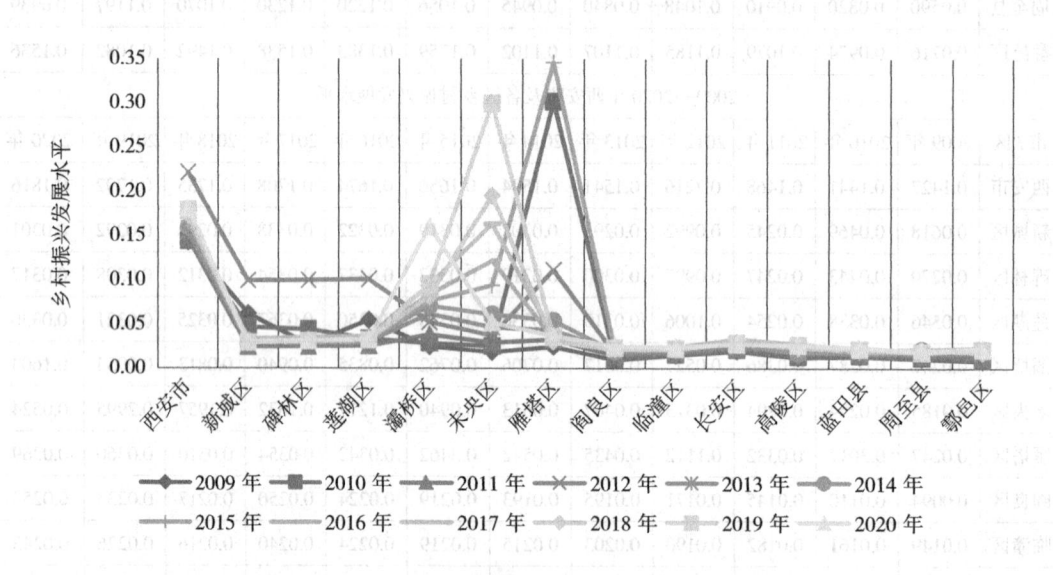

图11　2009—2020年西安市及各区乡村振兴发展水平

于此，因此这些区域社会及经济发展态势良好。相比之下，阎良区、临潼区、长安区、高陵区的新型城镇化属于中等发展水平区间，其中高陵区属于其中发展较好的区域，2018年出现峰值0.4440。排在最后的蓝田县、周至县及鄠邑区的新型城镇化发展水平则不尽如人意，其中周至县和鄠邑区的新型城镇化水平略高于蓝田县。

根据图11，可以观察到西安市的乡村振兴发展水平参差不齐，但是从总体发展来看还是表现出相对稳定并逐年增长的态势。从时间上来看，2009—2012年西安市的乡村振兴水平表现出逐年上升趋势，于2012年出现峰值，随后回落，开始缓慢增长，究其原因可能是2012年的中央一号文件强调加快推进农业科技创新，这是我国农业发展历程中的首次，对于推动乡村振兴高质量发展具有重大意义。从空间上来看，几个主要的城区如新城区、碑林区和莲湖区的乡村振兴发展水平就不再处于领先地位了，背后的原因可能是这三个城区所聚集的要素资源主要适合发展第二和第三产业，不具备第一产业所需的发展环境，由此造成了乡村振兴发展水平较低。相比之下，灞桥区、未央区及雁塔区的乡村振兴水平则更上一个层次，但是各年度的波动幅度较大，表现最为明显的就是雁塔区。最后，阎良区、临潼区、长安区、高陵区、蓝田县、周至县及鄠邑区的乡村振兴水平一直排在后面，波动幅度也相对较小。

（二）西安市新型城镇化与乡村振兴耦合协同发展分析

1. 耦合度模型

耦合概念源自物理学范畴，反映系统之间相互作用影响程度的度量。由耦合概念和容量耦合函数模型可以得到县域新型城镇化与县域经济发展的耦合度模型，计算公式如下：

$$A=F\left\{\frac{U_1, U_2, \cdots, U_f}{\prod(U_i+U_j)}\right\}^{\frac{1}{f}} \tag{8}$$

$$C=2\times\left[\frac{U_1\times U_2}{(U_1+U_2)^2}\right]^{\frac{1}{2}} \tag{9}$$

其中，U_1 和 U_2 表示 2009—2020 年西安市新型城镇化与乡村振兴发展水平。C 为复合系统的耦合度，且 $C\in[0,1]$，其值越大，表示二者耦合效果越好。

2. 耦合协调指数模型

耦合度的大小虽能判断新型城镇化和乡村振兴之间的相互作用程度，但是当二者发展都较落后时，耦合度也会较高。因此在计算耦合度的基础上，引入协调指数模型，进一步反映双方协调水平的高低，科学映射西安市新型城镇化和乡村振兴的协调性，计算公式如下：

$$T=aU_1+bU_2 \tag{10}$$

$$D=\sqrt{C\times T} \tag{11}$$

其中，D 为两系统之间的耦合协调度，$D\in[0,1]$；T 为复合系统的综合评价指数；a、b 为待定系数，且 $a+b=1$，在"四化同步"背景下的新型城镇化战略中，本文认为新型城镇化和乡村振兴发展同等重要，故取 $a=b=0.5$，耦合协调指数等级划分见表 11。

表 11 耦合协调度等级划分标准

耦合协调度 D 值区间	协调等级	耦合协调程度
（0.00~0.20）	1	濒临失调
［0.20~0.40）	2	勉强协调
［0.40~0.60）	3	初级协调

续表

耦合协调度 D 值区间	协调等级	耦合协调程度
[0.60~0.80)	4	良好协调
[0.80~1.00]	5	优质协调

3. 耦合协调度的实证分析

本文根据耦合度模型和协调指数模型，选取2009—2020年共12年的数据，计算西安市新型城镇化与乡村振兴发展的耦合度及耦合协调度，计算结果见表12，并根据计算结果绘制出图12。

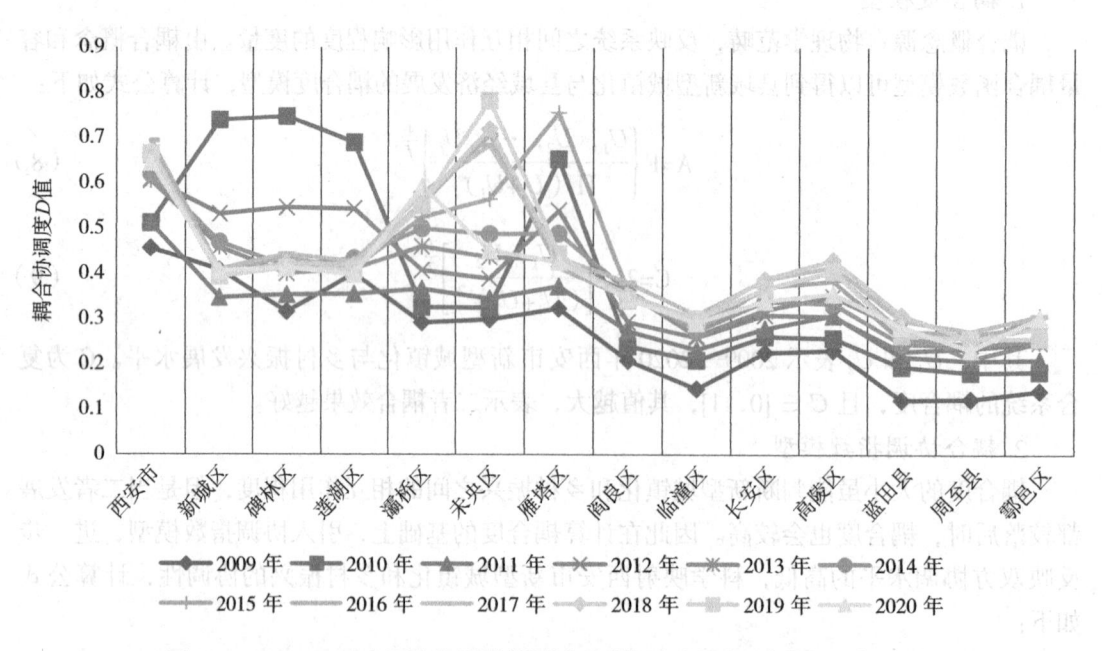

图12 2009—2020年西安市新型城镇化与乡村振兴发展的耦合协调度变化趋势

根据图12可知，2009—2020年西安市的新型城镇化与乡村振兴高质量协同发展趋势良好，除2009年和2010年之外，各年份均在良好协调范围内。分区域来看，各城区除个别年份之外，耦合协调指数也表现出逐年上升趋势。其中新城区、碑林区及莲湖区的耦合协调结果表现出相似性，均处于勉强协调与良好协调之间，主要是因为这三大城区在要素资源禀赋上具有一定的相似性。而灞桥区、未央区、雁塔区虽然也属于勉强协调与良好协调之间，但是各年度之间的波动幅度较大，协调指数极度不平衡，其中未央区和雁塔区相对发展较好，分别于2019年和2015年出现峰值0.782和0.756，处于良好协调范围内。阎良区、临潼区、长安区、高陵区、蓝田县、周至县及鄠邑区的耦合协调水平处于濒临失调与初级协调之间，这反映西安市新型城镇化与乡村振兴发展水平不断提高，相互作用不断增强，但距全面实现两者的良性互动、协调发展仍存在较大差距，还有很大的上升空间。

表12 2009—2020年西安市新型城镇化与乡村振兴发展的耦合度（C）及耦合协调度（D）

市/区	耦合度C值	协调指数T值	耦合协调度D值	协调等级	耦合协调程度
2009年耦合协调度计算结果					
西安市	0.942	0.221	0.457	3	初级协调
新城区	0.957	0.174	0.408	3	初级协调
碑林区	0.793	0.126	0.316	2	勉强协调
莲湖区	0.927	0.173	0.400	3	初级协调
灞桥区	0.818	0.105	0.292	2	勉强协调
未央区	0.623	0.143	0.299	2	勉强协调
雁塔区	0.72	0.145	0.323	2	勉强协调
阎良区	0.508	0.085	0.208	2	勉强协调
临潼区	0.995	0.021	0.146	1	濒临失调
长安区	0.929	0.055	0.226	2	勉强协调
高陵区	0.608	0.088	0.231	2	勉强协调
蓝田县	0.932	0.016	0.121	1	濒临失调
周至县	0.998	0.015	0.123	1	濒临失调
鄠邑区	0.799	0.025	0.142	1	濒临失调
2010年耦合协调度计算结果					
市/区	耦合度C值	协调指数T值	耦合协调度D值	协调等级	耦合协调程度
西安市	0.991	0.264	0.512	3	初级协调
新城区	0.846	0.646	0.739	4	良好协调
碑林区	0.88	0.634	0.747	4	良好协调
莲湖区	0.924	0.514	0.689	4	良好协调
灞桥区	0.797	0.134	0.326	2	勉强协调
未央区	0.733	0.143	0.324	2	勉强协调
雁塔区	0.926	0.461	0.653	4	良好协调
阎良区	0.493	0.117	0.240	2	勉强协调
临潼区	0.88	0.05	0.209	2	勉强协调
长安区	0.844	0.081	0.261	2	勉强协调
高陵区	0.566	0.118	0.258	2	勉强协调
蓝田县	0.888	0.043	0.195	1	濒临失调
周至县	0.834	0.04	0.182	1	濒临失调
鄠邑区	0.643	0.053	0.184	1	濒临失调
2011年耦合协调度计算结果					
市/区	耦合度C值	协调指数T值	耦合协调度D值	协调等级	耦合协调程度
西安市	0.989	0.265	0.512	3	初级协调

续表

市/区	耦合度 C 值	协调指数 T 值	耦合协调度 D 值	协调等级	耦合协调程度
新城区	0.642	0.188	0.347	2	勉强协调
碑林区	0.631	0.198	0.353	2	勉强协调
莲湖区	0.644	0.196	0.355	2	勉强协调
灞桥区	0.845	0.159	0.366	2	勉强协调
未央区	0.757	0.157	0.345	2	勉强协调
雁塔区	0.75	0.184	0.372	2	勉强协调
阎良区	0.559	0.133	0.273	2	勉强协调
临潼区	0.859	0.063	0.232	2	勉强协调
长安区	0.831	0.094	0.279	2	勉强协调
高陵区	0.683	0.139	0.308	2	勉强协调
蓝田县	0.875	0.054	0.217	2	勉强协调
周至县	0.837	0.052	0.208	2	勉强协调
鄠邑区	0.67	0.066	0.210	2	勉强协调

2012 年耦合协调度计算结果

市/区	耦合度 C 值	协调指数 T 值	耦合协调度 D 值	协调等级	耦合协调程度
西安市	0.975	0.38	0.609	4	良好协调
新城区	0.947	0.299	0.532	3	初级协调
碑林区	0.932	0.32	0.546	3	初级协调
莲湖区	0.939	0.314	0.543	3	初级协调
灞桥区	0.9	0.185	0.407	3	初级协调
未央区	0.77	0.196	0.389	2	勉强协调
雁塔区	0.972	0.299	0.539	3	初级协调
阎良区	0.594	0.145	0.293	2	勉强协调
临潼区	0.78	0.086	0.259	2	勉强协调
长安区	0.777	0.123	0.309	2	勉强协调
高陵区	0.598	0.157	0.306	2	勉强协调
蓝田县	0.849	0.062	0.229	2	勉强协调
周至县	0.81	0.068	0.235	2	勉强协调
鄠邑区	0.752	0.083	0.249	2	勉强协调

2013 年耦合协调度计算结果

市/区	耦合度 C 值	协调指数 T 值	耦合协调度 D 值	协调等级	耦合协调程度
西安市	0.991	0.37	0.605	4	良好协调
新城区	0.481	0.439	0.459	3	初级协调
碑林区	0.621	0.257	0.400	3	初级协调
莲湖区	0.612	0.276	0.411	3	初级协调

续表

市/区	耦合度 C 值	协调指数 T 值	耦合协调度 D 值	协调等级	耦合协调程度
灞桥区	0.869	0.244	0.460	3	初级协调
未央区	0.776	0.246	0.437	3	初级协调
雁塔区	0.75	0.249	0.432	3	初级协调
阎良区	0.487	0.263	0.358	2	勉强协调
临潼区	0.805	0.086	0.263	2	勉强协调
长安区	0.791	0.13	0.320	2	勉强协调
高陵区	0.507	0.241	0.350	2	勉强协调
蓝田县	0.672	0.115	0.278	2	勉强协调
周至县	0.93	0.048	0.212	2	勉强协调
鄠邑区	0.813	0.076	0.249	2	勉强协调

2014 年耦合协调度计算结果

市/区	耦合度 C 值	协调指数 T 值	耦合协调度 D 值	协调等级	耦合协调程度
西安市	0.989	0.387	0.619	4	良好协调
新城区	0.487	0.454	0.470	3	初级协调
碑林区	0.614	0.284	0.417	3	初级协调
莲湖区	0.594	0.317	0.434	3	初级协调
灞桥区	0.859	0.291	0.500	3	初级协调
未央区	0.812	0.294	0.488	3	初级协调
雁塔区	0.747	0.32	0.489	3	初级协调
阎良区	0.469	0.281	0.363	2	勉强协调
临潼区	0.805	0.092	0.273	2	勉强协调
长安区	0.77	0.149	0.339	2	勉强协调
高陵区	0.481	0.233	0.334	2	勉强协调
蓝田县	0.892	0.068	0.246	2	勉强协调
周至县	0.919	0.063	0.240	2	勉强协调
鄠邑区	0.839	0.078	0.255	2	勉强协调

2015 年耦合协调度计算结果

市/区	耦合度 C 值	协调指数 T 值	耦合协调度 D 值	协调等级	耦合协调程度
西安市	0.983	0.421	0.644	4	良好协调
新城区	0.638	0.26	0.407	3	初级协调
碑林区	0.636	0.274	0.417	3	初级协调
莲湖区	0.669	0.254	0.412	3	初级协调
灞桥区	0.854	0.321	0.524	3	初级协调
未央区	0.885	0.36	0.564	3	初级协调
雁塔区	0.971	0.588	0.756	4	良好协调

市/区	耦合度C值	协调指数T值	耦合协调度D值	协调等级	耦合协调程度
阎良区	0.541	0.242	0.362	2	勉强协调
临潼区	0.812	0.092	0.274	2	勉强协调
长安区	0.697	0.196	0.370	2	勉强协调
高陵区	0.536	0.275	0.384	2	勉强协调
蓝田县	0.793	0.082	0.254	2	勉强协调
周至县	0.841	0.072	0.245	2	勉强协调
鄠邑区	0.654	0.145	0.308	2	勉强协调

2016年耦合协调度计算结果

市/区	耦合度C值	协调指数T值	耦合协调度D值	协调等级	耦合协调程度
西安市	0.949	0.508	0.694	4	良好协调
新城区	0.641	0.259	0.408	3	初级协调
碑林区	0.605	0.312	0.435	3	初级协调
莲湖区	0.687	0.243	0.409	3	初级协调
灞桥区	0.851	0.358	0.552	3	初级协调
未央区	0.803	0.62	0.706	8	中级协调
雁塔区	0.662	0.258	0.413	3	初级协调
阎良区	0.597	0.2	0.346	2	勉强协调
临潼区	0.777	0.106	0.287	2	勉强协调
长安区	0.726	0.184	0.366	2	勉强协调
高陵区	0.522	0.314	0.405	3	初级协调
蓝田县	0.732	0.103	0.274	2	勉强协调
周至县	0.792	0.089	0.266	2	勉强协调
鄠邑区	0.753	0.107	0.284	2	勉强协调

2017年耦合协调度计算结果

市/区	耦合度C值	协调指数T值	耦合协调度D值	协调等级	耦合协调程度
西安市	0.972	0.463	0.671	4	良好协调
新城区	0.666	0.251	0.409	3	初级协调
碑林区	0.613	0.32	0.443	3	初级协调
莲湖区	0.668	0.273	0.427	3	初级协调
灞桥区	0.866	0.384	0.577	3	初级协调
未央区	0.952	0.49	0.683	4	良好协调
雁塔区	0.628	0.303	0.436	3	初级协调
阎良区	0.567	0.255	0.380	2	勉强协调
临潼区	0.749	0.127	0.309	2	勉强协调
长安区	0.721	0.207	0.386	2	勉强协调

续表

市/区	耦合度 C 值	协调指数 T 值	耦合协调度 D 值	协调等级	耦合协调程度
高陵区	0.554	0.312	0.416	3	初级协调
蓝田县	0.691	0.128	0.297	2	勉强协调
周至县	0.809	0.092	0.273	2	勉强协调
鄠邑区	0.746	0.126	0.307	2	勉强协调

2018 年耦合协调度计算结果

市/区	耦合度 C 值	协调指数 T 值	耦合协调度 D 值	协调等级	耦合协调程度
西安市	0.977	0.459	0.669	4	良好协调
新城区	0.62	0.255	0.397	2	勉强协调
碑林区	0.59	0.302	0.422	3	初级协调
莲湖区	0.62	0.283	0.419	3	初级协调
灞桥区	0.829	0.375	0.557	3	初级协调
未央区	0.973	0.532	0.719	8	中级协调
雁塔区	0.569	0.325	0.430	3	初级协调
阎良区	0.556	0.225	0.354	2	勉强协调
临潼区	0.713	0.126	0.300	2	勉强协调
长安区	0.653	0.231	0.388	2	勉强协调
高陵区	0.437	0.425	0.431	3	初级协调
蓝田县	0.685	0.14	0.309	2	勉强协调
周至县	0.865	0.075	0.256	2	勉强协调
鄠邑区	0.685	0.116	0.282	2	勉强协调

2019 年耦合协调度计算结果

市/区	耦合度 C 值	协调指数 T 值	耦合协调度 D 值	协调等级	耦合协调程度
西安市	0.986	0.449	0.665	4	良好协调
新城区	0.621	0.25	0.394	2	勉强协调
碑林区	0.607	0.28	0.412	3	初级协调
莲湖区	0.643	0.257	0.407	3	初级协调
灞桥区	0.909	0.334	0.551	3	初级协调
未央区	1	0.611	0.782	8	中级协调
雁塔区	0.62	0.318	0.444	3	初级协调
阎良区	0.632	0.184	0.341	2	勉强协调
临潼区	0.742	0.121	0.300	2	勉强协调
长安区	0.691	0.195	0.367	2	勉强协调
高陵区	0.548	0.301	0.406	3	初级协调
蓝田县	0.845	0.083	0.265	2	勉强协调
周至县	0.775	0.085	0.257	2	勉强协调

续表

市/区	耦合度C值	协调指数T值	耦合协调度D值	协调等级	耦合协调程度
鄠邑区	0.864	0.077	0.258	2	勉强协调

2020年耦合协调度计算结果

市/区	耦合度C值	协调指数T值	耦合协调度D值	协调等级	耦合协调程度
西安市	0.996	0.417	0.645	4	良好协调
新城区	0.609	0.27	0.406	3	初级协调
碑林区	0.622	0.273	0.412	3	初级协调
莲湖区	0.68	0.233	0.398	2	勉强协调
灞桥区	0.999	0.351	0.592	3	初级协调
未央区	0.806	0.253	0.452	3	初级协调
雁塔区	0.675	0.269	0.426	3	初级协调
阎良区	0.668	0.178	0.345	2	勉强协调
临潼区	0.81	0.105	0.292	2	勉强协调
长安区	0.739	0.157	0.340	2	勉强协调
高陵区	0.672	0.189	0.356	2	勉强协调
蓝田县	0.83	0.097	0.283	2	勉强协调
周至县	0.901	0.06	0.232	2	勉强协调
鄠邑区	0.74	0.125	0.304	2	勉强协调

（三）制约西安市新型城镇化与乡村振兴高质量协同发展的因素

鉴于西安市新型城镇化与乡村振兴高质量协同发展的复杂性和关联性，这里采用灰色关联分析法研究两个系统之间相互作用的主要因素。

1. 灰色关联系数

$$\xi_{ij}(t) = \frac{\min_i \min_j |Y_j(t) - X_i(t)| + \rho \max_i \max_j |Y_j(t) - X_i(t)|}{|Y_j(t) - X_i(t)| + \rho \max_i \max_j |Y_j(t) - X_i(t)|} \tag{12}$$

式（12）中，$\xi_{ij}(t)$是t时刻的关联系数，$Y_j(t)$、$X_i(t)$分别表示t时刻乡村振兴发展系统的第j个指标和新型城镇化系统的第i个指标的指标值，ρ为分辨系数，一般取$\rho=0.5$。

2. 灰色关联度

$$r_{ij} = \frac{1}{n} \sum_{k=1}^{n} \xi_{ij}(t), (k=1, 2, \cdots, n) \tag{13}$$

$$r_i = \frac{1}{n} \sum_{j=1}^{n} r_{ij}(t), (j=1, 2, \cdots, n) \tag{14}$$

$$r_j = \frac{1}{n}\sum_{j=1}^{n} r_{ij}(t), (i=1, 2, \cdots, n) \quad (15)$$

式（15）中，$r_{ij} \in [0,1]$，r_{ij}为新型城镇化和乡村振兴发展之间的灰色关联度，r_{ij}值越大，说明指标之间关联性越强，反之则关联性越小。r_i为新型城镇化第i项指标与乡村振兴发展的平均关联度；r_i为乡村振兴系统的第j项指标与新型城镇化的平均关联度，西安市新型城镇化和乡村振兴发展关联度等级划分见表13。本研究通过计量软件计算出县域新型城镇化和县域经济发展之间的灰色关联度，计算结果见表14。

表13 灰色关联度等级划分

较弱关联	中等关联	较强关联	极强关联
$0.00 < r_{ij} \leq 0.35$	$0.35 < r_{ij} \leq 0.65$	$0.65 < r_{ij} \leq 0.85$	$0.85 < r_{ij} \leq 1.00$

表14 西安市新型城镇化和乡村振兴高质量协同发展之间的灰色关联度

	Y11	Y12	Y21	Y31	Y41	Y42	Y51	Y52	平均值
X11	0.88	0.873	0.877	0.873	0.636	0.862	0.892	0.849	0.843
X12	0.64	0.551	0.56	0.574	0.679	0.577	0.572	0.595	0.594
X21	0.872	0.893	0.892	0.874	0.628	0.874	0.897	0.837	0.846
X31	0.664	0.618	0.615	0.653	0.807	0.621	0.628	0.677	0.66
X32	0.734	0.676	0.683	0.694	0.762	0.691	0.693	0.732	0.708
X41	0.691	0.634	0.641	0.659	0.669	0.646	0.654	0.702	0.662
X51	0.727	0.668	0.665	0.689	0.767	0.669	0.683	0.72	0.699
X52	0.652	0.576	0.573	0.598	0.834	0.587	0.586	0.641	0.631
平均值	0.733	0.686	0.688	0.702	0.723	0.691	0.701	0.719	0.705

3. 制约西安市新型城镇化和乡村振兴高质量协同发展的因素分析

根据表14，西安市新型城镇化系统与乡村振兴系统各指标之间的关联度处于0.897（极强关联）与0.551（中等关联）之间，平均关联度为0.705（较强关联），说明新型城镇化与乡村振兴发展各指标之间的总体关联性较强，接下来对西安市新型城镇化系统与乡村振兴发展系统的各指标一一进行分析。

（1）产业兴旺与城乡一体化。产业兴旺为实施城乡一体化提供支撑，城乡一体化是产业兴旺的重要动力。实施乡村振兴战略关键要发展乡村生产力，围绕农村第一、第二、第三产业融合发展，构建乡村产业体系，实现产业兴旺。而城镇可以借助乡村产业兴旺之机吸纳农村资源要素，此过程往往伴随着资金、技术、信息等多种要素的流动，以此实现资源的优化配置，这也为新型城镇化可持续发展提供了坚实保障，有利于推进城镇产业多元化发展。

农业生产率（Y11）与服务业占农业比重（Y12）在一定程度上代表了产业兴旺程度，

二者与城乡一体化的代表性指标城乡人均可支配收入比（X41）的关联度分别为0.691和0.634，属于中等关联和较强关联水平。根据前述对西安市发展现状的分析，西安市所在的关中地区人均耕地面积仅为0.06平方米，制约了农业的规模化发展，同时伴随着农业科技创新、转化和推广滞后的问题，导致农业生产率低下，严重阻碍了农业现代化发展。同时，西安市农村地区的地理区位因素和生产要素贫乏也在一定程度上阻碍了非农产业发展的步伐。因此，为达到西安市新型城镇化与乡村振兴高质量协同发展的目标，在农业现代化发展和非农产业繁荣发展方面还需进一步努力。

（2）生态宜居与生态城镇化。生态宜居是生态城镇化的内在要求，生态城镇化是生态宜居的重要保障。城市周边的农村地区通过美丽乡村建设为城镇生态发展提供了绿色空间和生态支撑，新型城镇化必须要适应生态文明建设的时代要求，走出一条旨在实现生态美丽、生产发达、生活美好的城镇化道路，这与乡村生态宜居建设理念相得益彰，也为乡村生态优势转化为生态经济优势提供了保障。

生态宜居的代表性指标农村每万人卫生技术人员数（Y21）与生态城镇化的代表性指标人均社会环保投资额（X21）的关联度为0.892，属于极强关联水平，这提醒我们对城镇生态环境和农村生态宜居的协同发展更要加以重视。西安市作为新一线城市，在经济社会发展、城市建设发展、人口质量提升方面都取得了长足进步，但深受中国传统的城乡二元结构影响，与城市建设发展相比，农村建设严重滞后，城乡面貌之间形成较大差距。如何缩小该差距，促进农村生态宜居和城镇生态化同步发展，应该作为一个重点问题加以考虑。

（3）乡风文明与社会城镇化。乡风文明是社会城镇化的核心，社会城镇化为乡风文明提供了坚实依托。乡风文明既传承了乡土的优秀传统文化和富有特色的民间习俗，又体现了乡村居民对精神和物质生活的追求，为社会城镇化发展提供了精神支撑。社会城镇化通过加强基本公共服务有效供给、健全基础设施体系，使城镇基础性、先导性和服务性功能进一步完善。同时社会城镇化在发展过程中，对周边农郊地区人文社会环境也会产生显著影响，可以有效带动周边村落的乡风文明建设，乡村人居环境和精神面貌逐步改善，文明意识有了进一步的提升，人民群众对美好生活的需求就会得到满足。

乡风文明的代表性指标小学在校学生数（Y31）与社会城镇化的代表性指标人均财政一般预算支出（Y31）、人均社会固定资产投资额（Y32）的关联度分别为0.653和0.694，属于较强关联水平。根据西安市乡村振兴战略的实施现状来看，频繁举办文明村镇、文明家庭、文明户和文明餐桌等各种评比活动、志愿活动和实践活动，农村社会文明程度、农民文明素质显著提升，农村精神文明建设持续深入，为乡村文明建设打牢基础，为社会城镇化发展增添动力。

（4）治理有效与人口城镇化。治理有效为人口城镇化提供了基本遵循，人口城镇化是治理有效的重要方向。乡村治理有效的要求在于治理的有效性和合法性，通过动员组织全社会力量投入乡村振兴，从而实现自治、德治、法治相结合的乡村治理体系。新型城镇化是"以人为本"的城镇化。以人为核心的新型城镇化要求认识到人的重要性，在规划中充分考虑人的需要，有序推进农业转移人口市民化和城乡基本公共服务均等化，促进人的全面发展。

治理有效的代表性指标农村每万人医疗卫生机构数（Y51）、参加新型农村合作医疗人数（Y52）与人口城镇化的代表性指标非农人口比重（X11）的关联度分别为0.892和0.849，属于极强关联水平，说明治理有效和人口城镇化的关联度水平极高，保持二者协同发展是关键。乡村有效治理涉及方方面面，根据2021年农业农村部网站发布《关于公布第二批全国乡村治理示范村镇名单的通知》，西安市4个村入选第二批全国乡村示范村，除此之外没有进入名单的一些村落也必定会向示范村看齐，发挥乡村治理的"羊群效应"，从而全面推进西安市的乡村治理工作，争取早日同人口城镇化协调发展。

（5）生活富裕与经济城镇化。生活富裕是经济城镇化的目标导向，经济城镇化是实现生活富裕的根本途径。生活富裕的实质是解决农民收入持续增长的问题，农民收入水平的提高，还取决于收入结构的优化和收入质量的明显改善，这也是推进经济城镇化发展的前提。经济城镇化是一个自然和渐进发展的过程，对于优化经济结构、促进经济转型升级具有重要意义，经济城镇化与生活富裕的战略目标一致，都旨在消除城乡差距，实现共同富裕。

生活富裕的代表性指标有农村居民人均纯收入（Y41）、农村居民人均社会消费品零售额（Y42），经济城镇化的代表性指标有人均GDP（X51）和城镇居民人均可支配收入（X52）。农村居民人均纯收入（Y41）与人均GDP（X51）和城镇居民人均可支配收入（X52）之间的关联度分别为0.767、0.834，属于较强关联水平；农村居民人均社会消费品零售额（Y42）与人均GDP（X51）和城镇居民人均可支配收入（X52）之间的关联度分别为0.669、0.587，属于较强关联与中等关联水平。但是西安市新型城镇化水平较低，城镇规模小，对周边地区经济和社会的辐射带动效应不强，是导致生活富裕和经济城镇化发展存在差异的原因之一。实现生活富裕不仅仅是农民追求的最终目标，也是实现乡村振兴的目标之一，更是推进新型城镇化和乡村振兴高质量协同发展的重要影响因素。

总体来看，西安市新型城镇化与乡村振兴高质量协同发展的各项指标之间关联度极强，但个别指标之间的关联度水平较差，比如产业兴旺与城乡一体化指标、乡风文明与社会城镇化指标以及生活富裕与经济城镇化指标，需要采取更有针对性的措施，进一步巩固发展成果，以期早日实现西安市新型城镇化与乡村振兴高质量协同发展。

三、西安市新型城镇化与乡村振兴高质量协同发展的路径创新

（一）西安市新型城镇化与乡村振兴高质量协同发展的总体思路

新型城镇化的目的之一就是要打破城乡二元体制，本质是促进产业结构从农村经济向现代经济转化，社会结构从农村社会构成向城镇社会构成转化，人口聚居场所从农村空间形态向城镇空间形态转化。乡村振兴则是以农业农村优先发展为原则，推进农业供给侧结构性改革，构建现代农业产业体系、生产经营体系，推动农村各项事业全面发展，达到产业、人才、文化、生态和组织的全面振兴，实现农业强、农村美、农民富的现代化目标。

这都需要城镇化的加持与赋能，都要有城镇要素的渗透和介入。因此，新型城镇化与乡村发展的交互影响是内在和天然的，二者具有耦合点和交集面。在现代化实践中要联结二者耦合点、扩大交集面，从而推动城乡融合发展。

1. 总体战略思路

基于当前西安市新型城镇化与乡村振兴发展状况和条件，应加快西安市城镇化基础设施建设的速度，全面提升城镇的人口承载能力，然后配合新村庄规划建设、土地流转、拆迁、户籍以及财政等多方面的制度改革综合推进，制定配套的改革方案，实现新型村庄规划建设—乡村土地流转—户籍制度完善—财政配套改革的全面突破。以西安国际化大都市为核心（"十四五"时期按照1500万人口的规模），以西咸新区、临潼、鄠邑为副中心城市（"十四五"时期按照100万人口的规模），以阎良、周至、蓝田等为卫星城市（"十四五"时期按照50万人口的规模），加快乡村地区剩余劳动力的转移，按照统筹城乡、布局合理、节约土地、功能完善、以大带小的原则，促进"都市核心—副中心—卫星城市"以及特色小镇协调发展，然后依托新型城镇化的快速推进带动乡村振兴发展。在产业协同发展方面，以西安市为产业研发创新中心和技术支持中心，在此基础上进一步细化西安市各区县的产业发展目标及功能定位，按照板块化、差异化原则形成错位发展态势，加快各区县产业结构优化调整力度，逐步形成一个产业定位明确、地域特色鲜明、国际竞争力强的城乡产业协同发展体系。

2. 协同发展的原则

（1）坚持以市场导向为主，政府协调为辅的方针。推进乡村振兴和新型城镇化协同发展，不仅要充分发挥市场机制作用，而且还需要政府的主动服务、积极作为。尤其在区域协调发展战略实施的大背景下，应坚持市场主导与政府引导相结合。充分发挥市场在区域协调发展新机制建设中的主导作用，更好地发挥政府在区域协调发展方面的引导作用，实现要素在城乡间双向自由流动。

（2）坚持可持续发展战略

促进人与自然协调发展，建设生态型城镇和乡村，跳出"污染、治理，再污染、再治理"的圈子。应当把加强生态建设和环境保护列为必须着重研究解决的一个重大战略性问题，把可持续发展战略作为推进城镇化进程的重要指导思想。在产业发展上更多地考虑以高新技术企业为主导的新型工业项目，大力发展生态园林型城镇；要把城镇建设与土地整治结合起来，实行土地利用、开发、整治、保护、协调的政策，城镇建设项目的选址、各类开发区的建设、城乡接合部的建设都要有利于生态建设、保护和可持续发展。

（3）坚持产城融合的原则。培育壮大强镇兴村富民产业，走"产城一体、产城融合发展"之路，是推进新型城镇化与乡村振兴科学健康快速发展的根本支撑和必然选择。要按照"全产业链"的思路谋划，促进"三产互动"，着力以特色产业引领县村产业发展，以现代农业促进第二、第三产业升级，现代服务业推动产业融合，加快形成第一、第二、第三产业高度融合、区域特色鲜明、生产要素和资源优势得到充分发挥的县域产业发展格局。要以优化产业布局为基础、充分吸纳就业为导向，科学规划新型城镇建设规模和布局，着力构建分工合理、特色突出、功能互补的现代城镇产业体系，实现产城融合发展。

同时，要把信息化作为提升县域产业发展和优化城镇功能的重要手段，加快建设智慧城市、智慧农业、智慧园区等信息化脉络，促进新型城镇化、工业化、信息化、农业现代化"四化同步"、深度融合、互动发展。

（4）坚持以人为本的原则。传统的城乡发展具有非常鲜明的"重城轻乡"特点。农民处于一个相对弱势的地位。农民的利益如何保障是西安市城乡一体化战略最为重要的内容。西安市在推进城乡一体化进程中应坚持"以人为本"，不仅要努力提高西安市民的生活水平，并且还需非常注意保护农民的既得利益，同时还非常注重培养农民收入增长的长效机制。从实证分析结果来看，我们更应该注重通过人口数量和质量的提高来推进新型城镇化与乡村振兴融合发展、相互促进，最终目标就是让人民群众物质生活更殷实，精神生活更丰富，生存环境更优越，社会待遇更均等，这不仅是一个经济发展问题，而且是一个社会发展问题。

（5）坚持系统全面的原则。推进新型城镇化与乡村振兴融合发展、相互促进，必须掌握整体思维的原则，坚持系统全面的观点，根据乡镇各自资源禀赋、产业基础、增长潜力等，明确乡镇功能定位和发展方向，实现差异化发展，积极培育特色鲜明、结构优良、优化互补的城镇产业体系，打造一批产业型、商贸型、旅游型、生态型的小城镇，实现城镇化建设和乡村经济社会的和谐发展、相互促进、共同提升。

（6）坚持渐进性的原则。西安市区域内部具有很大的地域差异，主城区、近郊区、远郊区的经济社会基础差别很大，因此西安市在推进城乡一体化的进程中要注重渐进推进，有效地促进工业化、城镇化和农村现代化，但是目前西安市的远郊农村基础差、底子薄，因此市委、市政府要因地制宜地在远郊农村开展重点工程。西安市在推动农民集中居住的问题上要采取市区农民、郊区城镇农民和郊区农民区分对待、梯度转移的方式，这样可以稳妥地推进农民的集中居住。西安市的城乡一体化是一项探索性的工作，在推进过程中新旧矛盾交替出现，这种渐进的推进方式能够有效地将适宜的政策措施在适宜的地区和适宜的时机推广实施，有效地控制改革的冲击作用，避免矛盾的"井喷"，降低城乡一体化推进过程中的成本，促进城乡一体化的稳步推进。

3. 新型城镇化与乡村振兴协同发展的具体内容

（1）空间规划协同。发展规划涵盖城镇与乡村全域，综合谋划区域内国土空间、产业发展、人口分布、基础设施、公共服务、文化传承、生态环境等要素，长期与短期结合，全盘与局部衔接，层次分明、功能互补。第一，实现发展规划一体化。统筹生态空间、城乡规模、产业布局三大结构，体现生态、生活、生产三方要求，统筹城镇和乡村，落实国家主体功能区新型城镇化规划，以及关中城市群规划等发展战略，科学编制旨在构建以特大城市和大城市为依托，中心城市、县城为重点，小城镇、新型农村社区为基础的新型城镇体系。全省城镇总体规划覆盖率达到95%，行政村村庄规划编制占总数的59.6%。如富平县向新型示范村派驻驻村规划师，精准指导村庄高标准建设美丽乡村。第二，推动发展蓝图多规融合。基于"一个区域、统一空间、统一规划"的原则，推进多规融合，从规划内容、信息平台、协调机制、行政管理等方面构建统一平台，完善联动机制，实现全域规划"一张蓝图"。作为自然资源部试点单位，榆林市实现了国民经济和社会发展规划、城乡总体规划、土地利用总体规划等规划的多规合一、平台统一。

（2）生产要素协同。构建城乡资源要素双向流动的格局。坚决破除妨碍城乡要素自由流动和平等交换的体制机制壁垒，建立健全资本入乡促进机制、财政投入保障机制等城乡融合发展体制机制，推动城乡之间劳动力、土地、资本等生产要素的自由流动、平等交流和均衡配置。要以"三变改革"为抓手，大力发展壮大集体经济，进一步把农民从土地中解脱出来，进城务工增加收入。在城乡间，土地不同的配置方式使土地增值收益在城乡分配存在严重不公，这也是城乡差距的重要来源。在土地流转上，农村土地仅允许在集体内承包给大户，或者通过集体流转给公司，规模经营在全国至今没有大范围展开。农村土地资源丰富，但缺乏资本，城市资本丰富，但缺乏土地，因此"资本下乡"刚好能够结合两者优势，发挥市场作用，促进协同发展。

（3）产业发展协同。做好产业发展规划的顶层设计协同，县域产业发展与其周边的辐射带动中心城市在产业发展上实现产业分工协同，避免产业同构和恶性竞争，实现产业运营协同发展。中国共产党第十九届中央委员会第五次全体会议提出了"十四五"时期经济社会发展主要目标，其中包括：经济发展取得新成效，在质量效益明显提升的基础上实现经济持续健康发展，增长潜力充分发挥，国内市场更加强大，经济结构更加优化，创新能力显著提升，产业基础高级化、产业链现代化水平明显提高，农业基础更加稳固，城乡区域发展协调性明显增强，现代化经济体系建设取得重大进展。因此新型城镇化与乡村振兴协同发展就是要做到产业协同发展。

（4）公共服务与基础设施协同。城乡基础设施建设，关系着每一位居民的生活与发展，要在县域经济发展过程中不断推进城镇化进程，就要完善城乡公共服务体系，从而切实提升农民生活质量。首先，我们要将目光聚焦"三农问题"，着力解决农民的民生问题，不断完善农民生活环境和基础设施条件，促进农村地区稳定发展，从而使城镇化进程在农村地区不断发展的有利条件中前行。我们要对农村基础设施加大资金投入力度，在建设过程中因地制宜、合理规划，在建设中融入现代科技以提升基础设施建设使用的持久性和实用性，让农村居民可享受到与城市居民一样的生活上的便捷。

从西安市的经济社会发展情况看，在较短时间内实现完全一致的公共服务水平是不大现实的。这决定了其实现路径应分步骤、分阶段地有序推进。政府应在合作共赢的利益协调机制框架下，对公共服务一体化的时间节点要以西安市整体经济发展水平为依据，采用渐进开放的协同方式，在保障及尊重地方利益基础上，既实现公共服务制度规则在区域间的无缝对接，又要以一定标准缩小区域公共服务差距并逐步推进其一体化发展。为此，需要深入学习借鉴国外先进的成功经验，探索符合西安市县域经济实际的基本公共服务共建共享的梯度递进模式。

国外基本公共服务供给通常有三种模式。第一种是基于人均财力的公共服务均等化模式，即中央政府按每个地区的人口以及每万人应达到的公共支出标准来向地方进行转移支付。这种模式一般应用于发达国家，如加拿大和欧盟成员国等。第二种是公共服务的标准化模式，即通过中央政府或者上级政府颁布公共服务标准，以此为依据建立专项转移支付，美国等国家采用这种模式。第三种是公共服务最低公平模式，即以满足公众最低水平的公共服务要求为目的，政府结合自身财力情况同时强调地区间的公平。通过借鉴国际经验模式并结合实际，推进西安市基本公共服务共建共享可在短期、中期、长期采取不同层次公共服务相衔接的梯度递进发展模式，进而最终实现区域公共服务整体保障能力的提升。

（5）生态环境建设与治理协同。面对环境和生态的严峻挑战，牢固树立绿色发展理念，把生态环境保护作为新型城镇化建设的硬任务和大前提，优化生态安全格局，强化生态保护与修复，推进气、水、土等污染防治，实现区域污染同治、生态同建，为县域经济追赶超越增添绿色动力。

要将生态放在发展首位。在不破坏生态环境的基础上，将西安市建造成为有山、有水、有田地、有经济的绿色新城，实现人与自然的和谐发展。渭河区域的湿地自然保护区及秦岭区域的山地生态建设，是西安市城区生态系统构建的核心地带，以此为核心，以周边山林为框架，以主要交通为干线，以周边生态通道为血液，依托各类名胜古迹、自然保护区，打造城市、乡村都参与的生态发展系统。通过蓝线、绿线划定的方式，加大对湿地、湖泊、山林的保护力度，保证原有水系的正常化，通过增加绿植等方式完善生态体系，提高城市生态质量。

（6）交通路网及信息网络协同。国内外发达城市群建设的成功经验表明，完备、高效的基础设施及网络体系，不但是城市群发展的重要支撑，更是带动当地经济发展的重要引擎。因此，对于推进西安市新型城镇化与乡村振兴协同融合发展，首先应该建设"立体化交通网络"体系，发展交通运输一体化模式，合理布局、高效智能的交通运输体系，将为地区发展提供新的动力。

一是建立专门的城市交通管理机构，要打破行政区划壁垒，由西安市协调各市政府共同参与，并以区域内各主要区县为主体联合管理，不仅符合政府精简机构、集中管理的目的，也与城市发展的根本目的相符。专门的城市交通管理机构有助于增强新型城镇化与县域经济的协同发展能力。

二是在智慧交通政务方面，西安市应依托电子信息产业方面的优势，建立"一卡通"服务体系，设立在西安市内任意区县均可使用的城市交通"一卡通"，真正实现交通的一体化服务，打造综合化、全方位的便民交通服务体系。

三是建立以大西安为交通枢纽，其他重点区县全方位衔接的立体化交通网络体系。依托大西安都市圈的空间发展格局，构建密集型交通网络体系，努力实现县域市域"小时交通圈"。扩展国际航线，增强与国内大都市的衔接与联系，可以加速城市群的国际化进程；加快西安市客运专线、城际铁路建设，通过提高城际客运与铁路联通能力增强城市间衔接与合作；建立地铁网络和车站的客运交通换乘枢纽体系，形成"大容量、高速度、高密度、公交化、零换乘"的城际铁路网，并与其他铁路、城市轨道交通等交通方式顺畅对接，努力实现交通运输一体化。

（7）区域金融服务体系协同。2019年以来，中国经济金融体系面临的内部外部压力明显加大。面对复杂局面，西安市的金融系统应该坚持稳中求进，坚持新发展理念，紧紧围绕服务实体经济、防控金融风险、深化金融改革三项任务，不断改善金融管理和服务，推动金融体系更好地服务于新型城镇化与乡村振兴协同一体化发展，因此应建立基于大西安经济发展的层级金融网络支持体系，充分利用交通及通信网络等，实现"以点带面"，发挥金融网络的辐射扩散效应，进而实现金融网络对城市群经济发展的强力支撑作用。

制定《大西安金融长期发展规划》，重点从金融机构、金融市场、金融服务和金融环境等方面进行科学规划，发挥西安市的金融聚集优势，提升西安市的金融辐射力，促进区域金融体系的有效融合，实现以大西安引领其他城市的快速发展。政府可以发挥引导力量，成立西安市区域金融中心专家咨询委员会，聘请一批国内外金融领域专家、学者，以及主要金融机构的负责人担任咨询委员会成员，为西安市区域金融中心建设提供决策咨询服务。建立金融招商分局，强化专业招商力量，大力引进各类金融机构和投资项目。组建金融发展交流会，为金融各业搭建更高层次、更广泛的对内对外合作交流平台。政府应加大政策扶持力度，制定出台扶持金融业发展的优惠政策，加大对金融机构奖励扶持力度，吸引境内外各类金融机构入驻。鼓励区县、开发区在科技金融、绿色金融、普惠金融、互联网金融等领域先行先试。

（二）西安市新型城镇化与乡村振兴高质量协同发展的制度创新

乡村振兴与新型城镇化战略协调推进，旨在实现城乡由不平衡发展向平衡发展的转化。这一转化涉及城乡人口迁移、国土空间布局、产业结构调整、基础设施提供、公共服务供给、生态环境保护等经济社会发展的各个领域，要求总体规划注重宏观、微观层面相结合。

1. 加强土地制度建设

（1）完善土地征收制度。完善土地征收制度，事关农民切身利益的保障和维护。新型城镇化建设过程中，土地资源征收的前提是不影响农民的基本生活状态，在征地之前解决好农民生存发展问题。在土地征收过程中，要结合土地的地理位置等客观条件，准确设置土地征收额度，切实让利于农民，制度设计上要倾向于农民，保证农民"不吃亏"。在土地征收制度的制定和执行过程中，要加大政策执行过程的监管力度，有效避免缺陷和漏洞，明确各部门和单位职责，强化监督问责机制，建立不能腐、不想腐、不敢腐的拒腐防变机制。

（2）完善宅基地置换制度。首先，在保障落实安置的基础上进行置换搬迁，防止置换搬迁后无法得到有效安置，避免征地补偿款未发放到位就强制置换拆迁，对农民的基本生活造成不良影响。在城镇化建设过程中，政府要提前筹划建设好农民安置点，确保让农民搬出后有新的住所，维持其基本生活，根据安置方式、安置时间等不同，分别提出安置政策。其次，创新优化置换方式，改变和调整传统的置换方式，以土地换房子，农民在房屋出售时需要耗费大量的时间、精力，特别是涉及过户费，增加成本费用，农民用土地换取的房屋极有可能贬值，面临一系列不确定性因素和市场风险。因此，要让农民根据自身实际需求选择宅基地置换方式。农民宅基地被征收后，其身份发生了较大变化，经济收入来源和方式也有所变化，因此置换方式也将表现出多元化特点。对住房需求较为强烈的农民会选择宅基地置换楼房，对资金需求较为强烈的农民会选择置换创业资金。在农民选择的基础上，政府要深入调查和详细分析，帮助农民合理选择，避免盲目选择，防止因一时选择而最终生活紧迫,给政府财政形成较大压力。

(3)完善农民就业和社会保障制度。各县区政府要全面调查掌握农民就业意向,在土地征收之前,需要对计划征收的农民展开调查分析,了解农民的基本生活状况,重点调查农民对就业的需求和期望,以此为基础,提出有效应对策略,提供岗前培训,由农民自主择业,力争在土地征收之前就为农民提供就业渠道,解决再就业过程中的困难和问题,确保征地和就业同步运行、无缝对接。针对土地征收期间就业问题未得到解决的农民,政府可发放待业资金,提供免费的就业信息服务、就业政策咨询服务和教育培训等服务,保障农民早日就业。同时,进一步扩大社会保障范围,丰富社会保障内容体系。针对即将失业和已经失业的农民,人力资源和社会保障部要给予扶持帮助,进行登记备案,在子女教育、家庭住房、就业保障、公共服务、医疗卫生、养老服务等方面给予政策倾斜,有效缓解失地农民的生活压力。促进城乡一体化社会保障制度体系建设,确保失地农民身份转变过程中所享受到的社会保障及有关福利不变。

2. 完善城乡社会保障制度

(1)养老保险全省统筹问题。随着我国人口老龄化程度加剧,养老金的区域性收支不平衡、部分地区收不抵支的问题日益严重。所以,要尽量实现基础养老金全省统筹,从各区县实际情况和养老保险制度的实际建设出发,在不增加社会整体负担和不提高养老保险缴费比例的基础上,均衡养老保险在不同地区的差异。养老保险的全省统筹将是社会保障领域的一项重大突破,为养老保险更加公平、可持续地发展提供坚实的保障。

(2)统筹城乡社会救助体系,完善最低生活保障制度。社会救助作为社会保障安全网的基础,对于保障贫困人口和其他遭受意外事故导致生活不幸的人们起着至关重要的兜底作用。随着我国的发展进步,社会救助体系不断完善。但是,我国社会救助体系不统筹、不协调的问题依旧突出。党的十八大以来,社会救助法治化水平显著提高,低保规范管理机制不断完善,各项救助水平稳步提高,社会福利、慈善事业和优抚安置稳步推进。今后一个时期,要保障和改善民生,不断提高保障水平;完善最低生活保障制度,推进城乡最低生活保障统筹发展,做到应保尽保;建立健全残疾人基本福利制度,完善扶残助残服务体系,全面提高儿童福利服务水平;激发慈善主体发挥活力,规范慈善主体行为,完善监管体系;完善优待、抚恤、安置等基本制度。

(3)完善统一的城乡居民基本医疗保险制度和大病保险制度。医疗保障的严重滞后是中国社会前进发展的重要阻碍。整合城镇居民基本医疗保险和新型农村合作医疗两项制度,建立统一的城乡居民基本医疗保险制度,是推进医疗卫生体制改革、实现城乡居民公平享有基本医疗保险权益、促进社会公平正义、增进人民福祉的重大举措。虽然我国已经构建了世界上最大的医保网,并且逐步完善了医保制度,但是看病难、看病贵、大病返贫、大病致贫的现象还屡有发生。所以,在完善基本医保的同时,全面实施城乡居民大病保险制度,对相对贫困人口降低起付线,提高报销比例,并且扩大大病保险病种,通过发展"互联网+医疗""医联体"等,扩大优质医疗资源的覆盖面,使更多贫困人口可以享受到同样的优质医疗资源。

(4)统一社会保险公共服务平台的建立。随着社会保障制度逐步完善,人们对社会保障公共服务的要求越来越多。党的十九大报告提出建立全国统一的社会保险公共服务平台，以全国一体的社会保险经办服务体系和信息系统为依托，以社会保障卡为载体，以实体窗口、互联网平台、电话咨询、自助查询等多种方式为服务手段，为参保单位和参保人员提供全网式、全流程的方便快捷服务，提高社会保险公共服务水平。加强完善社会保险经办管理服务体系，积极实施"互联网＋人社"行动，实现跨地区、跨部门、跨层级社会保险公共服务事项的统一经办、业务协同、数据共享。

（5）完善社会福利、慈善事业、优抚安置等制度。建立健全残疾人基本福利制度，完善扶残助残服务体系，全面提高妇女儿童福利服务水平。把福利事业由过去的补缺型转为普惠性，扩大覆盖范围，使乡村居民同样受益。激发慈善主体发挥活力，规范慈善主体行为，完善监管体系。完善优待、抚恤、安置等基本制度。

3. 深化户籍制度改革

在推进城镇化进程中，一个重要的环节在户籍制度。加快户籍制度改革，是涉及亿万农业转移人口的一项重大举措。总的政策要求是全面放开建制镇和小城市落户限制，有序放开中等城市落户限制，合理确定大城市落户条件，严格控制特大城市人口规模，促进有能力在城镇稳定就业和生活的常住人口有序实现市民化，稳步推进城镇基本公共服务常住人口全覆盖，在推进人口城镇化的进程中促进县域经济发展。

（1）西安市要积极推进户口随迁制度改革，实现"零门槛"落户。在全面推行并落地《西安市居住证管理实施办法》的基础上，应当进一步简化首次申领居住证和申领三年有效期居住证的相关手续、流程和需要提交的相关材料。西安市应明确放宽省内购房落户认定条件，放宽投靠落户亲属范畴和落户地址限制，放宽就业落户社保缴费年限限制，放宽人才落户认定标准。调整随迁落户条件，一人落户某地区，全家都可随迁，夫妻、父母、子女随迁申办户口等，实现自由落户。

（2）坚持均等原则，合理配置资源。户籍改革应坚持"人人平等"原则，加快城乡社会福利均等化改革，实现社会公共资源的合理均衡配置。同时，推行一系列惠民政策，例如为进城务工人员提供经适房或公租房，为其子女提供无差别受教育机会，建立就地入学的管理机制。加快就业培训制度改革，加强对进城务工人员的技能培训，执行自愿参保等，从而减小城乡差距，协调好政府和公众利益的关系。

4. 优化农民职业技能培训机制

（1）完善农民技能培训制度。当前，社会高速发展，农业生产方式也发生了翻天覆地的变化，农民必须跟上时代的步伐。大体上讲，全面提升农民的技能培训工作，必须拥有完善的农民技能培训制度，制定科学的农民技能培训联席会议制度。其次，积极借鉴国内外较优秀的农民技能培训经验做法，将其普及，让更多农民学到先进的农业种植技能，比如加大在农民素质提升、农业规模化生产知识、农民持证上岗等方面的典型示范。同时，政府要加大投资力度，给予农村农民技能培训更多的专项资金，确保农民技能培训工作的正常进行，从而顺利地推进农民技能培训工作。

（2）规范农民技能培训考核评价机制。针对农民进行技能培训，还必须规范农民技能培训行为，制定相应的评价标准，积极引导农民正确地对待农民技能培训工作，不断向规范化、科学化的方向发展。通过建立考核机制，提高农民职业技能培训的积极性与有效性。大体上讲，相关机构可以通过优化服务组织，从培养人员的资质、农民技能培训的方式、农民技能培训的内容、农民技能培训的质量等方面解决各种培训难题。只有这样，农民技能培训才能得到规范，并以严格的标准约束农民的学习行为，使农民服务组织培训能力与农民实际需求相协调，逐渐引导农民技能培训快速、健康地发展，把农民培养成新型职业农民，给予他们提升自我的机会。

5. 规范土地流转制度

产业化、规模化以及机械化是未来农业发展的必然趋势，是实现现代化农业的重要特征，土地流转制度的实施是农业现代化实现的基础保证。当前土地呈分散经营状，这对规模化发展比较不利。土地流转政策实施后，农民可以将承包的土地进行流转，有利于土地集中成片，使规模化、机械化生产成为可能，更好实现规模经济。

（1）规范土地流转市场。为了使土地流转有序进行，需建立与土地流转相关的市场规范，制定土地经营和流转的相关政策、措施，让土地流转双方能够面对面进行交易，签订正式合同。利用合同的形式保证流转双方之间的权益，其中主要包括使用年限、租金、毁约条例等，有效避免土地流转过程中的不规范行为以及纠纷。地方政府需将区域实际情况作为依据，制定合理、规范的流转政策，避免由于规划布局不够合理、盲目跟风造成经济损失，将与土地流转相关的补贴、政策落到实处。在土地流转过程中，很多纠纷产生的原因在于制定的流转价格不对等，因此应健全土地流转定价机制，使土地流转在实施时能获得有效参考，增强农民对土地实际价值的认知。

（2）完善土地流转监督机制。需对土地流转进行严格审核，审核中主要考虑经营资质、经营能力、流转规模等，对于流转面积大、时间长的土地需有一定限制，避免在使用流转土地时出现违规行为。要构建完善、合理的土地流转防范机制，通过资金保障、用地规模、规划布局等多个方面对流转风险进行评估，有效降低土地流转风险。

构建与土地流转相关的奖励和惩罚机制。相关部门应积极为土地流转的有效实施提供良好环境，将土地流转问题纳入乡镇工作人员的考核中，设置奖惩基金。同时，为了防止在土地流转中出现弄虚作假以及违规操作等问题，需加强监管力度，及时制止土地流转过程中出现的问题，降低土地流转风险。积极发挥大众的监督作用，鼓励大众举报违规情况，进而实现土地规范流转。

（3）积极构建土地流转保障机制。首先，在农业基础比较好的村镇，可以鼓励农民将土地流转给种植大户或者龙头企业，促进新型农业经营主体，如农村合作社、家庭农场等的发展。农业经营实现规模化，农民也能就近就业，成为产业工人，以工资收入和土地资金的形式获得财产性收入。也可以鼓励农民入股，参与到合作社中，促进土地收益的增加。其次，出台土地流转政策，使农民的生活条件得到充分保证，避免土地在流转过程中受资金、户籍等多方面的影响。构建统一的保障制度，提高农民土地流转的主动性和积极性。最后，设置风险保障金相关制度。保障金主要由流转方缴纳，政府给予适当补贴。如果经营者受到自然灾害、经营不善的影响，发生退租或者不能支付租金的问题，可以使用风险保障金保证农民收益。

6. 加强土地集约利用

如何改善土地问题，将城镇土地从粗放利用方式向集约利用方式转变，是实现新型城镇化与县域经济协同发展的重要任务。

（1）完善土地产权制度，明确土地产权主体。为了解决土地主体不明确的问题，需要明确界定土地产权主体，对土地的使用权、决策权以及处置权进行明确。一方面，以法律的形式保障农民真正拥有土地的使用权，保障农民的相关权利不被侵犯。另一方面，需要建立多方位的保障机制，确保政府和集体利益优先，明确土地的决策权和处置权，对地方政府、企业以及个人违法与滥用土地等行为进行规范、监管与处罚，保障土地的集约利用水平。

（2）优化土地结构，合理规划土地利用。在土地合理有效规划方面，可以借鉴区位理论来展开。首先，需要充分挖掘闲置土地和存量土地的潜力，完善土地征用、置换以及收购等方面的政策，用合法的政策与措施将低效的存量与闲置土地充分利用起来。其次，可以选择在部分土地资源紧缺地区采用招商引资的方式，推动该地区产业的发展和结构升级，产业与结构优化在一定程度上能够带动土地结构优化，进而实现土地的集约利用。最后，部分中心城市应当发挥其中心辐射作用，采取优化土地结构、合理规划土地的政策，带动周边城市的发展，形成区域联动发展，并尽可能地将辐射作用发挥至乡、镇地区，提高各地的土地集约水平。

（3）完善土地相关制度，深化制度改革。针对土地制度不完善的现象，可以采取以下完善土地相关制度的措施。首先，完善土地价格的相关政策。可以充分利用市场机制来实现土地资源有效配置。例如，对工业用地实施"招拍挂"措施，合理提高公益性用地的价格。其次，对城镇和乡村土地价格市场进行合理统一，从而实现集体用地流转，调整城镇与乡村土地之间的关系，充分利用乡村闲置与荒废土地，增加城镇耕地面积，提高土地资源利用的效率。最后，完善土地的税收制度。土地税收结构优化对土地有效利用有显著作用，可以采取合理加大土地财产税征税力度与降低土地流转增值税征税力度的措施，优化地区经济发展需求与土地集约利用需求的结构，合理、有效地利用与流转土地，实现城镇土地资源优化配置。不仅如此，还可以对闲置与存量土地采取税收优惠政策，实现对该类土地的最大化利用。

7. 金融服务改革与创新

（1）完善投资调控体系，调整财政支出结构。西安市仍处于城镇化初级阶段，工业化水平相对较低。各级政府财政收入相对有限，提高投资与支出的精准性和有效性成为缩小县域经济差距的关键。应健全投资调控体系，充分利用"一带一路"倡议带来的发展机遇，优化投资环境，加强对外经贸合作。此外，按照各县域的资源禀赋差异，加强基础设施建设投资，优化城镇尤其是农村地区的营商环境，引导县域当地优势产业转型升级，调整财政支出结构，逐渐改变财政支出及其相关投资过度集中于城市的状况。

（2）引导和推进民间资本参与，促进投融资主体多元化。由于城镇化进程中的城市基础设施和公共服务事业项目大都具有公共产品的属性，因此政府始终是城镇化项目的重要主导者、参与者，但以政府为主体的投融资资金有限，债务风险高，因此必须制定和完善民间资本进入城建的政策和体制，大力引导和积极推进民间资本参与城建项目，激发民间资本应有的投融资活力，构建政府和市场共同参与的投融资模式，实现社会效益和经济效益的统一。民间资本具有运用灵活、效率明显、产权清晰等优势，可以优化市场竞争机制，产生"鲇鱼效应"，提高资金的运作效率，补偿政府机制的缺失。一方面，要用各种市场化的形式吸引民间资本的进入，促进投融资主体多元化；另一方面，建立可持续的回报机制，创造宽松的"利益共享，风险共担"的投融资环境并加强后续服务和监督，激发民间资本参与城建项目的积极性。除了民营资本和外部资本，还可以吸收社会闲散个人资金进入城镇化建设中。

（3）拓宽资金来源渠道，促进投融资方式多样化。新型城镇化建设对资金的需求巨大，为确保资金的中长期稳定供应，需要拓宽融资渠道。首先，积极探索发行政府地方债券。市政债券不仅是城镇化融资重要的市场化手段，也为城镇化建设提供了利率较低和比较稳定的中长期资金。同时利用市场力量对政府的还债能力进行判断和合理定价，并对政府的资金运作进行监督，能够起到规范地方政府债务性管理、降低和化解财政风险的作用。其次，创新发展开发性金融工具，学习发达国家和国际金融公司的开放性金融运作经验，利用金融工具充分发挥金融融资功能，引进贷款、债券和股票进入新型城镇化建设项目，还可以利用期权、期货等衍生金融产品进行运用创新。

（三）西安市新型城镇化与乡村振兴高质量协同发展的对策建议

1. 加快推进"三个集中"

西安市在推进新型城镇化与乡村振兴协同一体化发展的进程中，要突破传统观念的束缚，跳出就农业论农业、就农村论农村的观念，打破城乡分割的体制性障碍，吸取东部一些沿海城市发展中出现的分散建设、资源利用水平低、生态环境破坏严重的教训，按照走新型工业化、新型城镇化、农业现代化道路的要求，站在全市经济社会发展的全局研究和解决"三农"问题，确立统筹城乡社会经济发展的目标，推进"三个集中"。"三个集中"是西安市城乡一体化战略的核心内容。

"三个集中"的具体内容是：加快工业向园区集中，以推进工业向集中发展区集中来聚集经济要素，走新型工业化道路，集聚强化工业增长点，为加快城市化提供产业支撑；加快农民居住向城镇集中，走新型城镇化道路，以推进农民向城镇集中来缩小城乡差距，促进产业互动，实现城乡协调发展；加快土地向规模化集约化经营集中，走农业产业化道路，以促进农业集约化经营，实现农业现代化。"三个集中"是相互联系相互促进共同发展的有机整体，产业聚焦是先导，城镇布局是关键，土地集约是基础。"三个集中"是一个整体，互为联系、相辅相成、缺一不可。

（1）工业向园区集中。传统以乡镇企业为代表的农村工业化和以自设开发区为代表的城镇工业化不仅浪费土地、污染环境，而且由于分散经营而不具备规模效益，不利于产业和企业提升竞争力。西安市要通过创新工业集中集群发展机制、多轮驱动工业向产业园区集中、市场运作推动工业集中发展等方式，多管齐下实现工业集约、集群发展，提升产业竞争力，促进整体经济发展。

一个县域重点建设好一个产业园区，做好营商环境建设，全面完善产业园区的基础设施建设，按照"八通一平"的标准完善产业园区各项服务设施和服务体系建设。要致力于打造重点产业集群，通过产业园区、经济开发区等平台集聚一批特色鲜明、成长性较好的重点企业，扩大产业规模。同时，通过选择性招商引资、精准政策扶持等方式，完善产业发展的上下游链条，强化产业发展的集群效应。每个县域要努力找出适合于自身发展的特色产业、支柱产业，统筹发展，提升市场竞争力，夯实县域经济发展基础。

（2）农民居住向城镇集中。因地制宜、梯度引导农民居住向城镇集中。西安市人多地少的现实形成了千百年来一家一户分散居住、分散劳作的生活方式。农民居住向城镇集中是促进农业要素资源向工业要素资源转化、提高劳动生产率的前提条件。通过推进农民集中居住，完成分散土地资源的整理和相关基础设施建设，才能实现土地向规模经营集中，才能为建设工业向园区集中提供足够的土地资源。为实现城乡一体协调发展，农村居民向城市居民转变，促进城乡共同繁荣，遵循"因地制宜、农民自愿、依法有偿、稳步推进"的原则。

（3）土地向规模化集约化经营集中。西安市耕地碎片化严重，农民多种植水果、蔬菜，从事多种养殖，是典型的小规模、多元化的分散的小农经济；农产品商品率低，成本高，农民收入低，因而科技和城市工业商品需求疲弱。为了解决农村耕地家庭承包经营规模小、效益差、抗自然和市场风险能力弱的问题，西安市应在现有国家政策范围内坚持以稳定农村家庭承包经营为基础，按照依法、自愿、有偿的原则，采取转包、租赁、入股等形式，稳步推进土地向规模经营集中。在此过程中，一些区市县可以采取农民土地承包权股份量化方式，分离土地承包权和经营权。农民以股份化的土地承包权将土地经营权流转给市场主体，让有竞争能力的市场主体对土地实行规模化经营，促使一般农户向第二、第三产业转移就业或成为农业产业工人。龙头企业和新型农业合作经济组织带头将集中的土地投向花卉种植、观光旅游、体验休闲等特色高效新型农业发展，农民收入将会显著增加。

2. 做好三大重点工程

（1）大力实施农业产业化经营。加强优势农产品生产基地建设，如集中力量培育优质粮油、水果、蔬菜、茶叶、生猪、食用菌、水产等十大产业，培植农业产业化龙头企业，建立健全利益联结机制，加大政策扶持力度，如增加财政资金投入、落实税收优惠政策等。城乡一体化战略将农业产业化经营这一新鲜血液注入农村贫困地区，实现贫困地区农民增收，也将改善当地的生产生活条件，促进农业产业结构的战略性调整，培育一批特色优势产业，极大地改善农村生态环境，提升农民生活质量。

（2）加快农村发展环境建设。农村发展环境建设工程涵盖了农村基础设施建设、农村生态环境建设等多方面内容。主要是大力加强农田水利基本建设、交通基础设施建设、文化教育基础设施建设、环境保护建设、农村卫生设施建设等硬环境建设，改善农村人居环境，因地制宜推进农村改厕改水、生活垃圾处理和污水治理，建设富有地域特色的美丽乡村。同时加强软环境建设，为农民增收、农村发展、农业增效创造良好的发展环境。

（3）做好乡村振兴开发工程。自城乡一体化推进以来，农村扶贫开发是农村"三大重点工程"的重要内容。农村扶贫开发工程是解决农村部分贫困人口在城乡一体化进程中如何受益的问题。农村扶贫开发工程既是实施城乡一体化战略部署的重要组成部分，又是构建社会主义和谐社会的重要内容。西安市在推进乡村振兴发展的过程中，可以成立乡村振兴开发领导小组，加强全市乡村振兴开发工作的领导，广泛发动群众，组织各级部门和社会力量积极参与抓好农民增收与信息扶贫工作，创新扶贫管理机制，多渠道加大对乡村振兴工作的投入力度等。

3. 做好两个保障

（1）规范化服务型政府建设。在城镇与乡村发展的优先次序转变过程中，农业农村弱势明显，市场机制难以充分发挥作用，存在失灵问题，需要更好地发挥政府作用，深化行政体制改革，切实转变政府职能，创新"互联网＋政府服务"模式，健全宏观调控体系，加快建设统一开放、竞争有序的市场体系和公平开放透明的市场规则，真正做到该管的事一定要管好、管到位，该放的权一定要放足、放到位，坚决克服政府职能错位、越位、缺位现象。"有形之手"和"无形之手"相结合，激发各类要素的潜能和各类主体的活力，不断为农业农村发展注入新动能。

（2）基层民主政治建设。村民代表会议制度是农村基层民主政治建设中最重要的制度，是在村民会议制度的基础上的形式创新，解决了村民多、散、不易召齐的难题，增强了村民自治的可实践性，随着经济社会的不断发展，村民代表会议制度也应该不断完善，促进农村基层民主政治的发展与进步。

为充分发挥村民代表作用，确保村民代表能够代表村民，需要完善村民代表联系群众制度。村支两委在征求村民代表意见的基础上，以就近居住、便于联系为原则，商议确定村民代表所联系的群众，各村民代表联系对象确定后，要以多种形式向小组村民公告。村民代表每次换届后，要根据实际情况及时调整村民代表联系对象，若因搬迁等原因，造成村民代表与原联系对象不再方便联系，应按照就近原则调整联系对象，及时告知联系村民并公布。

4. 优化营商环境，加大精准招商力度

（1）优化县域营商环境。围绕各区县营商环境建设中出现的矛盾与问题，对标一流营商环境建设体系，进一步深化各项制度综合改革，全面激发区县各类市场主体活力，不断提升县域的综合实力和竞争位势，争取把县域打造成为审批最少、流程最短、成本最低、诚信最优、服务最好的法治化、便利化的营商环境优良县。为此，各区县应着力做好以下几个方面的工作：一是深化"放管服"改革，着力优化政务服务环境，比如建立企业投资项目"首席服务制"和"承诺制"等，实现企业投资便利化，提高政府服务质量。二是进一步优化金融信贷营商环境，提升企业投融资活动便利度。三是不断提升城市品位，改善人居环境和投资软环境，千方百计凝聚人流、物流、信息流和资金流。四是抓好县域产业园区建设，打造引资的坚实平台。五是完善县级经济服务中心职能，推行"一站式"审批和"一条龙"服务，压缩审批时间，提升服务质量。六是建立投诉举报和查处回访制度，严惩各种权力"寻租"行为，探索建立"扫黑除恶"长效机制，全面净化社会和市场环境，保护企业合法权益，切实营造良好的创业环境。七是深化产权保护制度改革，着力构建法治化市场环境。

（2）立足精准招商，落实招商引资责任。招商引资的力度决定了区县经济发展的速度，因此精准招商要立足本区域产业发展定位，围绕县域特色主导产业"延链、补链、扩链、强链"需求，按"产业链地图"来有计划、有目标、有步骤地精准招商。各县域可以出台一系列鼓励、奖励性政策措施，党政一把手要带头担负起招商引资和项目建设"第一责任人"职责，引导全县上下全员参与招商引资工作，确保招商优惠政策审慎承诺和刚性兑付。充分利用传统媒体和新媒体平台，全方位精准宣传推介县域招商引资的优惠政策和具体项目，扩大县域招商引资的影响力。在具体实施方面，通过编制精准年度招商引资目标任务分配表，将招商目标和任务分解给有关单位和乡镇，并进行严格考评，考评情况与部门经费、干部提拔任用以及政绩考评等挂钩，以推动招商工作顺利开展。

5. 以新型城镇化发展辐射带动乡村产业发展

（1）推动特色产业升级进步。城镇化促进了农业产业现代化，带动传统农业向规模化、品牌化和集群化的特色现代农业迈进。在新型城镇化过程中，农业转移人口大部分聚集在城市，工业可以为大部分农业转移人口提供稳定而有效的就业岗位。西安市新型城镇化与乡村振兴协同发展建设应该以县城区和产业新城区为重点，加快培育以战略性新兴产业为主体的城市产业群，不断提高产业首位度，产业发展水平领先于县域内其他园区和特色小镇，成为推动县域经济快速发展和解决农业转移人口就业的主要引擎。

（2）引导农村以服务业为主的非农产业勃兴壮大。城镇所产生的服务需求激发农村文旅产业不断壮大。城镇化与服务业相伴相随、互相协调。推进城镇化促进服务业的繁荣，发展服务业助推城镇化水平的提高。统筹城乡发展，加快推进美食文化小镇、家风乡约小镇、通航小镇、消费性趋向产业集群小镇等宜居宜业宜游特色村镇建设。与市住建部门签署战略合作协议并给予政策支持，加快文化旅游名镇创建 5A 级旅游景区步伐。按照三生融合（生产、生活、生态）、三位一体（产业、文化、旅游）发展思路，实施城镇旅游化升级改造工程，促进食、宿、购、娱等旅游产业要素在城镇集聚。在此基础上，积极推进县域农工商一体化以及三大产业融合发展，打通县域生产、加工、流通、营销渠道，推进县域产业链条式联动协同发展，进而为实现县域经济高质量发展提供动力支撑与绿色引擎。

（3）城镇特色产业引导乡村非农产业发展。产业强镇以其特色产业，主要是工业和文化旅游业，辐射带动三产融合，促进乡村非农产业发展壮大，吸纳农村人口就业。第一，工业强镇辐射带动镇域服务业等非农产业发展壮大。建设市级重点示范镇乡，彰显城镇特色，推动镇乡融合发展。一方面，基础设施和公共服务体系由主城区辐射延伸至乡村腹地；另一方面，围绕资源开发和能源化工产业，培育配套产业，发展特色现代农业和服务业。第二，文旅名镇辐射带动镇域文旅产业发展壮大。文旅强镇聚焦文化旅游产业，带动乡间村落非农产业发展壮大，增加农民收入。一方面，健全完善基础设施，城镇水电路讯服务延伸拓展至乡间村落；另一方面，围绕城镇主业文旅产业，培育配套产业，带动镇域非农产业发展壮大，发展观赏采摘业以及民宿酒店、农家乐等服务业态，引导村落建成一批 3A 级景区和乡村旅游示范村。

6. 提高城乡治理能力和社会管理水平

（1）以城镇理念改造传统村落。按照城镇标准和理念改造传统村落，实现宜业宜居。一是打造基础设施，加强公共服务，改善人居环境；二是突出乡村特色、彰显山水风韵，构建山水景观和游览业态，打造乡村旅游目的地；三是突出游购娱元素，协同发展旅游产业。乡村被改造提升为特色产业突出、体现城镇功能和服务水平并保留乡村风貌的特色小镇。

积极推动"路长制"，保障农村交通运行。要深化农村公路管理养护体制改革，让每段道路都有相关负责人。确保该路段规范有序、日常清洁到位以及绿化管护到位。实行土地有偿退出机制，既能解决荒地问题，也在保障农民自身权益的同时，让农民多了一笔收入。积极推出"村邮达"，承诺快递到村，拒绝二次收费，着力提升农村快递服务。

（2）建设重点特色小镇。推进乡村振兴（新农村建设），无论基础设施升级改造、传统产业转型升级，还是人居环境美丽宜居、基本公共服务趋于均等，都需要接纳新型城镇化元素。西安市要以特色小镇建设为纽带，上连新型城镇化，下接新农村建设（乡村振兴），促使乡村发展对接吸纳新型城镇化的理念与要素。

明确特色小镇的发展目标。在乡村振兴战略大背景下，西安市特色小镇建设要明确发展目标，注重特色小镇的总体发展规划，注重城乡关系的联动、平等、和谐和共享，规划策略如图13所示。特色小镇的建设要以提高农业现代化水平，发展第二、第三产业，促进特色小镇第一、第二、第三产业融合，促进城镇化发展，打造宜居的生态旅游环境，发展多元产业体系，建立支柱产业，创造就业创业机会，提高当地居民收入，有效地解决"三农"问题，促进城乡均等化，以实现乡村振兴战略为目标。

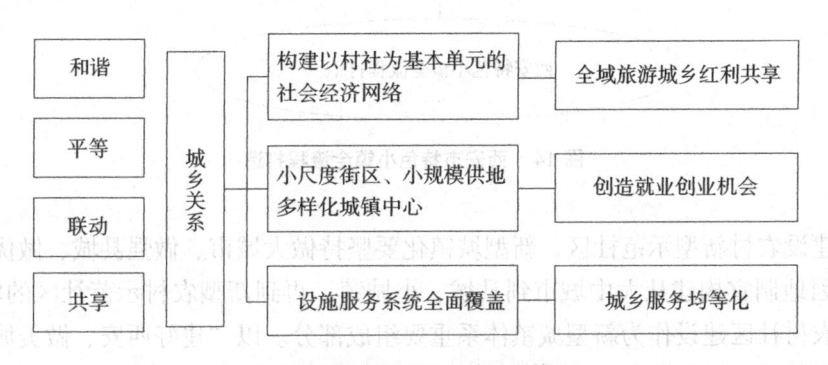

图13　西安市特色小镇规划策略

明确特色小镇的发展定位。建设特色小镇不能照搬照抄。西安市特色小镇发展要有明确的市场定位，差异化的主题定位。西安市各区县资源不同，建设特色小镇也需要体现出明显的差异，打造特色鲜明的小镇，因地制宜明确特色小镇的定位，如农文旅小镇、温泉小镇、创业小镇、度假小镇、物流小镇、创业小镇、互联网小镇、能源小镇、智造小镇、金融小镇、爱情主题小镇和物联网小镇等。

实现功能组合复合化，全流程打造特色小镇。西安市建设特色小镇要实现小镇功能组合复合化，集居住、旅游和商务等于一体，实现"住"与"非住"功能的有效联动，要提升开发体量，关注后期客群的演变，实现各类产品线适应的多样化和复合化。西安市特色小镇要有前瞻性的产品开发，西安市特色小镇建设要投入大量的资金，完善基础设施和配套设施，要有核心度假产品和旅游产品，充分吸引、留住客人，凝聚人气，提升价值。西安市特色小镇要进行概念性规划、实施性规划，从企业引入建设资本和政策性引导基金（如国家开发银行、农业发展银行等），建立新型特色小镇建设基金，到第三方联合体加强流程管理，产业运营商和建设运营商联合进行产业运营和旅游运营、生活服务运营，为西安市特色小镇的旅游营销、品牌培育、信息服务和高端定制等服务，实现西安市特色小镇全流程打造（见图14）。

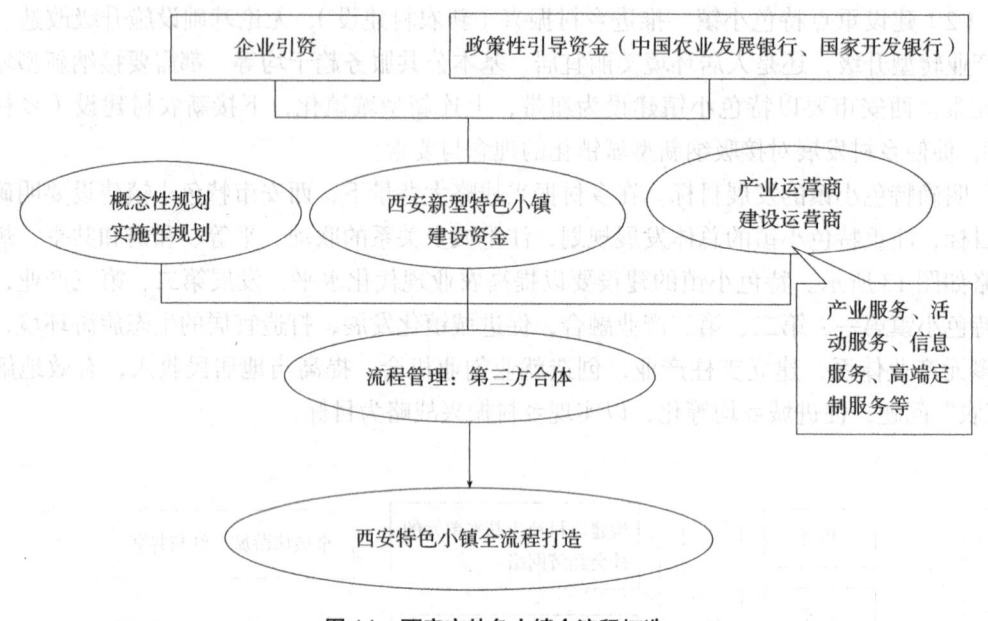

图14　西安市特色小镇全流程打造

（3）建设农村新型示范社区。新型城镇化要坚持做大城市、做强县城、做优城镇、做美村庄，因地制宜构建从大中城市到县城、小城镇，再到新型农村示范社区的城镇体系。第一，把农村社区建设作为新型城镇体系重要组成部分。以"建好西安、做美城市、做强县城、做大集镇、做好社区"为目标，新型农村社区位列城镇体系之中。第二，打造农村新型示范社区。从2013年起在全省培育1000个新型社区，开展新农村建设、农村人居环境整治、构建美丽乡村，整治散乱小村居、空心村，加强农村基础设施改造提升，在农村新型示范村（中心村）打造城镇公共服务微缩版。第三，以建设新农村推动农民就地城镇化。改善农村基础设施，提升公共服务，发展农业产业，增加农民收入。乡村可以抓住城乡发展一体化机遇，通过盘活农村闲置宅基地和住宅拆旧建新，融资规划建设生态宜居的新社区。加强基础设施，完善公共服务，构建功能完备的新型示范社区，使得农村居民实现就地城镇化。

（4）加强社会特殊群体管理。新型城镇化以"人的城镇化"为核心，通过提升城市治理能力，推动农业转移人口真正融入城镇，增进对所在城镇的归属感和自豪感，实现"人的城镇化"，进一步实现社会矛盾少发、不发和有效化解，为经济发展营造稳定的社会环境。

加强关怀和援助，妥善管理和服务好留守老人和儿童。发挥农村公共服务机构作用。发挥农村公共服务机构的主导作用，建立登记制度，实行动态管理，每个村的农村公共服务机构建立留守老人和留守儿童档案，根据实际情况，安排农村公共服务机构作为"法律监护人"，承担一定的监护人的教育、监督监护人履行职责的职能，督促留守老人子女和留守儿童监护人尽到义务，确保留守老人和留守儿童正常生活。

建设管理活动场所。村两委授权农村公共服务机构，建设和管理留守老人和留守儿童活动场所。具体建设中，可将留守老人活动场所和留守儿童活动场所合二为一，按照电视教学室、图书阅览室、健身活动室、文化娱乐室、生活服务站的"四室一站"标准建设，不定期举办文艺会演、绘画、书法展览、体育比赛等多种形式活动，充分发挥留守老人余热，对留守儿童进行看管、教育。

顶层设计引导，破解"新市民"融入病。新型城镇化必然促进农业转移人口的市民化，市民化过程中的城市融入问题，不仅是经济融入和政治融入的问题，也不是单一领域的社会融入问题，需要农业转移人口实现对城市和乡村文化的双重适应，重塑市民意识和建构心理归属，在思想文化、观念上真正融入城市。

可以跨县域安置，努力满足安置户意愿。从有利于全国、全省、全市推进新型城镇化的角度出发，打破区域界限，制定农业转移人口户籍、教育医疗、社会保障等跨县域流动政策，推行货币化安置模式，按照原户籍地县城区房价、生活成本、务工收入等综合测算安置补偿标准，允许安置户自由选择落户区县，由原户籍地和落户地征地拆迁安置部门进行协调，首先保证安置户购买商品房，在规定标准外的不足部分由安置户通过银行贷款自行解决，让安置户在意愿地实现安置。

7. 推进城乡公共服务均等化

推进城乡基本公共服务均等化是城乡融合发展的核心内容。推进城乡基本公共服务均等化，需要着重加强以下几个方面的建设。

（1）促进西安市城乡教育一体化发展。加强城乡一体化的教育规划，优化教育布局。首先，城镇和乡村教师编制要一致，要增加一定的农村教师编制。其次，要进行城市和农村地区双向的沟通和交流。这样可以使农村教师获得城市教学的经验与技巧，有利于提高他们的教学水平，改善农村的教学质量。同时，还要鼓励支教工作的进行，让支教老师积极在农村宣传一些先进的教育方法，帮助农村教师提高教学水平。此外，要提高农村教师的待遇和农村师资力量，尽可能与城市保持一致。

（2）加快西安市城乡一体的就业服务体系建设。建立城乡统一的就业失业登记制度和就业援助制度。进一步完善政策体系、人力资源市场体系和就业服务体系。建立健全以国有公益性人力资源市场为主体、职业中介机构为补充的人力资源市场体系，保证城乡劳动力就业和企业用工；开展城乡劳动力免费职业培训，提高城乡劳动力就业素质和能力。

（3）加快西安市城乡一体的社会医疗保障体系建设。以建立更加公平和可持续的社会保障制度为总体目标，巩固和提高城乡社会保障并轨成果。要加大对农村医疗的财政投入，重视对经济实力差的县、乡的财政投入，以更好地改善农村医疗条件；不断向社会各界宣传，使更多的商家、企业向乡镇地区提供金钱、物资、人才等支持，更好地帮助国家改善农村医疗条件，同时出台相关鼓励政策，使更多的人投入农村医疗的改善中。

8. 发展生态经济

（1）发展生态工业，走生态型工业发展之路。在产业选择上有所取舍，优先引进污染少、技术含量高和带动性较强的企业。对那些会带来环境污染，破坏生态环境的项目，应实行一票否决，杜绝其入驻。重视发展循环经济。采取财政补助、购置治污设备的财政贴息、污染物排放和能耗降低奖励等综合措施，充分发挥政府的导向作用，鼓励经济主体发展循环经济。通过政策引导，鼓励企业改进工艺，降低单位产品能耗。加强对重点企业的节能监管，督促年耗能排名靠前的单位实施节能技术改造。对工业园区进行生态化改造，构建以循环经济为核心，以污水、废弃物无害化处理和集中供热、供气等为依托的生态经济体系。进一步完善政府财政的环保补贴机制，由以往的前期补贴转变为设施建成后的运营期补助，提高财政补贴实效。

（2）发展生态农业，以农业产业化为方向。各区县可以按照建设一个特色农产品基地，重点推介特色农产品，建设一套科学服务体系的思路，积极推进农业产业化。大力发展各类专业合作组织和种植养殖大户，以工业化理念推动农业实现生产、加工、销售和贸易的一体化。重点扶持发展潜力大、辐射带动面广和市场化程度高的农业龙头企业。生态农业发展的关键在于农产品的标准化。加快农业标准化的制定，不断完善标准化体系建设，引领企业和农户发展绿色无公害农业。广大县域可以研究制定相关奖励政策，以发展特色农产品为着力点，给予茶叶、食用菌、竹木和蔬菜等各类生态农业以政策扶持，发挥各自比较优势促进生态农业的发展。部分林业资源丰富的县域，可以构建态林业体系，做大做强木材加工业，发展具有自主知识产权的产品，培育花卉苗木资源，挖掘林业经济潜力。同时，县域农业要积极实施品牌战略，打响绿色、无公害和有机食品的生态品牌。

流通渠道效应下西安市农产品利益协调研究

一、研究概述

（一）西安市农产品利益协调研究背景

1. 非农业收入成为西安市农民收入增长的主要动力，农业收入不升反降

西安市是我国农业发祥地之一，辖十区三县，总面积10097平方公里。2021年，全市常住人口1287.3万人，其中农业人口264.03万人。西安市不仅是一个特大城市，也是陕西省重要的粮、菜、果畜基地，更是农业现代化改革的先锋。习近平总书记在谈到"三农"问题时指出"农业强不强、农村美不美、农民富不富，决定着亿万农民的获得感和幸福感，决定着我国全面小康社会的成色和社会主义现代化的质量"，诠释了"三农"问题是我国步入新时代建设社会主义现代化强国的首要问题。"三农"问题的核心是农民问题，农民增收是核心的核心，更是中国经济发展中的重点与难点。2017年"中央一号文件"明确指出"中国农民收入持续增长乏力问题仍很突出"。国家统计局数据显示，2021年，农村居民人均可支配收入为18930.9元，其中，工资性收入为7958元，占比42.03%；经营性收入为6566.2元，占比34.69%；财产净收入为469.4元，占比2.47%；转移净收入为3937.2元，占比20.81%；工资性收入占农村居民人均可支配收入的比重最大。除此之外，通过分析2015—2021年的统计数据可以发现，随着农村居民的人均可支配收入不断增加，工资性收入的比重由2013年的40.27%提高到了2021年的42.03%。对比全国统计局数据，西安市农村居民人均收入也存在此问题。西安市统计局数据显示，2021年农村常住居民人均可支配收入为17389元，工资性收入10631.8元，占比61.14%；营业净收入2702.1元，占比15.54%；财产净收入384元，占比2.21%；转移净收入3671.1元，占比21.11%。对比2021年全国工资性收入的比重的平均水平，西安市要高出19.11%。由此可知，西安市农民收入主要由工资性收入构成，即非农业收入成为农民收入增长的主要动力。然而，农民是从事农业生产的劳动者，农业收入低下不仅会对农民的生活产生影响，还会影响西安市的农业化建设，进而阻碍以农业为基础的第二和第三产业的健康发展。由此可见，提高农民的农业收入，稳定农业的基础地位，是实现农村稳定、社会稳定以及政治稳定的保障，是事关国计民生之重大课题。

2. 西安市农民增收与农产品流通体系收益存在错位

粮食安全是"国之大者"。西安市用占全省4.8%的耕地，播种了占全省8.5%的粮食面积，生产了占全省10.8%的粮食总产量，连续三年粮食总产量站稳140万吨台阶，为全省粮食生产做出贡献。过去一年，全市农业产业增加值323.58亿元，增长3.7%。全市农村居民人均可支配收入18285元，高出城镇居民2.0个百分点，超出目标0.8个百分点。2023年，市农业农村局将对标加快"建设农业强国"，积极融入西安"双中心"建设，以"无农不旅"的思路加快都市现代农业布局，大力实施农业产业建群强链，纵深推进农村改革，强化农业科技创新，加快农科农旅农教多维融合，为打通西安市农业流通体系持续赋能。农产品流通体系连接生产和消费，是稳定市场供给和促进农民增收的重要载体。建立农产品的流通体系是促进西安市农业发展的重要内容。2017年中共中央国务院办公厅印发的《创新体制机制推进农业绿色发展的意见》中提出，要健全农产品流通体系，推进农产品流通体系建设，稳定农产品市场价格，促进农民增收。然而，在实际中，流通体系一直是西安市农业发展的"瓶颈"。一方面，农产品产业链过于分散，在农产品流通过程中，需要经过多重流通环节，而每个环节都要截留一部分利润，自然增加了整个流通环节在整体利润中的分成，减少了农民的应得收益。另一方面，由于农产品批发环节信息化水平低，农民掌握的农产品市场价格以及供求信息较少，与批发商之间存在着严重的信息不对称现象，批发商总能以低廉的价格收购农产品，农民收入难以提高。除此之外，农产品市场流通效率低下，造成流通费用增加，这些被增加的流通费用被加入农产品价格中，增加了交易成本，挤占了农产品在生产环节的利润空间，损害了农民收益。由此可见，农产品流通体系所产生的改革效效和体制效益实际上已经被现代的城市、工业、市民获取，在市场博弈和经济谈判中，本应归属于农村、农业、农民的那部分农产品流通效益，被变异错位地归属到城市、工业、市民之中。因此，控制流通环节利润公平分配并提高处于农产品产业链弱势环节——农民的主体地位，进而实现农产品产业链的协调优化是实现国内农产品市场健康可持续发展的重要保障。

总的来说，从供应链的角度来看，西安市农产品供应链中农民的话语权不够，市场供应和需求双方的信息不同步，可能导致农产品买卖难的情况出现，其背后反映出农产品供应链中各参与主体利益联结较为松散。从产业链利润分配来看，西安市农产品产业链的利益错位主要表现为流通体系中农民与涉农企业之间的巨大利润差，且随着流通体系的不断发展，这种差距呈现增加趋势。农产品供应链内部利润分配机制不合理的问题不仅影响西安市农产品产业源头的生产积极性，还影响了农产品流通以及整个农业产业的发展。

此外，农产品供应链中各主体间松散的利益联结机制、不稳定的合作机制以及不合理的利润分配机制造成了西安市工产品供应链的不协调，其对供应链上下游生产的积极性以及对供应链产销环节的稳定对接的影响可能导致产能的萎缩、市场供给需求的不稳定等问题，一方面造成市场价格的剧烈波动，不仅严重影响了生产环节农民的利益，也严重损害农业产业链下游批发商、零售商及消费者的利益；另一方面，市场价格的上涨必然会诱使大量农户种植相关农产品，其生长周期的特点可能导致其短期内没有任何收入，而待这些产品上市后，过量的市场供给又会造成批发商支配流通渠道、挤压农户利益的局面，出现"低价伤农"甚至滞销的状况，导致农户利益受损，从而影响生产的积极性，出现产能萎缩的现象。因此，供应链中利益不协调问题，最终导致农产品出现"产能萎缩—产能过剩"的恶性循环，严重损害农民主体利益，影响西安市农业产业的健康发展。

目前，西安市的多元化流通渠道模式逐渐形成，如线下实体销售的单渠道模式、线上线下相结合的跨渠道模式，以及农民、批发商和零售商等主体联合的多渠道模式，对于西安市农产品产业链的发展来说是重要契机，但由此引发的渠道冲突问题成为实现可持续发展的巨大挑战。在此背景下，如何针对农产品不同流通渠道之间的冲突问题，发掘利益错位症结，并围绕单渠道信息共享、跨渠道利润共享、多渠道利润分配等方面研究农产品供应链内部利益协调及流通渠道内部创新机制，是实现农产品产业链利益错位的扭转及协调优化迫切需要解决的问题。此外，就流通渠道外部因素来说，政府财政政策对农产品市场具有宏观调控作用；顾客的策略型购买行为，例如延迟购买、策略型退货等行为均会对农产品市场产生影响。因此，研究基于流通渠道创新和外部主体干预的农产品产业链利益错位的扭转及协调优化是实现农业可持续发展的关键。

（二）西安市农产品利益协调研究意义

结合西安市农产品流通体系中农民与涉农企业间"贫富差距"过大的现状，开展农产品产业链利益错位以及协调优化方面的研究，是一项涉及农业可持续发展以及人民生存和发展的重要课题，不仅能够推动西安市农村经济的发展，增加农户收入，改善农民的生活，还能改善西安市农业结构及促进农业现代化转型，具有丰富的理论和实践意义。

理论意义上，以西安市农产品产业链为主要研究对象，分析农产品利益错位现状以及流通渠道成员间的利润分配和冲突关系，基于流通渠道内部创新和流通渠道外部主体干预两个视角，研究农产品产业链协调优化发展的有效机制。

现实意义上，中央政府连续多年在政府工作报告中强调解决"三农"问题，对于农产品供应链的研究能够为各地政府与中央政府的农业政策制定提供一定的参考，对改善西安市地区"三农"问题，提高地区农民生活水平，推动地区农业现代化转型具有积极的作用。在党的二十大报告中强调全面推进乡村振兴，坚持农业农村优先发展，巩固拓展脱贫攻坚成果，加快建设农业强国，扎实推动乡村产业、人才、文化、生态、组织振兴，全方位夯实粮食安全根基，牢牢守住18亿亩耕地红线，确保中国人的饭碗牢牢端在自己手中。这对解决西安市农产品产业链不协调问题具有巨大的推动作用。此外，研究农产品产业链的利益错位与协调优化发展，对有效推动农产品流通体系的建设，提高农业生产率以及流通率，进而稳定农产品价格，增加农民收入等具有重要的实践意义。

（三）国内外研究现状

以"农产品产业链""利益错位""流通渠道创新""外部主体干预""协调优化""Industrial chain of agricultural products""misaligned interests""circulation channel innovation""intervention of external subject""coordination and optimization"等作为关键词分别在"WOS""EI""CNKI"等国内外大型学术文献数据库中检索，发现近年来针对农产品产业链利益错位与协调优化问题的研究日益得到国内外学者的关注，但取得的成果比较有限，围绕此问题的国内外研究现综述如下。

1. 关于农产品利益错位问题的研究

如何协调好各主体之间的利益关系是农产品产业链管理的核心问题。目前关于农产品利益错位的研究包括以下两个方面。

（1）关注企业自身因素对利益错位的影响。企业的定价、决策地位、生产及流通等是影响农产品产业链收益分配结果的重要因素。

①价格因素。Davidson et al.（2016）指出灵活的定价能提高企业自身以及整个产业链的利润。Janzen et al.（2018）提出农产品加工企业和种植农户结成利益共同体，以及原料供给的数量和价格的波动等存在的不确定性因素都会对其中相关主体的利益产生影响。在定价的过程中，企业针对风险采用的订单机制决定了收益稳定与否，也会影响产业链的稳健性（Assefa et al.，2017）。

②企业的决策地位。Boland et al.（2016）在研究利益相关者理论后，提出企业要权衡不同策略之间的关系，进而才能制定最优的分配决策。然而在农产品产业链中，与农民和销售商相比，企业规模大、生产方式集中，这些特点决定了其在产业链中的核心地位，无论获益数额或获益能力都处于强势地位，使得产业链整体利益分配极不均衡，从而导致了利益错位（黄建华，2016）。同时，也有部分实证研究的结果表明，企业的相应决策并非农产品产业链诱发利益错位的决定性因素（Feess et al.，2014）。

③生产及流通因素。浦徐进和金德龙（2017）在分析农产品流通过程时，提出产业链上的各大企业间的流通效率也会对农民的收入和整体利益分配格局产生影响。Accorsi et al.（2016）将农产品产业链视为一个生态系统进行研究，得出企业基础设施建设、农产品生产以及利益分配之间存在相互依赖关系。另外，生产力的发展与农产品的价格水平和生产效率也有密切的联系，这对实现利益的合理分配也会产生一定的影响（Frick and Sauer，2018）。

综上所述，学者从价格、决策地位、生产及流通三个层面对农产品产业链利益分配进行了研究，但鲜有关于农产品产业链利益错位的研究。虽然目前仅有的少数学者尝试分析产业链利益分配的整体局势，但与之相关的研究仅停留在概念分析的阶段，尚未见到对因利益分配不均而导致利益错位问题的深入探讨及相关实证研究。

（2）关注企业以外的相关因素对利益错位的影响。除企业自身的因素以外，农产品产业链利益错位现象的产生还受其他诸多复杂因素的影响。

①外部环境因素。企业外部环境的不确定性不利于产业链各主体间合作关系的维持，间接影响到产业链的绩效和获益能力（Tsao et al.，2017；Borodin et al.，2016）。在激烈竞争的市场中，信息失真和理解失误等现象频繁发生，上下游企业就会因此制定出不当的决策，进而导致利益受损（杨亚等，2016；Gómez-Limón et al.，2019等）。外部环境的不确定性也涉及企业间的潜在联系和相互作用，这种联系和作用为信息的直接交换提供了重要途径，但也容易造成利益冲突（Horváth and Harazin，2016；Carson et al.，2016）。

②政策战略因素。Yet（2016）针对农业政策战略管理问题建立了混合型的动态贝叶斯网络模型，研究表明不确定性和风险是影响农产品产业链利益分配不均的重要因素，这为农业部门的政策战略制定与部署提供了重要参考。Clark 和 Inwood（2016）的研究凸显了政府对农产品发展战略的支持，进而揭示了农产品相关管理部门在促进市场发展和影响利益分配方面发挥的重要作用。

③产业链自身因素。产业链内资金配置渠道和利益分配机制未能有效地发挥作用也是造成利益错位的主要原因,不同的运行机制以及运行特点,与其适应性之间存在差异,流通渠道模式也具有多样性,都需要进一步调整以实现运行机制与流通渠道模式的完美结合,从而实现合理的利益分配(Wang,2016)。同时,还需注意的是产业链渠道关系的公平很难实现,这也可能会成为利益不均的导火索(冯春等,2016)。如今,随着复杂产品协同研制的兴起,张瑜等(2016)指出产业链主体间的合作模式也是研究利益分配与协调问题的关键。

综上所述,学者分别从外部环境、政策战略以及产业链自身三个层面进行了影响利益分配的外部因素研究,但鲜有涉及利益分配不均导致的利益错位纠正研究,而对于农产品产业链利益错位的研究更是亟待深入。

2. 基于多元化流通渠道模式的农产品产业链协调优化研究

农产品流通渠道模式就是农产品从农户手中,途经物流、商流、信息流等过程,最终到达消费者手中的一种流通方式或组织形式。随着社会经济和科学技术的进步,农产品流通模式不断推陈出新,出现了"农户+市场""农户+超市""农户+电子商务"等多元化流通渠道模式,研究不同流通渠道模式下农户的最优决策及农产品产业链的协调优化问题,引发了国内外学者的广泛关注并形成了重要的研究成果,这些研究基于以下两类视角。

(1)基于传统流通渠道模式视角。传统的农产品流通模式,主要包括"农户+市场""农户+超市""农户+批发商""农户+龙头企业"这四种,中外学者对其分别展开了研究。

①"农户+市场"。这是一种从农户到市场的直接流通方式,不需要任何中间商和中转销售渠道。消费者在农贸市场等市场中自由购买农产品,与农户面对面交易。Nadir et al.(2019)在研究中指出,这种少品种、少批量的"农户+市场"交易模式可以有效节约交易成本,但存在农产品交易数量较少、流通效率低的局限性,农户难以实现较大增收和营利,不利于农产品产业链的协调。

②"农户+超市"。这是一种逐渐兴起的基于连锁超市出售农产品的流通模式(也称"农超对接")(Stevanović et al.,2016)。在这种流通模式下,连锁超市通过采购中间供应商的农产品来组织货源,中间供应商再通过对农户进行直接采购来供应超市(崔丽和胡洪林,2017)。据统计,亚太地区通过超市销售的农产品达到了农产品总数的70%,美国甚至达到80%,而我国只占50%左右。为推动"农超对接"销售模式的发展,农业部联合商业部多次发文要在全国开展"农超对接"试点,这种流通模式由于中央大力支持快速在全国范围内普及,成为现代化农产品流通的主要模式(Yan et al.,2016)。金亮(2018)指出,该模式使农产品生产和销售分离,使农产品的流通成本降低,在一定程度上缓解了农户农产品"卖难"和消费者"买贵"并存的矛盾,但是并没有从根本上解决农民与涉农企业间收入差距过大问题。

③"农户+批发商"。随着"农超对接"流通模式的发展,农产品数量规模的增大,"农户+批发商"也成为一种必要的农产品流通模式,在这种模式下批发商对农产品进行统一

收购，然后进行储存和运输。由于交易双方往往进行一次性交易，为使利润最大化，农户和批发商会不断地更换交易对象，造成交易双方对彼此的依赖性较差，农产品流通效率低下（Shousong et al.，2019）。郑琪和范体军（2018）在文献中指出了该种流通模式的三个弊端：一是单次交易成本高，无法形成规模优势，频繁地更换交易对象使交易难度增加；二是单独小规模生产的农产品生产者对价格没有话语权，只能被动地接受批发商对商品的定价，导致生产者市场风险增加；三是生产者和批发商对农产品没有加工处理能力，只能获得其农产品的基本价值，无法实现其经济价值增值。

④"农户+龙头企业"。在这一模式中，农户与龙头企业签订买卖合同或生产收购合同，农户根据合同要求向企业提供相应品种和数量的农产品，龙头企业对农产品制定收购标准，然后将农产品进行统一收购，龙头企业收购后对农产品进行加工处理，使农产品实现经济价值增值，正是因为这一特点，"农户+龙头企业"这一农产品流通模式在我国普遍盛行。该模式又可以进一步细分为两种方式：一种方式是双方按照市场农产品价格收购和买卖；第二种方式是双方从各自的利益出发，签订订单生产合同，将双方的关系以"契约"的形式固定下来（Su et al.，2018）。Fu et al.（2019）指出，龙头企业具有强大的资金流和先进的技术设备，同时对于市场的把脉也较为准确，能够将所收购的农产品快速销售，为实现农产品产业链协调稳定做出了贡献。

综上所述，学者对于传统流通渠道模式下的农产品产业链进行了较为全面的研究，为农产品产业链的协调提供了重要参考和宝贵建议。但是，传统流通渠道模式还有待与互联网、电子商务等新兴产业相结合，在此基础上，深入研究各农贸主体的最优决策条件以及产业链协调条件，才能可能实现农产品产业链的协调。

（2）基于新型流通渠道模式视角。随着互联网技术的不断发展，电子商务已在农产品流通中占据了一席之地，"农户+电子商务"的新型农产品流通模式正在形成和发展。国内外学者基于这一视角主要研究了农产品产业链的联合定价与履行优化问题、设施位置和设施容量问题、线上线下服务决策模型、产业链协调机制。

①联合定价与履行优化问题。"农户+电子商务"是以电子商务为平台的流通渠道模式，有效缩减了农产品从采摘到消费者手中的流通时间，有力地保证了农产品的新鲜度（Song et al.，2018）。雷等（Lei et al.，2018）指出，由于电子商务零售商在有限销售季节向不同地区的客户销售产品，并通过多个履行中心履行订单，导致电子零售商面临联合定价和履行优化问题，即在每个期间开始时，电子零售商需要共同决定每种产品的价格以及如何履行收到的订单，实现总预期利润最大化。这种流通渠道具有较高的准确性，消费者在网络平台上下单，生产者也可以在网络平台中了解到消费者的需求。生产者、消费者、组织经营者之间的高效、密切的配合能够保障整个流通过程的有序顺利完成，实现了信息流、物流、资金流的有效流动（Boysen et al.，2018）。

②设施位置和设施容量问题。Pagès-Bernaus et al.（2019）综合分析了电子商务实践中不确定性市场条件和客户需求，构建了基于外包设施位置模型和基于内部分销设施位置模型解决容量设施选址问题。Zhao et al.（2018）从意见动态理论的角度出发，研究了电子商务社区（或社会网络）的互动机制，分析了意见领袖在群体意见形成过程中的影响力。

结果表明，为了最大限度地发挥电子商务的影响力，提高意见领袖的信誉至关重要。

③线上线下服务决策模型研究。在新兴电子商务环境中，线上与线下服务水平往往影响各自的客户需求，由此产生线上线下需求相互迁移而影响供应链系统的利润。O2O（Online To Offline）与传统企业的区别在于把线上和线下的优势相结合，线上门店提供集中式服务决策模型，线下门店提供分散式服务决策模型，把互联网与实体店完美对接，让消费者在享受线上优惠价格的同时，又可享受线下贴身服务（叶飞和刘龙华，2017）。该模式通过运用大数据、移动互联、智能物联网等技术及设备，实现人、货、场三者之间资源优化配置（Pan et al., 2019）。借助互联网优势整合线上线下资源，更准确高效地服务客户，在自身平台监管农产品，保障了农产品质量（Dai et al., 2019）。

④产业链协调机制研究。Yan et al.（2018）指出当制造商开设在线渠道与零售商竞争时，需要利用有效机制协调O2O分配，为所有供应链参与者带来更高的利润。除此之外，该研究还提出了一种新的机制，即制造商对零售商的奖励积分和利润分享的财务支持，以协调O2O农产品产业链。研究结果表明，这种机制有效地解决了O2O竞争问题，为农产品产业链参与者创造了更高的利润。Govindan和Malomfalean（2018）针对线上线下两种需求，建立了基于O2O方法的比较模型，研究了收益分享、回购和数量柔性契约三种协调机制。结果表明，在数量灵活性协议下，O2O确定性需求可以实现最佳结果和最高利润。He et al.（2018）专注于供应商和零售商组成的供应链，其中零售商可以是线下商店、纯粹的在线商店或者两者的某种组合，并使用两种不同的销售函数来揭示参考质量效应对消费者的影响，最后利用差异博弈理论，推导出O2O背景下渠道成员的均衡决策，分析得到了当零售商使用不同的零售模式时企业应如何调整决策。

综上研究，学者针对农户与互联网、电子商务等新兴产业的结合问题，从联合定价与履行优化问题、设施位置和设施容量问题、线上线下服务决策、产业链协调机制等方面展开了研究，并形成了较为丰富的成果，但是仍还存在以下问题：①鲜有关于信息共享机制的研究。虽然目前仅有的少数学者尝试将信息共享引入农产品产业链模型中，但相关研究还停留在概念分析的阶段，尚未形成针对其动态性机制进行深入研究的重要成果；②产业链主体间协调机制的研究较为匮乏，缺少关于各农贸主体的最优决策条件的求解和分析，未能从整个产业链协调角度探究各方利益均衡条件，提出切实有效的产业链协调机制。

3. 基于流通渠道外部因素影响的农产品产业链协调优化研究

流通渠道内部研究是解决农产品产业链协调问题的关键和基础，流通渠道外部因素同样是影响农产品产业链协调优化的重要因素。现有的关于产业链外部因素的研究主要分为以下两个方面。

（1）考虑政府补贴的农产品产业链的协调优化。目前，基于政策引导的农产品供应链运作及绩效研究已经受到学术界的广泛关注（曹裕等，2019）。Xiong和Yang（2016）在研究中提到，随着当前经济迅速发展，消费者的绿色消费理念正在逐渐形成，消费者的健康意识逐渐增强，更愿意购买绿色农产品，但是，对农户而言，他们始终存在价格方面的担忧。由于农产品种收困难，流通环节复杂，利润在流通环节中被大量消耗，收购价格较低，造成农户并不愿意通过种植农产品来获取收入。而价格又是农户在种植农产品之前考虑的首要因素，较低的收购价格成为农产品进入市场的一大瓶颈（黄建辉等，2018）。因此，政府试图通过补贴政策鼓励农产品种植。目前，不同的政府补贴政策日渐引起了学者的关注。

①基于补贴方式的政府政策。依据是否直接支付给农民的标准，学者把政府补贴分为直接补贴和间接补贴。直接补贴按照事先制定的标准直接对农民进行转移支付，是政府补贴的主要方式和手段（Bhattacharyya 和 Ganguly，2017）。研究指出农产品的种植面积、销售量、产量等是制定标准的重要依据和参考。Huang 和 Yang（2016）研究了政府的间接补贴对农产品产业链的影响，研究结果表明，流通环节中的价格补贴是农民间接受益的农业补贴政策，能提高农民的生产积极性。

②基于相关规定的政府政策。根据世界贸易组织关于农业补贴的相关规定，学者们将农业补贴政策分为"黄箱""蓝箱""绿箱"政策和出口补贴政策等。Chen et al.（2017）指出，诸如牲畜数量补贴、农产品价格支持以及种植面积补贴等"黄箱"政策，可以对生产和贸易产生扭曲作用，而诸如休耕地差额补贴等"蓝箱"政策可以限制生产。（Latruffe et al.，2016）指出，由于"绿箱"政策的费用由纳税人负担而不是从消费者中转移而来，因此对生产者没有影响，不会干扰消费价格的财政支出，并且不会引起贸易扭曲，在一定程度上促进了农产品产业链的可持续发展。此外，一些学者也对出口补贴政策等进行了相关研究，这些研究表明政府提供给本国生产者或出口经营商资金或者其他财政上的支持对于提高本国的国际竞争力具有积极影响。

③基于补贴对象的政府政策。学者根据补贴对象的不同将农业补贴分为"五大补贴"和其他补贴。Minviel 和 Witte（2017）在研究中提到，"五大补贴"是以优良大豆或小麦品种为主要对象的良种补贴、以湖南等粮食主产区为主要对象的粮食直接补贴、帮助农民购置大型农业机械的农机购置补贴、鼓励农户采用环境保护型和资源节约型农业技术提供的农业技术补贴以及农业生产资料综合直补。Liang et al.（2019）运用生命周期方法对集约化种植的农作物系统外部环境进行了研究和评估，指出"五大补贴"在提高粮食产量和支持农业收入方面都发挥了重要作用。其他补贴包括农业税减免、最低收购价政策等，相对于"五大补贴"而言，所占资金规模较小，学者在研究中也较少提及（Chakrabarti et al.，2018）。

综上所述，学者分别从政府补贴是否直接支付给农民、世界贸易组织关于农业补贴的相关规定和补贴对象的不同将农业补贴进行了详细的分类和研究，但鲜有涉及供应链成员利益错位环境下政府补贴如何协调联盟成员利益分配的相关研究，对于政府补贴的作用机理和作用效果的分析也有待深入。

（2）考虑顾客行为的农产品产业链的协调优化。面对产品生命周期的缩短，零售商通常会采取销售季—促销季两阶段定价销售策略，以达到及时消化多余库存、加速资金周转的目的（张福利等，2017）。面对零售商的两阶段销售策略，终端顾客在进行产品购买决策时，可能会选择在销售季立即购买或考虑等待促销季产品降价时再购买，该决策取决于客户为实现效用最大化而对未来价格和库存所做出的预期，这类顾客通常称为策略型顾客，相应的购买行为一般被称为策略型顾客行为（陈志松，2017）。策略型顾客可能会考虑等待产品降价时再购买从而延迟他们的购买决策，而商品降价销售策略也进一步刺激了策略型顾客的等待行为，从而加剧产品供需之间的不匹配性。近年来策略型顾客行为的重要性逐渐受到实业界和理论界的关注，并在农产品运营管理领域得到应用与研究。

①基于消费者购买行为。消费者购买行为是影响农产品供应链收益的重要因素，消费者将基于产品价格、可获得性、需求及库存等信息，比较不同阶段所获得的期望收益后决定最佳购买时机（Feldmann 和 Hamm，2015）。Richards et al.（2017）指出农贸市场对当地食品的直接销售已达到稳定水平，相对于非本地食品，消费者更喜欢购买本地食品。Alphonce 和 Alfnes（2016）研究了四种启发方法，基于多个价格表和具有规定数量的食品进行实验，结果表明消费者愿意为有机食品和食品安全检查支付额外费用。Salmon et al.（2018）讨论了在选择农产品时可能出现的权衡问题，其中人类营养和食品安全都被考虑。Zhang et al.（2018）指出消费者对安全蔬菜的购买意愿受到家庭食品支出、熟悉度、差异认知、安全意识、营养健康、包装、标签信任等因素影响。

②基于消费者退货行为。消费者退货行为是指在一定的购买周期内，顾客退回与自己实际需求不符的产品的行为，这种方式可以满足不同消费者对不同产品的需求，实现了产品流通的灵活性。然而退货行为的发生受多种因素影响，其中，农产品质量引起退货的现象最为常见。消费者一旦发现农产品易腐烂变质，便会立即退货（Liu et al.，2017）。此外，Mattar et al.（2018）研究发现，在网购农产品中，到货时间、产品与预期的差距、退货周期的长短、退货程序是否复杂会影响顾客的退货行为。然而，Pino et al.（2016）指出农产品企业社会责任对消费者的退货态度和退货意图同样具有重要影响，例如，消费者可能因为企业良好的社会责任放弃退货。

综上所述，学者分别基于农产品消费者购买行为和农产品消费者退货行为对策略型顾客行为影响进行了充分研究，为利益错位环境下深入研究基于策略型顾客行为的农产品产业链协调优化机制奠定了理论基础。

综合上述，国内外研究现状，目前关于农产品产业链利益错位影响因素、流通渠道内部创新、外部主体干预建模与农产品产业链协调优化的研究主要还存在以下问题。

首先，当前对农产品产业链利益错位及协调优化的研究大多采用了基于单个主体案例的研究方法，鲜有对主体间关联关系的分析，缺少系统完善的理论体系和形式化的技术方法支撑。因此，基于单个主体案例的研究方法较难构造理想的实验条件，难以深入刻画农产品产业链利益错位的影响因素及产业链系统的运行机制，由此导致对农产品产业链认识的片面性，难以从系统化的视角优化产业链的利益分配。

其次，尚未发现针对流通渠道创新和外部主体干预的农产品产业链利益错位与协调优化的专项研究。目前，国内外学者关于农产品产业链协调优化机制的研究主要致力于解决不同流通渠道模式下产业链主体的优化决策问题，同时，流通渠道模式的多元化导致农产品市场竞争日益激烈、渠道成员间的合作关系更为复杂、渠道冲突频发、利益分配错位，现有的理论和方法未能从流通渠道内外部影响的视角深入研究整个产业链主体间的利益关系，难以提出切实有效的产业链协调优化机制。

(四)研究范围界定与研究设计

1. 研究内容

围绕"基于流通渠道创新和外部主体干预的农产品产业链利益错位与协调优化研究"的主题,对农产品产业链利益错位和协调优化机制进行研究。按照"农产品流通渠道成员利益分配与冲突研究→流通渠道内部创新研究→流通渠道外部主体干预研究→综合考虑流通渠道内外部双重影响的农产品产业链利益错位与协调优化研究→应用研究"的思路建立理论框架,具体研究内容如下。

(1) 农产品流通渠道成员利益分配与冲突研究。基于农产品流通渠道成员间的关联关系,明确渠道成员间的利益分配现状,探究渠道成员间冲突的根源本质,为后续研究奠定基础。

我国小农经济的生产方式导致农产品生产规模小且分散化,农产品流通模式难以处于长期稳定状态。除此之外,农产品流通渠道涉及批发市场、零售市场等多个市场体系,成员众多且结构复杂,导致流通渠道内部冲突频发。

因此,分析涉及成员以及成员之间的关联关系和结构形态,明确农产品产业链流通渠道成员的利益分配现状。并基于冲突消解理论,对我国农产品流通渠道冲突的形式及特点进行剖析,从微观和宏观的角度探讨冲突形成的原因,揭示农产品渠道冲突的根源本质。

(2) 基于流通渠道创新的农产品产业链利益错位及协调优化研究。农产品产业链的利益错位主要体现在流通渠道成员间的利益分配不均衡,作为农产品的生产商,农民所获得的利润远远低于流通渠道中涉农企业的所得利润。因此,在上述研究的基础之上,进一步研究基于流通渠道内部创新(单渠道、跨渠道、多渠道)的农产品产业链协调优化机制。

①基于单渠道模式创新的农产品产业链利益错位及协调优化研究。农产品流通是指农产品在生产商、批发商、零售商等节点间的流动过程。这一过程不仅包含农产品的流动,而且包含信息、资金等要素的流动。在当下农产品单渠道流通模式中,流通渠道成员间信息的不对称性是导致农产品流通效率低下的重要原因,这种信息不对称性主要体现在农民与涉农企业间的信息不对称。针对不同农产品流通模式的特点,分析归纳农产品流通模式存在的主要问题,明确农产品流通渠道成员间所获得信息的差异性。

②基于跨渠道模式创新的农产品产业链利益错位及协调优化研究。随着我国农产品电子商务不断发展,农产品网络直销与实体零售相结合的跨渠道流通模式逐渐形成。这种模式一方面提高了农产品的流通效率,增加了农民收入;另一方面,由于市场的重叠性和农民的双重角色性(实体零售的供货商和网络销售的直接销售商),当跨渠道成员间的利益得不到有效协调时,则会不可避免地发生渠道冲突,导致农民成为最大利润受损方。

基于电子商务环境下农产品跨渠道流通模式的类型和特点,剖析渠道冲突产生的原因以及类型。在此基础上,构建跨渠道 Stackelberg 动态博弈模型,对比分析网络直销渠道开放前后的渠道成员利润变化,研究造成农产品跨渠道冲突产生的根本原因。

③基于多渠道模式创新的农产品产业链利益错位及协调优化研究。农产品多渠道联盟是指通过纵向及横向联合、协议或者股权交易等方式将相互独立的农民、零售商、批发商

等主体相互联结,组建具有长期战略合作关系的利益共同体。构建农产品多渠道联盟可以提高农产品流通效率,增加农民利润。但是由于我国农产品流通的集约化程度低、渠道成员间的关系不稳定、利润和信息共享机制不健全等因素的影响,导致农产品多渠道联盟成员间冲突频发,因此,协调多渠道联盟成员间的利益关系,维护联盟的稳定性,是实现农产品产业链协调优化的关键。剖析我国农产品渠道联盟的基本类型和特征,构建渠道联盟成员利润分配演化博弈模型,研究基于多渠道模式创新的农产品产业链协调优化机制。

(3)基于外部主体干预的农产品产业链利益错位及协调优化研究。通过上述基于流通渠道内部创新的农产品产业链协调优化机制的研究,进一步探究基于流通渠道外部干预,即政府补贴政策和顾客策略型消费行为影响的农产品产业链利益错位及协调优化问题。

① 基于政府主体干预的农产品产业链利益错位及协调优化研究。政府通过财政补贴政策介入农产品产业链管理是提高农民收入、推动农业可持续发展的重要举措。因此,准确刻画政府与农民以及涉农企业之间的利益关系,制定有效的财政补贴政策是本部分研究的主要问题。

② 基于顾客策略行为的农产品产业链利益错位及协调优化研究。顾客策略行为是指消费者根据掌握的市场信息对产品在未来时期的价格进行预测,进而决定是否选择跨时期购买、战略等待或者立即购买。消费者处于农产品产业链的终端,随着需求导向型市场的逐渐形成,最终消费者需求的变化会对整个农产品供应链的运作产生重大影响,因此,研究顾客策略行为对促进农产品产业链利益错位扭转、实现协调优化发展的意义重大。

(4)基于流通渠道创新和外部主体干预的农产品产业链协调优化研究。农产品流通渠道包含农民、供应商、批发商、零售商等众多主体,主体之间存在着合作、竞争、管理等多种复杂的关系。而且,随着流通体系的日益完善,线上线下直销及与不同类型的零售商合作等方式的流通渠道广泛开放,流通渠道的结构形态以及内部成员间的利益关系更加错综复杂,再加之流通渠道外部影响因素——政府的宏观调控作用和顾客策略型消费行为等,致使农产品协调优化研究空前复杂。因此,需要将流通渠道内部创新和外部主体干预作为独立的分析单元。然后,综合考虑内部创新和外部主体干预,研究内外部双重作用下农产品产业链利益错位及协调优化机制。

在上述研究的基础之上,剖析政府财政补贴和顾客策略型购买以及退货行为对单渠道、跨渠道以及多渠道联盟成员的信息共享和利润分配的影响作用,构建基于外部主体作用的单渠道信息共享、跨渠道利润共享以及多渠道利润分配演化博弈模型,研究基于流通渠道内部创新和外部主体干预的农产品产业链协调优化机制。

2. 研究目标

拟通过对农产品产业链的利益错位以及协调优化问题展开深入研究达到以下目标。

(1)明确农产品产业链结构形态以及相关主体间利益关系,充分认识产业链中的冲突发生的根源本质,完善农产品产业链的相关理论研究成果。

(2)建立单渠道信息共享机制、跨渠道利润共享机制以及多渠道联盟成员利润分配机制,实现基于流通渠道内部创新的农产品产业链协调优化的目标。

(3)分别建立基于政府财政补贴顾客策略型消费行为的流通渠道成员利润分配机制,

实现基于农产品产业链外部主体干预的农产品产业链协调优化的目标。

（4）综合考虑流通渠道内外部影响，指导农民、涉农企业、政府等主体采取行之有效的信息共享策略、利润共享激励策略、财政补贴策略等，实现扭转利益错位和农产品产业链协调优化的目标，为提高农民收入及有关部门促进农产品产业链可持续发展提供建议。

（5）针对目前国内外学术界对此问题研究不足的现实，在研究中综合运用农业经济学、市场营销以及供应链管理的理论和方法，力争对此问题的研究在理论方法上有所突破，并取得新颖的理论成果，丰富农产品产业链运营管理与市场营销交叉领域的理论研究。

3. 研究方案及思路

拟通过广泛资料收集、文献阅读等方法进行调查研究，基于经济学、博弈论等方法进行建模分析，并运用计算机模拟仿真的方法进行理论验证。拟选取集市、小型超市、大型农贸市场等不同规模的农产品市场，通过对农民和涉农企业的广泛调查，分析总结农产品产业链中利益分配现状，以及影响造成利益错位的原因，收集相关数据；然后综合运用博弈论、农业经济管理学、比较分析等相关理论和方法建立数学模型，研究基于流通渠道内外部双重作用的农产品产业链协调优化机制，并通过计算机模拟仿真以及应用研究验证和完善数学模型的研究结论和理论研究成果。

具体而言，研究思路如下。

（1）农产品流通渠道成员利益分配与冲突研究

①农产品流通渠道成员的利益分配研究。首先，通过文献阅读和市场调查法，对农产品产业链进行详细分析（包括农产品产业链的主体、结构特征、组织模式等），利用Petri网络建模法探究农产品产业链利益主之间的关联关系。其次，基于农产品产业链利益分配理论中的个体理性原则，互惠互利原则以及投入、风险与利益相对称原则，剖析农产品产业链渠道成员的利益分配现状。最后，通过实地调研和统计分析法获取相关数据，对农产品渠道成员的利益分配现状定量化分析，进而对主体间利益分配的差异程度进行刻画。

②农产品流通渠道冲突研究。首先，通过文献阅读和市场调查法分析农产品流通渠道冲突现状。其次，基于冲突理论，识别农产品渠道冲突的特性，分析功能性以及破坏性渠道冲突对我国农产品流通的影响程度。最后，从宏观（政治环境因素、经济环境因素、社会文化环境、技术因素等）和微观（渠道成员差异性、依赖性以及农产品价格波动等）分析农产品渠道冲突产生的原因。

（2）基于流通渠道创新的农产品产业链利益错位及协调优化研究

①单渠道成员信息共享机制研究。首先，通过市场调研法和文献阅读法，分析不同流通模式下（农民直销、农民与大型零售商合作、农民与小型零售商合作、农民与超市合作），我国农产品流通主要存在的问题，通过建立模糊评价体系，确定影响流通效率的显著性因素。其次，明确流通渠道成员间的信息差异，基于数据包络分析法测算信息差异程度对农民收入的影响程度。

②跨渠道利润共享激励机制研究。首先，通过文献阅读以及市场调研法分析农产品跨渠道流通的基本模式，归纳分析我国农产品跨渠道流通的类型和特点。在此基础上，从水平、垂直两个维度分析农产品跨渠道冲突的类型以及产生因素。其次，以农产品跨渠道流通模式为原型，基于博弈理论，建立农产品跨渠道斯坦伯格动态博弈模型，剖析跨渠道开放前后农产品的最优销售价格、商场需求量以及渠道成员收益变化等要素，研究影响跨渠道成员冲突产生的根源本质。

③多渠道利润分配演化博弈模型研究。首先，基于市场调研法以及文献阅读法，分析我国农产品多渠道联盟的特点和基本类型。从组织模式和结构模式的视角出发，探究农产品多渠道联盟模式选择机制。其次，通过剖析农产品多渠道联盟成员的利益分配特点，探究影响多渠道联盟稳定性的根源本质。

（3）基于外部主体干预的农产品产业链利益错位及协调优化研究

①基于政府财政政策影响研究。政府财政补贴政策在扭转利益错位以及实现农产品产业链协调优化中起着宏观调控的作用。首先，通过市场调研以及文献分析明确政府、涉农企业以及农民三者之间的利益关系。其次，以政府补贴系数、农民收益、流通成本等为自变量，以产业链整体经济效益为因变量建立财政补贴模型，探究政府的最优补贴系数。

②基于顾客策略行为影响研究。首先，基于文献阅读法分析顾客策略行为的特点以及类型，研究顾客等待购买行为以及策略退货行为对农产品产业链渠道成员的影响作用。其次，基于顾客的等待购买行为，通过降价预期函数，描述消费者对农产品当前价格的感知，针对渠道成员利润最大化条件下的降价策略，研究农产品最优定价机制。同时，基于策略型退货行为，建立农产品流通渠道节点企业期望利润函数模型，研究渠道成员的最优降价策略和渠道成员间的协调优化机制。

（4）协调优化机制及应用研究。考虑到现实中影响农产品产业链协调优化的三种流通渠道——单渠道、跨渠道、多渠道联盟与政府补贴、顾客的策略型行为是同时且相融合出现的，解决不同流通渠道模式下农产品产业链渠道成员利益冲突的问题，实现渠道成员间的协调优化是研究农产品产业链利益错位问题的关键，然而在此过程中，政府补贴以及顾客策略型消费行为相伴随。因此，综合考虑流通渠道的内外部作用是实现农产品产业链协调优化发展的必经之路。首先，分析不同流通渠道下政府补贴以及顾客的策略型消费行为。其次，研究基于流通渠道创新和外部主体干预的农产品产业链协调优化机制。最后，进行市场调研，用所获得的数据验证理论分析模型和研究结果的适用性和有效性。

二、问题提出与理论分析

目前，许多学者关注确定性环境下的单期农产品供应链，而零售商的多阶段差异化采购策略和成员的行为偏好很少被同时考虑。事实上，零售商通常会在当前时期购买超过本期需求的商品，并将其作为战略库存持有到下一个时期，以迫使供货商（农户）降低批发价格。此外，零售商和供货商在不同权力结构下的"话语权"也是具有差异的，处于跟随的决策者可能会因为利润分配不均等问题具有公平偏好这种行为因素。

本文主要研究在考虑跟随者公平关切的供货商领导斯坦克尔伯格博弈（MS博弈）和零售商领导斯坦克尔伯格博弈（RS博弈）情境下不同农产品类型（果蔬类和生鲜类）在两期的产品新鲜度、定价和采购策略。本研究旨在解决以下问题：(1)在考虑跟随者公平关切的不同权力结构下，零售商可以选用哪种采购策略？(2)在两种考虑跟随者公平关切的权力结构下，战略库存的作用是否发生变化？持有战略库存真的会增加利润吗？战略库存，作为一种非单期采购策略，能否提高农产品新鲜度并促进农产品供应链利润增长？(3)在不同权力结构下，跟随者公平关切会怎样影响决策、收益、消费者剩余和社会福利？(4)这些因素对（农产品类型）有相同的影响吗？(5)其他因素会怎样影响两期农产品供应链？

（一）决策顺序

由于本研究考虑了两种权力结构和两种采购策略，因此，这里主要分析了四种差异化的决策顺序。

1. MS博弈情景下零售商选择持有战略库存的决策顺序

首先，供货商决定产品的新鲜度水平 e 和第一期的批发价格 w_1；其次，零售商确定第一期的销售价格 p_1 和战略库存数量 I，并依据 $a-bp_1+ce+I$ 确定第一期的订货数量 Q_1；然后，供货商确定第二期的批发价格 w_2；最后，零售商确定第二期的销售价格 p_2 和订货数量 $Q_2=a-bp_2+ce-I$。

2. MS博弈情景下零售商选择不持有战略库存的决策顺序

在这种情况下，供货商和零售商在第一期和第二期所选择决策一致。供货商首先决定产品新鲜度 e 和批发价格 w_1，其次零售商设定销售价格 p_1，并确定第一期的订货和销售数量为 $Q_1=q_1=a-bp_1+ce$。

3. RS博弈情景下零售商选择持有战略库存的决策顺序

首先，零售商设定第一期的边际收益 v_1 和战略库存数量 I，并依据 $a-b(w_1+v_1)+ce+I$ 确定第一期的订货数量 Q_1；其次，供货商决定产品新鲜度水平 e 和第一期的批发价格 w_1；然后，零售商确定第二期的边际收益 v_2 和订货数量 $Q_2=a-b(w_2+v_2)+ce-I$；最后，供货商确定第二期的批发价格 w_2。

4. RS博弈情景下零售商选择不持有战略库存的决策顺序

首先，零售商设定边际收益 v_1，并确定订货和销售数量为 $Q_1=q_1=a-b(w_2+v_2)+ce$；其次，供货商决定产品的新鲜度水平 e 和批发价格 w_1。

（二）理论研究的参数

所涉及参数如表1所示。

表 1 模型参数

参数	参数说明
a	市场需求总量
b	消费者对销售价格的敏感系数
c	消费者对产品新鲜度水平的敏感系数
β_r	零售商的公平关切系数
β_m	供货商（商户）的公平关切系数
θ_r	零售商的利他偏好系数
θ_m	供货商的利他偏好系数
γ_1	供货商对果蔬类（M_1）的新鲜度投资敏感系数
γ_2	供货商对生鲜类（M_2）的新鲜度投资敏感系数
h	单位库存持有成本
e	产品新鲜度水平
w	单位批发价格
p	单位销售价格
v	单位边际收益
q	零售商销售数量
Q	零售商订货数量
I	库存数量
Π	利润
U	效用
CS	消费者剩余
SW	社会福利
上标	
$ijkl$	供货商的行为偏好：理性、公平关切和利他偏好，$j \in \{R, F, A\}$ 零售商的行为偏好：理性、公平关切和利他偏好，$k \in \{R, F, A\}$ 采购策略：持有战略库存和不持有战略库存，$l \in \{I, N, S\}$ 比如，"MRFI"代表面向 M_1 两期农产品供应链中，一个理性的供应商和一个公平关切的零售商，且零售商选择持有战略库存
下标	
zt	利润或效用的主体：供货商和零售商，$z \in \{m, r\}$ 周期：$t=1,2$

（三）考虑零售商公平关切的 MS 博弈场景

面向 M_1 和 M_2 两期农产品供应链，刻画了在考虑零售商公平关切的 MS 博弈情景下两种不同采购策略的决策模型，分析了不同场景下零售商可采用的采购策略，探究了在供货商领导的两期农产品供应链中引入零售商公平关切后战略库存的作用，对比了面向不同农产品，零售商公平关切是否会带来差异化的影响。

1. 考虑零售商公平关切的 M_1 两期供应链决策模型

面向 M_1，供货商的额外新鲜度水平与生产成本仅与生产数量有关。在场景 MRFI 下，即零售商选择持有战略库存时，供货商的效用函数为式（2）和式（4），零售商的效用函数为式（1）和式（3）。

$$\max U_{r2}^{MEFI} = (1+\beta_r)((p_2^{MRFI}-w_2^{MRFI})(a-bp_2^{MRFI}+ce^{MRFI})+w_2^{MRFI}I^{MRFI})$$
$$-\beta_r(w_2^{MRFI}-\gamma_1 e^{MRFI^2})(a-bp_2^{MRFI}+ce^{MRFI}-I^{MRFI}) \tag{1}$$

$$\max U_{m2}^{MEFI} = (w_2^{MRFI}-\gamma_1 e^{MRFI^2})(a+ce^{MRFI}-bp_2^{MRFI}-I^{MRFI}) \tag{2}$$

$$\max U_{r}^{MEFI} = (1+\beta_r)((p_1^{MRFI}-w_1^{MRFI})(a-bp_1^{MRFI}+ce^{MRFI})-(w_1^{MRFI}+h-w_2^{MRFI})I^{MRFI}$$
$$+(p_2^{MRFI}-w_2^{MRFI})(a-bp_2^{MRFI}+ce^{MRFI}))-\beta_r(w_1^{MRFI}-\gamma_1 e^{MRFI^2})+(a-bp_1^{MRFI}+ce^{MRFI}+I^{MRFI})$$
$$+(w_2^{MRFI}-\gamma_1 e^{MRFI^2})(a-bp_2^{MRFI}+ce^{MRFI}-I^{MRFI})) \tag{3}$$

$$\max U_{m}^{MEFI} = (w_1^{MRFI}-\gamma_1 e^{MRFI^2})(a-bp_1^{MRFI}+ce^{MRFI}+I^{MRFI})+(w_1^{MRFI}-\gamma_1 e^{MRFI^2})$$
$$(a-bp_2^{MRFI}+ce^{MRFI}-I^{MRFI}) \tag{4}$$

在零售商不持有战略库存的情况下，第一阶段的决策与第二阶段保持一致。在场景 MRFN 下，零售商和供货商的效用分别为式（5）和式（6）。

$$\max U_{r1}^{MEFI} = (p_1^{MRFI}-w_1^{MRFI})(a-bp_1^{MRFI}+ce^{MRFI})-\beta_r(2w_1^{MRFI}-\gamma_1 e^{MRFI^2}-p_1^{MRFI})$$
$$(a-bp_1^{MRFI}+ce^{MRFI}) \tag{5}$$

$$\max U_{m1}^{MEFI} = (w_1^{MRFI}-\gamma_1 e^{MRFI^2})(a-bp_2^{MRFI}+ce^{MRFI}) \tag{6}$$

2. 考虑零售商公平关切的 M_2 两期供应链决策模型

面向 M_2，供货商的额外产品新鲜度成本与数量无关，仅考虑其每个周期的投资。在场景 DRFI 下，即零售商选择持有战略库存时，供货商的效用函数为式（8）和式（10），零售商的效用函数为式（7）和式（9）。

$$\max U_{r2}^{MEFI} = (1+\beta_r)((p_2^{DRFI}-w_2^{DRFI})(a-bp_2^{DRFI}+ce^{DRFI})+w_2^{DRFI}I^{DRFI})$$
$$-\beta_r(w_2^{DRFI}(a-\gamma_1 e^{DRFI^2})(a-bp_2^{DRFI}+ce^{DRFI}-I^{DRFI})-\gamma_2 e^{DRFI^2}) \tag{7}$$

$$\max U_{m2}^{MEFI} = w_2^{DRFI}(a+ce^{DRFI}-bp_2^{DRFI}-I^{DRFI})-\gamma_2 e^{DRFI^2} \tag{8}$$

$$\max U_{r}^{DRFI} = (1+\beta_r)((p_1^{DRFI}-w_1^{DRFI})(a-bp_1^{DRFI}+ce^{DRFI})-(w_1^{DRFI}+h-w_2^{DRFI})I^{DRFI}$$
$$+(p_2^{DRFI}-w_2^{DRFI})(a-bp_2^{DRFI}+ce^{DRFI}))-\beta_r(w_1^{DRFI}(a-bp_1^{DRFI}+ce^{DRFI}+I^{DRFI})$$
$$+(w_2^{DRFI}(a-bp_2^{DRFI}+ce^{DRFI}-I^{DRFI}) \tag{9}$$

$$\max U_m^{DRFI} = (w_1^{DRFI}(a-bp_1^{DRFI}+ce^{DRFI}+I^{DRFI}) + (w_2^{DRFI}(a-bp_2^{DRFI}+ce^{DRFI}-I^{DRFI})$$
$$-2\gamma_1 e^{DRFI^2} \tag{10}$$

在零售商不持有战略库存的情况下,第一阶段的决策与第二阶段一致。在场景 $DRFN$ 下,零售商和供货商的效用分别为式(11)和式(12)。

$$\max U_{r1}^{DEFN} = (1+\beta_r)(p_1^{DRFN}-w_1^{DRFN})(a-bp_1^{DRFN}+ce^{DRFN})-\beta_r(w_1^{DRFN}(a-bp_1^{DRFN}+ce^{DRFN})$$
$$-2\gamma_1 e^{DRFN^2}) \tag{11}$$

$$\max U_{m1}^{DRFN} = w_1^{DRFN}(a-bp_2^{DRFN}+ce^{DRFN})-\gamma_2 e^{DRFN^2} \tag{12}$$

(四)考虑供货商公平关切的 RS 博弈情景

面向 M_1 和 M_2 两类农产品,构建并计算了在考虑供货商公平关切的 RS 博弈模型下两种不同采购策略博弈模型,判断了零售商是否可持有战略库存,研究了战略库存在 RS 博弈情景下的作用,分析了引入供货商公平关切后对各决策、收益、消费者剩余和社会福利的影响,对比了面向不同农产品,供货商公平关切是否会带来差异化的影响。

1. 考虑供货商公平关切的 M_1 两期供应链决策模型

在场景 $MFRI$ 下,供货商的效用函数为式(13)和式(15),零售商的效用函数为式(14)和式(16)。但由于无法满足效用函数和各决策值均为正数,因此,在考虑供货商公平关切的 RS 博弈情景下,面向 M_1,零售商无法持有其作为战略库存。

$$U_{m2}^{MFRI} = (1+\beta_m)((w_2^{MFRI}-\gamma_1 e^{MFRI^2})(a-b(v_2^{MFRI}+w_2^{MFRI})+ce^{MFRI}-I^{MFRI}))$$
$$-\beta_m(v_2^{MFRI}(a-b(v_2^{MFRI}+w_2^{MFRI})+ce^{MFRI})+w_2^{MFRI}I^{MFRI}) \tag{13}$$

$$U_{r2}^{MFRI} = v_2^{MFRI}(a-b(v_2^{MFRI}+w_2^{MFRI})+ce^{MFRI})w_2^{MFRI}I^{MFRI} \tag{14}$$

$$U_m^{MFRI} = (1+\beta_m)((w_1^{MFRI}-\gamma_1 e^{MFRI^2})(a-b(v_1^{MFRI}+w_1^{MFRI})+ce^{MFRI}+I^{MFRI})+(w_2^{MFRI}-\gamma_1 e^{MFRI^2})$$
$$(a-b(v_2^{MFRI}+w_2^{MFRI})+ce^{MFRI}-I^{MFRI}))-\beta_m(v_1^{MFRI}(a-b(v_1^{MFRI}+w_1^{MFRI})+ce^{MFRI})$$
$$+(w_2^{MFRI}-w_1^{MFRI}-h)I^{MFRI}+v_1^{MFRI}(a-b(v_1^{MFRI}+w_1^{MFRI})+ce^{MFRI})) \tag{15}$$

$$U_r^{MFRI} = v_2^{MFRI}(a-b(v_2^{MFRI}+w_2^{MFRI})+ce^{MFRI})+v_1^{MFRI}(a-b(v_1^{MFRI}+w_1^{MFRI})+ce^{MFRI})$$
$$+(w_2^{MFRI}-w_1^{MFRI}-h)I^{MFRI} \tag{16}$$

在场景 $MFRN$ 下,供货商和零售商的效用分别为式(17)和式(18)。

$$U_m^{MFRN} = (1+\beta_m)((w_1^{MFRN}-\gamma_1 e^{MFRN^2})(a-b(v_1^{MFRN}+w_1^{MFRN})+ce^{MFRN})$$
$$-\beta_m v_1^{MFRN}(a-b(v_1^{MFRN}+w_1^{MFRN})+ce^{MFRN}) \tag{17}$$

$$U_{r1}^{MFRN} = v_1^{MFRN}(a-b(v_1^{MFRN}+w_1^{MFRN})+ce^{MFRN}) \tag{18}$$

2. 考虑供货商公平关切的 M_2 两期供应链决策模型

在场景 $DFRI$ 下,供货商的效用为式(19)和式(21),零售商的效用为式(20)和式(22)。

$$U_{m2}^{DRFI} = (1+\beta_m)(w_2^{DRFI}(a-b(v_2^{DRFI}+w_2^{DRFI})+ce^{DRFI}-I^{DRFI})-\gamma_1 e^{DRFI^2}$$
$$-\beta_m(v_2^{DRFI}(a-b(v_2^{DRFI}+w_2^{DRFI})+ce^{DRFI})+w_2^{DRFI}I^{DRFI}) \tag{19}$$

$$U_{r2}^{DRFI} = v_2^{DRFI}(a-b(v_2^{DRFI}+w_2^{DRFI})+ce^{DRFI}I^{DRFI} \tag{20}$$

$$U_m^{DRFI} = (1+\beta_m)(w_1^{DRFI}(a-b(v_1^{DRFI}+w_1^{DRFI})+ce^{DRFI}+I^{DRFI})+w_2^{DRFI}(a-b(v_2^{DRFI}+w_2^{DRFI})$$
$$+ce^{DRFI}-I^{DRFI})-2\gamma_2 e^{DRFI^2})-\beta_m(v_2^{DRFI}(a-b(v_2^{DRFI}+w_2^{DRFI})+ce^{DRFI})$$
$$+(w_2^{DRFI}-w_1^{DRFI}-h)I^{DRFI}+v_1^{DRFI}+(a-b(v_1^{DRFI}+w_1^{DRFI})+ce^{DRFI})) \tag{21}$$

$$U_r^{DRFI} = v_2^{DRFI}+(a-b(v_2^{DRFI}+w_2^{DRFI})+ce^{DRFI})+v_1^{DRFI}+(a-b(v_1^{DRFI}+w_1^{DRFI})+ce^{DRFI}$$
$$+(w_2^{DRFI}-w_1^{DRFI}-h)I^{DRFI} \tag{22}$$

在场景 $DFRN$ 下,供货商和零售商的效用分别为式(23)和式(24)。

$$U_{m1}^{DRFN} = (1+\beta_m)(w_1^{DRFN}(a-b(v_1^{DRFN}+w_1^{DRFN})+ce^{DRFN})-\gamma_2 e^{DRFN^2})$$
$$-\beta_m v_1^{DRFN}(a-b(v_1^{DRFN}+w_1^{DRFN})+ce^{DRFN}) \tag{23}$$

$$U_{r1}^{DRFN} = v_1^{DRFN}(a-b(v_1^{DRFN}+w_1^{DRFN})+ce^{DRFN}) \tag{24}$$

3. 供货商公平关切的影响

通过计算可知,在 RS 博弈情景下,面向 M_1,零售商无法持有战略库存。因此,主要研究供货商公平关切在情景 MFRN、DFRI 和 DFRN 下对决策、收益、消费者剩余和社会福利的影响。

命题 2.1 在 RS 博弈中,供货商公平关切对 M_1 两期农产品供应链的影响如下。

(1)供货商公平关切促进了批发价格的提高和边际收益的降低,但并不影响其余决策。

(2)供货商公平关切提升了自身收益,降低了零售商的利润,但并不影响整体 M_1 农产品供应链的利润。

(3)供货商的公平关切不影响消费者剩余和社会福利。

命题 2.2 在 RS 博弈中,供货商公平关切对 M_2 两期农产品供应链的影响如下。

(1)供货商公平关切导致了零售商可持有战略库存范围的减少。

(2)供货商公平关切对各决策的影响与零售商采用的采购策略有关。

(3)供货商公平关切不会提高 M_2 两期农产品供应链总利润。

(4)供货商公平关切不会提高消费者剩余和社会福利。

观察 2.1 在 RS 博弈中,零售商在单周期采购策略下更关注供货商的公平关切行为。

(五)研究成果总结

这一部分的理论研究考虑了两种农产品类型、两种采购策略和两种具有公平关切跟随者的权力结构的八种情景。此外,建立了多情境下的两级两期博弈模型,分析了不同情境下战略库存的作用,并进一步比较和探讨了跟随者公平关切对 M_1 和 M_2 的采购和定价的影响。

通过计算与对比分析,可以得到以下结论。

(1)在考虑零售商公平关切的 MS 博弈情景下,零售商可持有战略库存。而在考虑供货商公平关切的 RS 博弈情景下,零售商只有面向 M_2 时才可以持有战略库存。跟随者公平关切不会扩大零售商可持有战略库存范围。

(2)在两种权力结构下,战略库存都是有效的议价工具。在考虑零售商公平关切的 MS 博弈情景下,战略库存作为一种非单周期采购策略,促进了供货商利润的增加,但不一定提高了零售商和农产品供应链整体收益。而在考虑供货商公平关切的 RS 博弈情景下,战略库存并不利于 M_2 供应链和消费者。

(3)无论是在 MS 博弈还是 RS 博弈情景下,跟随者公平关切都不会提升 M_1 或 M_2 两期农产品供应链利润、消费者剩余和社会福利。

(4)如上述结果所示,无论是采购策略还是跟随者公平关切,对 M_1 和 M_2 的影响都是存在差异的。因此,这验证了细化农产品类别的重要性。

三、考虑供货商公平关切的农产品渠道成员利益分配与冲突研究

(一)问题提出

在现实生活中,随着供应链竞争与合作的加剧,许多决策者都用利他偏好来改善整个供应链。也就是说,供应链中领导企业不仅要关注自身的收益,也考虑到链内其他成员的效益。

因此,这部分主要研究在考虑领导者具有利他偏好的两种权力结构下,M_1 和 M_2 两期农产品供应链的定价与采购决策。旨在解决以下问题:(1)考虑两种领导者利他偏好的权力结构下,零售商可选用哪种采购策略?(2)引入利他偏好后,战略库存的作用是否发生变化?持有战略库存真的会增加供应链利润吗?(3)在不同的权力结构下,领导者利他偏好如何影响两期决策和利润?这种行为偏好是否对消费者和社会有利?(4)这些因素对 M_1 和 M_2 供应链有相同的影响吗?

(二)考虑供货商利他偏好的 MS 博弈情景

面向 M_1 和 M_2 两期农产品供应链,刻画并计算了考虑供货商利他偏好的 MS 博弈模型,分析了在零售商在此情景下是否可持有战略库存,研究了引入供货商利他偏好后 MS 博弈模型下战略库存的作用,对比了面向不同农产品,供货商利他偏好是否会带来差异化的

影响。

1. 考虑供货商利他偏好的 M_1 两期供应链决策模型

在场景 MARI 下，供货商的效用为式（26）和式（28），零售商的效用为式（25）和式（27）。

$$\max U_{r2}^{MARI}=p_2^{MARI}(a-bp_2^{MARI}+ce^{MARI})-w_2^{MARI}(a-bp_2^{MARI}+ce^{MARI}-I^{MARI}) \quad (25)$$

$$\max U_{m2}^{MARI}=(w_2^{MARI}-\gamma_1 e^{MARI^2})(a-bp_2^{MARI}+ce^{MARI}-I^{MARI})+\theta_m(p_2^{MARI}-w_2^{MARI})$$
$$(a-bp_2^{MARI}+ce^{MARI})+w_2^{MARI}I^{MARI} \quad (26)$$

$$\max U_r^{MARI}=(p_1^{MARI}-w_1^{MARI})(a-bp_1^{MARI}+ce^{MARI})+(w_2^{MARI}-h-w_1^{MARI})I^{MARI}$$
$$+(p_2^{MARI}-w_2^{MARI})(a-bp_2^{MARI}+ce^{MARI}) \quad (27)$$

$$\max U_m^{MARI}=(w_1^{MARI}-\gamma_1 e^{MARI^2})(a-bp_1^{MARI}+ce^{MARI}+I^{MARI})+(w_2^{MARI}-\gamma_1 e^{MARI^2})$$
$$(a-bp_2^{MARI}+ce^{MARI}-I^{MARI})+\theta_m(p_1^{MARI}-w_1^{MARI})(a-bp_1^{MARI}+ce^{MARI})$$
$$+(w_2^{MARI}-h-w_1^{MARI})I^{MARI}+(p_2^{MARI}-w_2^{MARI})(a-bp_2^{MARI}+ce^{MARI}) \quad (28)$$

在场景 MARN 下，零售商和供货商的效用分别为式（29）和式（30）。

$$\max U_{r1}^{MARN}=(p_1^{MARN}-w_1^{MARN})(a-bp_1^{MARN}+ce^{MARN})+ \quad (29)$$

$$\max U_{m1}^{MARN}=(w_1^{MARN}-\gamma_1 e^{MARN^2})(a-bp_1^{MARN}+ce^{MARN})+\theta_m(p_1^{MARN}-w_1^{MARN})$$
$$(a-bp_1^{MARN}+ce^{MARN}) \quad (30)$$

2. 考虑供货商利他偏好的 M_2 两期供应链决策模型

在场景 DARI 下，供货商的效用为式（32）和式（34），零售商的效用为式（31）和式（33）。

$$\max U_{r2}^{DARI}=p_2^{DARI}(a-bp_2^{DARI}+ce^{DARI})-w_2^{DARI}(a-bp_2^{DARI}+ce^{DARI}-I^{DARI}) \quad (31)$$

$$\max U_{m2}^{DARI}=w_2^{DARI}(a-bp_2^{DARI}+ce^{DARI}-I^{DARI})-\gamma_1 e^{DARI^2}+\theta_m((p_2^{DARI}-w_2^{DARI})$$
$$(a-bp_2^{DARI}+ce^{DARI})+w_2^{DARI}I^{DARI}) \quad (32)$$

$$\max U_r^{DARI}=(p_1^{DARI}-w_1^{DARI})(a-bp_1^{DARI}+ce^{DARI})+(w_2^{DARI}-h-w_1^{DARI})I^{DARI}$$
$$+(p_2^{DARI}-w_2^{DARI})(a-bp_2^{DARI}+ce^{DARI}) \quad (33)$$

$$\max U_m^{DARI}=w_1^{DARI}(a-bp_1^{DARI}+ce^{DARI}+I^{DARI})+w_2^{DARI}(a-bp_2^{DARI}+ce^{DARI}+I^{DARI})-2\gamma_1 e^{DARI^2}+\theta_m$$
$$(p_1^{DARI}-w_1^{DARI})+(a-bp_1^{DARI}+ce^{DARI})+(p_2^{DARI}-w_2^{DARI})+(a-bp_2^{DARI}+ce^{DARI})) \quad (34)$$

在场景 DARN 下，零售商和供货商的效用分别为式（35）和式（36）。

$$\max U_{r1}^{DARN} = (p_1^{DARN} - w_1^{DARN})(a - bp_1^{DARN} + ce^{DARN}) \tag{35}$$

$$\max U_{m1}^{DARN} = w_1^{DARN}(a - bp_1^{DARN} + ce^{DARN}) - \gamma_1 e^{DARN^2} + \theta_m(p_1^{DARN} - w_1^{DARN})$$

$$(a - bp_1^{DARN} + ce^{DARN}) \tag{36}$$

(三)考虑零售商利他偏好的 RS 博弈情景

1. 考虑零售商利他偏好的 M_1 两期供应链决策模型

在场景 MRAI 下,供货商的效用函数为式(37)和式(39),零售商的效用函数为式(38)和式(40)。与场景 MRFI 类似,由于无法满足效用函数和各决策值均为正数,因此,在考虑零售商利他偏好的 RS 博弈情景下,面向 MIGPs,零售商依旧无法持有其作为战略库存。

$$\max U_{m2}^{MRAI} = (w_2^{MRAI} - \gamma_1 e^{MRAI^2})(a - b(w_2^{MRAI} + v_2^{MRAI}) + ce^{MRAI} - I^{MRAI}) \tag{37}$$

$$\max U_{r2}^{MRAI} = v_2^{MRAI}(a - bp_2^{MRAI} + ce^{MRAI}) + w_2^{MRAI} I^{MRAI} + \theta_r(w_2^{MRAI} - \gamma_1 e^{MRAI^2})$$

$$(a - b(w_2^{MRAI} + v_2^{MRAI}) + ce^{MRAI} - I^{MRAI}) \tag{38}$$

$$\max U_m^{MRAI} = (w_1^{MRAI} - \gamma_1 e^{MRAI^2})(a - b(w_1^{MRAI} + v_1^{MRAI}) + ce^{MRAI} + I^{MRAI})$$

$$+ (w_2^{MRAI} - \gamma_1 e^{MRAI^2})(a - b(w_2^{MRAI} + v_2^{MRAI}) + ce^{MRAI} - I^{MRAI}) \tag{39}$$

$$\max U_r^{MRAI} = v_1^{MRAI}(a - b(w_1^{MRAI} + v_1^{MRAI}) + ce^{MRAI}) + v_2^{MRAI}(a - b(w_2^{MRAI} + v_2^{MRAI}) + ce^{MRAI})$$

$$+ (w_2^{MRAI} - h - w_1^{MRAI}) I^{MRAI} + \theta_r(w_1^{MRAI} - \gamma_1 e^{MRAI^2})(a - b(w_1^{MRAI} + v_1^{MRAI}) + ce^{MRAI} + I^{MRAI})$$

$$+ (w_2^{MRAI} - \gamma_1 e^{MRAI^2})(a - b(w_2^{MRAI} + v_2^{MRAI}) + ce^{MRAI} - I^{MRAI}) \tag{40}$$

在场景 MRAN 下,供货商和零售商的效用分别为式(41)和式(42)。

$$\max U_{m1}^{MARN} = (w_1^{MARN} - \gamma_1 e^{MARN^2})(a - b(w_1^{MARN} + v_1^{MARN}) + ce^{MARN}) \tag{41}$$

$$\max U_{r1}^{MARN} = v^{MARN}(a - b(w_1^{MARN} + v_1^{MARN}) + ce^{MARN}) + \theta_r(w_1^{MARN} - \gamma_1 e^{MARN^2})$$

$$(a - b(w_1^{MARN} + v_1^{MARN}) + ce^{MARN}) \tag{42}$$

2. 考虑零售商利他偏好的 M_2 两期供应链决策模型

在场景 DRAI 下,供货商的效用为式(43)和式(45),零售商的效用为式(44)和式(46)。

$$\max U_{m2}^{DRAI} = w_2^{DRAI}(a - b(w_2^{DRAI} + v_2^{DRAI}) + ce^{DRAI} - I^{DRAI}) - \gamma_2 e^{DRAI^2} \tag{43}$$

$$\max U_{r2}^{DRAI} = v_2^{DRAI}(a - b(w_2^{DRAI} + v_2^{DRAI}) + ce^{DRAI} I^{DRAI}) + \theta_r(w_2^{DRAI}(a - b(w_2^{DRAI} + v_2^{DRAI})$$

$$+ ce^{DRAI} - I^{DRAI}) - \gamma_2 e^{DRAI^2}) \tag{44}$$

$$\max U_m^{DRAI} = w_1^{DRAI}(a-b(w_1^{DRAI}+v_1^{DRAI})+ce^{DRAI}+I^{DRAI}) + w_2^{DRAI}(a-b(w_2^{DRAI}+v_2^{DRAI})$$
$$+ce^{DRAI}-I^{DRAI}) - \gamma_2 e^{DRAI^2} \tag{45}$$

$$\max U_r^{DRAI} = v_1^{DRAI}(a-b(w_1^{DRAI}+v_1^{DRAI})+ce^{DRAI}) + v_2^{DRAI}(a-b(w_2^{DRAI}+v_2^{DRAI})+ce^{DRAI})$$
$$+ (w_2^{DRAI}-h-w_1^{DRAI})I^{DRAI} + \theta_r(w_1^{DRAI}(a-b(w_1^{DRAI}+v_1^{DRAI})+ce^{DRAI}+I^{DRAI})$$
$$+ (w_2^{DRAI}(a-b(w_2^{DRAI}+v_2^{DRAI})+ce^{DRAI}-I^{DRAI}) - \gamma_2 e^{DRAI^2}) \tag{46}$$

在场景 DRAN 下,供货商和零售商的效用分别为式(47)和式(48)。

$$\max U_{m1}^{DRAN} = w_1^{DRAN}(a-b(w_1^{DRAN}+v_1^{DRAN})+ce^{DRAN}-I^{DRAN}) - \gamma_2 e^{DRAN^2} \tag{47}$$

$$\max U_{r1}^{DRAN} = v_1^{DRAN}(a-b(w_1^{DRAN}+v_1^{DRAN})+ce^{DRAN}) + \theta_r(w_1^{DRAN}(a-b(w_1^{DRAN}+v_1^{DRAN})$$
$$+ce^{DRAN}) - \gamma_2 e^{DRAN^2}) \tag{48}$$

命题 3.1 在 RS 博弈中,零售商利他偏好对 M_1 两期农产品供应链决策的影响如下。
(1)零售商利他偏好不会影响 M_1 的新鲜度水平。
(2)零售商利他偏好促进了 M_1 批发价格的提高和销售价格的下降。
(3)零售商利他偏好促进了 M_1 订货量的增加。

命题 3.2 在 RS 博弈中,零售商利他偏好对 M_2 两期农产品供应链决策的影响如下。
(1)零售商利他偏好的提高会减少其持有 M_2 的战略库存范围。
(2)零售商利他偏好促进 M_2 新鲜度水平提高。
(3)零售商利他偏好的提高促进 M_2 批发价格的提高和销售价格的下降。
(4)零售商利他偏好的提高带来订货数量的增加,但不一定促进战略库存数量减少。

观察 3.1 在 RS 博弈中,零售商利他偏好的提高促进 M_1 和 M_2 两期农产品供应链收益、消费者剩余和社会福利的提高。

(四)研究结论

考虑了两种农产品类型、两种采购策略和两种考虑领导者利他偏好的权力结构的八种情景,建立了多情境下的两期两级 MS 和 RS 博弈模型,判别不同场景下战略库存作用是否发生变化,并进一步比较和探讨了不同权力结构下领导者利他偏好对差异化农产品的绿色设计、采购和定价的影响。

通过计算与对比分析,得到以下成果。
(1)在考虑供货商利他偏好的 MS 博弈情景下,零售商可选择持有战略库;而在考虑零售商利他偏好的 RS 博弈情景下,零售商是否可以持有战略库存与产品种类相关。领导者利他偏好都会减少零售商可持有战略库存的范围。
(2)在考虑供货商利他偏好的 MS 博弈情景下,战略库存依旧是有效的议价工具,但其不一定可能增加供应链成员利润、消费者剩余和社会福利。战略库存这种非单周期采购策略不一定可以提高第一阶段的订货数量。在考虑零售商利他偏好的 RS 博弈情境下,战

略库存不利于 M_2 新鲜度水平和利润的增加。

（3）无论是在 MS 博弈还是 RS 博弈情景下，领导者利他偏好都会促进两期农产品供应链收益、消费者剩余和社会福利的增加。

（4）无论是采购策略还是领导者利他偏好，对 M_1 和 M_2 的影响是存在差异的。比如，M_1 新鲜度水平不受采购策略和行为偏好的影响，而采购策略会影响 M_2 的新鲜度水平，领导者利他偏好会促进 M_2 新鲜度水平的提高。

四、农产品渠道成员利益分配与供应链协调研究

农产品流通渠道包含农民、供应商、批发商、零售商等众多主体，主体之间存在着合作、竞争、管理等多种复杂的关系。而且，随着流通体系的日益完善，线上线下直销及与不同类型的零售商合作等方式的流通渠道被广泛开放，流通渠道的结构形态以及内部成员间的利益关系更加错综复杂，再加之流通渠道外部影响因素——政府的宏观调控作用和顾客策略型消费行为等，致使农产品协调优化研究空前复杂。本文重点关注线上线下直销的零售商合作模型，研究农产品供应链的促销决策模型和协调优化。

（一）研究问题刻画

长期稳定的合作关系需要供应链成员的通力合作，因此在农产品供应链中采取何种方式消除供应链各成员的不满情绪是重点研究问题。结合电商供应链特性，选择供货商主导促销的决策模型进行协调优化，以缩小成员间的利润差异为目标，建立由收益共享和成本共担形成的单契约和组合契约协调方法。尽管供货商领导的促销利润之和大于电商平台促销的利润之和，但由于供货商领导下的促销决策收益差距大于电商平台领导下的促销决策收益差距，这会导致电商平台的不满情绪，因此我们在制造商领导的促销模型基础上，从生命周期内研究溢出效应，即两个渠道的产品销量如式（49）和式（50）所示。同时构建收益共享和收益共享+成本共担契约对制造商领导的促销决策模型进行协调，忽略生命周期内不同阶段销量不同的问题，不再对促销溢出效应在各阶段的正负形进行限定。

$$Q_m^M = \theta - p_m + \beta p_e + e_m \tag{49}$$

$$Q_e^M = \theta - p_e + \beta p_m + k e_m \tag{50}$$

$$\pi_m^M = Q_m^M + v_e^M Q_e^M - \eta_m (e_m^N)2 - c(Q_m^N + Q_e^M) \tag{51}$$

$$\pi_m^M = Q_e^M (P_e^M - w_e^M) \tag{52}$$

即溢出效应在整个产品生命周期内均表示为 k，决策顺序不变，当 $\eta_m > \dfrac{2+k^2+k^2\beta^2+4k\beta}{8(1-\beta^2)}$ 时，制造商主导促销。同理，当电商平台主导促销时，渠道销量和成员利润如式（53）至

式（56）所示，当 $\eta_e > \dfrac{1}{8} + \dfrac{1}{8}\sqrt{\dfrac{-(1+2k^2+4k\beta+\beta^2)}{\beta^2-1}}$ 时，电商平台主导促销。

$$Q_m^E = \theta - p_e + \beta p_m + k e_e \tag{53}$$

$$Q_e^E = \theta - p_e + \beta p_m + e_e \tag{54}$$

$$\pi_m^E = Q_m^E p_m^E + w_e^E Q_e^E - c(Q_m^E + Q_e^E) \tag{55}$$

$$\pi_e^E = Q_e^E(P_e^E - w_e^E) - \eta_e(e_m^E)^2 \tag{56}$$

（二）单契约协调

契约一直是供应链协调的重要手段，一定程度上能够保证供应链成员获得双赢。在单契约协调中，我们采用常见的收益共享契约进行协调，其中 S 代表单契约协调，D 代表组合契约协调。具体做法如下：假设制造商保留自身收益的 λ，则电商平台获得制造商利润的 $(1-\lambda)$。制造商和电商平台的利润函数如下：

$$\pi_m^S = \lambda Q_m^S p_m^S + w_e^S Q_e^S - \eta_m(e_m^S)^2 - c(Q_m^S + Q_e^S) \tag{57}$$

$$\pi_e^S = Q_e^S(p_e^S - w_e^S) + (1-\lambda) Q_m^S + p_m^S \tag{58}$$

在单契约即收益共享契约下，制造商会提高制造商批发价、直销零售价和促销力度以维持自身的高额利润，而电商平台作为跟随者也会因为提高转销零售价而获得收益。随着竞争强度的加剧，制造商同样会选择提高直销渠道零售和增大促销力度来维持高额利润；当促销成本的增加时，制造商会抑制促销，进而减少批发价和零售价，同时激励电商平台多进货和消费者购买。

（三）组合契约协调

由于供应链的复杂程度和成员之间需要相互制约，双契约也逐渐成为学者研究供应链协调的方向。在这里，我们探讨组合契约对供应链协调的效果，为提高电商平台参与的积极性，作为主导者的制造商主动分享 $(1-\lambda)$ 给电商平台，同时电商平台分担制造商促销成本 $(1-\gamma)$ 比例，则在组合契约下制造商和电商平台的利润函数如下：

$$\pi_m^D = \lambda Q_m^D p_m^D + w_e^D Q_e^D - \eta_m(e_m^D)^2 - \gamma_c(Q_m^D + Q_e^D) \tag{59}$$

$$\pi_e^D = -Q_e^D(p_e^D - w_e^D) - (1-\gamma) c(Q_m^D + Q_e^D) + (1-\lambda) Q_m^D p_m^D \tag{60}$$

在收益共享 + 成本共担协调契约中，电商平台分担了一部分制造商的促销成本，电商平台分担比例 $1-\gamma$ 越多，制造商会越乐意促销，同时制造商会降低批发价以回馈电商平台的分享促销成本行为。同样制造商仍然会通过提高批发价和零售价来获得高额利润，电商平台同样也会提价获取利润。现实中，制造商可以通过主动与电商平台分享自身收益并让电商平台分担部分促销成本的方式以增加合作的紧密性。

(四)研究总结

以前文的结论为基础,并以减少制造商领导促销时的成员利润差异为目标,研究促销溢出效应下制造商领导促销的电商供应链协调策略,并通过数值分析验证结论的稳定性和有效性。结果表明:首先对比电商平台主导促销活动,制造商主导促销对供应链来说获益更大,因此选择制造商领导的促销活动进行协调,然后对单契约和组合契约的协调有效性进行验证,紧接着通过对比单契约和组合契约在定价、促销和利润方面的差异,发现两种契约在协调渠道成员的定价和促销力度所起到的作用是一致的,由于单契约下的批发价大于组合契约下的批发价,因此两种协调策略下的利润存在差异。最后探讨了生产和促销成本变化下的敏感性分析,通过数值分析发现单契约与组合契约的最优决策变量均随着成本的增加而变化,即在成本逐渐增加的情况下,两种协调策略均倾向于减少促销,降低渠道零售价以维持市场份额。

五、西安市农产品利益协调研究结论与政策建议

针对 M_1 和 M_2 两类农产品产品,将现实生活中普遍存在的采购策略、不同主体的不同行为因素以及差异化的权力结构纳入两期农产品供应链管理中,构建了分别和同时考虑跟随者公平关切和领导者利他偏好的两级两期博弈模型,分析了零售商在不同权力结构下可采用的采购策略,研究了非单周期采购策略—战略库存在不同情景下的作用,探讨了行为偏好对供应链决策和收益的影响。此外,两类农产品快速腐败的特点导致其在销售周期内常通过促销方式刺激消费者购买,而不同成员促销会产生不同的效果,尤其是针对一些特殊产品,传统促销方式并不能提供科学的促销决策管理。因此,通过建立线上线下供应链模式中各成员主导促销的方式,基于制造商主导促销模型设计了单契约(收益共享)和组合契约(收益共享+成本共担)的供应链协调策略,主要研究结论如下:

(1)采购策略和公平考虑不会影响 M_1 产品新鲜度水平。然而,这一结论不适用于 M_2。

(2)无论是在 MS 还是 RS 博弈情景下,战略库存一直是零售商有效的议价工具,但持有战略库存不一定对成员、农产品供应链、消费者剩余社会福利有利。这种非单周期采购策略带来的影响与权力结构有关。

(3)当仅考虑跟随者公平关切时,零售商的公平关切不会影响 M_1 供应链的利润。但对 M_2 供应链的影响与采购策略有关。总的来说,在供应链中领导者理性且跟随者具有公平关切时,无论是从产品新鲜度水平还是从利润的角度,公平关切对于整个农产品供应链来说都不是一个好现象。

(4)当仅考虑领导者利他偏好时,领导者利他偏好都会促进两期绿色供应链收益、消费者剩余和社会福利的增加。

(5)在供货商主导的促销协调中,单契约和组合契约均能达到减少供货商和电商平台间收入差距的作用,收益共享契约下批发价、两渠道零售价和促销力度都会随着供货商收

益共享比例的增加而降低；而收益共享+成本共担的组合契约定价决策随着成本共担比例的增加而增加，然后减小；同时促销力度随着成本共担比例的增加减少。这表明两种协调方式均能够达到利润分配的目的。

（6）单契约与组合契约均能够保证线上线下农产品供应链成员收入差异的减少，且收益共享契约在减少成员利润差异方面比收益共享+成本共担效果更显著。这是因为组合契约下促销力度略高于单契约下促销力度，而单契约的批发价格则略高于组合契约，随着溢出效应的增强，两种契约协调下的批发价格一致，由于契约间的零售价相差不大，因此比单契约收入差距幅度略大。

此外，本文还提出以下建议。

（1）细化农产品产品类别是必要的，农产品企业转型是提高产品新鲜度水平的有效途径。

（2）与产品保鲜技术投资相比，企业应该更加关注消费者对销售价格的敏感性，及时调整农产品新鲜度水平、定价和订购策略。

（3）相较于供货商领导的农产品供应链，零售商领导的农产品供应链可能会实现更高的供应链总利润。

（4）一味追求长期的合作并不一定有益于产品新鲜度水平的提高，也不一定会使成员获得更高的收益。

（5）强势企业决策时也应该关注供应链其他成员的利润，通过建立契约协调更容易维持供应链的稳定性。在农产品供应链中，零售商一般居于领导者地位，由于"双重边际效应"的存在，供应链中的较大一部分利润可能被零售商攫取，而当其他成员存在公平偏好时，就会导致供应链平衡被打破，因此当供应链中零售商占据优势低位时应该适当关注其他成员的感受并通过契约进行协调优化，以保证链条的稳定平稳。

（6）无论农产品是否属于短生命周期类，都应该依据促销在不同的市场周期内表现形式不同，因时因地地选择促销力度和方式。这是因为在任何产品上市初期，促销溢出效应的存在会导致成员间定价和促销力度增加，因为此时溢出效应会对供应链成员产生正向影响；促销溢出效应的存在会损害供应链其他成员间利润，此时大力促销极有可能产生价格战，因此在产品成熟期更应该慎重定价和促销，而这表明促销不能在销售期内一概而论，同样不论是谁作为供应链中的促销主导者都应该依据市场环境作出科学决策。

本文参考文献

[1] Desai P S, Koenigsberg O, Purohit D. Forward buying by retailers[J]. Journal of Marketing Research, 2010, 47（1）：90-102.

[2] Du S, Nie T, Chu C, Yu Y. Reciprocal supply chain with intention[J]. European Journal of Operational Research, 2014, 239（2）：389-402.

[3] Wang Y, Fan R, Shen L, Miller W. Recycling decisions of low-carbon e-commerce closed-loop supply chain under government subsidy mechanism and altruistic preference[J]. Journal of Cleaner Production，2020：120883.

[4] 王玉燕，申亮，韩强，苏梅. 考虑产品质量和利他偏好关切的电商供应链模型研究[J]. 中国管理科学，2021，29（09）：123-134.

[5] Guan H, Gurnani H, Geng X, Luo Y. Strategic inventory and supplier encroachment[J]. Manufacturing & Service Operations Management, 2019, 21（3）：536–555.

[6] Hong Z, Guo X. Green product supply chain contracts considering environmental responsibilities[J]. Omega, 2019, 83：155–166.

[7] Mantin B, Veldman J. Managing strategic inventories under investment in process improvement[J]. European Journal of Operational Research, 2019, 279（3）：782–794.

[8] Dey K, Roy S, Saha S. The impact of strategic inventory and procurement strategies on green product design in a two-period supply chain[J]. International Journal of Production Research, 2019, 57（7）：1915–1948.

[9] 浦徐进，龚磊. 消费者"搭便车"行为影响下的双渠道供应链定价和促销策略研究[J]. 中国管理科学，2016，24（10）：86-94.

[10] Davidson J, Halunga A, Lloyd T, et al. World commodity prices and domestic retail food price inflation：some insights from the UK[J]. Journal of Agricultural Economics, 2016, 67（3）：566–583.

[11] Janzen J P, Smith A, Carter C A. Commodity price comovement and financial speculation：the case of cotton[J]. American Journal of Agricultural Economics, 2017, 100（1）：264–285.

[12] Assefa T T, Meuwissen M P M, Gardebroek C, et al. Price and Volatility Transmission and Market Power in the German Fresh Pork Supply Chain[J]. Journal of Agricultural Economics, 2017, 68（3）：861–880.

[13] Boland M, Cooper B, White J M. Making Sustainability Tangible：Land O' Lakes and the Dairy Supply Chain[J]. American Journal of Agricultural Economics, 2015, 98（2）：648–657.

[14] 黄建华. 政府双重干预下基于渠道商价格欺诈的农产品交易演化博弈模型[J]. 中国管理科学，2016，24（11）：66-72.

[15] Feess E, Thun J H. Surplus division and investment incentives in supply chains：A biform-game analysis[J]. European Journal of Operational Research, 2014, 234（3）：763–773.

[16] 浦徐进，金德龙. 生鲜农产品供应链的运作效率比较：单一"农超对接"Vs. 双渠道[J]. 中国管理科学，2017（1）：98-105.

[17] Accorsi R, Cholette S, Manzini R, et al. The land-network problem：Ecosystem carbon balance in planning sustainable agro-food supply chains[J]. Journal of cleaner production, 2016, 112：158–171.

[18] Frick F, Sauer J. Deregulation and productivity：Empirical evidence on dairy production[J]. American Journal of Agricultural Economics, 2017, 100（1）：354–378.

[19] Tsao Y C, Thanh V V, Lu J C, et al. Designing sustainable supply chain networks

[20] Borodin V, Bourtembourg J, Hnaien F, et al. Handling uncertainty in agricultural supply chain management: A state of the art[J]. European Journal of Operational Research, 2016, 254（2）: 348-359.

[21] 杨亚, 范体军, 张磊. 新鲜度信息不对称下生鲜农产品供应链协调[J]. 中国管理科学, 2016, 24（9）: 147-155.

[22] Gómez-Limón J A, Gutiérrez-Martín C, Villanueva A J. Optimal Design of Agri-environmental Schemes under Asymmetric Information for Improving Farmland Biodiversity[J]. Journal of Agricultural Economics, 2019, 70（1）: 153-177.

[23] Horváth GÁ, Harazin P. A framework for an industrial ecological decision support system to foster partnerships between businesses and governments for sustainable development[J]. Journal of cleaner production, 2016, 114: 214-223.

[24] Carson R A, Hamel Z, Giarrocco K, et al. Buying in: the influence of interactions at farmers' markets[J]. Agriculture and human values, 2016, 33（4）: 861-875.

[25] Yet B, Constantinou A, Fenton N, et al. A Bayesian network framework for project cost, benefit and risk analysis with an agricultural development case study[J]. Expert Systems with Applications, 2016, 60: 141-155.

[26] Clark J K, Inwood S M. Scaling-up regional fruit and vegetable distribution: potential for adaptive change in the food system[J]. Agriculture and human values, 2016, 33（3）: 503-519.

[27] Wang Q, Yuan X, Zuo J, et al. Optimization of Ecological Industrial Chain design based on reliability theory - a case study[J]. Journal of cleaner production, 2016, 124: 175-182.

[28] 冯春, 王雅婷, 于宝, 等. 农产品供应链渠道利润的分配公平协调机制[J]. 系统工程, 2016, 34（12）: 103-110.

[29] 张瑜, 菅利荣, 刘思峰, 等. 基于优化 Shapley 值的产学研网络型合作利益协调机制研究——以产业技术创新战略联盟为例[J]. 中国管理科学, 2016, 24（9）: 36-44.

[30] Nadir N, Bouguettaia H, Boughali S, et al. Use of a new agricultural product as thermal insulation for solar collector[J]. Renewable Energy, 2019, 134: 569-578.

[31] Stevanović M, Popp A, Lotze-Campen H, et al. The impact of high-end climate change on agricultural welfare[J]. Science advances, 2016, 2（8）: e1501452.

[32] 崔丽, 胡洪林. 农产品质量安全控制下"农超对接"主体间成本分担机制[J]. 系统工程, 2017, 35（3）: 131-136.

[33] Yan B, Yan C, Ke C, et al. Information sharing in supply chain of agricultural products based on the internet of things[J]. Industrial Management & Data Systems, 2016, 116（7）: 1397-1416.

[34] 金亮. 不对称信息下"农超对接"供应链定价及合同设计[J]. 中国管理科学, 2018,

26（6）：153-166.

[35] Shousong C, Xiaoguang W, Yuanjun Z. Revenue Model of Supply Chain by Internet of Things Technology[J]. IEEE Access, 2019, 7: 4091-4100.

[36] 郑琪, 范体军. 考虑风险偏好的生鲜农产品供应链激励契约设计[J]. 管理工程学报, 2018, 32（2）: 171-178.

[37] Su X, Duan S, Guo S, et al. Evolutionary Games in the Agricultural Product Quality and Safety Information System: A Multiagent Simulation Approach[J]. Complexity, 2018. https: //doi.org/10.1155/2018/7684185.

[38] Fu P, Yi W, Li Z, et al. Comparative study on fast pyrolysis of agricultural straw residues based on heat carrier circulation heating[J]. Bioresource technology, 2019, 271: 136-142.

[39] Song Z, He S, Xu G. Decision and Coordination of Fresh Produce Three-layer E-commerce Supply Chain: A New Framework[J]. IEEE Access, 2018. DOI: 10.1109/ACCESS.2018.2881106.

[40] Lei Y, Jasin S, Sinha A. Joint dynamic pricing and order fulfillment for e-commerce retailers[J]. Manufacturing & Service Operations Management, 2018, 20（2）: 269-284.

[41] Boysen N, de Koster R, Weidinger F. Warehousing in the e-commerce era: A survey[J]. European Journal of Operational Research, 2018. https: //doi.org/10.1016/j.ejor.2018.08.023.

[42] Pagès-Bernaus A, Ramalhinho H, Juan A A, et al. Designing e-commerce supply chains: a stochastic facility-location approach[J]. International Transactions in Operational Research, 2019, 26（2）: 507-528.

[43] Zhao Y, Kou G, Peng Y, et al. Understanding influence power of opinion leaders in e-commerce networks: An opinion dynamics theory perspective[J]. Information Sciences, 2018, 426: 131-147.

[44] 叶飞, 刘龙华. "自营+合作"平台模式下农产品电子商务的Nash协商模型[J]. 系统工程, 2017（5）: 121-128.

[45] Pan Y, Wu D, Luo C, et al. User activity measurement in rating-based online-to-offline (O2O) service recommendation[J]. Information Sciences, 2019, 479: 180-196.

[46] Dai H, Liu P. Workforce planning for O2O delivery systems with crowd sourced drivers[J]. Annals of Operations Research, 2019: 1-27.

[47] Yan R, Pei Z, Ghose S. Reward points, profit sharing, and valuable coordination mechanism in the O2O era[J]. International Journal of Production Economics, 2018. https: //doi.org/10.1016/j.ijpe.2018.06.021.

[48] Govindan K, Malomfalean A. A framework for evaluation of supply chain coordination by contracts under O2O environment[J]. International Journal of Production Economics, 2018. https: //doi.org/10.1016/j.ijpe.2018.08.004.

[49] He Y, Zhang J, Gou Q, et al. Supply chain decisions with reference quality effect under the O2O environment[J]. Annals of Operations Research, 2018, 268（1-2）: 273-292.

[50] 曹裕，李青松，胡韩莉. 不同政府补贴策略对供应链绿色决策的影响研究[J]. 管理学报, 2019, 16（2）: 297.

[51] Xiong Y, Yang X. Government subsidies for the Chinese photovoltaic industry[J]. Energy Policy, 2016, 99: 111-119.

[52] 黄建辉，叶飞，周国林. 产出随机及贸易信用下农产品供应链农户决策与政府补偿价值[J]. 中国管理科学, 2018, 26（1）: 107-117.

[53] Bhattacharyya R, Ganguly A. Cross subsidy removal in electricity pricing in India[J]. Energy policy, 2017, 100: 181-190.

[54] Huang J, Yang G. Understanding recent challenges and new food policy in China[J]. Global Food Security, 2017, 12: 119-126.

[55] Chen Y, Wen X, Wang B, et al. Agricultural pollution and regulation: How to subsidize agriculture?[J]. Journal of Cleaner Production, 2017, 164: 258-264.

[56] Latruffe L, Bravo-Ureta B E, Carpentier A, et al. Subsidies and technical efficiency in agriculture: Evidence from European dairy farms[J]. American Journal of Agricultural Economics, 2017, 99（3）: 783-799.

[57] Minviel J J, De Witte K. The influence of public subsidies on farm technical efficiency: A robust conditional nonparametric approach[J]. European Journal of Operational Research, 2017, 259（3）: 1112-1120.

[58] Liang L, Wang Y, Ridoutt B G, et al. Agricultural subsidies assessment of cropping system from environmental and economic perspectives in North China based on LCA[J]. Ecological Indicators, 2019, 96: 351-360.

[59] Chakrabarti S, Kishore A, Roy D. Effectiveness of food subsidies in raising healthy food consumption: public distribution of pulses in India[J]. American Journal of Agricultural Economics, 2018, 100（5）: 1427-1449.

[60] 张福利，张燕，徐小林. 基于战略顾客行为的零售商退货策略研究[J]. 管理科学学报, 2017, 20（11）: 100-113.

[61] 陈志松. 前景理论视角下考虑战略顾客行为的供应链协调研究[J]. 管理工程学报, 2017, 31（4）: 93-100.

[62] Feldmann C, Hamm U. Consumers' perceptions and preferences for local food: A review[J]. Food Quality and Preference, 2015, 40: 152-164.

[63] Richards T J, Hamilton S F, Gomez M, et al. Retail intermediation and local foods[J]. American Journal of Agricultural Economics, 2017, 99（3）: 637-659.

[64] Alphonce R, Alfnes F. Eliciting consumer WTP for food characteristics in a developing context: Application of four valuation methods in an African market[J]. Journal of Agricultural Economics, 2017, 68（1）: 123-142.

[65] Salmon G, Teufel N, Baltenweck I, et al. Trade-offs in livestock development at farm level: Different actors with different objectives[J]. Global food security, 2018（17）: 103-

112.

[66] Zhang B, Fu Z, Huang J, et al. Consumers' perceptions, purchase intention, and willingness to pay a premium price for safe vegetables: A case study of Beijing, China[J]. Journal of cleaner production, 2018, 197: 1498-1507.

[67] Liu H, Zhang J, Zhou C, et al. Optimal purchase and inventory retrieval policies for perishable seasonal agricultural products[J]. Omega, 2018, 79: 133-145.

[68] Mattar L, Abiad M G, Chalak A, et al. Attitudes and behaviors shaping household food waste generation: Lessons from Lebanon[J]. Journal of Cleaner Production, 2018, 198: 1219-1223.

[69] Pino G, Amatulli C, De Angelis M, et al. The influence of corporate social responsibility on consumers' attitudes and intentions toward genetically modified foods: evidence from Italy[J]. Journal of cleaner production, 2016, 112: 2861-2869.

西安市脱贫攻坚与乡村振兴有效衔接的绩效评价、机制创新与政策提升研究

引言

2020年，我国脱贫攻坚战取得了历史性胜利，绝对贫困问题也得到了历史性解决。但是脱贫人口和地区发展基础不牢靠，由脱贫攻坚引发的乡村新矛盾与高返贫的风险仍然存在，缩小城乡收入差距、解决区域发展不平衡问题继而实现共同富裕仍然需要砥砺前行。因此，在打赢脱贫攻坚战后如何继续推进实施乡村振兴发展战略是理论和实践层面均需研究的重大问题。

2021年《中共中央 国务院关于全面推进乡村振兴加快农业农村现代化的意见》提出，从脱贫之日起设立5年过渡期，实现脱贫攻坚同乡村振兴有效衔接。2021年《中共中央 国务院关于实现巩固拓展脱贫攻坚成果同乡村振兴有效衔接的意见》强调，要从西部地区的脱贫县中，筛选一部分边远、高海拔、环境恶劣或经济水平相对落后的县域作为国家乡村振兴战略的重点帮扶县，并为其提供资金、金融服务等方面的集中支持。2022年《中共中央 国务院关于做好2022年全面推进乡村振兴重点工作的意见》发布。

2021年西安市召开农村工作会议暨巩固拓展脱贫攻坚成果同乡村振兴有效衔接工作会议，深入贯彻习近平总书记在中央农村工作会议和全国脱贫攻坚总结表彰大会上的重要讲话精神，落实陕西农村工作会议部署，立足西安市"三农"实际，安排当前和今后一个时期巩固拓展脱贫攻坚成果、全面推进乡村振兴战略、加快农业农村现代化重点任务。《西安市市国民经济和社会发展第十四个五年规划和二〇三五年远景目标纲要》提出实现脱贫攻坚同乡村振兴有效衔接的具体举措。陕西乡村振兴局的挂牌成立，也为西安市全面推进脱贫攻坚同乡村振兴有效衔接提供了新的力量支撑和制度保障。

2022年陕西省印发《陕西省十四五数字农业农村发展规划》，到2025年，实现数字农业农村建设取得重大进展，覆盖省市县的陕西省农业农村大数据中心、数字"三农"协同管理平台、农业农村综合服务平台全面建成，有力支撑数字乡村战略。2022年陕西省出台《全面推进乡村振兴重点工作的实施意见》，全面落实党的中央经济工作会议精神，对标中央农村工作会议和中央一号文件部署要求。

巩固拓展西安市脱贫攻坚成果同乡村振兴有效衔接，关系到西安市实现消除相对贫困和缩小城乡发展差距的目标，关系到全面建设社会主义现代化国家全局和实现第二个百年的奋斗目标，关系到构建以国内大循环为主体、国内国际双循环相互促进的新发展格局，这一格局将促进城乡要素自由流动与组合优化，为脱贫攻坚与乡村振兴有效衔接带来新的

机遇。

基于此，本文在厘清"双循环"背景下脱贫攻坚与乡村振兴有效衔接内在逻辑的基础上，以西安市为研究对象，探究脱贫攻坚与乡村振兴有效衔接的理论逻辑及实践逻辑，厘清两者有效衔接内在逻辑关系，深入总结分析两者有效衔接面临的问题，对两者有效衔接的绩效进行综合评价，创新脱贫攻坚与乡村振兴有效衔接机制，提出西安市脱贫攻坚与乡村振兴有效衔接的政策建议，有助于推动西安市城乡融合发展，推动西安市实现乡村振兴战略。

一、脱贫攻坚与乡村振兴有效衔接的内在逻辑与研究框架

脱贫攻坚与乡村振兴均解决"三农"问题，脱贫攻坚解决贫困群众绝对贫困问题，而乡村振兴旨在解决相对贫困问题，二者有效衔接的内容、功能和主体具有内在逻辑关系。巩固脱贫攻坚成果，接续发挥延续效应，推进脱贫攻坚与乡村振兴统筹对接，一方面亟须探讨如何运用乡村振兴阶段所制定的政策来巩固脱贫攻坚成果，实现农业农村现代化；另一方面需要借鉴汲取脱贫攻坚阶段的实践成果和理论经验，探究脱贫攻坚对乡村振兴的动力传导机制。本文从理论逻辑和实践逻辑双视角分析脱贫攻坚与乡村振兴有效衔接的内在逻辑。

（一）脱贫攻坚与乡村振兴有效衔接的理论逻辑

脱贫攻坚与乡村振兴是解决"三农"问题和实现共同富裕的两大重要战略举措，厘清二者之间的内在逻辑，构建脱贫攻坚和乡村振兴有效衔接、协同发展的科学路径，对于推动乡村全面振兴、统筹城乡融合发展具有重要意义。本项目从战略目标相连、时序前后相继、功能作用互促三个方面具体阐述脱贫攻坚与乡村振兴有效衔接的理论逻辑。

1. 战略目标相连

脱贫攻坚战略和乡村振兴战略都是国家为了实现"两个一百年"奋斗目标而制定的战略决策，总体目标具有一致性。

脱贫攻坚与乡村振兴是短期目标和长期目标的关系。科学把握脱贫攻坚与乡村振兴在短期和长期实现有机衔接的政策要求，紧扣短期和长期发展的目标，分别做好不同时期的有效衔接。短期总体目标是确保打赢脱贫攻坚战，我国在2020年已经实现；长期目标是在消除绝对贫困的基础上，从根本上缩小城乡在生活水平和质量上的差距。脱贫攻坚期内解决的是全面建成小康社会的底线问题，仍有一些问题需要长期逐步解决，如建立健全稳定长效脱贫机制等问题。针对短期性问题，尽快解决且必须解决；针对长期性问题，做好与乡村振兴的有效衔接，在乡村振兴阶段创造条件逐步解决。

从发展区域探究，脱贫攻坚主要目标是聚焦解决贫困村、连片特困地区的软肋，通过异地搬迁、发展产业、金融扶贫、现代技术支撑等各种举措促进农业农村快速发展。虽然取得一定成就，但是还有部分发展区域的基础比较薄弱，内生动力不足，因此，按照乡村振兴"产业振兴、人才振兴、生态振兴、文化振兴、组织振兴"五大振兴为根本遵循来巩

固脱贫攻坚成果，传承脱贫攻坚的区域性帮扶政策目标，促进城乡融合发展。由此可见，两大战略的目标相连，共同推动美丽乡村建设，实现农业农村全面现代化。

2. 时序前后相继

脱贫攻坚取得胜利、全面建成小康社会以后，巩固脱贫攻坚成果工作重心转到全面推进乡村振兴上来，两大战略时序前后相继，是实现"三农"工作重心历史性转移的必然选择。

脱贫攻坚是实施乡村振兴的前提条件。2022年正处于两大战略的重要历史交汇期和政策叠加期，在脱贫攻坚与乡村振兴相互对接基础上，不断巩固其脱贫成果，开启全面建设社会主义现代化新征程。脱贫攻坚是实施乡村振兴的重要基础，不解决人的基本需求和绝对贫困问题，乡村振兴就不可能实现，"三农"问题就不会得到根本的解决。乡村振兴是稳定脱贫攻坚成果的有效保障，使已经摆脱绝对贫困的人口不返贫，在此基础上实现城乡融合发展、人民的共同富裕。脱贫攻坚与乡村振兴是实现中国农业与农村现代化、农民生活富裕必须完成的两项重大战略任务，具有很强的内在联系和承接关系。

3. 功能作用互促

脱贫攻坚的实践推进，客观上为实现自身与乡村振兴有效衔接创造了有利条件。脱贫攻坚不仅解决了农村贫困地区和贫困人口绝对贫困的问题，而且通过各项政策措施的实施，引发了农村贫困地区多方面的深刻变化。产业帮扶为农村经济建设奠定了产业发展基础，增强了经济生产能力，提高了经营管理水平。劳动技能培训和劳动力转移就业帮扶增强了农民就业能力，拓宽了农民增收渠道，促进了城乡一体化发展。基础设施建设帮扶解决了农村基础设施薄弱问题，夯实了农村建设发展的基础。文化教育帮扶提高了农民的思想文化素质，丰富了农民的文化娱乐生活，为农村发展提供了精神支撑。驻村帮扶、结对帮扶、考核评价等制度机制加强了农村基层党建和组织建设，改进了农村工作方式，提高了农民参与治理的能力和积极性，打破了农村相对封闭的状态。脱贫攻坚所取得的成效为其实现与乡村振兴的有效衔接共同搭建了一个良好的实践平台。乡村振兴战略立足于乡村产业、生态环境、治理环境的全面改善，党和政府为此投入了大量人力和物力，这也在一定基础上为脱贫攻坚提供了更强有力的支撑。

（二）脱贫攻坚与乡村振兴有效衔接的实践逻辑

本文从施政体系融合、内容举措共融、机制相互贯通三个方面具体阐述脱贫攻坚与乡村振兴有效衔接的实践逻辑。

1. 施政体系融合

在实践层面，巩固拓展脱贫攻坚成果承继的是脱贫攻坚阶段的政策体系，乡村振兴则需要构建更全面、更高层级的政策体系。

一方面，用乡村振兴的办法巩固脱贫成果、规范引导脱贫攻坚防返贫，确保防返贫工作常态化开展，为持续巩固脱贫攻坚成果同乡村振兴有效衔接扎牢根基。另一方面，借鉴脱贫攻坚的办法推进乡村振兴，做好领导体制、发展规划、政策投入、考核机制等有效衔接。党和政府在领导实施脱贫攻坚的过程中，形成了一整套行之有效的减贫工作体系和政策体系，新阶段实现巩固拓展脱贫攻坚成果同乡村振兴之间的有效衔接，需要对已有的脱贫攻坚工作体系和政策体系进行分类梳理及科学评估，对照乡村振兴战略的目标框架分类优化调整已有的脱贫攻坚政策，逐步实现由超常规集中资源支持脱贫到全面推进乡村振兴的平稳过渡。

2. 内容举措共融

脱贫攻坚与乡村振兴的脱贫内容都聚焦在"三农"问题上，帮助农民摆脱贫困，提高农业经济效益，构建全域生态宜居环境，实现农业农村高质量发展。脱贫攻坚与乡村振兴都强调产业发展的重要性，都重视农民综合素质提升，两者都要求将志智相衔接，催生新生代农民工脱贫技能提高。脱贫攻坚要求发展农村教育和职业技能培训，提高农村的素质教育和生存技能，挖掘农村人力资本，鼓励青少年创新创业。乡村振兴战略要求多层次、宽领域、全方面满足农民就业创业多样化需求，规划将职业技术教育、涉农高校、涉农学科专业全面覆盖整个农村地区，推动产教融合基地高效落地，为高标准农田建设提供巨大潜力。脱贫攻坚与乡村振兴的整个过程都注重发挥党组织的战斗堡垒力量，协同推进农村基层党组织与脱贫攻坚高效对接，发挥党建作用打赢脱贫攻坚战。乡村振兴强调市县党政领导和基层干部必须开展组织领导的实绩考核，严格按照考核评价内容执行防返贫工作。

3. 机制相互贯通

脱贫攻坚与乡村振兴机制相互贯通。党中央对脱贫攻坚总体思路、目标任务和实现路径做出决策部署并建构与其相配套的工作机制。随着乡村振兴战略的梯次推进，按照总要求依次拓宽五大振兴路径，建立一系列工作机制可以有效巩固脱贫攻坚成果，从而为解决相对贫困提供长效动力机制。

脱贫攻坚坚持扶智扶志，乡村振兴坚持提高农民内生动力和以群众为主体。两者都以群众的利益诉求为出发点，脱贫攻坚与乡村振兴的初心是帮助群众脱贫致富，提高群众脱贫技能，加强群众抵抗返贫能力和自主发展能力。脱贫攻坚和乡村振兴两大战略都充分发挥群众的创造性和积极性，实现社会主义现代化建设。脱贫攻坚和乡村振兴都倡导精准施策和因地制宜原则，在这一原则上相互耦合。两大战略都一致坚持发挥党的各项优势，为乡村振兴各项目标的实现提供政治保障。

（三）脱贫攻坚与乡村振兴有效衔接的内在逻辑研究框架

脱贫攻坚是政府通过大量资金和资源的投入来直接解决基层农村人口的基本生存质量问题，乡村振兴是政府通过刺激乡村内生动力、振兴乡村产业，为农村人口提供更多的稳定就业机会和更广阔的发展前景。党的十九大提出实施乡村振兴战略，按照产业兴旺、生态宜居、乡风文明、治理有效、生活富裕的总要求，建立健全城乡融合发展体制机制和政策体系，加快推进农业农村现代化。

1. 产业兴旺

产业兴旺是乡村振兴战略总要求的重点，是乡村现代化的不竭动力。基于产业发展的角度，乡村振兴是脱贫攻坚的"升级版"，通过产业扶贫，完成脱贫攻坚，通过乡村振兴做到产业兴旺。产业兴旺本质上是产业扶贫的更高要求，在夯实脱贫攻坚成果的基础上，做强农村产业，补足产业短板。实现脱贫攻坚与乡村振兴的有效衔接，在产业方面就是促进产业扶贫和产业振兴的有效衔接，在产业扶贫方面通过发展特色产业巩固脱贫攻坚成果，同时在产业振兴方面通过产业升级促进产业兴旺，进而实现乡村振兴。

2. 生态宜居

生态宜居是乡村振兴战略总要求的依托，是新时代乡村发展的鲜明特征。基于生态环境角度，生态扶贫是脱贫攻坚的关键，实现生态宜居是乡村振兴的方向。生态环境的有效整治改善了部分贫困地区的生产生活状况，是脱贫攻坚生态扶贫的重要手段，也是乡村振兴绿色可持续发展以及生态宜居的重要内容。生态宜居本质上是生态扶贫的更高要求，在夯实脱贫攻坚成果的基础上，坚持绿色发展，持续推进生态建设。实现脱贫攻坚与乡村振兴的有效衔接，就是促进生态扶贫和生态振兴的有效衔接。

3. 乡风文明

乡风文明是乡村振兴战略总要求的灵魂，是乡村全面发展的重要体现。基于乡风建设角度，乡村振兴是目标，文化振兴是实现乡村振兴的关键，贯穿于实现乡村振兴的整个过程。乡风文明本质上是文化扶贫的更高要求，在夯实脱贫攻坚成果的基础上，不断挖掘、嵌入、创新乡村文化，促进精神需求和物质文化需求相结合，为乡村振兴注入新活力。实现脱贫攻坚与乡村振兴的有效衔接，在文化方面促进文化扶贫和文化振兴的有效衔接，在文化扶贫方面通过实施"扶智、扶志"政策巩固脱贫攻坚成果，同时在文化振兴方面通过文化共享促进乡村文明，进而实现乡村振兴。

4. 治理有效

治理有效是乡村振兴战略总要求的保障，是乡村快速发展的稳定器。立足基层治理角度，脱贫攻坚责任制来自脱贫攻坚的实践中，乡村振兴需要依靠多方配合实现有效治理。治理有效本质上是党建扶贫的更高要求，在夯实脱贫攻坚成果的基础上，加强基层党的建设，发挥党的带头作用，完善基层各方面的治理体系，提升基层治理能力。实现脱贫攻坚与乡村振兴的有效衔接，在治理方面促进党建扶贫和组织振兴的有效衔接，在党建扶贫方面通过加强党建的引领作用巩固脱贫攻坚成果，同时在组织振兴方面通过乡村自治政策促进治理有效，进而实现乡村振兴。

5. 生活富裕

生活富裕是乡村振兴战略总要求的根本，是乡村发展质量的基本指标。基于农民生活的角度，生活富裕本质上是兜底保障的更高要求，在夯实脱贫攻坚成果的基础上，不断引进、培养懂技术、懂市场的高素质人才，做好人才激励和平台建设，建立乡村人才振兴长效机制，增强农村对人才的吸引力，使乡村振兴所需要的产业、科技、管理、社会治理等各类人才得到满足。实现脱贫攻坚与乡村振兴的有效衔接，在生活方面促进兜底保障和人才振兴的有效衔接，在兜底保障方面通过实施住房改善等措施巩固脱贫攻坚成果，同时在人才振兴方面通过建立完善的社会保障制度促进生活富裕，进而实现乡村振兴。

脱贫攻坚与乡村振兴有效衔接的内在逻辑关系如图1所示。

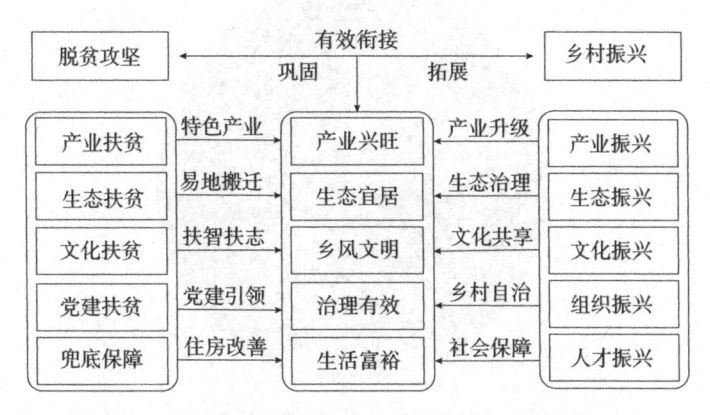

图 1 脱贫攻坚与乡村振兴有效衔接的内在逻辑关系

二、西安市脱贫攻坚与乡村振兴有效衔接的现状及存在的问题

脱贫攻坚是乡村振兴的重要基础，乡村振兴是脱贫攻坚的有效延伸，脱贫攻坚与乡村振兴战略的有效衔接已成为新的时代命题。项目通过调研对西安市脱贫攻坚与乡村振兴有效衔接的现状及问题进行梳理和分析。

（一）西安市脱贫攻坚与乡村振兴有效衔接的现状

衔接过程中，西安市各级地方政府积极制定政策，将长效脱贫机制作为乡村振兴的主要途径，取得了阶段性成就。但在开展工作中依然面临许多现实情况，影响脱贫攻坚向乡村振兴转换的持续推进，第一，西安市脱贫攻坚与乡村振兴有效衔接具有"政策脱贫"特点，脱贫基础不够稳固；第二，脱贫攻坚和乡村振兴不同治理体制机制转换存在滞后性；第三，脱贫地区脱贫前后经济发展政策存在不平衡性。

1.脱贫攻坚的成果亟须巩固

截至 2020 年年底，绝对贫困人口已经全部消除，但西安市乡村仍然存在相对贫困人口。在脱贫攻坚的成果上继续开创未来，取得更大的成绩是急迫的现实需求。根据《西安市 2021 年国民经济和社会发展统计报告》，西安市农村居民人均可支配收入中，工资性收入 10632 元，比上年增长 15.2%；经营净收入 2702 元，增长 1.9；财产净收入 384 元，增长 1.4%；转移净收入 3671 元，西安市 2021 年农村居民人均可支配收入为 14745 元，增长 5.1%，2021 年全国农村居民人均可支配收入为 18931 元，西安市农村人口可支配收入明显低于全国平均水平，表明西安市脱贫基础不够稳固。此外，对比西安市和全国农村居民可支配收入构成可以看出，西安市农村居民的经营净收入与全国平均水平差距较大，弥补这方面差距对后续乡村振兴战略的开展具有一定意义。2021 年西安市农村居民人均可支配收入构成如图 2 所示。

根据文献梳理得出影响脱贫稳固性主要有以下几个方面：第一，脱贫人口的脱贫基础脆弱，边缘性脱贫人口的生计资本相对薄弱，特别是农村地区因病、因残、因灾返贫问题

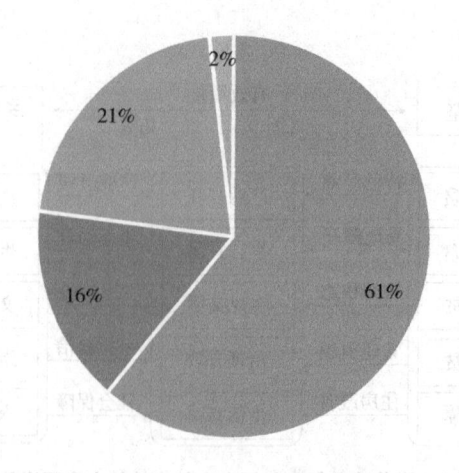

```
         2%
      21%

    16%         61%
```

■ 工资性收入　■ 经营净收入　■ 转移净收入　■ 财产净收入

图 2　2021 年西安市农村居民人均可支配收入构成

资料来源：根据西安市统计局资料整理而成。

较为突出，精准脱贫具有一定不确定性；第二，贫困地区特色产业发展相对薄弱，农业缺乏比较优势，对外竞争力不强，脆弱性和边缘性脱贫人口增收能力有限，脱贫后返贫的风险极大；第三，部分农村地区集体经济发展相对薄弱，基础差、底子薄，难以带动当地经济发展，精准脱贫具有一定的不牢靠性。

在脱贫攻坚政策解放了大多数贫困地区之后，虽然在后续的一段时间内取得了明显改善，但是从长远角度来看，相关政策的实施还需要延续。同时还需要保证脱贫地区在阶段性扶贫胜利之后能够长久保持脱贫状态，这也就对乡村振兴的扶持计划提出了更加严格的要求。而乡村振兴战略在实施之后，工作重心从单一的脱贫转变为向农村长远建设发展，更重视解决农村发展过程中所面对的现实难题，这对基层治理提出了全新的政策要求。

2021 年全国农村居民人均可支配收入构成如图 3 所示。

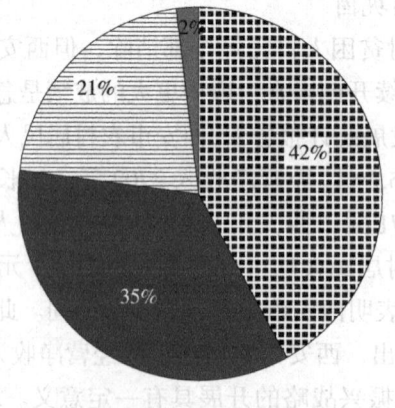

```
         2%
      21%

          42%

      35%
```

■ 工资性收入　■ 经营净收入　■ 转移净收入　■ 财产净收入

图 3　2021 年全国农村居民人均可支配收入构成

资料来源：根据国家统计局资料整理而成。

2. 脱贫攻坚机制滞后于乡村振兴建设

西安市基层治理体系从脱贫攻坚到乡村振兴的思维转化尚未完成，对两大战略有效转换的认识有待深化，在一定程度上影响了乡村振兴战略的构建和具体政策的落实。结合当地实际情况制定出具有地方特色、适应地方发展的振兴方案及计划，对提升农村地区整体发展能力、激发相对贫困人口内生动力具有积极意义。

（1）基层治理体系亟须改造。基层实践依然偏重于从收入层面确保脱贫人口不贫，但对于乡村振兴阶段的"产业拉动"模式的认识不足，已经形成了较强的路径依赖。脱贫攻坚战略目标和乡村振兴战略目标存在明显差异，需要创新改造原有治理体系来适应乡村振兴战略的发展及需求，并且由于乡村振兴提出了更高的战略目标，所以针对乡村振兴战略的实施，西安市各部门的力量提出了更严格的治理体系。

（2）乡村振兴需要长期市场化建设。与脱贫攻坚相比，全面推进乡村振兴的范围、广度、任务难度和战略深度都有极大提升，各级部门肩负的责任和使命更加重大。乡村振兴作为一项长期而艰巨的战略任务，不可能在短期内凝聚全国、全社会力量集中攻坚，而必须经过系统持续的努力才能完成。相比之下，乡村振兴战略更依靠市场机制带动相对贫困地区的发展，因此，建立健全市场推进型脱贫机制尤为重要，但基层干部还不能积极主动履行职责与义务，没有做到创造性开展工作，特别在发挥市场机制作用等方面能力不足。

（3）脱贫攻坚与乡村振兴衔接缺乏系统性设计。脱贫攻坚与乡村振兴有效衔接的实践探索存在零散化、碎片化现象。不少地方已经在推动脱贫攻坚与乡村振兴的衔接，但普遍缺乏总体思考和系统设计，认为乡村振兴可以完全覆盖脱贫攻坚的要求，把工作着力点放在乡村振兴上，以乡村振兴带动脱贫攻坚；有的认为乡村振兴是更高标准的脱贫攻坚，盲目拔高脱贫标准。改变"头痛医头、脚痛医脚"的治贫模式，对提升农村地区整体发展能力、激发相对贫困人口内生动力具有积极意义。

结合当地实际情况制定出具有地方特色、适应地方发展的振兴方案及计划，提高乡村居民的收入水平，为当地经济注入活力。乡村振兴战略涉及内容范围十分多元化，需要不断完善乡村治理体系、积极进行基层干部思想教育以适应新的战略阶段的需求。

3. 新阶段经济政策蓄势待发

发挥扶贫资产在乡村振兴中的作用是实现两大战略有效衔接的内在要求，从实际情况来看，西安市在扶贫资产管理和利用上还未完成从脱贫攻坚到乡村振兴的实践逻辑转换。巩固脱贫攻坚成果，衔接推进乡村振兴战略，由于基层配套政策不够完善，因此依然存在较大提升空间。

（1）脱贫攻坚资产管理有待完善。脱贫攻坚完成后，一些地区对扶贫资产的管理变得松懈，出现扶贫资产权属不清、底数不清、资产收益分配不合理、资产处置不合规等问题。虽然一些地方进行创新探索，如允许扶贫资产进入农村产权交易市场等，但由于配套政策不完善，仍然难以激发扶贫资产的增值潜力，对推动帮扶资源优化配置、转向支持全面推进乡村振兴的力度不够。完善资产管理体系，对于脱贫攻坚与乡村振兴有效衔接将起到关键作用。

（2）扶贫资产使用应注重市场化。以"脱贫"为目的的扶贫资产利用方式难以有效推进乡村振兴战略，扶贫资产发挥的作用依然是聚焦于守住返贫底线，大量扶贫资产都用于帮扶脱贫人口，对于原本就存在的大量相对贫困人口或非贫困人口的帮助较少。大多数扶贫资产市场化程度较低，不能真正激活村庄的内生发展资源，也不能真正结合实际促进乡村产业发展，更不能起到提升相对贫困人口与非贫困人口内生发展动力。脱贫攻坚与乡村振兴在规划上存在"各管各"现象。基本上所有地方都制定了与脱贫攻坚和乡村振兴有关的规划，但在编制两个规划时，没有将两者一体设计、统筹考虑、相互贯通。在脱贫攻坚规划中没有为实施乡村振兴战略预留相应空间，缺乏可持续发展的长远考虑；在乡村振兴规划中没有充分体现巩固脱贫攻坚成果的内容，容易出现刚脱贫又返贫的现象；没有把两个规划联系和连接起来，造成浪费。

2022年2月25日，西安市乡村振兴局等11个部门联合印发了《关于支持省级和市级乡村振兴重点帮扶县的政策清单》，从强化投入保障、助力县域发展等方面巩固脱贫攻坚成果，衔接推进乡村振兴战略，但是由于基层配套政策不够完善，因此依然存在较大提升空间。瞄准基础设施建设、公共服务供给、项目资源投入以及重点工程安排等继续优化，落实好民生保障等普惠性政策，提升产业就业等发展类政策。同时，把握好衔接工作推进力度，明确帮扶政策和帮扶资源的重点支持领域，充分考虑相对贫困人口及非贫困人口、乡村振兴重点帮扶县等不同群体与不同区域的现实情况，以及不同发展基础、发展模式和发展趋势，分层分类制定衔接过渡期的任务目标和微观政策。

（二）西安市脱贫攻坚与乡村振兴有效衔接存在的问题

西安市脱贫攻坚与乡村振兴有效衔接的过程中存在的问题主要集中在产业发展、文化教育与人才培养、观念意识等领域。在产业发展方面，存在产业规划衔接不足、三产融合水平有待提高和项目短期化倾向严重的问题。在文化教育与人才培养方面，存在文化教育治理体系转变困难、村民参与度不高和人才队伍建设存在短板的问题。在观念意识方面，存在贫困户自我脱贫意愿不强和村民文化有待提升的问题。在其他方面，存在财政资金整合衔接不足、督查考核机制衔接不足的问题。

1. 产业发展衔接不足

在落实脱贫攻坚与乡村振兴有效衔接的问题上，西安市脱贫攻坚与乡村振兴有效衔接存在产业规划衔接不足，三产融合水平有待提高和项目短期化倾向、同质化现象严重的问题。

（1）产业规划衔接不足。政府在进行产业规划时，明确产业扶贫以市场为导向，但是由于脱贫攻坚战时间紧、任务重等原因，西安市的产业扶贫多是政府行为，未充分发挥市场主导作用，因此，在产业规划上呈现以下问题：没有从顶层设计层面做好产业发展规划，导致扶贫产业同质化竞争、产品滞销等现象的出现。以多种形式发放的产业扶贫资金，例如贴息、补助、奖励等，不能实现循环利用，资金使用效率有待提升。政府主导的产业扶贫多关注项目建设的投入，后期管理、技术、维护等方面的投入较少，导致部分产业项目可持续性较差。

（2）三产融合水平有待提高。西安市自开展脱贫攻坚工作以来，由于受到要素禀赋的影响，培育的产业主要为技术含量较低的种植养殖业，第一、第二、第三产业发展差距较大，因此，在产业融合上呈现以下问题：扶贫产业链条较短，更关注生产环节，加工和销售等环节常被忽视。产业项目多生产初级产品，收益仅集中于产业链中初级产品，产品附加值较低，增收能力有待提高。较少产品拥有商标和品牌，缺乏地区特色，市场竞争力不足。销售渠道不稳定，多为政府或帮扶单位帮助销售，影响贫困地区产业的持续健康发展。

（3）项目短期化倾向、同质化现象严重。由于脱贫攻坚在时间上和质量上有严格的要求，导致西安市贫困地区政府往往未对市场前期状况、产品差异化程度以及可持续发展水平做出科学的评估，更倾向于选择在短时间内产生收益的产业扶贫项目，因此，在产业项目特征上呈现以下问题：脱贫攻坚项目存在短期化倾向，短平快的产业项目不利于产业健康、可持续发展，会导致市场出现无序竞争，使得特色产业再无特色，产品销路困难，甚至出现滞销现象，最终逐渐被淘汰。脱贫攻坚项目同质化现象严重，极易产生供过于求的现象，扰乱市场秩序，导致国家扶贫资源的巨大浪费。

2. 文化教育与人才培养衔接不足

在落实脱贫攻坚与乡村振兴有效衔接的问题上，西安市脱贫攻坚与乡村振兴有效衔接存在文化教育治理体系转变困难、村民参与度不高和人才队伍建设存在短板的问题。

（1）文化教育治理体系转变困难。脱贫攻坚和乡村振兴两者在工作的重心和时间的规划上都大相径庭，因此，对文化教育治理体系也有不同的要求，西安市部分地区文化教育欠缺自我发展的意识和动能，过度依赖政府扶持，因此，在文化教育治理体系方面呈现以下问题：由于教育多元化管理主体的活力不足、基本公共服务体系不够完善、教育主体的内生发展动力有待激发、发展意识仍需提升等问题的存在，增加了政府的治理难度。教育多元主体共治体系缺乏完善的保障机制，各教育治理主体间治理权责划分模糊，亟须有效的保障制度应用于多元化主体互融共治过程中。

（2）村民参与度不高。脱贫攻坚和乡村振兴的参与主体是广大村民，但是，在调动村民的积极性方面存在以下问题：一部分农户与农村之间的相关程度越来越低，不愿从事农业相关工作，另一部分农户一直留守在农村，原始化程度较高、劳动力水平较低，这些农户的发展动力和积极性都难以充分组织和调动，村民的主体作用得不到充分发挥。

（3）人才队伍建设存在短板。农村绝对贫困问题随着精准脱贫的实施已经消除，但是，农村地区发展不充分的根源问题尚未解决，主要由于人才队伍建设方面存在以下问题：农村地区企业数量较少且规模较小，工资水平无法达到青年劳动力和人才发展的需求，导致农村人才大量流失。现有农村人才建设队伍结构不合理、人才接续性较差，缺乏对人才队伍建设实行有效经营管理的人才，极度缺乏农村电商人才、新型农村职业人才、带头致富人才等乡土人才。对于人才的保障机制和奖励机制不完善，影响了乡村治理的高效实施。

3. 观念意识衔接不足

在落实脱贫攻坚与乡村振兴有效衔接的问题上，西安市脱贫攻坚与乡村振兴有效衔接存在贫困户自我脱贫意愿不强和村民文化有待提升的问题。

（1）贫困户自我脱贫意愿不强。一些村民从未离开家乡，知识有限，认为外出就业是一个巨大的挑战，不肯外出，具有严重依赖政府的思想，因此，既要在物质上对这些村民进行帮助，也要在精神上进行支持。一些贫困户由于未接受过正式教育，知识水平低下，缺乏必要的技能与技术支持，导致难以就业，政府可以集中组织贫困户进行技能培训，促进就业。还有一些贫困户由于身体原因，即因病或因残致贫，也难以通过自身劳动实现脱贫，对于这类人群要发放生活补贴，同时给予他们额外的补助。

（2）村民文化有待提升。我国人民已经基本满足了生理和安全需求，更加追求高层次的满足，即精神层面的需求。由于各种原因，村民思想不如城市居民开放，一般表现为信奉旧时观念，不想改变，甚至会拒绝对其有益的新生事物，这种思想观念是制约村民实现乡村振兴的重要因素。如果不进行正确价值观的引领，村民会受错误价值观的误导。同时，村民文化科技水平也普遍偏低，文化程度低制约着村民学习和应用农业科技的可能性，致使农村科技人才短缺。

（3）对乡村振兴认识不足。乡村振兴是农村的全方面振兴，知识体系覆盖面广，掌握起来有难度。在推进乡村振兴战略的过程中，很多农民对乡村振兴的内涵认识不足，甚至小部分人只听说过"乡村振兴"这个词，认为乡村振兴和自己没有太大联系，对具体内容尚不清楚，有些村干部对脱贫攻坚与乡村振兴的关系认识不明确，没有全面认识乡村振兴，短期思维的影响使他们认为脱贫攻坚的胜利就意味着完成使命，没有从目标一致性、工作连续性和阶段统一性去把握，没有从"三农"工作全局去考虑，去行动。

4. 资金、政策、机制方面衔接不足

在落实脱贫攻坚与乡村振兴有效衔接的问题上，西安市脱贫攻坚与乡村振兴除了在产业发展、文化教育与人才培养和观念意识方面存在衔接不足的问题，在财政资金的整合、规章制度以及督查考核机制方面也存在衔接的不足。

（1）财政资金整合衔接不足。财政在脱贫攻坚中起到了基础性、支撑性作用。在资金使用中，个别地方和单位对财政扶贫资金的拨付报账制执行不够严格。一是存在白条下账超限额使用现金的问题，经常发生假账、挪用扶贫资金的问题。二是资金管理方面不够严谨，各贫困县滞留扶贫资金的问题较普遍，降低扶贫资金的使用效益。多数贫困县配套资金未列入财政预算，或列入财政预算的配套资金不能到位的问题。三是资金用途不够透明，村民无实质性证据，导致对干部不信任，滋生各种流言，伤害村民与村民、干部与村民的关系。

（2）规章制度衔接不足。脱贫攻坚的规章制度及组织机构的设置有一定的成果，但是，乡村振兴层面的规章制度尚不完善，主要存在两个方面的问题：一方面，未统筹考虑两项政策的实施效果，将乡村振兴和脱贫攻坚当作两个独立的个体各自运行，缺乏脱贫攻坚与乡村振兴的协同运行，脱贫攻坚与乡村振兴之间存在部分政策衔接不流畅的现象。另一方面，在乡村振兴层面，尚未形成完整的组织框架结构，各乡镇与相关部门没有建立完善的乡村振兴规章制度，在与脱贫攻坚的衔接方面也没有出台相关细则与实施方案。

（3）督查考核机制衔接不足。部分地方干部认为产业振兴一定能带动乡村振兴，通过一味引入资金使经济指标暂时性提升，导致脱贫质量并不理想，贫困人口易返贫。督查考核中大致存在三个问题：一是督查力度不够的问题。一些村干部认为，扶贫资金在分配时出现疏忽和错误带来的损失由国家来承担，这种错误的认知导致个别村干部没能严格监督资金动向，易造成国家扶贫资金的流失。二是督查力度过大的问题。各种考核、追责问责、督察检查，使社区变成对上负责的行政组织，没有精力没有时间主动了解村民所思所想，忽视村民意愿。三是弄虚作假问题。一些村干部为了自己的前途，虚报脱贫攻坚状况或把本身名额就少的指标给了自己的亲戚或家属，弄虚作假，侵吞国家补贴。

三、西安市脱贫攻坚与乡村振兴有效衔接的绩效评价

本项目构建西安市脱贫攻坚与乡村振兴有效衔接的绩效评价体系。从"产业兴旺、生态宜居、乡风文明、治理有效、生活富裕"五个方面出发构建乡村振兴综合评价指标体系，借助耦合协调度模型，测算西安市各区县脱贫攻坚与乡村振兴有效衔接的水平，从不同维度分析二者有效衔接的异质性。

（一）可行性评价指标选取原则

1. 全面性原则

指标的选取范围是大而广的，选取的指标必须能够全面地反映脱贫攻坚和乡村振兴综合情况。同时指标的选取应该系统全面，脱贫攻坚指标涵盖"两不愁"和"三保障"，乡村振兴指标涵盖产业兴旺、生态宜居、乡风文明、治理有效和生活富裕。

2. 可操作性原则

在选取指标时，尽可能选择能够用数量来表达的指标，即可以量化的影响因素，以确保衡量结果的客观性。与此同时，特别注意数据采集的难易程度，保证数据的可采集性和真实性，尽量选择容易采集数据以及数据较多的影响因素，使数据采集工作具备可操作性。

3. 动态性原则

选取的指标必须能够适应脱贫攻坚与乡村振兴有效衔接过程中的所有时期，具有一定的弹性。脱贫攻坚与乡村振兴有效衔接的过程本身是一个不断持续的动态过程，因此对指标的选取应可以衡量同一指标在不同时段的变动情况，并且要求所选取的指标在较长的时间具有实际意义。

（二）绩效评价体系构建及分析

绩效评价指标的选取是构建评价指标体系的重要环节，在分析评价指标选取原则的基础上，建立了脱贫攻坚与乡村振兴有效衔接绩效评价的指标体系的层次结构模型。第一层为目标层，选取脱贫攻坚（A_1）和乡村振兴（A_2）作为指标；第二层为准则层，从"两不愁"（B_1）和"三保障"（B_2）两个维度来分析脱贫攻坚，从产业兴旺（B_3）、生态宜居（B_4）、乡风文明（B_5）、治理有效（B_6）和生活富裕（B_7）五个方面来分析乡村振兴；第三层为指标层，对两不愁、三保障、产业兴旺、生态宜居等一级指标进行具体选择。参考已有研

究，本项目共选取19个指标来评价脱贫攻坚和乡村振兴。西安市脱贫攻坚与乡村振兴有效衔接的综合评价指标体系如表1所示。

表1 西安市脱贫攻坚与乡村振兴有效衔接的综合评价指标体系

目标层（A_i）	准则层（B_i）	指标层（C_i）
脱贫攻坚综合评价指标体系（A_1）	"两不愁"（B_1）	农村人均可支配收入（C_1）
	"三保障"（B_2）	人均财政教育支持（C_2）
		每万人拥有卫生技术人员数（C_3）
		人均财政住房保障支出（C_4）
乡村振兴综合评价指标体系（A_2）	产业兴旺（B_3）	人均农林牧渔业产值（C_5）
		人均农业机械总动力（C_6）
		农村居民家庭平均每百户移动电话拥有量（C_7）
	生态宜居（B_4）	农用地膜使用量（C_8）
		农用化肥使用量（C_9）
		农药使用量（C_{10}）
	乡风文明（B_5）	农村居民人均文化娱乐消费支出（C_{11}）
		农村乡镇文化站数量（C_{12}）
		农村高中学历占比（C_{13}）
	治理有效（B_6）	农村自治人数占农村人口数的比重（C_{14}）
		农村卫生厕所普及率（C_{15}）
		村民委员会数量（C_{16}）
	生活富裕（B_7）	农村居民与城镇居民的消费支出之比（C_{17}）
		农村居民家庭人均纯收入（C_{18}）
		农村居民家庭人均医疗保健消费支出（C_{19}）

1. 绩效评价方法

建立层次指标体系以后，需要计算每一层次因素的权重。针对上述指标体系，首先，设计相应的调查问卷并通过专家咨询法进行数据收集；其次，参考层次分析法等对于指标权重的计算过程，对于指标权重的计算步骤如下。

（1）假设共有n个样本，则第p个准则层下第k个指标X_{pki}的均值为：

$$y_{pki} = \frac{1}{n}\sum_{i=1}^{n} x_{pki} \tag{1}$$

（2）假设第p个准则层共有m个指标，则第p个准则层中第k个指标X_{pki}的权重W_{pki}为：

$$w_{pki} = \frac{y_{pki}}{\sum_{k=1}^{m} y_{pki}} \tag{2}$$

（3）依据上述计算步骤，依次计算每一个准则层及指标层的权重。

2. 绩效评价结果分析

根据上述计算过程式（1）和式（2），结合11位相关领域专家的打分结果，使用

SPSS、R 语言等工具，权重计算结果如表 2、表 3 所示。

表 2　脱贫攻坚综合评价体系指标层权重结果

指标层（C_i）	权重
农村人均可支配收入（C_1）	0.361
人均财政教育支持（C_2）	0.330
每万人拥有卫生技术人员数（C_3）	0.260
人均财政住房保障支出（C_4）	0.049

资料来源：根据计算结果整理而成。

表 3　乡村振兴综合评价指标体系指标层权重结果

指标层（C_i）	权重
人均农林牧渔业产值（C_5）	0.08
人均农业机械总动力（C_6）	0.10
农村居民家庭平均每百户移动电话拥有量（C_7）	0.09
农用地膜使用量（C_8）	0.04
农用化肥施用量（C_9）	0.09
农药使用量（C_{10}）	0.03
农村居民人均文化娱乐消费支出（C_{11}）	0.22
农村乡镇文化站数量（C_{12}）	0.05
农村高中学历占比（C_{13}）	0.08
农村自治人数占农村人口数的比重（C_{14}）	0.05
农村卫生厕所普及率（C_{15}）	0.03
村民委员会数量（C_{16}）	0.06
农村居民与城镇居民的消费支出之比（C_{17}）	0.02
农村居民家庭人均纯收入（C_{18}）	0.04
农村居民家庭人均医疗保健消费支出（C_{19}）	0.02

资料来源：根据计算结果整理而成。

观察表 2 和表 3 数据可知，对于脱贫攻坚综合评价体系，在指标层面，农村人均可支配收入权重最大，其次为人均财政教育支持、每万人拥有卫生技术人员数和人均财政住房保障支出；对于乡村振兴综合评价指标体系，权重位列前三的指标分别为农村居民人均文化娱乐消费支出、人均农业机械总动力、农村居民家庭平均每百户移动电话拥有量与农用化肥施用量。本项目从"两不愁"和"三保障"两个维度衡量脱贫攻坚，从产业兴旺、生态宜居、乡风文明、治理有效和生活富裕五个维度衡量乡村振兴，定量分析脱贫攻坚和乡村振兴,使绩效评价更为合理。

(三)耦合协调度模型构建

为研究脱贫攻坚和乡村振兴二者相互作用的程度,本项目利用耦合协调度模型测算耦合度与协调度。耦合从最初的物理学概念延伸至耦合度的运用,对其量化并反映了各个系统要素间相互作用的强弱。耦合度越高说明系统间关系越稳定,即两化的发展相互促进配合。若耦合度偏低则说明系统发展相互制约,无法协同进步。计算公式如下。

$$C=\{(U_1U_2)/[(U_1+U_2)\cdot(U_1+U_2)]\}^{1/2} \tag{3}$$

式(3)中,C为脱贫攻坚和乡村振兴的耦合度,取值范围在[0, 1],U_1为脱贫攻坚评价指数,U_2为乡村振兴评价指数。同时将耦合度划分为五个阶段:当C=0时,系统之间处于无序状态;当0<C≤0.3时,表明两个子系统处于低耦合状态;当0.3<C≤0.7时,表明两个子系统处于中度耦合状态;当0.7<C≤1时,表明两个子系统处于高度耦合状态;当C=1时,系统之间相互促进,并稳定发展。

协调度反映了各个系统之间整体的协同效应,以耦合度测算为基础通过计算模型可以较为准确地得出脱贫攻坚和乡村振兴的协调度。计算公式如下。

$$T=\alpha U_1+\beta U_2, \quad D=\sqrt{C\cdot T} \tag{4}$$

式(4)中,T是反映两个子系统整体协同效应的综合评价指数,通过征询专家的建议,在本部分中二者在整体的地位相同,因此待定参数α和β各为0.5。D为耦合协调度,是指两者在发展过程中耦合的程度,取值在0和1之间。这里采用均匀函数分布法确定了协调发展度的类型及划分标准(表4)。

表4 耦合协调程度类型划分

D	耦合协调程度	协调等级	CA > CB	CA < CB
0 ≤ D<0.1	极度失调	1		
0.1 ≤ D<0.2	严重失调	2		
0.2 ≤ D<0.3	中度失调	3		
0.3 ≤ D<0.4	轻度失调	4		
0.4 ≤ D<0.5	濒临失调	5	乡村振兴滞后型	脱贫攻坚滞后型
0.5 ≤ D<0.6	勉强协调	6		
0.6 ≤ D<0.7	初级协调	7		
0.7 ≤ D<0.8	中级协调	8		
0.8 ≤ D<0.9	良好协调	9		
0.9 ≤ D<1	优质协调	10		

资料来源:根据计算结果整理而成。

（四）研究结果分析

利用上述耦合协调发展评价模型，测算西安市各区县脱贫攻坚与乡村振兴的耦合协调度，具体结果如表5所示。

表5　西安市各区县耦合协调度计算结果

区县	耦合协调度区间	协调等级	耦合协调程度
新城区	[0.7，0.8)	8	中级协调
碑林区	[0.7，0.8)	8	中级协调
莲湖区	[0.7，0.8)	8	中级协调
灞桥区	[0.7，0.8)	8	中级协调
未央区	[0.7，0.8)	8	中级协调
雁塔区	[0.7，0.8)	8	中级协调
阎良区	[0.7，0.8)	8	中级协调
临潼区	[0.6，0.7)	7	初级协调
长安区	[0.6，0.7)	7	初级协调
高陵区	[0.6，0.7)	7	初级协调
鄠邑区	[0.6，0.7)	7	初级协调
蓝田县	[0.5，0.6)	6	勉强协调
周至县	[0.5，0.6)	6	勉强协调

资料来源：根据计算结果整理而成。

从总体来看，西安市13个区县脱贫攻坚与乡村振兴的耦合协调度介于勉强协调和中级协调之间，约46%的县（区）位于中级协调以下。从横向对比可以发现，蓝田县、周至县的耦合协调度区间为[0.5，0.6)，处于勉强协调状态；临潼区、长安区、高陵区及鄠邑区4个区的耦合协调度区间为[0.6，0.7)，处于初级协调状态；新城区、碑林区、莲湖区、灞桥区、未央区、雁塔区及阎良区7个区的耦合协调度区间为[0.7，0.8)，处于中级协调状态。

综上所述，西安市整体处于脱贫攻坚与乡村振兴有效衔接的初级阶段，在推进脱贫攻坚与乡村振兴有效衔接方面还存在不足，两者耦合协调度平均值较低、衔接程度较弱。但是，西安市脱贫攻坚与乡村振兴有效衔接已具备一定的客观基础，主要表现在脱贫攻坚成效较显著，农户收入水平稳步提升，"两不愁""三保障"基本实现；脱贫攻坚与乡村振兴的目标、任务相互嵌入，乡风文明、邻里和谐，生态建设良好；两者统筹衔接开始萌芽，县、乡镇两级党委和政府已将贫困地区脱贫攻坚与乡村振兴统筹衔接纳入工作的重要议事日程，着手谋划实施；多数农户对两者统筹衔接有所了解。但是受限于资源约束、生态脆弱、民族习性以及习俗牵绊，该区域脱贫攻坚战结束后的相对贫困治理任务更加艰巨；同时由于乡村振兴战略还处于起步阶段,两者的衔接机制和路径还在探索之中,两者的衔接则会面临更多挑战,这也为西安市未来做好脱贫攻坚与乡村振兴的有效衔接工作提出了更高要求(见图4)。

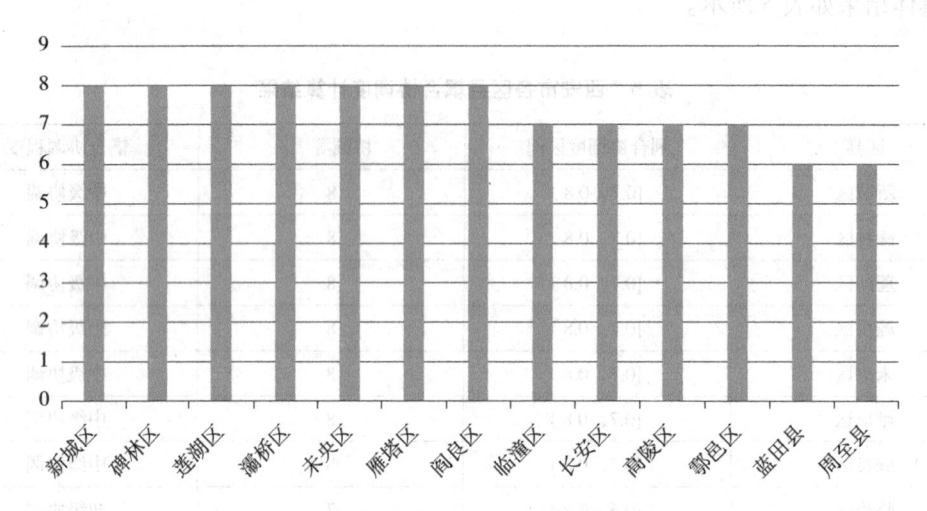

图4　西安市各区县耦合协调等级

资料来源:根据计算结果整理而成。

四、西安市脱贫攻坚与乡村振兴有效衔接的机制创新

巩固拓展脱贫攻坚成果同乡村振兴有效衔接,实质上是我国在重要历史交汇期的重大战略性对接:首先,精准扶贫脱贫战略与乡村振兴战略的战略性对接;其次,巩固拓展脱贫攻坚成果与全面建成小康社会的战略性对接;最后,巩固拓展脱贫攻坚成果与开启全面建设社会主义现代化国家的战略性对接。针对西安市脱贫地区和脱贫人口仍面临返贫的风险以及脱贫地区与非贫困地区的发展差距等现实问题,进行全面、系统的部署和落实,建立长短结合、标本兼治的创新机制。

(一)宏观机制——战略创新

从宏观层级入手,创新西安市脱贫攻坚与乡村振兴有效衔接机制。对农村低收入人口开展动态监测,分层分类落实常态化帮扶措施,建立防止返贫机制。通过大数据分析,建立西安市农业农村风险防范机制。基于政策回应力、经济增长包容力和社会力量参与力,实现收入差距的缩小,健全解决相对贫困的机制。宏观机制创新体系如图5所示。

1. 建立统筹规划衔接机制

为打赢脱贫攻坚战,国家设立特惠性政策,这些政策在脱贫攻坚时期发挥了重要作用。但在乡村振兴的历史进程中,既需要逐步巩固、拓展,又需要建立持续稳定的防止返贫长效机制。从规划安排上做好有效衔接,建立健全统筹规划的机制。

做好顶层设计,统筹安排和规划西安市脱贫地区和非贫困地区乡村振兴的规划,做到

```
                          ┌─────────────────────┐
                     ┌────│ 建立统筹规划衔接机制 │
                     │    └─────────────────────┘
                     │    ┌─────────────────────┐
┌──────────────┐     ├────│   加强政策衔接机制   │
│ 宏观机制创新 │─────┤    └─────────────────────┘
└──────────────┘     │    ┌─────────────────────┐
                     ├────│   建立防止返贫机制   │
                     │    └─────────────────────┘
                     │    ┌─────────────────────┐
                     └────│ 健全解决相对贫困机制 │
                          └─────────────────────┘
```

图 5　宏观机制创新体系

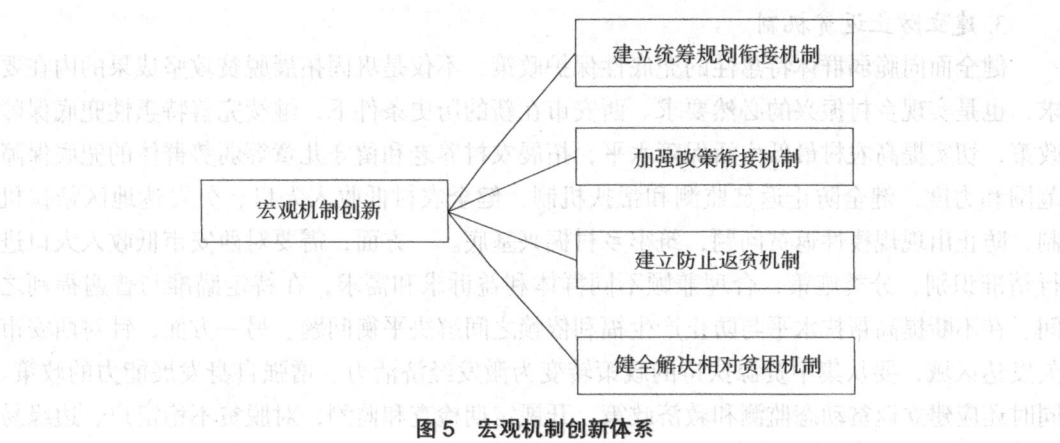

脱贫后精准巩固、精准拓展、精准衔接。坚持示范导向引领，全面推动西安市乡村振兴事业加快发展。组织开展县乡村公共服务一体化试点示范，制定一体化地方标准，健全体制机制和政策体系，创新优化乡村振兴服务供给模式。组织开展西安市乡村振兴事业发展状况评价，建立乡村振兴事业评价指标体系和发展评价指数，引导均衡发展。立足西安市脱贫地区与非贫困地区在发展阶段上的差异，在注意巩固"两不愁""三保障"的基本标准的同时，关注西安市各县、各村在推进乡村振兴上的差异性，分梯度、分层次协同推进有效衔接。一方面要继续在政策安排上做好对脱贫地区的扶持，防止脱贫区农户返贫，提升其发展能力，保证脱贫地区稳步向乡村振兴过渡；另一方面要在乡村建设方面，重点改善脱贫地区生产、生活条件，缩小与非贫困地区之间的差距，共同提高西安市乡村建设水平。

2. 加强政策衔接机制

西安市脱贫地区在脱贫攻坚过程中探索出大量的先进经验，这些经验是在巩固拓展脱贫攻坚成果同乡村振兴衔接过程中需要有效发挥和继承的重要资源。所以，在巩固拓展脱贫攻坚成果同乡村振兴有效衔接过程中，经验总结是实现政策衔接的重要措施。对西安市脱贫地区要认真落实5年过渡期政策，保持脱贫政策稳定不变，接续推进西安市脱贫地区稳定发展，把扶贫政策用于脱贫地区的乡村振兴。在西安市脱贫地区，支持乡村振兴重点帮扶县，增强其内生发展动力。

在共同富裕目标的指引下，实施长效机制与政策扶持等一系列措施来补短板，既要发挥机制与政策的效应，又要激发产业发展升级的内生动力。首先，通过体系化的总结和凝练，探索西安市脱贫地区在脱贫攻坚体制、机制方面的先进经验，将其与巩固拓展成果及乡村振兴衔接的体制、机制进行有效匹配和组合，从而形成两者有效衔接的合力；其次，有效探索西安市脱贫地区通过脱贫攻坚所产生的溢出效应，将其所产生的制度红利转化为两者衔接的内在动力，从多角度总结脱贫攻坚产生的积极效应；最后，在经验总结过程中做好贫困治理政策同乡村治理政策的有效衔接，探索贫困治理与乡村治理在治理目标方面的异同性，做好巩固脱贫攻坚成果同乡村振兴目标的有效契合与延续。

3. 建立防止返贫机制

健全面向脆弱群体特惠性的兜底性保护政策，不仅是巩固拓展脱贫攻坚成果的内在要求，也是实现乡村振兴的必然要求。西安市在新的历史条件下，继续完善特惠性兜底保障政策，切实提高农村最低生活保障水平，拓展农村养老和留守儿童等弱势群体的兜底保障范围和力度，健全防止返贫监测和帮扶机制，健全农村低收入人口、欠发达地区帮扶机制，防止出现规模性返贫问题，筑牢乡村振兴基底。一方面，需要对西安市低收入人口进行精准识别、分类施策，合理兼顾不同群体利益诉求和需求，在特定瞄准与普遍福利之间、在不断提高帮扶水平与防止产生福利依赖之间解决平衡问题。另一方面，针对西安市欠发达区域，要从集中资源扶持的政策转变为激发经济活力、增强自身发展能力的政策。同时还应建立返贫动态监测和救济政策，开展定期检查和监测，对脱贫不稳定户、边缘易致贫户，要做到及时发现，及早给予帮扶和救助。

4. 健全解决相对贫困机制

实现西安市脱贫攻坚与乡村振兴的有效衔接，兼具差异性和协同性问题，其根本在于建立健全解决相对贫困的机制，因地制宜并有针对性地解决西安市各地区发展不平衡、不充分的问题。重点围绕乡村建设行动的各项任务，统筹安排西安市脱贫地区与非贫困地区同步推进，优先解决脱贫地区补短板工作，尤其是"三农"领域中的突出问题，补短板政策需向西安市脱贫地区倾斜。全面改善西安市脱贫地区的硬件基础设施，对基础设施进行优化升级，改善农村地区交通运输、水利电力、物流网络等基础设施建设。进一步推进新型基础设施建设，跟进西安市非贫困地区的乡村建设，满足农村居民对高质量农业生产、高品质美好生活的现实需要。按照美丽乡村的要求，因地制宜推进农村厕改、垃圾和污水处理，改善农村人居环境，提升村容村貌，充分发挥农村的绿水青山与广袤天地为农民增福祉的作用。此外，还要促进西安市城乡之间互动，实现城乡之间资源、人才、数字、信息等要素的均衡流动，通过城乡两个市场的动态平衡发展，有效解决西安市乡村建设资源供给问题。

（二）中观机制——政策创新

从中观层级入手，创新西安市脱贫攻坚与乡村振兴有效衔接机制。针对西安市不同层次脱贫区县和不同阶段衔接水平制定差异化政策，充分发挥线上线下双平台作用，引导群众广泛参与乡村治理，健全乡村治理衔接机制。将脱贫攻坚与乡村振兴政策有效衔接，做到延续、深化、提升创新产业衔接机制。中观机制创新体系如图6所示。

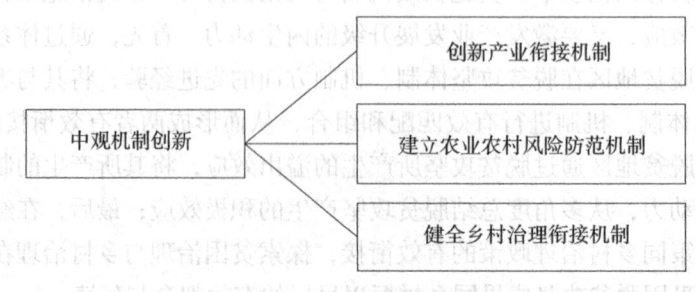

图6　中观机制创新体系

1. 创新产业衔接机制

乡村振兴首先需要发展产业，产业是乡村振兴的重中之重。西安市可以利用"互联网+农业"，开辟农产品销售新渠道。推动数字乡村建设，运用新一代信息技术拓宽产业产品的销售渠道；同时建立大数据平台，健全农产品溯源系统。基于"互联网+"应用，因地制宜地做好产业融合，实现农村地区产业优化升级，以产业融合促产业衔接，以产业衔接促产业振兴，进而加强产业发展。①创新产业划分，推进第一、第二、第三产业融合发展。充分发挥产业融合倍数效应，不断提升产业竞争力，支持贫困县设立产业融合发展试点区、示范园等，支持龙头企业与贫困地区合作，支持贫困地区大力发展农产品加工企业集团。②不断提高龙头企业对产业发展的扶持力度，促进农业农村产业发展。在政策制定、资金投入、营销模式等方面对科技含量高的深加工龙头企业进行扶持，充分发挥其在乡村产业发展中的引领作用，带动下游产业联动，进一步促进乡村经济发展。③坚守全产业链思维，提升区域发展竞争能力。加大产业链发展，发挥产业链对整个乡村区域的产业发展作用；注重产业链中服务链的完善发展，促进上中下游服务链均衡发展，尤其是完善信息和金融服务，畅通销售服务渠道；克服家庭农场在营销、流通、信息等方面的能力弱势，完善产业链利益联结和分配机制。

2. 建立农业农村风险防范机制

西安市需要在应对风险挑战方面做好有效衔接，建立健全西安市农业农村风险防范机制，统筹西安市脱贫地区和非贫困地区的防风险体制机制，切实加强农业农村防灾减灾基础设施建设，提高防灾减灾技术和装备建设水平，防止各类灾害造成的返贫风险。具体而言，一方面，要建立健全预防风险挑战机制，做好对自然灾害风险、市场风险以及突发公共卫生事件风险等的评估，以确保对风险挑战问题早发现、早应对，降低甚至避免损失。另一方面，完善并落实应对风险挑战的责任机制。应对风险挑战关系着村民的生命财产安全、乡村发展的稳定。因此，强化责任意识，明确风险预防、风险控制、风险处置等方面的责任界定，做好风险挑战问题的调查评估，确保有效预防、有效应对、有效控制。

3. 健全乡村治理衔接机制

西安市受自然条件、历史原因、社会发展等因素的影响，脱贫群众进一步提高生活经济水平的压力较大，因此，加强西安市农村基层党组织建设，将党建与乡村组织振兴深度融合，充分发挥党建引领作用。①总结运用脱贫攻坚战中建立起来的"五级书记"抓脱贫攻坚成功经验，以强有力的组织领导和制度机制推动乡村振兴任务落实落地，用脱贫攻坚中形成的优良作风促进乡村振兴，用乡村振兴的政策措施巩固脱贫攻坚成果。②针对农村基层党员干部老龄化、稳定性差等问题，通过人才帮扶和乡村人才振兴政策，如选派优秀干部到村任第一书记、组建驻村工作队等，支持当地开展好基层党建、乡村治理等工作，切实发挥好基层党组织的战斗堡垒作用。③根据西安市不同乡村特点，实施不同的乡村治理方式，为乡村振兴奠定坚实的组织基础。

（三）微观机制——实践创新

实践上，从微观层级入手，创新西安市脱贫攻坚与乡村振兴有效衔接机制。优化财政专项扶贫资金，向乡村振兴重点帮扶区县倾斜。基于"互联网+"的应用，推动扶贫产业供应链、产业链、价值链重构和升级。将富有脱贫攻坚经验的领导班子引入乡村振兴，建立绩效考核机制。立足农村生态优势，让良好生态成为乡村振兴的支撑点，推进生态环境治理机制。微观机制创新体系如图7所示。

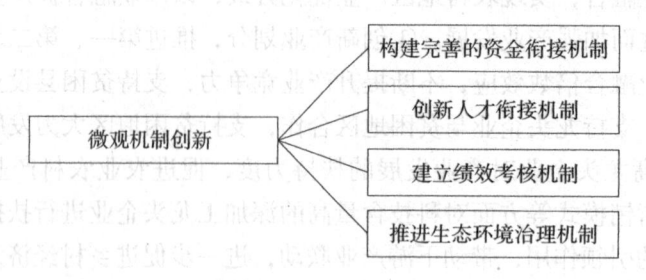

图 7　微观机制创新体系

1. 构建完善的资金衔接机制

西安市财政在脱贫攻坚中起到了基础性、支撑性作用，财政专项扶贫资金适当向乡村振兴重点帮扶区县倾斜，逐步用于提高产业发展比例。扶贫资金不仅要投向基础设施建设、公共服务设施建设、人居环境改善等，以解决贫困村无产业或产业发展滞后问题，还要找准符合本地实际、贴近本村村情的产业项目，将扶贫资金投入具有"造血功能"和发展潜力的项目上，确保扶贫资金效益最大化，从而提高农民收入和贫困户收入，增加集体组织收入，降低贫困发生率。例如，利用扶贫资金建设的大型基建项目，在招投标或施工合同中附加聘用贫困人口的条款，要求施工单位必须聘请一定数量的贫困人口，助力贫困人口增收等。

继续创新农村普惠金融产品和服务，继续发挥再贷款作用。在合理控制风险的基础上规范管理，实现资金使用率最大化，推动证券、保险、基金积极探索参与乡村振兴的新思路、新模式，鼓励保险机构增加农村保险服务网点与保险品种，支持证券公司全方位推动资本市场与农村经济深度对接。扶贫产业投资基金建立重点客户白名单管理制度，制定债权类投资的实施细则和配套流程，在投资条件、审批效率及配套服务方面给予优待和支持。

2. 创新人才衔接机制

实施乡村振兴战略，借鉴"第一书记"和"驻村工作队"的模式，根据各地实际情况，探索适合的驻村方式、驻村时间和驻村要求等。将富有脱贫攻坚经验的领导班子引入乡村振兴，鼓励优秀干部走进村民，做好村民宣传讲解，加强舆论引导，鼓励村民共同落实决议，全村同心协力、目标一致。农村干部要时刻做村民的榜样，在农村环境保护、文化宣传、治理引导等方面发挥良好的带头作用。每一位干部要时刻关注贫困人民的疾苦，村民有需要，党员有作用。全体党员要有自觉性、积极性和参与性，走进村民的生活，不断改进和提高自我。

制定返乡人员回引等外部性人才到农村的激励机制，加强人才储备与市场监管。制定完善的政策留住农村当地劳动力就地就业、吸引大学毕业生回乡就业、外地优秀人才来乡就业；建立健全综合性的人才队伍建设，高效率地应用关于人才建设方面的扶持资金。将人才运用于项目、基地、产业、文化等各个方面，让对农村经济发展做出更大贡献的人才创建农村合作组织，带领人民共同富裕。让当地年轻人留下来就业、服务，充分发挥他们在乡村振兴中带头作用。畅通紧缺急需人才引进渠道，紧密结合当地经济社会发展规划和发展需求，制订各行业人才发展计划，落实相关政策措施。同时，加大人才资金补助力度，在技术层面、市场管理层面、法律层面注入专业人才，为乡村振兴发展提供前进的动力支持。

3. 建立绩效考核机制

将考核结果作为选拔任用领导干部的重要依据，加强督导考核工作，把党的全面从严治党精神向基层拓展延伸，能够为新时代西安市脱贫攻坚与乡村振兴互相渗透贡献力量。差异化进行指导工作，把发展农村、稳定社区、完善医院基础设施、提高相关机构工作效率作为基层党建的实施工作，对于不作为的基层党组织开展持续整顿工作，使基层管理服务机制更加完善，使乡镇街道改革和基层全面执法改革进一步深化。持续进行分类指导、把握发展规律，通过"五级书记"将脱贫攻坚和乡村振兴工作进行合理衔接并继续推进，保证西安市乡村振兴工作能够同步高效完成。

4. 推进生态环境治理机制

促进生态扶贫与生态振兴的有效衔接是未来农村发展的重要工作。立足农村生态优势，让良好生态成为乡村振兴的支撑点。以绿色环保、低碳生产等为重点突破，鼓励推广生态种植、生态养殖技术，要求简约环保包装、大力发展绿色食品，健全绿色农业生产体系。

生态扶贫成果与可持续发展、社会的公平与和谐、脱贫攻坚的成效和质量关系密切，生态扶贫与生态振兴有效衔接的实现路径，从加强理念、扩大宣传、有效运用政策等方面入手。强化对"绿水青山就是金山银山"的理解，不断巩固落实新发展理念，在发展乡村振兴的过程中继续处理好人与自然的和谐相处方式，做到尊重自然、顺应自然、保护自然，坚持人与自然和谐共生。组织多种渠道进行宣传，不断提高村民思想认知水平。通过开展生态保护讲座、座谈会等，宣传居住环境对村民身体健康和幸福指数的积极影响，充分调动村民积极性，使其自觉参与到整治环境和保护生态的工作中。强化村民主体作用，提高村民主观能动性。发挥各方力量充分调动村民的积极性，鼓励村民参与乡村振兴的各个环节，使村民感受到自身既是决策的制定者同时也是最大的受益者。

五、西安市脱贫攻坚与乡村振兴有效衔接的政策建议

推进脱贫攻坚与乡村振兴有效衔接是一项系统性工程，要做好过渡期内体制机制、政策体系、产业升级、人才支撑和乡村建设等方面的有效衔接，使其相互配套、形成合力，在工作内容上共融共通，两者都要对农村基础设施改善、产业布局发展、民生措施保障、乡村治理模式以及体制机制建构等进行统筹谋划，并进行制度性安排。因此，本项目在分

析西安市脱贫攻坚与乡村振兴有效衔接现状及问题、绩效评价与机制创新基础上，有针对性地提出西安市脱贫攻坚与乡村振兴有效衔接的政策建议，完善西安市脱贫攻坚与乡村振兴有效衔接的政策体系。

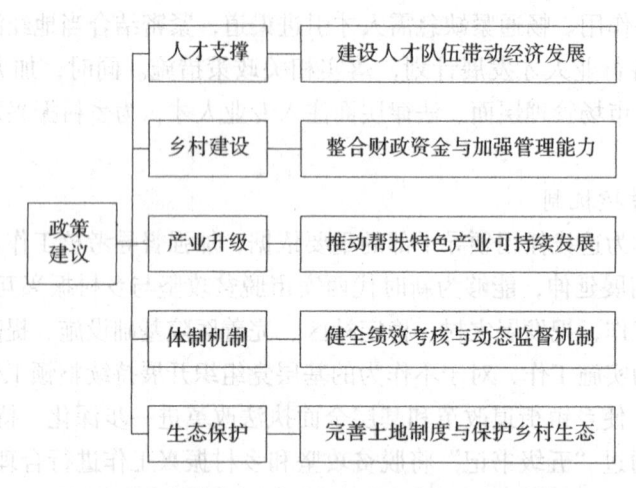

```
                  ┌── 人才支撑 ── 建设人才队伍带动经济发展
                  │
                  ├── 乡村建设 ── 整合财政资金与加强管理能力
                  │
        政策建议 ──┼── 产业升级 ── 推动帮扶特色产业可持续发展
                  │
                  ├── 体制机制 ── 健全绩效考核与动态监督机制
                  │
                  └── 生态保护 ── 完善土地制度与保护乡村生态
```

图8　西安市脱贫攻坚与乡村振兴有效衔接的政策建议

（一）建设人才队伍带动经济发展

产业发展需要人才、资金和劳动力等要素，从实际情况看，西安市为了扶持贫困地区的产业发展，包括财政、信贷等各项资金的投入，为贫困地区地发展做最充分的准备。产业的高质量发展离不开高素质人才，吸纳技术人才参与帮扶产业的经营，但是，西安市贫困地区目前面临的最大问题是缺乏发展科技产业必备的人才，实现产业扶贫到产业振兴的有效衔接需要吸纳一批有先进经营理念、有营销手段、有生产技术的科学技术人才，主要从以下方面展开。

1. 强化政府支持，"黏合"乡村人才

加大政府对乡村人才队伍建设的支持力度，做好凝聚乡村人才的"黏合剂"。完善人才双向交流制度和政策，实行西安市城乡之间的人才交流与互派，营造人才双向流动的常规环境。在个人职业生涯发展上留住人才，增加具有农村工作经验的人才遴选岗位数量，让农村人才有晋升空间，促使其更好地服务于农业农村发展。加大对农村人才队伍建设的资金投入力度，设立专项计划，增加农村人才的工作收入和补贴，增加科研项目经费。

2. 制定科学的人才引进和管理制度

通过加大财政支持力度，强化政府的环境支持和民主监督力度，大力聚才引智，倾情育才惜才。增强人才凝聚力的前提是乡村"引得进""管得好""留得住"人才。"引得进"的关键在于人才需求的信息通达，相关引才政策制度合理，能够匹配到愿意、能够前往农村工作的相关人才；"管得好"的关键在于组织有力，高水平的管理制度和方法、优良有序工作氛围、开放合理的人才交流平台等能够使乡村人才的工作和生活得到妥善安置，能够充分发挥乡村人才能力。"留得住"的关键在于使乡村人才有归属感、集体荣誉感，薪资待遇、晋升考核等符合乡村人才的预期和需求。

3. 弘扬帮扶乡村优秀人才精神

发挥党的权威性和引领力来凝聚人才，充分利用党的政治资源、组织资源、公信资源、公共资源等，凝结社会各界组织和人士的力量和积极作用，引领、凝聚各类乡村发展需要的人才投身到乡村振兴中，通过进行核心价值观宣传，提升理论素养与爱国情怀，树立正确的价值观与民族自豪感，支持人才带领村民积极投身于乡村振兴的产业发展中。通过搭建协同联盟的产业平台，弘扬优秀传统文化，弘扬自力更生、艰苦奋斗的优秀品质和敢为人先、勇往直前、坚持不懈的奋斗精神，努力挖掘本地区的优质资源与潜力，抓住时代新机遇。

（二）整合财政资金与加强管理能力

在推进乡村振兴阶段，以上级政府为主体对群众进行脱贫帮扶的格局已经无法适应乡村振兴战略新形势下的客观要求。为了更大程度地发挥基层政府主观能动性，改善农业农村生产生活设施条件，构建新型乡村发展体系成为当前新形势下的迫切需求。因此，西安市应加强政府财政资金对农业农村基础建设的支持力度，主要从以下方面展开。

1. 增加政府财政对农业农村基础设施投入资金

乡镇政府作为国家各项农村政策的具体执行者，是乡村振兴的重要主体，村委会作为基层群众性自治组织，是村民自治的实践者，并承担公共服务供给、乡村秩序维护、乡村经济建设等多重角色，整合财政资金，提高基层治理体系的财政拨款，满足各个村镇最切合的需求，缩短资金审批流程，提高资金使用效率。加大政府公共财政对农业农村基础设施投入力度，改善农业农村生产生活设施条件，让乡村基础建设发挥应有的作用。

2. 优化资产管理机制

为确保乡村基础建设资产良性运转，基层政府管理能力必须适应从脱贫攻坚到乡村振兴的实践逻辑转换，不断优化资产管理和利用机制。将乡村基建资产后续经营管理纳入乡村振兴战略，有效解决资产"属于谁、谁来管、如何管"和资产收益"属于谁、谁来分、如何分"等问题，切实发挥乡村基建资产在全面推进乡村振兴中的作用。要坚持分类施策，划分产权归属并明确管护责任，探索多元化的资产管理和利用模式，落实和创新资产所有权、经营权、收益权、监管权分置的有效实现途径。

3. 完善资产利用机制和监督机制

重点对经营性资产特别是产业资产进行市场化运营，在确保安全的基础上，促进产业资产稳定良性运转、持续发挥效益。资产收益分配要严格按照资产管理制度实施，重点将资产收益用于推进衔接各项工作，对制度未予明确规定的，必须尊重农民意愿，通过民主决策程序制定科学的分配方案。还要完善监督机制，加强对乡村基建资产管理利用情况的纪律监督、审计监督、行业监督和社会监督，发挥驻村工作队、村务监督委员会、村集体经济组织监事会等的监督作用。

(三) 推动帮扶特色产业可持续发展

产业发展方面做好有效衔接，建立健全产业发展机制。产业发展是巩固拓展脱贫攻坚成果的基础，实现有效衔接的前提。结合当地具体经济情况，加大资金支持贫困地区，积极开发特色产业，充分利用当地资源，带动相关产业的发展并形成完整的产业体系。具体措施从以下方面展开。

1. 促进产业提档升级，大力发展特色产业

继续扶持脱贫地区的产业，培育产业集群，实行产业联动，推进"一村一品""一县一业"，形成稳定的产业链和供应链。积极培养新型农业经营主体，扶持家庭农场和合作社，推广规模化、专业化农业生产模式，提升农业经济效益。此外，支持龙头企业发展，带动形成产业化、集约化效应，发挥产业在巩固拓展脱贫攻坚成果和乡村振兴中的基础作用。以市场为导向创新产业经营发展模式，提升市场竞争力；提高脱贫户以脱贫增收为导向的产业发展与市场发展规律的适应度，实现从产业扶贫到产业振兴的过渡和转变。

2. 整合乡村特色产业，积极发展现代农业经济

实现脱贫攻坚与乡村振兴的有效衔接，结合当地的具体经济情况，积极开发特色乡村产业，充分开发当地的资源，带动相关产业的发展并形成完整的产业体系。振兴乡村产业以解决失业人员就业问题，并提高当地居民的人均收入，间接提升乡村居民的生活质量。促进乡村产业体系的发展，积极拓展乡村发展产业链，增加就业岗位和劳动机会，提高乡村经济水平。对乡村产业进行合理布局，实现乡村和乡镇之间的联动，优势互补的同时加快资源的开发利用效率，支持特色农产品的加工和包装出售，鼓励小型农业企业和农业合作社的建立与发展，根据乡村地区的劳动人员状况，布局劳动密集型产业，通过农业合作社之间的互动合作，加快跨区域资源调配和交流的进程，形成完整的特色农业经济体系，实现农业生产的现代化。

(四) 健全绩效考核与动态监督机制

自从开展脱贫攻坚工作以来，西安市各地区严格实行"五级书记"抓扶贫工作格局，为脱贫攻坚的顺利完成提供了强有力的领导力量和组织保障。西安市受自然条件、历史原因、社会发展等因素的影响，脱贫群众进一步提高生活经济水平的压力较大，因此，加强西安市地区农村党组织建设，健全有利于乡村振兴战略的绩效考核和动态监督机制，主要从以下方面开展。

1. 加强党组织引领作用

通过统筹谋划脱贫攻坚中设立的组织机构及职能划分，使党组织在政策对接、规划引领上精准对接，保持政策规划的延续性和稳定性，解决衔接不紧密的问题。一方面，坚决落实各级党组织领导责任、党组织书记第一负责人责任、相关单位职能责任，打造多管齐下的工作结构体系，进一步巩固现有帮扶体系。积极选拔促使乡村发展、进步、富裕的领导班子担当重任，提高促进农村经济发展、村民共同支持的党支部书记比例，为新时代西安市脱贫攻坚与乡村振兴互相渗透贡献更大力量。另一方面，推进相关资源和各部门制度等基层下移，强化重心下移，对干部人才队伍要继续加强建设力度，使基层党建工作迸发活力。

2.建立防返贫动态监测机制

通过定期展开督导工作，建立由各级政府相关部门联合开展督查、调度，以平常督查为主、年终考核为辅的方式。同时，依托大数据和互联网技术建立精准帮扶管理平台，将农村低保户、脱贫不稳定户、边缘易致贫户纳入帮扶管理平台，实施动态监测预警，研判返贫风险。对因病、因残、因灾等偶发因素导致返贫群众及时预警、及时帮扶，针对风险户及关键返贫风险因素，优化分类精准帮扶机制，对症下药消除致贫风险点，做到应纳尽纳、应帮尽帮，坚决守住不发生规模性返贫底线，对现有政策体系进行完善和优化，提升公共服务水平，促进相关脱贫攻坚政策向常规性、普惠性和长效性转变。

3.差异化定制考核问责机制

在保持帮扶政策总体稳定的基础上，进一步调整优化微观政策，提高政策的针对性和可操作性，建构基础性和差异性相统一的衔接政策体系。一方面，科学设定阶段性目标任务和工作重点，合理把握衔接节奏、力度和时限，自上而下构建基础性政策体系，把发展农村、稳定社区、完善医院基础设施、提高相关机构工作效率作为基层党建的实施工作，对于懒散不作为的基层党组织开展持续整顿工作，使基层管理服务机制更加完善，使乡镇街道改革和基层全面执法改革进一步深化。另一方面，尊重客观实际和农民主体地位，自下而上了解农民对美好生活的需要，根据不同乡村的区位优势、资源禀赋、产业基础等，制定回应不同区域和个体发展诉求的差异化措施，保持政策规划的差异性和灵活性，并持续进行分类指导，通过"五级书记"将脱贫攻坚和乡村振兴工作进行合理衔接并继续推进，保证西安市乡村振兴工作能够同步高效完成。

（五）完善土地制度与保护乡村生态

脱贫攻坚与乡村振兴的耦合衔接离不开土地、劳动力、资本等要素的供给和配置。以绿色生态为引领，尊重、顺应和保护乡村环境，加快转变生产生活方式，完善土地制度体系，建设人与自然和谐共生的生态宜居的美丽乡村，主要从以下方面展开。

1.深化农村土地制度改革

一是巩固和完善农村土地经营政策，推进农村集体产权制度改革，完善承包地"三权分置"制度，摸索集体建设用地入市改革，健全闲置宅基地和房屋的相关政策，盘活农村土地存量资产。二是完善"三块地"登记、抵押、流转政策，精简各类申请和审批流程，降低制度性交易成本，发展农村产权交易，搭建信息服务平台。三是在土地、财税、金融、产业、技术等方面，对农村中介服务组织予以政策支持，更好地创设脱贫攻坚与乡村振兴耦合衔接的软环境，提高二者耦合衔接的质量。

2.统筹山水林田湖草系统治理

一是秉持脱贫攻坚所遵循的生态与经济共同发展的思路，走国民经济可持续发展之路，避免由于生态问题使农民再度返贫。二是加强乡村生态环境保护力度，保障乡村生态系统绿色健康发展，如持续开展天然林保护、湿地生态系统的保护与治理、石漠化治理生态工程、水生态治理等。三是推进农村环境综合治理，为帮扶群众稳定脱贫及后续发展创造有利条件，增强乡村发展活力和后劲，建设人与自然和谐共生的生态宜居的美丽乡村。

3. 加大生态补偿力度

在可持续发展的总体框架下，坚持绿色、低碳与循环的国民经济发展理念。一方面，使低收入区域生态建设主体投入成本和机会成本得到有效补偿，原来建档立卡的贫困户参与生态保护项目的，适当加大相关政策倾斜力度。另一方面，增加绿色产业生态补偿项目，促进绿色低碳技术创新，实现生态减贫多元化、层次化，促进生态文明建设和乡村生态振兴的良性循环。

六、结论

为做好巩固脱贫攻坚成果同乡村振兴有效衔接工作，西安市坚持以巩固拓展脱贫攻坚成果同乡村振兴有效衔接为"主线"，以不发生规模性返贫为"底线"，坚持"四个不摘"，做到"六个抓实"，紧密结合西安市实际，以"四紧四实"促衔接抓落实。国内外学者对脱贫攻坚与乡村振兴有效衔接做了深入系统的研究。从脱贫攻坚与乡村振兴有效衔接的内在逻辑概念和内涵进行解析，到对脱贫攻坚与乡村振兴有效衔接的现状、存在问题和实现路径等方面进行研究，主要围绕脱贫攻坚与乡村振兴有效衔接的影响领域、传导路径等开展了深入分析，但在"双循环"新发展格局背景下，探讨西安市脱贫攻坚与乡村振兴有效衔接研究还存在不足，且在研究对象方面大多研究聚焦于全国或某一特定的省域范围，缺乏针对西安市不同区域脱贫攻坚与乡村振兴衔接的研究。

本文将揭示脱贫攻坚与乡村振兴有效衔接的内在逻辑与研究框架。在厘清脱贫攻坚与乡村振兴有效衔接内在逻辑的基础上，归纳提炼西安市脱贫攻坚与乡村振兴有效衔接现状，基于多维度视角总结两大战略有效衔接在产业衔接、资金管理、生态衔接和政策衔接方面存在的主要问题。基于此，本文通过选取和确定脱贫攻坚与乡村振兴评价指标体系，并使用熵权法和耦合协调度模型进一步评价西安市脱贫攻坚与乡村振兴有效衔接绩效。从宏观、中观、微观三个层级创新脱贫攻坚与乡村振兴有效衔接机制，并有针对性地提出西安市脱贫攻坚与乡村振兴有效衔接政策建议。

本文旨在探究西安市脱贫攻坚与乡村振兴有效衔接的绩效评价问题，对西安市脱贫攻坚与乡村振兴有效衔接的绩效进行评价，有助于厘清西安市脱贫攻坚与乡村振兴有效衔接的现状与水平，为两大战略有效衔接的机制创新提供政策方向和侧重点。但是，由于乡村统计工作基础薄弱、数据发布时效性和监督性不强等问题，缺乏必要的客观数据作为支撑，使得数据的可获得性相对有限，希望后续会有研究者继续深入数据挖掘。此外，本项目的不足之处在于数据的选取缺乏综合性与广泛性，具有一定的主观性，如果能够通过统计网站找出真实数据并加以科学分析，研究的结果可能会更客观。

囿于我们知识储备和自身能力所限，本文在研究深度方面还有所欠缺，某些方面尚不能做到尽善尽美，希望后续研究者进一步深入研究该问题，充实学术界研究，为西安市乃至我国其他地区的脱贫攻坚与乡村振兴有效衔接提供参考价值与决策支持。